AVANT-PROPOS

Cette collection de manuels s'adresse aux étudiants qui s'engagent dans les études de psychologie. Cette première prise de contact avec les programmes universitaires est souvent l'occasion d'une découverte, parfois d'une déconvenue. Contrairement à une image qui en est donnée dans les médias, la psychologie, discipline universitaire récente (la licence a été créée en 1947), **n'a rien à voir avec l'astrologie, c'est une discipline scientifique mais qui ne peut faire l'économie d'une réflexion historique et épistémologique.**

Comme tous les ouvrages de cette collection, ce livre traitant de la psychologie clinique et de la psychopathologie, intègre la dimension scientifique. Celle-ci se réfère à des méthodes qui établissent les faits et mettent à l'épreuve les théories et les interprétations. Néanmoins la démarche clinique est une rencontre avec un sujet qui ne se limite pas seulement « au pied du lit du malade », elle a pour devoir de s'interroger sur ses propres méthodes, il lui faut dégager et reconnaître son objet et le sujet qu'elle vise.

Si parfois l'explication donnée du fonctionnement de ce sujet peut prendre pour modèle les systèmes thermo-dynamique, cybernétique ou informatique, néanmoins celle-ci reste partielle car l'homme n'est pas une machine, il est le sujet d'une histoire et aussi être de langage à nul autre pareil dans le règne animal. Ce qui détermine le sujet, le pousse et lui échappe est justement l'objet qui intéresse la clinique : celui après lequel il court et que la science, malgré tout son appareillage, ne peut saisir.

Les auteurs de cet ouvrage ont pris le parti d'engager les étudiants (DEUG et autres cycles) dans une réflexion. Ils ne se contentent pas de proposer des méthodes et des techniques qui sont de simples applications de modèles a priori. Ils ne prétendent pas non plus baliser l'ensemble des champs épistémiques de la psychologie clinique et de la psychopathologie ; ils n'excluent aucune démarche mais privilégient l'approche psychanalytique car elle rend compte de l'émergence du sujet et de sa pensée.

D'où des interrogations qui sont des ouvertures, des pistes pour que se prolonge la réflexion sur l'homme et ce qui l'anime. Pour aider les étudiants, cet ouvrage propose un certain nombre de repères, d'appuis méthodologiques qui leur permettent de trouver des axes d'orientation et de réflexion dans un domaine particulièrement touffu, voire éclectique.

Les auteurs des 9 chapitres de cet ouvrage, dans leur diversité, ont tenu à ouvrir des perspectives d'ordre historique, anthropologique, épistémologique. Les lecteurs constateront que les disciplines se réclamant de la clinique et de la psychopathologie sont le lieu de discours qui s'entrecroisent, qu'ils soient d'ordre philosophique ou médical, référés non seulement aux sciences humaines mais aussi aux sciences exactes. Ces discours multiples, centrés sur un même objet, rendent compte de la difficulté et de la complexité de ces disciplines.

Les chapitres 1, 2 et 3 se réfèrent à l'histoire et soulignent l'articulation constante entre clinique et évolution des concepts en psychopathologie de l'enfant et de l'adulte. Le chapitre 4 révèle la complexité de la notion de symptôme en psychopathologie et prend comme modèle explicatif le délire. Le chapitre 5, orienté vers la psychopathologie et la psychanalyse de l'enfant, vient souligner l'importance de la névrose infantile liée à la crise œdipienne, essentielle à l'instauration d'un sujet. Le chapitre 6 qui traite de l'autisme infantile maintient ouverte cette même question tout en dressant un tableau des différentes orientations cliniques et théoriques. Le chapitre 7 reprend dans un registre anthropologique la question des nouvelles pathologies liées à l'immigration et s'interroge sur la spécificité de cette clinique. Les chapitres 8 et 9 proposent des exemples méthodologiques qui s'inspirent d'une clinique psychologique prenant appui sur l'étude de cas, l'observation, l'entretien et les tests projectifs aussi bien dans une perspective diagnostique que psychothérapique.

Tous les chapitres comprennent une partie « Documents et exercices » qui permet d'approfondir les points abordés dans la partie « Cours ». Issus de notre expérience des Travaux dirigés et des Travaux d'étude proposés en DEUG, les documents sont de nature variée : extraits de textes, exercices corrigés ou non, sujets d'examen, démarche type concernant un outil particulier. Pour que le lecteur puisse aisément se repérer, chaque document est identifié par un code : en premier le numéro du chapitre, puis la lettre de la partie correspondante, enfin un numéro d'ordre.

Que cet outil de travail contribue à la réussite des étudiants, tel est notre souhait.

LES AUTEURS

PREMIER ET SECOND CYCLES UNIVERSITAIRES

GRAND AMPHI PSYCHOLOGIE

PSYCHOLOGIE CLINIQUE ET PSYCHOPATHOLOGIE

Coordinateur R. SAMACHER

BÉATRICE ALEXANDRE
JEAN-CLAUDE ARBOUSSE BASTIDE
PHILIPPE CHANSON
OLIVIER DOUVILLE
ÉMILE JALLEY
PASCALE MACARY
MARTINE MENÈS
KIM-CHI NGUYEN
ROBERT SAMACHER
CLAUDE WACJMAN

Collection de psychologie
dirigée par Gérard AMY
et Michel PIOLAT

Bréal éditions 1, rue de Rome - 93561 Rosny Cedex

OUVRAGES DE PSYCHOLOGIE DANS LA COLLECTION GRAND AMPHI

Les méthodes en psychologie, sous la coordination d'A. WEIL-BARAIS
Psychologie sociale, sous la coordination de J.-P. PÉTARD
Introduction biologique à la psychologie, sous la coordination de J. PELLET
Psychologie cognitive, sous la coordination de J.-L. ROULIN

Couverture : Joëlle Parreau.
Réalisation : AD HOC.

Dépôt légal : août 1998.
ISBN 2 84291 194 6

À notre collègue et ami Michel Hurtig
qui fut à l'initiative de ces manuels de psychologie.

LISTE DES AUTEURS

Béatrice Alexandre	Psychologue chargée de cours, université Denis Diderot, Paris VII.
Jean-Claude Arbousse Bastide	Psychiatre, assistant, université Denis Diderot, Paris VII.
Philippe Chanson	Assistant, université Denis Diderot, Paris VII.
Olivier Douville	Maître de conférences, université de Haute-Bretagne, Rennes-II.
Émile Jalley	Professeur, université Paris-Nord, Paris XIII-Villetaneuse.
Pascale Macary	Maître de conférences, université de Haute-Bretagne, Rennes-II.
Martine Menès	Psychologue chargée de cours, université de Paris VIII-Saint-Denis et université Paris XII.
Kim-Chi NGuyen	Ingénieur de recherche, laboratoire de psychologie clinique, université Denis Diderot, Paris VII.
Robert Samacher	Maître de conférences, université Denis Diderot, Paris VII.
Claude Wacjman	Psychologue, docteur en Anthropologie, habilité à diriger des recherches.

SOMMAIRE

CHAPITRE 3 SUJET ET OBJET DE LA CLINIQUE

Par Robert Samacher

CHAPITRE 4 DÉLIRE ET CLINIQUE PSYCHIATRIQUE (L'OBSERVATION DE MALADES)

Par Jean-Claude Arbousse Bastide et Philippe Chanson

CHAPITRE 5 NÉVROSE INFANTILE ET CRISE ŒDIPIENNE

Par Martine Menès

CHAPITRE 6 INTRODUCTION À LA CLINIQUE DE L'AUTISME INFANTILE

Par Olivier Douville et Pascale Macary

La déontologie énonce les devoirs qu'impose à des professionnels l'exercice même de leur métier. Ces devoirs sont énumérés dans un code de déontologie élaboré par les organismes professionnels. Le premier code de déontologie en France fut celui des médecins publié le 27 juin 1947.

La déontologie se différencie de la morale, science du bien et du mal, et de l'éthique, qui fixe les fins ultimes de l'action humaine. L'éthique fixe les valeurs de référence pour la morale. La déontologie est une des applications de la morale.

Les étudiants de psychologie sont souvent sollicités par des étudiants de maîtrise, des doctorants, ou des chercheurs pour participer à des expériences, en tant que sujets. Les auteurs de ces manuels vous encouragent à y répondre favorablement. En effet être sujet permet de mieux comprendre les principes de l'expérimentation et les problématiques de la recherche en psychologie. Mais votre participation nécessite votre « consentement éclairé » (articles 1, 9 et 34 du code de déontologie), elle est libre et volontaire et ne peut vous rapporter d'autres bénéfices que le plaisir d'avoir rendu service et ainsi contribué au développement de la recherche en psychologie.

— • —

CODE DE DÉONTOLOGIE DES PSYCHOLOGUES

A.E.P.U. - A.N.O.P. - S.F.P.

– 22 mars 1996 –
Ratifié en assemblée plénière à Paris le 22 juin 1996

PRÉAMBULE

Le respect de la personne humaine dans sa dimension psychique est un droit inaliénable. Sa reconnaissance fonde l'action des psychologues.

Le présent Code de Déontologie est destiné à servir de règle professionnelle aux hommes et aux femmes qui ont le titre de psychologue, quels que soient leur mode d'exercice et leur cadre professionnel, y compris leurs activités d'enseignement et de recherche.

Sa finalité est avant tout de protéger le public et les psychologues contre les mésusages de la psychologie et contre l'usage de méthodes et techniques se réclamant abusivement de la psychologie.

Les organisations professionnelles signataires du présent Code s'emploient à le faire connaître et respecter. Elles apportent, dans cette perspective, soutien et assistance à leurs membres. L'adhésion des psychologues à ces organisations implique leur engagement à respecter les dispositions du Code.

TITRE I - PRINCIPES GÉNÉRAUX

La complexité des situations psychologiques s'oppose à la simple application systématique de règles pratiques. Le respect des règles du présent Code de Déontologie repose sur une réflexion éthique et une capacité de discernement dans l'observance des grands principes suivants :

1. Respect des droits de la personne

Le psychologue réfère son exercice aux principes édictés par les législations nationale, européenne et internationale sur le respect des droits fondamentaux des personnes, et spécialement de leur dignité, de leur liberté et de leur protection. Il n'intervient qu'avec le consentement libre et éclairé des personnes concernées. Réciproquement, toute personne doit pouvoir s'adresser directement et librement à un psychologue. Le psychologue préserve la vie privée des personnes en garantissant le respect du secret professionnel, y compris entre collègues. Il respecte le principe fondamental que nul n'est tenu de révéler quoi que ce soit sur lui-même.

2. Compétence

Le psychologue tient ses compétences de connaissances théoriques régulièrement mises à jour d'une formation continue et d'une formation à discerner son implication personnelle dans la compréhension d'autrui. Chaque psychologue est garant de ses qualifications particulières et définit ses limites propres, compte tenu de sa formation et de son expérience. Il refuse toute intervention lorsqu'il sait ne pas avoir les compétences requises.

3. Responsabilité

Outre les responsabilités définies par la loi commune, le psychologue a une responsabilité professionnelle. Il s'attache à ce que ses interventions se conforment aux règles du présent Code. Dans le cadre de ses compétences professionnelles, le psychologue décide du choix et de l'application des méthodes et techniques psychologiques qu'il conçoit et met en œuvre.

Il répond donc personnellement de ses choix et des conséquences directes de ses actions et avis professionnels.

4. Probité

Le psychologue a un devoir de probité dans toutes ses relations professionnelles. Ce devoir fonde l'observance des règles déontologiques et son effort continu pour affiner ses interventions, préciser ses méthodes et définir ses buts.

5. Qualité scientifique

Les modes d'intervention choisis par le psychologue doivent pouvoir faire l'objet d'une explication raisonnée de leurs fondements théoriques et de leur construction. Toute évaluation ou tout résultat doit pouvoir faire l'objet d'un débat contradictoire des professionnels entre eux.

6. Respect du but assigné

Les dispositifs méthodologiques mis en place par le psychologue répondent aux motifs de ses interventions, et à eux seulement. Tout en construisant son intervention dans le respect du but assigné, le psychologue doit donc prendre en considération les utilisations possibles qui peuvent éventuellement en être faites par des tiers.

7. Indépendance professionnelle

Le psychologue ne peut aliéner l'indépendance nécessaire à l'exercice de sa profession sous quelque forme que ce soit.

Clause de conscience

Dans toutes les circonstances où le psychologue estime ne pas pouvoir respecter ces principes, il est en droit de faire jouer la clause de conscience.

Titre II - L'exercice professionnel

Chapitre 1 - Le titre de psychologue et la définition de la profession

Article 1

L'usage du titre de psychologue est défini par la loi n° 85-772 du 25 juillet 1985 publiée au *Journal officiel* du 26 juillet 1985. Sont psychologues les personnes qui remplissent les conditions de qualification requises dans cette loi. Toute forme d'usurpation du titre est passible de poursuites.

Article 2

L'exercice professionnel de la psychologie requiert le titre et le statut de psychologue.

Article 3

La mission fondamentale du psychologue est de faire reconnaître et respecter la personne dans sa dimension psychique. Son activité porte sur la composante psychique des individus, considérés isolément ou collectivement.

Article 4

Le psychologue peut exercer différentes fonctions à titre libéral, salarié ou d'agent public. Il peut remplir différentes missions, qu'il distingue et fait distinguer, comme le conseil, l'enseignement de la psychologie, l'évaluation, l'expertise, la formation, la psychothérapie, la recherche, etc. Ces missions peuvent s'exercer dans divers secteurs professionnels.

Chapitre 2 - Les conditions de l'exercice de la profession

Article 5

Le psychologue exerce dans les domaines liés à sa qualification, laquelle s'apprécie notamment par sa formation universitaire fondamentale et appliquée de haut niveau en psychologie, par des formations spécifiques, par son expérience pratique et ses travaux de recherche. Il détermine l'indication et procède à la réalisation d'actes qui relèvent de sa compétence.

Article 6

Le psychologue fait respecter la spécificité de son exercice et son autonomie technique. Il respecte celles des autres professionnels.

Article 7

Le psychologue accepte les missions qu'il estime compatibles avec ses compétences, sa technique, ses fonctions, et qui ne contreviennent ni aux dispositions du présent Code, ni aux dispositions légales en vigueur.

Article 8

Le fait pour un psychologue d'être lié dans son exercice professionnel par un contrat ou un statut à toute entreprise privée ou tout organisme public, ne modifie pas ses devoirs professionnels, et en particulier ses obligations concernant le secret professionnel et l'indépendance du choix de ses méthodes et de ses décisions. Il fait état du Code de Déontologie dans l'établissement de ses contrats et s'y réfère dans ses liens professionnels.

Article 9

Avant toute intervention, le psychologue s'assure du consentement de ceux qui le consultent ou participent à une évaluation, une recherche ou une expertise.

Il les informe des modalités, des objectifs et des limites de son intervention.

Les avis du psychologue peuvent concerner les dossiers ou les situations qui lui sont rapportées, mais son évaluation ne peut porter que sur des personnes ou des situations qu'il a pu examiner lui-même.

Dans toutes les situations d'évaluation, quel que soit le demandeur, le psychologue rappelle aux personnes concernées leur droit à demander une contre-évaluation.

Dans les situations de recherche, il les informe de leur droit à s'en retirer à tout moment.

Dans les situations d'expertise judiciaire, le psychologue traite de façon équitable avec chacune des parties et sait que sa mission a pour but d'éclairer la justice sur la question qui lui est posée et non d'apporter des preuves.

Article 10

Le psychologue peut recevoir, à leur demande, des mineurs et des majeurs protégés par la loi. Son intervention auprès d'eux tient compte de leur statut, de leur situation et des dispositions légales en vigueur. Lorsque la consultation pour des mineurs ou des majeurs protégés par la loi est demandée par un tiers, le psychologue requiert leur consentement éclairé, ainsi que celui des détenteurs de l'autorité parentale ou de la tutelle.

Article 11

Le psychologue n'use pas de sa position à des fins personnelles, de prosélytisme ou d'aliénation d'autrui. Il ne répond pas à la demande d'un tiers qui recherche un avantage illicite ou immoral, ou qui fait acte d'autorité abusive dans le recours à ses services. Le psychologue n'engage pas d'évaluation et de traitement impliquant des personnes auxquelles il serait déjà personnellement lié.

Article 12

Le psychologue est seul responsable de ses conclusions. Il fait état des méthodes et outils sur lesquels il les fonde, et il les présente de façon adaptée à ses différents interlocuteurs, de manière à préserver le secret professionnel.

Les intéressés ont le droit d'obtenir un compte rendu compréhensible des évaluations les concernant, quels qu'en soient les destinataires. Lorsque ces conclusions sont présentées à des tiers, elles ne répondent qu'à la question posée et ne comportent les éléments d'ordre psychologique qui les fondent que si nécessaire.

Article 13

Le psychologue ne peut se prévaloir de sa fonction pour cautionner un acte illégal, et son titre ne le dispense pas des obligations de la loi commune. Conformément aux dispositions de la loi pénale en matière de non-assistance à personne en danger, il lui est donc fait obligation de signaler aux autorités judiciaires chargées de l'application de la Loi toute situation qu'il sait mettre en danger l'intégrité des personnes.

Dans le cas particulier où ce sont des informations à caractère confidentiel qui lui indiquent des situations susceptibles de porter atteinte à l'intégrité psychique ou physique de la personne qui le consulte ou à celle d'un tiers, le psychologue évalue en conscience la conduite à tenir, en tenant compte des prescriptions légales en matière de secret professionnel et d'assistance à personne en danger. Le psychologue peut éclairer sa décision en prenant conseil auprès de collègues expérimentés.

Article 14

Les documents émanant d'un psychologue (attestation, bilan, certificat, courrier, rapport, etc.) portent son nom, l'identification de sa fonction ainsi que ses coordonnées professionnelles, sa signature et la mention précise du destinataire. Le psychologue n'accepte pas que d'autres que lui-même modifient, signent ou annulent les documents relevant de son activité professionnelle. Il n'accepte pas que ses comptes rendus soient transmis sans son accord explicite, et il fait respecter la confidentialité de son courrier.

Article 15

Le psychologue dispose sur le lieu de son exercice professionnel d'une installation convenable, de locaux adéquats pour permettre le respect du secret professionnel, et de moyens techniques suffisants en rapport avec la nature de ses actes professionnels et des personnes qui le consultent.

Article 16

Dans le cas où le psychologue est empêché de poursuivre son intervention, il prend les mesures appropriées pour que la continuité de son action professionnelle soit assurée par un collègue, avec l'accord des personnes concernées, et sous réserve que cette nouvelle intervention soit fondée et déontologiquement possible.

CHAPITRE 3 - LES MODALITÉS TECHNIQUES DE L'EXERCICE PROFESSIONNEL

Article 17

La pratique du psychologue ne se réduit pas aux méthodes et aux techniques qu'il met en œuvre. Elle est indissociable d'une appréciation critique et d'une mise en perspective théorique de ces techniques.

Article 18

Les techniques utilisées par le psychologue pour l'évaluation, à des fins directes de diagnostic, d'orientation et de sélection, doivent avoir été scientifiquement validées.

Article 19

Le psychologue est averti du caractère relatif de ses évaluations et interprétations. Il ne tire pas de conclusions réductrices ou définitives sur les aptitudes ou la personnalité des individus, notamment lorsque ces conclusions peuvent avoir une influence directe sur leur existence.

Article 20

Le psychologue connaît les dispositions légales et réglementaires issues de la loi du 6 janvier 1978 relative à l'informatique, aux fichiers et aux libertés. En conséquence, il recueille, traite, classe, archive et conserve les informations et données afférentes à son activité selon les dispositions en vigueur. Lorsque ces données sont utilisées à des fins d'enseignement, de recherche, de publication, ou de communication, elles sont impérativement traitées dans le respect absolu de l'anonymat, par la suppression de tout élément permettant l'identification directe ou indirecte des personnes concernées, ceci toujours en conformité avec les dispositions légales concernant les informations nominatives.

CHAPITRE 4 - LES DEVOIRS DU PSYCHOLOGUE ENVERS SES COLLÈGUES

Article 21

Le psychologue soutient ses collègues dans l'exercice de leur profession et dans l'application et la défense du présent Code.

Il répond favorablement à leurs demandes de conseil et les aide dans les situations difficiles, notamment en contribuant à la résolution des problèmes déontologiques.

Article 22

Le psychologue respecte les conceptions et les pratiques de ses collègues pour autant qu'elles ne contreviennent pas aux principes généraux du présent Code ; ceci n'exclut pas la critique fondée.

Article 23

Le psychologue ne concurrence pas abusivement ses collègues et fait appel à eux s'il estime qu'ils sont plus à même que lui de répondre à une demande.

Article 24

Lorsque le psychologue remplit une mission d'audit ou d'expertise vis-à-vis de collègues ou d'institutions, il le fait dans le respect des exigences de sa déontologie.

CHAPITRE 5 - LE PSYCHOLOGUE ET LA DIFFUSION DE LA PSYCHOLOGIE

Article 25

Le psychologue a une responsabilité dans la diffusion de la psychologie, auprès du public et des médias. Il fait de la psychologie et de ses applications une présentation en accord avec les règles déontologiques de la profession.

Il use de son droit de rectification pour contribuer au sérieux des informations communiquées au public.

Article 26

Le psychologue n'entre pas dans le détail des méthodes et techniques psychologiques qu'il présente au public, et il l'informe des dangers potentiels d'une utilisation incontrôlée de ces techniques.

Titre III - La formation du psychologue

Chapitre 1 - Les principes de la formation

Article 27

L'enseignement de la psychologie à destination des futurs psychologues respecte les règles déontologiques du présent Code.

En conséquence, les institutions de formation :

- diffusent le Code de Déontologie des Psychologues aux étudiants dès le début des études ;
- s'assurent de l'existence de conditions permettant que se développe la réflexion sur les questions d'éthique liées aux différentes pratiques : enseignement et formation, pratique professionnelle, recherche.

Article 28

L'enseignement présente les différents champs d'étude de la psychologie, ainsi que la pluralité des cadres théoriques, des méthodes et des pratiques, dans un souci de mise en perspective et de confrontation critique. Il bannit nécessairement l'endoctrinement et le sectarisme.

Article 29

L'enseignement de la psychologie fait une place aux disciplines qui contribuent à la connaissance de l'homme et au respect de ses droits, afin de préparer les étudiants à aborder les questions liées à leur futur exercice dans le respect des connaissances disponibles et des valeurs éthiques.

Chapitre 2 - Conception de la formation

Article 30

Le psychologue enseignant la psychologie ne participe pas à des formations n'offrant pas de garanties sur le sérieux des finalités et des moyens. Les enseignements de psychologie destinés à la formation continue des psychologues ne peuvent concerner que des personnes ayant le titre de psychologue. Les enseignements de psychologie destinés à la formation de professionnels non psychologues observent les mêmes règles déontologiques que celles énoncées aux articles 27, 28 et 32 du présent Code.

Article 31

Le psychologue enseignant la psychologie veille à ce que ses pratiques, de même que les exigences universitaires (mémoires de recherche, stages professionnels, recrutement de sujets, etc.) soient compatibles avec la déontologie professionnelle. Il traite les informations concernant les étudiants acquises à l'occasion des activités d'enseignement, de formation ou de stage, dans le respect des articles du Code concernant les personnes.

Article 32

Il est enseigné aux étudiants que les procédures psychologiques concernant l'évaluation des individus et des groupes requièrent la plus grande rigueur scientifique et éthique dans leur maniement (prudence, vérification) et leur utilisation (secret professionnel et devoir de réserve), et que les présentations de cas se font dans le respect de la liberté de consentir ou de refuser, de la dignité et du bien-être des personnes présentées.

Article 33

Les psychologues qui encadrent les stages, à l'université et sur le terrain, veillent à ce que les stagiaires appliquent les dispositions du Code, notamment celles qui portent sur la confidentialité, le secret professionnel, le consentement éclairé. Ils s'opposent à ce que les stagiaires soient employés comme des professionnels non rémunérés. Ils ont pour mission de former professionnellement les étudiants, et non d'intervenir sur leur personnalité.

Article 34

Conformément aux dispositions légales, le psychologue enseignant la psychologie n'accepte aucune rémunération de la part d'une personne qui a droit à ses services au titre de sa fonction universitaire. Il n'exige pas des étudiants qu'ils suivent des formations extra-universitaires payantes ou non, pour l'obtention de leur diplôme. Il ne tient pas les étudiants pour des patients ou des clients. Il n'exige pas leur participation gratuite ou non, à ses autres activités, lorsqu'elle ne font pas explicitement partie du programme de formation dans lequel sont engagés les étudiants.

Article 35

La validation des connaissances acquises au cours de la formation initiale se fait selon des modalités officielles. Elle porte sur les disciplines enseignées à l'Université, sur les capacités critiques et d'auto-évaluation des candidats, et elle requiert la référence aux exigences éthiques et aux règles déontologiques des psychologues.

A.E.P.U. : Association des enseignants de psychologie des universités, Centre Henri Piéron, 28-32, rue Serpente, 75006 Paris.
A.N.O.P. : Association nationale des organisations de psychologues, 20 bis, Grand' Rue, Croix Rouge, 13013 Marseille.
S.F.P. : Société française de psychologie, Centre Henri Piéron, 28-32, rue Serpente, 75006 Paris.

1

PSYCHANALYSE, PSYCHOLOGIE CLINIQUE ET PSYCHOPATHOLOGIE

Sous ce titre à triple composante, ce chapitre a pour principal objet de présenter un tableau des principaux domaines, tels qu'on peut les identifier à l'heure actuelle en France, du secteur le plus étendu des disciplines psychologiques. En effet, en dehors de ce vaste territoire, l'ensemble restant de ces disciplines — à savoir pour l'essentiel la psychologie cognitive, la psychologie sociale et la psychologie de l'enfant — comprend un nombre bien plus restreint de représentants, si l'on prend en compte non seulement les enseignants, mais surtout les psychologues praticiens.

Malgré leur importance reconnue, on n'abordera pas ici l'étude des auteurs étrangers, en particulier de langue anglaise. Par ailleurs, on s'efforcera de limiter l'analyse à l'investigation du présent, voire même, à la rigueur, d'un passé encore tout récent, en ne mentionnant que le minimum indispensable de données historiques plus reculées.

Des trois appellations dont se compose le titre de ce premier chapitre, la première au moins est assez familière au grand public. Chaque élève des classes terminales de l'enseignement secondaire a, de nos jours, déjà reçu une information plus ou moins développée concernant les principales notions de base de la **psychanalyse**.

La psychanalyse fait aussi l'objet d'un intérêt non négligeable de la part du discours médiatique, qu'il s'agisse de l'audiovisuel ou de la presse hebdomadaire. Dans ce registre, d'ailleurs, elle est de plus couramment à la fois présentée et reçue comme s'identifiant de manière implicite à la « psychologie » tout court. La demande croissante qui se fait jour dans le public en matière d'information aussi bien que d'utilisation des techniques de la psychologie assimile spontanément et le plus fréquemment celles-ci à la rubrique générique, à vrai dire un peu vague, où le sentiment commun range les grandes découvertes de la psychanalyse.

Par contraste, les termes « **psychologie clinique** » et « **psychopathologie** » sont d'un usage et d'une acception beaucoup moins familiers au public même cultivé. Une autre expression, celle de « psychologie pathologique », se rencontre aussi dans le vocabulaire spécialisé.

Bien entendu, les étudiants en psychologie sont plus familiarisés avec l'emploi de ces vocables, en particulier au niveau de la définition générale des cursus et des programmes d'enseignement. Il n'en reste pas moins que leurs significations respectives restent pour eux d'autant plus imprécises qu'elles font rarement l'objet d'une tentative d'explication nette, tant en ce qui concerne leur point d'origine culturel et leur généalogie spécifique que leur articulation et leurs interférences supposables.

En réalité, même les enseignants spécialisés dans les domaines plus ou moins contigus désignés par les trois dénominations précédentes, hésitent à peu près tous à en indiquer les frontières. De façon générale, dans l'état actuel de leur développement, les diverses disciplines de la psychologie française ont pour objet d'occuper un ensemble de lieux connus et repérables d'après des critères pratiques – avec l'ambition mesurée d'en approfondir et aussi d'en étendre autant que possible la connaissance – plutôt que d'en dresser la cartographie claire et précise.

Dans le contexte de la psychologie française, l'ensemble scientifique et culturel que désigne notre titre composite représente dans la période actuelle le secteur le plus actif et de très loin le plus riche en représentants, qu'il s'agisse des enseignants aussi bien que des praticiens. Cet ensemble se caractérise au premier regard par la diversité et aussi un certain **métissage des modèles,** composant une polyphonie d'une apparence a priori profuse et de consistance peu fiable.

Toutefois, il semble qu'une telle profusion puisse commencer à se démêler quelque peu, à partir de la supposition qu'elle est à la fois générée et travaillée par **deux grands modèles principaux.**

Celui dérivé de l'enseignement célèbre de **Jacques Lacan** (1953), tend grosso modo, et pour aller un peu vite, à identifier tout simplement la psychanalyse à la psychopathologie, ceci en déniant par ailleurs tout bien-fondé à l'existence et à la valeur d'une discipline qui prétendrait s'intituler psychologie clinique.

Celui issu de la pensée de **Daniel Lagache** (1949), reprise et poursuivie pour l'essentiel par Didier Anzieu, est au contraire centré sur le noyau dur d'une psychologie clinique, au fondement d'une psychologie « humaniste » (la psychologie expérimentale constituant la psychologie « naturaliste ») qui s'articule de façon différenciée avec la psychopathologie et avec la psychanalyse.

Pendant un temps assez long, un état de tension et de rivalité, sinon toujours de conflit manifeste, s'est maintenu entre ces deux courants importants de la pensée clinique française. La vivacité de ce litige s'est beaucoup atténuée aujourd'hui, en particulier face à des dangers communs aux deux adversaires, par exemple l'influence croissante des neurosciences dans le domaine de la pathologie mentale.

Depuis les années 1950, l'ensemble des disciplines traditionnelles de la psychologie tend progressivement à se réorganiser selon deux paradigmes principaux, l'un clinique, l'autre cognitif, ce terme de paradigme (« exemple » en grec) désignant un ensemble de démarches méthodologiques et de conceptions théoriques relevant d'un certain type de scientificité.

À l'intérieur du **paradigme clinique**, nous proposons de ranger trois disciplines subordonnées et coordonnées entre elles : la **psychopathologie** (fin du XVIIIe siècle), la **psychanalyse** (fin du XIXe siècle) et enfin la **psychologie clinique** (milieu du XXe siècle).

Plutôt que de cet ordre d'émergence historique, nous préférons tenir compte des particularités du contexte français en centrant notre intérêt tout d'abord sur la psychanalyse, puis sur la psychologie clinique, et enfin sur la psychopathologie.

LECTURES CONSEILLÉES

Manuels et ouvrages généraux :

BENESCH, H. (1995). *Atlas de la psychologie.* Paris : Hachette.
IONESCU, S. (1991). *Quatorze approches de la psychopathologie.* Paris : Nathan.
PÉDINIELLI, J.L. (1994). *Introduction à la psychologie clinique.* Paris : Nathan.
VANIER, A. (1996). *Éléments d'introduction à la psychanalyse.* Paris : Nathan.

Les dictionnaires :

CHEMAMA, R. (Ed.). (1995). *Dictionnaire de la psychanalyse.* Paris : Larousse.
FRÖHLICH, S. (1997). *Dictionnaire de la psychologie.* Paris : Hachette.
ROUDINESCO, E. ET PLON, M. (1997). *Dictionnaire de la psychanalyse.* Paris : Fayard.

Les grands textes classiques :

FREUD, S. (1923). *« Psychanalyse »* et *« Théorie de la libido »,* in *Résultats, idées, problèmes,* vol. 2. Paris : PUF, 1985, 51 - 77.

Pour aller plus loin :

FUA, D. (Ed.) (1997). *Le métier de psychologue clinicien.* Paris : PUF.
HUBER, W. (1993). *L'homme psychopathologique et la psychologie clinique.* Paris : PUF.
JALLEY, E. (1996). La psychologie moderne. *Encyclopédie Clartés,* 16041, 1-12, 16042, 1-24, 16043, 1-14.
JALLEY, E. ET LANOUZIÈRE, J. (1991). La psychologie clinique. *Encyclopédie médico-chirurgicale.* Psychiatrie, 37032 A 10, 1 - 7.
PERRON, R. (Ed.) (1997). *La pratique de la psychologie clinique.* Paris : Dunod.

La profession de psychologue :

COHEN, P. et RIEU, J.P. (Eds.) (1994). *Les psychologues. Où sont-ils ? Que font-ils ?* Paris : Publication du Syndicat national des psychologues.
TOUATI, A. (Ed.) (1994). *Annuaire - Guide de la psychologie.* Paris : Desclée de Brouwer.

A

LA PSYCHANALYSE

D'après la définition très souvent citée qu'en a donnée Freud lui-même, « psychanalyse est le nom 1) d'un procédé d'investigation de processus psychiques, qui sont à peine accessibles autrement ; 2) d'une méthode de traitement des troubles névrotiques, qui se fonde sur cette investigation ; 3) d'une série de conceptions psychologiques, acquises par cette voie, qui s'accroissent progressivement pour former une discipline scientifique nouvelle » (Freud 1923).

Freud a créé la psychanalyse au cours d'une assez longue période comprise entre 1893 et 1905, même s'il importe de souligner que c'est en 1896 qu'il en a pour la première fois utilisé le mot.

1 - Le contexte français

A/ L'expansion

Aucune autre branche du savoir en France n'a connu depuis ces quarante dernières années un épanouissement comparable à celui de la psychanalyse. Elle s'est implantée à peu près partout, s'est introduite dans presque tous les champs des sciences humaines et de la culture, au point de se voir reprocher parfois une influence excessive, de caractère hégémonique. Dans l'enseignement universitaire de la psychologie, elle a évincé la psychopathologie traditionnelle, donné consistance au paradigme nouveau de la psychologie clinique, et réduit l'influence des autres branches de la psychologie.

Leclaire, S. (1991) : *État des lieux de la psychanalyse.* Paris : Albin Michel.

La littérature produite aujourd'hui dans le champ de la psychanalyse est considérable, au point que même les professionnels aussi bien que les enseignants ne prétendent plus la maîtriser entièrement. ***Serge Leclaire*** rapporte qu'il n'existait en France, au début de l'année 1990, pas moins de 40 éditeurs de psychanalyse, proposant 52 collections de psychanalyse, et diffusant en outre 32 revues spécialisées. C'est surtout à partir des années 1970, c'est-à-dire semble-t-il dans l'après-coup de la grande secousse sociale générée par la crise de 1968, que s'est produite cette spectaculaire expansion.

En France encore, les débats d'idées dont la psychanalyse est l'enjeu, atteignent une vivacité sans équivalent dans aucun autre pays. Ces controverses donnent lieu à d'innombrables rencontres, colloques, congrès. Leur écho se répercute aussi, en dehors du cadre des quelques grandes sociétés très connues, dans un vaste réseau de groupes, associations, cercles d'études, à la géographie incertaine et changeante. Il reste que, sous cette prolifération, se dessinent de grands courants profonds où s'organise le panorama d'une clinique originale et diversifiée de nature typiquement française. La France possède le plus grand nombre de psychanalystes par habitant. C'est le pays du monde (mis à part le cas de l'Angleterre et celui très singulier de l'Argentine) où la pensée psychanalytique est demeurée la plus **vivante**, la plus créative, la plus proche aussi de sa source freudienne originaire. Dans d'autres pays, comme par exemple les Etats-Unis, où la psychanalyse a très tôt connu un vaste succès, son modèle originaire a été beaucoup plus adapté, transformé par ses adeptes mêmes, concurrencé aussi, parfois même absorbé et adultéré par des modèles rivaux.

Vivante : vitalité qui a pour contrepartie la variété des approches. Ainsi la vitalité culturelle aussi bien que scientifique de la psychanalyse française n'est pas reconnue par tous les psychanalystes. Certains se demandent si « l'unité » de la psychanalyse existe encore, vu les « considérables différences » entre ses divers courants (Perron et col., p. 41). D'autres dénoncent parfois les tendances à l'« embonpoint de la théorie », même à la « redondance ou cacophonie » (Bourguignon et col., p. 81). Autre paradoxe, « l'histoire de la psychanalyse est restée ignorée en France jusque vers les années 1980 ». Le seul organisme officiel qui s'y intéresse, l'« Association internationale d'histoire de la psychanalyse », n'a été créé qu'en 1985. La plupart des travaux concernant l'histoire de la psychanalyse sont récents.

B/ Les raisons de cet intérêt

Comparée à bien d'autres pays, l'implantation de la psychanalyse en France a été tardive. En dehors de raisons historiques particulières (les deux conflits de 1870 puis de 1914 ont nourri, durant toute la première moitié du XXe siècle, un profond sentiment anti-allemand), deux motifs essentiels peuvent expliquer ce retard.

La culture germanique trouve peu d'écho en France. La psychanalyse ne pouvait naître et se développer que dans le cadre d'une culture susceptible de lui fournir un outillage philosophique particulier. À cet égard, la notion de conflictualité intrasubjective, formée entre 1780 et 1830 dans le cadre de la philosophie critique et ***romantique*** allemande, est plutôt étrangère à la philosophie (Descartes, Malebranche, Comte) et à l'idéologie françaises en général (mis à part certains auteurs du XVIIe siècle tels que Pascal, ou Corneille et Racine).

Romantisme : pour les courants philosophiques et les débats d'idées, *cf.* la première partie de Parot, F. et Richelle, M. (1992). *Introduction à la psychologie. Histoire et méthodes.* Paris : PUF.

Il existait en France une tradition psychopathologique française fortement implantée. Vivante et riche depuis Philippe Pinel, inventeur de « l'asile » et de la psychiatrie (*cf.* chapitre 3), elle manifestait d'une relative indépendance.

Mais en définitive, le phénomène le plus étonnant, dans ce processus de diffusion culturelle de caractère complètement paradoxal, c'est que la pensée freudienne a aujourd'hui trouvé en France sa véritable patrie d'élection, alors que son impact actuel dans les pays de langue allemande est beaucoup moins dynamique, intégrée qu'elle est sans privilège particulier dans les formes honorables et reconnues du classicisme culturel.

La vive curiosité manifestée par un assez large public en France, surtout depuis la fin des années 1960, à l'égard de la psychanalyse semble liée à l'espoir de maîtriser une inquiétude liée à tout le tissu de la vie sociale. La psychanalyse se présente comme un corps de savoirs, à la fois doctrinal et pratique, susceptible de fournir des réponses quant à la signification et à la planification de l'existence de l'individu moderne. Celui ci se trouve, de fait, égaré dans le labyrinthe d'une crise globale, que ses ingrédients multiples — de nature éthique, culturelle, politique, économique et sociale — rendent aussi douloureuse que persistante, difficile à cerner, et sans remède apparent.

De cette crise générale de l'existence propre en particulier à la société française, on peut relever des symptômes tels que par exemple le **chômage des moins de 25 ans**, le record mondial de consommation de psycholeptiques, l'échec scolaire qui constitue le motif de 80% des demandes d'aide aux pédopsychiatres.

Chomage des jeunes, symptôme de crise

- 102 000 jeunes sont sortis du système scolaire sans aucun diplôme en 1994 (soit 15,3 % des sortants contre 28 % en 1977). Un nombre deux fois moins élevé qu'à la fin des années 70.
- Les derniers chiffres du ministère du Travail (fin novembre 1996) font état d'un taux de chômage des moins de 25 ans de 24,9 % (21,2 % pour les garçons et 29,5 % pour les filles) contre 12,7 % en moyenne nationale. Il accuse une hausse de 1,4 % par rapport à l'année précédente (fin novembre 1995).
- Selon la dernière étude de la Direction de l'évaluation et de la prospective (DEP) qui relève du ministère de l'Éducation nationale, en 1994, les jeunes ont achevé, en moyenne, leur formation initiale à 21,4 ans (contre 20,7 ans en 1990). Pour les niveaux bac + 3 et plus, l'âge moyen de fin de scolarité est proche de 25 ans.

Dans cette situation, la psychanalyse exerce aujourd'hui une forte attraction sur un assez large public en France, entre autres sur la plupart des étudiants en psychologie. Elle apparaît comme l'unique solide domaine auquel l'aspiration à une forme d'**authenticité personnelle** puisse s'identifier, en un mot comme le seul noyau résiduel encore vivant dans le contexte de cette crise généralisée de la culture. En fait, la psychanalyse tendrait à se présenter comme le seul ensemble de conceptions théoriques et pratiques susceptible d'offrir à l'individu la garantie d'un degré valable d'**accomplissement de soi**, la promesse d'un niveau satisfaisant de cohérence et de bonheur véridiques. Mais au-delà d'une telle « psychologie individuelle », elle paraîtrait aussi fournir à des esprits plus ambitieux une clef de compréhension ouvrant sur un domaine plus vaste, celui de la « psychologie collective ». Elle s'avérerait apte à élucider les facteurs constitutifs du « ***malaise dans la civilisation*** », à lever le silence sur le secret qui couvre en son principe la dimension d'aliénation dont se tisse la trame de toute forme d'agencement des institutions sociales.

Malaise dans la civilisation : titre d'un ouvrage de Freud (1930).

C/ La psychanalyse française

Plutôt que de passer en revue les secteurs où les développements de la psychanalyse en France ont pris une importance essentielle (la psychanalyse des groupes, de l'enfant, les psychothérapies, la psychosomatique), nous avons choisi de présenter **deux personnalités majeures** illustratives de deux courants particulièrement saillants de la psychanalyse française, et dont nous avons déjà repéré le profil dans l'introduction de ce chapitre : une psychanalyse pure séparée de la psychologie, et une psychanalyse interdisciplinaire se prolongeant vers une psychologie clinique. Le premier courant a eu pour chef de file la personnalité dominante de Jacques Lacan, le second est représenté surtout par Didier Anzieu, le principal héritier de la pensée de Daniel Lagache qui a été jusqu'à sa mort (1972) le grand rival de Lacan.

La liste des psychanalystes français d'un certain renom comprend encore bien d'autres patronymes, environ vingt-cinq, que nous nous proposons simplement d'énumérer par ordre alphabétique, sans vouloir préjuger de leur importance respective, et en recommandant au lecteur intéressé de consulter l'index de l'ouvrage récent de A et S de ***Mijolla***. Voici les noms de ces auteurs principaux : Piera Aulagnier, Robert Barande, Jean Bergeret, Maurice Bouvet, Denise Braunschweig, Christian David, Simone Decobert, René Diatkine, Françoise Dolto, Jean-Luc Donnet, Michel Fain, André Green, Bela Grunberger, René Kaës, Evelyne Kestemberg, Jean Laplanche, Serge Lebovici, Joyce McDougall, Francis Pasche, Jean-Bertrand Pontalis, Paul-Claude Racamier, Guy Rosolato, Michel Soulé, Jean-Paul Valabrega, Serge Viderman.

Mijolla (de), A. et S. : (Eds.) (1997). *Psychanalyse*. Paris : PUF.

2 - Le modèle lacanien

Jacques Lacan est contemporain de Daniel Lagache, le fondateur de la psychologie clinique en France. L'antagonisme entre Lacan et Lagache a commandé l'évolution complexe de la psychanalyse en France, des années 1950 jusqu'aujourd'hui. A certains égards, on peut considérer que cette opposition continue à œuvrer dans le champ de la psychanalyse française, en y créant des lignes de force qui contribuent d'une certaine manière à en dynamiser la créativité.

Le paradigme lacanien d'une psychopathologie psychanalytique, dont l'influence réelle commence à opérer à partir de 1953, s'est historiquement défini en grande partie comme l'alternative du paradigme lagachien (1949). Celui-ci représentait une formule en soi parfaitement cohérente pour l'implantation de la psychanalyse dans la tradition universitaire et scientifique française (*cf.* plus loin partie B). Or, d'emblée, le modèle lacanien s'est défini comme en marge par rapport à une telle tradition universitaire, même si par ailleurs il s'offrait avec évidence comme susceptible de greffer la psychanalyse sur la tradition proprement scientifique de la clinique psychiatrique française.

Jacques-Marie Lacan (1901-1981) psychiatre et psychanalyste. (1966). *Écrits.* Paris : Seuil.

Roudinesco, E. (1982, 1986). *Histoire de la psychanalyse en France*, 2 vol. Paris : Ramsay.

Perron, R. (1988). *Histoire de la psychanalyse.* Paris : PUF.

Chemouni, J. (1991). *Histoire de la psychanalyse en France.* Paris : PUF.

Jalley, E. (1998). *Freud, Wallon, Lacan. L'enfant au miroir.* Paris : ELP.

A/ La structuration du sujet

Dès 1953, Lacan présente un nouveau modèle de l'organisation structurale du sujet. Le « schéma L » (Lacan), ou encore « quaterne analytique », est un rectangle dont chaque angle est occupé par une instance particulière : en bas à gauche et à droite respectivement par le moi et le «grand Autre», en haut à gauche et à droite également par le sujet inconscient et le «petit autre». (*cf.* chapitre 3).

La structuration du sujet se laisse envisager à partir de ce rectangle muni de ses deux diagonales. Cette figure permet de définir quatre couples regroupant les quatre notions précédentes : petit autre - grand Autre, moi - petit autre, grand Autre - sujet inconscient, moi - sujet inconscient.

Sur ce **schéma L**, le **petit autre** (a), à ne pas confondre avec l'objet a, se situe en vis-à-vis du **moi** sur l'axe de la relation dyadique **imaginaire**, registre de la « **parole vide** ». L'autre se constitue en rapport avec le moi au niveau du **stade du miroir**, compris entre six et dix-huit mois. Il représente la forme du semblable, l'imago du double, la *Gestalt* de l'*alter ego*, l'image de l'être humain, une entité perceptive où fusionnent à l'état de moments indifférenciés la forme du moi et celle de l'autre. Le moi se confond avec cette image, de l'ordre du leurre, et qui le forme, mais l'aliène primordialement, sous forme d'un **moi idéal** (*Idealich*). Ce petit autre, «armure d'une identité aliénante », « forme orthopédique de la totalité » du moi, est l'objet de l'**identification imaginaire**. La capture du moi par son reflet spéculaire, aussi bien que sa pratique de la parole vide, en font une **fonction de méconnaissance**, en particulier comme agent de la résistance au cours de la cure. Dans l'analyse, « le vrai voyage commence au-delà du miroir ».

Le **grand Autre**, en fait et d'une certaine manière une réélaboration complète du **surmoi** freudien ou plutôt de l'une de ses composantes dite **idéal du moi** (*Ichideal*), est le pôle transindividuel de l'axe **symbolique**, c'est-à-dire du langage défini comme fonctionnement d'une chaîne signifiante ; l'autre pôle, point d'origine et d'attache de cette chaîne, est le **sujet inconscient**, le sujet barré ($) par une opération d'éclipse (***fading***), laquelle représente la version lacanienne du ***refoulement* originaire**. L'axe symbolique représente celui de la « **parole pleine** », de la parole authentique générée par la cure analytique. L'Autre est le «lieu du trésor du

Refoulement : pour les notions techniques de la psychanalyse, voir les ouvrages de Chemama et Vanier. (Lectures conseillées)

signifiant », le « lieu de la parole », le « garant de la vérité » et de la « bonne foi », c'est-à-dire l'organisateur transsubjectif de la chaîne signifiante. C'est à partir de cette « autre scène » que se constituent à la fois le sujet du discours inconscient « structuré comme un langage » (« l'inconscient est le discours de l'Autre ») et le sujet du désir comme répondant au désir de l'Autre (« le désir de l'homme est le désir de l'Autre »). En ce lieu de l'Autre, lieu du trésor des signifiants, s'inscrit le **Nom-du-Père**, support de la **Loi**. Ce lieu de l'Autre est l'un des pôles où se tient l'analyste pendant la cure. Car c'est de «ce discours de l'Autre que le sujet reçoit sous forme inversée (dans l'interprétation) son propre message oublié ».

Le couple formé par le moi et le sujet inconscient correspond à la distinction effectuée par la linguistique entre le **sujet de l'énoncé** et le **sujet de l'énonciation**. Il résulte d'une première division du sujet, d'une **fente** (*Spaltung*) qui pose un sujet de l'inconscient décentré par rapport au moi comme formation imaginaire. Cette opération est l'effet même du processus qualifié plus haut comme éclipse du sujet.

Ce sujet inconscient, le **ça** freudien, est un lieu justement où « ça parle ». Et il n'y a d'inconscient « que chez l'être parlant ». Ce que ça dit est articulé en purs atomes de langage, c'est-à-dire en signifiants désarrimés de leurs signifiés mais arrêtés en certains points ainsi qu'au bout de la chaîne par l'opération que Lacan appelle point de capiton. Le sujet délimite et recouvre à la fois l'existence intrusive du réel par le biais du fantasme, **réel** que Lacan qualifie comme « **l'impossible** », c'est-à-dire l'horizon, la limite de la représentation, de la parole, et aussi du désir ; il s'agit en somme de la dimension indicible du sujet, que Freud avait déjà définie pour son compte par l'expression de **réalité psychique**.

B/ La chaîne signifiante

À partir de 1964, un couple conceptuel nouveau vient s'adjoindre aux quatre couples précédemment énoncés. Le sujet barré $ est lui-même subdivisé selon le « couple de signifiants » S1-S2. Cette nouvelle articulation du sujet inconscient correspond à un processus de division plus fondamental, qui supporte le précédent. Il s'agit de la **refente,** par laquelle le signifiant S1 se trouve élidé comme sujet, de manière à permettre au signifiant S2 de se produire comme premier signifié de la chaîne du discours. Il faut comprendre qu'un sujet vidé de tout être S1 ne peut se saisir que par la médiation d'un autre signifiant S2. C'est dans ce contexte que Lacan introduit une formule elle aussi nouvelle et qu'il reprendra souvent par la suite : « Le signifiant est ce qui représente un sujet pour un autre signifiant », soit respectivement S1 et S2.

Le **signifiant unaire** et le **signifiant binaire**, S1 et S2, représentent le début de la chaîne signifiante, dans sa réduction à deux éléments. S2 désigne le **savoir inconscient,** cependant que S1, appelé le **signifiant maître,** est identifié aussi bien, en tant que signifiant d'un manque structural, à la fonction phallique « phi ». Le **phallus,** point ombilical du sujet où se noue le refoulement originaire est parfois identifié par Lacan à la barre du signe saussurien en tant que limite, faille en principe infranchissable entre le signifiant et le signifié. Un tel refoulement trouve son principe dans la métaphore du nom-du-père dont l'échec, c'est-à-dire la forclusion, est la condition structurale de la psychose.

Le « phallus » n'est évidemment pas le pénis, ni même son signifiant. Il désigne le premier signifiant, qui ne renvoie à aucun autre situé en deçà au plus profond du sujet. À ce titre, il s'indique comme le lieu d'attache du symbolique, la racine originelle du langage, en même temps que comme une totale carence d'« être », le rien, la béance, la zone d'absence, où se localisent le sujet comme disparaissant, sa vacillation. Le phallus signifie le défaut fondamental d'achèvement, de complétude propre à l'appareil psychique de l'être parlant, du « parlêtre ». L'une des conditions, biologique, d'une telle fêlure est la **prématuration** de l'être humain, qui le voue à une dépendance essentielle en même temps qu'au langage.

Par ailleurs, point d'arrimage de la chaîne du discours, le sujet inconscient est un lieu d'absence dont le battement dans l'intervalle du couple des signifiants rencontre un « **objet petit a** ». Il s'agit de l'objet support de la pulsion, surgissant dans le rapport originaire entre la mère et l'enfant. Cet objet, un bout de réel lié à la jouissance des orifices corporels, un fragment aussitôt perdu qu'apparu, est recouvert par le fantasme et s'offre comme la cause du désir, ainsi **le regard** ou **la voix**. Le **désir** fonctionne alors comme une forme de déplacement entre signifiants successifs, la quête métonymique de cet objet à jamais disparu. Sa découverte représenterait le terme ultime de l'analyse. C'est en ce lieu que Lacan a fini par situer la position de l'analyste, alors qu'il l'avait située précédemment au niveau de l'Autre.

C/ La critique des idéaux normatifs

Le sujet lacanien se définit parfois en termes qui ne sont pas sans évoquer la **conception sartrienne** du sujet : « manque d'être, trou d'être au sein de l'être, manchon de néant » (Sartre : *L'Être et le Néant,* 1943). On songe parfois aussi à certaines formules de **Heidegger** (1889-1976) : « Ce néant se présente comme l'être ». Il reste que, pour Lacan, malgré sa conception d'un sujet en définitive très diaphane, « il n'y a d'analyse que du particulier ».

La sévérité de Lacan à l'égard des idéaux définis par l'adaptation et la normativité s'exprime dans des formules parfois très virulentes, ainsi lorsqu'il évoque « l'exploitation managériale de la psychologie, spécialement dans ses usages de recrutement pour les emplois ».

Pour résumer, dans sa conception de l'appareil psychique, Lacan accorde un privilège marqué à la vérité du ça (sujet inconscient) aux dépens de la fonction intégratrice du moi, que ne sous-estimait pas Freud et dont lui-même dénonce l'illusion. Il s'efforce de penser l'inconscient d'une façon originale en prenant appui sur la linguistique structurale de Saussure et Jakobson. Il a beaucoup contribué aussi, à l'instar de Mélanie Klein, à développer le champ de la clinique psychanalytique vers l'exploration des processus psychotiques.

3 - Didier Anzieu

Didier Anzieu se rattache sans ambiguïté à la tradition inaugurée par le paradigme lagachien d'une fédération entre la psychanalyse et la psychologie.

Ses contributions à la psychologie clinique sont originales, notamment et en premier lieu dans le domaine de la nouvelle approche psychanalytique des techniques projectives, mais aussi concernant les innovations importantes qu'il a introduites ultérieurement dans le champ proprement dit de la théorie et de la clinique psychanalytiques avec les notions de « moi-peau » et de « penser ».

A/ Une autre tradition

Anzieu s'est soucié de situer ses propres conceptions, au point de vue des antécédents philosophiques, par rapport à celles de Lacan.

Didier Anzieu : né en 1923, philosophe, psychologue et psychanalyste.
(1979). La psychanalyse au service de la psychologie. *Nouvelle revue de psychanalyse*, n° 20, 59 - 75.
(1985). *Le moi-peau.* Paris : Dunod.
(1994). *Le penser. Du moi-peau au moi-pensant.* Paris : Dunod.

D'après lui, la perspective structuraliste propre à Lacan se rattacherait au courant du rationalisme cartésien. Dans un esprit différent, le paradigme lagachien auquel lui-même se rapporte, prolonge la tradition de l'empirisme et du généticisme, moins prégnante en France que dans les pays anglo-saxons, mais toutefois représentée par des auteurs non négligeables tels Pascal, Condillac, et les idéologues de la période napoléonienne. Anzieu apprécie particulièrement chez Pascal, dont il cite maintes fois le « renversement perpétuel du pour au contre », le représentant d'une pensée du conflit, bien plus rare dans la tradition française que dans la constellation germanique.

Concernant les prédécesseurs de ses propres vues dans le champ même de la psychanalyse, Anzieu évoque tout naturellement Freud ainsi que Federn, mais il mentionne aussi la postérité féconde de la pensée kleinienne, au tout premier chef Winnicott et Bion, Esther Bick enfin. Il se réfère également à Bowlby.

Anzieu ne parle jamais de Henri Wallon, ce que l'on peut trouver singulier, étant donné les vues très originales de celui-ci concernant l'enveloppe corporelle et, en général, la psychogenèse des limites entre le dedans et le dehors.

B/ Le moi-peau

La notion nouvelle proposée tout d'abord par Anzieu a été celle de **moi-peau** (1974, 1985). Il en a lui-même rédigé la définition dans le *Dictionnaire de psychologie* de Doron et Parot (1991) : « Notion intermédiaire entre une métaphore et un concept, élaborée en 1974 par D. Anzieu. Le moi enveloppe l'appareil psychique comme la peau enveloppe le corps. Les principales fonctions de la peau se retrouvent transposées dans le moi : interface entre le dedans et le dehors, sac contenant des contenus, mise en correspondance des autres organes des sens entre eux (consensualité) sur un fond d'espace imaginaire constitué par les expériences tactiles précoces, recharge libidinale, soutien de l'excitation sexuelle, etc.

Le moi-peau est constitué de deux enveloppes psychiques : l'enveloppe pare-excitation, l'enveloppe surface d'inscription. Le repérage des failles du moi-peau et la construction de leur origine sont une part importante du travail psychanalytique sur des patients états-limites et relèvent des techniques de l'analyse transitionnelle. »

Plus récemment, cette notion a été réélaborée, suivant un parcours inédit « du moi-peau au moi-pensant », en direction d'un modèle psychanalytique de la pensée, ou encore du « **penser** ».

C/ Le penser

Dans son ouvrage le plus récent, dont le thème explicite est « *Le penser* » (1994), Anzieu envisage l'esprit, l'appareil mental comme un **ensemble d'enveloppes**, de « contenances emboîtées », construit selon trois grands niveaux étagés : la peau, le moi, et la pensée.

Le **moi-peau**, le moi-corps de Freud (1923), représente l'organisateur psychique initial, la première inscription des faits psychiques. L'expérience primaire de la surface du corps propre se reflète dans cette première enveloppe formatrice des contours du moi, vécue d'abord comme une barrière poreuse et frêle.

Dans une deuxième étape, le moi-peau se différencie, à la base en un **moi corporel** et, par étayage sur celui-ci, en un **moi psychique**. Ce processus suppose une enveloppe de soins, de gestes et de discours, entretenue par une mère suffisamment bonne (Winnicott) et aussi suffisamment pensante. Ces deux premiers niveaux correspondent au ***moi-plaisir*** de Freud, et sont régis par une logique subjective, **logique de l'image** aussi bien que **des mots**.

L'étape ultérieure comporte l'apparition de la pensée, d'un **moi-pensant**, ou plutôt de pensées qui précèdent le penser (Bion). Ce niveau qui correspond au ***moi-réalité*** de Freud, se subdivise lui-même en deux degrés : d'une part un moi-réalité **interne**, subjectif, ou encore moi **empirique**, d'autre part un moi-réalité **externe**, objectif, ou encore moi **rationnel**. Ces deux degrés sont gouvernés l'un par une **logique de la croyance**, l'autre par une logique **de l'objet**, des choses, une logique aussi **des pensées**. Leur rapport est conflictuel.

Moi-plaisir, moi-réalité : dans la série des stades de Freud, le moi-plaisir correspond à peu près au stade oral, le moi-réalité au stade sadique-anal.

Le passage du moi-peau au moi-pensant opère par transposition de ***schèmes*** (Kant, Bergson, Piaget), transposition en particulier de schèmes sensorimoteurs en schèmes de pensée, enfin d'images et de représentations en concepts. **L'esprit est une analogie du corps** propre et des autres corps (***Spinoza***). Un système intellectuel est un corps de pensées. La **pensée est une enveloppe** construite par analogie avec le moi psychique, et celui-ci aussi est une enveloppe dérivée par analogie de la peau. L'**inconscient** est d'abord **structuré comme un corps**, et non comme un langage.

Un schème est un modèle particulier d'activité, dont les divers auteurs auxquels se réfère ici Anzieu ont donné des définitions différentes mais assez concordantes. Voir Lalande, A. (1985). *Vocabulaire technique et critique de la philosophie*. Paris : PUF.

Le passage du moi-peau au moi-pensant suppose la mise à distance de la pulsion d'attachement (Bowlby), sous la forme du double **interdit du toucher** : s'éloigner de la mère, ne pas agresser directement l'autre. L'acte est soumis à la parole, et celle-ci à la pensée.

Le moi-pensant comporte huit fonctions en correspondance analogique avec huit fonctions du moi-peau. Ainsi, par exemple :

Baruch Spinoza : philosophe hollandais (1632-1677). A formulé le principe connu dans la psychologie associationniste de la fin du XIXe siècle sous l'expression de parallélisme psychophysiologique. Ainsi, selon lui, dans les relations de l'esprit et du corps en particulier, « l'ordre et la connexion des idées sont les mêmes que l'ordre et la connexion des choses » (*Éthique*, II, prop. 7). *Œuvres complètes de Spinoza*. Paris : NRF.

Maintenance : la peau, le moi et le penser assurent respectivement la consistance du corps, du psychisme, des pensées. L'élévation des pensées est une analogie de la verticalité du corps humain.

Contenance : la peau enveloppe le corps, par analogie le moi enveloppe le psychisme, et le penser les pensées.

Correspondance : la peau se présente comme un sens commun assurant la consensualité; la pensée utilise des opérations de transformation.

Les autres fonctions du penser analogiques à celles du moi-peau sont les suivantes : **constance** (défense contre l'excès d'information), **signifiance, individuation, sexualisation, énergisation.**

B

LA PSYCHOLOGIE CLINIQUE

La psychologie clinique représente aujourd'hui, en France comme dans les autres pays où elle est connue, surtout l'Allemagne et les États-Unis, le secteur le plus développé de la psychologie. Ce fait est paradoxal si l'on considère qu'il s'agit de la branche la plus récente de l'histoire des disciplines psychologiques, née seulement après la Seconde Guerre mondiale.

1 - L'EXPANSION PROFESSIONNELLE

En France, les estimations fournies par le Syndicat National des Psychologues font état d'une croissance importante des psychologues praticiens : 20 000 en 1985, 30 000 en 1995 (ONISEP, 1995, Psychologues et sociologues. *Avenirs*, n° 467).

Travaillant dans différents secteurs (*cf.* Grand Amphi, *Les méthodes en psychologie*), il existerait plus de 15 000 psychologues cliniciens dans le secteur sanitaire et social ; 8 000 dans l'Éducation nationale (4 500 conseillers d'orientation psychologues et 3 500 psychologues scolaires) ; 5 000 dans le secteur de la psychologie sociale et du travail ; 2 000 dans l'enseignement supérieur et la recherche.

Par rapport aux autres registres professionnels, la psychologie clinique est fortement majoritaire. En effet, en dehors même du secteur de la santé, nombreux sont les psychologues dans les secteurs de l'éducation et du travail qui s'identifient au paradigme de la psychologie clinique par leur dynamique intellectuelle et professionnelle.

Evalués à environ un tiers des praticiens en 1968, les psychologues cliniciens formaient déjà 59 % en 1972, et enfin près des trois quarts (73,6 %) de la population des praticiens en exercice en 1988 (enquête SNP/*Le Monde,* 1988).

Dans le contexte français, la population des psychologues cliniciens s'insère dans une constellation clinique plus vaste comportant deux autres ensembles : 8 500 psychiatres et 4 000 à 5 000 psychanalystes (entre 8 000 et 10 000 si on y adjoint la population moins facile à cerner des « psychothérapeutes »).

La plupart des postes de psychologues cliniciens ont été créés entre les années 1960 et 1985, mais surtout à partir des années 1970, où se repère aussi, comme on l'a vu, une forte expansion de l'intérêt pour la psychanalyse. En effet, la crise de la culture et de la société françaises qui a continué à se développer après la fracture politique de 1968 a suscité une forte demande sociale en matière de consultation psychologique, demande accrue par l'émergence de nouvelles valeurs centrées sur l'épanouissement personnel et la réalisation de soi. À cette époque, le psychologue clinicien s'attachait avec plus ou moins de bonheur à repérer son propre espace, dans un exercice balançant parfois entre les positions respectives du médecin, du psychanalyste et du directeur de conscience religieux. Le titre de psychologue publié en 1985, lui assure désormais un statut reconnu. (*cf.* document 1 B 1).

Par ailleurs, comme semblent le montrer certaines données, beaucoup d'étudiants en DESS de psychologie clinique suivent une cure psychanalytique de type orthodoxe (environ 60 %) et envisagent la profession de psychologue clinicien comme un palier provisoire vers la carrière de psychanalyste, d'un statut social jugé plus enviable (environ 45 %). Ces données résultent d'une enquête que nous poursuivons depuis près d'une dizaine d'années dans le cadre de notre enseignement dispensé au titre du « DESS de psychologie clinique et pathologique » à l'Université de Paris Nord.

En Allemagne et aux États-Unis, comme on l'a déjà mentionné, la psychanalyse orthodoxe semble avoir beaucoup moins de vitalité et de prestige qu'elle n'en conserve encore en France. Ce fait est paradoxal si l'on considère que notre pays, insistons-y à nouveau, est l'un de ceux où la psychanalyse s'est implantée de façon plutôt difficile et tardive.

En revanche, il existe dans ces deux pays une psychologie clinique nettement plus comportementaliste et beaucoup moins liée à la psychanalyse que la psychologie clinique française. Ce modèle anglo-saxon paraît très bien implanté en Allemagne, mais aussi en Belgique (*cf.* Lectures conseillées : Huber, W. et Benesch, H.).

Original et propre à son contexte culturel spécifique, le modèle français de la psychologie clinique étendrait par ailleurs son influence dans un certain nombre de pays méditerranéens.

2 - La spécificité française

Le caractère original du modèle français tient à la conception éclectique particulière de son principal fondateur ***Daniel Lagache*** qui l'a formulée en 1949 dans un petit ouvrage connu depuis comme un véritable manifeste de la nouvelle discipline (*L'unité de la psychologie*).

À vrai dire, Lagache ne crée pas de toutes pièces le modèle de la psychologie clinique. Il l'introduit en France, à partir des États-Unis où elle commençait à se diffuser (Rapaport, Rosenzweig), mais en la concevant selon une philosophie personnelle, comme une discipline faisant transition entre la psychologie expérimentale et la psychanalyse. En fait, dans ce modèle fédérateur, on peut dire que c'est la psychanalyse qui assume le rôle de partenaire privilégié, cependant que la psychologie expérimentale y apparaît traitée avec les égards diplomatiques dus à son rang scientifique. Dès sa création, la psychologie clinique en France est caractérisée par une forme originale de référence au modèle psychanalytique.

Au rôle fondateur de Lagache doit être associée la personnalité marquante de Juliette Favez-Boutonier (1903-1994), possédant le même type de formation interdisciplinaire, associant la philosophie à la médecine, la psychologie à la psychanalyse. Elle a créé à Paris en 1959 le premier laboratoire de psychologie clinique en France, appelé ensuite de « psychologie individuelle et sociale » (1968). Puis elle obtient la dénomination « psychologie clinique » au sein des options de la maîtrise créée en 1967.

Le courant de la psychologie sociale clinique, présent presque dès la création du laboratoire de Favez-Boutonier, a pris aujourd'hui une consistance et une autonomie propres.

Daniel Lagache : (1903-1972). Philosophe, psychiatre et psychanalyste.

(1949). *L'unité de la psychologie.* Paris : PUF, 6e éd. 1983.

Voir aussi : Prévost, C. M. (1988). *La psychologie clinique.* Paris : PUF.
Jalley, E. (1989). Les grandes orientations de la psychologie actuelle. *Encyclopédie médico - chirurgicale. Psychiatrie,* 37030 A10, 1 - 11.

A/ L'humanisme

Dans une perspective commune, à certaines différences d'accent près que l'on marquera un peu plus loin, Lagache et Favez-Boutonier envisagent la psychologie clinique comme l'expression de la « **tendance humaniste** et totalisante » de la psychologie. Elle est la science de la « **conduite humaine** concrète », adaptée ou inadaptée, **normale ou pathologique**. La méthode clinique vise l'interprétation compréhensive des conduites d'un sujet, dont elle établit « le sens, la structure, la genèse ». Elle se présente comme l'étude approfondie, l'observation intensive, l'exploration exhaustive, « l'investigation systématique et aussi complète que possible de **cas individuels**... qui ne sont pas forcément médicaux ». L'approche clinique se propose l'étude d'«un être humain concret et complet», de « **l'individu complet et concret** », envisagé tant dans sa «singularité» que dans son « drame ». « **Psychologie concrète** », elle envisage « l'homme en conflit... **l'homme total en situation** (Sartre, 1938) », c'est-à-dire « une **personnalité** aux prises avec un certain entourage... un problème mal résolu, une situation-problème». Cet examen vise à rapporter « l'histoire d'un cas » à « l'ensemble de ses conditions... (hérédité, maturation, conditions physiologiques et pathologiques, histoire de vie) ». En un mot, il se donne pour cadre « toute l'évolution » de la personnalité.

La psychologie clinique a également pour objet les groupes, ce qui l'ouvre aussi sur une psychologie sociale clinique : psychodrame, dynamique de groupe. Cette voie indiquée par Lagache sera développée en particulier par Anzieu, entre autres auteurs.

B/ La psychanalyse

L'**approche clinique** se distingue à la fois de l'**approche expérimentale**, qualifiée par Lagache de « naturaliste », et de l'**approche psychanalytique**. Sa « méthode qualitative, intuitive » ne lui interdit pas de fonder des généralisations valables mais dans le seul cadre de cas de « synthèses limitées comme celle des types de personnalité ou de caractère ». En fait, la psychologie clinique est comprise « dans la psychologie générale, comme un complément, comme une ouverture » sur les autres disciplines psychologiques. Par ailleurs, la psychanalyse, même si elle est « une forme de psychologie clinique », conserve « une place à part ». Elle est en réalité une sorte d'« ultra-clinique » (Lagache), c'est-à-dire de « superobservation de la conduite » (Favez-Boutonier). Si la psychologie clinique a une dette envers la psychanalyse, la réciproque n'est pas vraie. Cependant, la psychologie clinique existe en tant que telle ; elle ne saurait être remplacée, un jour, par la psychanalyse (Lagache 1945, 1946, 1949, 1952 ; Favez-Boutonier 1959, 1967, 1989).

Ce postulat d'une **situation à la fois latérale, mais dominante, du référent psychanalytique** est absolument caractéristique de l'école française.

C/ La personnalité

Malgré l'importance cardinale de ce référent psychanalytique, Lagache en indique également d'autres. Il s'agit tout d'abord des différents **modèles classiques de la personnalité**, en particulier morphologiques (Kretschmer, Sheldon), psychologiques (Jung, Rorschach), factoriels (Eysenck). Leur dénominateur commun sous-jacent est représenté par la polarité **introversion-extraversion**, qui correspond partiellement aux mécanismes d'introjection et de projection identifiés par la psychanalyse. D'autre part, les outils d'investigation que constituent les tests contribuent largement (« clinique armée ») à l'établissement du profil de la personnalité. Les données mesurables font l'objet d'une interprétation clinique centrée sur la dynamique de la conduite et relevant des catégories de la psychanalyse.

D/ La nouvelle psychologie

Dès 1938, Lagache envisageait déjà le projet d'une « nouvelle psychologie » opposée à la psychologie « classique », et qu'il proposait de relier à l'ensemble des grands courants de **la psychologie** et de **la philosophie** de l'époque : la psychanalyse, la psychologie de la forme, le personnalisme (Stern 1935), la phénoménologie (Husserl), l'existentialisme (Heidegger, Sartre), le bergsonisme. Par la suite, dans le manifeste de 1949, il marquera davantage que « ce qui spécifie la psychologie clinique, c'est la méthode clinique, c'est-à-dire la nature des opérations avec lesquelles le psychologue approche la conduite humaine ». Et ceci en opposant une telle « attitude méthodologique » propre à la psychologie clinique au contrôle artificiel des facteurs caractéristiques de l'expérimentation.

La relation entre la psychologie et la philosophie est aujourd'hui particulièrement distendue en France, en particulier, mais pas seulement, à la suite des prises de position de Lacan (1953) et de Canguilhem (1956), dont on parlera un peu plus loin. La situation est très différente en Allemagne et aux États-Unis. Il existait dans la psychologie française un courant dont l'origine se rattache plus ou moins au fondateur de la philosophie positive Auguste Comte (1798-1857), exprimant une forte méfiance à l'égard de la philosophie, passant notamment par Théodule Ribot et Henri Piéron, et plus ou moins accrédité par l'approche de Maurice Reuchlin dans son Histoire de la psychologie (1957, Paris : PUF). Mais il est clair que cette dénégation de la philosophie, d'ailleurs fréquente à d'autres titres chez d'autres philosophes (Kierkegaard, Nietzsche, etc.), exprime elle-même en l'occurrence une forme de philosophie de caractère réductionniste, à la fois positiviste et matérialiste.

3 - La période 1950 - 1975

À y regarder de près, le modèle de Lagache représente en fait le projet d'une alliance originale et majorante, c'est-à-dire non réductrice, entre la psychologie et la psychanalyse. C'est pourquoi une telle proposition, qui faisait également retour à ***Freud*** mais dans un sens radicalement différent de celui envisagé par Lacan, a exercé des effets immédiats et profonds, dans le contexte culturel français, sur le paysage d'ensemble des sciences de l'esprit et de la vie. Dans cet environnement, la psychologie et la psychanalyse tentent alors de définir leur nouvelle association en la situant par rapport à d'autres disciplines traditionnelles : il s'agit essentiellement de la philosophie d'une part, des sciences biologiques et médicales d'autre part.

Freud : a été l'un des premiers auteurs à utiliser l'expression de psychologie clinique en 1899 (voir doc. 1 A 1). La conception qu'il se formait des rapports entre la psychanalyse et la psychologie est très nuancée, beaucoup moins sécessionniste que celle de Lacan, et plus proche de celle de Lagache.

A/ La médecine

En premier lieu, le pacte innovateur scellé entre la psychologie et la **psychanalyse** permettait à celle-ci, dont la diffusion en France avait été jusqu'alors très laborieuse, d'utiliser la psychologie clinique comme un véhicule propre à favoriser son **implantation dans le milieu universitaire.**

En même temps, l'association de la **psychologie** avec la psychanalyse permettait aussi à la première de prendre distance et même de s'émanciper à l'égard de la philosophie, de la médecine et de la biologie, les trois disciplines dominantes auxquelles elle était depuis toujours en majeure partie inféodée. En fait, c'est sous cette **triple tutelle** que la psychologie débutante avait accompli d'importants progrès depuis cent cinquante ans.

L'institution médicale a résisté aussitôt et pendant de longues années à cette émancipation d'une psychologie clinique sous la tutelle implicite de la psychanalyse. La **médecine**, s'autorisant de la riche tradition de la clinique médicale et psychiatrique en France, prétendait à une hégémonie de droit, en les contrôlant de façon cloisonnée, sur ces deux disciplines nouvelles.

B/ La philosophie

En ce qui concerne la philosophie, un courant non négligeable de ses personnalités officielles s'est éloigné alors ostensiblement de la psychologie. En 1956, ***Georges Canguilhem***, dans une conférence célèbre prononcée devant la Société de philosophie, formulait un réquisitoire sévère et d'un retentissement durable contre la psychologie. Depuis, la ligne de fracture n'a cessé de s'élargir, sans nul effort de part et d'autre pour essayer de la combler. À cet égard, il convient de souligner que la part réservée à la psychologie dans le programme de philosophie des classes terminales s'est beaucoup amenuisée depuis trente ans.

Georges Canguilhem : Qu'est-ce que la psychologie ? *Revue de métaphysique et de morale*, 1958, n°1, 12-25.
Repris dans *Cahiers pour l'analyse*, 1966, n°2, 77-93.
Études d'histoire et de philosophie des sciences concernant les vivants et la vie. Paris : Vrin, 1994, 365 - 381.

Dans la même période, l'enseignement de Jacques Lacan, instauré au lendemain d'un célèbre « rapport du congrès de Rome » (septembre 1953), inaugurait un nouveau courant de la psychanalyse déterminé à rejeter ce modèle d'une psychologie clinique qui venait tout juste d'être proposé par Lagache. Lacan lui oppose le **contre-modèle structuraliste d'une psychanalyse pure**, comme cadre d'une authentique psychopathologie psychanalytique. De façon plus extensive aussi, le **discours de Rome** prononçait la rupture entre la conception lacanienne de la psychanalyse et l'ensemble des sciences psychologiques. Cependant, la séparation définitive d'avec Lagache n'interviendra qu'en 1963.

Par ailleurs, beaucoup de ces philosophes qui prenaient une distance croissante vis-à-vis de la psychologie étaient séduits justement par l'**antipsychologisme** et aussi par les connotations philosophiques (Hegel relu par Kojève, Heidegger aussi) du discours lacanien. C'est dans ce contexte que se situe l'intervention célèbre du philosophe Jean Hyppolite (1959) sur la « négation » dans le séminaire de ***Lacan.***

Lacan englobe dans son rejet de toute forme de psychologie celui de la psychanalyse américaine alliée selon lui au béhaviorisme *(Ego psychology).* C'est comme contrepartie d'une telle attitude que prend sens sa propre conception de la psychanalyse revendiquée en attache essentielle avec la culturelle européenne (Hegel, Descartes, Wallon).

C/ À L'INTÉRIEUR DE LA PSYCHOLOGIE

Enfin, à côté (et en parallèle) de ce conflit entre pychanalyse lacanienne et psychologie, se développait entre 1955 et 1975 une autre guerre à l'intérieur de la psychologie, entre **psychologie expérimentale et psychologie clinique**, les deux partenaires entre lesquels le modèle lagachien avait espéré un mariage de raison durable. Cet autre conflit s'est soldé par une séparation de fait bien que non reconnue en droit par l'institution. Certains parlent parfois d'un « divorce » (ce qui serait autre chose) grosso modo accepté, et suivi d'une attitude d'indifférence mutuelle entre les deux parties.

Une fracture scientifique ? C'est le cas en particulier de C. M. Prévost (infra p. 5) et de R. Perron (infra p. 32). Les prises de position d'auteurs sérieux et connus, psychanalystes et psychologues cliniciens, concernant la bipartition des disciplines psychologiques selon deux grands modèles plus ou moins incompatibles, sont très nombreuses en France surtout depuis une dizaine d'années, et constituent une réalité dont on ne saurait dénier le fait, notamment à l'égard du public des étudiants, eu égard par exemple à l'unité polititique de la discipline. En revanche, l'affirmation de l'unité de la psychologie est devenue beaucoup plus rare, et le fait plutôt de psychologues non cliniciens, mis à part le cas à peu près unique d'Anzieu qui revendique toujours d'une certaine manière l'héritage idéologique de son maître Lagache. On peut sur ce point consulter : Favez - Boutonier, J. (1968). Avant - propos. *Bulletin de psychologie,* 21, n° 270. *Psychologie clinique,* numéro spécial. Gori, R. et col. (1989). *L'unité de la psychologie ?.* Paris : Navarin. Prévost, C. M. (1994). *La psychologie fondamentale.* Paris : PUF. Lambotte, M. C. et col. (1995). *La psychologie et ses méthodes.* Paris : le Livre de Poche. Perron, R. et col. (1997). *La pratique de la psychologie clinique.* Paris : Dunod. Parot, F. et Richelle, M. (1992). Autobiographie de Didier Anzieu. *Psychologues de langue française.* Paris : PUF.

Par contre, l'opposition entre les deux modèles lacanien d'une psychopathologie psychanalytique et lagachien de la psychologie clinique a conservé une grande partie de son acuité dans les milieux aussi bien universitaires que professionnels. À cet égard, la réflexion de Robert Samacher sur ce que pourrait être une psychologie clinique (*cf.* chapitre 3) en est une illustration.

4 - DÉFINITIONS RÉCENTES

Il est intéressant de mentionner, bien qu'elle ne soit pas à proprement parler « récente », la définition de la psychologie clinique proposée en 1951 par Henri **Piéron** dans son *Vocabulaire de la psychologie*, laquelle d'ailleurs paraphrase des termes repris à Lagache : « Science de la conduite humaine, fondée principalement sur l'observation et l'analyse approfondie de cas individuels, aussi bien normaux que pathologiques, et pouvant s'étendre à celle de groupes. Concrète dans sa base, et complétant les méthodes expérimentales d'investigation, elle est susceptible de fonder des généralisations valables. Une conception plus étroite la limite à une psychologie appliquée au domaine médical ».

Juliette Favez-Boutonier : (1903-1994), psychanalyste. (1959). *La psychologie clinique : objet, méthode, problèmes.* Paris : CDU. (1990). La clinique aux mains nues. Entretien avec Mme Favez - Boutonier. *Bulletin de psychologie, 43,* n° 395, 340 - 347.

A/ APPROFONDISSEMENTS THÉORIQUES

Juliette ***Favez-Boutonier***, dix ans après la formulation par Lagache de son modèle (1959), distancie mieux encore la psychologie clinique du modèle médical en l'orientant davantage vers une « psychologie générale clinique ». Elle met l'accent particulier sur le thème, cher à la phénoménologie française, de l'intersubjectivité (*cf.* chapitre 3) en ouvrant la psychologie clinique à d'autres domaines moins marqués par la pathologie (éducation, petits groupes, orientation). A la « **clinique armée** » de Lagache, elle préfère la conception plus souple d'une « **clinique aux mains nues** ». C'est cette tradition qu'a désignée de son côté la formule bien venue de « psychologie de la vie quotidienne » (Chiland, C., 1983, *L'entretien clinique.* Paris : PUF).

Pour Favez-Boutonier la psychologie clinique est « l'étude d'une personnalité singulière dans la totalité de sa situation et de son évolution » ; il s'agit de « l'approche contrôlée de l'homme par l'homme dans une situation d'**implication réciproque** ».

Ce concept d'implication réciproque, curieusement emprunté alors à la logique formelle des propositions, s'offre en fait comme une désignation plus souple et non technique de la relation d'interdépendance de l'objet observé et du sujet-observateur d'abord mise en évidence en microphysique par Heisenberg (1928) et qui peut s'entendre en psychanalyse de la relation entre le transfert et le contre-transfert (Lagache 1956).

Didier **Anzieu** (1979, 1982) s'est attaché à préciser davantage les relations entre la psychologie clinique et la psychanalyse, selon cette formule d'hégémonie fédérative absolument caractéristique de l'école française. D'après lui aussi, la référence psychanalytique est dominante mais non exclusive en psychologie clinique. Les perspectives économique et topique, de même que le maniement du transfert appartiennent en propre à la psychanalyse, mais elle partage avec la psychologie clinique les perspectives **dynamique et génétique**. La psychologie clinique met en outre l'accent sur le double point de vue **adaptatif et interrelationnel**, et peut en fin de compte s'envisager comme une forme particulière de **psychanalyse appliquée**. De cette façon, elle se présente aussi bien comme « une psychologie individuelle et sociale, normale et pathologique ».

Les contributions d'Anzieu à la psychologie clinique sont essentielles. Il développe, dans une inspiration psychanalytique, une école française de **techniques projectives**, ainsi qu'on l'a déjà mentionné, mais aussi l'étude des **groupes** (*cf.* document 1 B 3).

Françoise **Dolto** (1983), dans la perspective originale d'un **lacanisme ouvert à la psychologie**, propose de distinguer sans les opposer les rôles respectifs du psychologue clinicien et du psychanalyste : le premier travaille dans la **réalité**, tandis que le second s'en tient à la **fantasmatique**. Il revient au psychologue de faire une juste ***anamnèse,*** et à cette fin le recours aux tests dans la relation avec l'enfant est utile, et même indispensable. Cependant, le psychologue peut aussi procéder à des psychothérapies de soutien, « dans lesquelles le thérapeute utilise le transfert sans analyser la relation de l'enfant à sa propre personne ». Par ailleurs, le rôle du psychologue implique la coexistence d'une attitude neutre et de l'engagement. S'il y a une décision à prendre, dans le cadre institutionnel, c'est au psychologue d'agir, non au psychanalyste. Par exemple dans les cas de maltraitance, il peut être amené à adresser un rapport au juge des enfants, tout en maintenant une écoute neutre vis-à-vis des maltraitants.

Anamnèse : l'ensemble des informations susceptibles d'être recueillies par le médecin ou le psychologue auprès du sujet et de son entourage pour connaître l'histoire de sa maladie. Dolto, F. (1983). *Journées d'études de l'ANREP,* I - II, 54 - 60.

Enfin, Françoise Dolto propose cette définition très réaliste de l'articulation du rôle du psychologue à celui du psychanalyste : « Le métier de psychologue ? **Assistance à personne en désarroi ou en danger**. Et c'est aussi parfois la préparer à l'analyse, parce que ça se prépare, une analyse ».

B/ Perspectives méthodologiques

À partir des années 1990, les positions nouvelles qui s'exprimeront sur la psychologie clinique insisteront de plus en plus, à l'exception peut-être des plus récentes (Perron, 1997), sur le thème de la méthode clinique, de portée plus vaste, plutôt que sur celui de la psychologie clinique comme domaine.

Claude **Revault d'Allonnes** (1989) s'intéresse ainsi moins à la psychologie clinique en elle-même qu'au thème plus large de « **la démarche clinique en sciences humaines** » (Dunod). Dans le souci d'une articulation mieux marquée entre la psychologie clinique et la psychologie sociale, cet auteur insiste sur certains caractères de la démarche clinique : lien étroit de la recherche avec la pratique (*action-research)*, importance du rôle de la demande et de la relation entre le client et le psychologue, prise en compte de l'implication, référence à la psychanalyse, réévaluation de la dimension sociale.

Michèle **Huguet** (Lambotte et col., 1995) se situe également dans une perspective définie par cette double dimension méthodologique et sociale. La méthode clinique, ou encore la **démarche clinique en psychologie**, concerne le sujet clinique, dont la base est « l'homme en situation » dans la société moderne. L'approche clinique se conforme au modèle de la relation psychanalytique ; elle exprime la solidarité dans une aventure intérieure partagée entre « deux sujets autothéorisants » : le psychologue et son patient. Le sujet clinique de la psychologie, qui en compte d'autres espèces, inclut le sujet de l'inconscient mais ne s'y limite pas. La méthode clinique en psychologie est une démarche pratique et théorique, qui opère à la jonction de deux réalités, psychique et matérielle, selon une double logique, subjective et sociale. Elle identifie l'intériorité du **sujet** clinique dans un espace de transversalité, entre deux pôles, l'un **pulsionnel**, l'autre **social**.

Jean-Louis **Pédinielli** (1994) propose une « **définition opératoire de la psychologie clinique** ». Il conteste les conceptions précédentes, qui restreignent la clinique à des conceptions non objectivantes, très proches du modèle psychanalytique. D'après lui, la psychologie clinique est la sous-discipline de la psychologie qui se préoccupe du problème de la **souffrance psychique** quelle qu'en soit l'origine. Elle se fonde sur des méthodes variées : l'étude de cas, l'observation des comportements, l'analyse des discours. La psychologie clinique désigne à la fois un type de pratique et un ensemble de méthodes et de théories. Une partie de ces contenus théoriques apporte une contribution à la psychologie générale.

D'un caractère encore plus objectivant, le modèle anglo-saxon propose une définition de la psychologie clinique envisagée comme une **technologie** visant la prévention et la thérapie des problèmes et des « troubles psychiques », cette notion de trouble (en anglais : *trouble*, en allemand : *Störung*) étant elle-même inspirée par l'approche athéorique et purement descriptive propre aux nouvelles classifications du type CIM-10 ou ***DSM IV***. Ce modèle s'insère lui-même dans un cortège de disciplines nouvelles en expansion : neuropsychologie, psychologie de la santé, psychologie communautaire. Il est maintenant répandu, comme on y a déjà fait allusion, en particulier en Belgique et en Allemagne.

Situé dans cette perspective, l'auteur belge Winfrid **Huber** (1993) écrit : « Il reste à souhaiter que la psychologie clinique française se libère de sa fixation sur la psychanalyse, sorte de ses querelles locales et retrouve le dialogue avec la communauté scientifique internationale. »

DSM : Manuel diagnostique et statistique des troubles mentaux (abréviation de *Diagnostic and statistical manuel of mental disorders*). Élaboré par l'Association américaine de psychiatrie, ce manuel se réfère à une classification des syndromes et maladies régulièrement tenue à jour. Le DSM I date de 1952, les DSM III et DSM III R de 1979 et 1987, le DSM IV de 1994 (Paris : Masson), le DSM V est en préparation. Voir aussi le *Mini DSM IV* (Paris : Masson, 1996), de consultation beaucoup plus commode.

C/ Formulations récentes

Enfin, on trouve dans le livre de Roger **Perron** (1997, *cf.* Lectures conseillées) quelques autres définitions de la psychologie clinique.

Colette **Chiland**, dans l'esprit de sa formule précédente sur la « psychologie de la vie quotidienne », propose une formule ramassée et très expressive : la **psychologie au service d'autrui**.

R. Perron, inspiré par la même référence « humaniste », est plus technique : « La psychologie clinique se donne pour but d'expliquer les processus psychiques de transformation dont la **personne** est le siège. La personne est un système, une structure régie par des lois d'autorégulation, par le jeu de régulations synchroniques et diachroniques. »

Dans le même ouvrage se trouve une autre définition, en termes assez inédits malgré son esprit traditionnel : « l'objet de la psychologie clinique est le fonctionnement psychologique du sujet individuel », soit encore « le fonctionnement psychique de l'humain individuel, normal et/ou pathologique ». La méthode clinique définit une « discipline de l'individuel », elle cherche à « établir les conditions de la rencontre d'un sujet» par le psychologue clinicien (A. Sanzana).

D/ Conclusion

En définitive, dès ses origines, la psychologie clinique présente deux tendances particulières, deux formes de mentalités, définies l'une par la « clinique armée » au moyen de tests, privilégiant les méthodes (Janet, Wallon, Lagache), l'autre par la « clinique aux mains nues », c'est-à-dire valorisant la relation d'entretien et très proche de la psychanalyse (Favez-Boutonier).

Les positions d'Anzieu, de Revault d'Allonnes, de Huguet, de Chiland et de Perron aussi, se rattachent à ce dernier courant ; celles de Pédinielli et de Huber, à des degrés variés, se réfèrent à la première tendance. Cette tendance objectivante tire sa source de l'ancienne tradition de la clinique médicale et psychiatrique, et aussi de celle de la psychologie expérimentale. D'ailleurs, des tentatives pour développer une psychologie cognitive clinique existent (*cf.* Prévost, C. M., 1988, *op. cit.* p. 113), et, par ailleurs, le renouveau des études sur la conscience (ainsi que l'inconscient), dans le cadre des sciences cognitives, pourrait à cet égard entraîner des repositionnements.

On voit que le clivage épistémologique décrit par Lagache entre deux grandes tendances de la psychologie — l'une humaniste et l'autre naturaliste — ne concerne pas seulement l'ensemble du champ de la psychologie, mais divise aussi le domaine propre de la psychologie clinique.

5 - Le psychologue clinicien

A/ Ses fonctions

D'après Lagache, « La psychologie clinique a quatre buts principaux : le diagnostic... et le pronostic, le conseil, le traitement, l'éducation » (1951, 1955). Les formulations ultérieures proposées par d'autres auteurs modifieront à l'occasion quelque peu le vocabulaire de Lagache, mais sans ajouter rien d'essentiel à sa pensée. Anzieu (1982) définit les « grandes fonctions » de la psychologie clinique dans les termes suivants, à certains égards plus restrictifs : diagnostic, formation, expertise, éventuellement psychothérapie.

L'ouvrage collectif de Perron habille l'ensemble des notions précédentes dans une formulation nouvelle sur certains points. Les « fonctions du psychologue clinicien » se définissent comme « l'**évaluation** et l'**aide** ». Se rattachent à la fonction d'aide et la spécifient : le **conseil**, le **soin** (psychothérapie, thérapie familiale, cure institutionnelle), le soutien et l'accompagnement, et aussi le **travail en institution**. Sont mentionnées également « la prévention et l'éducation » (Emmanuelli, Boyer).

Ces fonctions délimitent un registre d'interventions plutôt multidimensionnel, voire même composite, mais qui distingue cependant de manière assez claire la tâche et la position du psychologue clinicien de celles du psychanalyste. D'après Françoise Dolto (1983), comme on l'a vu, le psychologue travaille dans la réalité, alors que le psychanalyste s'en tient à la fantasmatique. Et C. Chiland d'ajouter, dans une perspective institutionnelle, que, si l'on peut imaginer un statut du psychothérapeute, on imagine mal un statut du psychanalyste (*ibid.*, 204).

Le psychologue clinicien intervient, à l'heure actuelle en France, dans six domaines principaux : l'enfance et la famille; la santé; l'école et la formation; parfois le travail; la justice; et enfin l'exercice libéral.

Dans ces divers contextes, le psychologue clinicien est amené à mettre en œuvre les techniques et les procédures les plus diverses, d'après l'énumération qu'en produisent les ouvrages de caractère professionnel (*cf.* Lectures conseillées) : examen psychologique, diagnostic proprement dit, *counselling,* entretien d'aide, psychothérapie, psychanalyse, animation de groupes, conduite de réunions, supervision, stages de perfectionnement, séminaires, sessions pédagogiques, intervention dans les réseaux organisationnels, recrutement, sélection, orientation, bilan de compétences, expertise, audit, prévention et traitement des conflits dans les groupes.

La variété des fonctions du psychologue clinicien, qui d'ailleurs peuvent être inégalement investies, présuppose, comme imposé par la pratique même, le caractère interdisciplinaire de la psychologie clinique, postée au confluent d'un grand nombre de domaines et de modèles : psychiatrie et psychopathologie, psychanalyse, psychologie différentielle, psychologie de la personnalité, psychologie de la forme, psychologie génétique, psychologie sociale, phénoménologie, sans oublier de nos jours les théories systémiques ainsi que certaines contributions non négligeables de la psychologie cognitive et des neurosciences.

D'ailleurs, cet aspect interdomanial de la psychologie clinique n'est pas toujours perçu de façon valorisante et positive par tous les auteurs, mais parfois de façon plus ambiguë. Par exemple, R. Perron qualifie la perspective interdisciplinaire de Lagache d'« œcuménisme ». La psychologie clinique donne parfois l'apparence, va-t-il jusqu'à dire, d'un « fourre-tout théorique », et même : « tel le coucou, elle a toujours niché chez les autres ».

En tout état de cause, une vaste culture dans le domaine des disciplines psychologiques, dans celui éventuellement aussi de l'histoire des idées et des mentalités, est nécessaire au psychologue clinicien, même si la crise actuelle de la culture confère à un tel idéal un caractère de limite inaccessible, à même bien souvent de provoquer des réactions d'humeur sinon de rejet.

B/ Son attitude professionnelle

Un tel arrière-plan culturel représente le fond sur lequel peuvent prendre leur véritable dimension les qualités mentales requises du psychologue clinicien : elles ont été définies en particulier par Carl Rogers comme consistant dans l'**authenticité** et l'**empathie**, accompagnées d'une considération positive inconditionnelle.

À cet égard, on peut suggérer que la **sympathie vigilante** dont parle aussi C. Rogers dans le même contexte représente une attitude à la fois plus référée à la réalité et moins distanciée que la « neutralité bienveillante » dont doit faire preuve le psychanalyste.

S. Lebovici, pour sa part, estime tout autant « les qualités de personnalité, de richesse créative, d'éducation et de culture pour ces métiers d'écoute » que « les qualités intellectuelles telles que la chaleur, la bienveillance, la sensibilité ».

La capacité d'attention flottante, requise par tradition pour l'activité du psychanalyste, l'est aussi dans une certaine mesure pour celle du psychologue clinicien, mais sans exclure, tout au contraire en incluant, pour l'un d'ailleurs aussi bien que pour l'autre, un certain degré de mobilité psychique, un aspect que l'on a trop tendance à sous-estimer.

Ces qualités d'ordre aussi bien intellectuel que moral peuvent aussi beaucoup aider le psychologue clinicien à se défier d'un certain nombre de **pièges** qui guettent son activité : il s'agit essentiellement, d'après R. Perron, des attitudes de **séduction**, de **maîtrise**, de **réparation**, et enfin d'**évitement**. Dans le même ordre d'idées, le psychologue clinicien a aussi à tenir compte du fait que son personnage est couramment représenté sur un mode paradoxal comme à la fois sans pouvoir et tout-puissant, démuni et nanti.

Enfin, de telles qualités lui sont nécessaires aussi pour promouvoir la dimension éthique propre aux finalités de sa fonction professionnelle (*cf.* code de déontologie). La fonction du psychologue « est au service de la liberté et de la richesse du fonctionnement psychique, de l'harmonisation des relations interpersonnelles, en un mot au service de la vie » (*ibid.,* 25).

C

LA PSYCHOPATHOLOGIE

La psychopathologie est le troisième grand domaine identifiable au sein de ce très vaste territoire des disciplines psychologiques, pour lequel on a proposé au début de ce chapitre l'appellation de paradigme clinique. La psychopathologie ne doit être confondue ni avec la psychanalyse, ni avec la psychologie clinique.

En fait, on peut essayer de clarifier les idées en se référant au critère des origines historiques. Les débuts réels de la psychologie clinique remontent aux années 1950, alors que la psychopathologie est beaucoup plus ancienne, puisque son origine se confond en fait avec la naissance de la clinique psychiatrique française au début du XIXe siècle.

La psychopathologie représente en réalité le courant le plus ancien et le plus dynamique de l'histoire de la psychologie française. Après s'être enrichie jusqu'au début du XXe siècle, puis réorganisée progressivement sous l'influence de la psychanalyse, la tradition psychopathologique est venue ultérieurement s'intégrer, comme l'une des pièces majeures de son héritage, dans le nouveau dispositif interdisciplinaire propre à la psychologie clinique.

Aussi bien convient-il de ne pas envisager ces trois disciplines comme isolées et encore moins comme opposées, mais plutôt comme articulées, dans leur indépendance, selon un rapport d'intégration historique et épistémologique hiérarchisé. La psychopathologie est à la fois le précurseur et le donateur le plus ancien de la psychologie clinique après avoir, insistons-y encore, subi les effets d'une mutation radicale sous l'influence de la psychanalyse.

1 - Repères généraux

A/ Psychopathologie et psychologie pathologique

Le terme psychopathologie est d'abord apparu en Allemagne à la fin du XVIIIe siècle, plus exactement dès 1783, dans un curieux *Magazine pour la connaissance expérimentale de l'âme* rédigé par un certain Moritz (rapporté par Janzarik, W., 1974, *Themen und Tendezen der deutschsprachigen Psychiatrie.* Berlin : Springer Verlag.). Après une certaine extinction, on le retrouve vers la fin du XIXe siècle en Allemagne (Ebbinghaus 1878), cependant qu'il s'installe encore un peu plus tard dans l'usage français (Janet 1894), alors que le mot psychiatrie (à partir de psychiatre, 1802) est apparu en 1842.

Cette ancienneté de la psychopathologie, qui existe déjà en réalité sous une forme encore très frustre chez un auteur comme Pinel (1745-1826), a été longtemps méconnue du fait que l'histoire officielle de la psychologie en France (Reuchlin, M., *op. cit.* p. 14) la confondait plus ou moins sciemment avec la **psychologie pathologique**. Cette dernière est en principe bien autre chose : il s'agit d'une discipline créée à partir de 1880 environ par Théodule Ribot (1839-1916), qui se présente en fait comme une psychologie des fonctions normales fondée sur l'observation des phénomènes pathologiques. Cependant, un peu plus tard Pierre Janet (1859-1947) utilise aussi cette locution dans le sens actuel de psychopathologie.

De nos jours, la psychopathologie est l'objet de définitions multiples, dont le dénominateur commun est à peu près le suivant : il s'agit de l'étude des troubles mentaux, des maladies mentales, du fonctionnement mental anormal, soit encore de la psychologie des conduites pathologiques. Elle envisage les phénomènes de l'activité psychique morbide du point de vue de leur description, de leur classification, de leurs mécanismes et de leur évolution.

B/ Psychopathologie et psychiatrie

C'est dans sa relation avec la psychiatrie que la psychopathologie peut s'envisager en termes plus précis. La psychiatrie, ou médecine mentale, est la branche de la médecine dont l'objet consiste dans l'étude et le traitement des maladies mentales. D'un point de vue différent, la psychopathologie, ou pathologie mentale, constitue une branche de la psychologie en même temps qu'une partie de la psychiatrie : elle en représente le versant théorique complémentaire, ou encore, peut-on dire, « la théorie de la pratique » (Bourdieu). En d'autres termes, la psychopathologie est une réflexion théorique sur la clinique psychiatrique, ou encore la théorie générale du fait psychiatrique. Autrement dit, la psychopathologie est une discipline fondamentale dont la psychiatrie représente le domaine d'application.

La définition la plus récente des rapports entre la psychopathologie et la psychiatrie utilise une analogie intéressante empruntée à la linguistique : la psychopathologie est à envisager comme « une sorte de métalangue dont la psychiatrie clinique et thérapeutique serait à peu près le langage-objet » (Widlöcher, 1994).

C/ Diversité des approches

L'évolution de la psychopathologie au cours de la période récente est marquée par la **diversification** des approches, la prolifération de différents modèles, au point qu'on peut parler d'un véritable éclatement, concernant les théories, du champ de la psychopathologie. Un ouvrage récent ne recense pas moins de « **quatorze approches de la psychopathologie** » (S. Ionescu, 1991, Paris : Nathan). Nous nous proposons d'en faire une présentation regroupée en fonction de trois catégories principales. Aux deux perspectives fondamentales indiquées par Lagache comme critères de partition du champ de la psychologie (l'approche **humaniste** et l'approche **naturaliste**), on ajoutera une approche **environnementaliste.**

Ces approches multiples de la psychopathologie sont bien connues pour la plupart d'entre elles dans les pays de langue anglaise, mais beaucoup moins en France. C'est pourquoi, en les exposant nous élargissons en quelque manière le champ initial de notre démarche limité en principe à l'étude de la situation française.

Dans son ouvrage, Ionescu présente les quatorze approches qu'il étudie selon l'ordre alphabétique, tout en suggérant le principe intéressant mais non exhaustif selon lui d'un regroupement en fonction de trois modèles essentiels concernant l'***étiologie*** générale des troubles mentaux : **psychogenèse**, **organogenèse**, et **sociogenèse**.

Étiologie **:** connaissance des causes.

Les trois approches que nous qualifions d'humaniste, de naturaliste et d'environnementaliste ne recouvrent pas respectivement et de manière univoque, il s'en faut, les trois notions de psychogenèse, d'organogenèse et de sociogenèse. On précisera le moment venu comment chaque modèle envisage de façon spécifique la genèse des troubles.

2 - L'approche humaniste

A/ La psychopathologie psychanalytique

C'est un modèle d'une importance capitale et d'un caractère progressivement dominant en France depuis les années 1950. Ce modèle représente aujourd'hui l'étalon de base auquel doit se mesurer toute autre forme de théorisation psychopathologique, pour nouer avec lui des relations d'alliance ou d'hostilité.

Certaines contributions de l'approche psychanalytique sont admises aujourd'hui comme des vérités banales : l'importance de l'histoire personnelle, de la sexualité, des expériences individuelles, le fait aussi d'envisager la maladie dans sa signification fonctionnelle, comme une tentative de résolution des problèmes devenus insolubles par une autre voie.

La question demeure discutée par un certain nombre de psychopathologistes du caractère scientifique de la psychanalyse. En particulier, la validation des hypothèses psychanalytiques leur paraît devoir utiliser non seulement le champ de la cure, mais également les moyens traditionnels de la méthode expérimentale. À titre d'exemple, beaucoup de recherches empiriques (recherche de contact, conduites de dépendance, etc.) menées depuis une dizaine d'années confirmeraient la pertinence des conceptions freudiennes concernant l'oralité.

B/ La psychopathologie structuraliste

Elle s'inspire en majeure partie de la métapsychologie freudienne. Mais la notion de structure se rattache aussi à une histoire ancienne et moderne beaucoup plus vaste (Wundt, Titchener, Koffka, Piaget, Lévi-Strauss).

L'approche structuraliste de la psychopathologie est illustrée en France en particulier par deux auteurs.

Le plus célèbre est Lacan d'après qui l'inconscient fonctionne comme un langage structuré d'après les deux figures de la métaphore et de la métonymie, correspondant respectivement aux deux mécanismes freudiens de condensation et de déplacement.

Jean Bergeret : voir son ouvrage classique, Bergeret, J. (1972). *Abrégé de psychologie pathologique théorique et clinique.* Paris : Masson.

Il faut citer également les conceptions de ***Jean Bergeret*** relatives aux structures psychopathologiques de base comme prototypes latents du fonctionnement manifeste de caractères normaux. À cet égard, il distingue deux « lignées d'organisations », l'une psychotique (schizophrénie, paranoïa, mélancolie), l'autre névrotique (névrose obsessionnelle, hystérie) et en outre un « tronc commun des états limites » (*borderlines*).

Il existe encore beaucoup d'autres applications de la notion de structure en psychopathologie (Goldstein, Arieti, Zéna Helman).

C/ La psychopathologie phénoménologique

Elle tire son inspiration principale de la philosophie allemande (Husserl, Heidegger). Elle a été illustrée par trois principaux auteurs : l'Allemand Karl Jaspers (1913), le Suisse Ludwig Binswanger (1971), et le Français Eugène Minskowski (1966). On peut aussi y rattacher dans une certaine mesure les conceptions de l'Américain C. Rogers relatives à la psychothérapie non directive, ou centrée sur le client (1951). Cette approche phénoménologique revient à nouveau très en vogue dans la période récente.

Le modèle phénoménologique de l'hospitalisation en psychiatrie présente deux caractéristiques principales. Tout d'abord, le praticien ne cherche pas les causes d'une maladie ou d'une déviance ayant conduit à l'hospitalisation psychiatrique. Ensuite, il cherche à connaître ce qu'est « l'expérience de la folie » à partir de ceux qui l'ont connue et qui deviennent ainsi les principales sources d'information et de données.

La méthode phénoménologique en psychopathologie se caractérise à la fois par une approche globaliste, holistique, et une description aussi soignée et systématique que possible de ce que les malades vivent, dans le but d'élucider la signification essentielle de leur expérience vécue. Elle préconise en particulier un mode d'enquête naturaliste, ainsi qu'une forme d'analyse inductive, c'est-à-dire dépourvue d'attentes préalables.

D/ La psychopathologie existentialiste

La source principale en est la philosophie existentialiste (S. Kierkegaard, M. Heidegger, J.-P. Sartre). Elle met l'accent essentiel sur le champ de l'intervention. Ses principaux représentants sont Rollo May (1972), qui a inspiré le mouvement de psychothérapie existentialiste américaine, et Ronald Laing, l'un des principaux leaders de l'antipsychiatrie anglaise, du reste plutôt mieux connu en France.

L'approche existentialiste remet en question la frontière entre « normalité » et « pathologie » en mettant l'accent sur une pathologie de la moyenne, de l'homme moyen, largement partagée par les membres de la société moderne, confrontés à l'angoisse de l'isolement, de l'aliénation et de la mort. R. May insiste beaucoup sur la nécessité de considérer la personne humaine comme un processus en marche vers l'avenir plutôt que comme un produit, ainsi que sur la redécouverte de la volonté et de la décision.

Pour conclure, concernant l'étiologie des troubles mentaux, les modèles psychanalytique et structuraliste mettent en valeur le mécanisme de psychogenèse, tandis que les modèles phénoménologique et existentialiste privilégient celui de la sociogenèse.

3 - L'APPROCHE NATURALISTE

A/ LA PSYCHOPATHOLOGIE ATHÉORIQUE

Elle est certainement le modèle aujourd'hui le plus répandu dans les pays anglosaxons, alors qu'en France il se développe en concurrence ouverte avec le modèle psychanalytique.

Ce système, formulé dans le manuel DSM IV (1994, et bientôt DSM V), a pour objet de pallier les limites actuelles concernant l'étiologie et de faciliter la communication entre les cliniciens d'orientations théoriques différentes.

Il comporte un dispositif de diagnostic défini par cinq axes concernant respectivement les troubles mentaux (axes 1 et 2), les troubles ou affections physiques (axe 3), la sévérité d'éventuels facteurs de stress (axe 4), et enfin le fonctionnement psychologique, social et professionnel (axe 5).

Les critères utilisés sont purement descriptifs, sans aucune autre validation qu'empirique, tout en possédant une haute fidélité inter-juges.

On reproche à l'athéorisme étiologique du DSM IV de reposer en fait sur de nombreux postulats théoriques implicites. On lui fait grief aussi de son orientation comportementaliste et de son préjugé en faveur des symptômes apparents. Malgré tout, le DSM peut être un instrument utile dans la pratique et la recherche psychopathologiques.

En réalité, ce paradigme athéorique vient tout naturellement faire jonction avec le courant plus ancien d'une psychopathologie quantitative marqué par le développement des méthodes psychométriques (*cf.* Grand Amphi, *Psychologie différentielle*). Ce courant, amorcé par les américains Healy et Brown (1927), s'est caractérisé, au plan théorique, par la définition de structures de la personnalité en termes statistiques, ainsi par exemple avec le modèle factoriel de Eysenck (*Les dimensions de la personnalité*, 1947 (trad. fr : 1950, PUF) ; *The structure of personality*, 1970, Londres : Methuen).

Dans cette perspective, l'époque actuelle connaît la multiplication d'échelles d'appréciation destinées à l'évaluation symptomatique ou ***syndromique*** et qui se proposent comme des échelles d'auto- ou hétéro-évaluation (échelle d'anxiété de Spielberger, 1983 ; échelles de dépression d'Hamilton et de Pichot-Bull).

Syndrome : association de plusieurs symptômes, signes ou anomalies constituant une entité clinique reconnaissable.

Dans un registre plus centré sur une clinique du quotidien, on mentionnera l'usage largement répandu aujourd'hui des inventaires de personnalité : l'EPI (*Eysenck Personality Inventory,* 1971) d'Eysenck, le 16 PF (*Sixteen Personality Factors,* 1970) de Cattell, le Mini-mult (*Mini-Multiphasic Minnesota Personality Inventory,* 1985) de Kincannon.

B/ La psychopathologie béhavioriste

Elle considère que les comportements anormaux sont acquis selon les mêmes lois générales de l'apprentissage que les comportements normaux. Conformément aux idées de Burrhus F. Skinner (*cf.* Grand Amphi, *Psychologie cognitive*), seul l'environnement, à l'exclusion de toute cause interne, suscite l'apparition des conduites. Par ailleurs, le comportement est contrôlé par ses conséquences dans l'environnement. Aussi le clinicien cherche-t-il à préciser les variables environnementales spécifiques qui forment le cadre des comportements étudiés.

Les techniques de thérapie comportementale se centrent sur les symptômes des patients, et elles sont souvent efficaces.

Contrairement à ce que l'on prétend souvent, la disparition d'un symptôme-cible ne reconduit que peu souvent à l'apparition d'un autre symptôme.

Le béhaviorisme paradigmatique ou social de Staats (1986) décrit le système de la personnalité comme une hiérarchie à cinq niveaux de répertoires comportementaux de base, le cinquième formant le comportement anormal. Il met l'accent sur l'histoire des apprentissages du patient en termes de lacunes et d'incorrections comportementales. On s'intéresse tout particulièrement aux conditions inadéquates qui contribuent au maintien des conduites dites anormales, ainsi qu'à l'interaction de ces dernières avec leur contexte environnemental.

C/ La psychopathologie biologique

Elle met en valeur l'influence des modifications morphologiques ou fonctionnelles du système nerveux sur la genèse des troubles mentaux. Ce courant très ancien a été illustré au XIXe par les noms de Bayle, Morel, Griesinger, Korsakoff, Maudsley, puis au XXe siècle par la psychiatrie organiciste de Kraepelin (1901), les vues psychobiologiques d'Adolf Meyer, et l'organodynamisme d'Henri Ey (1948-1952). Lui ont également apporté des contributions théoriques non négligeables les travaux des physiologistes W. B. Cannon (1929) et H. S. Selye (1936, 1950). On mentionnera au crédit d'un tel modèle et seulement à titre d'exemples deux résultats intéressants.

Habituation : disparition de réaction à une stimulation (*cf.* Grand Amphi, *Psychologie cognitive*).

En premier lieu, les recherches concernant les bases biologiques de l'hystérie ne valident pas l'hypothèse d'un substrat héréditaire. En revanche, elles soulignent l'hyperactivation cérébrale, la lenteur de l'***habituation***, des problèmes de latéralisation, et enfin l'association fréquente avec une maladie organique cérébrale.

Sérotonine : neuromédiateur (*cf.* Grand Amphi, *Introduction biologique à la psychologie*).

En second lieu, les perturbations du métabolisme cérébral de la ***sérotonine*** seraient en relation avec les comportements suicidaires et en général avec les troubles de la régulation de l'agressivité, que celle-ci soit dirigée vers autrui ou vers le sujet.

Mais en dehors de ces résultats récents en eux-mêmes d'un grand intérêt, le modèle d'une psychiatrie biologique connaît une extension beaucoup plus vaste due aux découvertes, en matière de pharmacologie et de biochimie, sur les neuroleptiques, les neurotransmetteurs, les récepteurs membranaires et maintenant la molécule elle-même. D'ailleurs, ce modèle fait tout naturellement alliance, au niveau des pratiques, avec ceux précédemment envisagés d'une psychopathologie athéorique et d'une psychopathologie quantitative.

Il faut mentionner aussi l'orientation particulière de la psychiatrie biologique vers les problèmes d'adaptation, les phénomènes de fatigue, de peur, d'anxiété, les névroses traumatiques, et certaines formes de dépression.

D/ La psychopathologie cognitiviste

Elle s'appuie sur le paradigme du traitement de l'information mis en valeur par la psychologie cognitive. De ce point de vue, les recherches actuelles concernant le traitement inconscient de l'information, et aussi l'effet des stimuli subliminaux, paraîtraient pouvoir intéresser la validation de certaines hypothèses étiologiques d'origine psychanalytique.

L'approche cognitiviste en psychopathologie s'est fait connaître en particulier par deux modèles différents pour interpréter l'apparition de la dépression.

Beck (1967) explique l'origine d'une dépression par une séquence de causes de plus en plus agissantes : a) une prédisposition ou schéma cognitif dépressogène, stockée dans la mémoire à long terme et sur laquelle agit un stress de vie, b) des distorsions cognitives sous forme d'erreurs logiques commises par le sujet, c) et enfin une triade négative : un point de vue négatif sur soi-même, des jugements pessimistes sur le monde extérieur et un point de vue négatif quant à l'avenir.

Abramson, Seligman et Teasdale (1988) proposent une « théorie du désespoir » (*hopelessness*). La dépression est envisagée comme une « impuissance » ou « résignation apprise » dans une séquence de causes de plus en plus actives : a) l'apparition d'événements de vie négatifs considérés comme très importants, b) un style dépressogène d'attribution consistant à référer les événements négatifs à des facteurs internes, stables et globaux, c) le sentiment de désespoir lié à l'incapacité de produire une réponse efficace.

E/ La psychopathologie expérimentale

Elle a débuté avec les recherches de Pavlov et de son école (1903, 1912) sur les névroses expérimentales chez l'animal présentées comme modèles possibles des vraies névroses humaines.

Puis Baruk et de Jong (1928-1930) ont attiré l'attention sur l'étude biochimique des psychoses en provoquant chez l'animal, au moyen de la ***bulbocapnine***, des perturbations psychomotrices du type catatonique de la schizophrénie.

Bulbocapnine : substance dont l'injection provoque diverses formes d'inhibition du mouvement, sommeil ou catalepsie suivant les doses administrées.

On citera au bénéfice de ce modèle par exemple des recherches récentes qui ont mis en évidence chez les schizophrènes, grâce à un procédé de masquage visuel, un ralentissement de la vitesse de traitement de l'information. En outre, celles-ci ont permis de mettre au point des interventions spécifiques visant à corriger cette déficience.

Concernant l'étiologie des troubles, d'après Ionescu, les modèles biolologique et expérimental mettent l'accent sur l'organogenèse. Les modèles béhavioriste et cognitiviste privilégient la psychogenèse, alors que le modèle athéorique par définition évite toute inférence étiologique. En fait, ces deux derniers points peuvent être discutés.

4 - L'approche environnementaliste

Ces modèles ont en commun d'insister sur le rôle des facteurs de « milieu », ce dernier terme d'ailleurs s'entendant selon des acceptions très différentes.

A/ La psychopathologie développementale

Elle comprend trois principaux courants, inspirés à divers degrés par le modèle de l'intégration hiérarchique de Werner (1957).

Zigler (1986) explique la psychopathologie chez l'adulte par le manque d'intégration, à un niveau développemental déterminé, des compétences sociales, émotionnelles et cognitives, d'où un palier d'attente propice à l'émergence de troubles ultérieurs. Achenbach (1982) a produit un traité de psychopathologie de l'enfant et de l'adolescent, où il s'intéresse au cours développemental des comportements aussi bien adaptatifs que mésadaptés.

D'autres auteurs (Erlenmeyer-Kimling et Miller 1986) s'intéressent au suivi systématique du déroulement de la vie de groupes de sujets afin de déceler des indices concernant les origines et le développement des troubles mentaux. Ces recherches montreraient qu'il y a congruence entre les périodes prémorbide et pathologique de la vie d'un patient.

On peut mentionner aussi que l'approche développementale de l'alcoolisme (Morey, 1984) semble révéler que les formes cliniques de celui-ci, par exemple « essentielle » ou au contraire « réactive », correspondraient à des niveaux de développement différents.

B/ La psychopathologie écosystémique

Elle met l'accent sur la notion d'écosystème humain (Stachowiak et Briggs, 1984), en se référant à l'interactionnisme de Kurt Lewin (1935) et à la théorie générale des systèmes de von Bertallanfy (1968).

Dans le cadre de l'approche écosystémique, le symptôme exprimant une pathologie peut être considéré comme une espèce de métaphore décalquant le système des relations interpersonnelles du sujet, en particulier avec les membres de son entourage familial (Keeney, 1984). De ce point de vue, ce modèle reprend et développe en particulier les conceptions déjà anciennes de l'école de Palo Alto relatives au mécanisme du double lien dans la genèse de la schizophrénie (Bateson, 1956). Il explique aussi la pathologie par le processus de l'« escalade » des conduites ordinaires, en particulier des émotions.

À l'aide d'une méthodologie à base de questionnaires, Pattison (1977) a mis en évidence la restriction progressive de la communication propre à trois types de réseaux sociaux : celui de la personne normale (composé en moyenne de 25 à 30 individus), celui de type névrotique (une quinzaine), et celui de type psychotique (de 10 à 12). À cet égard, il convient d'envisager que le dysfonctionnement du réseau social et la pathologie du sujet s'entretiennent réciproquement.

Plus récemment mais toujours dans le cadre de ce même schéma interactif, Marsella (1984) propose un modèle interactionniste de la psychopathologie où les différents syndromes sont interprétés par rapport à l'interaction des facteurs de stress et des ressources de la personne pour « faire face » au stress (***coping***).

Coping : (de *to cope* : faire face à), notion très en vogue dans la psychologie clinique actuelle d'esprit anglo-saxon, et qui n'est pas sans rapport avec le concept de mécanisme de défense propre à la psychanalyse classique. On l'a récemment traduite par : ajustement, emprise, maîtrise. *Cf.* Lectures conseillées : Fröhlich, *Dictionnaire de la psychologie*.

Le principe et l'esprit de ce modèle, dont on vient d'entrevoir quelques-unes des nombreuses variétés, se sont largement fait connaître du public surtout par la popularité des **thérapies familiales**.

C/ L'ethnopsychopathologie

Elle étudie le rapport entre les troubles psychopathologiques et la culture d'origine des patients. Elle doit beaucoup à la psychanalyse (Freud, 1912, *Totem et tabou)*, à l'anthropologie culturelle américaine (Margaret Mead, Ralph Linton) ou française (Georges Devereux).

Une première perspective, appelée « émique » (interne), met l'accent sur les syndromes « culturellement spécifiques », par exemple l'*amok*, syndrome de type psychotique propre surtout à l'Indochine.

Une deuxième perspective, appelée « étique » (externe), privilégie l'universalité des troubles, l'existence d'invariants cliniques. Les enquêtes de l'Organisation Mondiale de la Santé portant sur les troubles dépressifs et la schizophrénie conforteraient plutôt cette position. Cependant, si la symptomatologie initiale est similaire, l'évolution des troubles serait plus favorable dans les pays en voie de développement que dans les pays industrialisés.

Des problèmes méthodologiques délicats se posent avec l'application croissante de stratégies d'enquêtes quantitatives dans des contextes culturels variés.

La perspective définie par une approche transculturelle des maladies mentales revêt de nos jours un intérêt particulier, en rapport avec le problème des **migrations** dans les pays développés, et celui aussi des soins dans le **tiers-monde** (*cf.* chapitre 7).

D/ La psychopathologie éthologique

Elle emprunte à l'éthologie sa méthode fondée sur la description minutieuse des schèmes comportementaux, où chacun s'adapte aux signaux émis par l'autre. Elle s'est développée à partir de la découverte du mécanisme de l'attachement chez le jeune singe (Harlow), puis chez l'enfant (Bowlby, 1959 ; Zazzo, 1974). (*cf.* Grand Amphi, *Psychologie du développement)*.

Ce modèle s'emploie en particulier à déceler des analogies entre les comportements des malades mentaux et les comportements adaptatifs propres à certaines espèces animales, par exemple entre la catatonie humaine et les réactions d'immobilisation en présence des prédateurs.

Dans ce cadre, Mac Lean (1974) a formulé l'hypothèse ***phylogénétique*** quelque peu aventureuse selon laquelle les déficits d'intégration survenant dans le cerveau « triunique » (reptilien, paléomammifère et mammifère) pourraient entraîner la libération de comportements primitifs programmés et enfouis dans les parties les plus anciennes de l'encéphale. Ainsi, par exemple, l'énurésie représenterait une désinhibition pathologique d'un comportement de marquage du territoire.

La phylogenèse est littéralement l'« histoire de l'espèce », par opposition à l'histoire de l'individu appelée **ontogenèse.** Le zoologiste allemand Ernst Heinrich **Haeckel** (1834-1919), disciple de Charles Darwin, a formulé le principe du parallélisme ontophylogénétique, appelé par lui « loi biogénétique fondamentale », d'après lequel les étapes de l'ontogenèse fourniraient une reproduction abrégée de celles de la phylogenèse. Ce principe, s'il conserve une certaine validité métaphorique dans le domaine strict de l'embryologie, a pu être à une certaine époque abusivement transposé dans le domaine de la « psychologie comparée », où il est resté peu discuté jusqu'au milieu du siècle à peu près, de façon à induire des comparaisons hasardeuses, par exemple celle longtemps très vivace entre le malade mental, l'enfant, et le primitif (voir *Totem et tabou* de Freud). Ce type d'approche comparative entre séries de phénomènes différents a trouvé des illustrations diverses et variées, outre chez Freud, chez des auteurs de renom tels que Wallon, Piaget, Blondel, etc. pour ne pas parler d'autres formes de rapprochements qui ont cours aujourd'hui en éthologie animale et humaine, voire même du recours aux modèles de « machine » utilisés dans le champ de l'intelligence artificielle. En fait, c'est tout le problème de l'usage des modèles en psychologie et de l'appréciation de leur bonne distance à l'égard de l'objet modélisé qui se trouve posé ici. Une acclimatation moins aventureuse et plus positive du parallélisme haeckélien s'est retrouvée aussi dans le modèle neurophysiopathologique du grand neurologue anglais John Hughlings **Jackson** (1835-1911), selon lequel les maladies du système nerveux seraient à interpréter d'après le principe de la symétrie hiérarchique de la dissolution par rapport à l'intégration, de la régression par rapport à l'évolution de ses différents étages. Les idées de Jackson, inspirées par Spencer et Darwin, ont joué un grand rôle dans la formation des conceptions néo-jacksoniennes en psychologie (Ribot), en philosophie (Bergson), en psychanalyse (Freud), et enfin dans la psychopathologie française classique (Constantin von Monakow et Raoul Mourgue, 1928 ; Henri Claude, 1924-1928 ; Henri Ey, 1963). L'approche éthologique en psychopathologie dont nous traitons ici se rattache d'une certaine manière à cette tradition néo-jacksonienne. Pour plus de détails sur cette approche, on consultera : Ghiglione, R. et Richard, J.-F., (1992). *Cours de psychologie,* tome 1. Paris : Dunod, 262-264.

Les parallèles ainsi dégagés peuvent se voir objecter de proposer des généralisations à l'homme abusives et invérifiables. Hubert Montagner ainsi que Boris Cyrulnik, bien connus du grand public, travaillent dans cette perspective, qui d'ailleurs se rattache à une tradition assez longue même si aujourd'hui elle suscite plus de réserve.

E/ La psychopathologie sociale

Elle s'intéresse à l'interférence des contextes sociaux touchant les causes aussi bien que les répercussions des maladies mentales.

Ainsi, Goldberg et Morrison (1963) se sont attachés à vérifier l'hypothèse de la « dérive sociale » d'après laquelle les personnes atteintes de schizophrénie, entre autres, glissent vers le bas de la structure sociale, en raison de leur incapacité à faire face aux problèmes quotidiens.

Les changements sociaux provoquent aussi des variations des données épidémiologiques. Le taux de suicide et l'incidence de la schizophrénie tendraient à croître avec le développement de l'industrialisation.

Le modèle d'une approche sociale en psychopathologie intéresse les diverses questions des différents âges de la vie, du travail (C. Veil), de la migration, de l'habitat, de la guerre (Crocq), du couple, de la criminologie.

En ce qui concerne l'étiologie des troubles mentaux, les modèles écosystémique, ethnologique et social mettent l'accent sur la sociogenèse. Le modèle développemental accentue en outre le rôle de l'organogenèse. Enfin le modèle éthologique se réfère à la psychogenèse.

F/ Autres tendances

En dehors de cette prolifération des modèles, d'autres **tendances** caractérisent l'évolution récente de la psychopathologie. Trois au moins se laissent identifier, qui d'ailleurs concernent tout aussi bien les développements nouveaux de la psychanalyse.

Il s'agit tout d'abord de l'énorme développement des **méthodes psychothérapiques**, (*cf.* chapitre 3) qui n'est pas sans poser de problèmes identitaires aux psychologues (*cf.* document 1 C 1).

L'extension du champ de la **psychosomatique** est aussi considérable (Marty, P. , *La psychosomatique de l'adulte*, QSJ n° 1850. Kreisler, L., *La psychosomatique de l'enfant*, QSJ n° 1669).

Enfin le grand essor de la **psychopathologie infantile** est manifeste (*cf.* chapitres 2, 6 et 7).

Par ailleurs, une autre tendance actuelle consiste dans la montée récente de l'intérêt pour le **diagnostic psychopathologique**, un phénomène qui est probablement en rapport avec l'expansion croissante des classifications du type DSM. De façon par ailleurs assez paradoxale, la vogue accrue du DSM aux États-Unis y a entraîné un regain d'actualité et un effort d'approfondissement méthodologique dirigés vers le thème métapsychologique traditionnel des **mécanismes de défense**, dont la nouvelle édition fournit une liste nouvelle très élaborée (DSM IV éd. fr.. Paris : Masson, 875 - 882). Ce courant vient de nous parvenir en France avec un ouvrage sur ce thème : Ionescu, S. (1997). *Les mécanismes de défense. Théorie et clinique.* Paris : PUF.

Document proposé

1 A 1 - Clinique et psychanalyse chez Freud

1 - PRÉSENTATION DES DOCUMENTS

Il s'agit de trois textes de Sigmund Freud.

Le premier (1899) présente la seule utilisation que Freud a faite de l'expression psychologie clinique, soit trois ans après avoir créé le mot psychanalyse.

Le second texte, extrait d'une conférence prononcée lors du 5e Congrès de psychanalyse de Budapest (septembre 1918), montre Freud préoccupé de l'avenir d'une discipline clinique latérale rattachée à la psychanalyse.

Le troisième texte (1924) distingue très nettement la psychanalyse de la psychopathologie, y compris psychanalytique.

La psychanalyse et ses articulations

Maintenant, la connexion avec la psychologie telle qu'elle se présente dans les Etudes sort du chaos; j'aperçois les relations avec le conflit, avec la vie, tout ce que j'aimerais appeler psychologie clinique.

Lettre à Wilhem Fliess du 30 janvier 1899, in *Naissance de la psychanalyse.* (1956). Paris : PUF, p. 244.

Admettons maintenant que, grâce à quelque organisation nouvelle, le nombre d'analystes croisse à tel point que nous arrivions à traiter des foules de gens. On peut prévoir, d'autre part, qu'un jour la conscience sociale s'éveillera et rappellera à la collectivité que les pauvres ont les mêmes droits à un secours psychique qu'à l'aide chirurgicale (...). La société reconnaîtra aussi que la santé publique n'est pas moins menacée par les névroses que par la tuberculose. Les maladies névrotiques ne doivent pas être abandonnées aux efforts impuissants de charitables particuliers. À ce moment-là, on édifiera des établissements, des cliniques ayant à leur tête des psychanalystes qualifiés et l'on s'efforcera, à l'aide de l'analyse, de conserver leur résistance à des hommes qui sans cela s'adonneraient à la boisson, à des femmes qui succombent sous le poids de la frustration, à des enfants qui n'ont d'autre choix qu'entre la dépravation et la névrose. Ces traitements seront gratuits (...).
Nous nous verrons alors obligés d'adapter notre technique à ces conditions nouvelles. L'exactitude de nos hypothèses psychologiques, je n'en doute pas, ne peut manquer de frapper les ignorants eux-mêmes. Toutefois, nous nous devrons de donner à nos doctrines la forme la plus simple et la plus accessible. Nous découvrirons alors que les pauvres sont, moins encore que les riches, disposés à renoncer à leur névrose parce que la dure existence qui les attend ne les attire guère et que la maladie confère un droit de plus à une aide sociale. Peut-être nous arrivera-t-il souvent de n'intervenir utilement qu'en associant au secours psychique une aide matérielle, à la manière de l'empereur Joseph. Tout porte à croire aussi que, vu l'application massive de notre thérapeutique, nous serons obliger de mêler à l'or pur de la psychanalyse une quantité considérable du plomb de la suggestion directe (...). Mais, quelle que soit la force de cette psychothérapie populaire et de ses éléments, les parties les plus importantes, les plus actives demeureront celles qui auront été empruntées à la stricte psychanalyse dénuée de tout parti pris.

Les voies nouvelles de la thérapeutique (1918), in *De la technique psychanalytique.* (1953). Paris : PUF, pp. 140 - 141.

Mais, par son importance pour la psychiatrie, la psychanalyse n'aurait jamais attiré l'attention du monde intellectuel (...). Cet effet découla de la relation à la vie psychique normale, et non pas à la vie psychique pathologique. À l'origine, la recherche analytique ne visait bien sûr à rien d'autre qu'à élucider les conditions de la naissance (genèse) de quelques états psychiques morbides, mais dans cet effort elle en arriva à mettre au jour des choses d'une importance fondamentale, à créer carrément une nouvelle psychologie, si bien qu'on se dit nécessairement que la validité de telles découvertes ne pouvait en aucun cas être limitée au domaine de la pathologie.

Petit abrégé de psychanalyse (1924), in *Résultats, idées, problèmes,* vol. 2. (1985). Paris : PUF, pp. 112 -113.

2- REMARQUES

1er texte. Les Études : Freud fait référence aux *Études sur l'hystérie* publiées en 1895, soit un an avant l'inauguration du terme de « psychanalyse », en collaboration avec Josef Breuer et dont le caractère de compromis ne l'avait guère satisfait.

2e texte. Névrose : trouble mental qui n'atteint pas les fonctions essentielles de la personnalité et dont le sujet est douloureusement conscient. La psychanalyse fondée par Freud a d'abord été une méthode de traitement des troubles névrotiques. Elle aborde aussi aujourd'hui des troubles plus graves.
L'empereur François-Joseph 1er (1848-1916), malgré le caractère autoritaire de son régime, faisait preuve de préoccupations caritatives.

3e texte. Morbide : relatif à la maladie ; dans un sens courant : anormal.

3- QUESTIONS DE RÉFLEXION

Dans le 2e texte, Freud envisage la perspective d'établissements spécialisés pour les névroses, comparables aux sanatoriums nombreux existant alors pour la tuberculose.

Fondé en 1920, soit très peu de temps après ce propos de Freud, puis démantelé par les nazis en 1936, l'Institut de psychanalyse de Berlin devint rapidement un grand centre de formation psychanalytique de réputation mondiale. Il comportait une polyclinique où se pratiquaient des cures gratuites pour les plus démunis, payantes à des degrés divers pour les autres patients (Roudinesco, E. et Plon, M. Lectures conseillées).

Par rapport à une telle conception, comment la situation française actuelle paraît-elle se présenter ?

Le traitement d'un grand nombre par la psychanalyse implique une adaptation de la technique. A quoi Freud fait-il allusion quand il parle de « suggestion directe » ? Qu'en est-il, par rapport à une telle indication, de la question du transfert ? Voir aussi le chapitre sur « les procédés suggestifs » dans l'*Atlas de la psychologie*, 399 (*cf.* Benesch, H., Lectures conseillées).

D'après le 3e texte, la psychanalyse concerne-t-elle à la fois le pathologique et le normal ? Que peut-on en conclure en ce qui concerne les rapports entre la psychanalyse et la psychologie clinique ? Entre la psychanalyse et la psychologie ?

4 - EXERCICE

Rechercher parmi les nombreuses définitions de la psychologie clinique présentées dans le cours, celle qui se rapproche le plus de celle donnée par Freud dans le 1er texte.

Document proposé

1 A 2 - Texte de Jacques Lacan

1 - PRÉSENTATION DU DOCUMENT

La thèse de Doctorat de médecine de Lacan sur la paranoïa est publiée en 1932. Elle est fondée sur la présentation clinique d'un seul sujet (le cas « Aimée »). Extrait de cette thèse, le passage suivant se présente comme un remarquable manifeste de la méthodologie de l'étude exhaustive des cas singuliers.

La méthode du cas significatif

Nous venons de poser les fondements théoriques et les solutions historiques du problème qui fait notre sujet, à savoir les rapports de la psychose paranoïaque avec la personnalité.

La contribution que nous allons y apporter est fondée sur l'étude personnelle d'une quarantaine de cas, dont une vingtaine relèvent du cadre des psychoses paranoïaques.

Nous croyons que, loin qu'il nous soit commandé de publier, de façon forcément résumée, l'ensemble de notre matériel, c'est au contraire par l'étude, aussi intégrale que possible, du cas qui nous a paru le plus significatif, que nous pourrons donner à nos vues leur maximum de portée persuasive. Nous choisissons donc le cas que nous allons rapporter pour deux raisons. D'abord en raison de notre information : nous avons observé presque quotidiennement cette malade pendant près d'un an et demi, et nous avons complété cet examen par tous les moyens que nous offraient le laboratoire et l'enquête sociale. Le deuxième motif de notre choix est le caractère particulièrement démonstratif du cas : il répond en effet à une psychose paranoïaque, dont le type clinique et le mécanisme méritent à nos yeux d'être individualisés. L'un et l'autre nous semblent donner la clef de certains des problèmes nosologiques et pathogéniques de la paranoïa, et particulièrement de ses rapports avec la personnalité.

De la psychose paranoïaque dans ses rapports avec la personnalité. (1932). Paris : Seuil (1975), p. 151.

Remarques

Psychose : maladie mentale grave dont le sujet ne reconnaît pas clairement le caractère morbide (à la différence des névroses).

Nosologie : étude des caractères distinctifs (symptômes et signes évolutifs) des diverses maladies ; le terme nosographie insiste sur leur classification méthodique.

2 - QUESTIONS DE RÉFLEXION

– Montrer que Lagache transposera, près de vingt ans après, le principe de l'étude exhaustive des cas singuliers du champ de la psychopathologie dans celui de la psychologie clinique.

– Montrer que la dernière phrase du texte amorce un développement croissant de l'intérêt de la psychanalyse pour le domaine des psychoses.

Conseils

Pour la première question, travailler le cours et les textes de Lagache du document 1 B 2. Consulter le *Dictionnaire de la psychanalyse* de Roudinesco et Plon pour la seconde question.

Document proposé

1 A 3 - Lebovici et Diatkine

1 - PRÉSENTATION DU DOCUMENT

Lors de la disparition de René Diatkine, Serge Lebovici a produit ce témoignage sur un maître et ami.

René Diatkine : un maître de la psychiatrie de l'enfant

René Diatkine est mort dimanche 2 novembre, à l'âge de soixante-dix-neuf ans et la psychanalyse est en deuil. Le silence auquel sa maladie l'avait condamné depuis plus de deux ans va maintenant laisser place à la célébration de son œuvre. Une œuvre immense, à la mesure de ce personnage foisonnant, visionnaire, lucide, dont les contributions à la théorie et à la technique psychanalytique auront façonné des générations de psychiatres.

D'origine russe, René Diatkine, après ses études de médecine, s'était rapidement orienté vers la psychiatrie, puis, après la guerre, vers la psychanalyse. Sa rencontre avec Jacques Lacan, rencontre singulière suivie d'une retentissante rupture, reste dans les mémoires de beaucoup d'entre nous, mais n'entama en rien la sérénité que lui conférait sa constante recherche de l'autre. La psychiatrie de l'après-guerre, on l'oublie souvent aujourd'hui, était empreinte d'une brutalité dont je peux moi-même témoigner. Nous devînmes en effet amis dans le service de Georges Heuyer, aux Enfants-Malades.

C'est à l'époque où, autour d'Henry Ey à Sainte-Anne, se constitua un noyau qui devait véritablement structurer la psychiatrie française telle qu'elle existe aujourd'hui dans ce qu'elle a de meilleur. René Diatkine était l'une des figures essentielles de ce groupe. Au fil des années, René Diatkine développa d'intenses activités d'enseignement : à l'université de Genève, où il enseignait la psychiatrie, à Barcelone où il forma des psychanalystes, à Paris, enfin, où le travail mené pendant des décennies au centre Alfred-Binet, dans le 13e arrondissement, a conquis une renommée internationale.

Mais c'est sur son rapport à la théorie et à la clinique psychiatrique et psychanalytique que, me semble-t-il, il convient plus encore d'insister. René Diatkine était doté d'une extraordinaire capacité de s'identifier aux enfants, même les plus perturbés. Dans son livre, *Psychanalyse précoce* (PUF), écrit en collaboration avec Janine Simon, il montre à quel point il est possible d'accéder à la pensée profonde d'un enfant à travers le jeu, le conte, le rêve. Cette capacité d'accès dont il faisait preuve aussi bien auprès d'enfants légèrement perturbés qu'auprès de ceux qui paraissaient englués dans l'autisme et la psychose, il la devait aussi à sa très grande simplicité d'approche, à ce mélange de sérieux et d'humour dont il ne se départissait jamais.

C'est cette simplicité, cette subtilité qui lui permettaient également de traiter les adultes, notamment à travers la cure psychanalytique. Son talent était tel qu'il lui permettait d'accéder aux mouvements les plus profonds, les plus archaïques de l'esprit humain, ceux qui parfois reviennent persécuter les adultes lorsque la psychanalyse ne les a pas délivrés de leurs souffrances premières. L'un de ses livres récents (1994) est d'ailleurs intitulé *L'enfant dans l'adulte* (Delachaux et Niestlé). Il a théorisé cette approche dans l'un de ses livres les plus importants, *Psychose et changement* (PUF, 1994).

En outre, René Diatkine a véritablement créé une institution inédite en psychiatrie : une prise en charge à temps partiel pour les enfants, qui permet, même aux plus malades, d'être traités quelques heures par jour sans quitter ni leur famille, ni leur école. Ce parcours institutionnel est décrit dans son dernier livre : *Pourquoi on m'a né* (avec Claude Avram, Calmann-Lévy, 1995). Enfin, René Diatkine aura su ne pas garder pour lui sa science psychanalytique et psychiatrique : inlassablement, au cours de ses séminaires de formation, il l'a diffusée auprès des soignants, des institutrices, des mères de famille, de tous ceux qui partageaient avec lui l'amour des enfants.

Car cet homme était avant tout un humaniste. J'ai perdu un ami et la psychiatrie de l'enfant est orpheline d'un maître.

Serge Lebovici, psychanalyste.

S. Lebovici. *Le Monde*. Jeudi 6 novembre 1997.

2 - EXERCICES

– Qu'est-ce qu'un hôpital de jour ? En quelle année ce type de structure s'est-il créé ?

– Relever les noms d'institutions psychiatriques. Identifier des personnalités (autres que Diatkine et Lebovici) dont le rôle y est associé. Rechercher dans cet ouvrage, dans d'autres manuels, dans des dictionnaires.

3 - QUESTIONS DE RÉFLEXION

– De façon plus générale, comment peut-on envisager les différentes relations entre la psychanalyse et la psychiatrie ? On pourra consulter de ce point de vue les ouvrages suivants consacrés à trois psychanalystes-psychiatres, dont l'influence a été marquante :

Diatkine, R. (1997). *Jacques Lacan*. Paris : PUF ;

Bertrand, M. (1997). *Francis Pasche*. Paris : PUF ;

Bayle, G. (1997). *Paul-Claude Racamier*. Paris : PUF.

– Certains psychanalystes ont acquis une incontestable notoriété, parfois même au niveau médiatique (par exemple J. Lacan, F. Dolto). Cet accroissement de l'influence sociale de la psychanalyse en France, dont témoigne notamment un tel phénomène, a pu être mis en rapport, de manière d'ailleurs discutée, avec le déclin des formes traditionnelles d'idéologie, de nature éthique et religieuse d'abord, et peut-être aussi, à une période plus récente, de nature politique. En vous appuyant sur les informations par ailleurs fournies dans le Cours, pouvez-vous formuler vos appréciations personnelles sur cette question ?

DOCUMENT PROPOSÉ

1 B 1 - Les textes régissant la profession : La loi sur le Titre du 25 juillet 1985

1 - PRÉSENTATION DU DOCUMENT

La loi sur le Titre énumère les conditions et les diplômes nécessaires pour avoir accès au titre de psychologue. La prise en compte de cette loi permet de poursuivre toute personne utilisant abusivement ce titre.

Le titre de psychologue

Protection du titre de psychologue

LOI n°85-772 du 25 juillet 1985
portant diverses dispositions d'ordre social
L'Assemblée nationale et le Sénat ont délibéré,
L'Assemblée nationale a adopté,
Le Conseil constitutionnel a déclaré conforme à la Constitution,
Le Président de la République promulgue la loi dont la teneur suit :

TITRE 1er
MESURES RELATIVES
A LA PROTECTION SOCIALE

CHAPITRE V

Mesures relatives à la profession de psychologue
Art. 44. I - L'usage professionnel du titre de psychologue, accompagné ou non d'un qualificatif, est réservé aux titulaires d'un diplôme, certificat ou titre sanctionnant une formation universitaire fondamentale et appliquée de haut niveau en psychologie préparant à la vie professionnelle et figurant sur une liste fixée par décret en Conseil d'Etat ou aux titulaires d'un diplôme étranger reconnu équivalent aux diplômes nationaux exigés.
II - Peuvent être autorisées à faire usage du titre de psychologue les personnes qui satisfont à l'une des deux conditions ci-après :

- exercer des fonctions de psychologue en qualité de fonctionnaire ou d'agent public à la date d'entrée en vigueur de la présente loi, cette condition étant prorogée au-delà de cette date pendant la période qui ne peut excéder sept ans pour les fonctionnaires et agents publics ultérieurement recrutés ou employés en qualité de psychologue ;
- faire l'objet , sur leur demande qui doit être déposée dans un délai fixé par décret, d'une décision administrative reconnaissant qu'elles remplissaient les conditions de formation ou d'expérience professionnelle leur conférant une qualification analogue à celle des titulaires des documents mentionnés au paragraphe 1, à la date d'entrée en vigueur de la présente loi. Le récépissé du dossier de demande vaut autorisation provisoire d'user du titre jusqu'à la décision administrative.

Les conditions à remplir et les modalités des décisions administratives mentionnées au présent article sont déterminées par décret en Conseil d'Etat.

III - L'usurpation du titre de psychologue est punie des peines prévues à l'article 259 du code pénal.

La présente loi sera exécutée comme loi de l'Etat.

Fait à Paris, le 25 juillet 1985.

François MITTERRAND

2 - EXPLICATION

Nous ne sommes plus au temps où Colette Chiland (1983) parlait de discipline mal-aimée et de profession dévalorisée. C'est pourquoi, à l'heure actuelle, il serait dommage qu'ils renoncent à la fierté d'assumer le Titre de psychologue et de porter le qualificatif de clinicien pour lequel ils se sont tant battus, alors que plus personne ne le leur conteste.

L'acquisition de ce Titre de psychologue devient le passage obligé pour s'inscrire dans une fonction hors-statut (psychothérapeute, psychanalyste) lorsqu'on n'est pas médecin, et aussi pour obtenir un statut plus prestigieux ouvrant à plus d'avantages financiers ou de surface sociale.

Ainsi les psychologues qui interviennent dans les organisations et qui de ce fait, s'inscrivent dans le champ du travail, présentent un profil de carrière différent de celui des cliniciens. Ils sont parfois psychotechniciens et/ou ergonomes, ils essaient d'améliorer les conditions de rendement ou de travail dans l'entreprise. Ils interviennent aussi pour améliorer les différents niveaux et circuits de communication dans l'entreprise. Ils deviennent parfois directeurs des ressources humaines, ce qui les met dans une position de gestionnaires et sont cadres dans l'entreprise. Ces fonctions peuvent être également assumées par des personnes ayant suivi d'autres formations.

Les psychologues qui sélectionnent, font de l'orientation et/ou reclassent le personnel, deviennent consultants dans l'entreprise, ce qui ne veut pas dire conseillers d'orientation. Ils sont eux aussi cadres de l'entreprise et émargent comme n'importe quel autre cadre, ce qui les amène parfois à changer d'identité professionnelle.

Quant aux psychologues scolaires, ils relèvent d'un statut spécifique de l'Éducation nationale : ils doivent avoir été enseignants dans l'enseignement primaire et leur formation d'un an après la licence ne correspond pas à un DESS. La revendication du SPEN (Syndicat des Psychologues de l'Éducation nationale) est de passer par le cursus de psychologie menant au DESS, ce qui leur conférerait au sein de l'Éducation nationale un statut de catégorie A, qui ne leur est pas actuellement accordé. Mais cela ouvrirait-il pour autant les portes de l'Éducation nationale aux psychologues non enseignants ?

Les Conseillers d'orientation psychologues dans le secondaire, sont recrutés par concours et présentent aussi un profil de carrière particulier ; ils subissent un mode de recrutement qui ne fait pas seulement appel aux compétences psychologiques.

De nos jours, la loi sur le Titre du 25 juillet 1985 est le passage obligé pour être reconnu psychologue, et pose comme principe que le détenteur du Titre de psychologue est titulaire d'un diplôme sanctionnant une formation universitaire fondamentale et appliquée de haut niveau, ou d'un titre équivalent dont la liste est fixée par arrêté .

Chaque fonction publique qu'elle soit d'État (Titre II), territoriale (Titre III) ou hospitalière (Titre IV) a promulgué un statut particulier des psychologues qui leur reconnaît l'appartenance à un corps classé en catégorie A de la fonction publique (fonctionnaire avec décision et responsabilité). Ces textes prennent pour modèle le premier texte proposé dans le cadre de la fonction publique hospitalière, et connaissent certaines adaptations liées aux statuts particuliers.

Conseil : consulter Chiland, C. (Ed.) (1983). Les psychologies : fonctions et formation. *Psychologie Française, 28*, n°1.

3 - QUESTIONS DE RÉFLEXION

- Rapprocher les différents points du commentaire précédent des données numériques présentées dans le Cours, et aussi de la description des fonctions et des domaines d'intervention du psychologue clinicien y figurant.
- Comparer le statut du psychologue, tel que le définit en France la loi de 1985, avec d'autres états du statut en question, tels qu'ils apparaissent dans différents pays européens d'après les données produites dans le document 1 C 1.
- Comment peut-on se représenter à l'heure actuelle, en France et éventuellement dans d'autres pays, les rapports entre la psychologie clinique et la psychanalyse ?

EXERCICE PROPOSÉ

1 B 2 - Textes de Daniel Lagache

1 - PRÉSENTATION DES DOCUMENTS

Les textes originaux qui suivent n'ont encore jamais été cités dans des ouvrages antérieurs consacrés à la psychologie clinique et se référant à des textes de Lagache. Notamment ceux de Prévost, C. M. (1988). *La psychologie clinique*. Paris : PUF ; Brelet-Foulard, F. *in* J.-C. Filloux et J. Maisonneuve. (1993). *Anthologie des sciences de l'homme. 2 - L'essor des sciences humaines*. Paris : Dunod. ; Pédinielli, J.-L. (1994). *Introduction à la psychologie clinique*. Paris : Nathan.

Ces textes sont tous extraits de : Lagache, D. (1932-1968). *Œuvres complètes, 6 vol.* Paris : PUF, 1977-1984. Ils sont présentés dans un ordre chronologique.

On propose à l'étudiant un exercice qui, au-delà de la lecture solitaire, gagnera à se faire en petit groupe de 3 ou 4 pour pouvoir comparer les façons de comprendre de chacun.

Psychologie clinique, psychanalyse et psychopathologie

Selon une distinction qui tend à s'imposer, la psychopathologie est l'étude des maladies mentales, alors que la psychologie pathologique est « l'étude des fonctions psychiques par l'observation des anomalies qu'elles présentent chez les aliénés, les névropathes, etc. » (Lalande). L'une apparaît donc caractérisée essentiellement par son objet ; l'autre comme une méthode au service de la psychologie générale. La première est à la seconde ce que la psychologie de l'enfant est à la psychologie génétique, la psychologie animale à la psychologie comparée. Cette distinction est utile pour comprendre les rapports historiques qui unissent ces deux façons de considérer les choses.

La méthode pathologique (1938), O. C., vol. 1, p. 259.

Envisager la conduite dans sa perspective propre, relever aussi fidèlement que possible les manières de réagir d'un être humain concret et complet aux prises avec une situation, tel est en résumé le programme de la psychologie clinique (...). La psychologie clinique est ainsi toujours une recherche dans une relation personnelle et directe (...) à la faveur de l'interprétation compréhensive des comportements considérés comme significatifs et expressifs (...). La psychologie clinique trouve encore dans la psychiatrie un contact direct avec les problèmes humains. Ce qui l'intéresse, ce n'est ni la nosographie des névroses et des psychoses ni même l'exploitation psychologique de la vie mentale, c'est le malade en tant qu'il est un être humain porteur d'un problème et d'un problème mal résolu.(...). La méthode clinique consiste à s'accommoder à la manière d'être originale du sujet (...). Nous ne nions nullement la légitimité et l'utilité de la psychométrie. Notre pensée est qu'il y a lieu, à côté de l'emploi psychométrique des tests, d'en définir un emploi clinique plus approprié à la psychologie individuelle – et non pas seulement différentielle – et à l'étude des ensembles psychologiques (...). Au fond du débat il y a l'opposition entre deux manières de concevoir la psychologie, une orientation naturaliste qui veut une psychologie analytique, abstraite, recherchant des lois causales et excluant toute téléologie, et une orientation humaniste qui envisage l'ensemble d'êtres humains concrets et complets en situation, qui cherche à comprendre plus qu'à expliquer, et qui implique la position de valeurs, en particulier par l'introduction de préoccupations fonctionnelles ayant trait au sens et à la valeur adaptative des manières d'être et de réagir étudiées (...). Une psychologie concrète visant l'homme total en situation.

La méthode clinique en psychologie humaine (1945), O. C., vol. 1, pp. 413 - 420.

La psychologie clinique n'a de sens que dans la perspective d'ensemble du cas, de l'individu complet et concret en situation (...). Elle ne se confond pas avec la psychologie des maladies mentales (...). La psychologie clinique est essentiellement une psychologie en deuxième personne (...). Elle fait aussi appel à des données en troisième personne, par exemple à des données psychométriques, mais l'indication et l'interprétation de telles mensurations ne se font que dans le cadre de l'examen clinique, c'est-à-dire dans la considération de l'ensemble de la personnalité (...). C'est à partir d'observations approfondies, aussi complètes que possible, établies dans l'esprit clinique tel que nous l'avons établi, que l'on peut espérer une généralisation scientifique valable.

Psychologie clinique et délinquance juvénile (1946), O. C.,vol.1, pp. 429 - 437.

La psychologie clinique a pour base l'étude intensive des cas individuels, c'est-à-dire l'étude de la conduite individuelle et de ses conditions (entourage actuel, histoire de la vie, personnalité dans ses aspects somatiques et psychologiques), mais elle ne se limite pas à une collection de cas individuels : elle vise à une généralisation théorique fondée sur le traitement statistique du matériel recueilli (...). Il arrive que la psychanalyse soit assimilée à la psychologie clinique (French)(...). La distinction est rendue difficile par le fait que la psychanalyse a exercé une profonde influence sur la psychologie clinique, en l'orientant vers la dynamique de la conduite et de la personnalité, en modifiant et en raffinant la technique de l'examen clinique proprement dit, en permettant l'élaboration de tests de personnalité auxquels la psychologie clinique recourt de plus en plus. La psychanalyse constitue cependant une discipline spécifique tant par son mode d'approche que par ses résultats... Dès que le psychanalyste intervient, le matériel qui semblait tari afflue et s'intègre dans des perspectives toutes différentes (...). La prise en considération de l'histoire individuelle en psychologie est un apport de la psychologie clinique (...). Elle fait appel, presque exclusivement, au savoir préconscient du sujet et de son entourage.

De la psychanalyse à l'analyse de la conduite (1948), O. C., vol. 2, pp. 83 - 86.

Tout en restant une discipline essentiellement clinique, la psychanalyse conçoit le diagnostic en d'autres termes que ceux d'entités nosographiques et de formes cliniques, en termes, dirons-nous, de « débat de la personne avec le monde » (W. Stern)... L'orientation de la clinique psychanalytique vers les problèmes dynamiques et génétiques a contribué au déclin de l'esprit nosographique en pathologie mentale, bien que le diagnostic, sous sa forme classique, conserve une importance pratique et scientifique incontestable... Le diagnostic tend à être de moins en moins l'identification d'une maladie ou d'un type caractériel, et de plus en plus la détermination d'un mode d'organisation des relations de la personne avec l'entourage... D'autre part, la technique de l'examen clinique a, dans une certaine mesure, bénéficié des acquisitions psychanalytiques relatives au maniement du transfert ; des techniques d'examen de plus en plus largement employées, comme les tests projectifs, sont d'origine ou d'inspiration spécifiquement psychanalytiques.

Définition et aspects de la psychanalyse (1949), O. C., vol. 2, pp. 128 -146.

La psychologie clinique a pour objet principal les conduites individuelles, adaptées et inadaptées... Le diagnostic s'efforce de saisir un moment évolutif de l'histoire d'un être humain... il a la structure d'une interprétation... L'aboutissement d'une investigation clinique, c'est l'histoire d'un cas. La psychologie moderne a beaucoup insisté sur l'historicité de l'existence humaine et sur l'importance des expériences passées (apprentissage) pour l'explication de la conduite... Aucune donnée n'est en fait significative que par référence à un contexte historique et à un devenir psychologique... Une part essentielle de « l'art clinique » consiste, dans chaque cas particulier, à apprécier les difficultés de l'examen clinique, et, après les avoir levées, à exploiter au maximum les possibilités d'investigation... Le clinicien exploite non seulement les données objectives, mais ses propres réactions émotionnelles... La psychologie clinique ne se limite pas aujourd'hui à l'anamnèse et à l'observation. Elle tend de plus en plus à recourir aux tests, devenant ainsi ce que l'on peut appeler « clinique armée »... À la suite de William Stern et de Wallon, nous avons été amené à définir ce que nous appelons « l'emploi clinique des tests »... Si l'on entend par psychologie clinique l'étude de la conduite et de la personnalité orientée par l'observation de la réponse totale de l'être humain concret et complet à la situation, il est évident que la psychanalyse rentre dans la psychologie clinique et qu'elle en porte les caractéristiques méthodologiques essentielles à une puissance plus élevée, qu'elle est à cet égard une sorte d'« ultra-clinique ». Mais la psychanalyse n'est pas la psychologie clinique, et il est regrettable que certains psychanalystes étrangers, quand ils parlent de psychologie clinique, entendent psychanalyse... L'approche clinique est un instrument adapté à l'étude des conduites humaines concrètes, normales et pathologiques... Seule l'investigation clinique sous diverses formes, avec la psychanalyse, la psychologie sociale, l'ethnologie peut fournir une vue suffisamment compréhensive de la conduite humaine.

Psychologie clinique et méthode clinique (1949), O. C., vol. 2, pp. 164 - 177.

Il faut distinguer la psychologie clinique de la psychopathologie clinique. Celle-ci a pour objet les désordres pathologiques de la personnalité et de la conduite : psychoses, névroses, perversions, criminalité, inadaptations sociales. L'ordre dans lequel on les énumère est tel qu'à mesure que le médecin s'éloigne des psychoses et se rapproche des inadaptations sociales, il tend de la médecine psychologique vers la psychologie clinique... La psychologie clinique requiert une formation théorique complète : psychologie comparée, psychologie physiologique, psychologie sociale, psychologie de l'enfant, psychologie génétique, psychologie générale.

Sur la formation du psychologue clinicien (1951), O. C., vol. 2, pp. 296 - 300.

La psychopathologie a pour objet les désordres de la conduite et de la personnalité... Si la psychologie clinique, comme la conduite médicale, ne se borne pas à une collection de cas individuels, c'est cependant sur l'étude approfondie de cas individuels qu'elle repose, c'est-à-dire sur l'étude aussi poussée que possible de la conduite, de la personnalité et de l'entourage de ces individus... L'approche psychanalytique peut être considérée comme une variété de psychologie clinique, si l'on définit celle-ci, très largement, par l'étude approfondie des cas individuels ; une étude psychanalytique porte en effet sur une personnalité individuelle, son histoire, son entourage, sa conduite ; certains ont même assimilé psychanalyse et psychologie clinique. Mais cette assimilation méconnaît des différences importantes, et l'on peut partir de ces différences pour caractériser sommairement l'approche psychanalytique. Le but de la psychanalyse est plus spécifique. La psychologie clinique a quatre buts principaux : le diagnostic, le conseil, le traitement, l'éducation. Une psychanalyse est toujours une psychothérapie, c'est-à-dire un traitement reposant sur la relation personnelle du médecin et du patient. Le matériel psychanalytique est aussi plus spécifique... L'observation clinique en médecine et surtout en psychologie est « manœuvrière »... Le rôle du psychanalyste, au contraire, est de se maintenir dans une attitude de neutralité et de passivité bienveillantes et de garder un silence interrompu par des interprétations choisies... Finalement, c'est surtout le « laissez-faire » qui caractérise l'analyse... L'expérimentation est isolante et tend à ne mettre en lumière que des relations psychologiques partielles. D'où la difficulté de l'appliquer aux conduites humaines complètes et concrètes.

La psychologie : conduite, personnalité, groupe (1951), O. C., vol. 2, pp. 309 - 329.

L'approche clinique est caractérisée par l'étude approfondie des réactions d'une personnalité concrète et complète avec un certain entourage.

Introduction psychanalytique à la criminologie (1952), O.C.,vol. 2, p. 335.

Le terme de « psychologie clinique », sans exclure les domaines proprement médicaux, a été introduit surtout pour connoter l'extension de l'esprit clinique et de la méthode clinique à l'étude approfondie de cas individuels qui ne sont pas forcément médicaux... La psychopathologie a pour objet les interactions du malade mental et de son entourage ; le champ psychanalytique est le champ des interactions du psychanalyste et du psychanalysé... En psychologie clinique, la synthèse des données permet d'établir un diagnostic et un pronostic et fournit une base pour conseiller, traiter, éduquer le sujet. L'observation clinique est donc une *action-research,* mais l'incidence de buts pratiques, si elle peut limiter la recherche scientifique, n'empêche pas les faits recueillis de conserver leur valeur.

Éléments de psychologie médicale (1955), O. C., vol. 3, pp. 152 - 183.

Le psychologue admet de plus en plus difficilement sa subordination au médecin... La psychologie clinique pourrait prendre pour devise le mot de Nietzsche : « Deviens ce que tu es ».

De l'aptitude au métier de psychologue (1956), O. C., vol. 3, p. 301.

La psychanalyse est une approche clinique, et partage avec la méthode clinique un certain nombre de critères. Mais l'investigation clinique a ses caractères propres : les données en sont d'ordres plus variés ; et quant aux données qu'elle partage avec l'analyse, la communication, la conduite, la conscience, elle les emploie d'une manière différente et en poursuit moins loin l'interprétation ; la technique clinique tend en général à créer un climat favorable à l'investigation, et recourt parfois à des manœuvres. L'accent que met l'analyse sur la résistance et le transfert la centre différemment, et introduit un critère nouveau, à savoir les modifications dynamiques de la conduite, de la communication et de l'expérience consciente. Forcément, ces différences s'atténuent dans la mesure où l'art clinique emprunte lui-même quelques raffinements à l'art psychanalytique.

Psychanalyse et psychologie (1956), O.C., vol.3, p. 283.

Ce qu'on appelle psychologie clinique a une dette envers la psychanalyse, à laquelle elle doit certains raffinements de l'observation comme certaines procédures d'investigation ; la dette de la psychanalyse envers la psychologie clinique est nulle. Simplement du fait qu'elle est autre chose et que ses origines se trouvent dans la médecine et la psychopathologie.

La psychologie et les sciences psychologiques (1966), O. C., vol. 6, p. 198.

L'investigation psychanalytique porte également sur des cas individuels ; du point de vue pratique, si le psychanalyste s'abstient classiquement de conseiller, le traitement et l'éducation sont des objectifs qu'il partage avec la psychologie clinique. Cependant, un des caractères de la technique psychanalytique est que, dans la direction de la cure, aucun changement thérapeutique ou éducatif n'est poursuivi directement ; tout changement de ce genre n'apparaît ainsi que comme un sous-produit de l'investigation et du développement du processus analytique... En dehors des changements apparents d'ordre clinique, le changement fondamental, condition de la stabilité relative des changements apparents, est le remaniement structural de l'appareil psychique.

La psychanalyse envisagée comme analyse de la conduite (1968), O.C., vol. 6, pp. 290 - 291.

2 - REMARQUES

– Texte de 1946 : Lagache reprend au psychologue clinicien américain Rykman la distinction entre une psychologie à la deuxième personne et une psychologie à la troisième personne pour l'appliquer à sa propre dictinction entre psychologie clinique et psychologie expérimentale, ou encore humaniste et naturaliste. Cette opposition est fondamentale pour lui et elle annonce pour la première fois dans l'histoire de la psychologie l'apparition progressive à partir de 1950 de deux paradigmes de la psychologie, ceci dans le cadre paradoxal d'une proclamation en faveur de l'unité de la psychologie. La psychologie à la première personne serait alors représentée par l'ancienne psychologie privilégiant la méthode d'introspection.

– Texte de 1948 : French ne veut pas dire « français », mais est le nom d'un auteur américain. Sa grande culture en matière de psychologie et aussi de philosophie européennes n'ont pas empêché Lagache de beaucoup se référer à la littérature américaine des années 1935-1945, dans l'élaboration de son nouveau modèle d'une psychologie clinique. Cet aspect a probablement joué un rôle important dans le dissentiment croissant entre Lacan et Lagache dans la période 1953-1963.

D'une certaine manière, l'opposition violente de Lacan à l'« american way of life » demeure inexpliquée. Son éducation catholique traditionnelle (élève des jésuites du collège Stanislas, thèse de doctorat dédiée à son frère bénédictin) ainsi que ses liens avec le psychanalyste Pichon, attaché à une certaine pensée nationaliste de tradition française, ont probablement joué un certain rôle dans l'intérêt de Lacan pour une culture plus délimitée à l'ère européenne. L'ordre des Jésuites a toujours adopté une attitude très militante dans l'opposition de Rome (la Contre-Réforme) à la pensée protestante, laquelle représente par ailleurs aujourd'hui une composante importante de la culture américaine. Les Jésuites ont originellement joué un rôle important dans la lutte de Louis XIV contre le jansénisme, une tendance de la pensée religieuse très proche du calvinisme. On peut aussi mentionner que l'un des sympathisants célèbres parmi d'autres (La Fontaine, Boileau, etc.) de la pensée janséniste est le moraliste La Rochefoucauld, dont les conceptions relatives à « l'amour-propre » sont souvent rapprochées par Lacan de la notion psychanalytique de narcissisme. Ces attaches de la pensée lacanienne aux divers courants de l'histoire de l'idéologie mériteraient d'être mieux étudiées.

Thème de réflexion à partir de ces remarques : l'explication par les données historiques est un instrument de formation important permettant entre autres de se situer au-dessus des prises de parti : par exemple « pour Lacan contre Lagache » ou le contraire. Trouver d'autres exemples.

3 - EXERCICE

– Consulter un dictionnaire (le Petit Robert) et ensuite éventuellement un dictionnaire de psychologie pour des termes tels que, par exemple, dans l'ordre de leur apparition : téléologie, généralisation scientifique, diagnostic, transfert, projectif, conduite, amnanèse, ethnologie, pronostic, *action-research* ou recherche-action, appareil psychique (ou autres termes mal compris, bien que parfois familiers).

– Repérer dans ces textes plusieurs grandes thématiques :

- les formules variées que Lagache utilise dans sa définition de la psychologie clinique ;
- la distinction de la psychologie clinique à l'égard de la psychopathologie ;
- la distinction de la psychologie clinique à l'égard de la psychanalyse ;
- Les arguments de Lagache en faveur d'une psychologie clinique ouverte sur la recherche armée par les méthodes quantitatives. Quelles sont les caractéristiques de cette clinique armée ?
- La distinction entre psychopathologie et psychologie pathologique.

4 - QUESTIONS DE RÉFLEXION

– Le terme conduite apparaît très souvent. Combien y-a-t-il d'occurrences du terme comportement ? Pourquoi ? Expliciter les différences entre ces deux termes du vocabulaire psychologique.

– Que penser de l'expression « manœuvrière » associée à la psychologie clinique ?

Document proposé

1 B 3 - Autobiographie de Didier Anzieu

1 - PRÉSENTATION DU DOCUMENT

Des psychologues connus, de langue française et admis à la retraite académique, ont été invités à écrire leur autobiographie. Didier Anzieu, avec humour et naturel, y a répondu.

Psychanalyste et psychologue

Ma rencontre avec Daniel Lagache a été décisive pour mon orientation. Il m'a choisi pour assistant à la Sorbonne (1952-1954), il m'a proposé un sujet de thèse : l'auto-analyse ; il m'a conseillé d'entreprendre une psychanalyse didactique, que j'ai faite avec Jacques Lacan (1950-1954), alors son ami : c'est Lagache qui a supervisé ma première cure de psychanalyse débutant ; c'est son séminaire de recherche du samedi matin que j'ai suivi assidûment, l'accompagnant à pied lors du retour à son vaste appartement du carrefour Bac-Saint-Germain. Son surmoi de grand travailleur s'accordait avec le mien. Ma bienveillance envers des étudiants tempérait sa sévérité. Mon avidité de savoir prenait modèle sur son exploration intensive et extensive du champ de la psychologie clinique et psychanalytique : individu et groupe ; enfants, adolescents, adultes ; normalité, pathologie mentale, délinquance ; intelligence et sexualité ; entretien, *testing*, psychothérapie ; et ce qui m'a le plus surpris et séduit : la psychologie du psychologue. Son cours en Sorbonne sur l'« Unité de la psychologie » a été pendant toute ma vie un modèle pour mon enseignement, un cadre pour ma pensée, une directive pour la formation professionnelle des psychologues, même si j'ai été amené, comme il le souhaitait d'ailleurs, à apporter à ses idées des correctifs et des compléments. Sa tentative de synthèse du behaviorisme et de la psychanalyse sous la forme d'une psychologie des conduites humaines n'a pas tenu.

Ensemble, et avec Juliette Favez-Boutonier, nous avons lutté pour obtenir l'autonomie de la psychologie par rapport aux études de philosophie et de médecine et l'intégration de la psychologie clinique au sein des études de psychologie. Ce double objectif a été réalisé dans le contrecoup de mai 68. J'ai œuvré en 1968-1969, en tant que chargé de mission au cabinet du ministre de l'Education nationale M. Edgar Faure, pour obtenir un statut de la profession de psychologue qui n'a abouti que vingt ans plus tard et après bien des relais. Il convient de citer ici le soutien apporté par D. Voutsinas et son *Bulletin de psychologie* qui publiait les cours des enseignants, les résultats des chercheurs et les projets de réforme.

Revenons en arrière. Le « doctorat ès lettres » n'était pas encore « et sciences humaines ». Il comportait une thèse principale : ce fut *L'auto-analyse* et son rôle dans la découverte de la psychanalyse par Freud et dans l'élaboration du contre-transfert du psychanalyste ; et une thèse complémentaire, sur le sujet de laquelle j'hésitais : la théorie pascalienne du psychisme ? le Rorschach en dermatologie ? Ce fut finalement Le psychodrame analytique chez l'enfant. J'avais découvert cette méthode au Centre psychopédagogique Claude-Bernard, dirigé par J. Favez-Boutonier, puis A. Berge ; elle m'avait enthousiasmé. Je lui appliquais la distinction lacanienne du réel, du symbolique et de l'imaginaire et j'en perfectionnais la technique avant d'en étendre la pratique aux adultes et aux groupes de formation. La soutenance eut lieu en 1957 : les deux thèses parurent (la « petite » en 1956, la « grande » en 1959) aux Presses Universitaires de France dans la « Bibliothèque de psychanalyse et de psychologie clinique » créée et dirigée par Lagache. Entretemps, j'étais devenu professeur de psychologie à l'Université de Strasbourg (1955-1964).

À la demande de P. Fraisse pour sa collection « Le Psychologue », toujours aux PUF, je me consacrais à la rédaction de deux livres destinés aux étudiants et aux praticiens sur des sujets alors nouveaux en France : *Les méthodes projectives* (1961) et, en collaboration avec J.-Y. Martin, *La dynamique des groupes restreints* (1968). J'ai par la suite dirigé des numéros spéciaux du *Bulletin de psychologie* sur la psychologie projective et sur les groupes.

Parallèlement, ma passion d'enseigner m'a permis de vivre quelques grands moments : la solidarité d'équipes d'enseignants et de chercheurs, l'action pour un statut professionnel conjuguée avec les syndicats de psychologues, et, bien sûr, mai 68 à l'université de Nanterre où j'ai enseigné de 1964 à 1983, où j'ai fondé et dirigé le département de psychologie et où j'ai eu l'occasion de m'entourer de collègues remarquables. Mon opuscule *Ces idées qui ont ébranlé la France* (paru chez Fayard en juillet 1968 sous le pseudonyme d'Epistémon) a enregistré à chaud mon témoignage sur une phase d'histoire collective en train de se faire : naissance d'une utopie et mutation des mœurs.

J'ai été entraîné dans les vicissitudes du mouvement psychanalytique en France. J'ai commencé ma formation psychanalytique à la Société psychanalytique de Paris, je l'ai terminée à la Société française de psychanalyse. J'ai été un artisan actif des scissions survenues dans l'une puis l'autre de ces sociétés, la première fois avec Lacan, la seconde fois contre lui. J'ai fait partie du groupe fondateur en 1962 de l'Association psychanalytique de France, au sein de laquelle j'ai exercé diverses responsabilités. Avec le recul, les désaccords les plus importants entre psychanalystes m'apparaissent avoir concerné la politique de formation plutôt que les conceptions théoriques. Chaque être humain souhaite former ses enfants, ses élèves, ses successeurs à son image. Ou, ce qui revient au même, à l'image contraire. Avec la maturité et le spectacle de l'effondrement de tant d'idéologies autour de moi, j'ai tenté de m'en tenir au scepticisme, à la rigueur et à la sérénité.

J'ai aimé l'institution universitaire comme ma mère nourricière. Comme ma mère réelle, elle a souvent été décevante – et sans doute souvent aussi déçue par moi. Mais notre amour mutuel est resté constant et confiant.

Avec le recul, je suis frappé par la succession des thèmes et des modèles de recherche qui se sont imposés à ma génération dans les domaines de la psychologie : modèle cybernétique, modèle linguistique, modèle informationnel, modèle écologique, création d'une nouvelle entité nosologique (les états limites, interaction précoce mère/nourrisson, avec la reconnaissance et le développement des compétences de ce dernier, transmission transgénérationnelle des traumatismes et des secrets familiaux). Je ne sais pas quelles ont été là les parts respectives de la mode, des besoins sociaux, et de la logique scientifique. Toujours est-il que le renouvellement permanent des savoirs et des savoir-faire s'impose de plus en plus aux psychologues.

Ainsi ai-je beaucoup produit en pensées, en paroles, en actions. Dès que j'eus, en 1983, atteint l'âge et l'ancienneté requis, j'ai éprouvé le besoin de prendre ma retraite académique et de concentrer le reste de mon temps et de ma force à développer et à faire connaître ce que je considère comme mon principal apport scientifique.

J'ai en effet tenté de reprendre sur de nouvelles bases le problème des rapports du corps et de la psyché en le différenciant du problème, beaucoup étudié, des rapports du cerveau et de la pensée. Je me suis situé au point de convergence des travaux des éthologues sur l'attachement (auxquels R. Zazzo m'avait initié), des psychologues projectivistes sur l'image du corps, des psychanalystes anglais sur la pathologie des relations contenant-contenu et des limites des espaces psychiques. D'où mon hypothèse d'un moi-peau (c'est-à-dire d'un étayage progressif du moi sur la surface du corps), hypothèse esquissée par Freud, que j'ai développée en un système de correspondance entre les fonctions du moi et les fonctions de la peau. J'ai mis au jour le fantasme d'une peau commune à la mère et à l'enfant, sa constitution, son dépassement, ses séquelles dans les états dits limites. J'ai proposé les fondements théoriques et pratiques d'une psychanalyse transitionnelle appropriée à la compréhension et au traitement de ces séquelles. J'ai généralisé la notion de « peau psychique » due à Frances Tustin en celle d'« enveloppes psychiques », et j'ai entrepris leur investigation. J'espère par la suite en prouver l'utilité pour expliquer le travail de la pensée en général, le travail de composition des œuvres littéraires en particulier.

D'après Didier Anzieu. *in* F. Parot et M. Richelle. (Eds.). (1992). *Psychologues de langue française*. Paris : PUF. pp. 253-261.

Remarques

Statut professionnel : ce que l'on a appellé un temps « le statut Anzieu » a fortement influencé les étudiants de l'époque, futurs professionnels. (*cf.* la contribution d'Anzieu *in* Chiland, C. (1983) : Les psychologues : fonctions et formation. *Psychologie française, 28*, n° 1, 8-12).

Mouvement psychanalytique : concernant les différentes scissions, consulter les dictionnaires ou ouvrages de psychanalyse (*cf.* Lectures conseillées et autres ouvrages cités dans les notes).

Thèmes et modèles de recherche : diverse (ou en miettes ?), la formation de psychologue nécessite une vaste culture.

2 - QUESTION DE RÉFLEXION

Étudier la manière dont D. Anzieu se représente les rapports entre la psychanalyse proprement dite et les autres disciplines psychologiques.

DOCUMENT PROPOSÉ

1 C 1 - La question du statut des psychothérapeutes en France et dans les autres pays européens

1 - PRÉSENTATION DU DOCUMENT

Il existe un titre d'ingénieur sanctionnant une formation spécifique et reconnu par les pouvoirs publics. De la même façon existe depuis 1985 un titre de psychologue, offrant au public une garantie de qualification dans le cadre de consultations en libéral. Cependant, l'énorme diffusion actuelle des formes de psychothérapies pose des problèmes d'ordre particulier évoqués par un article du *Monde* daté du 4 décembre 1997.

L'univers des psychothérapies

D'après *Le Monde,* 12 000 psychothérapeutes pratiqueraient, en France, leur activité hors de tout statut légal. Depuis plusieurs années, ils ont lancé un mouvement pour obtenir cette reconnaissance officielle qui permettrait, selon eux, de faire le tri entre vrais professionnels et charlatans. À leur demande, l'Association française de normalisation (Afnor) mène, depuis un an, une étude sur la possibilité de créer pour ce métier des formations, un code de déontologie et des moyens d'information du public. Cette quête de reconnaissance est considérée comme illégitime par psychiatres et psychologues, qui estiment dangereux que l'activité de psychothérapeute passe par d'autres cadres que ceux qui régissent leur profession. Le conseil de l'ordre national des médecins dénie à des non-médecins le droit de pratiquer la psychothérapie. La réponse des pouvoirs publics est compliquée par la diversité des pratiques et des théories en vigueur.

D'après *Le Monde,* 4 décembre 1997

Les séances de psychothérapie dans le secteur libéral ne sont pas remboursées par la Sécurité Sociale, sauf dans certains cas très précis, et uniquement lorsque le professionnel est un médecin. Quand la psychothérapie a lieu dans le cadre hospitalier, elle est prise en charge comme tout autre acte médical. Les membres de la Fédération française de psychothérapie ne souhaitent pas, si l'activité obtenait un statut légal, que les séances soient remboursées, car ils estiment que l'aspect financier fait partie intégrante de la thérapie. Le coût d'une séance de thérapie varie en fonction du praticien, de la méthode utilisée, du nombre de participants, de la longueur des séances et des revenus du patient : la fourchette moyenne se situe entre 200 et 1 000 francs.

D'après *Le Monde,* 4 décembre 1997

Pour mieux situer cet ensemble de problèmes, le même article en vient à présenter le statut très diversifié des psychologues dans les autres pays européens que la France :

Le statut des psychologues dans d'autres pays européens que la France est très variable :

• En Autriche : une loi fédérale votée en 1990 confère un statut légal à la psychothérapie, désormais considérée comme une profession à part entière. Parallèlement, la loi définit et réglemente la profession de psychologue.

• En Allemagne : l'activité est régie par des directives datant de 1967. Ne peuvent pratiquer cette profession que les détenteurs d'un diplôme de médecine ou de psychologie. Toute méthode nouvelle doit obtenir l'agrément de l'université. Les séances de psychothérapie sont remboursées, dans la limite de 300 séances.

• En Grande-Bretagne : un projet de loi visant à donner à la psychothérapie un statut officiel a été rejeté en 1981 par le Parlement. Depuis, le gouvernement a laissé aux psychothérapeutes le soin de réglementer leur activité. En 1989 est née la *United Kingdom Standing Conference for Psychotherapy,* qui se donne pour objectifs la protection du public et la mise en place de formations appropriées. Une nouvelle loi pourrait être discutée dans les prochains mois.

• En Italie : une loi du 19 décembre 1989 définit et réglemente la profession de psychologue et de psychothérapeute. Elle crée un ordre des psychologues. L'exercice de la profession de psychothérapeute est soumis à l'obtention d'un diplôme de médecin et de psychologue, suivie d'une formation de quatre ans au minimum dans un institut spécialisé dont la liste est établie par une commission ministérielle. Cette réglementation a conduit à la fermeture de nombreux centres de formation. Forts du monopole de fait créé par la loi, certains médecins ou psychologues déjà en exercice ont, en effet, fait l'impasse sur la formation de quatre ans. La loi pourrait être prochainement modifiée pour corriger ces dérives.

D'après *Le Monde*, 4 décembre 1997

2 - REMARQUES

Ce chiffre de « 12 000 psychothérapeutes hors de tout statut légal » avancé par *Le Monde* est très nouveau et pose plusieurs problèmes.

On se demande en premier lieu quel rapport il est susceptible de comporter avec le chiffre de 10 000 psychothérapeutes et renfermant 5 000 psychanalystes, mentionné dans le Cours p. 12. En est-il complètement indépendant, ou présente-t-il avec celui-ci une certaine frange d'interférence ? Ce n'est pas une question simple.

Un premier aspect de cette question concerne la définition des modèles psychothérapiques. Les trois principaux qui ont cours en France sont avant tout le modèle psychanalytique, surtout de caractère freudien (Jung a plus de succès dans d'autres pays) avec beaucoup de variétés techniques, le modèle cognitivo-comportemental dont l'audience irait plutôt croissant, et enfin le modèle rogérien de l'entretien non directif dont le prototype intervient dans les innombrables applications de l'entretien clinique. Ce sont ces trois grandes catégories de modèles qui intéressent les professionnels statutaires, principalement psychologues et médecins, de la psychothérapie.

Il existe une bonne centaine d'autres modèles psychothérapiques ayant cours à l'heure actuelle, et dont la classification difficile est très variable selon les ouvrages. Il n'y a aucune raison contraignante d'envisager a priori ceux-ci comme l'apanage exclusif de ces 12 000 psychothérapeutes hors statut.

Le renouveau de l'hypnose, surgi d'abord aux États-Unis, et qui intéresse de plus en plus les problématiques liées à la douleur et à certaines addictions (migraines, tabagisme), n'intéresse pas que des psychothérapeutes non patentés, mais par exemple certains institutions médicales à Paris (Centre antalgésique de l'hôpital Tarnier).

Un second aspect de cette question est celui de la formation universitaire, qui ne fournit pas non plus un critère de décision simple. En effet, l'absence de formation universitaire reconnue n'identifie pas a priori le charlatanisme, si l'on considère qu'il existe un nombre non négligeable de psychanalystes dépourvus d'un cursus universitaire qui les qualifie soit comme médecins soit comme psychologues cliniciens, bien qu'ils aient suivi un cycle de formation dans leur propre société de psychanalyse.

Enfin la question de la psychothérapie hors statut rejoint par transitions insensibles vers le bas de l'échelle la question des pratiques relevant de registres plus troubles connotés par l'occultisme, la voyance, la divination. Un autre chiffre couramment avancé serait celui de 25 000 voyants et devins existant dans la seule région parisienne.

3 - QUESTION DE RÉFLEXION

Tenter d'analyser comment la question du statut du psychologue paraît se présenter en France par rapport à la description qu'en fournit le document pour d'autres pays européens.

4 - EXERCICE

Étudier les principales variétés de psychothérapies en se guidant d'après les documents 3 C 2 et 3 C 3 et l'*Atlas de la psychologie* (Lectures conseillées).

2

LES ORIGINES DE LA PSYCHOPATHOLOGIE DE L'ENFANT EN FRANCE

Si l'histoire de la psychopathologie de l'enfant est moins connue et ses contenus moins explorés que les constituants de l'histoire de la psychopathologie de l'adulte, elle a permis la production de plusieurs livres qui exposent la chronologie et l'enchaînement des événements. Il manque à ceux-là l'éclairage que donne la perspective épistémologique appliquée à une démarche historique. En ce qui concerne les approches théoriques au sujet des enfants, ce chapitre se propose de montrer comment l'histoire de la discipline masque ses propres éléments constituants et comment se produisent des répétitions conceptuelles sur le plan de la détermination et de l'application des méthodes de soins. Cette démarche de compréhension de la construction d'une discipline ne peut être séparée de celle de l'histoire de la psychologie, à laquelle le lecteur se référera.

Du XVIIIe au XIXe siècle, on est passé de considérations générales sur la pédagogie à la mise en actes d'une éducation particulière pour les enfants idiots. On peut déterminer une filière des idées sur l'éducation à partir de Locke, Rousseau, Condillac et Condorcet (1743-1794). Cette filière n'est pas productrice d'une filiation, qui se constituera dans un deuxième temps. Elle est originale, fondatrice de pratiques, source de conflits. Ses acteurs sont nés en trois ans. Leur disparition s'étage sur une dizaine d'années. Aucun d'entre eux ne connaîtra l'impact de ses travaux, dans les effets qu'ils ont eus durant la Révolution lors des discussions sur l'instruction publique. Condillac, l'abbé de l'Épée, Rousseau et Jacob Rodrigues Pereire par leur implication professionnelle, ou par la rivalité que celle-ci a créée, ont contribué à fonder les méthodes de rééducation des sourds-muets.

Ces méthodes, âprement discutées, vantées ou combattues, serviront de base d'expérimentation pour l'éducation donnée à certains enfants sauvages. Dans cette catégorie d'enfants, on a observé des attitudes similaires à celles des enfants sourds et muets et à celles des enfants idiots. Dans la dernière partie du XVIIIe siècle, on était peu entraîné à discerner les causes physiques des causes et des conséquences psychologiques d'une surdité. Ces comportements, pour être compris, nécessitaient souvent plusieurs mois d'observation, à l'issue desquels on entreprenait alors l'instruction du sourd-muet, ou bien on rejetait à l'asile l'idiot ainsi déterminé par défaut des capacités d'apprentissage.

C'est après une période de désintérêt de la cause défendue pour les idiots, coïncidant avec le Second Empire, que le XIXe siècle, en la personne de Désiré Magloire Bourneville, fixera les méthodes pédagogiques héritées du XVIIIe siècle et érigées par Séguin. Le traitement des idiots, bataille médicale et pédagogique, est devenu une cause politique à défendre.

Cela permettra de renforcer médicalement le rejet social des idiots en érigeant les méthodes destinées à l'origine à leur relèvement de l'asile en méthodes d'éducation générale. Ces méthodes d'éducation générale employées dans le cycle primaire se définissent par leur obédience rousseauiste et prennent leurs sources, du XVIIe au XVIIIe siècle, entre autres, dans le jardin d'enfants. Maria Montessori elle-même a trouvé son inspiration dans le service de Bourneville, en lisant Itard et Séguin. Elle a voulu mettre sa méthode au service de ceux qui sont déshérités socialement. Cet abandon du traitement des inadaptés s'est fait au profit de l'action sociale. Ce retour aux enfants normaux que le XXe siècle a connu marque la quatrième des filières qui viennent d'être évoquées.

LECTURES CONSEILLÉES

Ouvrages généraux :

DUCHÉ, D.-J. (1990). *Histoire de la psychiatrie de l'enfant.* Paris : Presses Universitaires de France.
WACJMAN, C. (1993). *L'enfance inadaptée. Anthologie de textes fondamentaux.* Toulouse : Privat.
WACJMAN C. (1997). *Travailler avec des enfants malades mentaux.* Paris : Dunod.

Ouvrages de référence :

MALSON, L. (1964). *Les enfants sauvages. Mythe et réalité,* suivi de *Mémoire et rapport sur Victor de l'Aveyron,* par Jean Itard. Paris : UGE 10/18.
MONTESSORI, M. (1909). *Pédagogie scientifique. La découverte de l'enfant.* Paris : Desclée De Brouwer, 1952.

Pour aller plus loin :

GEISSMANN C. ET GEISSMANN, P. (1992). *Histoire de la psychanalyse de l'enfant, Mouvements, idées, perspectives.* Paris : Bayard Éditions.
MISES, R. (1981). *L'enfant déficient mental.* Paris : Presses Universitaires de France, (1re édition 1975).
NETCHINE, G. (1970-71). La représentation psychologique de la déficience mentale de Descartes à Binet. *Bulletin de psychologie,* 24, 7-8, 403-414.
NETCHINE-GRYNBERG, G. (1983). De l'idiotie au handicap : la marche vers l'indétermination. *Raison présente,* 1, 65, 51-63.
WACJMAN, C. (1991). Édouard Séguin, empirisme et médecine dans la rééducation des enfants idiots au XIXe siècle. *L'Évolution psychiatrique,* 56, 3, 603-629.

A

ENFANTS SAUVAGES ET SOURDS-MUETS AU XVIIIe SIÈCLE

1 - Observation de la nature et nature de l'homme

À partir du XVIIe siècle on s'intéresse à la découverte d'enfants élevés au sein de la nature par divers animaux, tels les biches, les ours, les loups. On donne aux enfants le nom de l'animal concerné, et c'est ainsi que l'on connaît l'existence de plusieurs enfants-biches, enfants-ours et enfants-loups. Jean-Jacques Rousseau (1712-1778), dans son *Discours sur l'origine et les fondements de l'inégalité parmi les hommes* s'intéresse à cette question. Dans ce texte, c'est « pour bien juger de l'état naturel de l'Homme » que ***Rousseau*** se pose la question de son évolution, en intégrant dans sa réflexion des considérations sur le développement de l'enfant.

Selon ***Rousseau,*** « (...) l'histoire, c'est-à-dire la transformation de l'homme par l'homme, ne commence qu'à partir du moment où l'homme, obligé d'arracher sa subsistance à la nature, s'applique au travail, prévoit l'avenir, diffère la satisfaction, imagine d'autres plaisirs et d'autres dangers que ceux dont il fait l'expérience immédiate ».
Cité *in* Starobinski J. (1991). « Quali eccessi », *Nouvelle revue de psychanalyse*, n° 43.

A/ L'origine rousseauiste de la psychopathologie de l'enfant

On doit rapprocher cette réflexion des éléments livrés dans *Émile ou de l'éducation*. Avec le *Discours sur l'origine des langues,* ces textes constituent l'état des connaissances anthropologiques sur l'homme, à une époque qui favorise la construction des premiers fondements d'une science psychologique moderne. C'est dès ce moment que l'on s'intéresse aux déviations à la norme. On s'y intéresse chez les enfants, créant dès le début, par l'étude d'entités spécifiques, une séparation certaine d'avec les entités de la pathologie mentale de l'adulte. Pour l'adulte, on raisonne dans le domaine de la médecine ou de la répression ; pour l'enfant, dans le domaine de l'hygiène et de l'éducation. Afin de construire cela, Rousseau s'appuie sur les apports de La Mettrie, Diderot, Locke, Condillac, Buffon, dont il rassemble les connaissances.

■ L'observation des enfants sauvages

Au XVIIIe siècle c'est chez ces auteurs que se situe le savoir sur la nature de l'homme. Leur répertoire de quelques enfants sauvages constitue leurs principales découvertes. Une liste plus complète a été donnée il y a quelque temps par Lucien Malson, depuis l'enfant-loup de Hesse en 1344, le petit sauvage de Hanovre en 1724, en passant par l'enfant-ours de Lituanie en 1694 et les deux enfants sauvages des Pyrénées en 1719, jusqu'aux découvertes des XIXe et XXe siècles. Les premiers d'entre eux sont quelques-uns parmi les prédécesseurs du Sauvage de l'Aveyron. C'est à partir de l'étude de ces cas et des problèmes philosophiques et sociaux qu'ils posent, que se bâtit la psychopathologie de l'enfant.

On doit rester prudent sur l'existence de ces enfants, abandonnés ou perdus dans les grandes forêts d'une France agricole, pauvre et soumise à des restrictions alimentaires entre le XVIIe et le XVIIIe siècle. Des contes tel que celui du Petit Poucet et ses dérivés sont là pour l'attester, même s'ils sont la trace de représentations plus anciennes et plus archaïques comme l'indiquent certains anthropologues. Leur ancrage dans l'imaginaire s'effectue à l'époque où un intérêt s'affirme pour concevoir que des enfants puissent être différents les uns des autres, et surtout que les différences puissent être décrites par rapport à ce qui commence à être reconnu comme une norme de comportement.

B/ Origine et filiation

Les rencontres et les discussions entre les scientifiques de cette époque formeront l'idéologie des Lumières qui mettra à la disposition de tous *la Grande Encyclopédie*. Autour de Rousseau, on repère dans un premier cercle Condillac (1714-1780), Jacob Rodrigues Pereire (1744-1780) et l'abbé de l'Épée (1712-1789). C'est le cercle des ***empiristes*** et des praticiens. Ce sont les personnalités du premier cercle qui vont fonder les pratiques pédagogiques pour l'éducation d'enfants hors du commun. Il ne s'agit pas tant, pour eux, de classer, que de décrire des méthodes appropriées, validées et évaluées empiriquement. La clinique est rudimentaire, la classification binaire. Ainsi, pour les sourds et muets, une éducation poursuivie plus d'un an sans succès (accès à la lecture et à l'écriture) permet de classer un enfant répondant négativement à ces critères comme étant idiot.

Empiristes, c'est à la suite des philosophes anglais, comme Locke, que l'on conçoit que c'est l'expérience qui accroît les connaissances.

2 - Le sensualisme de Condillac

A/ Sensation et pensée

En 1754, ***Condillac*** écrit son *Traité des sensations*. Il y met en scène « une statue organisée intérieurement comme nous, et animée d'un esprit privé de toute espèce d'idées » ! Voilà qui est, dans l'empirisme énoncé d'emblée, déjà paradoxal.

Comment imaginer un esprit privé de pensée ? Est-ce reconnaître que l'esprit existe préalablement à la pensée, aux idées (peut-on penser sans mots ?), alors que l'on veut démontrer que l'esprit se construit comme une mécanique qui s'assemble. C'est sur cette théorie empirique, construite imaginairement, que va reposer la progression de la connaissance de la psychologie de l'homme, à propos de laquelle viendront par la suite se greffer les questions concernant la morbidité des conduites et des comportements.

Condillac (Étienne Bonnot, abbé de) (1714-1780). Des méthodes de conditionnement, issues de ses propositions, donnent à entendre l'intelligence comme une mécanique à construire, sans expression d'affects. Il est l'auteur du *Traité des sensations* (1754) et du *Traité des animaux* (1755), réédités. Paris : Fayard (1984).

Une sensation différemment transformée.
« Nous crûmes devoir commencer par l'odorat, parce que c'est de tous les sens celui qui paraît contribuer le moins aux connaissances de l'esprit humain. [...] Le principe qui détermine le développement de ses facultés est simple ; les sensations mêmes les renferment : car toutes étant nécessairement agréables ou désagréables, la statue est intéressée à jouir des unes et à se dérober aux autres. [...] Le jugement, la réflexion, les désirs, les passions, etc., ne sont que la sensation même qui se transforme différemment. C'est pourquoi il nous a paru inutile de supposer que l'âme tient immédiatement de la nature toutes les facultés dont elle est douée.
La nature nous donne des organes pour nous avertir par le plaisir de ce que nous avons à rechercher, et par la douleur de ce que nous avons à fuir. Mais elle s'arrête là ; elle laisse à l'expérience le soin de nous faire contracter des habitudes, et d'achever l'ouvrage qu'elle a commencé. » Condillac (1754), *Traité des sensations.*

■ N'avoir pas de sensation, c'est être potentiellement idiot

À partir du ***sensualisme*** de Condillac des expériences d'éducation des sourds et muets ont été développées par l'abbé de l'Épée.

Comment ne pas mettre en avant la privation d'un sens pour vouloir démontrer que l'ensemble des sensations qui peuvent l'organiser se déplace pour privilégier la construction mécanique des idées, dont on peut, par défaut, constater la transmission, sans jamais savoir si l'existence de l'âme permet l'intégralité de cette transmission. Penser est-il différent de produire des idées ? Faut-il nécessairement des mots pour penser ? Y insister ici, c'est anticiper sur les découvertes que les fonctionnalités physiologiques permettront plus tard pour, en ce qui concerne le cerveau, différencier l'organe des productions de l'esprit. Rousseau conforte ces auteurs en reprenant cette « théorie » sensualiste, masquée dans son œuvre pédagogique par des options politiques fortes. En effet, que faire de la statue si le citoyen ne l'anime pas ? Le sensualisme de Condillac a permis l'évolution ***nosologique*** de l'idiotisme vers l'idiotie, dans le passage du XVIIIe au XIXe siècle.

Sensualisme : une des premières théories psychologiques, basée sur la conception mécanique des cinq sens. La possibilité de cumul des expériences sensorielles et la capacité à discriminer de façon fine les objets du monde constituent l'intelligence (entendement).

La ***nosologie*** médicale étudie et distingue les composantes des maladies. La nosographie permet ensuite de les décrire et de les classer méthodiquement, à partir de la symptomatologie.

■ L'idiot comme catégorie naturelle

Ce terme d'idiotie est le premier à se répandre, au point d'en faire la seule catégorie nosologique de la psychopathologie de l'enfant. Il apparaît dans le langage courant vers 1660 et se fixe dans le langage médical en 1765. « Le mot idiot vient de *idiotus* [en grec] qui signifie homme particulier, qui s'est renfermé dans une vie retirée, loin des affaires du gouvernement, c'est-à-dire celui que nous appellerions aujourd'hui un sage » écrit la *Grande Encyclopédie* (1782), qui tient pour idiot « celui en qui un défaut naturel dans les organes qui servent aux opérations de l'entendement est si grand qu'il est incapable de combiner aucune idée, en sorte que sa condition paraît à cet égard plus bornée que celle de la bête. La différence de l'idiot et de l'imbécile consiste, ce me semble, en ce qu'on naît idiot et on devient imbécile ».

Cette définition lie les difficultés de l'entendement à un trouble organique, avec la difficulté de combiner les idées. Celui en qui le défaut est constaté est confondu dans le règne animal, ce sur quoi Condillac a bâti son raisonnement, du *Traité des sensations*, au *Traité des animaux* (1755). La différence entre idiotie innée et imbécillité acquise s'établit dès le début. La notion de combinaison des idées renverra dorénavant au défaut de l'intelligence dans les troubles psychiques ; puis se forme le débat des manifestations de l'inné et de l'acquis dans la psychopathologie.

3 - L'ÉDUCATION DES SOURDS-MUETS

A/ L'APPROCHE PÉDAGOGIQUE DE L'ABBÉ DE L'ÉPÉE

Les idées de Condillac seront confrontées à celles de l'***abbé de l'Épée*** dans la pédagogie des sourds-muets où le modèle sensualiste se déporte de l'olfaction à la vue. C'est avant tout par la vue que se fera l'éducation des sourds-muets.

L'abbé de L'Épée qui dirige l'Institution royale des Sourds et Muets, juste avant la Révolution, répartissait les malades en deux catégories selon qu'ils pouvaient ou non bénéficier de sa méthode médico-pédagogique.

Pour les sourds-muets, l'abbé de l'Épée développera une méthode fondée sur les apprentissages scolaires des mécanismes de la lecture et de l'écriture. Ces apprentissages sont considérés comme préalables à l'acquisition d'une culture de commu-

Charles Michel, ***abbé de l'Épée*** (1712-1789). Il a pratiqué une éducation systématique des sourds et muets, en alliant l'accès à la langue écrite à la création d'une langue par signes. Il est l'auteur de *La véritable manière d'instruire les sourds et muets* (1784), réédité. Paris : Fayard (1984).

Chez **Rousseau**, il y a recouvrement des considérations pédagogiques de l'*Émile* par celles plus politiques du *Contrat social*. Les arguments de l'*Émile* viendront masquer ceux du *Contrat*. Ce mécanisme de recouvrement est aussi appliqué par Philippe Pinel, fondateur de la psychiatrie.

Démutisation : correspond au fait de donner à un sourd-muet l'usage de la parole par des méthodes appropriées combinant le souffle, le placement de la langue, la résonance.

Jacob Rodrigues Pereire (1744-1780), juif portugais. Il invente une méthode de démutisation des sourds et muets, ainsi qu'une langue des signes (la dactylologie). Cette rééducation est à la base de l'actuelle orthophonie.

nication propre aux sourds-muets et accessoirement à destination des entendants (*cf.* document 2 A 1).

Les praticiens de l'éducation des sourds-muets utilisent des concepts condillaciens et rousseauistes mêlés. ***Rousseau*** sera mis en avant et bien souvent ses idées masqueront les instruments proposés par Condillac.

L'abbé de l'Épée fut l'antagoniste de Pereire, tenant de la ***démutisation*** des sourds-muets. Cette opposition entre tenants de l'oralisme et tenants de la langue des signes marque le début d'une querelle, querelle encore actuelle (*cf.* document 2 A 2).

B/ Jacob Rodrigues Pereire et la démutisation

■ La démutisation ou comment faire parler les sourds-muets

Le travail et les conceptions de ***Jacob Rodrigues Pereire*** nous sont parvenus principalement par l'intermédiaire d'Édouard Séguin (voir plus loin) qui consacra un ouvrage à défendre les thèses de Pereire contre celles de l'abbé de l'Épée.
Pereire développera une méthode de démutisation originale. Il considérera que l'acquisition d'une culture générale et l'instruction préélémentaire constitue un préalable à toute acquisition scolaire verbale (*cf.* document 2 A 3).
Les principes de sa méthode sont énoncés dans une opposition à ceux, rendus publics par le biais des démonstrations théâtralisées par l'abbé de l'Épée. À en croire Séguin, c'est sur son opposition que se bâtit la réputation de Pereire. Si la méthode de ce dernier peut conduire certains sourds à parler, elle est « absolument inutile pour leur apprendre à faire un usage légitime de leur faculté de penser», ajoute-t-il. Ceci est contredit par Rousseau, qui reconnaît que « Pereire apprend aux muets non seulement à parler, mais à savoir ce qu'ils disent ». Mais Rousseau reste réservé sur leurs capacités à chanter. Dans une pensée anthropologique, il note les capacités à chanter des sauvages d'Amérique, « parce qu'ils parlent ». Seul le vrai sauvage ne peut chanter, tout comme les muets. « Je douterais que le sieur Pereire, avec tout son talent, put jamais tirer d'eux aucun chant musical. Les enfants crient, pleurent, et ne chantent point ». Depuis, nous connaissons cette raison, qui tient aux déficits de fréquences sonores qui provoquent les troubles auditifs. La rencontre de Rousseau, pédagogue, et de Pereire, éducateur, est attestée à plusieurs reprises par Séguin qui avait retrouvé l'une des dernières élèves du second.

B

LA NOSOGRAPHIE DE L'IDIOT AU XIXe SIÈCLE

Si Rousseau et Condillac ont fait des observations et tenu des considérations *a posteriori* sur des enfants sauvages, Itard et Pinel, à travers le sauvage de l'Aveyron, ont réactualisé l'opposition structurelle entre l'***éducation scolastique*** et l'éducation naturelle. Ils ont déterminé une nouvelle voie, celle du traitement des idiots, dans laquelle les lumières d'une médecine philosophique viendraient au secours d'une pédagogie organisant ses outils en classes calquées sur celles de la nature. C'est ainsi que l'on est conduit à considérer le passage du XVIIIe au XIXe siècle : Pinel et Itard ont déterminé l'idiot, et l'ont borné dans son inactivité sociale ; Esquirol et Séguin projetteront les capacités d'apprentissages scolaires qui lui permettront 'accès à la forme de socialisation la plus évoluée, le travail productif. Le résultat de celui-ci sera la justification du traitement entrepris et celui du coût supporté par la société. Il sera donc le remboursement d'une dette contractée vis-à-vis de celle-ci par l'ancien idiot élevé à la dignité de citoyen.

Éducation scolastique : exige la répétition systématique de données à partir d'une base admise sans avoir été vérifiée. À opposer au positivisme.

1 - Pinel et l'idiotisme

A/ Une définition physio-fonctionnaliste de l'idiot

Philippe Pinel isole dans son *Traité médico-philosophique sur l'aliénation* de l'an IX (1800), l'« idiotisme ou oblitération des facultés intellectuelles ». Pour lui, ce « défaut de connaissance (...), n'est, à le considérer dans les hospices, qu'une abolition plus ou moins absolue, soit des fonctions de l'entendement, soit des affections du cœur ». Il ajoute à la description des symptômes « quelques fois rêvasserie douce avec des sons à demi-articulés ; d'autres fois, ***taciturnité*** et perte de la parole, par le défaut d'idées ». Ces notions précèdent l'idée de fonctionnalité en médecine – qu'à la suite de la critique des travaux de Bichat au XVIIe siècle, Claude Bernard introduira dans le courant du XIXe siècle – en prenant en compte des systèmes ***physiologiques***, alors que les affections du cœur, qui conduiront aux affections de l'âme, sont présentes depuis longtemps dans la littérature médicale. Cette idée de fonctionnalité est d'abord une idée mécanique avant d'être une idée physiologique. Elle doit à Condillac l'hypothèse spéculaire que les idées viennent des sens. Pinel ajoute que l'instinct est le lien entre l'intellect et l'organique. À partir de cela il forge la notion d'homme intérieur que représente le cerveau.

Philippe Pinel (1745-1826) : préfère le « traitement moral » à la l'immobilisation systématique des malades. On lui doit la première nosographie des maladies men-

Taciturnité : morosité silen-

Physiologie : étude des ensembles fonctionnels du corps humain, en opposition à la simple description des organes (par exemple : la respiration et non pas les poumons). Elle est la base conceptuelle des progrès médicaux du XIXe siècle. *Cf.* Grand Amphi, *Introduction biologique à la psychologie*.

B/ Émergence d'une nouvelle catégorisation : l'homme social

J. R. Jacquelin Dubuisson écrit *Des vésanies ou maladies mentales*, en 1816. Dans son chapitre *De l'idiotisme, de l'imbécillité*, il définit l'idiotisme suivant Pinel comme « un état de stupeur ou d'abolition des fonctions intellectuelles et affectives,

Obtusion : manque d'intelligence.

d'où résulte leur ***obtusion*** plus ou moins incomplète ; souvent il s'y joint aussi des altérations dans les fonctions vitales. Ces sortes d'aliénés, déchus des sublimes facultés qui distinguent l'homme pensant et social, sont réduits à une existence purement machinale qui rend leur condition abjecte et misérable ». La stupeur est une catégorie psychique décrite par les Anciens, qui se trouve à nouveau mise à jour. Les affections du cœur sont fonctionnalisées, modélisées et différenciées des fonctions vitales qui mettent en œuvre les sensations. Dès lors la notion d'homme mécanique est masquée par celle d'homme social.

Dans le même temps, François Fodéré, dans la partie « Idiotisme ou crétinisme » de son article « Démence » du *Dictionnaire des Sciences médicales* (1817), introduit deux erreurs dans le domaine des anomalies mentales. Il confond la démence innée avec l'idiotie, et il est l'un des rares à soutenir cela ; il confond l'idiotie elle-même avec le ***crétinisme***.

Crétinisme : la symptomatologie d'une insuffisance thyroïdienne, parfois avec goître, dite idiotie myœdémateuse (Bourneville). Au XIXe siècle elle est souvent confondue avec le mongolisme (trisomie 21).

Mais il innove lorsqu'il décrit « les causes débilitantes que l'on a dit occasionner la démence ». Le terme de débilité est employé une des premières fois au sujet du système nerveux et du psychisme ; la médecine traditionnelle en réservait jusque-là l'emploi pour des descriptions physiques. C'est Itard qui l'emploiera certainement le premier en parlant de débilité mentale.

2 - Itard fondateur

Jean-Marc Gaspard Itard (1774-1839) est sans doute le personnage le plus connu de ce qui a été nommé, à partir des années 1960, le secteur de l'enfance inadaptée. Seul homme célèbre du début du XIXe siècle en ce domaine, son image est restée vive, et l'ancrage de sa représentation sociale a été favorisé dans les générations actuelles par le film de François Truffaut, *L'Enfant sauvage* (1970). C'est dire si la difficulté ***hagiographique*** n'a pas toujours été évitée dans la reproduction de ces représentations.

Hagiographique : sacralisation élogieuse et anecdotique de la vie des grands hommes.

A/ Itard et Victor, l'enfant sauvage de l'Aveyron

À Itard reste attaché Victor, avant tout élève à éduquer – abusivement on dira même : à rééduquer, mais que faire d'une rééducation là où il n'y a pas eu éducation ? – par des méthodes pédagogiques basées sur les acquisitions, leur exercice répétitif et la discrimination de diverses expériences sensorielles et sensori-motrices. C'est sur la base de cette sensorialité condillacienne que la méthode éducative, ou la méthode de « rééducation », est venue masquer l'origine de la proposition de Condillac pour – légitimée médicalement auprès des autorités politiques qui ont confié Victor à Itard – faire acte éducatif, acte salvateur.

Dans cette histoire, le mythe rousseauiste du bon sauvage se consolide au fur et à mesure que Victor se mobilise en acquérant la station debout. Il est dès lors le bon sauvage qu'il faut préserver de toute corruption sociale. Il sera protégé par le système institutionnel des secours de l'État aux plus démunis, qu'Itard est un des premiers à revendiquer. C'est ce qui lui vaudra d'être enfermé dans les murs de l'Institution nationale des Sourds et Muets. Cet enfermement favorisera la permanence de l'éducation, qui à elle seule sera la contrainte – du maître autant que de l'élève – révélatrice des conditions de la Rédemption de l'âme sauvage. Cela masque, encore et à nouveau, à travers une morale catholique toujours vive au lendemain des événements de la Révolution, la reconnaissance de l'homme comme être pensant, en opposant cette capacité de penser à la mécanique d'un esprit qui produit des idées par expérimentation sensualiste. Cela implique que l'application de la méthode conduise à un échec sur le plan de l'établissement de relations réciproques.

Vouloir faire entrer autrui dans l'ordre de son propre désir, en termes de thérapeutique, c'est à coup sûr l'aliéner. Octave Mannoni a montré cela avec beaucoup de pertinence. On peut lire « pédagogie » dans son texte, comme lui-même l'écrit.

Itard : un mythe éducatif. « Si les théories sur lesquelles s'appuie Itard ne présentent plus guère d'intérêt, il faut se demander d'où peut venir le fait qu'elles servent encore, de façon plus ou moins dissimulée mais réelle, de base à beaucoup de pratiques rééducatives ou simplement pédagogiques. C'est un fait à la fois tout simple et cependant mystérieux que les enfants des écoles apprennent à compter, par exemple, à l'aide d'artifices qui justifient en tous points les conceptions du nombre que pouvaient se faire les empiristes et qui contredisent donc radicalement la conception que nous nous en faisons. De façon plus générale, on peut voir tel pédagogue dispenser le savoir d'aujourd'hui en usant pour ce faire d'une pédagogie qui a ses fondements dans le savoir d'avant-hier.» « Les philosophies qui autorisent à se représenter l'enfant comme le support naturel et vierge d'une expérience et d'un savoir qui s'y déposeront directement et tels quels, ces philosophies, dont quelques-unes étaient encore nouvelles à l'époque d'Itard, ont partie liée avec un aspect des mythes éducatifs. Ainsi elles se survivent, non pas chez les philosophes, mais là où le support de ces mythes est requis.»

Octave Mannoni, « Itard et son sauvage »,
Clefs pour l'Imaginaire ou l'Autre Scène, 1969.

B/ Les autres travaux d'Itard en médecine

Si l'hagiographie médicale a construit l'image d'Itard telle que nous la connaissons aujourd'hui, les milieux médicaux ont eu plus à lire de son œuvre, ce qu'il faut rappeler ici. Durant la Révolution Itard fut médecin militaire, caserné à l'hôpital du Val-de-Grâce à Paris. C'est ce rapprochement géographique qui le fit intervenir pour soigner les petits malades admis à l'infirmerie de l'Institution nationale des Sourds et Muets, située en contrebas de ses quartiers. Sa nomination en tant que médecin de l'Institution fut acquise au lendemain de sa démission de l'armée : une promotion l'aurait éloigné de Paris. Itard put alors s'intéresser aux causes de la surdité, et chercha à comprendre celles du mutisme. Son *Mémoire sur le mutisme* (1828) ne passa pas inaperçu dans le monde médical, et son *Traité des maladies de l'oreille et de l'audition* (1821) lui valut un respect qui le rendit célèbre à l'étranger. La part la plus importante de son travail concerne donc ces travaux qui, s'ils sont moins connus aujourd'hui, le consacrent comme fondateur de l'oto-rhino-laryngologie et, à la suite de Pereire, comme l'un des fondateurs de l'orthophonie.

Itard, médecin, est un des premiers parmi ses confrères à appliquer des méthodes de raisonnement physiologique : le corps humain n'est pas une simple collection d'organes ; certains établissent entre eux des relations d'échanges chimiques qui permettent l'existence des fonctions vitales (la respiration et la digestion, par exemple). C'est en physiologiste qu'il s'intéressera aussi à Victor et aux questions de la surdi-mutité. Dès son *Mémoire* de 1801 on lit son raisonnement, commençant à lier la philosophie à la physiologie. Locke, Condillac, Rousseau sont référents de la théorie de sa démarche – qui n'est pas encore tout à fait clinique – tout comme ils le sont dans celle de Pinel, son maître, ou celle d'Esquirol, son condisciple. Itard et Esquirol furent les élèves préférés de Pinel. Enfin, c'est récemment que l'on découvrit un inédit d'Itard, preuve de son intérêt pour les maladies mentales au moment où il s'occupe de Victor : *Vésanies* (1802).

3 - L'idiotie comme catégorie de la nosographie

En 1891, dans son *Recueil de mémoires, notes et observations sur l'idiotie*, Bourneville recense et publie à nouveau les principaux écrits de ses prédécesseurs sur l'idiotie. On peut en tirer certains éléments, qui font le point sur la connaissance de l'idiotie avant les premières expériences médico-pédagogiques de Séguin.

A/ Esquirol et l'idiotie

Jean Étienne Dominique Esquirol (1772-1840). On lui doit une nosographie psychiatrique plus étendue que celle de son maître Pinel, au point que, sur le modèle de la manie, on puisse attribuer une maladie à chaque malade.

Jean Étienne Dominique Esquirol, dans son article *Idiotisme* du *Dictionnaire des Sciences médicales* (1818), propose de changer la dénomination. En effet, idiotisme est un mot contemporain. Il lui préfère « le mot ***idiotie***, qui n'eut exprimé qu'une idée médicale, et qui ne serait point, comme le mot idiotisme, réclamé par les grammairiens ».

Il précise que « l'idiotie est cet état dans lequel les facultés intellectuelles ne se sont jamais manifestées, ou n'ont pu se développer assez pour que l'idiot ait acquis les connaissances relatives à l'éducation que reçoivent les individus de son âge, et placés dans les mêmes conditions que lui ». Tout comme Pinel, il se prononce pour l'incurabilité de l'idiotie. Pourtant, il reviendra sur cette affirmation lorsqu'en 1839 il constatera qu'un idiot éduqué par Séguin avait fait quelques progrès encourageants.

Esquirol donne alors sa formule célèbre qui différencie la démence de l'idiotie : « L'homme en démence est privé des biens dont il était comblé ; c'est un riche devenu pauvre : l'idiot a toujours été dans l'infortune et la misère ».

Idiotie : « État dans lequel les facultés intellectuelles ne se sont jamais manifestées ou n'ont pu se développer assez » (Esquirol), ou « arrêt de développement dans l'organe central du système nerveux » (G. Ferrus, « De l'idiotie », *Gazette médicale*, 1834) ?

■ Idiotie et imbécillité

Il affine la classification, en tenant compte du « degré de développement de l'intelligence ». Il différencie deux grandes catégories : « Dans la première, les facultés intellectuelles et affectives, n'ont pu se développer, que jusqu'à un certain point : ce défaut de développement caractérise l'*imbécillité*. Dans la seconde, la manifestation des facultés est nulle ou presque nulle ; les individus, dans cet état sont appelés *idiots* ou *crétins* ». Ici le sensualisme condillacien est l'analyseur qui permet la compréhension du trouble : « Les sens des idiots sont à peine ébauchés, les sensations presque nulles, l'entendement nul. L'intelligence ne peut, chez l'idiot, se produire au-dehors, puisque ses instruments sont défectueux. Les sensations ne peuvent se rectifier les unes par les autres, l'éducation ne saurait suppléer à tant de désavantage ». Il ne peut y avoir progrès sans usage des sens. On ne peut concevoir l'idée comme une production de pensée sans passer par une mécanique qui la construirait : l'appareil sensitif, organisateur de la combinatoire des cinq sens. L'idiotie stigmatise et fige dans le diagnostic, alors que par le prétendu jeu de la compensation des sens, elle est de moindre importance dans les déficiences purement sensorielles.

■ L'éducation des enfants idiots

L'éducation des enfants idiots deviendra avec Séguin, Louis Delasiauve, puis Bourneville le principal adjuvant du traitement médico-pédagogique à une époque où les médications – pas plus que la compréhension de la souffrance psychique, au-delà du traitement moral préconisé par Pinel, notion qui sera aussi reprise par Séguin – ne pouvaient être employées. Les traitements spécifiques destinés aux adultes idiots sont limités ; ils sont la duplication des dispositifs appliqués aux enfants. On connaît quelques exemples de services d'asiles pour adultes où les malades sont soumis au traitement médico-pédagogique de l'idiotie dans la seconde moitié du XIXe siècle. En 1838, Esquirol publie *Des maladies mentales*, un recueil des ses travaux, où le contenu de son article « De l'idiotie » prend toute sa valeur lorsque l'on compare ce que ses collègues ont ignoré aux développements théoriques qui se feront par la suite. Esquirol note que les imbéciles « peuvent combiner, comparer, mais ils ne peuvent s'élever à des notions générales et abstraites ». L'éducation sensualiste est basée sur ces opérations intellectuelles de combinaison des éléments et de comparaison des objets. C'est par la parole, qui manque aux idiots, que se fait l'accès à ces opérations, exercice d'une pensée stimulée par les sensations extérieures, créatrices d'expression. Reste à donner un sens à l'absence ou à la présence de parole. En France il faudra attendre presque cent ans pour cela.

B/ Les différents développements de la catégorie des idiots

■ L'idiot, un monstre incurable selon Georget

Dans son chapitre *Idiotie*, dans *De la folie...*, qui parait en 1820, Étienne Georget renforce l'idée d'incurabilité par contiguïté avec la ***monstruosité***. Il décrit le « défaut de développement des facultés intellectuelles ; peu ou point d'idées, quelques sensations, quelques penchants ». Cela marque le défaut originaire, et annonce les théories de la dégénérescence (Morel, Magnan), avant qu'un retour à la pureté originelle mécaniste ne se fasse à nouveau par la constitutionnalité des troubles (Dupré).

De la ***monstruosité*** des idiots, Georget dit : « On ne devrait pas faire de l'idiotie un genre de délire ; un défaut originaire de développement n'est pas, à proprement parler, une maladie. (...) Les idiots doivent être rangés parmi les monstres, c'en est de véritables sous le rapport intellectuel. »

■ L'idiotie comme trouble organique inné

Dans ce cadre Jacques-Étienne Belhomme, un prédécesseur méconnu de Séguin, n'aura de cesse de faire reconnaître, sans grand succès, l'antériorité de ses travaux. Dans son *Essai sur l'idiotie* il propose une classification en deux genres : l'imbécillité, avec trois degrés ; l'idiotie, avec deux degrés. Il pense que l'idiotie ne peut pas être considérée comme un réelle maladie. Suivant lui, c'est surtout « un état constitutionnel dans lequel les fonctions intellectuelles ne se sont jamais développées », alors que l'éducation peut apporter des connaissances aux imbéciles qui les mettent en application. L'idiotie est une « paralysie de l'intelligence ».

Guillaume Ferrus, dont l'autorité scientifique est importante, dans son article *De l'idiotie*, revient sur l'« arrêt de développement dans l'organe central du système nerveux », qui fait que l'idiotie est « le résultat d'un vice organique, *inné* dans la plupart des circonstances, mais quelquefois aussi, comme la conséquence de certaines maladies de l'enfance ». L'expérience clinique nous fait aujourd'hui discerner ces tentatives de ***rationalisation sémiologique***, alors que l'état de la science médicale ne permettait pas de discerner les ***étiologies***. Séguin insistera beaucoup pour que l'observation des maladies de l'enfance puisse mettre en relation des troubles qui expliqueraient des états déficitaires physiologiques. Ferrus en reste à l'utilisation des indicateurs sensualistes, s'appuyant sur la constatation de « la non-éducabilité des sens », qu'il prend pour une des « causes les plus fréquentes de l'idiotie » dans laquelle « au défaut des facultés perceptives s'associe (...) l'absence des facultés innées ou instinctives ».

Rationalisation sémiologique : classification efficace des signes des maladies.

Étiologie : étude des causes des maladies.

■ Conséquences médico-légales de l'idiotie

Dans son *Cours sur les maladies mentales*, Ferrus aborde la question *De l'idiotisme ou idiotie*. Il y introduit la question de la variabilité des constituants du développement des « facultés intellectuelles, morales et instinctives ». Sur le plan des conséquences sociales, liées à l'évaluation de la dangerosité et de la responsabilité, il aborde le versant médico-légal, dans lequel il distingue deux niveaux, tout comme il y a deux degrés de la maladie. « L'imbécillité appart[ient...] au domaine du législateur et du moraliste, (...) l'idiotisme (...) est le véritable terrain de cette exploration médicale ». Dans *De l'idiotie chez les enfants...*, Félix Voisin détermine « l'état actuel et particulier de chaque enfant, sous le rapport instinctif, intellectuel, moral et perceptif ». Cela lui sert à examiner les conséquences médico-légales de l'idiotie, qu'il met en rapport avec les possibilités d'éducation. Au-delà du traitement curatif, celles-ci deviennent une cœrcition des manquements dus à l'instinct

Une grande part de ces questions reste d'actualité. Elles rappellent fâcheusement les récents débats parlementaires à propos de la loi sur l'autisme, qui fait valoir ce trouble psychique comme handicap fixé, au détriment de l'évolution d'une maladie psychodynamique (*cf.* document 2 B 1).

4 - L'imbécillité comme gradation

Le terme imbécillité, en usage depuis la fin du XVe siècle, s'il a marqué un état de faiblesse intellectuelle, a toujours été considéré comme un moindre degré de l'idiotie. Il est tombé en désuétude sur le plan nosographique et il est passé comme injure ou familiarité dans le langage courant, généralement sans connotation péjorative, voire avec une nuance affective. Actuellement, il n'est pas considéré comme stigmatisant et n'est plus du tout employé à des fins diagnostiques en psychiatrie ou en psychologie. L'imbécillité est un degré supérieur de l'idiotie dont elle n'est pas séparée dans les descriptions nosologiques. Elle est toujours rapportée comparativement aux degrés de l'idiotie par les principaux auteurs du XIXe siècle, ainsi que l'on vient de le lire dans le paragraphe précédent.

A/ Les caractéristiques de l'imbécillité

Les différences qui ressortent de ces comparaisons peuvent être résumées selon les termes suivants : la définition la plus simple est celle qui considère l'imbécillité comme une idiotie incomplète, avec une parole du sujet libre et facile, caractérisée par une instabilité mentale et une instabilité de l'attention. À cela on peut ajouter d'autres caractéristiques. L'imbécillité est un état qui va en s'aggravant au long de l'évolution de l'individu qui en est atteint, bien qu'une perfectibilité ponctuelle puisse être apportée par des conditions d'éducation. L'étiologie est indéterminée. Sur le plan social, l'imbécile voisine avec les réfractaires au travail, les vagabonds, les prostituées, les récidivistes d'actes délictueux. Il est égoïste par excellence et fait preuve d'un caractère trivial et grossier. Il est moralement faible et facilement entraînable, indiscipliné et simulateur, menteur et rusé. Ses capacités d'imitation sont plus fréquemment dirigées vers les actes que vers les paroles ou les idées, et elles concernent ce qui est socialement réprouvable, témoignant d'une faiblesse de la volonté, à laquelle s'ajoute une extrême suggestibilité. Il vit dans l'illusion de ses capacités intellectuelles.

Dans les observations cliniques, on note parfois des idées qui deviennent délirantes lorsqu'elles sont reliées à l'érotique. L'affectivité est peu développée, accompagnée de « perversion des instincts » avec une conscience peu élevée de la vie psychique (observations de cruauté envers les animaux ou envers des condisciples en institution, sans implication morale dans l'après-coup de l'acte).

B/ L'imbécile, un individu socialement dangereux

L'imbécile est nuisible et dangereux sur le plan social, parce que moins contrôlable que l'idiot. L'imbécile ne se conforme pas aux critères de moralité socialement admis. Son comportement est facilement qualifié de dangereux dans la mesure où les réactions qu'il occasionne font prendre un risque social à ne pas le réprimer ou à ne pas le contrôler. Les imbéciles seront réformés parce que jugés inoffensifs, ou incorporés dans des bataillons disciplinaires parce que jugés dangereux, c'est-à-dire préventivement punis.

En résumé, selon ***Paul Sollier***, ancien interne du service de Bourneville à Bicêtre, dans un ouvrage qui rend compte le plus complètement de l'état de la question : « Les idiots sont beaucoup moins nuisibles que les imbéciles (...) [qui] sont tout aussi inutiles. Les idiots sont extra-sociaux, les imbéciles anti-sociaux ». L'imbécillité a été confondue avec le crétinisme qui est une entité physiologique essentiellement différente dont on doit la description la plus complète à Bourneville, qui en détermine les causes (défaut d'assimilation d'iode) et qui en propose le traitement (injections d'extraits thyroïdiens). C'est l'***idiotie myxœdémateuse***.

Par la suite, le développement des mesures de l'intelligence par la méthode des tests, fera évoluer radicalement la nosologie vers les notions de débilité mentale. Si on connaît assez bien les mécanismes du glissement conceptuel de l'imbécillité vers la débilité mentale, on ne peut mésestimer l'importance de ce glissement conceptuel vers la perversion des instincts et son association à la débilité.

Paul Sollier écrit également dans la *Psychologie de l'idiot et de l'imbécile.* (1891) que la médecine des idiots est d'un exercice plus pesant que celui de la médecine vétérinaire. Lui-même abandonnera cet exercice pour se consacrer, avec sa femme, au traitement des premières addictions à la cocaïne et à l'héroïne en clinique privée.

Idiotie myxœdémateuse : idiotie reconnue par l'état général du malade semblable à une tumeur œdémateuse généralisée.

C

LE TRAITEMENT DES IDIOTS

1 - Le traitement médico-pédagogique de Séguin

Dans son livre majeur de 1846, Édouard Séguin (1812-1880) définit l'idiotie comme « une infirmité du système nerveux qui a pour effet de soustraire tout ou partie des organes ou des facultés de l'enfant à l'action de la volonté, qui le livre à ses instincts et le retranche du monde moral ». Cette définition est tournée vers un aspect qui n'avait pas suscité grand intérêt chez les ***aliénistes :*** considérer l'idiotie comme une maladie, et tenter, sinon de la curer, du moins de l'améliorer, par analogie avec l'infirmité.

Aliénistes : les premiers médecins à s'intéresser aux causes des maladies mentales et à l'organisation des lieux de traitement. Ils précèdent les psychiatres.

A/ D'un dualisme à l'autre

■ La distinction des sens et des idées ou le premier rejet des théories sensualistes de Condillac

Le point d'appui sera l'action du pédagogue sur la volonté de l'idiot, qu'il s'agira d'ériger ou de conforter en lui transmettant la sienne propre. L'aspect condillacien apparaît lorsque Séguin énonce que l'idiot est « seul avec sa sensation unique, sans rapport abstrait ni conventionnel volontaire, sans volonté intellectuelle ni morale ». C'est la notion de substitution d'un sens à un autre, qui vient suppléer à l'effet de carence, de déficience, qui revient à nouveau. Il formule alors que « physiologiquement, il ne peut pas, intellectuellement il ne sait pas ; psychiquement il ne veut pas ». Pourtant, si Séguin développe une forme de sensualisme, il n'est pas en accord avec Condillac : « La théorie de Locke et Condillac qui fait procéder les idées des sens, est insoutenable pour quiconque fait une autre éducation que celle d'une *statue* ! » Pour lui « les *notions* s'acquièrent par l'intermédiaire des *sens* ; les *idées* s'acquièrent par l'*induction* et la *déduction*, opérations purement intellectuelles ». C'est la possibilité d'aller plus avant dans les conditions de recherche de la maladie mentale et des troubles de l'intelligence.

Depuis le *Traité des sensations*, c'est la première prise de position ferme contre les aspects spéculatifs des théories condillaciennes. C'est la réalité d'une expérience clinique empirique qui vient s'opposer à la prégnance indiscutable de cette fausse théorie.

■ La séparation des idées et de la morale

À propos de la Révolution, Séguin écrivait qu'arrivé « précisément à cette époque, Itard comprit fort bien avec Rousseau et Condillac l'utilité de l'éducation des sens, mais les sens étant pour lui le dernier mot de l'esprit, il ne comprit jamais comment et pourquoi les idées sont autre chose que les sens, et que le moral est supérieur à l'intelligence ». Il lui reproche d'avoir cru trouver en Victor de l'Aveyron « la statue de Condillac, machine animée, dont il devait suffire de toucher les ressorts pour produire des opérations de l'intellect ». Si ce reproche n'apparaît pas sans fondement, on pourrait le retourner à Séguin lui-même. Nombreuses sont les circonstances décrites par lui où toute l'action éducative entreprise se résume en la répétitivité forcée d'actes simples. Si Pinel avait jugé le sauvage de l'Aveyron comme un idiot qui le resterait, Esquirol, qui fut son élève, donna un jugement plus réservé à l'action entreprise par Séguin. C'est là que l'espoir d'un traitement s'est installé. Esquirol « adhère à une conception sensualiste de la généalogie des facultés intellectuelles et morales, qu'il emprunte à Condillac et à ses disciples parfois hérétiques, tels les éclectiques ou les idéologues » écrit Gaby Netchine-Grynberg (1983). C'est permettre à l'idiot objectivé, statufié, de parvenir sur le chemin du sujet. « Pour faire image, l'on dira que les idiots sont des statues (condillaciennes) abîmées, dégradées », ce qui suppose que l'on veuille essayer de les réparer.

Le temps a été relativement court depuis le moment où Condorcet expliquait que l'on était parvenu « à connaître enfin les véritables droits de l'homme, à les déduire de cette seule vérité, qu'il est un être sensible, capable de former des raisonnements et d'acquérir des idées morales » jusqu'à celui où Itard s'appuie sur les travaux de Locke et de Condillac auxquels on doit, écrit-il dans son *Rapport* , « d'avoir apprécié l'influence puissante qu'a sur la formation et le développement de nos idées, l'action isolée et simultanée de nos sens. L'abus qu'on a fait de cette découverte n'en détruit ni la vérité ni les applications pratiques qu'on peut en faire à un système d'éducation médicale ». C'est le système dualiste de la formation des raisonnements, séparé de l'acquisition des idées morales qui constitue un abus. Il y a une séparation sur ce point entre les condillaciens et ceux pour qui la réflexion rousseauiste sur la nature de l'homme et du citoyen a apporté la dimension du sujet.

B/ Une éducation fondée sur le dualisme des sens

■ Le toucher comme substitution à la vue

L'intégration des notions physiologiques dans l'éducation spéciale amena l'idée du dualisme de la perception. Suivant Séguin cela se fit dès Pereire, dont il se demande s'il tentait, chez les sourds-muets, « de substituer le sens du toucher au sens perdu de l'ouïe. Précisément. Pereire souvent mécontenté par les services rendus par la vue dans la lecture sur les lèvres et par la parole entreprit une longue série d'expériences » où il alliait le toucher à la vision, moins propice à décoder les vibrations de la parole. Ce fut une réelle innovation pédagogique. Avec des enfants idiots ou arriérés, cette éducation du toucher est une véritable trouvaille. Elle permet une motivation, une distraction et un contrôle des activités.

Itard note que « quoique éloigné de partager l'opinion de Buffon et de Condillac sur le rôle important qu'ils font jouer à ce sens, je ne regardais pas comme perdus les soins que je pouvais donner au toucher, ni sans intérêt les observations que pouvait me fournir le développement de ce sens ». Itard travailla d'abord sur le goût, ce qui lui permit réellement d'apprivoiser le sauvage de l'Aveyron, plus « animal » qu'humain. Cette éducation du toucher alliée au conditionnement gourmand et à la vue assuraient le succès de la méthode : « Le perfectionnement de la vue et du toucher, et les nouvelles jouissances du goût, en multipliant les sensations et les idées de notre Sauvage, ont puissamment contribué au développement de ses facultés intellectuelles ». De l'éducation sensualiste expérimentale, on est passé à l'application d'une pédagogie sensualiste.

■ L'éducation par l'harmonie des sens selon Bourneville

Deux mots importants furent écrits par Itard : développement et perfectionnement. C'est sur ceux-ci que ***Désiré Magloire Bourneville*** entreprit, à l'asile-école de Bicêtre, de revivifier la méthode médico-pédagogique. Il le fit sur des bases sensualistes, mais en privilégiant la vue, pour créer de façon plus complexe le « sens de l'observation ».

Désiré Magloire Bourneville (1840-1909) remet à l'honneur la méthode médico-pédagogique de Séguin, en milieu hospitalier. Cela devient une des premières méthodes de soins institutionnels. Collaborateur et éditeur de Charcot, homme politique, il participe aux découvertes neurologiques.

Pour que les sens s'ordonnent en une harmonie, il faut que les fonctions qu'ils exercent s'ordonnent en une certaine intelligence. L'entendement conduit des sens au moi propre de la personne. Du point de vue de Condillac cette action de la faculté de sensation « conserve le nom de mémoire, lorsqu'elle ne rappelle les choses que comme passées, et elle prend le nom d'imagination, lorsqu'elle les retrace avec tant de force qu'elles paraissent présentes ». Cela s'entend pour toute situation générale d'apprentissage où l'on met en œuvre la mémoire qui, alliée à l'imagination, permet, par l'enchaînement de ces deux ordres de l'entendement, de contrôler si le sujet a bien compris ce qui lui a été enseigné et dans quelle mesure il peut en faire l'application. C'est le problème fonctionnel de l'entendement, la mécanisation des pures fonctions intellectuelles.

■ Raison, déraison et sensation

Dans la mesure où l'être humain raisonne, se posera également le problème de sa déraison. Ainsi Pinel, dans son *Traité*, s'interrogera sur « les notions que Locke et Condillac donnent sur la folie, qu'ils font consister exclusivement dans une disposition à allier des idées incompatibles par leur nature, et à prendre ces idées ainsi alliées pour une vérité réelle ». Pinel a une intelligence des situations folles différente de celle de Condillac. Il les situe en dehors de la réalité, inaccessibles à l'entendement du commun. Pour permettre cette accessibilité, l'abbé de l'Épée utilisait une métaphore : « Il ne s'agit que de faire entrer par leurs yeux dans leur esprit ce qui est entré dans le nôtre par les oreilles. Ces deux portes ouvertes en tout temps présentent l'une et l'autre un chemin qui conduit au même terme, lorsque l'on ne s'égare ni à droite ni à gauche de celui des deux dans lequel on s'est engagé ». Cette image sera reprise par Séguin, dans un ensemble physiologique : « C'est par l'exercice de cette fonction de recevoir des impressions aux fenêtres des sens, et de les retourner idéalisées à la porte de l'organe d'exécution, que nous sommes redevables de la "faculté" de créer ce qui doit être, donc sera ».

■ Le désir comme porte d'accès à l'éducation

Séguin précise également que la « rectification physiologique des portes et des fenêtres de la perception » permettait que chez les enfants idiots « les images pénètrent leurs désirs et les opérations de l'imagination ». La rectification peut se transformer en contrainte exercée, parfois avec violence, pour intégrer de force les fonctions nécessaires à l'entendement. Itard en a fait l'expérience après avoir nourri Victor : « Je venais de lui procurer un plaisir, je n'avais qu'à le répéter plusieurs fois pour lui donner un besoin ; c'est ce que j'effectuai », écrit-il dans son *Mémoire*.

Plaisir et besoin entraînent désir. Condillac définit par le mot désir deux autres mots. Il s'agit d'abord de la passion qui est « un désir qui ne permet pas d'en avoir d'autres ou qui, du moins, est le plus dominant ». Puis la volonté, sur laquelle Séguin basera ses techniques d'imitation, qui est aussi pour Condillac « un désir absolu, et tel que nous pensons qu'une chose désirée est en notre pouvoir ». Pinel résumera l'utilisation des notions condillaciennes en structurant, par rapport aux sensations, les fonctions de l'entendement qui peuvent s'altérer. « N'importe-t-il point (...) à l'histoire de l'entendement humain de pouvoir considérer d'une manière isolée ses diverses fonctions, comme l'attention, la comparaison, le jugement, la réflexion, l'imagination, la mémoire et le raisonnement, avec les altérations dont ces fonctions sont susceptibles ». C'est ce qui permettra à Séguin d'exprimer qu'à « l'école physiologique, l'observation des objets veut particulièrement être subordonnée à la formation des sens, et la fabrication des objets voudra principalement être régulée par les défauts de la main à exécuter, et de l'esprit à concevoir des idéaux, par conséquent la confusion entre les deux processus devient impossible ».

2 - Parler, imiter

A/ Langage et désir

Bien que Condillac ait précisé « qu'avant de pouvoir dire je désire, il faut avoir dit moi ou je », il attribue une universalité au moi qui ne se trouve en aucune façon borné, « comme s'il était immense : il est partout, il est tout ». Mais il reconnaît « qu'il y a en quelque sorte deux moi dans chaque homme : le moi d'habitude et le moi de réflexion. C'est le premier qui touche, qui voit ; c'est lui qui dirige toutes les facultés animales (...). Le second, lui abandonnant tous ces détails, se porte à d'autres objets. Il s'occupe du soin d'ajouter à notre bonheur ». Pinel se demande si Condillac, sagace en ce qui concerne le « développement de certaines facultés morales », aurait été capable de comprendre leurs manifestations morbides et par là même s'il aurait pu « suppléer à la vraie connaissance des faits sur ces affections, dont l'histoire exacte appartient entièrement à la médecine ». Ce raisonnement, s'il valide une lecture de la psychopathologie de l'adulte, est lacunaire en ce qui concerne la psychopathologie de l'enfant. Il faut passer par la langue, dont Rousseau écrit que les premières « furent filles du plaisir et non du besoin, [et] portèrent longtemps l'enseigne de leur père ; leur accent séducteur ne s'effaça qu'avec les sentiments qui les avaient fait naître, lorsque de nouveaux besoins, introduits parmi les hommes, forcèrent chacun de ne songer qu'à lui-même et de retirer son cœur au-dedans de lui ».

■ La langue et la parole

C'est par l'intermédiaire de la ***langue***, cet ordonnancement de la parole, que s'étaye l'action pédagogique. C'est même sur l'absence de parole qu'un langage se crée, sans que ses créateurs sachent très bien s'il supplée leur parole non entendue où s'il force autrui à l'étrangeté. Il faut se garder de rendre cette question centrale anachronique : se souciait-on alors « d'écouter » un enfant dont bien souvent le signe principal de la déficience était l'incapacité à produire de la parole, donc à donner du sens à l'établissement formel de relations sociales ? Les méthodes spéciales pour des enfants idiots ou sourds-muets étaient un double progrès. C'était un progrès par rapport à l'enseignement primaire, sans méthode ou avec des méthodes scolastiques.

C'était un progrès des méthodes spécifiques du trouble, car elles étaient actives (au sens propre : relisons l'exemple donné du verbe porter par l'abbé de l'Épée), annonçant l'éducation positive donnée plus tard par Séguin et Bourneville.

« [Pour les hommes] le continuel danger de périr ne permettait pas de se borner à la ***langue*** du geste, et le premier mot ne fut pas chez eux, aimez-moi, mais, aidez-moi. Ces deux termes, quoiqu'assez semblables, se prononcent d'un ton bien différent : on n'avait rien à faire sentir, on avait tout à faire entendre ». J.-J. Rousseau, *Essai sur l'origine des langues*.

Une démonstration de l'abbé de l'Épée.

« Plusieurs Sourds et Muets étant autour de la table, je mets l'*index* de ma main gauche sur le mot *je*, et pendant ce même temps je me montre moi-même avec l'*index* de ma main droite, en m'en frappant moi-même doucement sur ma poitrine à diverses reprises. Ensuite je vais poser l'*index* de ma main gauche sur le mot *porte*, et prenant un gros livre *in-quarto*, je le porte successivement sous mon bras, dans les pans de ma robe, sur mon épaule, sur ma tête et sur mon dos, le tout en marchant, et avec l'extérieur d'un homme qui se sent chargé : aucun de ces mouvements n'échappe à l'attention du Sourd et Muet. »

Abbé de l'Épée (1984).
La véritable manière d'instruire les sourds et muets.

Cela occasionnait des difficultés de compréhension dont l'abbé de l'Épée se justifie : « Nous avons tous servi cette méthode qui est produite par la nature. Et cette manière commune d'enseigner repose sur trois moyens : la voix que l'on entend, la présence des objets, le regard des yeux ». Il s'agirait d'opérer une synthèse de ces moyens ; c'est une difficulté, habitués que l'on était à enseigner par le verbe, par la parole. Condillac, souligne ***Pierre Cabanis***, disait « qu'on ne pense point sans le secours des langues et que les langues sont des méthodes analytiques : mais il faut donner au mot langue le sens le plus étendu ».

Poursuivant son explication, Cabanis utilise le même vocabulaire qu'emploient Condillac, Rousseau, l'abbé de l'Épée, Itard et Séguin : « Pour que la proposition de Condillac soit parfaitement juste, ce mot doit exprimer le système méthodique des signes par lesquels on fixe ses propres sensations. Un enfant, avant d'entendre et de parler la langue de ses pères, a sans doute des signes particuliers qui lui servent à se représenter les objets de ses besoins, de ses plaisirs, de ses douleurs ; il a sa langue ».

Pierre Jean Georges Cabanis (1757-1808). Professeur de médecine et membre du groupe des Idéologues, il fut l'un des premiers à prendre ses distances par rapport à la théorie du sensualisme de Condillac. Il met en avant la fonctionnalité des ensembles physiologiques du corps humain. Par la suite, les découvertes physiologiques dégageront l'existence de phénomènes purement psychologiques.

■ Quelle langue apprendre ?

Les méthodes d'enseignement qui furent créées ont facilité les apprentissages scolaires des enfants idiots. Les résultats, s'ils furent parfois spectaculaires, ne permirent que peu d'applications efficaces. Ils se bornaient à la répétition, les acquisitions ressemblaient à des dressages. Dans la relation de la querelle entre Pereire et l'abbé de l'Épée, Séguin, caustique, dénonce la préférence qui fut donnée à la méthode du second. « Ainsi, entre deux langues à son choix, l'homme a pris la pire ; l'abbé de l'Épée croyait avoir trouvé le verre, Sicard promettait de faire les lunettes ; il ne fit qu'une lanterne magique ». Ce déplacement métaphorique de l'ouïe à la vue dénonce la fausse représentation des acquisitions de la langue et de son intelligence, alors qu'il ne s'agissait que de récitations, de la mémorisation d'une suite de mots sans grand sens pour le récitant. « Il n'y a plus aujourd'hui de ces séances solennelles dont La Fontaine faisait les honneurs. *Le Loup et l'Agneau* était usé, *la Cigale et la Fourmi* était connue, *le Renard et le Bouc* avait fait son temps, *la Grenouille* avait crevé dix fois sa peau, on s'était arrêté au *Singe qui montre la lanterne magique*, et il était temps ».

Langage des signes : « De l'Épée et ses successeurs se tournèrent en vain des « gestes naturels » vers le « langage des signes méthodiques », tiré du « langage des signes naturels », et entraîné jusqu'au « langage naturel des signes » ! Les élèves sourds (…) plus ils tournaient en rond, plus profond ils entraient dans un pas-de-vice [*sic*] sans issue. » E. Séguin.

■ L'expression du désir : de la langue des signes à la parole

Dans différents passages de l'œuvre de Séguin, on lit des témoignages directs confirmant les relations entre Pereire et Rousseau. Cette présence rousseauiste est corroborée par l'utilisation du sentiment de nature chez les tenants du ***langage des signes***.

Une avancée importante est constituée par ce que Rousseau écrivait dans son *Essai sur les langues* : « On n'avait rien à faire sentir, on avait tout à faire entendre », ouvrant cette voie de l'écoute, cette attention à donner à l'expression du désir. De l'existence d'instincts relatifs aux fonctions des sens et de leur intégration dans l'entendement, on parvient aux notions de moi et de désir qui s'expriment par la langue. C'est aussi la langue qui va affermir une pratique qui se structure sur l'action. Le sujet ne sera pas un sujet se structurant dans le désir, mais un sujet se structurant dans l'action par le biais d'un nouvel outil pédagogique : l'imitation. L'abbé de l'Épée, déjà, soulignait que pour les sourds, en ce qui concerne la parole, « nous étions le tableau vivant à la copie duquel ils s'efforçaient de travailler ».

B/ L'imitation positive de Séguin

Séguin introduira l'éducation positive par l'imitation. Cette méthode est graduée, progressive, complète. Elle parcourt les apprentissages, elle construit l'être humain : « Au premier âge les jeux et les mouvements libres faciles, volontaires, au second les notions précises, les connaissances positives, base de l'éducation positive ; à la jeunesse les déductions logiques, les applications réelles et utiles des aptitudes et des connaissances acquises précédemment ; et dans tout le cours de cette progression, les habitudes normales les sentiments moraux, humains, généreux, compatissants, aimables ».

L'enjeu qu'il donne à ses conceptions va difficilement contrebalancer ce qui existe dans les habitudes d'imitation pédagogique des instituteurs. Son rival en théorie reste l'abbé de l'Épée. Il va s'appuyer sur lui pour imposer son imitation positive, active. Se servant de l'exemple donné à propos du verbe porter, il décrit la même situation, avec le même objet : « Nous prenons un livre et le posons sur la table, et l'enfant fait la même chose avec un autre livre ». Sa notion d'imitation positive a une dimension plus étendue : imiter permet de comprendre à quoi sert ce que l'on fait. Il ajoute à sa démonstration : « Ceci est l'imitation objective », restreignant les mérites de celle-ci comparée à l'ampleur qu'il veut donner à l'imitation positive.

C/ L'éducation comme insertion d'un citoyen

Dès 1846 Séguin détermine le traitement médico-pédagogique et définit la collaboration entre le médecin et le pédagogue, asservissant la médecine à la pédagogie : « On arrive à cette affirmation qui s'est bien un peu fait attendre, vraiment : L'office du médecin d'aliénés est de refaire l'éducation. » C'est ce qu'il écrit en conclusion de son principal ouvrage. La suite des événements ne lui donnera pas raison. Le médecin se cantonnera (à de rares exceptions près, comme Ovide Decroly par exemple) dans la thérapeutique, biologique ou psychothérapique, considérant celle-ci comme primordiale et l'éducation comme secondaire. Le débat persiste et, suivant les lieux, les institutions, les troubles et les méthodes, il est bien difficile de trancher pour généraliser. Séguin propose d'admettre que les « expériences sur l'enseignement physiologique », qu'on lit dans l'*Émile*, « n'ont pu trouver leurs origines que dans l'école pour les sourds et muets de Pereire ». On est face à une éducation sans contrainte, difficile à concilier avec la source de la méthode elle-même, constituée des techniques sensualistes, avec la tolérance d'un milieu social voué à la stabilité des schèmes de pensée dans une période où l'accélération des progrès techniques transforme les conceptions des politiques sociales. « Cette vérité, claire comme le jour, que l'éducation appliquée aux sens parviendrait à les enrichir d'une précision et d'une portée qui réagirait sur le développement intellectuel, cette vérité à peine entrevue par les sensualistes eux-mêmes et proclamée par Rousseau, n'a pas encore été fécondée : il y a presque toujours un abîme entre ceux qui disent "il y a quelque chose à faire" et ceux qui font ».

Faire, faire-faire, sont des conceptions importantes dans la mise en œuvre de cet enseignement dont Séguin et Bourneville ne masqueront pas le côté militant, politique. « Votre enseignement, est-on en droit de me demander, de quoi rend-il capable ?... Et moi, je suis fier de pouvoir répondre : il rend mes élèves capables de travailler », insiste Séguin. Ce n'est pas seulement une guérison qui est souhaitée sur le plan médical. C'est une réhabilitation sociale qui est envisagée sous l'angle de la capacité à travailler. Ce n'est pas une capacité à travailler, un peu, ou différemment, qui est évoquée. Il n'y a qu'un seul type de travail, le travail réel, celui partagé par les citoyens, contractant ensemble leurs règles de vie par la parole partagée.

La réalisation politique des conceptions pédagogiques de Séguin n'a pu être poussée bien loin sur le plan pratique, ni en France ni aux États-Unis, où il émigre en 1850, opposant à la venue au pouvoir de Louis-Napoléon Bonaparte. Il revint à des conceptions plus idéalisées, basées sur la pédagogie de la nature, inspirées indirectement du XVIIe siècle rousseauiste.

3 - Le traitement institutionnel de Bourneville

A/ Les principes de la méthode

■ Un affinement de la nosographie

En 1891 Bourneville publie le ***Recueil de mémoires, notes et observations sur l'idiotie.*** Il y note combien avant Esquirol les notions sur l'idiotie « sont de médiocre importance », expliquant notamment que Pinel et Fodéré « ont confondu l'*idiotie* proprement dite (*démence innée*) avec des formes diverses de l'aliénation et surtout avec la *démence acquise* ». Cette rectification nosologique s'élabore sur les difficultés de ses prédécesseurs à asseoir un système classificatoire qui rende compte de l'étiologie et des modalités des traitements adaptés aux sémiologies. L'homogénéité que lui-même donne à la démarche de soins et d'éducation pour les enfants idiots, est assurée par la notion d'assistance. L'organisation institutionnelle de celle-ci, au niveau de l'État, assure la prévention des troubles, les soins et le relèvement des idiots de l'asile. L'hospitalisation précoce conduit plus sûrement à la guérison ou à l'amélioration qui permettent aux patients « de rentrer sans inconvénient dans la société ».

Le ***Recueil de mémoires, notes et observations sur l'idiotie*** contient les textes afférents à la question de l'idiotie édités jusqu'aux alentours de 1840. Un second volume devait comporter les textes des années 1840 1880, projet non poursuivi, ce qui explique que les textes d'Édouard Séguin n'y figurent pas. Bourneville en assura une réédition séparée ainsi que de ceux d'Itard, dans sa *Bibliothèque d'éducation spéciale.*

■ Élaboration d'une grille d'observation des pathologies

Bourneville reprend la méthode de Séguin à partir de 1880 à l'hospice de Bicêtre. Après onze ans de pratique auprès des enfants de son service il définit ainsi l'idiotie : elle « consiste en un arrêt de développement congénital ou acquis des facultés intellectuelles, morales ou affectives, accompagné ou non de troubles moteurs ou de perversion des instincts. En réalité, l'idiotie ne constitue pas une entité morbide. C'est la conséquence d'un certain nombre de maladies de l'encéphale, de même que la démence symptomatique est l'aboutissement d'un certain nombre de maladies mentales ».

Les troubles de l'enfance vont être identifiés à l'aide d'une grille qui situe l'arrêt du développement par une maladie ; qui laisse deux possibilités pour intervenir sur ces effets : traiter la cause ou traiter la conséquence. Le répertoire des complications de l'idiotie et la différenciation maladies de l'encéphale *versus* maladies mentales annoncent autant l'entrée dans de nouvelles modalités de la psychopathologie de l'enfant, que la disparition de l'idiotie. Mais la pensée de Condillac reste un puissant et commode moyen de se protéger de l'idée et des effets de la maladie mentale.

■ Une éducation par phases

À Bicêtre, entre 1899 et 1902, les techniques constituant la méthode médico-pédagogique forment un ensemble homogène, avec des bases solides dont la transmission est assurée par le biais d'une intensive formation interne du personnel infirmier. Des séquences particulières d'éducation sont organisées en fonction des troubles présentés par les enfants. Une programmation des progressions s'établit, de façon à ce que sa gestion dans le temps marque les différentes phases de l'application de ce qui devient alors un réel traitement médico-pédagogique. La conception et la responsabilité en sont laissées au médecin qui en assure la direction. L'exécution, l'observation et l'adaptation aux cas particuliers sont de la responsabilité des surveillantes et des infirmières-institutrices pour les enfants des niveaux les plus bas, des instituteurs et des chefs d'ateliers pour les enfants et les adolescents des niveaux les plus élevés. (*cf.* document 2 C 1)

B/ LA SECTION DES ENFANTS À L'HOSPICE DE BICÊTRE

■ La petite école

La petite école ne reçoit pas « les enfants idiots, gâteux, épileptiques ou non, mais invalides », qui sont confinés dans le bâtiment Séguin. Ceux-ci sont considérés, souvent à tort, comme incurables. Il se trouve que l'état de certains d'entre eux a été amélioré par les soins constants de propreté qu'on leur porte et par les exercices physiques qu'on leur prodigue ; ce sont les « idiots complets », les grabataires qu'on peut mobiliser.

Les résultats sont jugés importants, en regard de la gravité des troubles, dans un dispositif thérapeutique réduit à sa plus simple expression : porter attention, élever. Les enfants ayant le plus progressé dans l'exercice de la marche passent une heure ou deux à la petite école. La question de la propreté et du change de ces enfants est résolue de la façon suivante : ils sont en robe et chacun d'entre eux dispose d'un fauteuil spécial à l'usage des gâteux, sur lequel il est mis à heures régulières. Cette méthode de conditionnement est efficace. Elle apporte plus de dignité aux petits malades, permet plus de disponibilité au personnel, et génère une source d'économies en ce qui concerne le blanchissage.

La seconde catégorie d'enfants à ne pas relever de l'enseignement préélémentaire sont ceux que Bourneville lui-même nomme les idiots absolument incurables. Ce sont les grabataires les plus touchés, les épileptiques devenus déments et gâteux, en fin de maladie. « Ils ne peuvent plus être que l'objet de soins hygiéniques et doivent former un groupe spécial ». Parmi eux, on trouve également, parvenus tardivement dans le service, à l'âge de 14 à 16 ans, des enfants dont l'état est désespéré au point de faire renoncer à une forme de traitement élaboré, plutôt que de prononcer l'incurabilité. La petite école proprement dite accueille les « enfants idiots gâteux ou non gâteux, épileptiques ou non, mais valides ».

Cette ***petite gymnastique*** suit les techniques de Pichery. Elle est effectuée à l'aide d'échelles de corde et de ressorts, dite gymnastique de l'opposant.

Ce sont des infirmières qui constituent le personnel de la petite école. Ces femmes mettent en place le traitement du gâtisme dans une salle collective spécialement équipée sur le plan sanitaire. Elles conduisent des leçons de toilette où les enfants apprennent à se laver la figure et les mains, à s'habiller. Le moment du repas est utilisé pour les leçons de table : tenue et usage des instruments. Les exercices sensoriels pour l'éducation de la main, des sens et de la parole sont de tous les instants. On les accompagne des leçons de ***petite gymnastique***.

Les barres parallèles

La gymnastique aux échelles de corde

Dessins extraits de Henri Thulié (1900). *Le dressage des jeunes dégénérés ou orthophrénopédie*. Paris : Progrès médical, pp. 122-127.

Les plus avancés des enfants bénéficient d'exercices d'enseignement primaire. Celui-ci ne peut se concevoir que de façon active, pratiquant l'expérimentation et soutenu par de nombreuses leçons de choses, tant à l'intérieur que dans les jardins spécialement aménagés dans l'hôpital, ou à l'extérieur lors des promenades. Suivant fidèlement l'enseignement d'Édouard Séguin, c'est par l'éducation de la main et du ***sens du toucher*** qu'on commence les exercices constituant la formation intellectuelle dans le traitement médico-pédagogique. Ils sont la continuation des exercices de gymnastique aux échelles. Lorsque l'enfant idiot est parvenu à ce stade du traitement où il peut manipuler des objets et les discriminer grâce à son sens du toucher, on peut lui proposer l'étape suivante, qui consiste à allier à ce dernier le sens de la vue, afin d'éveiller peu à peu l'attention (*cf.* document 2 C 2).

Pour exercer le ***sens du toucher***, des séries de solides en bois sont proposés aux enfants afin de permettre une discrimination tactile qui s'affine au fur et à mesure que la musculation de la main augmente. Cette discrimination est complétée par l'exercice du toucher de diverses surfaces et objets graduellement lisses et rugueux, comme les cahiers d'étoffes ou de papiers et cartons, qui présentent ainsi les matières, de la plus douce à la plus rugueuse.

Apprendre à parler se fait surtout de façon individuelle par une progression mécaniste que les infirmières-institutrices et les infirmières de jour mettent en œuvre. L'enseignement scolaire, étroitement dirigé par les infirmières-institutrices, consiste en leçons de lecture, de dessin et d'écriture, de numération, et en leçons de choses. La **lecture** est enseignée à partir de la reconnaissance des lettres de l'alphabet, conduisant à l'identification des syllabes, qui elles-mêmes forment les mots.

L'apprentissage de la lecture proprement dit s'effectue par l'application de la *Méthode spéciale de lecture à l'usage des enfants arriérés,* créée par J. Boyer, instituteur à la grande école de Bicêtre, puis à l'Institut médico-pédagogique de Vitry. C'est une méthode syllabique, qui allie l'apprentissage concomitant de l'épellation des sons et de leur écriture. Pour pouvoir appliquer cette méthode il faut aussi enseigner le dessin des traits, afin de conduire au dessin des lettres, puis à l'écriture proprement dite. Lorsque l'enfant est capable de tracer une circonférence, l'écriture lui est enseignée, d'abord droite, puis penchée (anglaise). C'est aussi à ce moment qu'il est autorisé à dessiner des objets figuratifs, repérés géométriquement dans une bonne forme. Il faut que l'enfant puisse donner le sens de ce qu'il a dessiné, et que ce sens soit perçu. C'est un entraînement normatif qui ne laisse pas place à la créativité ni à l'expression.

■ La petite école complémentaire

Les procédés utilisés à la petite école sont appliqués à la petite école complémentaire. On insiste un peu plus sur l'étendue et la variété des leçons de choses. On introduit une modification dans l'apprentissage de la lecture. Une fois que la reconnaissance des lettres est acquise, on passe directement à la reconnaissance globale de mots entiers, sans marquer le temps du syllabaire, comme le préconisait Séguin.

On introduit également des leçons de gymnastique. Ce sont des mouvements d'ensemble, que les enfants sont entraînés à exécuter avec des barres. Un enfant nouveau, ou à éduquer particulièrement, sera placé entre deux enfants habitués à reproduire l'exercice.

■ La grande école

Ce service est celui qui accueille les enfants les plus évolués, les moins malades. L'encadrement y est très réduit, limité à quatre instituteurs aidés par quatre professeurs spécialistes effectuant des vacations dans la semaine. Deux infirmiers sont de garde, au cas où un problème pathologique surviendrait, comme, par exemple un accès épileptique. Cet enseignement scolaire est complété par un enseignement professionnel. Entre 1883 et 1900, 54 enfants obtiennent le certificat d'études. Il faut rappeler que des enfants atteints de divers symptômes n'affectant pas directement ou entièrement les facultés mentales sont hospitalisés à Bicêtre. C'était le cas des épileptiques, ou des enfants présentant des troubles du caractère et du comportement, suivant la terminologie actuelle, ceux qui, par les travaux de Binet, deviendront les « irréguliers d'école ». La terminologie employée par Bourneville fait état d'« enfants propres et valides, imbéciles, arriérés, instables, pervers, épileptiques et hystériques ou non ».

■ L'enseignement professionnel

Huit chefs d'ateliers ont la responsabilité de l'enseignement professionnel. Ils dirigent les ateliers de menuiserie, de couture, de cordonnerie, de vannerie, de paillage et cannage des chaises, de brosserie, d'imprimerie, de serrurerie, de jardinage. Ces ateliers ont une double fonction : préparer les enfants les plus âgés ayant un espoir de sortie à l'exercice d'une profession manuelle où l'opportunité d'emploi existe ; conforter les hospitalisés de longue durée dans un statut où ils savent être utiles à la société, leur production étant réelle, à destination des services de l'hôpital entier. De plus une très légère gratification d'argent leur est servie hebdomadairement.

C/ La section des filles à la Fondation Vallée

La Fondation Vallée dispense les mêmes soins qu'à Bicêtre, à des filles qui présentent les mêmes troubles, bien qu'à l'origine elle ne devait pas y recevoir d'épileptiques, ni de gâteuses. Le projet avait été d'y admettre la même catégorie d'enfants que ceux reçus à l'asile de Vaucluse, pour les garçons, convalescents à l'origine. L'évolution des besoins en région parisienne a fait qu'il n'a pas été tenu compte du projet initial. La Fondation Vallée est devenue, pour les filles, le calque exact du service des garçons de Bicêtre. Rattachée administrativement à Sainte-Anne, ce n'était donc pas un service de l'Assistance publique, mais un service d'un asile départemental d'aliénés, où l'on dirigea tant le surplus des petites filles internées à Villejuif, que le trop-plein des petites filles du service de la Salpêtrière (*cf.* document 2 C 3).

D

DE L'ALIÉNISME A L'ÈRE CONTEMPORAINE

1 - De l'aliénisme à la question sociale

A/ Maria Montessori : des préoccupations sociales à la pédagogie

■ Maria Montessori

C'est un de ces personnages dont l'historiographie ne retient que les études médicales de la première femme médecin en Italie, et dont on admire surtout l'œuvre pédagogique, faite de dévouement et de spiritualité élevée.

Après des études de médecine, elle se préoccupe des « enfants anormaux et arriérés » en situant son propos dans le registre des préoccupations sociales. Ces enfants sont considérés par elle comme des « délinquants potentiels » à même de représenter un danger pour la société. Elle demande ainsi la création d'un poste pour s'occuper du traitement des enfants « ***phrénasthéniques*** » à l'Institut pédagogique de Rome. Parallèlement, elle situe son intervention résolument dans le registre de la pédagogie affirmant que « la question des arriérés réclamait une solution pédagogique bien plus que médicale », à un moment où se développent des techniques de soins essentiellement médicales, confortées par les premiers succès thérapeutiques médicaux chez des enfants atteints de crétinisme. Elle demande aussi la création d'instituts de médecine pédagogique.

Dans sa *Pédagogie scientifique*, Montessori donne les éléments qui permettent de reconstituer son parcours. Elle écrit qu'au début de sa carrière, « les expériences pédagogiques précédentes, faites sur des *enfants anormaux*, ont présenté une longue élaboration ». Mais elle convient que 1898-1900 ont été « deux années de pratique qui constituent [son] premier et véritable titre en matière de pédagogie ». C'est durant ce laps de temps qu'elle séjourne dans le service de Bourneville à

Maria Montessori (1870-1952). Renouvelle le concept du jardin d'enfants, outil qu'elle met à la disposition de quartiers où vivent des familles en difficultés sociales, après une expérience en psychiatrie infantile. Sa méthode est celle de Séguin qu'elle a vu mettre en œuvre dans le service de Bourneville.

Phrénasthéniques : enfants ayant une intelligence faible.

Bicêtre, lit deux des principaux ouvrages de Séguin et fait fabriquer le matériel devenu célèbre et imité de son prédécesseur.

Son expérience auprès d'enfants anormaux dura peu, jusqu'en 1907. Elle explique elle-même pourquoi. En effet, tout comme Séguin, elle s'était aperçue « que ce n'est pas le matériel, mais [sa] voix les appelant qui *éveilla* les enfants et qui les poussa à s'en servir et à s'éduquer ». [Elle doit] « avouer qu'un véritable épuisement [la] prostrait, tandis que [ses] efforts étaient couronnés de progrès intellectuels ; il [lui] semblait transfuser une force qui était en [elle] ». La difficulté du travail avec des enfants arriérés se fait sentir, et faute d'en connaître la cause, malgré un intérêt intellectuel certain, un déplacement se produit, d'une œuvre médicale vers une œuvre sociale.

Itard et Séguin, maîtres revendiqués. « Quant à moi, trente ans après la publication de la deuxième œuvre de Séguin, j'ose affirmer que je repris ses idées et son œuvre avec la même ferveur que celle avec laquelle il avait hérité des idées et des œuvres de son maître Itard, mort entre ses mains filiales. Pendant dix ans, je méditai et j'expérimentai les œuvres de ces hommes admirables qui, en se sacrifiant, avaient laissé à l'humanité la preuve la plus féconde de leur obscur héroïsme. Mes dix années d'étude peuvent donc s'additionner aux quarante années des travaux d'Itard et de Séguin. Il s'était passé cinquante ans de préparation active, s'échelonnant sur plus d'un siècle, avant que fût tentée cette expérience – apparemment brève – de deux années ; et je ne crois pas me tromper en disant qu'elles représentent le travail successif de trois médecins qui, d'Itard à moi, ouvrirent la voie de la psychiatrie. »

Maria Montessori, *Pédagogie scientifique*.

Grimpage à la balustrade

On s'exerce aux échelles de corde

Tiré de F. Garcin, *L'éducation des petits enfants par la méthode montessorienne*. Paris : Nathan, 1922.

■ Apports et limites de la méthode Montessori

On peut trouver dans l'œuvre de Montessori les traces qui ont peut-être influencé la psychologie de l'enfant en France, par l'apport que fit Henri Wallon au sujet de l'émotion, de l'affectivité et de l'ambiance maternelle dans les conditions d'éducation. La question qui se pose est que l'application de la méthode aux enfants arriérés semble artificielle et contradictoire par rapport aux buts poursuivis, alors que son adéquation à l'éducation des enfants ordinaires est admise. On reproche à la méthode Montessori de s'être rigidifiée, de n'être plus qu'une succession de techniques établies en progressions d'où serait banni tout contact personnel favorisant la mise en place des mécanismes identificatoires et projectifs qui sont à la base du traitement et des soins apportés aux enfants déficients. Ces mécanismes existaient empiriquement chez Séguin, bien qu'ils n'aient pas été repérés par lui en tant que tels. On se trouve face à une des contradictions dans l'utilisation de la méthode auprès des enfants déficients pour lesquels elle a été créée : l'éducation montessorienne devient artificielle, ne permet pas une approche de la réalité sociale pas plus que l'établissement de conditions de communication ; s'éloignant des soins, elle reste un ***traitement conditionnant***. La contradiction est d'autant plus forte que des psychanalystes ont loué cette méthode pour les possibilités de développement qu'elle offrait aux enfants (André Berge). Il s'agissait, il est vrai, d'enfants ordinaires ayant la ressource de se défendre en investissant les modalités du savoir.

Traitement conditionnant : on peut assimiler ici le dressage à l'apprentissage forcé par conditionnement. *Cf.* Grand Amphi, *Psychologie cognitive*.

Exercices de laçage et planche tactiles

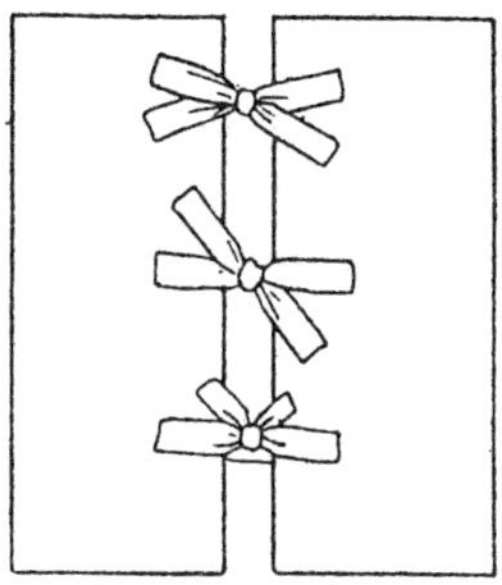

Laçage aux rubans pour apprendre à former les nœuds.

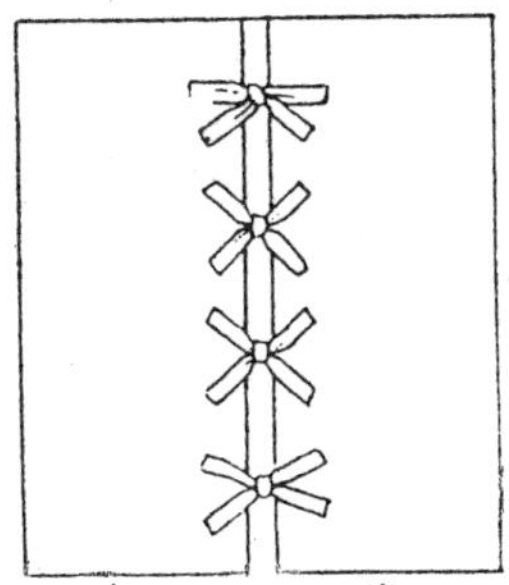

Laçage avec petits rubans et nœuds à boucles.

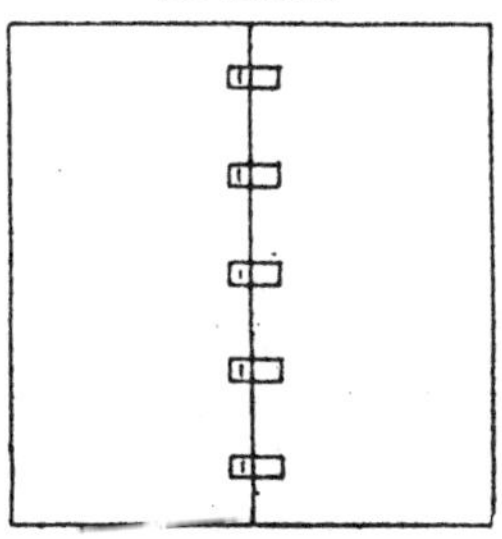

Agrafes métalliques à levier.

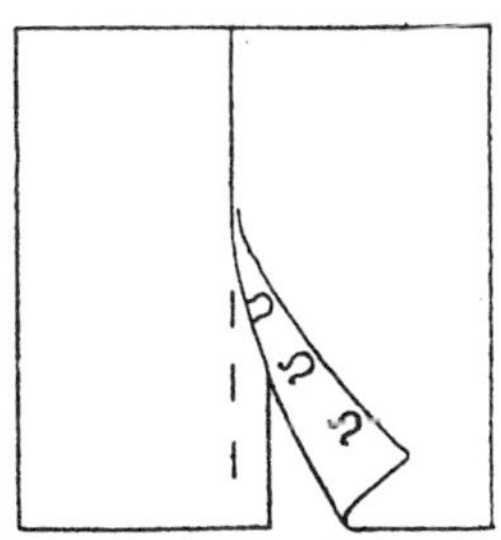

Agrafes métalliques à crochet.

Disposition des planches à surfaces lisses ou rugueuses
Éducation du sens tactile

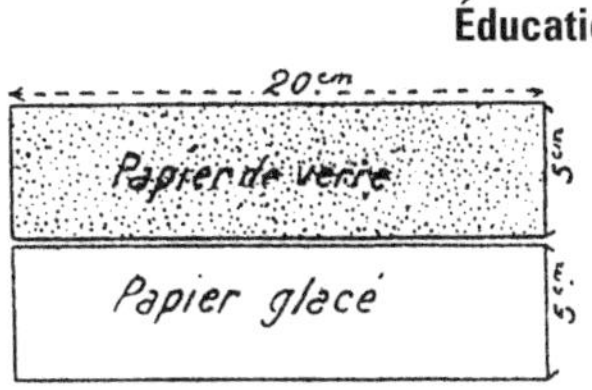

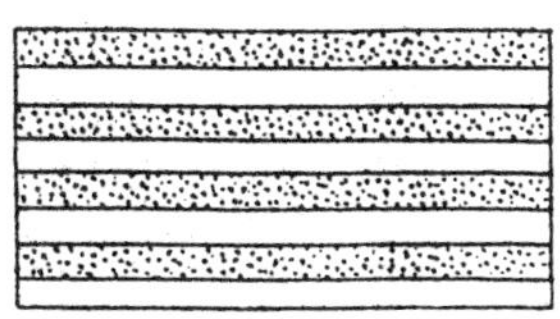

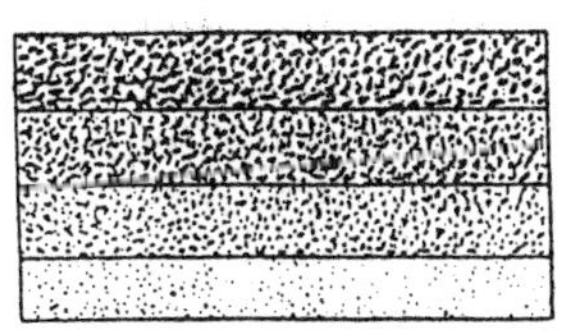

Rugosité décroissante.

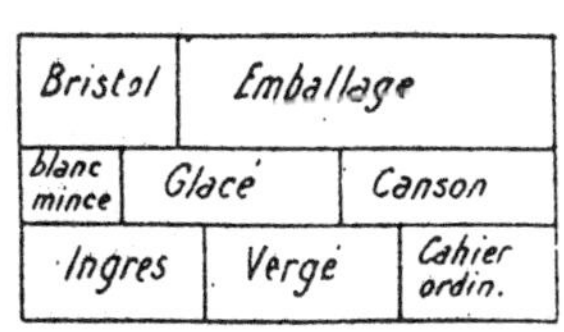

Papiers à rugosité variée.

C'est surtout l'expérience spiritualiste qui a permis d'intégrer dans la théorie montessorienne des notions psychanalytiques, telles que celles d'inconscient et de subconscient. Il apparaît qu'une troisième de ces notions reçoit un traitement plus important que les autres, c'est celle des traumas psychiques de la petite enfance. On situe l'œuvre de Montessori beaucoup plus dans le cadre de la prévention des troubles psychiques des enfants ordinaires que dans celui des soins apportés aux enfants déficients mentaux, par la méthode médico-pédagogique. C'est ce point qui doit nous éclairer aujourd'hui : Séguin et Bourneville visaient à l'éducation des enfants idiots, imbéciles et arriérés. Montessori appareilla un peu plus la méthode, ce qui permit de la situer sur le plan du complément correctif, la rééducation.

B/ La répercussion sociale des troubles psychiques

Travailler avec une population enfantine avec des pathologies variées fait se poser des questions sur la sémiologie et la différentialité des troubles, sur les réussites ou les échecs des prescriptions. C'est la description symptomatique qui domine. La réflexion sur l'étiologie des troubles reste approximative et empirique. Pourtant, comme on a pu le lire dans les paragraphes qui précèdent, le classement en trois catégories (épilepsie, idiotie, imbécillité) ne suffit plus. La fin du XIXe siècle, où se pose la question ouvrière, montre que la misère du peuple est une condition sociale désavantageuse pour le développement physique et psychique de ses enfants. Alliées à l'espoir de revanche sur la Prusse, ces constatations alarment : il faut assurer à l'armée de conscription de futurs soldats sains, aux usines et aux manufactures un rendement prévisible du travail ouvrier. Pour ces raisons des modalités de prévention des troubles de la petite enfance vont se développer.

■ Une diversité de prises en charge

Au tournant du siècle on est préoccupé par la conservation des enfants. Pour réduire la mortalité on stérilise et on distribue le lait sain qui évite ainsi les déshydratations par diarrhée (Gaston Variot et l'Œuvre de la goutte de lait). Les salles d'Asile communal (Marie Pape-Carpentier), ancêtres de l'école maternelle (Pauline Kergomard), permettent aux mères qui y confient leurs enfants une régularité et une meilleure présence au travail.

Sur ces bases on renforce l'institutionnalisation des soins, et on diversifie les modes de prise en charge des enfants en fonction du tri effectué dans la diversité des troubles. Aux catégories précédentes s'ajoutent alors les irréguliers d'école (Alfred Binet). Affiner le tri de ces enfants contribue à pénaliser les situations sociales difficiles, et parmi celles-ci, à médicaliser celles où la violence et l'asocialité perturbent l'ordre moral. Le contrôle de l'État est renforcé, son champ s'élargit. L'action sociale, l'action sanitaire, toutes deux aux mains du ministère de l'Intérieur, sont d'emblée fortement politisées et prennent appui sur la grande peur qui a saisi la classe dirigeante à la suite des événements de la Commune de Paris.

Théophile Roussel (1816-1903). Son action législative permet un tri plus fin parmi les enfants ayant des difficultés. On différenciera alors les causes sociales des causes psychologiques dans les inadaptations.

En ce qui concerne le sénateur ***Théophile Roussel*** – grand législateur de la protection de l'enfance –, son opuscule de 1879 apporte quelques précisions sur l'état de la situation. Pour l'enfance délinquante, des quartiers correctionnels existent à Strasbourg depuis 1824, à Rouen depuis 1826. La maison cellulaire de la Roquette fonctionne à Paris. Mettray ouvre en 1839. Dans ce cadre, la loi du 5 août 1850 sur la détention des enfants, est une « loi d'éducation et de patronage », qui institue l'internat par l'éducation correctionnelle. Puis Félix Voisin établit un rapport sur le projet de loi sur l'éducation et le patronage des jeunes détenus, pour lequel une commission d'enquête parlementaire est constituée en 1872, afin de réviser la loi de

1850. Cela débouchera sur la loi du 5 juin 1875 qui distingue et sépare les mineurs acquittés des mineurs condamnés. Les premiers sont destinés à des maisons ou colonies de réforme, les seconds à des maisons ou colonies correctionnelles. On déplore que les seconds soient très souvent libérés bien plus vite que les premiers, alors qu'ils ont besoin d'un temps de correction bien plus grand. Faut-il y voir la modélisation des effets de l'article 64 du code pénal, où celui qui n'est pas responsable reste enfermé plus longtemps que celui qui rend compte d'actes pour lesquels il est condamné ? On évoque aussi la création d'écoles industrielles, sur le modèle anglais, pour les enfants vagabonds, mendiants, abandonnés, maltraités. On a dit de cette école qu'elle est l'avenir de l'éducation préventive. L'institution des valeurs du travail, la rentabilité du travail des enfants pour atténuer le coût social de leur prise en charge est aussi mis en avant dans la section professionnelle à Bicêtre et dans la ferme de Vaucluse. L'évocation d'une école industrielle de jour peut-elle être comprise à ce moment-là comme une alternative à l'internat ou à l'internement ?

■ La folie comme catégorie englobante

Le rapport de Théophile Roussel sur la proposition de modification de la loi de 1838 sur les aliénés comporte d'autres éléments. En 1881 une commission extra-parlementaire est constituée. Plusieurs rapports et un avant-projet sont rédigés et imprimés avant la publication du Rapport Roussel. De nombreuses personnalités et des aliénistes composent cette commission, dont Thulié, Fallières, Roussel, Bourneville. On y énonce que « les termes de la loi permettent donc le placement dans les asiles publics de toutes les catégories de malades ou d'infirmes de l'intelligence auxquels peut être appliquée la dénomination d'aliénés. L'amplitude de ces dispositions et le manque de précision de ce que l'on a appelé « les frontières de la folie », ont permis ainsi d'ouvrir largement les portes des asiles non seulement aux *aliénés* proprement dits, mais encore aux *idiots*, aux *imbéciles*, aux *crétins* et même à un grand nombre d'épileptiques, à cause du trouble mental très souvent lié aux attaques de cette maladie, et aussi, à cause du manque d'assistance hospitalière appropriée à ce genre de malades ». L'analyse de ce phénomène apparaît aujourd'hui pertinente. Les services d'enfants les plus importants sont, toutes missions confondues, Bicêtre, La Salpêtrière, Villejuif, Vaucluse, l'Œuvre des pupilles, la colonie des enfants assistés en Algérie, l'Orphelinat de Cempuis, les quartiers de Sainte-Anne et de Ville-Évrard. Ces œuvres et établissements sont financés par le département de la Seine. Il n'y a pas d'obligation dans la loi de 1838 par rapport aux enfants, notamment sur le plan du placement volontaire. Cela conduit Bourneville à organiser à son tour une campagne de révision de la loi de 1838, puis de proposer un texte spécifique qui trouvera partiellement son expression dans la loi du 15 avril 1909 sur les classes de perfectionnement. Aujourd'hui encore, en ce qui concerne les difficultés d'adaptation intellectuelle des enfants, c'est le seul texte législatif qui existe, à côté de la loi de 1975 sur les personnes handicapées (*cf.* document 2 B 2).

2 - Opposition sur les méthodes

Les circonstances de l'élaboration et du débat concernant la loi sur les classes de perfectionnement marquent l'institutionnalisation du tri scolaire des enfants dont le trouble est affecté d'un quelconque indice de morbidité. C'est une lutte politique et éthique qui se livre entre deux tendances portées par deux hommes, Bourneville d'un côté et Alfred Binet de l'autre. On demande alors à ce qu'une **commission interministérielle**, à laquelle ils participeront, finalise le résultat de ses débats en un texte législatif.

La commission interministérielle réunie pour traiter de cette question est composée de membres désignés par le ministre de l'Intérieur et par celui de l'Instruction. Présidée par le sénateur Léon Bourgeois (ancien ministre, président de la Chambre des députés, cofondateur de la Société des Nations, Prix Nobel de la Paix...), elle comporte les plus grands spécialistes de l'éducation et de l'éducation spéciale, de la santé et de la psychologie, dont Binet et Bourneville. Nommée en 1905, cette commission travaillera jusqu'à la rédaction de la loi du 15 avril 1909 sur les classes de perfectionnement. Dès 1907 plusieurs de ces classes s'ouvrent à titre expérimental à Paris, puis dans des villes de province. Elles recrutent directement dans l'école les irréguliers et les perturbateurs. Aucun de leurs élèves ne sera un de ces enfants qu'il convient de relever de l'asile. Un tournant décisif est pris sur le plan des institutions d'exclusion, ce qui va favoriser le développement de la mesure psychométrique et les catégorisations psychopathologiques chez l'enfant.

A/ La loi de 1909 sur les classes de perfectionnement

Longtemps Bourneville aura revendiqué les conditions sociales d'un relèvement des enfants de l'asile vers l'école, c'est-à-dire d'une guérison. Dans le langage en usage au XIXe siècle, cela signifie que, même si la guérison ne peut être affirmée, le mieux-être apporté à la situation du malade lui permet cliniquement d'être relevé (comme de son lit), pour intégrer un cadre de vie ordinaire.

Loi de 1838 : elle fixait l'internement d'office, sous la responsabilité et le contrôle du préfet du département, qui appliquait l'article 64 du code civil, jugeant de l'état de responsabilité et de dangerosité du malade (pour lui-même ou pour les autres), ou du trouble à l'ordre public dans le placement demandé par un tiers. La demande directe de soins du malade ou de la part des parents pour les enfants, sera prise en compte plus tard.

Pour les malades du service des enfants de Bicêtre et de la Fondation Vallée, ayant bénéficié d'une instruction scolaire incluse dans la méthode médico-pédagogique dispensée par des infirmières-institutrices et des instituteurs, cela voulait dire entrer ou retourner à l'école élémentaire. Mais fallait-il une loi pour cela ? Oui, car le régime sous lequel les enfants étaient reçus dans les hospices ou les asiles était parfois assimilé à celui de ***la loi de 1838*** sur les aliénés. C'est sur ce point de droit que le raisonnement, autant que le bon sens, butait.

Même si ces dispositions ne s'appliquaient pas légalement aux enfants, ceux-ci, néanmoins, connaissaient les effets stigmatisants de leur hospitalisation. Légiférer des moyens nécessaires qui permettraient à certains d'être scolarisés dans un milieu ordinaire devenait alors une nécessité. C'est pourquoi un sas d'intégration entre l'asile et l'école devait s'instituer, pour plus de certitudes de réussite. Il s'agissait de perfectionner les connaissances que les enfants avaient acquises à l'asile, afin que, lorsque parvenus au même niveau d'apprentissages que les enfants de leur âge, ils puissent intégrer totalement leur classe. C'est ce principe du relèvement qui préside à l'idée de la classe de perfectionnement suivant Bourneville.

B/ La mesure de l'intelligence

Alfred Binet (1857-1911) : opposant à Bourneville et partisan du tri et de la ségrégation des enfants irréguliers à l'école, avec le Dr Théodore Simon (1873-1961), il crée un test de la mesure de l'intelligence qui est à la base de la notion de QI. Il est, en 1907, l'auteur du livre *Les enfants anormaux*. Toulouse : Privat (1978).

L'opposition à Bourneville, médecin hospitalier, vient des structures mêmes et des hommes du ministère de l'Instruction. Le psychologue ***Alfred Binet***, avec le concours d'un ancien interne de Bourneville, Théodore Simon, inventa une modalité de mesure du développement intellectuel de l'enfant, signifié par la notion de Quotient Intellectuel (QI) en termes d'âge mental comparé à l'âge réel (*cf.* Grand Amphi, *Les méthodes en psychologie*). Cette mesure de l'intelligence, essentiellement basée sur l'utilisation des connaissances scolaires, est à la source d'une idéologie élitiste permettant de trier les enfants en fonction de leur rendement scolaire. Il s'agissait d'écarter les enfants dont le rendement irrégulier gênait dans leur progression les bons élèves. Ces enfants furent alors nommés les irréguliers d'école. Ils avaient un meilleur rendement que les arriérés, nommés d'après Séguin, qu'il convenait de laisser aux bons soins de l'asile.

Débile, idiot, imbécile. « Est débile tout enfant qui sait communiquer avec ses semblables par la parole et par écrit, mais qui montre un retard de deux ans ou de trois ans (...) dans le cours de ses études, sans que ce retard soit dû à une insuffisance de scolarité. »

Binet et Simon, *les Enfants anormaux*, 1907.

« Est IDIOT tout sujet qui ne dépasse pas le niveau intellectuel d'un enfant de deux ans.
Est IMBÉCILE tout sujet dont le niveau intellectuel est compris entre celui de deux ans passés et celui de sept ans.
Est DÉBILE tout sujet dont le niveau est supérieur à celui de sept ans. »

Binet et Simon, « Définition de l'idiotie et de l'imbécillité », *Annales médico-psychologiques*, mai-juin 1910.

Mais à force de trier, on s'aperçut que certains d'entre eux avaient des résultats irréguliers non parce qu'ils avaient des difficultés à comprendre ou qu'ils ne comprenaient qu'une partie de l'enseignement, mais parce qu'ils ne voulaient pas comprendre à cause de traits de caractère – tels le mensonge, la fugue ou le vol – qui perturbaient autant leur parcours scolaire que la classe. Pour Binet ces réactions morbides anormales créaient des catégories étanches à l'école, s'il s'agissait d'« anormaux d'hospice », et perméables à l'hospice s'il s'agissait d'« anormaux d'école ». Quant aux irréguliers et aux perturbateurs, ils devaient être écartés de l'école vers... les classes de perfectionnement ! C'est le principe de fonctionnement préconisé par Binet. Mais il posait un problème de validation du diagnostic, pour être désormais certain de respecter les termes de la loi et ne pas mettre à la disposition d'autres enfants que les arriérés, les rares places des classes de perfectionnement (*cf.* document 2 D 1).

■ La fin d'une époque

Après le décès de Bourneville en 1909, son service est repris par d'anciens élèves. Les événements de la Première Guerre mondiale vont lui donner un coup d'arrêt. La méthode médico-pédagogique quitte le secteur public, elle survivra un peu dans le secteur privé. Dans un état de délabrement important, le service des enfants de Bicêtre est fermé en 1920. L'ère moderne est terminée. C'est désormais l'ère contemporaine qui s'ouvre. Elle reste marquée de cette tradition condillacienne, qui a ordonné la pensée et favorisé les répétitions de ses fondements chez les maîtres constructeurs, Itard, Séguin et Bourneville, suivis de ceux qui, telle Montessori, vont perpétuer avec vigilance et orthodoxie une méthode désormais masquée par la modernité. Ce qui subsiste aujourd'hui de la pensée de Condillac privilégie un abord cognitif mécaniste, au détriment des soins, dans une optique de conditionnement éducatif. La méthode TEACCH est celle qui représente au plus près cette conception sensorialiste de l'homme machine qu'il suffit de faire mouvoir par l'effet d'une volonté pour qu'il soit à l'image du maître qui manifeste l'emprise. On reconnaît son efficacité jusqu'à un certain point. Comme pour tout processus de dressage, si celui-ci n'est pas continué, les acquisitions réflexes ne peuvent être durables (*cf.* document 2 D 2).

3 - L'ÈRE CONTEMPORAINE

A/ LA PSYCHIATRIE DE L'ENFANT

La Seconde Guerre Mondiale vient arrêter l'évolution de la réflexion en psychopathologie sur les troubles du caractère, en dehors des problématiques d'intelligence ou de maladie mentale. Le développement de la sémiologie des troubles à l'ordre public et à la morale a fait évoluer très rapidement les travaux du groupe réuni autour des conceptions de Théophile Roussel. Une longue action sociale se crée, où

Georges Heuyer (1884-1977) : après avoir été l'élève de Dupré, il traite dans sa thèse des *Enfants anormaux et délinquance juvénile*. C'est la première totalisation nosographique en psychiatrie infantile, couvrant des champs de référence qui vont de la neuropsychiatrie infantile à l'aide à l'enfance. Renommé pour avoir introduit des approches psychanalytiques dans le traitement des enfants, parmi d'autres méthodes, il sera le premier titulaire de la chaire de neuro-psychiatrie infantile en 1954.

les juges des tribunaux pour enfants s'appuient de plus en plus sur un avis médical pour prendre une décision éducative. Dès la fin de la guerre ces juges seront spécialement formés pour appliquer les dispositions des ordonnances de 1945 sur les enfants délinquants. Le texte de 1958 met dans les mains du juge pour enfants tous les pouvoirs de correction paternelle et de surveillance éducative afin de protéger ou éduquer tout mineur dont la santé, la moralité, la sécurité ou l'éducation sont compromises.

■ Heuyer entre psychiatrie et psychanalyse

Le psychiatre ***Georges Heuyer*** crée un nouveau patronage pour enfants anormaux, annexé à sa chaire.

Depuis 1921 il y travaille avec les psychanalystes Eugénie Sokolnicka et Sophie Morgenstern, ouvrant le premier la neuropsychiatrie à la psychanalyse. Malgré un certain phénomène de mode reconnaissant cette paternité à Heuyer, à le lire de plus près on note une certaine ambiguïté vis-à-vis de cette thérapeutique. Elle témoigne de la reconnaissance de l'efficacité de la méthode et d'une mise à distance défensive par rapport à une implication personnelle.

« **La connaissance de la psychanalyse** est nécessaire dans toute psychothérapie. Il est impossible d'ignorer l'évolution de la vie affective et sexuelle de l'enfant et de l'adolescent et l'influence du milieu familial, quand on entreprend une psychothérapie. D'ailleurs les apports de la psychophysiologie pavlovienne du conditionnement ont enrichi et élargi les données de la psychanalyse. Condensation, déplacement, identification, transfert sont des faits de conditionnement. L'importance du milieu social et socio-économique sur l'émotivité et l'affectivité de l'enfant, soit directement, soit indirectement par l'entremise du milieu familial, a complété l'action du conditionnement. Dans le traitement psychothérapique, le déconditionnement de l'enfant, de l'adolescent est une conséquence psychothérapique et éducative des données recueillies par la psychanalyse. »

Georges Heuyer, *Introduction à la psychiatrie infantile*, 1952.

Il convient donc de réviser l'importance de Heuyer par rapport à la psychanalyse de l'enfant et, néanmoins, de mesurer à sa juste valeur les effets institutionnels de cette innovation dans un avenir où d'autres psychanalystes interviendront dans diverses collectivités d'enfants, telles Jenny Aubry, Françoise Dolto, Maud Mannoni, Rosine Lefort.

■ Les dernières traces de stigmatisation

Les effets des changements sociaux intervenant après la première moitié du XXe siècle mettent au premier plan la compréhension d'actes asociaux commis par des adolescents. Cette compréhension est médicalisée et psychologisée dans la dimension législative de protection et d'éducation de la jeunesse. On regroupe aujourd'hui dans cette catégorie les troubles psychopathiques et les effets des carences éducatives, qu'on comprend en fonction des pathologies du narcissisme et de la structure psychotique. Auparavant, dans un spectre sémiologique plus étendu, on parlait aussi d'enfants caractériels, manifestant des troubles du comportement, et/ou de la conduite. Cet éventail diagnostique est lui-même issu de l'affinement de la catégorie de psychopathie, fourre-tout qui a fait les beaux jours des diagnostics incertains. Ces termes, essentiellement utilisés dans l'école française de psychiatrie, doivent beaucoup à la catégorie du « pervers instinctif » d'***Ernest Dupré***, que Léon Michaux (1899-1978) reprit ensuite pour les enfants.

Ernest Dupré (1862-1921). Il organisa une doctrine des constitutions morbides (1919). Ce retour des théories de Morel et de Magnan marque profondément la psychopathologie de l'enfant et la pédiatrie dans l'après-guerre jusqu'à ce que les notions psychanalytiques soient popularisées au début des années 1970.

Léon Michaux, sous couvert d'une appropriation d'un vocabulaire psychanalytique hétérogène, va mettre en évidence de nouveaux symptômes qu'il érigera en catégorie, celle du pervers constitutionnel. Ce sera là l'une des dernières fantaisies de stigmatisation que les traces laissées par le XIXe siècle permettront (*cf.* document 2 D 3).

B/ La psychanalyse de l'enfant et l'institution

Les années 1950-1960 voient en France un regain d'intérêt pour ce que, dans « l'enfance inadaptée », on nommera très généralement les « débiles mentaux ». C'est le moment où les quatrième et cinquième plans favorisent la construction d'établissements spécialisés, dont les projets sont essentiellement portés par des associations familiales. C'est de ce mouvement que seront issues celles des associations de parents qui s'intéressent aux problèmes de l'autisme.

Puis, la débilité est « tuée » par la fin généralisée de l'utilisation du QI à des fins de classification administrative, déclenchant le financement de la Sécurité sociale pour la prise en charge des frais afférents au séjour des enfants dans les établissements médico-éducatifs appropriés à la réduction ou au traitement de leur trouble. Ici s'ouvre l'ère du handicap. C'est aussi le moment où les institutions sanitaires se distinguent des institutions médico-sociales (loi hospitalière, loi sur les personnes handicapées, loi sur les institutions sociales et médico-sociales, circulaire sur le secteur de psychiatrie). Au secteur médico-social est dévolue la résolution des problèmes sociaux et surtout des problèmes cognitifs dans des établissements médico-éducatifs. Au secteur sanitaire sont dévolues les approches des soins psycho-affectifs.

Des médecins psychanalystes, tel Roger Misès, soucieux de ne pas introduire des possibilités plus grandes de stigmatisation par le diagnostic précoce, utilisent à nouveau la terminologie de, ***dysharmonie***, proposée par Georges Paul-Boncour en 1908. Cela permet de situer les patients dans un parcours psychodynamique en envisageant que l'état dysharmonique dans lequel ils se trouvent puisse évoluer, en tenant compte de leur psychodynamique personnelle et familiale plutôt qu'en voulant forcer ou redresser un destin qui échappe de toute façon au thérapeute.

Le plan de la performance scolaire est abordé de façon analogue, afin de mieux comprendre comment se structure une dysharmonie cognitive et proposer une aide adéquate. Ce sont les idées de la psychanalyse qui guident ces principes, où la possibilité d'un raisonnement à propos d'une atteinte psychotique n'est pas écartée.

Dysharmonie : état de déficience où l'on constate des traits pathologiques atypiques de l'état initial. La complexité qui s'ensuit dans les indications de traitement favorise une vue psychodynamique du parcours du patient et lui évite stigmatisation et ségrégation.

Une continuité évolutive. « Ainsi, loin d'opposer "déficience dysharmonique" et "débilité simple", faut-il reconnaître la continuité structurale [...] et surtout la continuité sur le plan évolutif : l'insuffisance intellectuelle fixée sous une forme dite "pure", "homogène" est la résultante d'un processus complexe ayant pu comporter des moments évolutifs marqués par des traits dysharmoniques difficiles à retrouver par l'anamnèse ; réciproquement les déficiences dysharmoniques tendent à se fixer dans un tableau où les traits atypiques deviennent de moins en moins perceptibles avec l'âge, surtout quand on met en œuvre des mesures ségrégatives et nivelantes. En outre, même les formes fixées qui en première approximation évoquent la débilité "simple" se révèlent, à une approche dynamique, d'une extrême complexité et d'une grande diversité d'un sujet à l'autre. »

Roger Misès, *L'enfant déficient mental*, 1975.

L'histoire connaît des prolongements imprévisibles, où la surprise vient de ce que des séquences s'y répètent sans que l'on puisse dire que ce soit exactement à l'identique. Les abords institutionnels sont importants en psychopathologie de l'enfant où, bien souvent et sous des régimes divers – mais toujours sur le modèle de l'école ou sur celui de l'hôpital – il s'agit de faire vivre en collectivité des enfants (*cf.* document 2 D 4). Faire vivre la collectivité des enfants est une autre étape. On a vu comment Bourneville avait résolu cette question par l'instauration de cycles scolaires, l'accès aux apprentissages et l'organisation des loisirs. Dans le même endroit et à la même adresse (de la Fondation Vallée), Roger Misès a posé autrement la question de l'institution. Il a voulu que les soins soient institués à partir de la double difficulté de la transposition de la cure de type psychanalytique, à l'institution et aux enfants. C'est ce qu'il a nommé *la cure en institution*, où le travail du soin est avant tout de donner sens à la présence de l'enfant dans l'établissement, parce qu'il va trouver à s'y soigner, dans le tissage des significations particulières que vont prendre sa présence, ses actes, ses paroles dans les dispositifs matériels qui vont favoriser le cadre thérapeutique général et individuel.

Document proposé

2 A 1 - Texte de l'abbé de l'Épée

1 - PRÉSENTATION DES DOCUMENTS

L'abbé de l'Épée découvre et développe une méthode fondée sur les apprentissages scolaires des mécanismes de la lecture et de l'écriture. Ce document montre la façon dont l'abbé de l'Épée rend compte de sa méthode.

Document n° 1 : Écrire pour « parler »

On a commencé dès le premier jour de leur instruction à leur apprendre un Alphabet manuel, tel que celui dont les écoliers se servent dans les Collèges pour converser avec leurs compagnons d'une extrémité de la classe à l'autre. Les sourds et muets ne confondent pas plus les différentes figures de chacune de ces lettres qui frappent fortement leurs yeux, que nous ne confondons les différents sons qui se font entendre à nos oreilles.

Nous écrivons donc, je dis nous, parce que nous sommes souvent aidés dans nos opérations avec les sourds et muets, par d'autres personnes, nous écrivons en gros caractères avec du crayon blanc sur une table noire ces deux mots « la porte », et nous la montrons. À l'instant, ils appliquent cinq ou six fois leur alphabet manuel sur chacune des lettres qui composent le mot porte (ils l'épellent avec leurs doigts), et en font entrer dans leur mémoire le nombre et l'arrangement : aussitôt ils l'effacent et l'écrivent eux-mêmes avec leur crayon, en caractères plus ou moins formés (peu nous importe) ; ensuite ils l'écriront autant de fois que vous leur présenterez ce même objet.

Il en est de même de toute autre chose qu'on leur montre et dont on écrit le nom d'abord sur la table, en gros caractères, et ensuite en caractères ordinaires sur autant de différentes cartes qu'on leur met entre les mains, et que leurs compagnons s'amusent à leur faire deviner les unes après les autres, en se moquant d'eux lorsqu'ils s'y trompent. L'expérience nous apprend que tout sourd et muet qui a quelque activité dans l'esprit, apprend de cette manière en moins de trois jours plus de quatre-vingts mots.

Prenez alors chacune des cartes sur laquelle un de ces mots est écrit et présentez-la à ce nouveau disciple, il portera tour à tour son doigt sur chacune des parties de lui-même, dont la carte présentée contiendra le nom : mêlez et brouillez les cartes tant qu'il vous plaira, il ne se trompera sur aucune ; ou s'il vous plaît d'écrire vous-même quelques-uns de ces mots sur la table, il portera pareillement son doigt sur chacun des objets dont vous aurez écrit les noms, et par ce moyen vous prouvera clairement qu'il comprend la signification de chacun d'eux.

Ce sera ainsi qu'en très peu de jours le sourd et muet entendra non seulement la signification de tous les mots qui expriment les noms des différentes parties qui nous composent depuis la tête jusqu'aux pieds, mais encore de ceux qui représentent tous les objets qui nous environnent et qu'on peut leur montrer à mesure qu'on en écrit les noms sur la table et sur les cartes qu'on lui met entre les mains.

Charles-Michel, abbé de l'Épée (1712-1789) *La véritable manière d'instruire les sourds et muets confirmée par une longue expérience* pp. 21-22 (1784) - Paris, Fayard 1984.

Document n° 2 : Signes pour « parler »

Lorsque je veux essayer d'apprendre à un sourd et muet à prononcer quelques paroles, je commence par lui faire laver ses mains, jusqu'à ce qu'elles soient vraiment propres. Alors je trace un *a* sur la table, et prenant sa main, je fais entrer son quatrième doigt dans ma bouche jusqu'à la seconde articulation : après cela je prononce fortement un *a*, et je lui fais observer que ma langue reste tranquille et ne s'élève point pour toucher son doigt.

Ensuite j'écris sur ma table un *é*. Je le prononce de même plusieurs fois fortement, le doigt de mon disciple étant toujours dans ma bouche : je lui fais remarquer que ma langue s'élève, et pousse son doigt vers mon palais ; alors retirant son doigt, je prononce de nouveau cette même lettre, et lui fais observer que ma langue s'élargit et s'approche des dents canines, et que ma bouche n'est pas si ouverte. Je lui montrerai dans la suite ce qu'il devra faire pour prononcer les différents *é*.

Après ces deux opérations je mets moi-même mon doigt dans la bouche de mon élève et je lui fais entendre qu'il doit faire avec sa langue, comme j'ai fait avec la mienne. La prononciation de l'*a* ne souffre ordinairement aucune difficulté. Celle de l'*é* réussit de même le plus souvent : mais il se trouve quelques sourds et muets, avec lesquels il faut recommencer deux ou trois fois cette espèce de mécanisme, sans en témoigner aucune impatience.

Lorsque le sourd et muet a prononcé ces deux premières lettres, j'écris et je montre un *i* ; ensuite je remets son doigt dans ma bouche et je prononce fortement cette lettre. Je lui fais observer 1° que ma langue s'élève d'avantage et pousse son doigt vers mon palais, comme pour l'y attacher, 2° que ma langue s'élargit d'avantage, comme pour sortir entre les dents des deux côtés, 3° que je fais comme une espèce de souris, qui est très sensible aux yeux.

Après cela, retirant son doigt de ma bouche, et mettant le mien dans la sienne, je l'engage à faire ce que je viens de faire moi-même : mais il est rare que cette opération réussisse dès la première fois, et même dès le premier jour, quoique faite à plusieurs reprises ; il se trouve même quelques sourds et muets, qu'on ne peut jamais y amener que d'une manière très imparfaite. Leur *i* garde toujours trop de ressemblance avec l'*é*. Je ne parle point ici de l'*y* qui se prononce comme un *i*.

Il n'est plus nécessaire de remettre les doigts dans la bouche. En faisant comme un *o* avec mes lèvres et y ajoutant une espèce de petite moue, je prononce un *o* et le sourd et muet le fait à l'instant sans aucune difficulté.

Je fais ensuite avec ma bouche comme si je soufflais une lumière ou du feu, et je prononce un *u*. Les sourds et muets sont plus portés à prononcer un *ou*. Pour corriger ce défaut je fais sentir au sourd et muet que le souffle que je fais sur le revers de sa main en prononçant un *ou* est chaud, mais qu'il est froid en prononçant un *u*. La lettre *h* n'ajoute qu'une espèce de soupir aux voyelles qu'elle précède : l'usage apprendra quels ont les mots où l'on doit supprimer cette aspiration ; avant que d'aller plus loin, je dois avertir tout instituteur des sourds et muets d'éviter l'inconvénient, dans lequel je suis tombé moi-même, lorsque j'ai formé la résolution d'apprendre aux sourds et muets à parler.

Charles-Michel, abbé de l'Épée (1712-1789) *La véritable manière d'instruire les sourds et muets confirmée par une longue expérience* pp. 113-114 (1784) - Paris, Fayard 1984.

2 - QUESTION DE RÉFLEXION

Quel est l'intérêt et quelles sont les limites de l'apprentissage de la langue des signes ?

DOCUMENT PROPOSÉ

2 A 2 - Naissance d'une querelle entre oralisme et langue des signes

1 - PRÉSENTATION DU DOCUMENT

Pereire, tenant de la démutisation des sourds et muets, s'oppose à l'abbé de l'Épée, partisan de la langue des signes, pour définir et chercher à appliquer la démutisation des sourds et muets saux idiots.

Parler ou signer ?

Séguin cherchera à comprendre comment Pereire démutisa des sourds et muets, dans l'espoir de pouvoir appliquer sa méthode à des idiots ne parlant pas. Il fallut à Édouard Séguin un livre entier pour introduire la querelle entre les tenants de la démutisation, dont il était, et ceux de la seule langue des signes, appropriée exclusivement aux sourds et muets.
Reste la question de la querelle, qui va permettre aussi bien le développement des plus grands errements pédagogiques que la naissance d'intuitions fines dans la pratique du traitement des enfants qui ne sont pas sourds. Cette question est celle de l'efficience intellectuelle chez des enfants dont on sait maintenant que le symptôme n'est pas assimilable à un déficit intellectuel. Séguin déterminait que «la moitié des sourds-muets sont tellement dépourvus d'intelligence (par le fait de l'absence de l'audition, sans doute) qu'ils sont incapables de profiter des bienfaits de la méthode appropriée à leur état», que cette méthode soit celle de Pereire ou celle de l'abbé de l'Épée. Il note que « l'abbé de l'Épée n'a jamais pu faire parler ses élèves parce qu'il ne leur apprenait qu'à réciter », ce dont sont capables également bon nombre d'idiots. Le diagnostic était difficile, près de cinquante années après l'expérience d'Itard, à tel point, note toujours Séguin, que « ce n'est souvent qu'après une année passée dans les instituts destinés aux sourds et muets, que ceux de ces enfants qui appartiennent à d'autres catégories d'infortunés reçoivent leur *exeat* ».
Gaby Netchine indique la bifurcation du pédagogique vers le médical et la séparation paradoxale qui renforce la prégnance conceptuelle du médical sur le pédagogique. Elle remonte à « Descartes, qui ne sépare pas folie et déficience » ainsi qu'à « Locke et Condillac qui les distinguent sans pour autant les inscrire durablement dans l'individu. C'est à la Révolution, [...] que Pinel et Esquirol renverseront la perspective et poseront la notion de spécificité ontologique de l'aliénation mentale et de l'idiotie qui en est une division ». Ailleurs, elle décrit la prise de conscience de cette connaissance en soi par la « généalogie sensualiste » dont le versant de la déficience sera « le principe pathogénique [de] la statue abîmée ». Ainsi se trouve contournée la vision univoque de Condillac qui affirme que « dans l'ordre naturel tout vient des sensations ». On ajoute à l'ordre naturel cette vision ontologique qui servira à édifier l'édifice nosologique dans le domaine de l'aliénation mentale. En fait, la véritable révolution consistera en l'opposition naissante à Condillac sur le plan de la reconnaissance d'une activité instinctuelle propre à l'être humain.

Netchine, G. (1970-1971). *La représentation psychologique de la déficience mentale de Descartes à Binet. Bulletin de psychologie, 24,* n°78, 403-414.

2 - QUESTIONS DE RÉFLEXION

– Que pensez-vous de l'application de la démutisation aux idiots ?

– Quelle distinction établissez-vous entre enfants sourds-muets et idiots ?

DOCUMENT PROPOSÉ

2 A 3 - Texte d'Édouard Séguin sur Pereire

1 - PRÉSENTATION DU DOCUMENT

Edouard Séguin présente la méthode de Pereire et souligne ses avantages.

Physiologie et démutisation

(...) Et d'abord Pereire entrait en communication immédiate avec ses nouveaux élèves à l'aide de la dactylologie. La dactylologie est une écriture volante, faite en l'air avec les doigts et destinée à remplacer la parole.

(...) L'abbé de l'Épée confondait, en outre, avec la dactylologie de Péreire ce simple alphabet espagnol, tantôt objet de ses railleries, tantôt premier levier de sa propre pratique [« Je commence, dit-il p. 161, par apprendre à mes élèves les vingt-quatre lettres de l'alphabet avec le secours de la dactylologie : je m'en sers aussi pour les noms propres » (Institution, etc.)].

Or, la dactylologie du premier maître était un syllabaire rapide, exact reproducteur de tous les sons articulés de la langue française.

(...) Par cette application de la physiologie des sens à l'éducation, Pereire a ouvert la série de toutes les méthodes spéciales d'éducation, et en a posé les principes : les sourds, les aveugles, les bègues, les idiots même lui sont redevables de la première application rationnelle du principe physiologique à l'aide duquel on peut les élever, les guérir ou les soulager : initiative bien autrement féconde que la découverte d'une langue naturelle des signes. Nous sommes maintenant en état de réunir les moyens dont Pereire se servait pour réussir dans l'œuvre que l'on considérait avant lui comme impossible, à savoir : un diagnostic différentiel de la surdité et des affections avec lesquelles on peut la confondre :

- une division physiologique des diverses espèces de surdité ;
- une application, judicieusement limitée aux premiers rapports entre le maître et l'élève, des signes institués par le sourd et muet avant qu'on ait essayé de l'instruire ;
- une application très étendue de la mimique générale, à l'éducation des sourds de naissance dans la mesure vraie où la mimique exprime les affections de l'âme, commente et complète les expressions du langage reçu :

• un syllabaire dactylologique servant tout ensemble de moyen de communication, de procédé artificiel pour faire articuler et de procédé mnémotechnique pour aider à l'émission de la parole spontanée ;

• une bonne théorie de l'articulation de la langue française pour l'enseignement de la prononciation et pour celui de la lecture sur les lèvres ;

• la substitution du tact à l'audition pour la perception des vibrations de la parole humaine à l'usage des sourds complètement privés de la perception des sons ;

• l'enseignement des intonations et même des accents par les attitudes, la mesure et les mouvements propulseurs de la voix ;

• les gymnastiques propres à développer l'audition chez les sujets qui perçoivent encore, avec les bruits, quelques sons de la voix humaine ;

• des gymnastiques spéciales de la vue et du tact dirigées dans le but de faire percevoir par ces deux sens tous les phénomènes physiques destinés à être perçus par l'ouïe dans l'individu normal ;

• un enseignement limité aux besoins vulgaires, pour la classe la plus nombreuse et la plus pauvre (enseignement qui s'accomplissait en moins de quinze mois) ;

• un enseignement également supérieur, dans l'ordre intellectuel et dans l'ordre moral, pour les enfants de la classe aisée qui peuvent dépenser de quatre à cinq ans à s'instruire (moitié moins de ce que nous passons dans les collèges).

Tels étaient les puissants leviers d'éducation que Pereire avait su se créer.

Edouard Séguin (1812-1880), *Jacob-Rodrigues Pereire, Premier instituteur des sourds et muets en France (1744-1780), pensionnaire et interprète du Roi, membre de la Société royale de Londres, etc. Notice sur sa vie et ses travaux et analyse raisonnée de sa méthode* (1847). Paris, Baillère, 1847, 355 p., extraits pp. 332-335.

2 - QUESTIONS DE RÉFLEXION

– Quels sont d'après vous les avantages de la méthode de démutisation ?

– Comparez la méthode des signes et la méthode de démutisation. Quels sont leurs avantages, leurs inconvénients ?

– Ces deux méthodes pourraient-elles se compléter ?

– En relisant les chapitres consacrés aux sourds et muets et aux méthodes ayant été créées pour eux au XVIIIe siècle, ainsi que certaines critiques d'Édouard Séguin à ce sujet, dire ce que vous pensez de leur application aux enfants idiots au XIXe siècle. Une progression mécaniste de la parole permet-elle réellement de parler, c'est-à-dire de tenir un discours signifiant, ou bien ne sert-elle qu'à répéter des mots sans signification ? Un seul mot suffit-il à être signifiant pour des enfants connaissant de grandes difficultés psychiques ?

Document proposé

2 B 1 - Idiotie et autisme, un débat actuel

1 - PRÉSENTATION DU DOCUMENT

Il s'agit d'un texte de loi visant à ranger l'autisme dans la catégorie des handicaps au détriment de l'évolution d'une maladie psychodynamique.

Loi n° 96-1076 du 11 décembre 1996 modifiant la loi n° 75-535 du 30 juin 1975 relative aux institutions sociales et médico-sociales et tendant à assurer une prise en charge adaptée de l'autisme

L'Assemblée nationale et le Sénat ont adopté,
Le Président de la République promulgue la loi dont la teneur suit :
Art. 1er.- I. - Le deuxième alinéa de l'article 2-2 de la loi n° 75-535 du 30 juin 1975 relative aux institutions sociales et médico-sociales est ainsi rédigé :

« la nature des besoins sociaux et particulièrement de ceux justifiant des interventions sous forme de créations et d'extensions d'établissements ou de services sociaux et médico-sociaux adaptés, notamment, à la diversité et à la spécificité des handicaps ou par une autre voie. »

II. - Le cinquième alinéa du même article est ainsi rédigé :

« les modalités de la collaboration et de la coordination susceptibles d'être établies avec l'État, les autres collectivités publiques et les organismes concernés afin de satisfaire les besoins recensés. »

Art. 2. - Toute personne atteinte du handicap résultant du syndrome autistique et des troubles qui lui sont apparentés bénéficie, quel que soit son âge, d'une prise en charge pluridisciplinaire, qui tient compte de ses besoins et difficultés spécifiques. Adaptée à l'état et à l'âge de la personne et eu égard aux moyens disponibles, cette prise en charge peut être d'ordre éducatif, pédagogique, thérapeutique et social.

Art. 3. - Avant le 31 décembre 2000, le Gouvernement présente au Parlement un rapport relatif à la prise en charge des personnes atteintes du syndrome autistique et des troubles qui lui sont apparentés, et à la création de places en établissements pour celles-ci. Ce rapport présente également une évaluation du nombre des personnes, mineures ou adultes, atteintes de ce syndrome.

La présente loi sera exécutée comme loi de l'État.
Fait à Paris, le 11 décembre 1996.

2 - QUESTIONS DE RÉFLEXION

- En comparant avec l'approche de l'idiotie prévalant au XIXe siècle, que pensez-vous de cette initiative ?
- Pourquoi, d'après vous, le législateur propose des prises en charge aussi diversifiées des sujets autistes ?

Document proposé

2 B 2 - Itard et le sensualisme

1 - PRÉSENTATION DU DOCUMENT

Cet extrait montre comment J. M. G. Itard applique les théories sensualistes de Condillac aux circonstances cliniques de sa rencontre avec le sauvage de l'Aveyron.

Les principes de la «rééducation»

« 1) (...) l'homme est inférieur à un grand nombre d'animaux dans le pur état de nature (...) ; état dans lequel l'individu, privé des facultés caractéristiques de son espèce, traîne misérablement, sans intelligence, comme sans affections, une vie précaire et réduite aux seules fonctions de l'animalité.
2) (...) cette supériorité morale, que l'on dit être naturelle à l'homme, n'est que le résultat de la civilisation qui l'élève au-dessus des autres animaux par un grand et puissant mobile. Ce mobile est la sensibilité prédominante de son espèce ; propriété essentielle d'où découlent les facultés imitatives, et cette tendance continuelle qui le force à chercher dans de nouveaux besoins de nouvelles sensations.
3) (...) cette force imitative destinée à l'éducation de ses organes, et surtout à l'apprentissage de la parole, très énergique et très active dans les premières années de la vie, s'affaiblit rapidement par les progrès de l'âge, l'isolement et toutes les causes qui tendent à émousser la sensibilité nerveuse ; d'où il résulte que l'articulation des sons (...) doit éprouver des obstacles sans nombre, dans un âge qui n'est plus celui de la première enfance.
4) (...) il existe chez le sauvage le plus isolé, comme chez le citadin élevé au plus haut point de la civilisation, un rapport constant entre leurs idées et leurs besoins ; (...) la multiplicité toujours croissante de ceux-ci chez les peuples policés, doit être considérée comme un grand moyen de développement de l'esprit humain (...).
5) (...) dans l'état actuel de nos connaissances physiologiques, la marche de l'enseignement peut et doit s'éclairer des lumières de la médecine moderne, (...) en appréciant les anomalies organiques et intellectuelles de chaque individu, et déterminant par là ce que l'éducation doit faire pour lui, ce que la société doit en attendre. »

Extrait de Jean M. G. Itard, *Rapport [... sur] le sauvage de l'Aveyron* (1801). *In* L. Malson

2 - QUESTIONS DE RÉFLEXION

À la lecture de cet extrait du livre d'Itard, relevez :

- les éléments relatifs à la théorie sensualiste de Condillac,
- les éléments qui permettent de comprendre avec quel matériel Itard intervenait auprès de Victor,
- les implications formelles d'Itard dans son discours (notamment lorsqu'il utilise le « je »), dans l'expression de ses affects face à Victor.

DOCUMENT PROPOSÉ

2 C 1 - Une nosographie symptomatique

1 - PRÉSENTATION DU DOCUMENT

L'année 1902 est une des plus précisément décrites sur le plan pathologique dans les Comptes rendus de Bourneville. On compte 438 enfants présents dans le service de Bicêtre, pour 400 places théoriques. Une distinction administrative fait que l'on compte 413 enfants idiots, imbéciles ou épileptiques de la catégorie des aliénés, et 25 épileptiques non aliénés. Le détail des troubles dont ces enfants sont atteints est impressionnant par sa précision et sa catégorisation.

Les pathologies repérées à Bicêtre

« 122 étaient atteints de gâtisme ; 41 d'incontinence nocturne d'urine seulement ; 14 de cécité complète ; 7 de cécité incomplète ; 7 de surdi-mutité ; 6 de surdité ; 3 étaient bègues ; 12 présentaient du mutisme volontaire ; 29 des impulsions violentes ou des accès de colère ; 44 étaient menteurs à un degré vraiment pathologique ; 16 étaient atteints de dacnomanie ; 5 de pyromanie ; 10 d'écholalie ; 17 de krouomanie ; 16 de clastomanie ; 14 de coprolalie ; 21 de kleptomanie ; 6 d'échokinésie ; 8 de rumination ; 3 étaient déchireurs d'ongles ; 16 étaient flaireurs ; 17 étaient baveux ; 2 étaient atteints d'hydromanie, 13 d'hydrophobie, 18 de coprophagie ; 54 étaient onycophages, 155 onanistes ; 22 présentaient du nystagmus ; 72 étaient strabiques ; 3 présentaient de la dépression mélancolique ; 17 avaient des tics convulsifs (lèvres, paupières, etc.), 45 avaient le tic du balancement du corps avec ou sans rotation de la tête ; 15 avaient un tic coordonné des mains ; 16 enfants idiots étaient tourneurs ; 19 étaient sauteurs et 5 étaient grimpeurs. Deux enfants étaient atteints d'hémimélie ; 1 de polydactylie, 1 de syndactylie ; 3 de malformations pathologiques de la main, 1 d'encéphalocèle, 1 de cyphose ; 47 présentaient des pieds-bots ; 2 étaient hémiparésiques, 15 paraplégiques, 32 hémiplégiques, 14 diplégiques ; 9 étaient atteints de maladie de Little ; enfin 13 étaient athétosiques. »

D. M. Bourneville, *Recherches cliniques et thérapeuthiques...*, XXIII, 1902, pp. LIII-LIV.

2 - REMARQUE

La description des troubles s'attache à la symptomatologie, sans qu'aucune précision ne soit donnée du degré de gravité de l'idiotie, ni que l'efficience soit décrite. Ce n'est que très rarement qu'on s'attache à décrire le langage, très peu de relations étant instaurées entre la nature du trouble et le langage employé. En fonction des difficultés, il suffisait donc de permettre ou de susciter l'apprentissage mécaniste de la parole, basée sur les nécessités quotidiennes et l'expression des formules de politesse dans une relation à autrui.

3 - QUESTION DE RÉFLEXION

Dégager du texte qui précède les éléments qui construisent l'institutionnalisation des soins et qui font de l'institution hospitalière un véritable outil de soins. Replacer votre réflexion dans le continuum historique de la prise en charge des malades et des déviants, de la notion de charité à celle de solidarité, en passant par la notion d'assistance, qui est celle dans laquelle on situe Bourneville.

Document proposé

2 C 2 - La méthode médico-pédagogique de Bourneville

1 - PRÉSENTATION DU DOCUMENT

Ces séquences de dressage, suivant le terme usité par Bourneville, étaient d'abord appliquées aux infirmières, qui étaient ensuite chargées de les reproduire aussi longtemps que nécessaire auprès des enfants hospitalisés dans le service.

L'utilisation du matériel pédagogique

Pour l'éducation du toucher, un matériel spécifique est proposé. Il est composé d'une boîte à trous, dont les diamètres différents admettent des billes de bois à leur taille ; d'un cône de bois dans lequel on enfiche des chevilles dans des trous percés à cet effet, tout comme on tient un crayon ; cet exercice, conduisant à la tenue du crayon, est complété par le prisme à chevilles qui perfectionne le geste espéré par l'emploi de chevilles plus longues, à enficher dans un bloc de bois dont l'angle de perçage des trous reproduit convenablement celui qui est nécessaire pour écrire. Pour perfectionner l'éducation de la vue, le dernier appareil est doté de chevilles de couleurs différentes, rouges à gauche, jaunes à droite. De cette façon on peut aborder en même temps les questions de latéralisation.

Encastrement

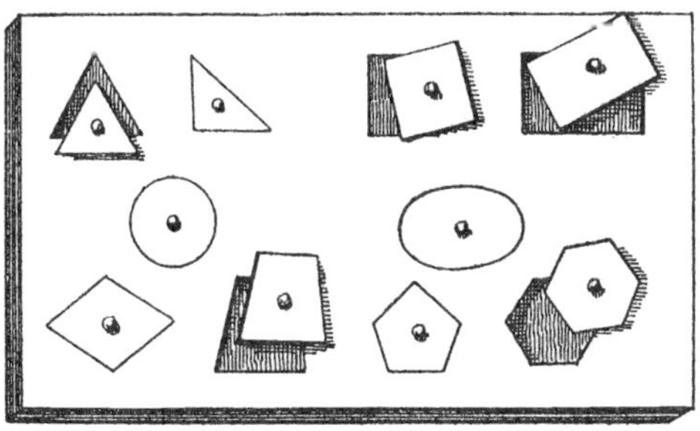

Dessin extrait de Henri Thulié (1900).
Le dressage des jeunes dégénérés ou orthophrénopédie,
Paris : Progrès médical, pp. 122-127.

Un travail plus général concernait les séquences d'habillage-déshabillage. Tout un appareillage de pièces de draps monté de boutons et de boutonnières de tailles diverses, d'agrafes, de crochets, de lacets servait à cet entraînement. On y adjoignait des souliers à œillets très larges et à lacets rouges et bleus, exercice auquel l'enfant accédait après avoir appris à enfiler des perles de bois sur des tiges et des aiguilles de plus en plus fines. C'était aussi l'occasion pour certains d'apprendre à se servir des aiguilles en usage dans les différents ateliers professionnels. Ces exercices conduisaient l'enfant à habiller et déshabiller un mannequin, dernier stade avant de pratiquer ces opérations sur lui-même.

La notion de poids est inculquée à l'aide de boules identiques en diamètre et différentes en matière, donc en densité, et de séries de boules différentes en diamètre et en matière, ou d'autres différentes en diamètre et de même matière, afin d'utiliser les variation de densité des matériaux employés. La notion de longueur est abordée à l'aide de réglettes graduées de 5 en 5 centimètres jusqu'au mètre. Les surfaces sont apprises par des tableaux d'encastrement des formes géométriques, auxquelles on peut allier le rapport forme-couleur.

Les solides sont représentés par séries de tailles différentes. Les couleurs sont rassemblées sur des planchettes disposées par analogie sur un grand tableau. L'accès aux dominos des couleurs est l'étape suivante. Tout ce matériel, y compris le mobilier, est fabriqué à Bicêtre, dans l'atelier des enfants.

La numération est acquise à partir des casiers à bâtonnets, dans lesquels l'enfant est « habitué à placer dans de petits casiers autant de bâtonnets qu'il y a d'unités dans le nombre inscrit sur chaque casier ». Ensuite, on se sert d'un boulier à tringles verticales, sur lesquelles on manipule autant de perles de bois qu'il est nécessaire pour arriver à un résultat escompté. Le nombre de perles est fixe, sur des tringles métalliques verticales en forme d'U renversé. L'une des branches du U renversé est cachée par une planche médiane. De cette façon, pour procéder à des exercices de numération, puis ajouter ou enlever, l'enfant n'est pas distrait par les boules qui « ne comptent pas », et qui sont dissimulées par la planche.

Claude WACJMAN

DOCUMENT COMMENTÉ

2 C 3 - Le rôle de l'institution éducative pour les familles

1 - PRÉSENTATION DU DOCUMENT

« Témoin des douleurs des mères de famille et des fatigues qu'elles se donnaient pour conserver leurs enfants auprès d'elles », Bourneville transformera son service asilaire en service social et hospitalier, où les rivalités se porteront vis-à-vis de l'administration dont il a toujours été dépendant, bien plus que vis-à-vis des familles. Le document suivant présente le discours tenu par Bourneville, le 23 août 1887, à Armand Fallières, alors ministre de l'Intérieur, lors de la cérémonie de la distribution des prix de fin d'année aux écoliers de Bicêtre. Dans son discours, il justifie la nécessité de placer les enfants idiots dans une institution.

Les difficultés des familles

« La présence de ces pauvres êtres dans la famille où, d'ailleurs, ils ne peuvent recevoir aucune instruction, ni suivre aucun traitement efficace, est une source de graves inconvénients, engendrant une situation morale des plus pénibles et occasionnellement une lourde charge. Il est commun d'observer de ces enfants qui, dès les premiers jours de leur naissance, poussent presque sans arrêt et surtout la nuit des cris aigus, empêchant père, mère, frères et sœurs de reposer. Et cependant, le lendemain, il faut que le père retourne à son travail, que la mère vaque aux soins du ménage. Ce n'est pas tout. Les voisins se plaignent, de là des querelles qui aboutissent généralement à un congé, aux embarras et aux dépenses d'un déménagement. Il y a ici des parents qui, pour des cas semblables, ont été dans l'obligation de déménager, une fois, deux fois chaque année, jusqu'à l'admission de leurs enfants à Bicêtre ou à la Salpêtrière (...). Dans tous les cas, il est une autre influence qui, elle, est incontestable : c'est l'influence exercée par l'aspect de ces enfants sur leurs frères et sœurs. Voici à l'appui, ce que nous disait la mère d'un petit idiot : «Nous avons deux jumeaux âgés de 19 mois qui commencent à prendre ses manières, à se balancer, à se cogner la tête comme lui. Sans cela, ajoutait-elle, si je ne craignais pour les deux derniers, je le garderais à la maison. »

D.M. Bourneville, Recherches cliniques et thérapeutiques..., « Discours pour la distribution des prix », 1887.

2 - EXPLICATION

Ainsi, en un discours, Bourneville se livre bien plus qu'en treize années de comptes rendus. Son œuvre est nécessaire aux familles et à la société, pour accueillir et éduquer, dans des conditions de thérapeutique médicale d'une simplicité extrême, dont le traitement médico-pédagogique est le principal adjuvant, des enfants parfois très lourdement handicapés. Laissons le dernier mot à l'élève Ygonel qui, dans son compliment, répond, au nom de ses camarades et de leurs familles électrices, au discours du ministre et à celui de Bourneville : « Merci au nom de tous nos parents ».

L'institutionnalisation des soins et de l'éducation spéciale des enfants déficients mentaux prend son essor à partir du modèle asilaire, dans une volonté d'ouverture. La méthode médico-pédagogique est perpétuée, appliquée collectivement. Bourneville ouvre aussi, à titre privé, le premier Institut Médico-Pédagogique, à Vitry, dont les lieux seront investis jusqu'à il y a quelques années par un établissement géré par la Sécurité sociale.

3 - QUESTION DE RÉFLEXION

Envisager une question qui pourrait par exemple porter sur l'évolution de la prise en charge ou encore sur le rôle de substitution des réseaux d'affiliation primaire que joue l'institution asilaire.

DOCUMENT PROPOSÉ

2 D 1 - Critique de la méthode des tests

1 - PRÉSENTATION DU DOCUMENT

Deux anciens élèves de Bourneville, Jean Philippe et Georges Paul-Boncour, critiquent, une des premières fois d'ailleurs, la méthode des tests.

L'ignorance n'est pas pathologique

« L'ignorance, parce qu'on n'a fréquenté aucune école, ne constitue pas une anomalie mentale, mais c'est une anomalie sociale.

Cette observation n'est pas superflue : car on a pu voir certaines classes de perfectionnement de Paris recevoir comme anormaux des illettrés fort intelligents malgré leur ignorance scolaire : cette erreur provenait uniquement d'une méthode d'examens'entêtant à employer des tests pédagogiques pour apprécier un état psychique.

Les troubles nerveux se manifestent aussi non pas tant par de l'insuffisance que par le déséquilibre des facultés. Dans ce cas, l'écolier raisonne sur tout, brouille tout, discute, parle à tort et à travers, veut faire de l'esprit et se faire remarquer. Il est fantasque, excentrique, mal pondéré. En un mot, il a de l'incoordination mentale. »

Philippe, J. et Paul-Boncour, G. (1910). *L'éducation des anormaux. Principes d'éducation physique, intellectuelle et morale.* Paris, Alcan.

2 - QUESTION DE RÉFLEXION

Écrire qu'utiliser un test pédagogique pour apprécier un état psychique vous paraît-il fondé ?

Document proposé

2 D 2 - La méthode TEACCH

1- Présentation du document

La controverse sur l'autisme tend actuellement à privilégier une méthode imparfaite soutenue par un petit nombre. Une autre conséquence est la disparition de la notion de psychose dans une nouvelle généralité de l'autisme.

La controverse sur l'autisme et la méthode TEACCH

Dans la méthode TEACCH l'homophonie avec le verbe anglais *to teach* est voulue. En effet, *to teach* veut dire enseigner et non pas apprendre, ce qui se dit autrement en anglais : *to learn*. Cette confusion, qui n'existe pas en anglais, est volontaire en France, où certains pensent que c'est en situation d'apprentissage social ou scolaire, surtout, que l'autisme peut être vaincu. TEACCH signifie : traitement et éducation des enfants atteint d'autisme et de troubles de la communication. Cette méthode est d'un usage moins courant que la médiatisation dont elle est l'objet voudrait le faire croire, aussi bien aux États-Unis – où son créateur Eric Schopler étend son influence dans très peu d'États – qu'en France où seules quelques classes de ce type existent. Dans sa version française elle s'établit sur le fait que les enfants autistes manifestent des déficiences. Dans la classification internationale des handicaps, selon Philipp Wood, c'est un aspect lésionnel du handicap qui se manifeste à travers une atteinte d'organe ou de fonction (*impairment*). Les enfants autistes seraient donc dans une impossibilité de changement ou d'évolution. Dans ce cas l'autisme serait une lésion organique ou fonctionnelle. Il semble que la traduction de ce livre (Schopler Eric, Lansing Margaret, Waters Leslie : *Activités d'enseignement pour enfants autistes* (1983), Paris, Masson, 1993) confonde cette notion avec celle d'incapacité qui est un aspect de limitation des activités de la vie ordinaire (*disability*). Cette mauvaise correspondance terme à terme devient une mécanique de la stigmatisation pour ceux qui tiennent à utiliser cette méthode de façon plaquée. Elle est issue des options sensualistes de Condillac.

Le fondement de la méthode de Schopler n'est ni nouveau ni néfaste en soi, il est l'héritage culturel des conditions d'éducation dans les pays occidentaux. L'application pratique de la méthode ajoute à l'approche sensualiste (l'éducation des sens) une option de dressage, au-delà du simple conditionnement. Exemple : il faut deux personnes pour que Carole apprenne à « s'asseoir à la suite d'une demande verbale » (p. 119). L'éducateur ordonne, l'assistant aide Carole à exécuter l'ordre. L'éducateur récompense immédiatement Carole lorsqu'elle obéit. Il faut répéter « plusieurs fois l'exercice jusqu'à ce que Carole commence à devancer l'ordre verbal et n'ait plus besoin d'aide ». Ce type de travail est basé sur la stimulation suivie d'une récompense, que l'on renforce pour parvenir au dressage complet. Carole saura-t-elle s'asseoir ailleurs et dans d'autres conditions que dans le cadre déterminé par cet exercice ?

Pour porter un terme à la controverse sur ce traitement de l'autisme, référons-nous à l'avis de l'Agence Nationale pour le Développement et l'Évaluation Médicale (ANDEM). Dans son rapport de novembre 1994 sur *L'autisme*, elle signale qu'« il existe également une vingtaine de classes fonctionnant selon la méthode TEACCH en France : certaines sont intégrées dans des écoles ordinaires (publiques ou privées), d'autres dans des Instituts Médico-Éducatifs (IME) ». La portée de cette méthode toujours médiatisée intellectuellement sans qu'on voie ses modalités pratiques d'application, qui sont parfois coercitives, est enfin clairement délimitée. C'est pourtant à travers ce petit nombre de classes que sont comparés les traitements entrepris dans toute la France. Mais il faut être clair, et sur le point des résultats obtenus par des méthodes comportementales – dont la méthode TEACCH –, le rapport souligne leurs inconvénients majeurs. « Grâce à un traitement comportemental intensif, les comportements autistiques s'améliorent, même s'ils ne disparaissent pas complètement. Mais les comportements autistiques réapparaissent généralement à la fin du traitement comportemental. De plus, sauf dans certains cas où l'intervention comportementale a été précoce et intensive, les sujets restent autistiques », et « l'absence d'études comparatives ne permet pas de conclure à la supériorité du programme TEACCH sur d'autres méthodes ».

Claude WACJMAN

2 - COMMENTAIRE

Une méthode fonctionne parfaitement lorsque c'est son inventeur qui la porte et la fait vivre. Dans les mains de ses élèves, elle s'étiole souvent, jusqu'à devenir inconsistante et disparaître. La réduction des méthodes vivantes en techniques répétitives dénuées de sens en est le résultat. Les méthodes de conditionnement sont particulièrement sujettes à ce phénomène. On le constate avec la méthode TEACCH qui, si elle n'est pas appliquée continûment, perd de ses effets rapidement.

La méthode TEACCH ajoute à l'approche sensualiste une option de dressage qui va au-delà du simple conditionnement. Par exemple, on peut y « apprendre » à s'asseoir. La stimulation de l'ordre est suivi d'une récompense, parfois renforcée, pour parvenir au dressage complet.

3 - QUESTIONS DE RÉFLEXION

- Cette méthode, qui utilise beaucoup d'exercices sensoriels créés par Séguin ou Montessori, vous apparaît-elle comme une méthode unitaire ou comme une juxtaposition de techniques ? Quels en sont les avantages et les inconvénients ?
- Dans un autre cadre et dans une autre situation, un enfant saura-t-il capitaliser ses acquis mécaniques et s'adapter à d'autres conditions que celles du cadre déterminé par l'exercice ? Discutez cette question en fonction de ce que vous pouvez comparer des actions de conditionnement et de l'éthique qui préside aux conceptions de l'unité de la personne.

DOCUMENT PROPOSÉ

2 D 3 - Devenir un pervers

1 - PRÉSENTATION DU DOCUMENT

La constitutionnalité des troubles vise à accréditer des théories établies sur la dangerosité. Ainsi en est-il de la catégorie du pervers instinctif qui vient porter la dangerosité et le risque de la dangerosité sur le devant de la scène sociale.

Le pervers instinctif

« Ne devient pas pervers qui veut et les pervers conditionnels [*sic* ; il faut lire : «constitutionnels»] vont se recruter dans deux groupes, les émotifs d'une part et les paranoïaques d'autre part. En ce qui concerne les émotifs, vous connaissez tous ces sujets impressionnables, peureux, timides ; ils peuvent devenir des pervers. Il faut savoir que l'émotivité est le terrain d'élection du complexe d'infériorité et des tendances sado-masochistes. Souvent chez le sujet qui, à tort ou à raison, croit avoir une infériorité physique, sociale, ethnique ou, sur le plan du travail, va chercher à compenser ce sentiment et à prendre sa revanche sur plusieurs terrains, et chez tous les délinquants, on pourra retrouver ce complexe d'infériorité.

Il est un fait sur lequel il faut insister en psychologie infantile, c'est que l'enfant aime l'autorité et souvent il en veut plus aux gens qui le privent de cette autorité qu'à ceux qui en abusent. La perversion peut être une espèce de dépit du sujet qui ne sent pas d'autorité sur lui ni même, parfois, les brimades qu'il espérait. (...)

Puis, il y a le paranoïaque qui est orgueilleux, méfiant : il y a donc là un terrain excellent pour se croire persécuté.

Ce sont là des facteurs constitutionnels, ils sont parfois très frustes et passent inaperçus jusqu'à ce que les facteurs catalyseurs affectifs interviennent. Ce sont des sujets qui ne sont ni des pervers ni des pervertis mais des pervertibles, c'est-à-dire des candidats aux perversions instinctives et qui pourront devenir des pervers efficients. »

Extrait de Michaux, L. (1951). L'enfant pervers. *Psychiatrie sociale de l'enfant,* Centre international de l'Enfance.

2 - QUESTION DE RÉFLEXION

À lire L. Michaux (*in* C. Wacjman, *L'enfance inadaptée*, pp. 98-100), on peut craindre que tout le monde puisse devenir pervers par accident ou défaut d'éducation morale. C'est une façon d'introduire un effet de stigmatisation structurelle, plutôt que de déterminer une structure perverse sournoise et rampante. Tout le monde peut-il devenir pervers ?

DOCUMENT PROPOSÉ

2 D 4 - Les établissements aujourd'hui

1 - PRÉSENTATION DU DOCUMENT

Le document suivant présente une typologie des différents types d'établissement existant actuellement. Même si, à première vue, le secteur social et médico-social présente une relative complexité, il apparaît comme relativement organisé.

Cette typologie peut permette de guider l'étudiant en vue d'une orientation professionnelle ou plus simplement pour la recherche immédiate de terrains pour effectuer les stages obligatoires durant les études de psychologie.

Typologie des types d'établissement

A/ LES ÉTABLISSEMENTS SCOLAIRES

Les psychologues qui interviennent dans les écoles sont les psychologues scolaires. Ceux qui interviennent dans les collèges et les lycées sont les psychologues conseillers d'orientation. Les opérateurs de ces deux professions sont issus du corps enseignant et formés dans des dispositifs internes à l'Éducation nationale. Il faut donc être préalablement enseignant et ensuite se former. Leur titre, lorsqu'il est utilisé, doit être entièrement énoncé. À certains moments et dans certaines Académies on a vu recruter directement des psychologues, instituteurs ou non, mais titulaires de DESS, pour intégrer le corps des psychologues scolaires pour des raisons de pénurie de formation et de recrutement interne.
Dans d'autres Académies, ce sont les Conseils généraux des départements qui ont salarié des psychologues de l'enfance ou des psychologues cliniciens pour travailler dans les écoles maternelles.
Ces recrutements hors corps restent exceptionnels.

B/ LES ÉTABLISSEMENTS SOCIAUX

Les psychologues cliniciens peuvent être employés dans des établissements de la petite enfance : crèches, pouponnières, haltes-garderies, centres maternels, Foyers départementaux de l'Enfance et services de l'Aide sociale à l'Enfance des départements (ASE), Maisons d'enfants à caractère social (MECS).

C/ LES ÉTABLISSEMENTS MÉDICO-SOCIAUX

Ces établissements sont régis par la loi du 30 juin 1975 relative aux institutions sociales et médico-sociales, et par les Annexes XXIV qui en précisent le fonctionnement. Nous sommes dans le domaine du handicap. Les psychologues cliniciens interviennent aussi bien dans les établissements pour enfants que dans ceux pour adultes qui, bien souvent, sont gérés par les mêmes associations à but non lucratif. Il ne faut pas dédaigner cette façon de répartir et de compléter son temps de travail.

• Les Centres d'accueil familial spécialisés (peu nombreux) et les Services d'Éducation et de Soins spécialisés à Domicile (SESSAD) sont souvent gérés en même temps que des établissements tels que les Instituts Médico-Éducatifs (IME). Un IME est constitué d'un Institut (ou Externat) Médico-Pédagogique (IMP ou EMP), d'un Institut (ou Externat) Médico-Professionnel (IMPro ou EMPro). Ces établissements reçoivent des enfants et des adolescents manifestant une déficience intellectuelle et/ou physique, ou sensorielle, voire des polyhandicaps. Quand aux Internats Médico-Éducatifs (IME, eux aussi) ou Instituts de Rééducation Psychothérapique (IRP), ils accueillent des enfants ayant des troubles du caractère, avec ou sans retard scolaire. Ces deux types d'établissements ainsi que les établissements sociaux font souvent appel aux services de Placement Familial Spécialisé (PFS).

• Les établissements pour adultes gérés dans les mêmes ensembles et les complétant, et par les mêmes associations, sont les Centres d'Aide par le Travail (CAT), les Foyers résidentiels (à double tarification [Sécurité sociale et département, FDT], de vie, occupationnel, d'hébergement), les Maisons d'Accueil Spécialisées (MAS).

Les prescripteurs de traitements dans ces établissements relèvent des consultations ou des organismes dans lesquels les psychologues cliniciens ont un rôle important. Pour les enfants, il s'agit des services d'Action Éducative en Milieu Ouvert (AEMO), qui fonctionnent à la demande des parents (AEMO administrative) ou sur injonction du Juge des Enfants (AEMO judiciaire). La justice a ses propres services de Protection Judiciaire de la Jeunesse (PJJ), qui recrutent aussi des psychologues cliniciens.

• Les SESSAD, les Centres d'Action Médico-Sociale Précoce (CAMSP), les Centres Médico-Psycho-Pédagogiques (CMPP) sont prescripteurs pour les enfants, alors que les Commissions Techniques d'Orientation et de Reclassement Professionnel (COTOREP) le sont pour les adultes. On remarquera que des structures prescriptrices pour enfants, telles que le sont les Commissions Départementales de l'Éducation Spéciale (CDES), n'emploient pas directement de psychologues cliniciens.

Une place doit être faite aux Clubs et Équipes de Prévention, où le travail des psychologues cliniciens consiste en la supervision du travail des équipes.

D/ Les établissements sanitaires

On trouve parfois des psychologues cliniciens dans les services de Protection Maternelle et Infantile (PMI). Ils y sont délégués au titre de la prévention par les Centres Médico-Psychologiques (CMP). Certains services hospitaliers pédiatriques font aussi appel à eux. Mais ils sont le plus souvent employés par les Hôpitaux psychiatriques, ou centres Hospitaliers Spécialisés (CHS), dans leurs secteurs de psychiatrie infanto-juvénile. Chacun de ceux-ci organise ses structures en fonction des besoins du secteur géographique qu'il recouvre, d'hospitalisation complète, des CMP, des Hôpitaux de jour (qui sont une alternative à l'hospitalisation complète), des Centres d'Action Thérapeutique à Temps Partiel (CATTP), des jardins d'enfants thérapeutiques, des Placements Familiaux Thérapeutiques (PFT).

Certaines de ces structures ou actions peuvent être gérées par des associations privées à but non lucratif, notamment des Hôpitaux de jour, des CMP, des CATTP.

2 - QUESTIONS DE RÉFLEXION

Dans l'extrait suivant, Marcel Jaeger (1997), auteur d'un guide sur le secteur social et médico-social, porte un jugement sur la diversité des structures de prise en charge dans le secteur de l'enfance.

« Tout ne paraît qu'émiettement du côté du paysage institutionnel. Il existe, certes, une multitude d'institutions, de sigles. La législation du secteur social [sanitaire] et médico-social n'est pas homogène. Ce dernier s'est construit par accumulation et juxtaposition de textes. Il est difficile d'en avoir une vue d'ensemble, tant se divisent et s'enchevêtrent les champs de compétences (État/collectivités locales), les statuts (privé/ public), les modes de financement (Sécurité sociale, aide sociale de l'État, aide sociale départementale), les instances de contrôle, les mécanismes d'orientation ou de placement [...] : on doit reconnaître qu'il faut un certain entêtement et la pression de l'urgence pour s'y retrouver un peu, surtout depuis la décentralisation. »

Extrait de Jaeger, M. (1997). *Guide du secteur social et médico-social*. Paris : Dunod.

– D'après vous, la diversité des établissements est-elle un progrès dans la prise en charge des enfants ou, au contraire, constitue-t-elle un « émiettement » préjudiciable, comme le souligne Jaeger ?

– Comparer la situation actuelle avec la prise en charge des enfants (nature des établissements) telle qu'elle a été réalisée depuis le XVIIIe siècle.

3

SUJET ET OBJET DE LA CLINIQUE

Les pratiques professionnelles des psychologues cliniciens recouvrent généralement les axes suivants :
– le diagnostic,
– les entretiens, le conseil, l'orientation,
– la psychothérapie,
– l'analyse et la psychothérapie institutionnelle.

Ces différents segments de leur pratique subissent l'influence de théories et d'idéologies, ont des présupposés épistémologiques marqués par un clivage entre sciences de la nature et sciences de l'homme et sont sous-tendus par une conception divergente de l'homme. Nous rendons compte ici d'un débat qui s'inscrit dans une histoire que nous retraçons afin d'en cerner les incidences actuelles. Elle aboutit à la question de **l'unité de la psychologie** à laquelle Daniel Lagache a donné toute sa portée et son amplitude à partir de 1949. Cette question reste d'actualité.

Avant même la naissance de la psychanalyse, une clinique psychiatrique et psychologique mise en œuvre par Philippe Pinel, Etienne Esquirol, Jean-Martin Charcot prend en compte le fait psychique, et s'intéresse à l'émergence d'un «**sujet psychique**», auquel la psychanalyse donne un nouvel espace à la fin du XIXe siècle.

Toutes les théories qui s'élaborent tout au long du XIXe siècle, supposent une conception de l'homme non dénuée d'arrière-plans idéologiques, politiques et économiques qui posent la question du lien entre le sujet et la société.

Nous constatons que les théories et les méthodologies importées d'une clinique expérimentale et différentielle datant également du XIXe siècle, et qui ont donné à notre époque un outil diagnostique tel que le DSM III ou IV, ou ont abouti aux psychothérapies comportementales et cognitives, croisent des démarches inspirées de la théorie et de la méthode psychanalytiques.

Le choix des modèles théoriques enseignés n'est pas sans incidence sur l'ensemble des pratiques. Toutes ces approches se réclament de la clinique et d'un même champ d'intervention qui est celui de la santé. C'est à partir de l'histoire des théories et des méthodes en médecine, en psychiatrie et en psychologie, qu'il devient possible de situer une clinique psychologique dans ses articulations avec la psychopathologie.

Dans ce chapitre, nous partons à la recherche d'une clinique qui prend son sens de la reconnaissance de la place du sujet et de son rapport à l'objet qui vient rendre compte de sa subjectivité, ce qui est une autre façon de reprendre le débat entre objectivité et subjectivité, entre science et culture.

LECTURES CONSEILLÉES

Ouvrages généraux :

CANGUILHEM, G. (1970). Qu'est-ce que la psychologie ? *Études d'histoire et de philosophie des sciences.* Paris : J. Vrin.

L'auteur, médecin et philosophe des sciences, interroge la psychologie et les pratiques psychologiques en réponse à la conférence de Lagache en 1949, portant sur l'unité de la psychologie.

ELLENBERGER H.F.(1994). *Histoire de la découverte de l'inconscient.* Paris : Fayard.

Histoire de la mise en place du dispositif thérapeutique et théorique moderne, marquée par les figures de Sigmund Freud, Pierre Janet, Alfred Adler, et Carl Gustav Jung.

FOUCAULT M. (1961). *Histoire de la folie à l'âge classique.* Paris : Plon.

FOUCAULT M. (1963). *Naissance de la clinique.* Paris : Presses Universitaires de France.

Projet à la fois historique et critique qui détermine les conditions de possibilité de l'expérience médicale telle que l'époque moderne l'a connue.

PAICHELER G. (1992). *L'invention de la psychologie moderne.* Paris : L'Harmattan.

Histoire de la conjonction entre un lieu, les États-Unis et la professionnalisation d'une « discipline ».

Ouvrages spécialisés :

FAVEZ-BOUTONIER J. (1960). *Psychologie clinique.* Paris : C.D.U. (Les cours de la Sorbonne).

Cours inaugural de 1959, portant uniquement sur la psychologie clinique. Juliette Favez-Boutonier propose un dispositif clinique dans lequel psychologie clinique et psychanalyse sont en interaction tout en maintenant des domaines spécifiques et séparés.

HUGUET, M. (1995). La méthode clinique in M.-C. Lambotte. *La psychologie et ses méthodes.* Paris : Le Livre de Poche, pp. 145 à 203.

L'interrogation porte sur la méthode clinique. L'auteur distingue et analyse les modes d'approche et les domaines en psychologie clinique.

LAGACHE, D. (1949). *L'unité de la psychologie.* Paris : Presses Universitaires de France.

Conférence inaugurale destinée aux psychiatres et psychanalystes du groupe de « l'Évolution psychiatrique ». Elle porte sur la psychologie clinique et vise à définir son objet et ses domaines.

PREVOST, C.-M.(1988). *La psychologie clinique.* Paris : Presses Universitaires de France.

Histoire contemporaine de la psychologie clinique en France, conflits et débats.

REVAULT D'ALLONNES, C. et al. (Eds.). (1989). *La démarche clinique en sciences humaines.* Paris : Dunod.

Pour aller plus loin :

SWAIN, G. (1994). *Dialogue avec l'insensé.* Précédé de GAUCHET, M. *A la recherche d'une autre histoire de la folie.* Paris : Gallimard.

À la recherche d'une autre histoire de la folie et d'une rupture dans l'abord de la folie depuis Pinel et Esquirol.

A

AUX FONDEMENTS DE LA CLINIQUE

1 - Les précurseurs

A/ Au fondement de la psychologie scientifique

Pourquoi faut-il faire retour à Hippocrate pour tenter de repérer une clinique psychologique qui se distingue difficilement d'une clinique médicale ?

Hippocrate (460-380 av. J.-C.) est le premier à inventer une « clinique au pied du lit du malade » (*cf.* chapitre 4). Il opère une véritable rupture avec les dogmes qui jusqu'alors, ne différenciaient pas l'intervention médicale de la croyance religieuse. Il est également le premier à proposer une clinique de l'observation en prenant le temps d'observer les malades et de les interroger. Il se livre de ce fait à une véritable étude ethnologique car le cadre et le mode de vie de l'individu au même titre que les réponses données lui servent à orienter son examen et son diagnostic. Il tente ainsi de saisir l'homme dans son unité. La santé et la maladie sont intégrées dans un système de phénomènes naturels, elles font partie de l'existence humaine et ne sont plus attribuées de façon systématique à l'influence des dieux.

Hippocrate s'interdit toute chose qui pourrait nuire au patient, et son éthique est d'aider en toutes circonstances l'action spontanément favorable de la nature.

Cette démarche qui a pour objet « le sujet reconnu dans son unité en interaction avec son environnement » préfigure celle du psychologue clinicien telle que nous la concevons de nos jours.

L'écoute et l'observation du malade et de la maladie qui spécifient la médecine hippocratique sont oubliées pendant de nombreux siècles. Le mouvement de retour à Hippocrate s'accentue plus particulièrement aux XVIe et XVIIe siècles, par-delà les dogmes explicatifs de ***Claude Galien*** et grâce à ***Thomas Sydenham***, qui restaura les principes hippocratiques de la médecine, et lutta contre la mode ou les systèmes qui en médecine, éloignent la clinique de l'observation et de l'expérience.

Georges Canguilhem considère que « les vrais responsables de l'avènement de la psychologie moderne, comme science du sujet pensant, ce sont les physiciens mécanistes du XVIIIe siècle » (Canguilhem, p. 369).

Ce sont en particulier les physiciens observant les astres qui s'interrogent sur certains artefacts expérimentaux qui échappent à leur entendement. Ils vont proposer des procédures expérimentales pour tenter à l'aide d'instruments de mesure, de repérer, de situer, de contrôler ces phénomènes qui échappent à la science. Les mesures montrent que les variations des perceptions et des sensations matérialisées par des temps de réaction, diffèrent d'un individu à l'autre. Ils tentent de cerner et d'individualiser ces variations par le biais des mesures de seuil. (*Cf.* Grand Amphi, *Psychologie cognitive*). Ces erreurs de perception visuelles à l'origine d'appréciations divergentes et qui affectent les astronomes par effet auto-cinétique, posent des

Claude Galien, (131-201 ap. J.-C.). Explique les maladies par l'influence exercée par les quatre éléments (eau, air, terre, feu) et les quatre qualités physiques (chaud, froid, humide, sec) sur les quatre humeurs (sang, bile, pituite, atrabile). Son enseignement sera adopté par l'Église catholique et s'opposer à ses théories signifie s'opposer à l'Église jusqu'à la Renaissance.

Thomas Sydenham, (1624-1689). Médecin anglais, se méfie des théories dogmatiques. Il revient à l'observation empirique clinique en restaurant les principes hippocratiques de la médecine.

Georges Canguilhem ,(1904-1995). Médecin, philosophe, historien et épistémologue des sciences.

problèmes que la psychologie va tenter de résoudre, comme le précise Canguilhem (1970). « Si la réalité du monde n'est plus confondue avec le contenu de la perception, si la réalité est obtenue par réduction des illusions de l'expérience sensible usuelle, le déchet qualitatif de cette expérience engage, du fait qu'il est possible comme falsification du réel, la responsabilité propre de l'esprit, c'est-à-dire du sujet de l'expérience, en tant qu'il ne s'identifie pas avec la raison mathématicienne et mécanicienne, instrument de la vérité et mesure de la réalité » (p. 369).

Comment comprendre et aussi réduire ces illusions, ces erreurs de perception qui introduisent des distorsions dans les calculs et falsifient le réel ? « La science de l'homme s'occupe d'un objet trop compliqué, elle embrasse une multitude de faits trop variés, elle opère sur des éléments trop subtils et trop nombreux pour donner toujours aux immenses combinaisons dont cet objet est susceptible, l'uniformité, l'évidence, la certitude qui caractérisent les sciences physiques et mathématiques. Incertitude qui était signe de complexité du côté de l'objet, d'imperfection du côté de la science » (Foucault, p. 96).

Deux orientations vont être données à une nouvelle science : la psychologie qui, « face à la physique », est censée « expliquer pourquoi l'esprit est par nature contraint de tromper la raison relativement à la réalité » (Canguilhem, p. 370). La première orientation consiste à quantifier le facteur à l'origine de cette erreur ce qui suppose la mise en jeu d'une démarche expérimentale et différentielle, en tant qu'émanation d'un sujet pensant donc cartésien, qui a pour visée l'objectivation, c'est-à-dire la connaissance et la maîtrise du contenu de cette pensée. Ainsi la psychologie tend à imiter la physique. « Elle cherche à déterminer des constantes quantitatives de la sensation et des relations entre ces constantes ». L'accent est ici porté sur le rapport établi entre le sujet pensant et le « **déchet qualitatif** » qui n'est autre que ce facteur de variation qui échappe à la science et qu'il s'agit de réintégrer dans la science sous la forme de mesures qui rendent compte de ces variations de seuil. Le projet des premiers psychologues est de quantifier un objet qui relève de la subjectivité, puisque tout sujet est susceptible de se tromper dans l'évaluation de ce qu'il perçoit de lui-même ou du monde extérieur. L'autre orientation tente de cerner ce que vient dire ce « déchet qualitatif » qui va chercher « dans la structure du corps humain la raison d'existence de résidus irréels de l'expérience humaine », c'est ici le sens de ces variations qui est interrogé (Canguilhem, pp. 369-370). Les questions que se posent ces premiers psychologues consistent à se demander si cette erreur est spécifique d'un sujet donné, comment elle varie d'un sujet à l'autre, et enfin si l'on peut passer du singulier au général en établissant des lois (*cf.* document 3 A 1).

B/ Wolff et le sens interne

Christian von Wolff (1679-1754), juriste, mathématicien et philosophe allemand, écrivit entre autres une *Psychologie pratique* (1732), ainsi qu'une *Philosophie pratique* (1738), Diderot et les philosophes des Lumières se réfèrent à ses théories.

Canguilhem souligne que c'est au XVIIIe siècle avec Wolff, que la psychologie, prend le sens de science du moi, « elle devient science de la conscience de soi et du sens interne ». Mais la référence au sens interne, suffit-elle pour lui conférer une dimension clinique ? Wolff distingue deux types de psychologie : l'une, est ***empirique*** parce qu'elle a pour projet de réunir des faits d'observation intérieure ou introspective et des faits externes portant sur l'observation des conduites de l'homme. Comme toute science empirique, elle est fondée sur des calculs, des mesures, elle doit découvrir des lois : c'est ce que Wolff appelle la psychométrie. L'autre, rationnelle, doit être basée sur le raisonnement. Il s'agit de lier expérience et raisonnement dans la

Empirique : procédé fondé sur l'expérience et l'observation, qu'il soit ou non méthodique. L'empirisme désigne une doctrine, celle de Locke et Hume, selon laquelle la connaissance tout entière dérive de l'expérience. L'empirisme s'oppose au rationalisme et à la théorie des idées innées (Descartes).

démarche de connaissance. L'appel à l'observation et à l'expérience, à la généralisation met en jeu la démarche expérimentale, la référence à l'introspection, au sens interne, et aux lois qui régissent les facultés de l'âme fait intervenir la subjectivité comme objet de connaissance. Cette tentative de fondement d'une science de la mesure cherche à cerner une articulation entre l'externe et l'interne sous la forme d'un objet à connaître qui constitue la subjectivité. Il s'agit d'objectiver le reste subjectif qui échappe à toute absorption par la science.

William Cullen introduit quelques années après, en 1769, le terme de ***névrose.*** Il ouvre à la psychologie un espace potentiel en caractérisant par défaut «toutes les affections ne dépendant point d'une affection locale des organes, mais d'une affection plus générale du système nerveux et des propriétés sur lesquelles sont fondés surtout le sentiment et le mouvement ».

Névrose : William Cullen (1710-1790), médecin écossais, propose ce terme pour définir les maladies nerveuses entraînant des troubles de la personnalité.

Michèle Huguet se référant à ***Michel Foucault*** rappelle qu'au XVIIIe siècle, la théorie humorale devient une médiation entre l'homme et la société (Huguet p. 153). Ce sont ces troubles exprimés en public qui attirent l'attention de l'entourage. C'est l'apparition des « maladies de l'âme » où les « vapeurs » concrétisent l'intérêt nouveau porté au caractère « impalpable » des troubles. Le déséquilibre nerveux n'est plus forcément imputé à la présence d'une lésion organique dont le sujet serait porteur mais à un trouble attaché entre lui et la société. L'homme est devenu « victime de tout ce qui à la surface du monde sollicite le corps et l'âme » (Foucault, 1961, p. 152).

Michel Foucault (1926-1984). Philosophe français, fait paraître en 1961, *Histoire de la folie à l'âge classique, folie et déraison*, Paris : U.G.E.

Les maladies des nerfs au XVIIIe siècle

d'après Michel Foucault, *Histoire de la folie* p. 147.

Les maladies des nerfs sont essentiellement des troubles de la sympathie qui n'est rien d'autre qu'un sentiment ou qu'une sensation qui se transmet par l'intermédiaire des nerfs qui peuvent entrer en sympathie les uns avec les autres, ainsi : « Dans un tel état de sensibilité du système nerveux, les passions de l'âme, les fautes contre le régime, les promptes alternatives du chaud et du froid ou de la pesanteur et de l'humidité de l'atmosphère, feront naître très facilement les symptômes morbifiques... La sensibilité sympathique de son organisme, qui rayonne à travers tout le corps, condamne la femme à ces maladies des nerfs qu'on appelle vapeurs ».

Michel Foucault dessine ici une anatomie imaginaire qui fait intervenir tout autant le monde extérieur que l'expérience intime du corps, support du regard et de la parole qui alimente les passions (nous nous référerons ici au sens donné au terme de passion par Descartes au XVIIe siècle. Il s'agit d'états affectifs tels que plaisirs, douleurs, émotions, sentiments, en tant qu'ils sont subis par l'âme du fait de son union avec le corps). (*Le traité des passions de l'âme*, 1649)

Ces sujets ou plutôt ces femmes, se réfèrent à une clinique médicale faisant appel à l'humeur comme support théorique, censée trouver le bon remède à leurs maux en s'inspirant de l'air du temps !

Ce malaise existentiel, cette subjectivité exprimée grâce à une anatomie fantasmée feront le lit, seront les prémices d'une clinique de l'hystérie qui servira de socle à l'élaboration d'une clinique psychologique qui, de Jean Martin Charcot, à Pierre Janet et à Sigmund Freud, se développera tout au long du XIXe siècle.

C/ Sujet et folie

■ La démarche clinique en psychiatrie

En continuité, et intriqué à la clinique psychologique qui s'enracine dans le XVIIIe siècle et se développe tout au long du XIXe siècle, le savoir psychiatrique va se renouveler. Ainsi Pinel et Esquirol prennent en compte un sujet qui n'est plus le sujet des philosophes, celui de la connaissance, mais celui qui est conservé au milieu de sa folie. Sydenham, comme nous l'avons vu, est un des initiateurs du retour à l'observation empirique et clinique, il se méfie des dogmes et des théories toutes faites. Cette même démarche peut être retrouvée chez Pinel qui s'inscrit dans la lignée des ***associationnistes*** tels que Locke puis Condillac et les ***Idéologues***.

Associationnisme : théorie proposée par John Locke (1632-1704), philosophe anglais, dans *l'Essai sur l'entendement humain* (1690). Il est le premier à utiliser la formule « association des idées». L'idée principale est que la connaissance s'origine dans la sensation, ce qui est aussi au fondement de la conception d'Etienne Bonnot de Condillac (1715-1780).

Les Idéologues : philosophes de la Révolution, ils sont héritiers du sensualisme condillacien.

Sur le plan méthodologique, Pinel propose une présence la plus fréquente possible auprès des malades, et une observation la plus fidèle possible des phénomènes afin d'en donner la description la plus rigoureuse qui soit. Les phénomènes qui lui apparaissent, s'ils ne sont pas une pure reproduction de la réalité, lui sont suffisamment « proches » du fait de l'observation directe : « On note les symptômes qui frappent d'emblée les sens de l'observateur mais aussitôt après on interroge le malade sur les douleurs qu'il éprouve » (*Naissance de la clinique*, p. 112) pour qu'il puisse dégager un savoir fondé et valable. Il tente ainsi de cerner le réel d'une clinique qu'il rencontre en proposant une description dont le résultat sera sa nosographie publiée dans le *Traité médico-philosophique sur l'aliénation mentale, ou la manie* (Paris, Richard, Caille et Ravier, 1801).

La démarche de Pinel est empirique, et comporte l'examen de chaque patient. En partant de chaque cas, il cherche ce qui est particulier et spécifique à chaque individu. Il essaie de comprendre comment les singularités qu'il découvre, viennent à coïncider avec ce qu'apporte le discours universel de la pathologie. Néanmoins pour Pinel, la clinique demeure une discipline propre, qui ne peut se fondre dans la psychopathologie. Elle va du singulier à l'universel, alors que le discours de la pathologie relève de l'universel. Il ne faut pas perdre de vue que la clinique est d'abord et avant tout une démarche médicale, appliquée dans un second temps seulement à ce qui a d'emblée été conçu comme une branche de la pathologie du corps. La psychiatrie est une discipline médicale qui traite les troubles psychiques comme s'il s'agissait de troubles somatiques. Pour Pinel, les troubles mentaux sont à concevoir comme une variété particulière des troubles somatiques.

Josef Franz Gall (1758-1828). Fit le lien entre les localisations du cerveau et la pensée. On lui attribue la paternité de la phrénologie selon laquelle les talents et les dispositions sont fondés sur la lecture des circonvolutions du cerveau et de leur empreinte sur la topologie du crâne. Les traits du caractère humain deviennent transparents grâce à cette lecture.

Des résurgences de la théorie de ***Joseph Franz Gall*** affirmant un lien entre les zones du corps et les perturbations psychiques qui peuvent leur être associées demeurent. En effet, durant tout le XIXe siècle aussi bien en Europe qu'en Amérique, cette théorie selon laquelle des phénomènes apparents correspondent à d'inaccessibles réalités enfouies, sera implicite. Comme le précise Georges Lantéri-Laura, dans la préface du livre de Paul Bercherie *Les Fondements de la Clinique* (1980, Ornicar ? Le Seuil, p. 12) : « La clinique est, sans doute, l'une des disciplines qui montre le mieux le sens de la transcendance, à savoir que l'homme ne se situe pas a priori dans la connaissance de son objet, mais qu'il se place de l'extérieur », c'est-à-dire qu'il se constitue non de lui-même mais à partir de l'***Umwelt***... du dehors qu'il va se découvrir.

Umwelt : terme introduit par les phénoménologues allemands pour désigner le monde environnant opposé au monde intérieur, *Innenwelt.*

■ Modèle médical et clinique psychiatrique

Ainsi la clinique psychiatrique initiée par Pinel marque un écart par rapport à la pathologie sur laquelle elle porte son regard, elle singularise et différencie. Elle ne peut donc partir du général, bien qu'après coup, elle aille au général. Ceci est évident en ce qui concerne la démarche clinique, car nul clinicien ne peut savoir d'avance quel trouble habite le patient, il le lui faut apprendre peu à peu, c'est-à-dire le découvrir et non pas d'emblée le produire comme théorie. De ce fait, s'opposent l'observation s'inscrivant dans une démarche empirique et les théories préconçues telles qu'elles fonctionnaient au siècle précédent. Si cette démarche suppose que le clinicien abandonne toute idée préconçue, le savoir dont il a à se saisir, est tiré de l'examen du patient. Cela ne veut pas dire qu'il ne possède pas un savoir sur la maladie et un savoir-faire clinique, donc des connaissances et des apprentissages préalables, mais pendant la rencontre avec le patient, il se doit d'abandonner toute théorie et tout système de classification médicale, au profit d'un empirisme réellement scientifique privilégiant le sujet singulier qu'est le malade.

Pinel tente d'établir un lien entre ces deux démarches et introduit un écart méthodologique entre l'observation des phénomènes liés au malade et la présentation d'une théorie explicative qui est une généralisation des signes observés. Cette clinique demande un regard naturaliste tel que celui que porte l'entomologiste sur ses insectes : voir, isoler des traits, des formes, reconnaître ceux qui sont identiques et ceux qui sont différents, les regrouper, les classer par espèces ou familles, c'est celui avec lequel fonctionne le modèle médical. La **clinique psychiatrique** de Pinel qui se veut une **clinique médicale,** prend elle aussi appui sur l'observation et la description formelle des troubles psychopathologiques. C'est le regard et secondairement la parole qui viennent structurer ce champ puisque au-delà des signes rencontrés dans le règne animal, les hommes ont ce privilège et en usent sous la forme du ***signifiant,*** qui en font des êtres de langage et de parole.

Signifiant : terme introduit par Ferdinand de Saussure (1857-1913) dans le cadre de sa théorie structurale de la langue pour désigner la partie du signe linguistique qui renvoie à la représentation psychique du son (ou image acoustique), par opposition à l'autre partie ou signifié, qui renvoie au concept.

Ainsi Pinel non seulement ouvre la psychiatrie à l'observation mais aussi à la prise en compte de la parole du fou ce qui le met à l'écoute de la folie. Écouter le fou c'est accorder une place à sa subjectivité. Pinel est de ce fait à l'origine d'un changement de perspective dans l'appréhension de la pensée du fou. « Le régime d'objectivité nouveau que conquiert sans le savoir la psychiatrie est rendu possible par la reconnaissance tacite de cette part irréductible de subjectivité que laisse subsister la folie (et qu'il faut supposer lorsqu'on ne la discerne pas) » (Gauchet, 1994, p. XXXII).

■ La démarche clinique en psychiatrie

Les questions que se pose la démarche clinique en psychiatrie à propos de ce **reste,** de cette capacité maintenue chez le fou à dire quelque chose de son être, rejoignent les questions que la psychologie s'est déjà posé à propos de l'objet. Mais cette fois-ci, l'accent est plus particulièrement porté sur le sujet en proie à cette subjectivité. Les psychiatres essaient de le décrire en l'objectivant dans les comportements et les manifestations symptomatiques. L'objet à mesurer ne suscite qu'un intérêt partiel. La démarche clinique en psychiatrie instaurée par Pinel établit une relation entre le sujet qui se manifeste par des comportements et des paroles traduits en symptômes et un reste énigmatique du registre de la subjectivité qui échappe à toute saisie. C'est ce qui, par la suite, va fonder la tension de la recherche clinique en psychiatrie.

D/ Un sujet psychique

La rupture que Pinel introduit avec les idées de son temps, c'est de placer « au cœur de sa science de la folie une idée qui lui est primitivement venue du singulier problème de la ***manie intermittente*** », d'une folie, donc, qui ne se manifeste que par crise et qui oblige, par conséquent, à concevoir une sorte de distance du fou par rapport à son adhésion délirante en particulier dans les périodes intercritiques. « Cette réserve ou cette distance, Pinel la transporte au cœur de l'aliénation mentale en général, il en fait le principe interne de sa classification. Le fou n'est jamais totalement fou, c'est à l'intérieur de cette limite que les manifestations de la folie sont descriptibles, c'est en fonction d'elle que formes et espèces se délimitent et s'organisent les unes par rapport aux autres » (M. Gauchet pp. XXXI-XXXII) (*cf.* document 3 A 2).

Manie intermittente : épisodes d'excitation pouvant durer quelques jours à quelques mois, marqués par des temps de rémission pendant lesquels le sujet recouvre son état mental libéré de toute atteinte de l'humeur. Ce qui permet alors de parler dans ces périodes de rémission, de distance du sujet par rapport à l'épisode de folie.

■ Opacité de la folie ou réciprocité, quelle différence entre normalité et folie ?

Avant Pinel, le regard porté sur le fou en fait un être dont le discours est incompréhensible, insensé, ce qui provoque son exclusion et sa mise au banc de la société. La tolérance au fou, l'image populaire que l'on en donne, le ravale parfois au rang d'animal familier que l'on dresse. Par contre, si on abolit toute distinction, si on ne tient pas compte de sa pathologie, si on l'inclut dans le cadre de la réciprocité, on attribue à sa méchanceté ce qui est la manifestation de sa maladie. Il est considéré comme un être sournois, de mauvaise volonté, que l'on punit en utilisant des moyens de cœrcition et de contention.

L'hypothèse de Pinel induit les questions suivantes :

En quoi ce que ressent, exprime le sujet aliéné est-il proche de ce que je peux ressentir et exprimer, en quoi est-ce différent ? Qu'est-ce qu'il me renvoie de moi-même, qu'est-ce que je lui renvoie de lui-même, de quel lieu viennent un regard et une parole qui me constituent comme différent ? Si je considère que l'aliéné est au dehors, enfermé dans ses chimères et dans son délire, dépourvu du sentiment de ce qui lui arrive, il est hors du lien social et ne peut qu'être mis à l'écart de la société. Si un reste de raison est maintenu, je pourrais lui faire entendre grâce à une écoute et à une attention particulières que ce qu'il dit a un écho, que cette parole n'est pas forcément une parole aliénée et peut s'inscrire dans l'échange langagier, si je fais mienne cette dernière supposition, cet art de la parole et cette présence attentive me donnent la possibilité de contourner sa folie qui fait obstacle à la communication, ainsi je peux entrer dans un rapport authentique avec ce sujet présent et conservé au milieu de la folie.

Qu'en est-il de ce sujet conservé ? Est-ce le sujet de la raison ? Est-ce le sujet de la connaissance et en tant que tel, le sujet cartésien ?

Durant les périodes intermittentes, le maniaque peut parler de lui-même et apparaît comme **sujet conscient,** le patient reste ici sujet de sa folie, il la produit sans que sa subjectivité soit abolie. Est-ce à dire que pendant les périodes de crise, ses actes et ses paroles cessent d'avoir une signification et qu'il devient purement et simplement étranger à lui-même?

C'est ici que les positions de Pinel et d'Esquirol divergent, ce dernier soutenant que le fou est constamment intéressé en personne aux actes qu'il commet et aux propos qu'il tient. Au sein de la folie, la dimension subjective demeure, en ce qu'il y a présence de l'aliéné à son vécu délirant. Cette remise en cause intérieure du sujet n'est ni une destruction, ni une suspension, ni une disparition, ces productions sont des restitutions cliniques de ce que vit le sujet pris dans ses bouleversements : **le délire** n'est rien d'autre qu'une tentative de reconstruction positive.

Le sujet conscient et le délire. Ce sujet peut évoquer ce qu'il a éprouvé durant l'accès de folie. Il parle de ce dont il a conscience mais aussi de ce qui lui échappe et qui pour lui, reste une énigme. Deux niveaux de pensée s'entremêlent, l'un référé à un sujet conscient, l'autre niveau vient dire en pointillé sous la forme d'une manifestation appelée symptomatique ou encore sous la forme d'un délire ce que le sujet ne peut saisir de lui-même, un bouleversement auquel il cherche à donner un sens. Il s'agit d'un « discret événement intellectuel », écrit Gauchet, « qui fait entrer le moyen de penser quelque chose comme un sujet psychique » (*op. cit.* p. XXXIII).

E/ Le sujet psychique de la folie

■ Aliénation et passion

Esquirol avec son traité *Des passions considérées comme causes, symptômes et moyens curatifs de l'aliénation mentale* (1805), provoque un nouveau départ de la réflexion psychiatrique après le traité de Pinel. Esquirol s'efforce d'amener à la pensée ouverte ce qui chez Pinel reste essentiellement implicite. Il met l'accent sur les passions, et montre l'aliénation comme un état où la part pensante et réfléchie de l'individu est éminemment susceptible de se conserver. Ainsi l'appartenance continue de cette aliénation au cercle de l'expérience commune, à l'ordre passionnel devient concevable au-delà de la rupture pathologique. Pour les aliénistes, les passions participent à la fois de la vie consciente et du fonctionnement du corps, ce qui établit une unité entre le corps et l'esprit. Nous dirions aujourd'hui qu'il y a continuité entre le normal et le pathologique dès lors que les passions font partie de l'existence humaine aussi bien sur le plan physique que psychique; la folie pouvant être interprétée dans ce contexte comme une exacerbation ou exaltation passionnelle. « Toutes les espèces d'aliénation ont leur analogie, et pour ainsi dire, leur type primitif dans le caractère de chaque passion. Celui qui a dit que la fureur est un accès de colère prolongé, aurait pu dire avec la même justesse, que la manie érotique est l'amour porté à l'excès; la mélancolie religieuse, le zèle ou la crainte de la religion poussés au-delà des bornes; la mélancolie avec penchant au suicide, un accès de désespoir prolongé. On peut en dire autant des autres passions, qui ressemblent toutes plus ou moins à une espèce d'aliénation » (*Des passions,* p. 17).

■ Aliénation et sens

Alors que Pinel introduit une distance entre les périodes de conscience révélant une subjectivité et les périodes de folie où elle est abolie, Esquirol considère que l'aliéné est soustrait à l'empire de sa volonté, parce qu'il y a une détermination inconnue dans son acte dont la raison est susceptible de lui échapper et de rester inconnue. Tout ce qu'il fait ou dit dans sa folie a un sens pour le sujet (peut-être même un excès de sens), et s'il y a perte du sens commun, une quête de sens est maintenue à partir de ce qui lui fait signe d'un dehors, des signes qui viennent d'un autre lieu, parfois sous la forme d'hallucinations, d'illusions etc., et qui s'imposent comme autant de signes subjectifs qui fondent sa subjectivité qu'il ne reconnaît pas comme étant de sa propre création.

Esquirol insiste sur ce que met en jeu la pensée forcée, la contrainte : « J'ai vu un grand nombre d'aliénés qui paraissaient jouir de leur intelligence, qui déploraient les déterminations vers lesquelles ils étaient fortement entraînés; mais ils avouaient qu'ils sentaient quelque chose à l'intérieur dont ils ne pouvaient se rendre compte, qu'ils éprouvaient un trouble inexprimable dans l'exercice de leur raison... d'autres affirment qu'une sensation fausse, qu'un raisonnement faux les déterminaient » (*Dictionnaire des sciences médicales,* 1816, p. 453) Il insiste ainsi sur la détermination du sujet qui accomplit son acte sous la contrainte, parce qu'il ne peut faire autrement.

L'observation des aliénés « et les aveux que l'on obtient d'eux, prouvent qu'ils ne sont pas mus par une impulsion aveugle et irréfléchie ; ils agissent comme les autres hommes par suite d'une détermination » (Swain, p. 53). En réalité, jamais leurs actes ne revêtent au sens strict du terme un caractère *insensé.* Tel est fondamentalement l'enjeu : *le sens...* Les aliénés continuent à poursuivre un sens au travers de leurs actes, l'activité humaine dans la folie est activité significative. S'il y a présence et quête de la signification au sein du comportement de l'aliéné, les aliénés ne sont pas maîtres de ce sens. Ils sont noués à l'idée délirante, ils sont liés par les rets de la certitude, « convaincus que ce qu'ils sentent est vrai, que ce qu'ils veulent est juste et raisonnable, on ne peut les convaincre d'erreur ; leur conviction est quelquefois plus forte que leur jugement ». Il n'y a pas de retour critique sur soi, **déterminé** par un sens qui échappe au sujet ou qui s'impose. Il est sujet agi et parlé par une voix hallucinée qui s'impose et le commande, elle force et occupe sa pensée et habite son corps, le temps du délire. Il ne peut alors y avoir de distance réfléchie (Esquirol, 1838, *Mémoire sur la monomanie homicide*, p. 335). Tout le problème du délire est l'absence d'écart de l'individu à son processus de pensée (Swain, 1994, p. 53 à 62).

Au sein de la folie, la subjectivité demeure en ce qu'il y a présence de l'aliéné à son vécu délirant. La subjectivité est assimilée à la prise de conscience, à l'effort de réflexion, c'est au sein même de la folie qu'un sujet conscient, présent à lui-même, est recherché, il s'avère être sujet à éclipse qui maintient un reste de raison. Il n'est pas le sujet de la parole en proie à son inconscient. Nous allons illustrer par un exemple clinique le combat entre délire et reste de raison :

Monsieur B. est planté devant la fenêtre ouverte avec sa fille âgée d'un mois et demi dans les bras. Il donne le sentiment de se livrer à un combat violent contre des forces invisibles. Ce sont les voix qui lui imposent de jeter sa fille par la fenêtre. Il leur résiste, engageant ainsi sa responsabilité, et cette lutte n'est pas sans inquiéter le voisinage qui fait appel à la police. M. B. est hospitalisé en placement d'office. Il est pris dans une **détermination** imposée, venant d'un autre lieu et qui fait sens (paroles à ses oreilles, imposées dans sa tête, devinement de la pensée, commentaire des actes, etc.), l'absence de distance entre son être et le sujet qu'il est, aboutit à ce qu'ici, dans le champ des psychoses, sujet et objet se confondent.

■ Clinique psychiatrique et sujet

Le sujet que recherche et auquel se réfère la clinique psychiatrique est celui qui est en mesure de prendre une distance par rapport à ses propres pensées, capable de les soumettre à la réflexion et à la critique, c'est-à-dire capable d'un retour sur lui-même, qui l'amène à prendre en compte sa subjectivité, il devient de ce fait un sujet psychique qui n'est rien d'autre que le **sujet conscient de ses conflits.** Dans la clinique psychiatrique actuelle, un patient psychotique qui est en mesure de critiquer son délire est considéré comme allant mieux, puisqu'il est maintenant capable de prendre une distance, d'appréhender du dehors, sur un mode réflexif, ce dans quoi il était pris (hallucinations, pensée contraignante, délire) et qui l'accablait. Le sujet de la connaissance s'est transformé en sujet psychique qui n'est rien d'autre qu'un **sujet conscient** de ses troubles et cherchant à s'en défaire. L'énorme pas fait par Pinel et Esquirol, est d'avoir proposé un principe « d'échange langagier » avec le fou, d'en avoir fait un principe de « compréhension » fondant un nouveau savoir sur la folie.

F/ Le traitement moral (du moral)

Pinel et Esquirol en proposant le traitement moral, refusent l'alternative habituelle entre le rappel à l'ordre et les coups, entre le sermon et le cautère (*cf.* document 3 A 2). La découverte de la possibilité de parler avec l'aliéné est à l'origine d'un changement de position des aliénistes (document 3 A 3). La méthode va consister à repérer les manifestations de raison dans la déraison, chercher et trouver dans les éclats de conscience, le sujet cartésien, celui du ***Cogito.***

Le Cogito : dû à René Descartes (1596-1650), philosophe français. Sa doctrine rationaliste est fondée sur la déduction de toute chose à partir de la pensée. La pensée représente, pour lui, la première certitude déduite à partir du doute méthodique et, à partir de là, le philosophe va déduire son existence «Je pense, donc je suis» (1641), *Méditations métaphysiques.*

■ Le fou n'est plus considéré hors de l'échange

Vouloir le faire sortir de sa folie par l'exhortation morale, par référence à la mauvaise volonté, à la méchanceté selon le principe de réciprocité, serait absurde puisque ce présupposé consisterait à nier sa folie. Il serait tout aussi infondé de le traiter comme s'il était dépourvu d'autre présence, que végétative, présente dans son corps sous la forme d'une vie dépourvue de toute dimension symbolique, ce qui équivaut au retranchement total, hors du monde des humains (*cf.* document 3 A 4).

« Même si sa faculté de jugement est atteinte, même s'il n'est pas maître de sa décision dès lors qu'un sens s'impose à lui et qu'il n'a pas la capacité de délibération et de refus, il n'est pas complètement absent à lui-même et aux autres, ce fou n'est donc pas hors de l'échange » (Swain, *op. cit.* pp. 98-99). Il y a rapport, communication, dialogue possible avec lui. Et cependant, il est impossible de se conformer avec lui à la règle de réciprocité, réglant ordinairement l'échange, de se conduire comme s'il raisonnait avec les mêmes critères que tout névrosé. La méthode d'entretien qui s'impose alors ne consiste ni à chercher à le convaincre ni à adhérer à ce qu'il dit. Une nouvelle voie est à chercher entre le principe de réciprocité et le retranchement et c'est ce qu'impose le traitement moral. La méthode consiste à accepter un discours sans le faire sien ou le rejeter, ce qui introduit une distance entre le clinicien, le fou et sa parole folle. Il s'agit de ne pas prendre à la lettre ce discours tout en le respectant. Tout vacillement, toute hésitation, toute interrogation est à reconnaître afin de l'utiliser pour susciter un écart. Ce refus subtil du thérapeute d'entrer dans le discours délirant ou de le récuser doit aider l'aliéné à se déprendre de la conviction qui le contraint (*cf.* document 3 A 4).

■ Position du clinicien par rapport au délirant

Le clinicien n'a pas à critiquer le délire, il n'a pas non plus à l'approuver et à y participer. Il faut écouter, être présent à ce patient, l'accompagner sans adhérer, c'est ainsi qu'une **distance** peut être introduite, suscitant un décollement. Cette nécessaire dissymétrie entre le patient et le clinicien met en jeu le semblable et le différent, tension qui creuse un espace, amorce d'une altérité.

La distance. S'il existe chez le même être des moments de folie et aussi des moments de conscience, des moments d'adhésion au délire et des moments de perplexité, il n'est plus besoin de thérapie de choc pour réveiller le sujet absent à lui-même, il suffit de le reconnaître comme interlocuteur auquel on s'adresse et avec lequel l'échange langagier est possible. Cet écart, cette distance entre le discours fou et la souffrance subjective qui cherche à se faire entendre, cet écart entre délire, illusion, apparence et réalité va être retrouvé sous la forme de l'écart entre fantasme, imaginaire et réalité dans les questions que pose la clinique psychologique qui, tout au long du XIXe siècle, prend pour objet d'étude les névrosés et leur névrose.

2 - Jean Martin Charcot et la lésion dynamique

A/ La subjectivité du névrosé

Nous avons vu qu'au XVIIIe siècle, l'apparition des maladies de l'âme, les vapeurs, les troubles de la sympathie, sentiments ou sensations transmis par l'intermédiaire des nerfs relevaient d'une anatomie imaginaire. C'est d'abord du côté de la neurologie que va être interrogé ce trouble qui fait intervenir le corps et l'esprit. Il s'agira de trouver un événement-source cause du ***traumatisme.***

Charcot pose la question du traumatisme dans ses leçons de 1885 (*Leçons du mardi*) portant sur l'hystérie chez l'homme. Il aboutit à la notion de paralysie psychique. Il ne constate aucune atteinte neurologique avérée et néanmoins des paralysies sont présentes qui ne tiennent pas forcément compte de la physiologie. Il met ainsi en évidence un déterminisme subjectif à partir de l'investigation objective du corps.

L'ambiguïté du mot névrose pour qualifier ces états, tient au fait que ce mot se réfère à l'anatomie et aux troubles physiques des nerfs alors qu'il s'agit d'un trouble psychique qui vient se dire par le biais du corps et qui échappe à la science du système nerveux.

Avant Charcot, ***René Laënnec*** avait admis la division des maladies en deux grandes classes, celles qui sont accompagnées d'une lésion évidente dans un ou plusieurs

Traumatisme : choc physique et par extension choc émotionnel violent inassimilable par le psychisme à l'origine de troubles fonctionnels (sans lésion dans l'organisme).

Jean Martin Charcot (1825-1893) : représentant de la première psychiatrie dynamique, titulaire de la première chaire de neurologie, il utilise la méthode anatomo-pathologique et décrit la maladie qui porte son nom : la sclérose latérale amyotrophique.

René Théophile Laënnec (1781-1826) : médecin français inventeur du sthétoscope et de l'auscultation médiate. Ses observations et ses commentaires ont permis la mise en place et la compréhension de la pathologie cardio-pulmonaire moderne.

organes, désignées depuis plusieurs années sous le nom de maladies organiques, et celles qui ne laissent dans aucune partie du corps une altération constante à laquelle on puisse rapporter leur origine, appelées communément maladies nerveuses.

■ L'hystérie traumatique

Charcot se trouve confronté à une série de patients qui, à la suite d'accidents divers, principalement d'accidents du travail, ont développé des symptômes neurologiques classiques (soit attaques convulsives, soit paralysies) qu'il va identifier comme ***hystériques.***

Hystérie : du mot grec *hustera* (matrice, utérus), cette maladie fut longtemps attribuée aux seules femmes. Son originalité réside dans le fait qu'elle peut prendre des formes cliniques variées, les conflits psychiques inconscients s'exprimant de manière théâtrale et sous forme de symbolisation.

Ce sont des gens qui ont éprouvé un choc violent venant de l'extérieur du fait d'un événement vécu comme une rupture, un traumatisme, mais ce n'est pas le choc physique inscrit du dehors qui est à l'origine de l'affection dont ils souffrent, c'est la façon dont ils ont subjectivement assimilé ou intégré cet événement et son empreinte (*cf.* document 3 A 5).

C'est en procédant à l'examen clinique le plus systématique, le plus rigoureux et le plus objectif que Charcot parvient à la conclusion suivante : l'important ne réside pas dans l'événement traumatique dans lequel le sujet est pris, mais dans ce qu'il en fait dès lors qu'il est déterminé et débordé par lui.

B/ Le traumatisme psychique

Ces somatisations diagnostiquées par Charcot comme paralysies hystériques atteignant un organe particulier du corps, se distinguent des lésions neurologiques par une exagération de la sensibilité et surtout une localisation qui n'obéit pas aux règles de l'anatomie (document 3 A 5).

C'est la démarche que ***Sigmund Freud*** reprend à son compte et systématise en 1893. Il montre que la paralysie hystérique se moque des lois de l'anatomo-physiologie mais pas arbitrairement, la paralysie est conforme à l'idée que le sujet se fait de l'organe atteint.

Freud, S. : « Quelques considérations pour une étude comparative des paralysies motrices organiques et hystériques » dans *Résultats, idées, problèmes* t. 1, Paris : PUF, 1974.

La paralysie « prend les organes dans le sens vulgaire, populaire du nom qu'ils portent : la jambe est la jambe jusqu'à l'insertion de la hanche, le bras est l'extrémité supérieure comme elle se dessine sous les vêtements » (p. 55). Il s'agit d'une anatomie imaginaire rendant compte d'un vécu subjectif traumatique. Freud fait le tri, comme le lui demande Charcot entre ce qui est neurologique et ce qui est fonctionnel et qu'il nomme alors « **représentation spéciale** et dont la caractéristique reste encore à trouver » (p. 49), ultérieurement Freud fera le lien entre la représentation refoulée et la zone du corps qui lui correspond**.** Il aboutit à la conclusion que Charcot a bien isolé par la méthode nosographique le groupe des malades hystériques qui répond au critère essentiel de la névrose puisqu'ils présentent des troubles sans support organique.

Pour étayer l'absence de lésion organique chez des hystériques répertoriées comme telles, Charcot provoque des paralysies produites par suggestion, sous hypnose, les manifestations constatées sont alors identiques à celles des hystériques. Charcot tire la conclusion qu'en fait de traumatisme, il s'agit de phénomènes d'autosuggestion traumatique, induisant des paralysies psychiques ou mentales. Il introduit ainsi les notions de lésion dynamique, d'atteinte fonctionnelle dont l'origine physiologique n'est pas encore mise à jour.

L'opération de Charcot consiste à mettre en lumière, à côté du traumatisme physique réellement subi par le patient, un second traumatisme, de nature psychique, qui constitue la véritable cause de ses troubles neurologiques. Il appelle ce dernier trouble **lésion psychique ou dynamique,** qu'il ne repère pas encore mais qu'il distingue de l'atteinte organique. Cette représentation spéciale qui vient désigner, pour Freud, une anatomie imaginaire, est un effet du langage.

C/ Inconscience ou subconscience

C'est donc un processus mental **inconscient ou subconscient** fondé sur l'autosuggestion d'un préjudice corporel que le sujet aurait subi qui vient déclencher la paralysie, en d'autres termes, c'est dans la *réaction* du sujet que réside proprement le traumatisme agissant — raison pour laquelle Charcot parle de **suggestion traumatique.**

Le traumatisme psychique vient redoubler et mimer le traumatisme physique, mais rien n'empêche, dès qu'on admet que le facteur-source n'est rien d'autre que le retentissement psychique de l'agression extérieure, et non l'agression elle-même, de généraliser la notion de traumatisme puisqu'ici c'est le psychisme qui est atteint. Le traumatisme devient alors un événement excédant les capacités d'assimilation et de contrôle du sujet et il appelle de sa part une réinterprétation, une réponse soustraite à sa conscience et à sa volonté. Il installe en lui un « parasite » eût dit Charcot, un corps étranger mnésique vivant désormais de sa vie propre, à « l'état autonome », « en l'absence de tout contrôle et de toute critique », soustrait à la conscience. (Swain (1994), p. 156-157). Ce que le champ des névroses dégagé par Charcot permet de repérer, c'est l'inscription subjective liée à l'événement, c'est aussi l'inconscience ou la subconscience rattachée au traumatisme psychique et à l'oubli situé en un autre lieu, au sein de la personnalité psychique, partiellement inconsciente des déterminations inscrites dans l'événement qui la dirigent.

Comme le précise ***Jacqueline Carroy :*** « Il ne faut pas perdre de vue que dans la pensée médicale française, dont sont tributaires aussi bien Charcot que Taine et Ribot, l'inconscient a un sens physiologique plus que psychologique : il est synonyme de cérébration inconsciente liée à l'habitude. »

Carroy, J. (1993). *Les personnalités doubles et multiples.* Paris : P.U.F. p.52.

D'ailleurs, il n'y a guère à l'époque d'autres concepts disponibles pour tenter d'objectiver l'activité voilée et sans médiation de cette fonction cérébrale. Ce subconscient a une autre texture, il est différent de ce qu'avaient élaboré les prédécesseurs aliénistes, qui s'étaient surtout intéressés à la question de l'absence subjective et aussi à la présence subjective qui met en relation un sujet psychique exclu ou conscient dans la folie.

Le sujet névrosé a accès à une part de lui-même au niveau conscient, mais une autre part de lui-même lui échappe, c'est cette **part non accessible directement à la conscience** que les élèves les plus connus de Charcot tels que Théodule Ribot, Alfred Binet, Pierre Janet, Sigmund Freud chercheront à cerner par divers procédés et méthodes ou théories.

La part qui échappe à la conscience. Cet espace ouvert par Charcot ne s'inscrit pas dans une clinique psychiatrique ni dans une clinique médicale. La reconnaissance de la réalité psychique ne répond pas aux mêmes critères que la médecine du système nerveux. La névrose hystérique met en scène le corps, qui vient dire par le symptôme qu'une autre réalité est engagée, celle de la réalité psychique qui produit des effets se manifestant par une subjectivité qui échappe au réel de la science. La remémoration établit alors le lien entre symptôme et vérité du sujet. Ainsi l'hystérique par les questions qu'elle pose à la médecine, fonde grâce à J.-M. Charcot une clinique psychologique dégagée du médical, cette clinique circonscrit un espace-temps dans lequel émerge grâce à l'événement inscrit dans la parole, un sujet psychique.

3 - Les orientations après Charcot

A/ Ribot au croisement des méthodes

Ribot, Théodule (1839-1916). Philosophe de formation, il contribue de façon décisive à l'instauration et à l'individualisation d'une psychologie pathologique en France.

Théodule Ribot s'inspire de la psychologie empirique anglaise et explore surtout le domaine de la psychologie pathologique. Sa démarche est éclectique, il est influencé par Charles Darwin, Herbert Spencer, Francis Galton (*cf.* Grand Amphi, *Psychologie différentielle)* et essaie d'établir un lien entre le champ biologique, physiologique, et la psychologie expérimentale. Il introduit en France les travaux de la psychologie physiologique allemande (Fechner, Wundt ; *cf.* Grand Amphi, *Psychologie cognitive*). Il parfait sa formation en neurophysiologie en suivant les cours de Charcot.

N'étant pas médecin, il va chercher les observations dont il a besoin dans les livres de médecine, les traités des maladies mentales, Il s'inspire des travaux du neurologue ***John Hughlins Jackson***.

Jackson, John Hughlins (1835-1911). Neurologue connu pour ses travaux sur l'épilepsie et l'aphasie, il établit un lien entre la pathologie et le caractère déficitaire de la maladie.

■ L'influence de Jackson

Ribot lui emprunte ses théories et en particulier celle, essentielle, de « dissolution » des principales fonctions, il applique cette idée dans les ouvrages où il traite des *Maladies de la mémoire,*(1881), des *Maladies de la volonté* (1883), des *Maladies de la personnalité* (1885), de *La psychologie des sentiments* (1896). Il voit dans la désorganisation pathologique un modèle opératoire qu'il étend à l'ensemble des fonctions. Cette désorganisation s'installe suivant un ordre bien établi : s'il s'agit par exemple de la mémoire, les souvenirs les plus récents se dissolvent avant les plus anciens selon un axe antéro-rétrograde. Ce principe appliqué à la psychopathologie de la mémoire sera appelé « loi de Ribot ».

Dans les maladies de la volonté, les activités volontaires disparaissent avant les activités automatiques. Il en est de même de la personnalité, des sentiments. Le plus complexe se défait avant le plus simple. Les différents degrés de « dissolution » atteignent les structures psychiques et provoquent des déstructurations et des restructurations à un niveau de fonctionnement inférieur.

Il reprend ainsi un modèle neurophysiologique qui inspirera son élève Janet puis les psychiatres tenants de l'**organo-dynamisme** proposé par Henri Ey (1900-1977) dont la théorie de la structure des états de conscience est également issue de la théorie de Jackson. Comme lui, Ey affirme le primat de la hiérarchie des fonctions sur leur organisation statique. Il considère les fonctions psychiques comme solidaires les unes des autres du haut en bas de l'organisation psychique.

Ribot, bien que titulaire de la chaire de psychologie expérimentale et comparée (1888), reconnaît dans *La Psychologie des sentiments* (1896), la primauté de la vie affective dans laquelle les tendances « inconscientes » jouent un rôle primordial, même s'il s'agit pour lui d'un inconscient physiologique. Il lui sera reproché d'avoir voulu utiliser des méthodes en psychologie à la fois subjectives et objectives. « La difficulté au regard de la clinique, est bien dans cet à la fois », souligne Huguet (1995, p. 157).

Ribot est philosophe, il n'est pas médecin, il n'a aucune pratique clinique, néanmoins, il va avoir une influence institutionnelle considérable sur le devenir de la psychologie clinique et la psychopathologie en France. Il demande à ses élèves d'avoir la double formation médicale et philosophique. Les psychologues de la génération suivante sont pratiquement tous médecins formés auprès des aliénistes, et d'abord auprès de Charcot.

B/ La psychologie clinique en France

■ De Ribot à Janet

Professeur au Collège de France, Ribot choisit ***Pierre Janet*** comme suppléant entre 1895 et 1897, puis comme successeur à la chaire de Psychologie expérimentale. Janet poursuit son activité clinique en maintenant sa présence au laboratoire de Psychologie de la Salpêtrière qu'il continue de diriger.

Les autres élèves de Ribot, Georges Dumas (1866-1946), Charles Blondel, s'inscrivent dans la tradition instaurée par le maître, celle de la double formation médicale et philosophique, ils sont suivis par Henri Wallon, Daniel Lagache, Juliette Favez-Boutonier et plus récemment par Jean Laplanche.

Pierre Janet s'inscrit dans une démarche clinique objective. L'exposé le plus complet de son système se trouve dans son article de *l'Encyclopédie Française* VIII (1938). Voir également Henri F. Ellenberger : « Pierre Janet et l'analyse psychologique », dans Lectures conseillées.

Ainsi comme le souligne Geneviève Paicheler (1992, p. 11), Ribot, bien qu'il ait contribué à autonomiser la psychologie en tant que discipline en la détachant de la philosophie et de la médecine, réussit le paradoxe d'imposer pour les générations à venir, « un profil type de psychologue doté d'une double formation de médecin et de philosophe », conjugaison « de deux professions fortes » et qui va faire obstacle à la constitution « d'une profession de psychologue indépendante. » Ce sont donc essentiellement des médecins qui dessinent les contours de la clinique psychologique et de la psychopathologie en France jusque dans les années 1970. Prévost (1988, p. 21), pense que la notion de « psychologie clinique » a été admise et couramment utilisée au milieu des années 1890, d'abord à la Salpêtrière et sans doute par contraction de l'appellation du laboratoire dont Janet était directeur, le « laboratoire de Psychologie de la Clinique de la Salpêtrière ».

Dans l'introduction du tome II de *Névroses et idées fixes* (1897), Janet assimile « les études de psychologie clinique » aux « recherches de psychologie expérimentale appliquées à la médecine » et pour l'essentiel, « la psychologie clinique » a une vocation médicale. La psychologie clinique de Janet se réfère à l'associationnisme et à la théorie du déficit de Jackson rencontrée chez Ribot ainsi qu'à l'automatisme psychologique, c'est-à-dire les formes de pensée et d'action qui échappent à la conscience, à la mémoire et à la volonté et qui constituent la subconscience mettant en jeu les tendances internes non contrôlées.

Le terme expérimental garantit un lien avec la physiologie et « l'expérimentation » avec la démarche scientifique.

■ Janet et l'expérimentation

Néanmoins pour Janet, « ***l'expérimentation*** » ne demande pas la mesure des fonctions psychologiques, cette dernière est une méthode stérile. « La psychologie expérimentale », dit-il, « consiste avant tout à bien connaître son sujet, dans sa vie, dans ses études, dans son caractère, dans ses idées, etc., et à être convaincu qu'on ne le connaît jamais assez. Il faut ensuite mettre cette personne dans des circonstances simples et déterminées, et noter exactement ce qu'elle fera et ce qu'elle dira. (Janet observe ses patients toujours seul et mène une véritable enquête.) L'observateur doit d'abord s'intéresser au comportement du malade, en examinant ses actes et ses paroles, puis il doit examiner en détail chaque fonction particulière. »

Pour Janet, ***la démarche expérimentale*** en psychologie permet de dissocier tous les éléments constitutifs et l'étape clinique est la phase de reconstitution et de synthèse.

Cette démarche suppose une analyse psychologique qui consiste en l'étude séparée des fonctions psychologiques élémentaires selon un modèle référé à une anatomie psychique des fonctions et des tendances qui établit un parallèle avec le modèle médical qui consiste à disséquer les muscles, les nerfs, les vaisseaux sanguins etc. Il procède ensuite à une synthèse psychologique qui reconstitue le tout à partir des éléments séparés.

■ Janet et la psychologie des conduites

Neurasthénie : affection décrite par le médecin américain George Beard (1839-1883), comportant un tableau clinique centré sur la fatigue physique d'origine «nerveuse» et comprenant des symptômes tels que céphalée, constipation, paresthésies spinales, appauvrissement de l'activité sexuelle, etc.

Somnambulisme : survenue de déambulations ou d'autres activités pendant le sommeil; désigne aussi un état induit par l'hypnose et présentant certaines similitudes extérieures avec le somnambulisme non provoqué.

Les recherches de Janet furent à la fois extensives, en ce qu'il voyait beaucoup de malades en consultation, et très intensives en ce qu'il voyait un petit nombre de malades sur lesquels il entreprenait des études minutieuses et prolongées s'étendant sur des années. Il utilise une méthode thérapeutique dont il tire des descriptions extrêmement précises. Le centre d'intérêt de ses recherches cliniques se déplace de l'exploration clinique de l'hystérie à la ***neurasthénie.*** Comme la plupart des élèves de Charcot, il s'intéresse à l'hystérie et comme son maître, à l'hypnose, à la suggestion et au ***somnambulisme.***

Dans une perspective de psychologie générale, il établit une distinction tranchée entre le fonctionnement intellectuel, affectif et volontaire. Pour lui, au commencement de toute vie psychique est l'action, ainsi toute idée ne peut que s'exprimer dans un acte.

Il propose une « psychologie de la conduite » qui est « une forme élargie et supérieure de la psychologie du comportement », le comportement désignant l'ensemble des réactions objectives d'un sujet alors que la conduite est sensible à la signification interne de ce comportement. Il donne ainsi une place à la conscience porteuse de significations. La psychologie de la conduite devient une science qui rend compte du sens donné au comportement d'une personne. Ainsi le domaine de la psychologie se trouve hiérarchisé en niveaux selon une complexité croissante de l'action observée, en fonction de la richesse des significations dont elle est porteuse.

Les actes et les paroles sont mis sur le même plan, le langage est assimilé à un segment du comportement. Le clinicien doit d'abord s'intéresser au comportement du malade, examiner en détail ses actes et ses paroles ainsi que chaque fonction particulière.

■ La psychologie dynamique proposée par Janet

Elle reprend la notion de dissolution et de désagrégation psychologiques déjà trouvées chez Jackson et Ribot, à quoi s'ajoutent les termes de force et de faiblesse psychologiques que Janet va appliquer au fonctionnement psychique des hystériques et des neurasthéniques. La tension psychologique correspond à la capacité de l'individu d'utiliser son énergie psychique à un niveau plus ou moins élevé dans la hiérarchie des tendances telles qu'il les décrit. Plus le nombre d'opérations de synthèse est important et plus la tension psychologique correspondante est grande, c'est la tension psychologique que le sujet aurait du mal à maintenir dans la ***psychasthénie.***

Psychasthénie : nom autrefois réservé à certains symptômes névrotiques comme l'angoisse, les actes compulsifs et les obsessions.

En ce qui concerne les hystériques, il constate un rétrécissement du champ de conscience, qui est une conséquence de leur faiblesse psychologique, car c'est un déficit de tension, l'insuffisance d'une hypothétique énergie nerveuse ou mentale qui engendre le trouble névrotique. Janet affirme que certains symptômes hystériques peuvent être rapportés à l'existence de fragments détachés de la personnalité (les idées fixes subconscientes qui viennent objectiver les traits singuliers d'un trouble que présente telle hystérique) dotés d'une vie et d'un développement autonome qui ne sont pas sans rappeler le « parasite » chez Charcot. L'analyse de la plupart des symptômes hystériques fait apparaître l'existence d'un « système psychologique » subconscient. Ce système est constitué d'idées fixes, d'un ensemble de pensées et de souvenirs, à forte charge émotionnelle dont le contenu et la nature expliquent la répartition des symptômes, dans la mesure même où ces derniers en sont une représentation plus ou moins directe.

Janet montre que les symptômes ont leur origine dans les événements traumatiques du passé et suggère la possibilité de guérison des symptômes hystériques par la découverte, puis la dissolution, de ces systèmes psychologiques subconscients.

■ Janet et le «rapport»

Dans sa communication sur *L'influence somnambulique et le besoin de direction* (1896), Janet décrit clairement la relation particulière qui s'établit entre le thérapeute et le malade. Prenant appui sur sa propre expérience clinique, il distingue deux sortes de rapports : « l'influence somnambulique », caractéristique des hystériques et le « besoin de direction » propre aux psychasthéniques.

Janet est sensible au «rapport», notion que l'on retrouve chez les magnétiseurs et qui vient souligner les dangers inhérents à la puissante attraction mutuelle créée par la relation qui s'établit entre le médecin et le patient et il s'en méfie : il s'agit pour lui de neutraliser ce facteur et non de l'analyser comme Freud le fera à propos du transfert.

Dès 1886, Janet publie plusieurs « analyses psychologiques » de cas d'hystérie qu'il a lui-même traités mais ses modèles théoriques, et de ce fait, sa méthodologie le portent à opérer de façon très différente de ce qui va devenir la méthode psychanalytique. Dans sa démarche, il utilise l'hypnose et la suggestion comme le font à la même époque Breuer et Freud. Les théories et les cliniques de la névrose contemporaines découlent de la rencontre entre une étude clinique attentive à l'hystérie et à son traitement par l'hypnose.

Janet part de l'idée que les phénomènes d'apparence neurologique de l'hystérie (anesthésies, paralysies, amnésies) dépendent d'une dissociation de la personnalité et non d'une véritable atteinte fonctionnelle. Alors que le bras est paralysé, on peut obtenir sous hypnose une écriture automatique sans qu'au réveil, la personnalité consciente en ait le souvenir. Un ordre donné pendant la phase hypnotique peut être également conservé pendant une phase de latence après le réveil, le sujet exécute après coup la tâche ordonnée pendant le sommeil hypnotique.

Ce qui démontre l'existence d'une dissociation mettant en jeu une personnalité double ou multiple qui se manifeste sous hypnose et que l'on peut également rencontrer dans les épisodes de somnambulisme.

Janet se sert du procédé hypnotique pour tenter de faire disparaître les idées fixes, et de la suggestion si le procédé hypnotique se révèle insuffisant. Il dissocie les idées pièce par pièce et remplace les souvenirs traumatiques par des « éléments anodins suggérés », il dénomme cette méthode « analyse psychologique » (Ellenberger (1970) p. 397-399).

Pour Janet la ***névrose*** n'est rien d'autre qu'un défaut d'adaptation lié à une maladie de la volonté et aussi un arrêt dans « l'évolution » : « si l'on peut entendre par évolution le fait qu'un être vivant se transforme continuellement pour s'adapter à des circonstances nouvelles, qu'il est sans cesse en voie de développement et de perfectionnement, les névroses sont des troubles ou des arrêts dans l'évolution des fonctions ». La démarche clinique de Janet est imprégnée de conception idéologique, elle est « destinée à un homme "normal" dans le droit fil d'une théorie de l'évolution au service d'une conception idéologique de l'homme blanc, "civilisé" qui a servi de référence au XIXe siècle » comme le souligne Huguet (1995), p. 185-186. Ainsi ce qui apparaît comme comportement inadapté n'est rien d'autre qu'une conception idéologique de l'homme référée aux normes sociales.

La névrose, du fait de l'atteinte de la force et/ou de la tension psychologique, serait la conséquence de l'atteinte de ces fonctions qui provoquerait des distorsions ou l'arrêt de la fonction d'adaptation.

Janet maintient par rapport au patient une position d'entomologiste, objet qu'il observe et qu'il inscrit dans une extériorité d'où est exclue toute référence à sa propre subjectivité. Il ne franchit pas le pas qui lui permettrait d'analyser et de rendre compte du lien qui l'unit à son patient. Il ne peut donc reconnaître les effets de sa propre subjectivité ni ceux de l'inconscient bien qu'il se réfère aux états subconscients, état second des hystériques : sa méthode consiste à gommer ce qui se manifeste comme symptomatique et qui recouvre ce que vient dire le sujet d'une vérité qu'il se cache. Il procède comme un chirurgien qui extirpe la tumeur du corps malade. Corps et esprit sont traités de la même façon, selon le modèle médical. (*Cf.* document 3 A 6).

C/ Une orientation moins connue: Paul Hartenberg et Valentin

A la même époque, entre 1897 et 1901, deux médecins, Valentin et Hartenberg, lancent une *Revue de Psychologie clinique et thérapeutique*. Ces auteurs se disent fidèles, comme Janet, à leur rôle de médecin et ne manquent pas de lier la clinique psychologique à la médecine. Néanmoins, ils soulignent que la **psychologie clinique** telle qu'ils la conçoivent, « se distingue nettement de la psychologie expérimentale qui dissocie les éléments de la vie psychique. »

« **La psychologie clinique**... observe la vie psychologique elle-même, considérée comme un tout concret et réel. Réunissant dans une vue d'ensemble les réactions naturelles et spontanées du sujet, en présence des excitations de tout genre, elle en constitue un tableau synthétique, à dominante variable, qui exprime son tempérament et porte la marque de son caractère. Par les influences combinées de l'hérédité et du milieu, elle poursuit le développement, normal et pathologique, la tâche n'est pas de schématiser mais d'individualiser ». (Prévost, 1988, p. 23-24). Ainsi, la vie psychologique ne peut être ramenée à ses éléments premiers, ce qui importe, c'est l'homme en situation et la manière dont il réagit à la situation, ce qui est proche du drame humain tel que Georges Politzer le définit ultérieurement dans les *Écrits 2,* (1924-1939), *Les fondements de la psychologie* (1928).

Pour Valentin et Hartenberg, l'homme subit différentes influences, qu'elles soient biologiques ou sociales, ce qu'il vient manifester en est le résultat.

La démarche expérimentale en disséquant, pousse à la schématisation, alors que l'appréhension du sujet en situation ne peut qu'être globale, parce que les différentes influences qui le déterminent font que chaque sujet ne peut ressembler à aucun autre.

De ce fait, la psychologie clinique tient compte de la globalité de la situation dans laquelle se trouve l'individu et des facteurs spécifiques qui le singularisent. Pour la première fois, à la fin du XIXe siècle, des médecins reconnaissent que cette psychologie clinique concerne le **normal** et non seulement le pathologique. Cette position est en contradiction avec le manifeste de départ qui reliait la psychologie clinique à la médecine. Sans le savoir, ils ouvrent ainsi une brèche dans le monopole médical. Des formulations proches de celles proposées par Valentin et Hartenberg seront présentes chez Lagache et Favez-Boutonier.

4 - Freud et la psychanalyse

A/ Une nouvelle clinique thérapeutique

La psychanalyse nous permet d'apporter un autre éclairage et d'autres réponses que celles proposées par Janet aux questions posées par l'hystérie, la suggestion et l'hypnose. **Freud** utilise une seule fois dans son œuvre le terme de « psychologie clinique». Dans la lettre n° 103 du 30 octobre1899, adressée à Wilhelm Fliess, avant même de baptiser son système de « psychanalyse », il écrit : « Maintenant, la connexion avec la psychologie telle qu'elle se présente dans les *Études* (sur *l'hys-*

térie) sort du chaos ; j'aperçois les relations avec le conflit, avec la vie, tout ce que j'aimerais appeler psychologie clinique. » (*La naissance de la psychanalyse*, Paris, PUF (1956), p. 244).

Freud, de Vienne à Londres. Si Sigmund Freud vivait aujourd'hui, il serait tchèque. Né en 1856 à Freiberg (aujourd'hui Pribor, en Moravie), dans une famille d'origine juive, Freud sera autrichien. A quatre ans, il accompagne ses parents à Vienne, qu'il ne quittera qu'en 1938 pour Londres. Docteur en médecine en 1881, il se spécialise en neurologie. Stagiaire en 1885 auprès de Charcot à l'hôpital de la Salpêtrière à Paris, il étudie l'hystérie et son traitement par l'hypnose.

Insatisfait par cette technique, souhaitant redonner la parole au patient, Freud jette les bases de la psychanalyse. Il estime qu'à l'origine des troubles névrotiques se trouvent des désirs inconscients. Incompatibles avec les exigences sociales et morales, ceux-ci sont refoulés, mais continuent d'exister. Ils se manifestent à travers les rêves (« voie royale qui conduit à l'inconscient »), les actes manqués (lapsus, oublis) aussi bien que dans les symptômes névrotiques (hystérie, phobie, obsession). Les plaisirs sexuels de l'enfance et le complexe d'Œdipe (attachement jaloux de l'enfant pour le parent du sexe opposé) sont les deux clés de ce conflit psychique. Malgré le scandale qu'elle provoqua, la psychanalyse fit à partir de 1903 de nombreux adeptes : Alfred Adler, Carl Gustav Jung, Marie Bonaparte, Wilhelm Reich.

D'un traitement des névroses, elle glisse progressivement vers une théorie globale de la personnalité, divisée en trois entités psychiques : le « ça », le « moi » et le « surmoi ». Freud est même enclin à considérer les valeurs culturelles (religion, art) comme un défoulement sublimé des pulsions réprimées par la société. Sa renommée devient aussi prestigieuse que controversée.

L'invasion de l'Autriche par les nazis en 1938 le force à s'expatrier. Il meurt à Londres en 1939. Sa fille, Anna, deviendra une psychanalyste célèbre, et son petit-fils, Lucian, un artiste expressionniste excellant dans la peinture de la nudité. Parmi ses œuvres les plus connues : *L'Interprétation des rêves, Psychopathologie de la vie quotidienne, Trois essais sur la théorie de la sexualité, Totem et Tabou, Introduction à la psychanalyse, Au-delà du principe de plaisir, Malaise dans la civilisation.*

D'après *Sciences et Avenir*, février 1997, p. 30.

Janet pose un regard d'expérimentaliste et se limite à l'observation, il adopte une position de maîtrise face au patient, sans chercher à repérer ce qu'il met en jeu de sa propre subjectivité. En tant que thérapeute, il n'est pas neutre puisqu'il ne se prive pas de juger ce qui est bon ou mauvais pour le patient, il le fait ainsi participer à ses préjugés moraux. En utilisant, selon le modèle médical, l'hypnose et la suggestion, pour extraire, gommer le symptôme, et avant même l'utilisation de la lobotomie en psychochirurgie, il se livre à une véritable chirurgie de l'esprit afin de libérer le patient de ce qui l'accable sans tenir compte des diverses facettes de l'économie psychique et sans se poser la question de la fonction du symptôme.

C'est entre autres cette question que va se poser Freud.

■ La découverte de la thérapeutique psychanalytique

Au début de sa pratique thérapeutique avec les hystériques, il utilise la ***faradisation,*** l'hypnose et la suggestion, comme les médecins de son époque. Comment expliquer le fait qu'il ait renoncé à ces techniques pour en inventer de nouvelles ?

Faradisation : terme de physique, désigne l'application médicale de l'électricité d'induction qui consiste en de légères décharges électriques pour stimuler un organe.

Freud qui est neurologue, s'est d'abord destiné à la physiologie, et sur les conseils de son professeur Ernst Brücke, il va s'orienter vers la médecine. Sa formation scientifique tient compte de l'avancée de la biologie, de la physiologie, de la physique, des travaux de Fechner et de Helmholtz, et ses premières publications sont destinées aux neurologues. L'idée donc que tout fait psychique est en même temps un fait physique intéressant tout l'organisme ne lui est pas étrangère. C'est la raison pour laquelle avec l'*Entwurf*, traduit en français par *Esquisse pour une psychologie scientifique*, Freud tente de décrire le fonctionnement des processus psychiques en termes physico-physiologiques en faisant intervenir des facteurs non seulement quantitatifs mais aussi qualitatifs. Le schéma proposé dans l'*Esquisse* devient le modèle théorique qui fonde la **métapsychologie freudienne.** Le

Métapsychologie, terme inventé par Freud en 1896 pour qualifier l'ensemble de sa conception théorique et la distinguer de la psychologie classique. L'approche métapsychologique consiste en l'élaboration de modèles théoriques qui prennent en compte les dimensions dynamique, c'est-à-dire les mouvements en jeu entre les différentes instances, topique, c'est-à-dire les lieux d'inscription de ces instances ainsi que le point de vue économique qui tient compte des quantités d'énergie disponibles.

Le modèle perception-conscience qui lui succède (lettre n° 52 du 6 décembre 1896) propose un schéma sans support direct neurophysiologique. Un modèle mental rendant compte de la topologie des niveaux d'intégration des structures du psychisme ; à savoir l'inconscient, le préconscient, le conscient est devenu possible.

Méthode cathartique : la catharsis est un mot grec utilisé par Aristote pour désigner les processus de purgation ou d'élimination des passions qui se produit chez le spectateur lorsqu'au théâtre, il assiste à la représentation d'une tragédie.

Dans les premiers temps où Freud utilise la ***méthode cathartique***, sa technique est proche de celle utilisée par Janet à la même époque : il fait remonter les représentations pathogènes, et une fois celles-ci devenues conscientes sous hypnose, il les fait disparaître par suggestion autoritaire. Dérivant de la *catharsis*, cette méthode proposée par Breuer et lui-même dans les *Études sur l'hystérie* est un procédé thérapeutique par lequel un sujet parvient à éliminer ses affects pathologiques, puis à les abréagir en libérant l'affect lié au souvenir du traumatisme. Freud conçoit la cure sur le modèle du « ramonage », mot utilisé par ***Anna O.*** Puis, peu à peu son élaboration théorique, son travail clinique avec les hystériques intègrent ce que ses patientes lui enseignent à commencer par Emmy von N. et Élisabeth von R.

Anna O : de son nom Bertha Pappenheim (1860-1936), fut soignée par Breuer entre juillet 1880 et juin 1882. Elle donna le nom de *talking cure* pour désigner une psychothérapie qui se fait par la parole, et employa le terme de *chimney sweeping* pour désigner une forme de remémoration appelée « ramonage de cheminée ».

■ L'évolution de la méthode freudienne

Tout d'abord, Emmy von N. intime à Freud l'ordre de la laisser parler sans intervenir. Le 12 mai 1889, Freud procède comme d'habitude en débutant la séance par un massage puis il passe à l'hypnose, il lui « donne jusqu'à demain pour se souvenir de l'origine de douleurs gastriques qu'il attribue aux accès de zoopsie. Elle lui dit alors d'un ton très bourru, qu'il ne faut pas lui demander toujours d'où provient ceci ou cela mais la laisser raconter ce qu'elle a à dire ». Freud y consent, et c'est le début d'une modification importante de sa technique (*Études sur l'hystérie,* p. 48). Il remarque également (*Études sur l'hystérie*, note 1 p. 47) « qu'elle s'est irritée de lui voir considérer son récit terminé et d'avoir interrompu celui-ci par une suggestion concluante ». Il découvre ainsi la fonction curative de la parole.

Son autre patiente, Élisabeth von R., lui fait entendre que l'hypnose n'a aucun effet sur elle. Freud renonce à l'hypnose, et procède par imposition des mains, parce qu'il pense que cette technique facilite l'émergence des pensées. Il en découvre rapidement les limites puisqu'il ne méconnaît pas qu'il exerce par ce procédé une influence sur le patient. Freud insiste de plus sur la qualité de la relation qui s'établit entre le thérapeute et son patient. Il apprend peu à peu à laisser parler sans trop intervenir et sans imposer un savoir venant de l'extérieur sur la vérité du désir. Du fait de cette abstinence qu'il s'impose, il ouvre un espace aux ***associations libres*** du sujet, et renonce à diriger celui-ci par des manipulations psychiques telles que l'hypnose ou la suggestion. Cela suppose que le psychanalyste contrôle le cadre de l'analyse tout en renonçant à la maîtrise des pensées du sujet en cure et en faisant taire son propre jugement.

La règle d'associations libres : « D'après elle, nous ne devons attacher d'importance particulière à rien de ce que nous entendons et il convient que nous prêtions à tout la même attention "flottante" suivant l'expression que j'ai adoptée », écrit encore Freud dans ses « Conseils aux médecins sur le traitement analytique » (1912), dans *La technique psychanalytique,* Paris, PUF, 1967.

■ Au risque des réminiscences et interprétations

Des chercheurs ont démontré que les souvenirs retrouvés sous hypnose ne peuvent être considérés comme historiquement vrais. Néanmoins les personnes qui évoquent ces souvenirs sont convaincues de leur véracité. Le mouvement actuel pousse les thérapeutes américains à s'intéresser à la description extérieure et à la prise en compte sans distance de ce qui est dit comme s'il s'agissait de la réalité du symptôme. De nos jours, la recrudescence de l'intérêt pour l'hypnose, en particulier aux États-Unis, a suscité des recherches à propos de la réalité des souvenirs retrouvés sous hypnose (Sherril Mulheim, 1995, « Les aléas de la thérapie des réminiscences » in *Le traumatisme de l'inceste*, Paris : PUF). Ces procédés vont de pair avec le démantèlement de « l'entité hystérie » au bénéfice de la seule prise en compte de signes décrivant des comportements.

Freud reconnaît, à propos du « cas Dora » (*Cinq psychanalyses*) dans une note datée de 1923, que le fait d'avoir voulu plaquer une interprétation en se référant au modèle œdipien était la cause de l'échec du traitement : Dora est attirée par Monsieur K. alors qu'à cette période la jeune fille éprouvait un amour homosexuel pour Mme K. Cette intervention avait été à l'origine de l'arrêt de la cure de Dora. Toute idée préconçue, tout modèle théorique plaqué s'inscrit dans le registre de la suggestion et ne permet pas au sujet, par ses propres associations, de trouver le sens de son symptôme.

Freud n'hésite pas à interroger ses échecs, c'est-à-dire d'abord faire un travail sur ce qui lui échappe afin d'en tirer les leçons qui font avancer la psychanalyse.

B/ Traumatisme, symptôme et sexualité

■ Découverte du refoulement

Freud découvre peu à peu qu'en laissant parler ses patientes, ce sont les nœuds conflictuels liés à la sexualité qui remontent à la surface. Il peut ainsi décrire le refoulement chez les hystériques, le malade maintenant ainsi hors du conscient une représentation insupportable, « repoussée dans l'inconscience ». Il ne s'agit plus d'un subconscient d'ordre physiologique mais d'un inconscient psychique dans lequel sont venues se fixer les représentations et les idées non acceptables pour le conscient. Freud découvre que le refoulement occupe une place privilégiée comme mode de défense contre ces représentations insupportables qui sont toujours d'ordre sexuel (*cf.* document 3 A 7).

Il peut alors affirmer que le symptôme chez l'hystérique recouvre un sens. Il vient non seulement dire une vérité inscrite dans le corps, mais aussi « le trouble révèle l'économie subjective de la corporéité, celle dont le corps parlant exhibe la fracture interne du sujet. » (Swain,1994, p. 233). Le corps est pris dans **la division du Sujet** entre conscient et inconscient. Ainsi ce qui vient se dire dans le corps est aussi production de la psyché, c'est là que se matérialise, se donne à voir ou à entendre ce qui, de sa subjectivité échappe au sujet et qui le divise. Le sujet est entendu ici comme sujet du désir qui se manifeste dans les formations de l'inconscient telles que lapsus, rêve, symptôme, actes manqués, mot d'esprit et qui l'inscrivent dans les lois du langage. Ce corps est le lieu du conflit entre désir et interdit, vérité et mensonge inscrits dans le symptôme, et ce corps est un corps sexué lieu d'une jouissance méconnue qui fait échec au savoir conscient sur le désir que camoufle le symptôme. Encore faut-il que le patient soit disposé à déchiffrer l'énigme qui recouvre l'enjeu de la jouissance interdite, et qui maintient les bénéfices secondaires de la maladie.

■ Le déplacement du symptôme

Si nous nous référons à l'économie du symptôme, il peut se faire entendre de différentes façons, disparaître dans un membre et réapparaître dans un autre membre, passer d'une représentation à une représentation plus acceptable. C'est ce que Freud appelle ***le déplacement***.

Déplacement : processus qui fait appel à l'hypothèse économique d'une énergie d'investissement susceptible de se détacher des représentations et de se glisser le long de voies associatives, selon une chaîne métonymique. D'après J. Laplanche et J.-B. Pontalis (1967). *Vocabulaire de la psychanalyse.* Paris : PUF.

Cette dimension n'est pas appréhendée par P. Janet : lorsqu'il déclare que Marie est guérie (document 3 A 6), sa présence de clinicien ne l'aide pas à déchiffrer le sens, il ne s'intéresse pas à l'économie du symptôme, il en donne une définition médicale et le retient comme signe. Il ne peut prendre en compte la mise en acte de la réalité sexuelle de l'inconscient qui vient se dire et représente le sujet dans son corps et dans sa parole. Marie ne peut donc être reconnue comme **sujet divisé par son inconscient** et ne peut avoir accès aux objets qui supportent et déterminent son désir et qui s'articulent à son fantasme.

En déclarant que les pensées qui viennent à Marie sont des enfantillages ou des absurdités, Janet impose sa vision morale, et ce qu'il considère être la réalité des choses. Il plaque des vérités normatives qui priment sur ce que vient dire le symptôme à propos de l'articulation mensonge-vérité qui concerne un sujet singulier. Ici se pose la question d'une position éthique dans la thérapie.

B

COURANTS CLINIQUES CONTEMPORAINS

1 - Naissance d'une psychologie clinique expérimentale aux Etats-Unis

Depuis le début du XIXe siècle s'est développée en France une clinique des enfants inadaptés ayant pour précurseurs Itard et Seguin (*cf.* chapitre 2). Cette clinique du handicap et de l'inadaptation est influencée par la pédagogie, ce mouvement est repris aux Etats-Unis par Lightner Witmer et Henry H. Goddard dans une perspective expérimentale et William Healy dans une perspective de psychologie dynamique.

Favez-Boutonier, Juliette (1903-1994). Philosophe, médecin, psychanalyse, professeur de psychologie clinique, à l'origine de la fondation de l'UER Sciences Humaines Cliniques à l'Université Paris VII en 1971, également directrice du laboratoire de psychologie clinique jusqu'à sa retraite. Elle joua un rôle dans les scissions du mouvement psychanalytique français en fondant avec Lagache en 1953 la Société française de psychanalyse, puis en 1964, en participant à la fondation de l'Association psychanalytique de France.

Juliette Favez-Boutonier souligne que cette orientation de la clinique de l'enfant s'est développée indépendamment de la clinique psychanalytique qui avait pris à ses débuts pour objet d'étude et de traitement, les névroses de l'adulte. Ces deux courants ont connu des développements divergents : l'un se référant à une perspective béhavioriste et ses prolongements skinnériens (*cf.* Grand Amphi, *Psychologie cognitive*) limités à l'apprentissage, l'autre se référant à une psychologie clinique qui est une reprise de la psychanalyse dans le domaine de la psychothérapie.

A/ Lightner Witmer (1867-1956) et la psychologie clinique

Witmer est considéré comme le fondateur officiel de la psychologie clinique aux États-Unis. Reprenant une tradition venant de France avec Itard et Seguin (chapitre 2), il s'intéresse aux cas individuels d'enfants difficiles ou anormaux. Maurice Reuchlin rappelle dans son *Histoire de la psychologie* (1957, Paris, PUF), que Witmer fut le premier à employer les deux expressions : « psychologie clinique »,

« méthode clinique en psychologie ». Alors qu'il enseignait la psychologie de l'enfant à l'Université de Pennsylvanie en 1894-1895, un instituteur lui soumet le cas d'un enfant incapable d'apprendre l'orthographe. Witmer voit très vite l'intérêt que pourrait prendre l'application de la psychologie à des problèmes pédagogiques posés par les déficients mentaux. La même année, en 1896, il fonde une institution qu'il appelle *Psychological Clinic* et qui est consacrée à la « réhabilitation des retardés et des anormaux ».

Travaillant en liaison étroite avec les médecins, les services sociaux, les écoles, les associations caritatives, il est le premier psychologue clinicien à pratiquer dans un service hospitalier. Il définit la méthode clinique en psychologie par l'utilisation des résultats de l'examen de sujets nombreux, étudiés l'un après l'autre, pour des généralisations suggérées par l'observation de leurs aptitudes et de leurs déficiences. Cette méthode visant la généralisation dans une perspective expérimentale, reste fidèle aux méthodes expérimentales de laboratoire apprises chez Wundt à Leipzig et reprises par James Mc Keen Cattell aux Etats-Unis (*cf.* Grand Amphi, *Psychologie différentielle*). Nous retrouvons l'influence de la méthode quantitative à visée clinique dans les travaux contemporains (*cf.* document 3 B 1).

Dès 1906, Witmer fonde une revue de psychologie clinique pour faire connaître ses idées. Mais, c'est surtout sur le plan institutionnel que son exemple est suivi, à partir des départements de psychologie des universités qui ont la haute main sur l'enseignement, la recherche et la pratique de la psychologie, et des cliniques destinées à la prise en charge des déficients mentaux sont créées, qui travaillent en liaison avec les tribunaux pour mineurs. Huguet apporte le commentaire suivant : « Un tel projet de clinique psychologique, institution de recherche, de traitement et d'enseignement, propose une visée où certes on procède bien cas par cas, mais où l'on traite sur le modèle, en fait médical de l'observation objectivante, c'est-à-dire en extériorité, du sujet clinique. On a là un premier exemple d'une méthode clinique proche du modèle expérimental, peu soucieuse de la singularité du sujet, installée sans état d'âme et dans une méconnaissance tranquille dans une contradiction qui attend d'une généralisation d'ordre statistique la preuve de la compréhension d'une conduite déviante » (1995, p. 156).

B/ Henry H. Goddard

A la même époque, Henry H. Goddard fait connaître le test de Binet-Simon et participe à sa diffusion aux Etats-Unis. Il est également le premier psychologue travaillant sans lien direct avec l'Université. Goddard crée une « école de formation des faibles d'esprit » à Vineland dans le New Jersey ; le laboratoire de recherche qui lui est adjoint, est orienté vers une psychologie clinique particulière. Il expérimente et valide le test mis au point en France par Binet, sur les déficients mentaux de son institution et, prenant la mesure de sa prédictivité, il présente en 1909 un rapport favorable à l'utilisation de cette épreuve devant l'*American Association of the Feeble-minded.* Il recommande à cette occasion de classer les déficients mentaux en trois catégories : les idiots, les imbéciles et les *morons.* Il forge ce dernier terme pour désigner la catégorie de débiles légers dont l'âge mental se situe entre huit et douze ans, et qui sont désignés comme déviants.

Cette catégorie des *morons* va être intégrée dans une ***politique eugéniste*** d'immigration mise en place pour empêcher les faibles d'esprit d'entrer aux Etats-Unis, ces derniers étant accusés de dégénérescence, de déficience, ou encore de délinquance. Le lien est alors fait entre la déficience psychique et les conduites indésirables des délinquants.

Eugénisme : étude des conditions favorables à la sauvegarde de la qualité génétique de l'espèce humaine. Darwin, au siècle dernier, fut partisan d'une eugénique volontaire ayant pour conséquence logique le principe de sélection naturelle. Appliquée à l'homme, cette théorie se fondant sur la biologie a engendré les excès qui ont abouti, lors de la dernière Guerre mondiale, à l'élimination de millions d'hommes.

Les services d'accueil en quête d'instruments d'expertise fiables, font appel à Goddard afin de refouler à partir de critères scientifiques les immigrants litigieux. Ce n'est pas directement le critère ethnique, racial ou religieux qui est invoqué, mais ces hommes et ces femmes qui arrivent pour la plupart d'Europe, s'inscrivent dans une autre culture ou sont illettrés, obtiennent des résultats à ce test qui paraissent à Goddard « surprenants » ou « difficiles à accepter ». Comme le souligne Paicheler : « sans que jamais l'illettrisme des immigrants ou l'incongruité des épreuves ne lui effleure l'esprit. A coup sûr, il n'arrivait alors que le plus médiocre de chaque race !... Pour mieux s'adapter au mouvement eugéniste, il abandonnera toute attention aux facteurs d'environnement et confirmera les différences raciales, jusqu'à sa rétractation en 1928 » (1994, p. 158-159). Ainsi le test psychologique employé dans une perspective différentielle et hygiéniste soi-disant clinique, sur des populations de culture diverses, devient un instrument de sélection, de ségrégation, de référence à une norme comme critère d'adaptation qui répond à l'idéologie eugéniste dominante aux Etats-Unis. Les instruments de recherche des différences anthropomorphiques utilisés par les nazis se sont inscrits dans une même logique.

2 - La psychologie dynamique

A/ Sa naissance : William Healy (1869-1963)

D'après Reuchlin, la clinique psychologique va prendre son essor à partir de 1909, sous la houlette d'un psychiatre, Healy. Celui-ci est choisi comme directeur d'un établissement destiné aux jeunes délinquants : *The Juvenile Psychopathic Institute.* Healy a pour concurrent un psychologue expérimentaliste et statisticien.

Au début du XIXe siècle, les psychiatres sont peu nombreux aux États-Unis et formés de façon lacunaire. Les psychologues non-médecins ne rencontrent pas les mêmes obstacles qu'en France. Grâce à l'implantation universitaire, la profession est organisée et a une assise socio-économique forte et stable. Les psychologues ne sont pas dominés par les médecins, ce qui n'est pas le cas en France, car après la mort de Binet, ceux-ci s'emparent à travers le champ de l'***échec scolaire*** à la fois de la maîtrise des tests d'intelligence et de la prise en charge de la déficience mentale (*cf.* Lectures conseillées, Paicheler).

Sur l'***échec scolaire,*** voir Pinell, P. et Zafiropoulos, M. (1983). *Un siècle d'échecs scolaires (1882-1982).* Paris : Editions ouvrières.

Healy est l'élève du psychologue américain William James (1842-1910), sur qui la psychopathologie française a exercé une influence, il est aussi très impressionné par Freud. Avec lui, souligne Reuchlin, « la psychologie clinique va devenir une psychologie dynamique », elle aura une influence sur l'évolution ultérieure de la psychologie clinique aux Etats-Unis.

Healy a contribué à mettre en place une clinique qui utilise l'observation sans aucun instrument que le clinicien lui-même qui voit, qui regarde, qui écoute (c'est à cette clinique que d'après Favez-Boutonier la psychanalyse a apporté un sens). Witmer s'était contenté de techniques plus ou moins sûres donnant au chercheur ou à l'observateur le sentiment qu'il avait un instrument de recherche fiable.

B/ Définition, limite et intérêt de la psychologie dynamique

Le XIXe siècle est marqué par l'approche clinique dans l'exploration de l'inconscient. Pour Ellenberger, une grande partie du travail des magnétiseurs et des hypnotiseurs n'est qu'une investigation clinique de l'inconscient, leurs procédés annoncent la naissance d'une psychiatrie et d'une psychologie dynamique qui s'intéressent à la dynamique du fait psychique. Ellenberger cite Henri Bergson qui, en 1901, déclarait: « Explorer l'inconscient, travailler dans le sous-sol de l'esprit avec des méthodes spécialement appropriées, telle sera la tâche principale de la psychologie dans le siècle qui s'ouvre. Je ne doute pas que de belles découvertes ne l'y attendent, aussi importantes peut-être que l'ont été dans les siècles précédents, celles des sciences physiques et naturelles ». (1970, p. 353).

Charcot avait déjà souligné avant Janet et Freud l'importance de l'incidence de l'événement dans l'ordre psychique en distinguant le traumatisme psychique, réponse psychique au traumatisme physique ainsi que l'importance de la remémoration. C'est dans la faille créée par le traumatisme qu'il fait naître **le sujet psychique dans un sens moderne.**

L'intériorisation de l'événement met l'accent sur la façon dont le sujet l'élabore à partir de la trace mnésique, de ce qu'il a oublié, de la manière dont il se le représente, l'intègre dans son histoire individuelle, le répète, et souligne les mécanismes que le sujet emploie pour se défendre de cette intrusion extérieure. Cette définition sera reprise par Lagache pour désigner les conflits et les problèmes à résoudre s'inscrivant dans son mode d'approche de la psychologie dynamique de la conduite et de ses troubles.

La psychologie dynamique selon Healy, souligne Favez-Boutonier, suppose « l'examen approfondi de cas individuels », en ne se limitant pas seulement aux tests et aux examens de laboratoire à un moment donné. « Ce n'est pas uniquement une observation qui fait état de certains faits observés au jour où on l'observe, mais c'est une étude qui va s'efforcer de retrouver l'explication du comportement du sujet, dans toute son histoire ». (Favez-Boutonier, 1960, p. 6).

Et encore : « envisager la psychologie dans une perspective dynamique, c'est considérer la vie humaine comme une histoire, dans laquelle... certaines forces produisent des mouvements. » (p. 65). (*cf.* document 3 B 2).

Favez-Boutonier rappelle que cette démarche n'est pas étrangère à la clinique médicale. Le médecin qui se trouve en présence des malades, ne doit pas oublier de reconstituer l'histoire de la maladie et des maladies du sujet (anamnèse), ni de reconstituer l'histoire du sujet (biographie).

■ Psychologie clinique et historicité

La psychologie clinique se doit de se réapproprier l'histoire du sujet. Ce dernier est pris dans les histoires subjectives familiales qui le prédéterminent, pas d'histoire de sujet qui ne soit avant tout l'histoire de l'instauration d'un sujet. « L'introduction de l'histoire dans l'homme », c'est aussi **« l'historicisation radicale du sujet »** (Swain, 1994, p. 211), et pas de sujet sans prise de conscience historique de la dimension d'un temps dans l'individu. Favez-Boutonier affirme l'importance de la méthode biographique utilisée en clinique, que cette méthode n'est pas étrangère aux psychiatres du XIXe siècle, qu'elle peut être également retrouvée chez Freud, qui d'ailleurs a constaté lui-même que ses « observations de malades se lisent comme des romans et qu'elles ne portent pour ainsi dire pas ce cachet sérieux, propre aux écrits des savants » ! (1895, p. 127).

■ Evénement, mythe et répétition : la clinique au singulier

La prise en compte de l'événement tel que Charcot a pu le repérer vient inscrire dans le psychisme l'idée d'une détermination par l'événement et l'idée de l'insistance de la représentation de l'événement sous la forme de la répétition.

La recherche de l'événement traumatique et des représentations inconscientes qui l'accompagnent déterminent l'histoire de la maladie qui elle-même va orienter une destinée.

C'est le **mythe** des origines, de la création du monde par Dieu, et aussi le mythe d'**Œdipe** puis celui de *Totem et tabou* et le meurtre du père de la horde primitive qui, pour Freud, révèle une vérité universelle et en même temps soutient une vérité individuelle. Freud se réfère également à la théorie darwinienne de l'évolution des espèces qui instaure la reconnaissance d'un temps zéro. L'histoire de l'individu vient répéter l'histoire de l'espèce, l'ontogenèse recoupe la phylogenèse. Et c'est bien parce que le sujet humain est un être de parole pris dans un discours qui lui préexiste, que la reconnaissance d'une histoire singulière marquée par des événements singuliers se mêle à une histoire familiale mythique. Le traumatisme comme incarnation de l'événement, vient révéler ce qui était déjà inscrit mais non réalisé de la structure d'un sujet (ce qui s'est mis en place à l'origine). La prise en compte de l'événement définit une clinique référée à un sujet singulier pris dans une histoire. L'historicité ne permet qu'une clinique au singulier. (*cf.* document 3 B 3).

« **Le mythe** est un récit fabuleux, souvent d'origine populaire qui met en scène des êtres incarnant sous une forme symbolique des forces de la nature, des aspects de la condition humaine » (Petit Robert). Il constitue une première forme d'explication des choses et de l'univers, il s'inscrit dans une forme de discours référé à la linguistique.
Il s'agit de récits parfois extravagants mais souvent exemplaires. Ils se distingueraient des autres récits ou contes en se référant essentiellement aux origines, que ce soit celles du monde, des hommes, des dieux ou des institutions.
Si l'on reprend le modèle structural proposé par Claude Lévi-Strauss, le mythe correspond à une construction logique, que l'on retrouve d'une culture à l'autre sous la forme d'une structure, ce qui rend certains mythes universel : ce qui est constant chez l'homme va venir se dire de la même façon sous différents travestissements. Il ne s'agit pas d'un inconscient collectif mais d'une vérité humaine véhiculée par le langage.

3 - D. Lagache et l'*Ego psychology*

Nous avons vu que dès le XIXe siècle, Ribot pose déjà, à sa façon, la question de l'unité de la psychologie. Néanmoins ce que propose Ribot ressemble plus à un assemblage d'approches psychologiques éclectiques, distinctes et juxtaposées qu'à une seule et unique science constituée.

Durant tout le XIXe siècle, la quête de l'objectivation de ce qui échappe à la raison devient l'objet de la psychologie expérimentale. Cette nouvelle psychologie scientifique cherche à s'émanciper de la philosophie pour se constituer comme science de la nature. Des modèles méthodologiques qui relèvent d'un projet de psychologie scientifique positif sont proposés dans divers pays du monde. Les psychologues américains plus particulièrement influencés par l'École de Wundt, tentent la synthèse de ces divers modèles. La psychologie expérimentale et en particulier le béhaviorisme de John Broadus Watson (1878-1958) privilégie l'observation minutieuse des seules réactions comportementales, elle détermine pour cet auteur, le fait psychologique. Les « faits intérieurs » sont exclus par Watson, ce qui lui permet de mettre « la conscience comme instrument d'introspection entre parenthèses » et d'en faire la trop fameuse « boîte noire ». Il ne tient compte que de la réaction comportementale.

En Russie Ivan P. Pavlov (1849-1936) et Vladimir M. Bechterev (1857-1927) développent des modèles de neurophysiologie animale. On leur reproche de viser une instrumentalisation de l'homme dont le fonctionnement est assimilé à une machine commandée uniquement par les exigences d'adaptation au milieu.

L'histoire de cette psychologie du XIXe siècle vient désigner le conflit entre **deux styles de pensée antinomiques,** l'un résultant de l'attrait exercé par la rigueur objective des sciences de la nature et l'autre privilégiant la signification que supposent les expériences humaines.

Deux styles de pensée antinomiques. Ces conceptions prolongent le vieux débat entre monisme (système philosophique selon lequel il n'y a qu'une seule réalité : la matière ou l'esprit) et dualisme (tout système philosophique qui se réfère à deux principes, par exemple le dualisme du corps et de l'esprit) ; entre conceptions philosophiques qui postulent deux substances distinctes, celle, matérielle, fondée sur une conception mécaniste des activités humaines, opposée à celle, holistique, qui prend en compte un ensemble de facteurs et celle, vitaliste, qui explique les phénomènes physico-chimiques et biologiques à partir d'un principe vital, ou encore celle, spirituelle, qui explique la vie par une présence spirituelle en nous : âme ou Dieu.

Cette opposition entre théories se retrouve :
– dans la tentative d'assimilation de la psychologie aux sciences de la nature, dans ses rapprochements avec la biologie, la physique, ou la physiologie : c'est la voie choisie par la psychologie expérimentale ;
– dans son assimilation à une méthode explicative ou compréhensive du fonctionnement humain en tant qu'émanation et production d'une culture et d'une histoire. Cette définition inscrit la psychologie et plus particulièrement la psychologie clinique du côté des sciences de l'homme, puisque ce qui la caractérise a priori, c'est **la recherche du sens**.

Ce sont ces perspectives qu'ouvre l'approche phénoménologique qui vise plus la compréhension de l'homme en situation que l'élaboration de lois générales ; l'approche psychanalytique, elle, souligne l'importance du langage et de la parole qui échappent à l'homme et le soumettent aux exigences de l'inconscient : « Avec la moindre de nos paroles, nous sommes déjà dominés et transis par le langage » (Foucault, 1966, *Les mots et les choses* , p. 448).

L'enjeu porte non seulement sur le fait de tenir ou de ne pas tenir compte de la conscience (le béhaviorisme) (*cf.* Grand Amphi, *Psychologie cognitive*), objet non mesurable, mais aussi d'introduire une autre dimension, celle de l'inconscient (la psychanalyse) hors de l'appréhension directe de la conscience et du réel des sciences de la nature. Peut-on alors parler d'une coupure épistémologique définitive entre sciences de la nature et sciences de l'homme ?

A/ Psychologie de la conduite et adaptation

■ Lagache et l'unité de la psychologie

Daniel Lagache (1903-1972) est élève de Georges Dumas mais il est aussi formé à la psychanalyse freudienne, cette double formation le porte à reprendre à son compte la question de *L'unité de la psychologie* (1949) en tentant d'établir une articulation entre la démarche expérimentale et la démarche clinique dans laquelle il intègre la psychanalyse. Il se montre homme de synthèse en considérant que la démarche expérimentale et la démarche clinique sont les deux socles de la psychologie.

Il s'inscrit dans la même tradition que Janet, celle qu'a mise en place Ribot, il est philosophe, médecin, psychiatre et de surcroît psychanalyste. Il va tenter d'articuler à cette tradition française la psychanalyse qui, à cette époque, est ressentie par beaucoup comme un apport étranger, germanique et juif.

Élisabeth Roudinesco (1986), dans son *Histoire de la psychanalyse en France* (1925-1985), souligne que Lagache lit *L'automatisme psychologique* de Janet avant l'*Introduction à la psychanalyse ;* il est guidé par Georges Dumas sur la voie de la médecine.

Lagache reprend à son compte la psychologie des conduites proposée par Janet. Il cherche à adapter cette théorie à l'expérience psychanalytique : « C'est l'observation clinique des conduites du patient qui suggère l'hypothèse et en permet la vérification. C'est la clinique de la conduite qui pose les indications de la cure, qui en contrôle le progrès, et qui diagnostique la guérison » (Lagache, 1949, pp. 35-36).

Dans sa conférence de 1949 prononcée devant le groupe de *L'évolution psychiatrique,* il distingue dans l'étude de la conduite humaine deux modes d'approche principaux : expérimental, clinique.

Sous l'égide de l'unité de la psychologie les psychologies sont rangées une fois de plus en deux tendances : l'une est dite « naturaliste », elle est réglée par l'atomisme, la physiologie, le mécanisme, elle comprend le behaviorisme et les théories de l'apprentissage, avec les statistiques et l'expérimentation comme base méthodologique. Au niveau de l'application, ce sont les tests, les interrogatoires, le diagnostic, le pronostic, les instruments qui relèvent d'une **« clinique armée »** : la psychologie clinique augmente son efficacité en s'armant des tests, souligne l'auteur.

L'autre est dite psychologie humaniste, elle s'inspire de la tradition médicale pour la clinique, se réfère à la Gestalt et à la phénoménologie ; la psychanalyse est présente en tant qu'**ultra-clinique**, l'ensemble est chapeauté par la psychologie clinique.

Cette psychologie clinique inclut également la psychologie médicale, elle ne se limite pas aux troubles et aux dysfonctionnements de la personnalité, elle étend son approche à tous les secteurs de la conduite humaine **adaptée ou inadaptée**.

Ce qui fera dire à Canghilhem dans sa conférence *Qu'est-ce que la psychologie ?* « qu'il craint que la psychologie ne soit qu'un empirisme composite, littéralement codifié aux fins d'enseignement ». Il dit avoir retiré des travaux de psychologie l'impression « qu'ils mélangent à une philosophie sans rigueur une éthique sans exigence et une médecine sans contrôle » (1956, p. 366). Elle se doit de répondre à une approche globale, à une vision totale menant à la compréhension des phénomènes psychiques conscients et inconscients, résorbant ainsi tout « déchet qualitatif » ! (1956, p. 369).

Dans cette diversité de méthodes et de théories, en effet, pour Lagache, ce qui fait l'unité de la psychologie, c'est son objet : « l'être humain en tant qu'il est porteur d'un problème, et d'un problème mal résolu »..., « une image de la vie humaine, où plutôt de la vie en général : la vie étant une succession de conflits, d'essais et d'erreurs, de désadaptations et de réadaptations : le problème essentiel de la psychologie et de la biologie, c'est l'adaptation, c'est-à-dire le conflit et la résolution du conflit » (1949, p. 34).

Le maître-mot est ici celui d'adaptation qui permet de rabattre le processus psychique sur le fonctionnement biologique. Il est issu des sciences naturelles : « vivifié par la biologie moderne, notion sociale universelle, l'adaptation serait la pierre angulaire de la psychologie. C'est sur la base de sa polysémie que les psychologues scientifiques ont revendiqué leur insertion dans les sciences de la vie » (Paicheler, 1992, p. 10).

Cette définition est orientée et connotée idéologiquement puisque lorsqu'elle évoque l'apprentissage, le conditionnement, elle se réfère à **l'adaptation** à une norme, à un idéal social, celui qu'on pense être le bien pour le plus grand nombre.

B/ L'adaptation, idéologie de rechange

Didier Deleule dans son ouvrage *La psychologie mythe scientifique*, souligne que le culte de l'objectivité obéit à une nécessité qui est d'ordre idéologique. La psychologie, loin de rompre avec l'idéologie dominante, apporte au contraire à cette dernière le concours de son appareil technique et de son armature théorique « qu'elle va puiser dans les autres sciences telles que la physique, la physiologie, la biologie ». La psychologie est une « idéologie de rechange » qui est « renforcement subtil de l'idéologie dominante » (1969, p. 106).

Elle récupère et recycle tout ferment pouvant mettre en jeu l'ordre social. Sa fonction est de réduire le négatif au profit d'une positivité scientifique.

« Ainsi la nécessité de la psychologie à se prétendre scientifique résulte de l'exigence idéologique de l'ordre social, qui l'encadre et qu'en retour elle consolide. » (1969, p. 179). La psychologie est nécessaire parce qu'elle est utile « au respect de la norme », ce que conforte la notion d'adaptation que Lagache privilégie. En quelque sorte les notions de conduite et d'adaptation permettent de résorber non seulement la psychologie clinique mais aussi la psychanalyse dans une psychologie naturaliste. La psychanalyse n'a alors pour objet que les problèmes de **conduite** et d'**adaptation** ; son mode d'investigation « repose sur l'observation et l'interprétation de la conduite ». Ce que la psychanalyse apporte aussi à la psychologie clinique c'est « l'attention qu'elle accorde au **transfert** qui lui confère son caractère le plus spécifique » (Lagache, 1949, p. 36).

Au nom de la science psychologique, Lagache scotomise le tranchant que la psychanalyse prête à la psychologie clinique et méconnaît la dimension inconsciente dégagée par la psychanalyse au profit d'une fonction de synthèse qui a pour visée première : l'adaptation.

En prenant ainsi appui sur la biologie, Lagache s'inscrit dans une perspective ***évolutionniste*** lorsqu'il considère que : « la comparaison avec les animaux permet de mieux comprendre les hommes, et c'est aussi le recours aux animaux qui permet l'emploi extensif des méthodes expérimentales, introduisant ainsi en psychologie une rigueur comparable à celle des sciences de la nature » (1949, p. 30).

Évolutionnisme : théorie selon laquelle les différentes espèces animales se transforment par le simple mouvement d'une évolution. Cette théorie a été soutenue par Jean-Baptiste Lamarck (1744-1829, et Charles Darwin (1809-1882).

Il y a alors continuité entre le monde animal et l'homme et non rupture malgré l'introduction du langage, instinct et pulsion sont confondus.

Ce qui fait la coupure avec le monde animal, à savoir la primauté de l'inconscient et la prise en compte du langage est absent du propos de Lagache. En privilégiant la notion d'adaptation, il donne non seulement la priorité à la psychologie expérimentale mais il met en place une fonction de synthèse qui ne peut être assumée que par le moi : cette instance adaptative devient ainsi le lieu de la connaissance et de la totalisation d'un savoir.

Cette conception va à l'encontre de la démarche des aliénistes, de Pinel à Charcot, en quête d'un sujet psychique, puis de la découverte freudienne qui met en question toutes les certitudes et reconnaît une **division entre conscient et inconscient** dans le sujet.

Conscient et inconscient, moi et adaptation. Le refoulement qui met en place l'inconscient freudien introduit le paradoxe d'un sujet constitué de ce qu'il ne sait pas, et c'est ce savoir qui lui échappe consciemment qui agit sur ses pensées et ses conduites dans une littérale excentration par rapport à la fonction de synthèse dévolue à son moi. Ce qui permet alors de distinguer le moi conscient, instance dite adaptative, moi tout en surface présentant une face plongeant dans la réalité, de la partie inconsciente du moi qui s'enracine dans le ça. De ce fait, le sujet de l'inconscient est aussi représenté dans le moi, dans ce qui l'anime et sans qu'il le sache, du fait de la méconnaissance de son désir. C'est en cela que Jacques Lacan reconnaît dans le moi une instance qui est lieu de méconnaissance et d'aliénation du sujet et non le lieu de la connaissance tels que le voudraient Lagache et aussi l'*Ego Psychology*.

En effet dans sa tentative de rapprochement entre démarche expérimentale et démarche clinique, Lagache est proche de la conception du moi telle que Heinz Hartmann (1894-1970), l'a développée dans le cadre de l'École de New York sous la dénomination d'*Ego psychology.* (Hartmann H. (1939) *Ego Psychology and the problem of adaptation,* New York : International Universities Press, 1958).

C/ L'*EGO PSYCHOLOGY*, L'ADAPTATION ET LE MOI

■ Une psychologie clinique adaptative

Des psychanalystes d'origine viennoise, établis aux Etats-Unis pour échapper aux nazis, tels que Hartmann, Rudolph Lœwenstein, Ernst Kris, vont faire le chemin inverse de celui de Freud qui très vite, avait affirmé le primat de l'inconscient sur le conscient. Après 1920, dans *Au-delà du principe de plaisir*, Freud affirme et démontre l'existence d'une pulsion de mort d'ordre sexuel intégrant l'agressivité.

Les tenants de l'*ego psychology* affirment seulement l'existence de pulsions libidinales et de pulsions agressives non sexuelles, d'une énergie libidinale neutralisée et désexualisée à la disposition du moi. Le moi est alors conçu comme un appareil de défense, de régulation et **d'adaptation** à la réalité dont on trace la genèse des processus de maturation et d'apprentissage, en partant de l'équipement sensori-moteur du nourrisson.

Jacques Marie Lacan (1901-1980). Médecin et psychanalyste français, élève du psychiatre Gaétan Gatien de Clérambault dont il admire le style. Il va particulièrement marquer le mouvement psychanalytique français. A partir de 1953, il entreprend dans ses séminaires le « retour à Freud ».

Cette démarche a pour objectif d'établir un lien avec la psychophysiologie, la théorie de l'apprentissage, la psychologie de l'enfant, la psychologie sociale, de façon à constituer une véritable *psychologie générale du moi,* très proche d'une psychologie clinique adaptative s'inscrivant dans une démarche médicale (*cf.* document 3 B 4).

■ Les critiques

Les principales critiques portées par ***Lacan*** et son Ecole, consistent à considérer que *l'ego psychology* n'est rien d'autre qu'une récupération idéologique de la psychanalyse qui devient un instrument d'adaptation à la réalité de la société américaine. Ce qui est alors extrait de la théorie psychanalytique correspond au système perception-conscience, aux mécanismes de défense comme principe d'adaptation du *moi* à visée de connaissance objective. Le « *Wo Es war, soll Ich werden* » freudien (*Les diverses instances de la personnalité psychique*) est traduit par Anne Berman de la façon suivante : « le moi doit déloger le ça. C'est là une tâche qui incombe à la civilisation tout comme l'assèchement du Zuyderzee » (Freud, 1932, p. 107). La traduction privilégie le ***moi*** instance adaptative au détriment **du sujet de l'inconscient**.

« ***Le moi*** n'est pas le sujet, il est plus proche du personnage, de l'apparence, du rôle que de la conscience ou de la subjectivité. Le moi se situe du côté de l'imaginaire, alors que la subjectivité se situe plutôt du côté du symbolique, le moi est le lieu des identifications imaginaires du sujet » (Lacan).

Dans son cours de *Psychologie clinique* en 1960, Favez-Boutonier reprend l'exemple donné par Freud concernant *l'assèchement du Zuyderzee :* elle se montre très nuancée, insiste sur la vanité de penser que les terres conquises sur la mer pour les cultures maraîchères, le sont une fois pour toutes. Elle fait remarquer qu'il y a un travail constant de maintien de ces territoires, et même de reconquête de certaines terres. Elle établit ainsi une comparaison avec le travail de la psychanalyse, qui est une « lutte pour rendre conscient ce qui est inconscient » (1960, p. 70).

Elle souligne de ce fait, que le moi, instance en partie consciente, peut être, à tout moment débordé par le ça, ce qui rend précaire l'équilibre entre les instances (moi, ça, surmoi).

Dans la perspective freudienne, si le moi a une fonction de régulation, elle est plutôt d'ordre narcissique, c'est-à-dire libidinale.

Les tenants de *l'ego psychology* reconnaissent néanmoins la relativité de cette autonomie acquise. L'adaptation du moi par rapport aux pressions du ça et par rapport aux limites et intrusions de l'environnement, suppose que la cure permette de trouver un juste milieu entre les contraintes internes et externes nécessaires à l'épanouissement individuel.

Après 1950, Hartmann, sensible à ces différentes critiques, tentera d'introduire une distinction entre l'ego, c'est-à-dire le moi comme instance psychique et le self, pris au sens de la personnalité.

■ Le moi et le sujet

Dès 1936 Jacques Lacan avait proposé la topique du ***stade du miroir*** qu'il mettra véritablement en forme en 1949.

« ***Le stade du miroir*** comme formateur de la fonction du *je* telle qu'elle nous est révélée dans l'expérience psychanalytique » in *Écrits* (Paris, Seuil (1966), p. 93-100).

Ce n'est qu'en 1960, dans « Subversion du sujet et dialectique du désir » (1966, p.793-827) qu'il distingue le moi et le sujet lui-même déterminé par le ***signifiant***. Il se dresse contre l'idée d'une fonction de synthèse du moi. Le « Wo *Es* War, soll *Ich* werden » est traduit par « Là où est le *ça*, le *Je* doit advenir » ; le *Je* suppose pour Lacan *le sujet de l'inconscient,* ce qui l'amène à distinguer le *moi* et le *sujet de l'inconscient.*

Signifiant : ce terme est repris par Lacan comme un concept central de son système de pensée : le signifiant devient en psychanalyse « l'élément significatif du discours (conscient ou inconscient) qui détermine les actes, les paroles et la destinée d'un sujet à son insu et à la manière d'une nomination symbolique ». Roudinesco, E. et Plon, M. (1997). *Dictionnaire de la psychanalyse*. Paris : Fayard, p. 983.

Ainsi le sujet comme tel, le sujet dans ce qui le fait être un « sujet », n'est ni l'être pris dans une dimension ontologique, ni celui du cogito, c'est-à-dire celui qui pense, mais celui qui désire. Les conséquences théoriques et pratiques seront fondamentales : l'*ego psychology* confond le *sujet* et le *moi.* L'énergie libidinale ou agressive neutralisée permet d'aboutir à un moi fort, car plus le moi est faible et moins la neutralisation agit. Ce qui se traduit dans la perspective psychanalytique proposée par cette école, par une orientation portant essentiellement sur **l'analyse du moi** et visant à une identification au « **moi fort** » de l'analyste, ce qui redouble le leurre, la méconnaissance du désir et ne vise que l'*adaptation.* La conséquence en est l'aliénation du **moi**, ce qui redouble la fonction de méconnaissance de cette instance puisque le sujet ne peut se dessaisir des identifications qui l'aliènent.

En effet, c'est le regard et la parole portés sur le sujet qui vont l'aliéner au désir de l'Autre (parent tutélaire), regard et parole qui vont l'enchasubler (l'inscrire dans une forme), dans des identifications qui lui donnent forme dans une image spéculaire, celle de son reflet dans le miroir, fondatrice du **moi**. Ce sont les signifiants liés à cette image narcissique dont le sujet a à se déprendre. La démarche de l'analyse vise plutôt dans cette deuxième conception non pas l'aliénation à un **moi fort** répondant à l'imaginaire social, mais la reconnaissance des identifications et des idéaux auxquels le sujet est aliéné, ce qui suppose l'acceptation d'une perte et la reconnaissance de la castration, ce roc auquel s'est heurtée la psychanalyse.

4 - L'APPROCHE PHÉNOMÉNOLOGIQUE

A/ LA QUESTION DE L'INTERSUBJECTIVITÉ

Favez-Boutonier propose dans son cours de *Psychologie clinique* (1960), une perspective phénoménologique permettant de comprendre et de donner un sens aux événements de la vie d'un sujet.

Elle souligne l'importance des notions de subjectivité et d'**intersubjectivité.**

Dans la rencontre avec un sujet, « il faut tenir compte de tout ce qui intervient dans l'existence du sujet en tant que sujet, de tout ce qui est subjectif au sens habituel du mot (tout ce que le sujet pense, tout ce qu'il sent, tout ce qu'il éprouve, toutes les expériences qu'il peut faire dans sa vie), tout cela a sa place dans la connaissance que nous cherchons à en avoir. Lorsque le sujet est pris en considération, il n'y a aucune raison de laisser échapper de lui quoi que ce soit, et il nous apparaît alors comme un sujet, j'allais dire pur, un sujet en tout cas dans lequel tout ce qui est subjectif a une valeur ». (1960), p. 97. Pour elle, « ce qui constitue l'essentiel de l'expérience du sujet, c'est de se trouver en relation avec autrui, car il n'y a pas de sujet qui ne se découvre dans la relation qu'il soutient avec les autres ». « Ce n'est que dans sa relation avec d'autres sujets que le sujet se saisit comme sujet, ainsi la subjectivité n'a pas de sens en dehors de l'intersubjectivité. »

Phénoménologie : elle procède d'une critique de la métaphysique classique, et sa tendance fondamentale est celle d'un retour au concret. conçu comme un retour à «l'intuition originaire» des choses et des idées (Edmund Husserl - 1859-1938, principal théoricien de la phénoménologie).

Favez-Boutonier tente une approche ***phénoménologique*** pour repérer les enjeux de l'intersubjectivité, elle se réfère à l'ouvrage de Maurice Merleau-Ponty (1945), *Phénoménologie de la perception.* Pour elle, l'expérience phénoménologique correspond à « une expérience vécue, lorsqu'une compréhension de l'existence est suffisamment rigoureuse, lorsqu'on a suffisamment écarté les préjugés, les clichés, les conventions dans lesquelles s'enlise en général chaque expérience personnelle, si l'on arrive à retrouver ce sens de l'existence qui est au point de départ de toute expérience subjective, on doit alors sentir cette intersubjectivité qui est la garantie de l'objectivité. Car c'est dans la mesure où nos expériences se recoupent avec celle des autres, dans la mesure où les autres nous comprennent et où ce que nous saisissons de notre existence rejoint ce qu'eux-mêmes saisissent de leur propre existence, que, bien que toutes subjectives, ces expériences prennent une allure d'objectivé, qui est après tout la seule objectivité possible ». (1960, p. 99). Pour Favez-Boutonier l'approche phénoménologique étend l'intuition aux domaines de la « connaissance d'autrui ».

C'est dans la rencontre de ce j'ai de commun avec l'autre et ce qu'il me renvoie de moi-même que je peux faire l'expérience de mon existence. C'est la relation avec autrui qui me fait me découvrir. Il s'agit non d'une objectivité extérieure à moi-même mais de l'expérience de l'objectivité faite au cœur de mon être du fait de la rencontre de l'autre sujet, pris lui-même dans sa propre subjectivité. Cela suppose que l'autre ne m'enrobe pas par le regard qu'il porte sur moi dans ses propres représentations imaginaires, c'est-à-dire ses préjugés, ses a priori, ses clichés, ses représentations fantasmatiques, etc. La réalité se constitue de ce retour au sens de l'existence qui est au point de départ de toute expérience subjective ou l'on sent cette intersubjectivité qui est garantie de l'objectivité. L'expérience vécue au plus près du phénomène, en dehors de toute influence, mais fruit d'une intersection entre mes propres expériences et les expériences d'autrui, se réclame d'une intuition pure.

Cette expérience directe de l'autre qui est intuition et peut se figer en conviction, est-elle formalisable ? Est-elle suffisante pour saisir la « réalité » ? N'est-ce pas dans la rencontre avec la mère, le père, la famille, l'environnement, dans cette rencontre qui le marquera et dont il se marquera que va surgir le sujet pris dans les signifiants de cet ***Autre*** dont parle Lacan ?

L'***Autre*** : terme utilisé par Lacan pour désigner un lieu symbolique — lieu du trésor des signifiants — à distinguer de « **l'autre** », défini comme un autre imaginaire, identification à l'image de l'**autre** dans le miroir qui relève de la pure dualité par opposition au lieu du **grand Autre**, lieu de l'altérité. Ainsi il est essentiel de distinguer l'**autre**, mon semblable, de cet **Autre** comme lieu des signifiants où s'articule la loi qui met en jeu la parole constitutive du sujet, représenté dans une chaîne qui le détermine, ce que J. Lacan s'emploie à faire lorsqu'il répond à Lagache (1958).

Dans ce que Favez-Boutonier désigne comme intersubjectivité en introduisant la relation avec d'autres sujets, ce qui n'est pas vraiment dégagé, c'est le lieu de l'Autre qui est aussi un lieu transcendental et symbolique. C'est à partir de « l'Umwelt », d'un extérieur, à partir de cet Autre qu'il rencontre dans un au-delà symbolique que le sujet va émerger et se constituer à son tour comme sujet déterminé par ce qui, du désir de l'Autre, est inconscient et vient s'inscrire en lui.

La réalité ne peut se concevoir sans la reconnaissance de ce lieu de l'*Autre*.

La perspective phénoménologique proposée par Favez-Boutonier n'est pas sans écueil car si nous reprenons la question de l'**identification** telle que Freud l'a traitée dans le chapitre VII de *Psychologie collective et analyse du moi* (1921), il distingue trois identifications. Nous retiendrons pour notre propos, la troisième identification dite hystérique. Prenons pour exemple la jeune fille, « élève d'un pensionnat, qui reçoit de celui qu'elle aime en secret une lettre qui éveillait sa jalousie, lettre à laquelle elle réagit par une crise d'hystérie. Quelques-unes de ses amies, au courant du fait, subiront, pour ainsi dire, la contagion psychique et auront une crise à leur tour » (p. 128-130). Cette identification par le symptôme est due à la rencontre d'un élément analogue et refoulé dans les « moi » de ces jeunes filles. Il s'agit d'un emprunt ponctuel à une autre personne, qu'elle soit aimée, détestée ou indifférente.

B/ Intersubjectivité et fantasme

Comment ne pas considérer que cette ***empathie*** éprouvée à l'égard de l'**autre** semblable, n'est pas en lien avec un point opaque au cœur du sujet, et qu'il ne renvoie pas à l'objet cause de désir qui soutient son fantasme ?

Empathie : terme désignant le processus d'identification à un autre qui consisterait à se mettre à sa place pour le comprendre.

Cette réalité rencontrée alors, qui confronte le sujet à ses objets de désir, ne peut qu'être d'ordre psychique, coupée de toute réalité matérielle objective.

Qu'en est-il alors de l'objectivité au sein même de cette subjectivité ? Dans la rencontre subjective avec autrui, au sein même de cette subjectivité, ce que le sujet rencontre, ce n'est pas tant l'objectivité que l'objet qui échappe à la science, ce « déchet qualitatif » qu'elle tend à réintégrer. De ce fait, l'accent est mis sur **le sujet divisé (entre conscient et inconscient) en conjonction avec un objet qui lui échappe et après lequel il court** tel le furet.

Le sujet ne s'aperçoit de la place que tenait pour lui cet objet qu'au moment où un autre s'en saisit. Lacan évoque saint Augustin qui, dans les *Confessions* parle de cet objet qu'il perd en même temps qu'il le reconnaît : « *Il ne parle pas encore et déjà il contemple tout pâle et d'un regard empoisonné, son frère de lait* ». Ce frère appendu à la mamelle présente soudain, à cet enfant pris « d'invidia » (d'envie et de haine destructrice), un autre lui-même et dans l'image qu'il lui renvoie, le sujet va se sentir dépossédé de **l'objet de son désir**. (Lacan, 1966, p. 114).

■ Sujet et objet dans le fantasme

Cet objet après lequel le sujet court et qui lui échappe est cause de désir et de ce fait, support de son fantasme.

Dans la perspective freudienne, le fantasme vient dire le désir inconscient du sujet, qui peut être lui-même représenté par différents personnages. Dans la partie de ce travail où nous avons traité de la psychiatrie clinique au XIXe siècle, nous avons insisté sur l'émergence du sujet et sa reconnaissance en tant que sujet conscient. Ce sujet clinique va devenir d'abord chez Charcot et de façon plus nette chez Freud le sujet marqué et divisé par l'inconscient.

Parallèlement, les psychologues expérimentaux sont en quête d'un objet qui échappe et qu'ils cherchent à objectiver afin de le réintégrer dans la science. Ces deux types de recherche sont menées sans que jamais un lien soit directement établi entre les deux.

Mathème : mot inventé par Lacan en 1971 pour désigner une écriture algébrique pouvant rendre compte scientifiquement des concepts de la psychanalyse et permettant de les transmettre en termes de structure en dehors des variations propres à l'imaginaire, d'une personne à l'autre.

Si l'on établit une articulation entre les deux, c'est la formule du fantasme telle que Lacan l'a développée à partir de 1960, qui s'impose : il établit un ***mathème*** $◇a rendant compte de l'articulation entre le sujet de l'inconscient divisé par le signifiant, c'est-à-dire le sujet pris dans la parole qui le constitue et un objet de désir insaisissable qui renvoie à un manque fondamental. Ce manque est d'abord rencontré au lieu de l'Autre dans la mesure où en ce lieu, le sujet a été confronté à l'évidement de la Chose (Freud, 1895, Esquisse p. 348-349). En effet, c'est de l'articulation entre le sujet qui est d'abord le sujet de la connaissance et qui devient pour la psychanalyse le sujet de l'inconscient, et un objet non directement objectivable qui échappe, que se constitue le fantasme : $◇a, le poinçon indique qu'il y a et conjonction et disjonction entre le sujet divisé et l'objet cause de désir. C'est le fantasme que nous trouvons au cœur de toute clinique psychologique. Il ne s'agit pas de l'écarter mais d'en faire un instrument de réflexion et d'élaboration.

C/ Lacan et l'intersubjectivité

■ L'Autre et l'autre chez Lacan

A la même époque que le cours de Favez-Boutonier, Lacan, en réponse au rapport de Lagache *Psychanalyse et structure de la personnalité* (1958), fait le bilan de leurs divergences. Il récuse la fonction que Lagache accorde à l'intersubjectivité, cette relation à l'autre semblable, « relation symétrique en son principe », qui ne tient pas compte d'un rapport à l'altérité, de la mise en place d'emblée, d'un tiers Autre constituant.

Dès 1938, dans l'*Encyclopédie Française*, Lacan, comme nous l'avons vu, a donné forme à la distinction entre le lieu de **l'Autre,** lieu de l'altérité et **le moi** se donnant une forme à partir de son **reflet dans l'image de l'autre**. L'accès qu'il aura à une image orthopédique de sa totalité dépendra de l'angle sous lequel il va porter son regard sur lui-même. Le stade du miroir est alors traité comme « une identification au sens plein. à savoir la transformation produite chez le sujet quand il assume une image » (1966, p. 94.)

Pour Lacan, l'antériorité et la suprématie sont du côté des organisations signifiantes et des lois symboliques et non pas du côté de la biologie et des apprentissages empiriques. Le sujet est marqué dès le départ par les signifiants venus du lieu de l'Autre (symbolique) : « le discours était là dès le début, fût-il en sa présence impersonnel ». Ainsi l'intersubjectivité définie par Lagache et reprise par Favez-Boutonier ne peut être que de l'ordre de l'Imaginaire : des échanges avec le monde humain environnant, un jeu d'interactions, un simple « Pour autrui » dans lequel entre essentiellement la fascination par l'image. En resituant le lieu de l'Autre comme instance tierce, rétablissant ainsi la dimension d'altérité, Lacan introduit une coupure symbolique entre le sujet et l'Autre, entre moi et mon image, me permettant d'exister pour moi-même en dehors de l'Autre.

Lacan propose le **schéma L**, schéma de la dialectique intersubjective et du fonctionnement du sujet pour formaliser ces articulations structurales.

Schéma L

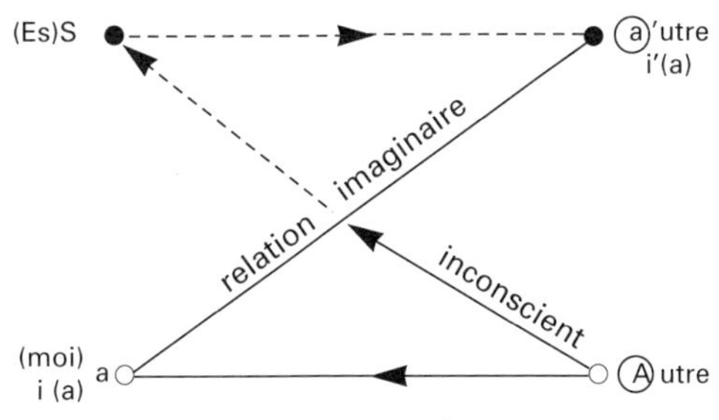

Lacan (1966), *Écrits*, p. 53

L'imaginaire est représenté ici par l'axe a-a', la relation d'identification, à ce niveau, est réversible de façon inextricable : le moi s'identifie à l'autre comme à son image. Il s'agit d'un rapport au même, c'est la prise en compte de l'altérité, d'un lieu transcendental (A) qui restitue la dimension symbolique donnant au sujet la distance nécessaire régissant des relations non entièrement dépendantes de l'Autre.

Lorsque le sujet met en relation les autres avec sa propre image, ceux auxquels il parle, sont aussi ceux auxquels il s'identifie. C'est la mise en jeu de A- S qui permet le détachement de i(a) c'est-à-dire le moi par rapport à l'image de l'autre i'(a).

5 - Une dissymétrie obligée ?

Nous avons vu grâce à la démarche clinique de Pinel puis celle de Esquirol, que le sujet aliéné n'est plus situé hors de l'échange. Cela suppose que dans les périodes intermittentes de la manie (cf. note p. 115), peut s'instaurer un dialogue ouvrant à un échange possible. Mais pour autant, y a-t-il réciprocité entre le médecin et son malade ? Pendant les périodes où l'échange est possible, le thérapeute doit-il adhérer au discours du patient ? La même question se pose lorsque le sujet est délirant : doit-il adhérer au délire et sinon comment introduire une distance par rapport à ce délire ?

Une attitude consisterait à considérer le sujet comme non différent, ce qui introduit une relation de réciprocité et une symétrie entre le thérapeute et le sujet qui produit une adhésion de l'un au discours de l'autre. La relation au même suppose une perte de **distance** qui se traduit par une attitude de camaraderie, une relation au même dans laquelle le clinicien risque de se perdre. Une autre attitude possible serait de rejeter ce que dit le sujet comme s'il s'agissait d'un discours hors de toute compréhension, de considérer le délirant comme privé de toute conscience, ce qui exclut alors tout échange et toute réciprocité. La relation consiste ici à traiter l'autre comme différent et étranger.

Mais alors comment introduire une relation échappant à l'obligation de le traiter soit comme pareil, identique à moi-même, sans distance, ayant les mêmes critères de pensée et de raisonnement que moi, soit comme absolument autre comme absent, comme non humain, le renvoyant hors de l'échange ? Ce qui veut dire ni sermon, ni morale, ni punition, ni rejet ou indifférence.

Le problème de la distance en clinique. Comment établir ce qu'on pourrait considérer comme la bonne distance, c'est-à-dire ni trop près, ni trop loin ? Accepter la parole du fou sans y adhérer, ne pas entrer dans ce discours en l'approuvant, ni le rejeter en manifestant de l'incompréhension, mais l'écouter sans approbation ni rejet « c'est ipso facto instaurer une complète dissymétrie entre les deux interlocuteurs » (Swain, 1994, p. 105).

Le système que nous retrouvons dans la psychanalyse reprend ce principe de ***non-réciprocité*** non seulement dans la parole mais dans le dispositif.

C'est à partir de cette écoute qu'une position thérapeutique devient possible. Cette « **relation hors de la *réciprocité*** », souligne Swain, s'est d'abord instituée avec le traitement moral. Accepter un discours tout en refusant d'entériner et de suivre ce pour quoi il se donne : telle devient la règle. « Cette prise de distance, le refus subtil du thérapeute d'entrer dans le jeu du sujet ou de le rejeter va l'aider à se déprendre de la croyance qui le contraint ».

Lorsque le clinicien respecte la règle de l'association libre, « en sachant que le thérapeute-analyste entendra nécessairement autre chose que ce que je crois dire, s'instaure un écart depuis lequel il m'écoute, puisque c'est avec une attention sans loi ni règle qu'il se fait règle de m'écouter. Ce qui a pour effet d'ouvrir un abîme entre moi et chacune de mes paroles ou chacun de mes affects. Le transfert, c'est-à-dire la distance analysable entre ce qu'on revit et ce qu'on a vécu une fois sans distance aucune à soi, qu'est-ce qui le crée sinon la dissymétrie des positions instaurées entre les deux interlocuteurs ? » (Swain, 1994, p. 105). Il ne peut y avoir de psychothérapie référée à la psychanalyse si n'est pas instaurée cette nécessaire dissymétrie qui introduit un écart creusant un espace où se déroule une parole venant dire la vérité du symptôme et du sujet.

Il ne s'agit pas de traiter l'autre comme un objet en extériorité mais de reconnaître en lui le sujet porteur d'une parole qui, si elle est entendue, peut le désaliéner (*cf.* document 3 B 5).

C

PRATIQUE CLINIQUE ET PROBLÈMES ÉTHIQUES

En reprenant certains moments de l'histoire de la clinique, ce chapitre s'est donné pour visée de repérer ce que met en jeu la découverte d'un sujet conscient et d'un sujet inconscient confrontés à un objet échappant à la science. A plusieurs reprises la question des traitements psychologiques tels qu'ils ont été élaborés, en particulier depuis le XIXe siècle, a été évoquée. La question du diagnostic sera traitée à propos du bilan psychologique dans le chapitre 9.

1 - Qu'appelle-t-on psychothérapie ?

La psychothérapie est issue d'une part de la cure magnétique inventée par Franz Anton Mesmer et du traitement moral tel que Pinel l'a mis au point.

Le terme de ***psychothérapie*** a été attribué à Henri Bernheim qui fait paraître en 1891, un ouvrage intitulé *Hypnotisme, suggestion, psychothérapie.* Si l'on reprend la définition proposée par Elisabeth Roudinesco et Michel Plon dans le *Dictionnaire de la psychanalyse* (1997), il s'agit d'une « méthode de traitement psychologique des maladies psychiques utilisant comme moyen thérapeutique la relation entre le médecin et le malade sous la forme d'un rapport ou d'un transfert. L'hypnotisme, la suggestion, la catharsis, la psychanalyse et toutes les méthodes thérapeutiques propres à l'histoire de la psychiatrie dynamique... » (p. 851).

Les psychothérapies sont donc diverses et se réfèrent à des conceptions de l'homme parfois divergentes. Comme nous l'avons déjà vu, la notion de symptôme peut être traitée de façon bien différente. Si nous nous référons à Janet le symptôme s'inscrit dans une perspective médicale et apparaît comme un parasite qu'il s'agit d'extirper, alors que pour Freud le symptôme dissimule une vérité à découvrir par le sujet. Cette différence d'appréciation du statut du symptôme se retrouve de nos jours dans la distinction que nous pouvons faire entre d'une part psychothérapies se réclamant de certaines théories de l'apprentissage et du développement cognitif et d'autre part celles se réclamant de la psychanalyse.

Les conséquences sont importantes puisque certains psychothérapeutes s'inscrivant dans une perspective cognitivo-comportementale continuent à s'attaquer au symptôme de façon à le réduire, sans forcément se référer au sens ou à la dynamique du symptôme qui peut revêtir des formes multiples, comme nous l'enseignent en particulier les hystériques.

A/ Les psychothérapies comportementales

Elles se sont développées aux Etats-Unis avec le behaviorisme fondé par Watson (1878-1958) mais surtout avec Burrhus F. Skinner (1904-1990) (*cf.* Grand Amphi, *Psychologie cognitive*). Pour Skinner, le symptôme n'a pas de sens, il s'agit d'une réponse comportementale inadaptée. Une succession précise et appropriée de renforcements (le programme) permettra donc de faire disparaître le symptôme et d'y substituer éventuellement une réponse socialement adaptée. Cet auteur ne tient pas compte de l'histoire du sujet qui n'est rien d'autre qu'une succession de « contingences de renforcement », c'est-à-dire de circonstances (aléatoires) dépendant de l'environnement. L'histoire ne véhicule pas de sens.

B/ Les thérapies cognitives

Elles mettent l'accent sur les processus de pensée et non pas sur l'aspect comportemental des conduites. L'idée de base est, qu'au cours de notre existence, se sont formés des schémas cognitifs avec des croyances, des attitudes, des valeurs à travers lesquels tout sujet apprend le monde (les différentes situations vitales auxquelles nous sommes confrontés). Ces schémas échappent à notre conscience, ils peuvent provoquer des distorsions dans la façon dont nous appréhendons les autres. Nous pourrions les assimiler à un imaginaire qui nous protège de la confrontation avec la réalité. Les thérapies cognitives ont pour fonction la mise à jour et la modification des **schémas perturbateurs.**

Les schémas cognitifs perturbateurs.

Un Américain, Albert Ellis, a tenté de repérer à partir de quels éléments déclencheurs se sont constitués de tels schémas déviants. Quand le schéma est mauvais, ce sont des réponses irrationnelles qui se constituent, la psychothérapie aura pour fonction de les modifier.

En dernier ressort, la perspective est de réduire un comportement considéré comme nuisible.

Il décrit deux types de processus cognitifs :

- les processus inconscients qui correspondent aux réponses irrationnelles : celles-ci sont considérées comme des pensées parasites qu'il faut éliminer ;
- les processus conscients avec lesquels on doit travailler, et qui exigent de l'attention, donnent du recul et permettent le contrôle. C'est par le biais des processus conscients qu'on va agir sur les schémas perturbés.

Cette méthode suppose une coupure radicale entre processus conscients et inconscients, parasites à écarter.

Du point de vue du comportementalisme, la pathologie est réduite à des réponses inadaptées ne postulant pas l'existence d'une pensée. La démarche cognitive, elle, réduit la pensée à un système informatique. Le fonctionnement psychique est assimilé à celui d'une machine à traiter de l'information, c'est-à-dire des données sensorielles externes mais aussi des connaissances stockées en mémoire. Cette démarche a pour objectif de trouver des modèles permettant d'expliquer le fonctionnement humain en se référant aux critères de fonctionnement normal.

Lorsqu'on prend appui sur le modèle neurophysiologique humain, on se demande quelles sont les structures qui interviennent dans la production d'images, quels dysfonctionnements, quels troubles du comportement, quel déficit et quelle fragmentation des opérations mentales produisent l'atteinte de telle zone du cerveau.

Lorsqu'il s'agit de troubles neurologiques avérés, la théorie de l'apprentissage trouve des applications qui tiennent compte des circuits neurophysiologiques à rééduquer dans le cadre de thérapies cognitivo-comportementales. En revanche, si le sujet souffre d'une maladie dite fonctionnelle, sans lésion, sans inscription avérée dans le corps, les schémas proposés sont plus aléatoires et l'on peut se demander quelle est la pertinence des apprentissages portant sur le déconditionnement et le reconditionnement dans ce domaine. Le document 3 C 1 illustre le cas d'une phobie.

Il existe depuis quelques années en France, une association de thérapie comportementale et cognitive. Elle propose un ensemble de techniques et de méthodes psychothérapiques fondées sur ces conceptions théoriques. Elle insiste sur le respect de procédures précises permettant l'évaluation. Ces deux méthodes sont censées se compléter (*cf.* document 3 C 2).

C/ Limites de ces thérapies et autres thérapies

Ces méthodes et ces techniques présentent un potentiel important de modification des comportements, elles peuvent être à l'origine de manipulations s'inscrivant dans un processus de normalisation, de propagande, de contrôle social. Dans la mesure où le rapport au maître, ici au thérapeute, n'est pas analysé, elles introduisent un processus de dépendance à ce maître. Dans cette démarche, les trois concepts freudiens d'inconscient, de sexualité, de transfert sont récusés au bénéfice d'une méthode objective qui privilégie l'adaptation.

Il n'est pas de ce fait question de la dynamique de l'inconscient qui suppose le déplacement des symptômes puisque dans cette perspective ceux-ci n'ont pas de sens, ce ne sont que des manifestations gênantes à éliminer. Cela va à l'encontre de la théorie freudienne qui, elle, est une méthode fondée sur l'exploration de l'inconscient et de la sexualité déterminant la subjectivité humaine. « Sur le plan clinique, elle est aussi la seule à revendiquer le transfert comme faisant partie de cette universalité et à proposer qu'il soit analysé à l'intérieur de la cure en tant que prototype de toute relation de pouvoir entre le thérapeute et le patient, et partant entre le maître et l'élève. Dans cette perspective, la psychothérapie psychanalytique est une thérapie qui s'appuie sur les principes théoriques de la cure freudienne sans adopter toutes les conditions de la technique psychanalytique classique ». (Roudinesco et Plon, 1997, p. 852).

Roudinesco rappelle qu'il existait en 1995, cinq cents écoles de psychothérapies dans le monde représentées par un chef auquel les affiliés sont assujettis. Cette dépendance au maître se retrouve également dans les sectes.

La démarche analytique quand elle est appliquée dans toute sa rigueur, devrait être une école de la liberté puisqu'il s'agit de saisir ce que chacun, dans ses paroles et ses actes met en jeu de son propre désir dégagé des liens qui l'aliènent.

Les méthodes psychothérapiques sont apparemment très diverses en France et la presse grand public y fait souvent écho (*cf.* document 3 C 3). Les plus connues en dehors des psychothérapies psychanalytiques ou cognitivo-comportementales sont les suivantes : les psychothérapies familiales psychanalytiques et/ ou systémiques, la relaxation, le rebirth, le cri primal, la Gestalt-therapie, la bio-énergie, l'analyse transactionnelle, les thérapies stratégiques, l'hypnose ericksonnienne, la programmation neurolinguistique, la technique non directive de Carl Rogers introduite en France par Max Pagès.

En 1981, lors des journées de l'Association nationale de recherche et d'études en psychologie, Françoise Dolto avait mis en garde les psychologues contre la pratique des psychothérapies sans véritable ***formation*** et souvent mal préparées. Elle soulignait qu'il ne suffit pas d'être psychanalysé pour assumer correctement ce type de traitement, et que plutôt que de gâcher une possibilité de psychanalyse à venir, il valait mieux que ces psychologues insuffisamment formés se contentent de préparer les enfants à une thérapie de soutien, occasion de rencontre et de dialogue avec les parents.

Formation : toute pratique psychothérapique demande une formation spécifique qui ne peut être obtenue à l'université. Les connaissances acquises dans le cadre du cursus universitaire n'autorisent pas à appliquer ces méthodes sans formation sérieuse et rigoureuse préalable (*cf.* le code de déontologie des psychologues).

2 - L'INSTITUTION ET LES THÉRAPIES DE GROUPE

La majorité des psychologues cliniciens travaille dans le ***secteur sanitaire*** et social.

Le travail en cabinet libéral, du fait de l'absence de prise en charge par la sécurité sociale, est le plus souvent aléatoire et peu « évident » lorsqu'on débute dans la profession. Les psychologues cliniciens sont pour la plupart confrontés aux problèmes institutionnels que posent les collectifs soignants, éducatifs ou sociaux. Les théories et les méthodes dont ils s'inspirent relèvent aussi bien de la psychiatrie dynamique, de la psychanalyse que de la psychologie sociale.

Secteur sanitaire : voir le texte de Samacher, R. (1995). La santé, in M.-C. Lambotte (Ed.). *La Psychologie et ses applications pratiques.* Paris : Le Livre de Poche, pp. 21-76.

A/ LA PSYCHOTHÉRAPIE INSTITUTIONNELLE

Elle a été importée en France par le psychiatre catalan François Tosquelles en 1940, après qu'il eut fui le franquisme et été accueilli à l'hôpital de Saint-Alban. Tosquelles aimait à se comparer à un plombier qui débouche les circuits d'échange. Il s'est lui-même inspiré de « la méthode thérapeutique systématisée par le travail », élaborée par Hermann Simon qui a fait l'objet d'une publication en Allemagne en 1929 : *Pour une thérapeutique plus active à l'hôpital psychiatrique*. Simon avait réussi à faire disparaître tout bruit et agitation de son hôpital psychiatrique à une époque où les méthodes de traitement physiologique n'existaient pas encore et où il n'y avait aucun sédatif. (Ellenberger, 1970, p. 406). L'ergothérapie telle qu'elle est proposée en France en est une application possible.

La méthode de Tosquelles consiste à susciter des lieux de parole destinés aussi bien aux soignants qu'aux patients. Il remet en question la structure hiérarchique verticale traditionnelle au bénéfice d'une organisation transversale qui inclut non seulement les soignants, infirmiers et médecins, mais aussi les administratifs, resserrant ainsi les liens de solidarité dans le quotidien institutionnel dans l'intérêt de tous Ainsi une vie communautaire est suscitée à laquelle répondent les clubs, les ateliers, les diverses réunions à tous les niveaux.

L'idéologie institutionnelle permet d'ouvrir les portes de l'hôpital et de privilégier les contacts et les échanges avec le monde extérieur. Une véritable politique de secteur vient d'être inventée à laquelle Georges Daumezon donne le nom de « psychothérapie institutionnelle » et que mettront en place des psychiatres tels que

Lucien Bonnafé, Louis Le Guillant, Pierre Bailly-Salin, Hélène Chaigneau, Yves Racine etc. à partir de 1960. Cette expérience est reprise par Jean Oury lorsqu'il ouvre la clinique de Laborde à Court-Cheverny en 1953.

Son frère Fernand s'inspire de cette démarche pour l'appliquer au champ de la pédagogie : un nouvel esprit est né qui est à l'écoute des collectifs dans les organisations.

B/ Les techniques de groupe

Parallèlement les techniques de groupe élaborées aux États-Unis telles que la dynamique des groupes inspirée de la « théorie du champ » proposée par Kurt Lewin (1890-1947), qui analysent les comportements en fonction d'un « climat » induit de type autoritaire, démocratique, laisser-faire, etc., sont une application de la théorie de la forme (***Gestaltisme***).

Gestaltisme : théorie de la perception selon laquelle nous percevons d'abord des structures globales (*cf.* Grand Amphi, *Psychologie cognitive.*)

La sociométrie et le sociogramme proposés par Jacob Moreno (1892-1974) apparaissent comme une application et une description sociologiques des interactions entre individus dans les groupes restreints.

Le psychodrame quant à lui, reprend à son compte la dimension ***cathartique*** et identificatoire qui en fait un instrument thérapeutique.

Catharsis : élimination par le jeu dramatique de passions ou de tendances inacceptables telle que par exemple la violence.

C/ Thérapie, groupe et institution : naissance du secteur psychiatrique

C'est surtout après les événements de 1968, que les psychologues prennent la mesure des méthodes thérapeutiques que représentent la pratique des groupes et l'analyse institutionnelle qui questionnent le lien social dans lequel est pris l'individu. Pourtant dès 1960, avait été promulguée une circulaire instaurant le « secteur psychiatrique » : il s'agissait d'un programme d'organisation et d'équipement des départements en matière de maladie mentale, qui permit l'ouverture des services libres et une augmentation notable du personnel soignant et paramédical dont les psychologues. Ce n'est qu'en 1972 que la politique de secteur sera véritablement mise en place.

De plus en plus après le décret Boulin du 3 décembre 1971 instaurant le premier statut des psychologues des hôpitaux, leur rôle et leur fonction s'élargissent dans le domaine de la pratique clinique. Celle-ci comprend le diagnostic, les psychothérapies, la synthèse de cas. Ils participent aussi à l'animation et la réflexion institutionnelle qui comprend l'élaboration de projets de service, la création de structures non seulement dans le cadre des services mais également les projets d'établissement.

Le statut actuel des psychologues cliniciens de secteur qui dépendent du livre IV de la fonction publique (statut particulier des psychologues, décret du 31 janvier 1991) leur fait obligation de continuer à se former et à s'inscrire dans des projets de recherche, ce qui les inscrit dans la catégorie A de la fonction publique.

3 - Le problème de l'évaluation

Sur le terrain, le psychologue clinicien doit choisir entre diverses options théoriques qui influent sur sa pratique.

A/ Psychothérapie et évaluation

La démarche positiviste veut qu'il se réfère aux options expérimentales et à l'apprentissage, ce qui se retrouve dans les psychothérapies cognitivo-comportementales qui utilisent le conditionnement, la suggestion qui impose une orientation de la pensée. Cette démarche répond à ce que le psychothérapeute suppose être le **bien du sujet**, c'est-à-dire la réduction du symptôme, ce qui gêne, limite sa vie afin de lui apporter un certain soulagement. L'efficacité peut alors s'évaluer.

L'évaluation des psychothérapies a pris une importance considérable aux États-Unis car l'essentiel du financement du système de santé est assuré par les compagnies d'assurances privées. Les psychothérapies s'inscrivent dans une politique de gestion qui donne priorité au rapport meilleur coût et efficacité. Cette évaluation concerne éventuellement l'étude des résultats du traitement, elle porte également sur la question des indications : la recherche de la méthode la plus efficace pour tel type de patient ou tel type de maladie. Ces évaluations peuvent porter également sur la relation médecin-thérapeute et la qualité de la relation garante d'une bonne évolution.

B/ Psychanalyse et évaluation

La psychanalyse nous a appris qu'une élaboration de l'agressivité était possible lors d'un transfert négatif et que ce type de transfert pouvait être également le levier de la cure. Nous savons également que dans toute cure il faut compter avec le temps du sujet, dès lors peut-on lier un traitement à un protocole qui n'en tient pas compte ?

Imposer un traitement selon une politique de santé déterminée (*cf.* document 3 C 1), soulève des problèmes éthiques car doit-on faire dépendre la santé mentale d'un projet de normalisation et de contrôle social ?

Qui évalue et en fonction de quels critères, quelles en sont les perspectives théoriques et méthodologiques, sachant qu'elles dépendent des propres options du chercheur ?

Si nous nous référons à la démarche freudienne, celle-ci a montré que le symptôme pouvait se déplacer, qu'il se manifestait en tant que compromis entre l'expression pulsionnelle et l'interdit et venait ainsi dire un désir caché. Ce qui pose la question fondamentale du désir qui se situe entre savoir et vérité.

La préoccupation du clinicien n'est pas de supprimer le symptôme, ce que l'on peut concevoir dans une perspective médicale qui viserait à gommer l'angoisse en proposant un tranquillisant. Pour le clinicien, il ne s'agit plus d'écarter ou de mesurer ce qui gêne mais de le faire entendre, de faire en sorte que le sujet parle de cette angoisse afin d'en faire surgir le sens à lui-même méconnu.

Le travail sur le « déchet qualitatif », sur le négatif, porte sur les mots qui balbutient, sur ces paroles que l'homme pense soumettre à ses exigences et dont il n'est déjà plus maître, « les logeant dans des formes verbales dont les dimensions historiques lui échappent »... « exégèse de ces phrases muettes qui soutiennent et creusent en même temps nos discours apparents, nos fantasmes, nos rêves, notre corps » (Foucault, 1966, *Les mots et les choses*, p. 446-447).

Ce n'est pas tant la connaissance de l'homme qui est engagée ici que l'homme lui-même : « l'homme avec cette mort qui est à l'œuvre dans sa souffrance, ce désir qui a perdu son objet **(ou pour lequel son objet est trop présent)**, et ce langage par lequel, à travers lequel s'articule silencieusement sa loi » (1966, p. 556) **(celle du désir)**.

4 - Le bien du sujet

Qu'en est-il de l'unité de la psychologie voulue par Lagache lorsque l'idée de l'homme, de la maladie, de la santé, du symptôme psychique supposent des approches qui ne relèvent pas d'un même projet de l'homme, du sujet, du lien social dans son essence ? Qu'en est-il alors de l'enjeu éthique ? Ces abords conflictuels de la clinique sous-tendent des conceptions diamétralement opposées : l'homme ne peut être réduit à une conduite référée à une clinique positive qui se veut articulée aux sciences de la nature et qui se détourne de l'inconscient.

Le rapport de l'homme au langage et au manque existentiel introduit une clinique qui tient compte des failles du discours et qui saisit l'enjeu du transfert en tant que relation qui s'instaure entre patient et clinicien. C'est dans l'expérimentation de la dépendance à l'Autre que vont se dénouer les fils de l'aliénation via les identifications et l'expérience de la perte des objets qui constituent son être libidinal. C'est dans cette relation non symétrique, en « décalage» que le sujet advient en tant qu'assumant les enjeux de son désir et de sa vérité. Ces deux conceptions pratiques et théoriques posent la question de ce que le clinicien conçoit comme étant le bien du sujet (*cf.* document 3 C 4). En effet vouloir le bien de l'autre, n'est-ce pas l'aliéner dans ce que nous pensons être son bien ? Le bien, que ce soit le nôtre ou celui de notre prochain, entre le plus souvent dans la finalité de l'action morale. Celle-ci pose l'impératif du devoir qui a pour corollaire l'univers de la faute introduisant le bien et le mal : savoir si toute action est ou non justifiée, si elle est en accord avec les valeurs reconnues ou en contradiction avec elles. Ces valeurs ont comme référence les normes sociales ou religieuses. Elles requièrent une ***adaptation à la norme*** et les autorités qui les représentent ne peuvent qu'éliminer les déviants.

Adaptation à la norme : des actes conformes à ce qu'attendent ceux qui représentent l'idéologie dominante vont être produits si la psychologie et les psychologues répondent à ce qu'attend l'autorité pourvoyeuse de norme. Décréter pour l'autre ce qu'est son bien, n'est-ce pas l'aliéner dans un désir qui l'assujettit à l'Autre ?

Lacan développe cette idée qui concerne aussi bien le psychanalyste que le clinicien : « à chaque instant, nous avons à savoir quel doit être notre rapport effectif avec le désir de bien faire, le désir de guérir. Nous avons à compter avec lui comme avec quelque chose qui est de nature à nous fourvoyer, et dans bien des cas, instantanément. » On pourrait « de façon paradoxale, voire tranchante, désigner notre désir comme un non-désir de guérir. Cette expression n'a pas d'autre sens que de nous mettre en garde contre les voies vulgaires du bien, telles qu'elles s'offrent si facilement à nous dans leur pente, contre la tricherie bénéfique de vouloir le bien du sujet. »... La seule guérison qui vaille, est celle qui le guérira « des illusions qui le retiennent sur la voie de son désir » (Lacan, 1959-1960, « L'éthique de la psychanalyse », p. 258).

5 - Unité professionnelle, loi sur le Titre et Code de Déontologie

A/ Quelle Unité Professionnelle ?

Peut-on penser, comme le souligne Canguilhem (1956), que cette « unité ressemble davantage à un pacte de cœxistence pacifique conclu entre professionnels qu'à une essence logique, obtenue par la révélation d'une constance dans une variété de cas » ? (p. 366).

La loi sur le Titre et la réglementation qu'elle introduit, l'élaboration d'un code de déontologie officiel suffisent-elles à garantir l'unité professionnelle si l'on conteste toute unité à la psychologie ?

Après la création en 1948, sur l'initiative de Lagache, de la licence de psychologie, la profession qui se constitue comprend non seulement les rééducateurs du comportement mais aussi ceux du langage qui s'organisent en profession autonome (statut légal des orthophonistes en 1964), les rééducateurs de la motricité (statut légal des psychorééducateurs en 1974) : sous l'égide de la faculté de Médecine, ils acceptent de devenir paramédicaux.

Ce n'est pas le cas des rééducateurs du comportement qui se disent psychologues cliniciens et qui travaillent dans le secteur de la santé auprès d'enfants et/ou d'adultes. De cette rencontre naît une clinique « armée » grâce aux instruments diagnostiques, à visée d'orientation, de conseil, appelée curative ou thérapeutique. Si ces psychologues tiennent tant au qualificatif de « cliniciens », c'est parce qu'il désigne une rencontre spécifique entre deux sujets et non pas un champ d'intervention. Cette revendication leur vaudra un certain nombre de démêlés avec les instances médicales ainsi que des blocages dans la mise en place d'un statut professionnel de psychologue.

B/ Loi sur le Titre, code de déontologie et formation minimale des psychologues

De nos jours, alors que la loi sur le ***Titre*** a été promulguée (juillet 1985), le diplôme d'études supérieures spécialisées (DESS) de psychologie clinique et de psychopathologie est une voie possible de reconnaissance légale hors de la voie médicale pour pouvoir exercer la psychanalyse. Elle permet la pratique libérale de la psychothérapie ou de la psychanalyse considérées comme traitement et non comme activité commerciale, ce qui permet aux possesseurs de ce diplôme d'être exemptés de TVA (taxe sur la valeur ajoutée).

Titre et fonctions du psychologue : bien souvent le Titre et les fonctions de psychologue se recouvrent, ce qui crée une confusion dans les esprits. C'est le Titre et non les diverses fonctions qui génère l'unité professionnelle.

Ce même diplôme permet de s'orienter vers des fonctions qui peuvent s'exercer conjointement et mener aussi à des spécialités différentes : la passation des tests, la pratique institutionnelle, les diverses psychothérapies, etc., avec des conceptions théoriques, méthodologiques et pratiques qui peuvent être différentes. La profession de psychologue est longtemps restée dépendante de deux professions fortes : celle de philosophe et celle de médecin. En 1952, l'ébauche d'un premier statut proposé par les médecins à cette nouvelle profession, était celui d'auxiliaire médical ou de paramédical. Cette image imposée de l'extérieur a marqué l'identité professionnelle des premières générations de psychologues d'après-guerre. Ceux-ci ont mis de nombreuses années à construire un territoire psychologique autonome confirmé par le Titre en 1985.

La loi sur le Titre du 25 juillet 1985 a une fonction unificatrice dans la mesure où elle impose une formation minimale entrant dans un cadre juridique imposé à tout postulant à ce titre (*cf.* Document 1 B 1).

Cette loi devait être complétée par l'inscription du nouveau code de déontologie (1996) au code pénal. Ce dernier code de déontologie est le fruit du travail commun entre différentes organisations de psychologues (Société Française de Psychologie. Association Nationale des Organisations de Psychologues, Association des Enseignants en Psychologie des Universités). Il remplace celui de 1961 proposé par la Société Française de Psychologie et se réfère à un certain nombre de valeurs morales. Il instaure un code de bonne conduite réservé aux praticiens dans le cadre de la profession. Il met en jeu non seulement la responsabilité collective mais aussi la responsabilité individuelle.

Il en ressort que chaque praticien est interpellé par chaque cas, par chaque situation qu'il rencontre. Il est sollicité au niveau de son éthique professionnelle et au niveau de l'éthique individuelle. C'est le respect d'autrui et de son intimité référée aux valeurs propres de chaque individu et de ce qui les détermine, qui doit guider le psychologue. Il ne peut que laisser le libre choix au sujet sans chercher à orienter ses valeurs. C'est un domaine où le singulier est à reconnaître et où l'on ne peut envisager aucune généralisation si l'on veut se laisser surprendre par le « réel » de la clinique (*cf.* document 3 C 4).

C/ De l'unité à la singularité professionnelle

Nous avons vu que si le travail des psychologues porte le plus souvent sur les mêmes domaines, leurs moyens d'approche sont connotés par une idée de l'homme qui suppose des méthodologies, des pratiques, des théories différentes. C'est dans leur manière de travailler, dans les méthodes et techniques utilisées que s'affrontent concrètement les praticiens. La rencontre du sujet qu'est le clinicien se fera nécessairement dans la pratique de la méthode utilisée.

Si l'on se réfère aux tests, aux questionnaires, une même pratique psychologique peut être mise au service de valeurs distinctes, servir à l'asservissement de l'homme ou comme moyen de réflexion, d'aide pour s'y retrouver. Néanmoins la position de testeur suppose le surgissement d'un savoir qui échappe au sujet, savoir qu'il n'est pas en mesure d'entendre puisqu'il ne l'a pas lui-même élaboré. Ce n'est pas parce qu'on inclut la restitution des résultats dans la méthodologie des tests, que le sujet est disposé à accepter les réponses proposées. Ce que le conscient apparemment accepte, l'inconscient le refuse et c'est son dernier mot !

La pratique des psychothérapies pose des questions fondamentales, que ce soit sous la forme d'un apprentissage - dressage soumis aux contraintes extérieures, ou sous la forme d'une démarche visant à désaliéner et à libérer la parole.

La bonne volonté ne peut remédier à l'absence d'unité des objets et des méthodes de la psychologie, de sorte que le psychologue doit non seulement se débrouiller avec les théories, les méthodes et les techniques acquises qui ne vont pas forcément dans le même sens, mais aussi avec le sujet qu'il est. C'est surtout ce qu'il est lui-même qui devient déterminant, en particulier lorsqu'il rencontre un autre sujet qui fait intervenir une dimension relationnelle et subjective. Ceci demande une certaine familiarité avec le transfert tel que le conçoit la psychanalyse. C'est de « savoir être » plus que de « savoir-faire » dont il est alors question. S'il se met au « service des biens », il ne peut que céder sur son désir et se trahir au détriment de l'usager ou du patient qu'il traite en objet de consommation (*cf.* document 3 C 4).

S'il s'engage en tant que sujet, il met alors en jeu ses paroles et/ou ses actes dans leur authenticité ; de ce fait, il ne peut accepter de compromis contraire à ce que vient dire son désir, à ce qui fonde sa vérité, il intervient en tant que **sujet éthique**. Dans la mesure où son travail porte sur l'humain, il ne peut qu'assumer ses actes dans sa **singularité** de sujet, afin de ne pas se trahir en allant à l'encontre du désir qui le constitue lui-même comme humain et donne sens à sa vie. C'est le prix à payer pour qu'à son tour, l'autre sujet puisse découvrir et dire ce qui le singularise et le constitue en tant que sujet désirant à nul autre pareil.

DOCUMENT COMMENTÉ

3 A 1 - La question de l'objet de la psychologie et son traitement

1 - PRÉSENTATION DU DOCUMENT

C'est dans les trébuchements de la science que les psychologues cherchent d'abord leur objet, à l'exemple des physiciens astronomes auxquels se réfèrent Paul Fraisse et Jean Piaget. Ces variations personnelles sont traduites en temps de réaction calculable. Georges Canguilhem fait de ces physiciens les vrais responsables de l'avènement de la psychologie moderne, comme science du sujet pensant.

Nous reprendrons d'abord cette histoire telle qu'elle est relatée par Fraisse et Piaget, puis, le commentaire du philosophe Canguilhem.

L'objet qui échappe à la science

1. L'équation personnelle et le temps de réaction.

« En 1796, à Greenwich, un assistant de l'observatoire est renvoyé parce qu'il commet une erreur de près d'une seconde en utilisant la méthode de repérage de Bradley. Cette méthode consiste à repérer le moment où une étoile passe devant le réticule d'une lunette, en comptant les secondes et en évaluant la place de l'étoile la seconde avant et la seconde après le passage, de façon à obtenir une localisation avec une précision de 1/10 de seconde. En 1816, *Bessel,* l'astronome de Königsberg, lisant cette histoire, à l'idée que cette erreur n'était pas due à la négligence, il se prend à douter de la précision de ses propres estimations. Pendant 10 ans il compare ses estimations avec celles de ses propres collègues, comparaisons qui constituent de véritables expériences ; il découvre des différences pouvant atteindre la seconde entre lui et ses collègues ; il observe également la variabilité de ces différences. Il est ainsi conduit à l'idée de l'existence d'une équation personnelle dans une activité perceptive ».

Fraisse, P. et Piaget, J. (1963). (Eds.) *Traité de psychologie expérimentale. Tome 1, Histoire et méthode.* Paris : PUF, p. 10.

2. La psychologie comme science de la subjectivité

Au XXe siècle, évoquant ces expériences, le philosophe Canguilhem considère que ce sont ces physiciens qui ont contribué à la naissance de la psychologie comme science de la subjectivité. Pour lui : « Si la réalité du monde n'est plus confondue avec le contenu de la perception, si la réalité est obtenue et posée par réduction des illusions de l'expérience sensible usuelle, le déchet qualitatif de cette expérience engage, du fait qu'il est possible comme falsification du réel, la responsabilité propre de l'esprit, c'est-à-dire du sujet de l'expérience, en tant qu'il ne s'identifie pas avec la raison mathématicienne, instrument de la vérité et mesure de la réalité. »

Canguilhem, G. (1956). Qu'est-ce que la psychologie ? (*cf.* Lectures conseillées).

2 - EXPLICATION

Nous avons vu que d'autres physiciens ont reconnu par la suite, avoir fait des erreurs comparables et se sont posé la question de leur signification.

Or, cette erreur de perception, variable d'un individu à l'autre, ne peut s'expliquer scientifiquement si ce n'est par un effet auto-cinétique. C'est ici qu'intervient la psychologie expérimentale : elle se saisit de cette erreur pour mesurer les variations qui se manifestent d'une personne à l'autre sous la forme d'un temps de réaction. Les calculs qui en découlent, mesure de seuil de réaction et autres, tentent d'objectiver ce facteur personnel qui n'est pas accessible directement et n'est pas intégré dans l'expérience scientifique en jeu. Cette variation individuelle qui échappe à l'expérience scientifique directe est l'objet même de la psychologie pour Canguilhem.

Cela suppose que cet objet comporte une part nécessairement subjective qui échappe à toute investigation expérimentale et à toute mesure, et qu'il s'inscrit au centre de toute construction théorique et de toute application pratique.

Aucun chercheur ne contesterait de nos jours la présence irréductible de variables subjectives au sein des expérimentations ou des grilles d'observation quelles que soient les disciplines dont elles relèvent. Ces variables subjectives concernent tout ce qui, du fait de l'impossibilité de maîtriser totalement les composantes du fonctionnement humain, relativise les résultats de l'expérimentation sous la forme d'interférences supposées qu'on ne peut pas même décrire et encore moins éliminer.

Ce reste inassimilable est le produit d'une subjectivité et de ce fait, il est spécifique d'un sujet donné dans sa singularité. Ce reste ne peut alors s'inscrire et prendre sens que dans une clinique qui relève du sujet confronté aux objets qu'impose sa subjectivité et qui lui échappent.

Remarque

Ce débat objectivité - subjectivité ne concerne pas seulement le champ de la clinique psychologique, il concerne aussi l'ensemble des disciplines psychologiques.

Document commenté

3 A 2 - Observation de F. Leuret

1 - PRÉSENTATION DU DOCUMENT

Le traitement traditionnel des fous passait par le rappel à l'ordre, la douche et parfois le cautère : c'est ce type de traitement que rapporte François Leuret en 1834.

Le traitement par la douche

« L'emploi de la douche ou de tout autre moyen analogue, pour être utile, demande de grandes précautions et surtout une connaissance parfaite de la maladie. Il ne doit jamais être ordonné sans nécessité bien reconnue ; moins on pourra donner la douche et mieux cela vaudra ; la peur que le malade en a, produit souvent tout ce qu'on désire, et le médecin y gagne de s'être montré indulgent. Quoi qu'ait fait le malade, jamais de mauvaise humeur chez le médecin. A l'emportement, aux injures, aux coups, opposez du sang-froid, de la compassion ; donnez une douche avec le même calme que vous donneriez un autre remède. En rédigeant mon observation j'ai employé le mot *menace*, j'ai eu tort, car je n'ai pas fait de menace, j'ai dit : « si vous êtes encore fils de Murat, vous aurez la douche ; le remède à votre idée, c'est celui-là ; il vous est pénible de le recevoir, il m'est pénible de vous le donner, mais il le faut bien ; vous êtes malade, vous m'êtes confié, je dois vous guérir. » Par ailleurs, Leuret raconte qu'il a donné chaque jour, pendant deux mois, des douches froides à un malade « sans qu'il ait voulu céder sur aucun point. Tandis qu'on était au bain, précise-t-il, on a appliqué devant lui le cautère actuel — c'est-à-dire le fer rouge — à plusieurs malades, et on l'a prévenu que, s'il ne changeait pas, on lui en ferait autant. Il n'a pas cédé à la peur du cautère. On lui a appliqué une fois au sommet de la tête, et deux fois au sommet de la nuque, un fer rougi au feu ; il a souffert ces brûlures, sans renoncer à une seule de ses idées. Jamais le médecin qui le traitait n'a pu lui faire dire : « Je suis Dupré, je ne suis pas Napoléon. » Leuret, *Fragments psychologiques sur la folie*, « Les monomanies d'orgueil », Paris, Crochard, libraire-éditeur, 1834, pp. 308-321.

Esquirol décrit ces différents traitements : « La douche agit et par l'action du froid et par percussion ; elle exerce une action sympathique sur la région de l'épigastre ; elle cause des cardialgies et des envies de vomir : après son action, les malades sont pâles et quelquefois jaunes. Elle agit aussi moralement comme moyen de répression, et souvent une douche suffit pour calmer la fureur, pour rompre les résolutions dangereuses ou pour forcer un malade à l'obéissance. » Esquirol (1838), *Des maladies mentales*, p. 74.

A propos des « étons, des moxas, le cautère actuel », Esquirol considère que ce sont d'excellents auxiliaires pour provoquer la révulsion mais il avoue qu'il n'a point vu réussir tous ces moyens qui augmentent l'éréthisme, qui tourmentent les malades, qui les irritent, qui leur persuadent qu'on veut les supplicier ; c'est presque toujours aux monomaniaques ou aux individus en démence, qu'on a prescrit une médication aussi active et aussi perturbatrice. S'il ne nie pas que dans quelques cas, on n'ait pu obtenir du succès, ces cas sont très rares et les indications difficiles à apprécier. Esquirol (1838), p. 77.

2 - EXPLICATION

Les coups sont justifiés par l'absence de conscience et de sensibilité de l'insensé : ils sont employés au titre de choc destiné à réveiller une conscience coupée du monde extérieur.

Ces traitements se justifient pour Leuret comme moyen de guérison, il permet de ramener le fou à la raison en provoquant un choc physique ou psychique. Lorsque l'aliéné s'accroche à son délire et aux voix qui l'accompagnent, les coups se justifient comme moyen d'intimidation pour tenter d'éveiller, de faire revenir à la raison une conscience rétive, ou encore manifestant une perversité qui est celle d'un pécheur qui refuse de s'amender et qui s'accroche aux bénéfices de sa folie. La conviction délirante que manifeste le patient n'est pas reconnue bien qu'elle échappe à la raison commune et soit inébranlable.

DOCUMENT COMMENTÉ

3 A 3 - Observation d'Esquirol

1 - PRÉSENTATION DU DOCUMENT

Esquirol tente d'introduire un écart entre le fou et sa parole folle : l'aliéné n'est pas absent de ses actes et il engage sa responsabilité de sujet dans sa parole aliénée.

L'observation qui suit montre que cet engagement qui s'inscrit dans un échange langagier dans lequel est non seulement engagée la parole du patient mais celle de l'aliéniste, permet au sujet aliéné de se déprendre de la conviction qui contraint sa pensée.

La prise en compte de la parole dans le traitement

Madame de S....., âgée de 47 ans, d'une santé délicate, fut plusieurs fois enceinte. D'une dévotion exagérée, elle eut des idées mystiques, se persuada qu'elle devait vivre avec son mari, dans la vue seulement de faire des enfants selon Dieu, accusant son mari d'avoir des idées trop terrestres. Elle perdit deux de ses enfants.

Quoique au désespoir de la perte de sa fille aînée, elle affecta beaucoup de résignation pour soutenir le courage de son mari, qui était accablé. Elle revint à ses lectures religieuses avec plus d'ardeur que jamais ; elle lut plusieurs de ces prétendues prophéties politiques qui couraient le monde ; ces diverses lectures la préoccupèrent fortement. Elle perdit le sommeil et l'appétit, et dès le mois de janvier 1817, elle parlait souvent des événements prédits à la France. Enfin, au commencement de mars suivant, elle assista au service pour l'anniversaire de la mort de sa fille : elle resta triste, morose, silencieuse, sans appétit, sans sommeil. Tout à coup, le 5 mars, cris, plaintes, convulsions, loquacité, Mme S. parle sans cesse de Dieu, qui lui annonce de grands événements. Le ciel lui a été ouvert, elle y a vu sa fille, qui lui a dit que la France allait passer sous le règne de la grâce et de la justice ; qu'un messie allait paraître, pour se mettre à la tête de sa nouvelle Église et du gouvernement ; que tout le monde serait heureux à l'avenir. Cet état persista pendant sept heures, et lorsque Mme S. fut rendue à elle-même, on lui proposa de venir à Paris pour soigner sa santé ; elle s'y refusa avec obstination. Dès qu'on lui eut dit que Dieu l'ordonnait, elle descendit aussitôt de son appartement ; les chevaux étaient à sa voiture, elle y monta sans difficulté, et arriva le 6 à Paris.

Le 7 mars, nouvelle crise, convulsions, cris, hallucinations, efforts pour se débarrasser de son mari et de sa femme de chambre. Elle les repousse par ses menaces et ses paroles, elle les bat l'un et l'autre, les prenant pour des diables. L'isolement la rendit plus tranquille, mais pas plus raisonnable. Mme S... se désespère de ce que le diable a pris la figure de son mari, qui est la personne qu'elle aime le plus au monde. Elle se rend facilement chez M. Pinel, parce que cet homme célèbre doit être aussi instruit qu'elle-même de tout ce qui doit arriver. Elle est confiée à mes soins. Dès le premier jour, la nouvelle habitation, les personnes étrangères qui entourent la malade, lui imposent à tel point, qu'elle ne trahit jamais les pensées qui préoccupent son esprit. Elle ne témoigne aucun souci de l'absence de son mari, ni aucune inquiétude de se trouver avec des inconnus. Ce changement de situation est l'accomplissement des ordres de Dieu.

Le lendemain 8, Mme S... me témoigne quelque confiance ; je tâche de lui faire comprendre combien ses convictions sont contraires à la vérité, et de la bien pénétrer des vrais motifs de son séjour à Paris. Elle se rit de mon erreur, m'invite avec bienveillance à me préparer à de grands événements ; d'ailleurs, elle est tranquille, cause peu, ne déraisonne jamais, rit quelquefois sans sujet et joue une partie de cartes le soir. Refus de tous médicaments.

Le 10, après une longue conservation, dans laquelle Mme S... raconte, pour la première fois, tout ce qu'elle a vu, tout ce qu'elle a entendu, tout ce qu'elle a découvert dans les livres saints ; après une assez longue discussion, elle consent à faire avec moi le traité suivant que j'écris, et que nous signons l'un et l'autre. D'après ce traité, il est convenu que si le messie n'est point arrivé le 25 mars, si de grands événements n'ont pas eu lieu à cette époque, la malade consent à passer pour folle, et se soumettra au traitement qui lui sera prescrit. Depuis ce jour, elle est non seulement calme, mais elle est gaie, cause volontiers, ne parle à personne de ce qui passe dans sa tête, soutient la conversation avec esprit et sur toutes sortes de sujets. Seulement avec moi, Mme S... hasarde quelques mots sur ses prophéties, et uniquement par intérêt pour mon bonheur à venir. Le 25 mars se passe ; dès le lendemain, j'exige l'exécution du traité, Mme S... s'y prête de la meilleure grâce, et témoigne un grand désir de revoir son mari. Elle le revoit le jour suivant, et nous paraît à tous si raisonnable que, dès le jour même, elle repart pour sa province. Les convictions de cette dame n'étaient point entièrement détruites, mais elles étaient très affaiblies. Rendue chez elle, elle reprit son ancienne manière de vivre, soit dans son intérieur, soit dans le monde. Personne ne s'est douté qu'elle ait été malade, et en très peu de temps, les dernières traces de sa maladie se sont entièrement effacées.

Esquirol (1818), *Traité des maladies mentales*, pp. 86-87.

2 - EXPLICATION

Esquirol traite ses patients au cas par cas : « Quel bien ne retirent point ces malades d'une communication amicale et fréquente avec le médecin qui le traite !... Dans les gestes, dans les mouvements, dans les regards, dans le faciès, dans le propos, dans les actions, dans les nuances imperceptibles à tout autre, le médecin puise souvent la première pensée du traitement qui convient à chaque aliéné confié à ses soins. » (*De la folie*, p. 59).

On ne peut soigner un malade qu'en lui tenant un langage de vérité et dans le plus grand respect de sa personne. « Il faut toujours parler avec vérité, avec sincérité à ces malades, n'employer que le langage de la raison et de la bienveillance ; mais vouloir guérir les aliénés par des syllogismes et des raisonnements, c'est mal connaître l'histoire clinique de l'aliénation mentale. » (*De la folie*, p. 67.)

Esquirol suppose ici une distance entre l'aliéné et sa parole folle, il propose un contrat qui se réfère au droit et qui met en jeu la parole et la volonté de l'individu. Il tente d'introduire le doute et d'ébranler la conviction délirante dès lors que la prophétie ne se réalise pas. Cette hypothèse repose sur l'idée que l'aliéné n'adhère pas entièrement à ses idées délirantes marquées par une croyance inébranlable.

Esquirol reconnaît que l'influence morale du médecin peut être à l'origine de guérisons. Ce qui est souligner l'importance du « rapport » ou du « transfert » avant la lettre.

La parole et le contrat sont aussi reconnus comme moyens thérapeutiques qui donnent prise sur la folie, ils s'adressent au sujet de bonne volonté impossible à confondre avec sa folie et dont on peut mobiliser « les facultés de l'entendement et les affections morales » contre sa propre aliénation.

Document commenté

3 A 4 - « L'Adieu » de Balzac

1 - PRÉSENTATION DU DOCUMENT

Gladys Swain rappelle qu'avant Pinel et Esquirol, l'aliéné est un être retranché de la société puisqu'il a perdu la raison, au même titre que les « infirmes du signe » : l'aveugle qui a perdu ses yeux ou le sourd qui n'entend pas, et de ce fait ne peut parler et communiquer avec les autres humains. Pour illustrer cette coupure, cette perte de contact avec le monde extérieur, ce monde clos, étrange et incompréhensible dans lequel se retrouve celui qui a perdu la raison, elle commente le récit l'*Adieu* dans le roman *Le Colonel Chabert,* d'Honoré de Balzac.

Le sujet absent à lui-même

" Adieu» raconte les retrouvailles fatales du colonel Philippe de Sucy avec sa maîtresse Stéphanie de Vandières. Ils ont été séparés lors du terrible passage de la Bérésina, durant la retraite de Russie ; lui a été fait prisonnier par les Russes et emmené en Sibérie, elle a disparu. Du moins le croit-il, sur la foi de ses vaines recherches à son retour. En fait elle est devenue folle, et après une longue et misérable errance, elle a été recueillie par un parent, aliéniste, qui prend soin d'elle dans une solitude campagnarde. C'est là que Philippe de Sucy la retrouve, au hasard d'une partie de chasse, et la découvre, donc, selon les mots de Balzac, « morte et vivante, vivante et folle. » Elle est morte psychiquement mais physiquement vivante.

Stéphanie ne reconnaît personne, pas même son amant, elle est dans une « complète absence de l'âme ». Le seul mot qui lui est resté de la scène où s'est déclarée la folie, c'est Adieu. Mot qu'elle répète « sans que l'âme communiquât une seule inflexion sensible à ce mot. » Stéphanie est folle d'un événement. C'est en se voyant séparée de son amant, en assistant simultanément à la mort de son mari, décapité sous ses yeux par un glaçon charrié par la Bérésina, en se voyant elle-même condamnée à une mort presque certaine, que sa raison vacille, elle dit « Adieu » et sa raison, « sa vie psychique s'arrêta là. »

Swain, G. (1994). *Dialogue avec l'insensé.* Paris : Gallimard, pp. 152-153.

2 - EXPLICATION

Elle est heureuse, dit l'un de ses parents, puisqu'elle n'a plus accès aux souffrances de ce monde, ce qui lui est concédé, c'est une plénitude animale, la santé du corps qui compense la mort de l'âme. Il ne lui est accordé aucune subjectivité. Le sujet pensant est ici aboli. Il s'agit éventuellement de reconstruire l'événement pour provoquer un choc et ramener le sujet à la raison. Le sujet qui pense est un sujet de raison, c'est ce qui le fait exister, il n'y a pas continuité entre raison et déraison. La raison étant abolie, il n'y a plus de sujet ni de subjectivité. Cette idée de la folie suppose le tout de la raison ou rien.

3 - QUESTIONS DE RÉFLEXION

- La reconnaissance de la subjectivité permet de fonder une nouvelle clinique psychiatrique dont les initiateurs sont Pinel et Esquirol. Comment ces deux aliénistes appréhendent-ils la question de la subjectivité ?
- Balzac donne dans le document proposé ci-dessus une représentation populaire et culturelle de la folie contre laquelle le savoir psychiatrique a dû s'établir. Qu'en est-il du retranchement lié à la folie totale ? Quelle image en donne Balzac ? Que devient ici le sujet conscient ?
- Quel(s) rapport(s) peut-on établir entre sujet de la connaissance, sujet conscient et subjectivité ?

Document commenté

3 A 5 - Charcot et l'hystérie

1 - PRÉSENTATION DU DOCUMENT

Charcot faisait le mardi (*les leçons du mardi*) une présentation de malades ouverte au public, y assistaient aussi bien des personnalités du monde scientifique et médical que des personnalités en vue du monde littéraire dont Guy de Maupassant. Charcot propose une présentation de « Deux nouveaux cas de paralysie hystéro-traumatique chez l'homme ».

Paralysie hystérique chez un accidenté

Voici, par exemple, le cas d'un garçon de courses de vingt-neuf ans qui, alors qu'il traînait une voiture à bras a été accroché par une lourde voiture de blanchisseur, courant à fond de train et conduite par des gens ivres. Il a été « violemment projeté sur le trottoir d'où il a été relevé absolument sans connaissance ». Première hospitalisation à Beaujon, d'où il sort au bout de quelques jours en partie à pied, en partie porté par des aides. Il reste huit jours couché à son hôtel. En sortant, il est pris chez des amis d'une grande attaque « précédée d'une sensation de boule remontant au cou », trait dont il n'est pas besoin de souligner le caractère classique. Il est conduit à l'Hôtel-Dieu où il reste une semaine dans le coma, et où se déclare une impuissance motrice des membres inférieurs, d'abord imparfaite, et qui devient peu à peu complète. De là, au bout de deux mois, il est conduit à la Salpêtrière.
Ce patient ne se souvient de rien, il a « complètement perdu la mémoire de tout ce qui s'est passé au moment de l'accident sur le cours La Reine ». Les témoins présents affirment que le cheval de la voiture du blanchisseur ne l'a pas touché, et les roues de la voiture ne lui ont pas passé sur le corps. Le patient est persuadé du contraire. Il s'est forgé une légende à laquelle il croit fermement et dont, précise Charcot, « toutes les circonstances se présentent de temps en temps dans ses rêves ». Il s'agit là d'un phénomène de *reviviscence.* « La voiture du blanchisseur arrive de loin avec un grand fracas : le cheval fond droit sur lui et lui donne de la tête dans la poitrine. Il tombe, sent la tête heurter le sol et enfin la lourde voiture lui passer sur le corps, au niveau de la partie supérieure des cuisses. » – En général, à ce moment du rêve, le malade se réveille en sursaut en poussant des cris. A l'Hôtel-Dieu et ici même, à la Salpêtrière, on l'a plusieurs fois entendu crier : « Arrêtez, ne fouettez pas le cheval, il va m'écraser. » Comme il se doit, c'est de paraplégie frappant ces deux jambes qu'il croit avoir été écrasées, qu'il est atteint...
Le diagnostic d'hystérie semble d'autant moins douteux qu'à l'occasion d'une attaque convulsive le malade retrouve subitement l'usage des jambes, qui restent insensibles.

Charcot (1886), *Leçons sur les maladies du système nerveux*, t. III, Paris, 1887, pp. 441-442.

2 - EXPLICATION

L'explication proposée par Charcot consiste à dire que l'ébranlement nerveux dû ou bien au choc matériel ou bien à l'émotion intense éprouvée provoque « *un état mental inconscient ou subconscient* » favorable à la réalisation des suggestions... Ce patient ne peut que répéter le moment traumatique sans situer ce qui fonde son mal, il ne peut l'évoquer que dans un état où il ne sait pas ce qu'il dit ou vit, il n'est pas consciemment présent à lui-même, comme sujet, il est divisé entre conscient et inconscient. On retrouve cette division dans l'hypnose, le somnambulisme, les états de personnalité double, les états appelés « seconds » et non chez le sujet aboli, exclu de lui-même comme c'est le cas dans certaines manifestations psychotiques.

Pour Charcot, chez ce patient comme dans la plupart des cas du même genre, la paralysie ne s'est pas produite au moment même de l'accident, mais seulement quelques jours après, à la sortie d'une sorte d'incubation, d'élaboration mentale inconsciente.

Remarque

Ce n'est pas la blessure organique et une lésion destructive qui ont déclenché la paralysie, c'est un processus mental inconscient fondé sur la suggestion de la blessure subie, c'est à son insu que l'événement-cause se répète et atteste de sa toute prégnance psychique.

3 - QUESTIONS DE RÉFLEXION

– Comment situez-vous l'évolution de la notion de subjectivité depuis Esquirol jusqu'à Charcot ? On insistera sur la coupure entre l'abord des psychoses puis des névroses.

– Comment peut-on distinguer les paralysies neurologiques des paralysies psychiques ? Référez-vous aux *Leçons du mardi.*

– Quelle est l'originalité de la méthode clinique de Charcot ?

Document proposé

3 A 6 - La méthode psychothérapique de Janet

1 - PRÉSENTATION DU DOCUMENT

Cette observation rend compte de la démarche méthodologique et de la technique psychothérapeutique utilisée par Janet, elle en est une illustration particulièrement démonstrative.

Le cas Marie

« Cette jeune fille fut amenée de la campagne à l'hôpital du Havre à l'âge de 19 ans, parce qu'on la considérait comme folle et qu'on désespérait presque de sa guérison. En réalité, elle avait des périodes de crises convulsives et de délires qui duraient des journées entières. Après quelque temps d'observation, il était facile de constater que la maladie se composait d'accidents périodiques revenant régulièrement au moment de ses époques et d'autres accidents moins graves se prolongeant et survenant irrégulièrement dans les intervalles.
Considérons d'abord les premiers. A l'approche de ses règles, Marie changeait de caractère, devenait sombre et violente, ce qui ne lui était pas habituel, et avait des douleurs et des secousses nerveuses dans tous les membres. Cependant les choses se passaient à peu près régulièrement pendant la première journée mais, vingt heures à peine après le début, les règles s'arrêtaient subitement et un grand frisson secouait tout son corps, puis une douleur vive remontait lentement du ventre à la gorge et les grandes crises d'hystérie commençaient. Les convulsions quoique très violentes, ne duraient pas très longtemps et n'avaient jamais l'aspect de tremblements épileptoïdes : mais elles étaient remplacées par un délire des plus longs et des plus forts. Tantôt elle poussait des cris de terreur parlant sans cesse de sang et d'incendie et fuyant pour échapper aux flammes ; tantôt elle jouait comme une enfant, parlait à sa mère, grimpait sur le poêle ou les meubles, et dérangeait toute la salle. Ce délire et ces convulsions alternaient, avec d'assez courts instants de répit, pendant quarante-huit heures. La scène se terminait par plusieurs vomissements de sang après lesquels tout rentrait à peu près dans l'ordre. Après une ou deux journées de repos, Marie se calmait et ne se souvenait de rien. Dans l'intervalle de ces grands accidents mensuels, elle conservait des petites contractures tantôt au bras ou à la poitrine, dans les muscles intercostaux, des anesthésies variées et très changeantes et surtout une cécité absolue et continuelle de l'œil gauche... En outre, elle avait de temps en temps de petites crises sans grand délire, mais qui étaient caractérisées surtout par des poses de terreur. Cette maladie, rattachée si évidemment aux époques menstruelles, semblait uniquement physique et peu intéressante pour le psychologue. Aussi me suis-je d'abord fort peu occupé de cette personne. Tout au plus ai-je fait avec elle quelques expériences d'hypnotisme et quelques études de son anesthésie, mais j'évitai tout ce qui aurait pu la troubler vers l'époque où approchaient les grands accidents. Elle resta sept mois à l'hôpital sans que les diverses médications et l'hydrothérapie qui furent essayées eussent amené la moindre modification. D'ailleurs les suggestions thérapeutiques, en particulier les suggestions relatives aux règles, n'avaient que de mauvais effets et augmentaient le délire.
Vers la fin du huitième mois, elle se plaignait de son triste sort et disait avec une sorte de désespoir qu'elle sentait bien que tout allait recommencer : "Voyons, lui dis-je par curiosité, explique-moi ce qui se passe quand tu vas être malade.
– Mais vous le savez bien... tout s'arrête, j'ai un grand frisson et je ne sais plus ce qui arrive." Je voulus avoir des renseignements précis sur la façon dont ses époques avaient commencé et comment elles avaient été interrompues. Elle ne répondit pas clairement, car elle paraissait avoir oublié une grande partie des choses qu'on lui demandait. Je songeai alors à la mettre dans un somnambulisme profond, capable, comme on l'a vu, de ramener des souvenirs en apparence oubliés, et je pus ainsi retrouver la mémoire exacte d'une scène qui n'avait jamais été connue que très incomplètement. A l'âge de 13 ans, elle avait été réglée pour la première fois, mais par la suite d'une idée enfantine et d'un propos entendu et mal compris, elle se mit en tête qu'il y avait quelque honte et chercha le moyen d'arrêter l'écoulement le plus tôt possible. Vingt heures à peu près après le début, elle sortit en cachette et alla se plonger dans un grand baquet d'eau froide. Le succès fut complet, les règles furent arrêtées subitement, et malgré un grand frisson qui survint, elle put rentrer chez elle. Elle fut malade assez long-

temps et eut plusieurs jours de délire. Cependant tout se calma et les menstrues ne réapparurent plus pendant cinq ans. Quand elles ont réapparu elles ont amené les troubles que j'ai observés. Or, si l'on compare l'arrêt subit, le frisson, les douleurs qu'elle décrit aujourd'hui en état de veille avec le récit qu'elle fait en somnambulisme et qui, d'ailleurs, a été confirmé indirectement, on arrive à cette conclusion : tous les mois, la scène du bain froid se répète, avec le même arrêt des règles et un délire qui est, il est vrai, beaucoup plus fort qu'autrefois, jusqu'à ce qu'une hémorragie supplémentaire ait lieu par l'estomac. Mais, dans la conscience normale, elle ne sait rien de tout cela et ne comprend même pas que le frisson est amené par l'hallucination du froid; il est donc vraisemblable que cette scène se passe au-dessous de cette conscience et amène tous les autres troubles par contrecoup.

Cette supposition vraie ou fausse étant faite, et après avoir pris l'avis du Dr Powilewicz, j'ai essayé d'enlever de la conscience somnambulique cette idée fixe absurde que les règles s'arrêtaient par un bain froid. Je ne pus tout d'abord y parvenir ; l'idée fixe persista et l'époque menstruelle qui arrivait deux jours après fut à peu près comme les précédentes. Mais, disposant alors de temps, je recommençai ma tentative : je ne pus réussir à effacer cette idée que par un singulier moyen. Il fallut la ramener par suggestion à l'âge de 13 ans, la remettre dans les conditions initiales du délire, et alors la convaincre que les règles avaient duré trois jours et n'avaient été interrompues par aucun accident fâcheux. Eh bien, cela fait, l'époque suivante arriva à sa date et se prolongea pendant trois jours, sans amener aucune souffrance, aucune convulsion, ni aucun délire. »

Janet, P. (1889). *L'automatisme psychologique.* Paris : Alcan, p. 436-440.

Commentaire : rôle des idées subconscientes et efficacité de cette méthode pour les effacer.

Après ce premier résultat, Janet étudie les autres accidents en utilisant la même méthode, les crises de terreur qu'elle manifestait et qui étaient liées à un accident auquel elle avait assisté alors qu'elle avait 16 ans furent effacées de la même façon , Janet persuade Marie qu'il n'était jamais survenu. Il en est de même de la cécité de l'œil gauche, il procède également par hypnose et par suggestion... Il réussit à effacer l'incident à l'origine de cette cécité ce qui permet à Marie de voir clair de l'œil gauche. Janet conclut : « Voilà cinq mois que ces expériences ont été faîtes, Marie n'a plus présenté le plus léger signe d'hystérie, elle se porte fort bien et surtout se renforce beaucoup.

Son aspect physique a absolument changé. Je n'attache pas à cette guérison plus d'importance qu'elle n'en mérite, et je ne sais pas combien de temps elle durera, mais j'ai trouvé cette histoire intéressante pour montrer l'importance des idées fixes subconscientes et le rôle qu'elles jouent dans certaines maladies physiques aussi bien que dans les maladies morales. »

2 - QUESTIONS DE RÉFLEXION

- Peut-on établir un lien entre le traumatisme qu'il soit d'ordre physique et/ou psychique (notion de traumatisme à définir : *cf.* cours « Charcot, le traumatisme psychique ») et les symptômes que présente Marie ?
- Comment comprenez-vous cette affirmation de Janet : « Cette maladie, rattachée si évidemment aux époques menstruelles, semblait uniquement physique et peu intéressante pour le psychologue »?
- Comment Janet s'y prend-il pour enlever de la conscience somnambulique l'idée fixe qu'il juge absurde ?
- Le symptôme vient dire ici un savoir subconscient qui correspond à une vérité détenue par le sujet. Que mettent en jeu les réassurances que Janet prodigue à cette jeune fille ?
  Janet fait disparaître les symptômes par suggestion, il fait émerger le sens du symptôme qu'il dénie ensuite, qu'en est-il de l'économie du symptôme? Y-a-t-il ici une relation directe entre le symptôme et la sexualité?
- C'est au prix du déni de ce sens qu'il obtient, pense-t-il, la guérison. Comment justifie-t-il ce procédé, comment le théorise-t-il ?
- Qu'en est-il de la reconnaissance du sujet conscient/subconscient et de la subjectivité dans la relation établie entre le psychologue et le patient?
- Quelle est la place du « rapport » dans la « guérison » de Marie? Que pensez-vous de la « guérison » de Marie ?

Document commenté

3 A 7 - Freud et le traumatisme psychique

1 - PRÉSENTATION DU DOCUMENT

L'observation du cas Emma proposé par Freud dans l'*Esquisse pour une psychologie scientifique* apporte une illustration de la méthode utilisée par cet auteur dès 1895, pour décrire les mécanismes liés au traumatisme sexuel dans le choix de la névrose hystérique. Cette observation montre comment le refoulement vient cacher ce qui est en jeu de la vérité du sujet. Le symptôme phobique a une fonction d'évitement qui n'est rien d'autre que le « mensonge » qui recouvre l'événement qui détermine l'orientation de la sexualité d'Emma.

L'observation d'Emma, le premier mensonge (Proton-Pseudos) hystérique

Emma est sujette aujourd'hui à une compulsion, elle ne peut entrer seule dans un magasin, elle évoque un souvenir à l'âge de 12 ans (peu après sa puberté). Elle va faire un achat dans une épicerie, elle voit rire les deux commis, elle se souvient encore de l'un d'eux, elle s'enfuit avec une sorte d'affect d'effroi. Par association les éléments suivants sont évoqués : les deux ont ri de sa robe et l'un lui a plu sexuellement.

Elle se souvient qu'à l'âge de huit ans, un épicier chez qui elle est allée acheter des bonbons l'a pincée sous ses vêtements au niveau des parties génitales, néanmoins elle y est retournée une autre fois puis s'est ensuite abstenue. Ce type d'incident ne semble pas l'avoir marquée sur le moment mais c'est avec l'avènement de la puberté, avec la découverte de la sexualité que cet attentat prend le sens d'une séduction à valeur de traumatisme psychique.

C'est dans la rencontre avec les commis , que dans l'après-coup, elle éprouve un émoi sexuel qui donne son sens sexuel à l'attentat. L'attirance et la peur qu'elle éprouve à ce moment-là vont produire le symptôme phobique.

Cette manifestation resterait incompréhensible s'il ne s'était pas établi une chaîne associative passant « par des moyens termes inconscients jusqu'à ce qu'elle rencontre des associations conscientes ». Et c'est le symbole « vêtements » qu'on retrouve au niveau I conscient et au niveau II de la chaîne associative (niveau refoulé) qui va venir recouvrir l'attentat et être à l'origine de la déliaison sexuelle (*cf.* Schéma ci-dessous).

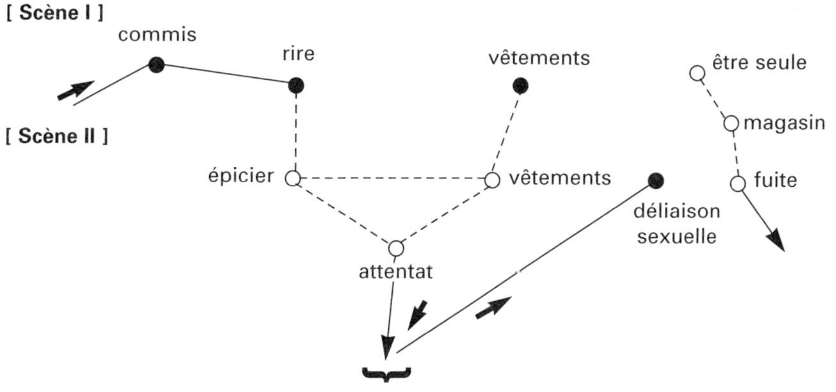

Freud, S. (1895). *Esquisse pour une psychologie scientifique*, Paris : PUF, pp. 363-367.

2 - EXPLICATION

Aucun élément du processus représenté par la partie inférieure du schéma, n'est venu à la conscience puisque refoulé, néanmoins un certain nombre d'associations vont se faire : commis-épicier, rire-grimace, vêtement-sensation sexuelle. La déliaison sexuelle et les faux nouages vont s'exprimer de la façon suivante : on a ri d'elle à cause de ses vêtements (l'épicier l'a pincée aux organes génitaux sous ses vêtements)... « C'est sous cette couverture, sous cette représentation mensongère qu'est indiquée la direction de la vérité du symptôme. » (Lacan, 1959-60, *Le Séminaire VII*, p. 90).

Dans un premier temps, les deux scènes I et II (voir schéma) ne peuvent s'articuler au niveau du sens. Le sujet n'a pas saisi le sens d'une représentation inconciliable de nature sexuelle. La puberté est intervenue.

Le premier traumatisme, la scène de séduction avec l'épicier alors qu'elle avait huit ans, n'avait pas provoqué d'excitation sexuelle. Cette scène n'avait pas pris sens pour elle et elle l'avait oubliée. Au moment de la puberté, la rencontre avec les commis présentant quelques traits communs avec la première scène, suscite chez elle un émoi d'ordre sexuel lié au souvenir de la scène de séduction qui réactive le traumatisme et produit un refoulement après coup.

C'est après la puberté que la nature sexuelle du pincement par l'épicier a pris sens pour elle. Le souvenir éveille ce qu'à l'époque, elle n'avait certainement pas pu éprouver. L'attentat perpétré par l'épicier n'est devenu trauma que dans l'après-coup, lorsqu'elle est confrontée au rire et à l'effet de séduction provoqué par le commis.

La scène II est rattachée à la scène I par une identité de perception, par un trait inconscient. Autrement dit, après la puberté dès qu'un sens est donné à la scène II du fait de la confrontation à la scène I, il y a refoulement des scènes I et II, parce qu'après avoir éprouvé un attrait pour l'un des commis, un déplaisir se manifeste en même temps (déliaison sexuelle), et elle s'enfuit de l'épicerie. Le traumatisme après coup et le conflit psychique qui en est la conséquence produiront un symptôme phobique qui consistera pour Emma à ne pouvoir entrer qu'accompagnée dans un magasin.

Toutes ces représentations sont passées par des associations qui réactivent des contenus inconscients. La déliaison sexuelle se manifeste dans la situation actuelle par le refus d'entrer dans un magasin ; ce que le sujet se cache à lui-même, c'est l'émoi sexuel éprouvé dans la rencontre avec le commis qui vient recouvrir la scène de séduction par le vieil épicier.

Attirance et fuite, jouissance, désir et interdit sont présents dans la manifestation symptomatique.

C'est ainsi que Freud repère le sens du symptôme. Du fait d'une position et d'une présence de psychanalyste à l'écoute du sujet, le savoir inconscient portant sur le désir et la vérité du symptôme vont pouvoir se dire dans les chaînes associatives et avec les signifiants dont seul le sujet est dépositaire.

3 - QUESTIONS DE RÉFLEXION

- Retrouvez dans l'œuvre freudienne les principales phases de l'évolution de la technique psychanalytique.Vous pourrez vous aider de *La technique psychanalytique*, paru aux Presses Universitaires de France en 1953.
- Donnez les différentes définitions, les différentes appréhensions du symptôme du point de vue de la médecine, du point de vue de la psychiatrie, du point de vue de la psychanalyse.
- Pour Charcot, le patient ne peut que répéter l'événement traumatique sans situer ce qui fonde son mal. Ce n'est pas tant le traumatisme physique qui compte que la façon dont est élaboré l'événement. Quelle continuité peut-on établir entre la définition du traumatisme donnée par Charcot et celle apportée par Freud ?

Document proposé

3 B 1 - Une méthode quantitative à visée clinique

1 - PRÉSENTATION DU DOCUMENT

La démarche clinique proposée s'inscrit dans le même courant que celle inspirée par Witmer qui utilise les résultats de l'examen de sujets nombreux, étudiés l'un après l'autre, pour des généralisations suggérées par l'observation de leurs aptitudes et de leurs déficiences. Il s'agit ici, des résultats d'une étude effectuée sur un échantillon initial de 116 enfants victimes de mauvais traitements. L'auteur se pose la question du fonctionnement d'une victime de mauvais traitements cinq ans après une hospitalisation consécutive à ces sévices.

Une méthode quantitative à visée clinique

A partir de l'échantillon de catamnèse de 27 sujets, un échantillon de 18 fut choisi pour une analyse discrète. Ces enfants furent sélectionnés sur la base d'une certaine homogénéité d'expérience de mauvais traitements pendant les trois premières années de leur vie et à la suite d'une hospitalisation.
Ces enfants sont évalués cinq ans après, à l'aide de tests de capacités, d'intelligence ainsi qu'à l'aide de tests projectifs.
Différentes questions se sont posées :
Comment expliquer le fonctionnement intellectuel réduit du groupe ?
Ce résultat est-il dû à l'effet nocif de l'expérience de mauvais traitements ou à un dommage neurologique lié aux blessures reçues ?
L'auteur reprend des travaux qui soulignent l'importance des conséquences de l'environnement abusif sur le développement physique et neurologique global.
Il reconnaît que dans la mesure où les variables entrant en jeu dans l'expérience de chaque enfant sont extrêmement nombreuses, on ignore quelle part de leur perturbation, tant cognitive qu'affective, est due au sévice en lui-même, à l'importance de la perturbation dans les relations avec la personne qui s'occupe de lui ou, pour les enfants qui ont été placés et sont rentrés chez eux, aux expériences de séparation qu'ils ont connues. Il reconnaît aussi qu'« une grande partie de la richesse du matériel qui révèle une estimation exacte du monde intérieur de l'enfant est perdue lorsqu'on soumet le matériel à des mesures préfixées. Une autre façon de présenter une image exacte du fonctionnement d'une victime de mauvais traitements est d'adopter une approche où n est égal à 1, qui donne des profils psychologiques individuels permettant de voir ce que chaque enfant fait de l'expérience. »
« Les résultats globaux indiquent que le fonctionnement intellectuel du groupe est réduit dans son ensemble. Les facteurs de perturbation affective présentent des indices élevés des indicateurs d'agression et de retrait. Une évaluation par le dessin, donne comme impression clinique que ces enfants sont des enfants contraints, comportementalement inhibés et malheureux. »

Murphy S. (1992). Des enfants victimes de mauvais traitements : catamnèse cinq ans plus tard, in E. J. Anthony et C. Chiland (Eds.). *L'enfant dans sa famille : Le développement en péril.* Paris : PUF, pp. 685 - 698.

2 - QUESTIONS DE RÉFLEXION

- Que pensez-vous de la démarche proposée par l'auteur qui vise à définir des modes de fonctionnement généraux intellectuels et affectifs liés à la maltraitance ?
- Commentez : « Un des dilemmes concernant le fonctionnement intellectuel réduit du groupe est de savoir s'il faut attribuer ces résultats à l'effet nocif de l'expérience de mauvais traitements ou à un dommage neurologique dû à des blessures reçues ».
- Comment comprenez-vous le regret de l'auteur qui considère que pour donner une image plus exacte du fonctionnement d'une victime de mauvais traitements, « il aurait fallu privilégier les profils individuels qui permettent de voir ce que chaque enfant fait de l'expérience » ?

DOCUMENT PROPOSÉ

3 B 2 - Histoire de cas

1 - PRÉSENTATION DU DOCUMENT

Ce document qui est une étude de cas, prend en compte l'histoire d'un sujet singulier, il fait la distinction entre anamnèse et biographie.

La distinction entre anamnèse et biographie

1. Anamnèse ou histoire de la maladie :

Il s'agit de Madame M., âgée de 61 ans. Elle s'est présentée il y a trois mois aux urgences d'un hôpital général pour un état de dépression sévère accompagné d'une anorexie. Elle ne mange pas mais s'alcoolise.

Le diagnostic porté par le psychiatre qui la suit, est celui de mélancolie et dans la mesure où l'état de tristesse ne cède pas, et puisque l'état dépressif évolue sans véritable virage de l'humeur depuis plus d'un an, il prévoit des électrochocs. Cette décision suscite une synthèse permettant de parler de ce cas. Le psychologue clinicien propose de faire passer à cette patiente un bilan psychologique avant qu'une décision définitive ne soit prise.

Selon son mari, le premier épisode dépressif se serait manifesté quinze ans plus tôt, sans qu'il puisse situer un événement notable. Il aurait été accompagné d'un amaigrissement massif. Des périodes d'exaltation de courte durée sont évoquées. Lorsque l'on interroge la patiente, elle attribue l'origine de sa maladie à un licenciement économique et à l'incapacité dans laquelle elle s'est trouvée d'obtenir du travail dans la branche professionnelle où elle avait exercée, elle s'est alors mise à boire. Elle dit en particulier boire le matin afin de combattre le vide existentiel qu'elle ressent.

Elle a connu plusieurs hospitalisations depuis dix ans, toujours pour le même état dépressif massif avec anxiété, accompagné d'éthylisme. Le dernier certificat d'admission à l'hôpital, souligne la présentation figée et l'inhibition psychomotrice. L'angoisse est importante et la patiente exprime même des idées suicidaires. Elle est habituellement suivie par un psychiatre en ville, elle est en permanence sous traitement antidépresseur.

2. Biographie :

Elle ne signale aucune anomalie au moment de sa naissance. Sa mère travaillant, elle a été placée en nourrice jusqu'à l'âge de six ans. Sa situation change à ce moment, du fait de la naissance d'un frère : sa mère la reprend mais la fillette accepte mal de quitter la famille nourricière.

Elle dit aussi avoir été séduite par son père au moment de l'adolescence vers 15 ans, secret qui la tourmente et dont elle se sent particulièrement coupable. Il lui arrivait de l'agresser pour se défendre ; car ce dernier ayant subi un grave revers professionnel, il déplaçait son agressivité sur sa famille. Elle évoque le peu d'attachement qu'elle éprouvait vis-à-vis de sa mère, femme lointaine et surtout centrée sur sa personne. Avec les années, cette mère était devenue triste et déprimée, les scènes de ménage étaient fréquentes. Malgré le climat familial conflictuel, elle n'arrivait pas à quitter ses parents, et s'est mariée fort tard pour réaliser le désir d'avoir un enfant.

Elle essaie de minimiser les difficultés qu'elle rencontre avec son mari et fait comme si les problèmes avec ce dernier étaient résolus. Mais il apparaîtra après le bilan psychologique que le mari de Mme M. vit avec une autre femme depuis une dizaine d'années, et qu'elle n'a jamais accepté que son mari puisse la quitter.

Actuellement, elle participe sans difficulté aux diverses activités et elle se lie facilement avec le personnel et d'autres patientes qui la trouvent sympathique.

Samacher, R. (1992). Un bilan psychologique pour quoi faire ? *Bulletin de Psychologie*, n° spécial *Les méthodes projectives et leurs applications pratiques*, *45*, n° 406, 366-372.

2 - QUESTIONS DE RÉFLEXION

– Quelle distinction faites-vous entre biographie et anamnèse ?
– Quelle place donnez-vous à l'événement dans l'histoire d'un sujet ?

Document proposé

3 B 3 - Psychologie clinique et étude de cas

1 - PRÉSENTATION DU DOCUMENT

Favez-Boutonier souligne que toute histoire est personnelle et elle insiste sur le fait que « si l'on veut reconstituer cette histoire pour comprendre le développement du sujet, on est obligé de se livrer à un travail qui est toujours assez difficile et assez long » (1960, p. 37).

La psychologie clinique actuelle aux États-Unis

A propos de la clinique psychologique aux États-Unis, Favez-Boutonier commente un article de A. W. Brown « Les méthodes et les techniques en psychologie clinique » dans l'ouvrage collectif dirigé par Andrews *Les méthodes de la psychologie,* Tome II, Ch. XIX, p. 696 à 729.
Dans ce chapitre, la psychologie clinique est définie comme l'art et la technique de traiter les problèmes d'adaptation des êtres humains.
Favez-Boutonier commente les trois points suivants :
« Ces méthodes concernent les cas individuels, car les problèmes d'adaptation des êtres humains se présentent comme des problèmes d'adaptation individuelle. La méthode de psychologie clinique doit donc pouvoir s'adapter à des cas individuels.
En second lieu, l'individu a un problème.
En troisième lieu, le problème demande à être étudié, puis demande qu'on fasse le diagnostic et le traitement. C'est pourquoi, pour Brown, l'approche clinique est "à la fois un art, une science et une technique". Un art ? déjà il souligne ainsi et il y reviendra, l'absence de rigueur scientifique des études de "cas", par opposition à la rigueur des résultats qu'on obtient chaque fois que l'on peut avoir des ensembles qu'on traite avec des méthodes mathématiques, statistiques, et pour lesquels on a des lois qu'on peut considérer comme générales. Il y a déjà longtemps qu'Aristote a dit (on l'a souvent répété et discuté), qu'il n'y a de science que du général. L'inconvénient, c'est que tous les individus sont particuliers. C'est un inconvénient du point de vue de la science, car s'il n'y a de science que du général, on devrait pouvoir en conclure que la science laisse toujours échapper l'individu particulier. Et cependant l'individu est la seule *réalité.* Par conséquent , lorsqu'il s'agit d'approcher le cas individuel, il y a toujours un élément qui ne peut pas relever de la science, mais qui relève de l'art ».

Favez-Boutonier, J. (1960). *Psychologie clinique.* Paris : CDU (Les cours de la Sorbonne).

2 - REMARQUE

Nous avons tenu à reproduire in extenso cet extrait car il résume parfaitement les débats qui se cristallisent à propos de la scientificité des méthodes en psychologie clinique. Qu'en est-il de l'objet de la clinique psychologique, à quel sujet se réfère-t-elle ? Ici, Favez-Boutonier retient l'importance du terme « art » qui fait intervenir un facteur personnel spécifique à chaque praticien et qui met en interaction la subjectivité du praticien et celle du patient : c'est de la rencontre que naît la qualité de la relation. Elle s'inscrit dans une intersubjectivité qui échappe à la science. Il n'y a de clinique qu'au singulier.

3 - QUESTION DE RÉFLEXION

- Si l'on se réfère aux documents 3 B 1 et 3 B 2, comment situer ce que Favez-Boutonier reprend dans le texte de Brown à propos de l'approche clinique « à la fois un art, une science et une technique »?
- Qu'en est-il de l'objet de la psychologie clinique pour Favez-Boutonier ?

Document commenté

3 B 4 - Position clinique à visée adaptative et observation médicale

1 - PRÉSENTATION DU DOCUMENT

René A. Spitz (1887-1974) est un médecin et un psychanalyste américain d'origine viennoise. Il s'inscrit dans la ligne de l'*ego psychology* , il est proche d'Anna Freud, de Hartmann, et de Kris.

Il s'est fait connaître tout particulièrement par ses travaux sur l'hospitalisme et l'essor qu'il a donné à la psychologie du développement en s'intéressant tout particulièrement aux premières relations d'objet et à leurs avatars, aux carences affectives liées aux placements d'enfants dans des pouponnières dépourvues d'un entourage affectif adéquat. Sa démarche a permis d'attirer l'attention du monde médical et scientifique sur les méfaits provoqués par les abandons carentiels dus à la défaillance de l'environnement.

Sa méthode consiste à utiliser l'observation directe et à filmer les situations de carence. Il décrit ainsi les troubles de type psychotoxique et les carences affectives aboutissant au marasme de l'hospitalisme.

L'auteur propose une étude de cas portant sur ce qu'il appelle le rejet primaire passif :

Le rejet primaire passif, observation et réponse clinique médicale

« La mère de l'enfant en question, célibataire, était une fille de 16 ans étonnamment jolie. Elle travaillait comme domestique et avait été séduite par le fils de la maison. D'après ses dires, ils n'avaient eu qu'un seul rapport sexuel qui fut suivi de conception. L'enfant n'était pas désiré et sa grossesse fut accompagnée de graves sentiments de culpabilité, la jeune fille étant une catholique convaincue et pratiquante. L'accouchement eut lieu dans une maternité et fut sans histoire. Après vingt-quatre heures, la première tentative pour nourrir l'enfant fut un échec de même que les suivantes. La mère, disait-on, n'avait pas de lait. Mais nous n'eûmes aucune peine à en obtenir par pression manuelle. Nous n'eûmes non plus aucune peine à le faire avaler par l'enfant à l'aide d'un biberon. Lorsqu'elle essayait elle-même de donner le sein, la mère se conduisait comme si son enfant lui était complètement étranger, comme s'il n'était pas un être vivant. Son comportement était celui d'un retrait vis-à-vis du bébé : son corps, ses mains et sa face étaient rigides et tendus. Les mamelons, bien que non rentrés, ne pointaient pas, et l'allaitement ne semblait pas provoquer de turgescence.
Ceci continua pendant cinq jours tandis que le bébé était maintenu en vie par le lait tiré des seins de la mère. Lors d'une dernière tentative d'allaitement (filmée), on vit le bébé tomber dans l'état de stupeur semi-comateuse décrit par Margaret Ribble (1938) [1]. Des mesures énergiques durent être prises dont l'alimentation par tubage et les lavements salins, afin de sortir le bébé de cet état. En même temps on tenta d'instruire la mère en lui montrant comment manipuler ses mamelons pour provoquer la turgescence nécessaire à l'allaitement. Après cinq jours de cet effort, l'allaitement devint relativement aisé; l'enfant se remit, du moins pendant les six jours suivants où il me fut possible de l'observer. »

Spitz, R.A. (1968). *De la naissance à la parole.* Paris : PUF, pp. 160-161.

1) Il s'agit des désordres « psychotoxiques » décrits par Spitz. (1965).

2 - EXPLICATION

A/ Désordres psychotoxiques et rejet primaire passif

R. A. Spitz se demande comment se développera un enfant confronté dès le départ à un rejet aussi massif.

Il envisage le pronostic suivant qui s'inscrit dans un discours spécifiquement médical : même si la vie de l'enfant n'est plus en danger, des séquelles sont par la suite vraisemblables. Dans le cas présent, le refus d'alimentation de l'enfant représente une de ces séquelles.

À partir de cette observation portant sur le rejet primaire passif, Spitz s'intéresse essentiellement au comportement de la mère et de l'enfant. Au comportement passif de la mère, active dans son rejet manifeste, répond l'état de sidération de l'enfant.

B/ Observation en extériorité

Il s'agit d'une description en extériorité dans laquelle le médecin Spitz se contente d'observer et de filmer. Il rattache l'état de sidération observé chez l'enfant à l'état comateux, à la dyspnée de Cheyne-Stokes, qui consiste en une extrême pâleur et une sensibilité réduite. Il porte ainsi son diagnostic et va proposer d'une part pour l'enfant un traitement médical qui se compose d'une alimentation par tubage, lavements salins et d'autre part pour la mère, de conseils pédagogiques visant à lui apprendre à tenir son sein afin qu'il soit turgescent et saisissable pour l'enfant.

A aucun moment Spitz ne questionne la mère sur ce qu'elle ressent par rapport à cet enfant, sur le désir ou sur le rejet qu'elle manifeste à l'égard de l'enfant. Il ne la rencontre pas comme sujet d'une parole qui vient dire une souffrance liée à cette naissance, il constate le fait que cette mère rejette son enfant sans se poser la question du sens de ce rejet, sans recherche d'une parole de vérité derrière le symptôme.

L'inter-relation mère-enfant est traitée selon le registre médical et pédagogique, une clinique porteuse d'une écoute et véhiculant une parole support d'un sens est ici exclue au profit d'une démarche de recherche quasi expérimentale. Dès lors que le diagnostic médical est porté, le médecin se réfère à un modèle et tout est joué pour cette mère et cet enfant.

3 - QUESTIONS DE RÉFLEXION

- En vous référant au registre des passions : amour, haine, ignorance, commentez la phrase suivante : « Lorsqu'elle essayait elle-même de donner le sein, la mère se conduisait comme si son enfant lui était complètement étranger, comme s'il n'était pas un être vivant. »
- Quelle distinction faites-vous dans cette observation entre démarche expérimentale et démarche clinique ?

DOCUMENT COMMENTÉ

3 B 5 - Clinique freudienne et médecine hospitalière

1 - PRÉSENTATION DU DOCUMENT

Françoise Dolto (1908-1988), médecin et psychanalyste française, se fit connaître par ses psychanalyses d'enfants ; Sophie Morgenstern l'initia à cette pratique.

Elle soutint sa thèse de médecine et 1939 qui portait sur « Psychanalyse et pédiatrie » et elle s'engagea en faveur de la pratique de la psychanalyse freudienne dans la médecine hospitalière et dans le champ pédagogique. Très proche de Lacan, elle fut pendant quarante ans sa conseillère et son amie.

L'observation présentée ici se déroule pendant la Seconde Guerre mondiale, dans un contexte d'importantes restrictions.

L'histoire d'un allaitement, position clinique qui prend appui sur le transfert et la parole

Il s'agit de l'histoire d'un allaitement. Dolto est interne dans les années 1940 à l'hôpital Bretonneau chez Edouard Pichon. Elle apprend l'histoire d'une jeune accouchée qui a eu une montée de lait extraordinaire mais cette montée de lait s'est tarie lorsqu'il lui faut nourrir son enfant. Dolto qui apprend cet événement en salle de garde, lance à la cantonade : « C'est psychosomatique ! » Ce qui étonne et fait rire ses collègues, néanmoins l'interne responsable, sachant qu'elle est psychanalyste lui demande d'intervenir auprès de cette femme.
Dolto se dit « qu'il doit y avoir quelque chose, si seulement cette femme pouvait parler !... Il s'est passé quelque chose, il faudrait qu'elle arrive à le dire; c'est sûrement psychosomatique, il ne faut pas mettre le bébé au biberon, il faut qu'elle parle ».
Dans la mesure où elle ne peut se rendre au chevet de cette femme, Dolto conseille à l'interne de lui faire dire ce que représente pour elle le fait de nourrir son bébé et de la faire parler de sa relation avec sa mère.
Elle apprend le lendemain que l'interne à demandé à la surveillante de la maternité d'intervenir, elle a posé ces questions à cette femme qui s'est mise à sangloter. Elle avait été abandonnée à sa naissance et n'avait plus jamais entendu parler de sa mère.
La surveillante a materné cette mère, elle est allée jusqu'à lui donner le biberon, elle l'a renarcissisée : « Comment ! une si belle petite fille que vous deviez être, comme votre petit garçon, mais c'est pas possible ! », ce qui a permis à la mère de réinvestir son enfant. Cette maman, reconnue comme mère dans les bras d'une femme située en position de mère, a pu alors nourrir son enfant.
Dolto, dans son commentaire, ajoute qu'elle n'aurait jamais pu aller aussi loin que cette surveillante. Elle souligne que les psychanalystes habituellement écoutent, cette jeune femme aurait pleuré et cela aurait peut-être suffi. Cette femme a eu l'intelligence du cœur, elle a trouvé les gestes nécessaires et su subjectivement faire la rencontre et communiquer avec cette femme qui lui a confié sa douleur d'avoir été abandonnée par sa mère.
« Eh ! vous êtes ma maman, vous m'avez réconcilié avec mon bébé... »

Dolto (1978), Naître... et ensuite ? *Les Cahiers du nouveau-né,* n°1 et 2. Paris : Stock, pp. 193-197.

2 - EXPLICATION

Nous ne savons pas quelle est l'histoire de cette surveillante, nous faisons l'hypothèse qu'il y a eu un point de rencontre identificatoire qui lui a permis de faire ce qu'il fallait pour que cette jeune femme reconnaisse son enfant.

Les éléments de l'histoire de cette jeune femme sont les suivants :

Elle n'a pas connu sa mère qui n'a pu ni l'élever, ni la nourrir. A la naissance de son enfant, alors qu'elle a une importante montée de lait, elle ne peut nourrir son enfant, s'identifiant en cela à sa propre mère abandonnante.

Les intervenants de l'Aide sociale à l'Enfance, soulignent que très souvent, dans la biographie des mères abandonnantes, on retrouve des abandons sur une ou plusieurs générations, ce qui maintient une identification à une mère même défaillante, façon de conserver, de garder par identification une mère en soi.

La démarche psychothérapique proposée par Dolto en faisant intervenir un tiers présent par la parole et prêt à soutenir une parole vraie qui vient du cœur, a donné le moyen à cette mère de dire son abandon et son incapacité à accueillir son enfant.

Cette référence à la parole, la présence de la surveillante assimilable à la position du psychothérapeute, a suscité un espace dans lequel cette jeune mère a pu dire ce qui l'affecte, les représentations qui la hantent, et a permis la levée du refoulement.

Il s'agissait alors d'un savoir oublié qu'elle venait articuler dans cette situation de transfert, réactualisation des passions telles que l'amour, la haine, l'indifférence en tant qu'affects du passé pris ici dans un sens analytique.

Dans une relation de confiance avec cette femme, elle est arrivée à dire ce qui ne pouvait pas se dire, cette identification à une mère qui n'avait pas été en mesure de s'occuper d'elle, et à son tour, elle ne pouvait pas accueillir son enfant. Cette relation de transfert lui donnait maintenant accès comme mère à son enfant.

Inutile d'insister sur le fait que cette histoire eut une issue très positive. En période de guerre, la maternité manquait de nourrices et elle est devenue l'une des meilleures nourrices de cette maternité !

3 - QUESTIONS DE RÉFLEXION

– Pourquoi Dolto attache-t-elle une telle importance à la parole ?

– Que pensez -vous du dispositif qu'elle propose de mettre en place ?

– Qu'en est-il de la symétrie ou de la dissymétrie entre la surveillante et la jeune femme ?

– Faites une analyse comparative entre la méthode utilisée par Spitz dans le document 3 B 4 et la démarche proposée ici par Dolto.

DOCUMENT PROPOSÉ

3 C 1 - La psychothérapie cognitivo-comportementale

1 - PRÉSENTATION DU DOCUMENT

Quand un sujet a une atteinte fonctionnelle, par exemple une phobie, le thérapeute cognitivo-comportementaliste se pose la question de la disparition de cette manifestation.

Nous allons nous référer dans ce document à la méthodologie qui consiste à traduire le problème en termes opérationnels et objectivables. Le thérapeute va aider le patient à verbaliser sa plainte sur un mode utilisable (très concret). Les problèmes globaux sont réduits en unités, à des composantes maîtrisables, de façon à obtenir par cette décomposition progressive un soulagement de la gêne.

L'apprentissage porte sur la programmation des activités du sujet.

La première démarche consiste à analyser la plainte du sujet et ensuite l'amener à se confronter à l'objet phobogène.

Traitement du symptôme par la thérapie cognitivo-comportementale

Utilisons à titre d'exemple, une fiction, reprenons le cas Emma de Freud.

Imaginons qu'au lieu de s'engager dans une psychanalyse, elle suive un traitement cognitivo-comportemental.

Tout d'abord les symptômes d'Emma vont être traduits sous une forme objectivable. Le psychothérapeute aide Emma à verbaliser sa plainte en termes cognitifs ; il s'agit aussi d'écarter les présupposés subjectifs qui sont porteurs d'angoisse et peuvent paralyser le sujet.

Emma dit au thérapeute : « Je ne peux pas entrer dans le magasin si je ne suis pas accompagnée car je suis prise de panique (...) j'ai peur de rencontrer quelqu'un qui pourrait rire de moi, de mes vêtements ».

Panique et peur immotivées doivent être écartées. Pour ce faire, le thérapeute va procéder de la façon suivante : il accompagne Emma dans le magasin, si possible bien habillée pour qu'elle n'ait pas honte. Cette démarche est répétée à plusieurs reprises en laissant de plus en plus de distance entre eux afin qu'elle arrive à entrer seule dans le magasin. La patiente prend alors appui sur le regard et la voix du thérapeute.

Elle doit combattre le déplaisir éprouvé avant qu'il ne se transforme en angoisse. C'est la relation, le rapport établi avec le thérapeute qui permet de faire les efforts pour qu'elle y parvienne seule.

Ce qui est proposé, c'est un système de programmation. Lorsque le déplaisir apparaît, une évaluation permet de repérer jusqu'à quelle limite la patiente peut avancer seule sans perdre le contrôle. Ce système se veut objectif, c'est pourquoi la mesure est utilisée par exemple sous la forme d'une échelle d'anxiété.

Le fait de quantifier, aide à établir une négociation dans le traitement. Au début de la séance le thérapeute fixe les objectifs et le patient participe à ce programme. Ils sont tous les deux actifs. Le processus thérapeutique est fondé sur « l'ici et maintenant », peu importe le passé !

Le thérapeute complète éventuellement le traitement par une relaxation pour réduire l'anxiété. Mais il existe des techniques d'exposition plus directes. La patiente est encouragée à affronter l'anxiété, à faire front. Nous imaginons qu'Emma entre dans le magasin sans avoir suivi une progression ou encore qu'elle s'est habillée de façon négligée, ce qui dans le champ de la psychanalyse pourrait être assimilé à un passage à l'acte ou encore à la mise en place d'un mécanisme de type formation réactionnelle.

Théoriquement, une bonne gestion de cette thérapeutique doit aboutir à l'extinction de l'anxiété, qui est contrôlée, et qui perd son caractère désorganisant. La patiente devient capable de gérer elle-même son stress (les tensions diverses qu'elle res-

sent). Le comportement considéré comme nuisible est peu à peu réduit, ce qui, à la longue, élimine le problème.
Ces techniques d'apprentissage visent à l'autorégulation, la patiente devient capable de fixer elle-même ses objectifs et de s'évaluer. Elle fait disparaître les difficultés en provoquant son propre renforcement. Ainsi, elle a appris des stratégies qui lui permettent de réguler ses comportements pour affronter les problèmes.

2 - QUESTIONS DE RÉFLEXION

- Comment situez-vous les schémas cognitifs perturbateurs ?
- Comment se fait la réduction du comportement considéré comme nuisible ?
- Quel est le statut du symptôme dans la perspective des thérapies cognitivo-comportementales ?
- Les principales critiques portant sur la signification du symptôme émanant en particulier de la théorie psychanalytique, vous semblent-elles justifiées ? Donnez les arguments qui étayent la position que vous choisissez.

DOCUMENT PROPOSÉ

3 C 2 - Les psychothérapies commentées par la presse

1 - PRÉSENTATION DU DOCUMENT

La presse grand public est friande d'informations spectaculaires et l'intérêt porté aux psychothérapies vient alimenter cette curiosité pour des techniques censées éliminer le stress et apporter le bonheur. L'exemple proposé ici correspond à une série d'articles de cette presse. Sont présentés ici les principes des thérapies comportementales et cognitives ainsi qu'un témoignage.

Les thérapies comportementales et cognitives les plus connues et les plus faciles d'accès

Méconnues il y a peu de temps encore, les thérapies comportementales et cognitives s'imposent aujourd'hui, tant auprès des spécialistes du psychisme que du grand public qui y recourt de plus en plus.

Leur atout : des résultats rapides. Grâce à elles, on peut, en effet, dire adieu aux phobies, aux troubles anxieux et aux obsessions. A la trappe également les dépressions à répétition, boulimie, timidités maladives et autres dysfonctionnements sexuels. Bien que leur nom soit rébarbatif, elles sont simples et faciles d'accès.

Leur spécialité : étudier chez l'individu ce qui ne fonctionne pas (ou alors mal) dans ses comportements et dans ses pensées. Leur fondement : tout comportement a été « appris ». Il peut, de la même manière être « désappris ». Leur but : aider les personnes à acquérir des conduites plus adaptées à leur vie quotidienne.

Pour les comportementalistes, tout commence en effet, par un mauvais apprentissage. C'est ainsi, par exemple, qu'une personne sensible ayant fait l'objet de moqueries dans son enfance lorsqu'elle prenait la parole en famille pourra associer le fait de s'exprimer en public à la peur de paraître ridicule. Il s'agira alors pour elle de désamorcer cette croyance et de la remplacer par une pensée plus juste. Il lui faudra également apprendre une nouvelle conduite (parler sans crainte devant plusieurs individus) afin de parvenir à communiquer normalement avec autrui.

Réadapter ses comportements et ses pensées

En fait, les méthodes comportementales s'attachent au côté pratique des choses. C'est un peu comme lorsqu'on se remet au tennis après s'être interrompu pendant un grand laps de temps. On a acquis de mauvais réflexes, de mauvaises habitudes... En résumé : on joue mal ou bien on ne sait plus jouer. Le professeur avec qui on reprend des cours ne cherchera pas à savoir pourquoi on joue mal mais corrigera notre jeu de telle sorte qu'on puisse pratiquer avec aisance. Le thérapeute comportementaliste agit de la même façon avec ses patients.

Dans les cas de phobies (peur des transports en commun, crainte de rougir ou de la vue du sang...), le traitement repose sur des principes semblables. Dans un premier temps, on apprend à se relaxer. Une fois détendu, on pourra se représenter mentalement les situations que l'on redoute en commençant par celles qui sont le plus supportables pour tendre progressivement vers celles provoquant de véritables crises d'angoisse. Cet exercice sera répété jusqu'à ce que les réactions anxieuses disparaissent, jusqu'à ce que l'on soit complètement désensibilisé à ce qui nous effrayait auparavant.

Quels que soient les motifs pour lesquels on consulte un comportementaliste, celui-ci s'attache à créer un climat de travail stimulant et positif. Il manifeste à l'égard de ses patients soutien et encouragement afin que ceux-ci aient davantage confiance en eux. C'est précisément cette confiance qui leur fera découvrir au fur et à mesure des séances qu'ils sont bien plus armés qu'ils ne l'imaginaient pour affronter leur problème.

Bernard, 35 ans, kinésithérapeute

« J'ai toujours été très timide et réservé. J'ai grandi dans une famille où l'on parlait très peu. Malgré mes difficultés à communiquer, j'ai poursuivi mes études jusqu'au bout et obtenu un poste de kinésithérapeute en hôpital. Les choses se sont alors compliquées. Mes responsabilités m'imposaient de prendre la parole devant mes collègues. Avant chaque réunion, je sentais croître en moi une angoisse épouvantable. Quand on me questionnait, je perdais tous mes moyens. Je sortais de ces réunions avec un dégoût de moi-même. J'ai demandé conseil à un psychiatre, qui m'a suggéré de suivre une thérapie comportementale. Ce que j'ai commencé à faire, à raison d'une séance de groupe par semaine. En "jouant" avec les autres les rôles que nous tenons dans la vie courante, j'ai pu identifier mes comportements dans les situations que je redoutais. Puis, j'ai testé des conduites mieux adaptées et j'ai appris à réagir, puis à répondre aux questions et à savoir formuler et recevoir des critiques. Après quatre mois, je ressens déjà un mieux-être. »

D'après *Femme Actuelle,* avril 1995

2 – QUESTIONS DE RÉFLEXION

– Quelles sont les difficultés qui ont motivé la demande de Bernard ? Relevez les termes de cette demande, l'agencement du discours permettant d'étayer le choix de la thérapie comportementale.

– Quel est d'après vous l'intérêt des psychothérapies comportementales et cognitives ? Quelles en sont les limites ?

DOCUMENT PROPOSÉ

3 C 3 - Les psychothérapies commentées par la presse (suite)

1 - PRÉSENTATION DU DOCUMENT

La plupart des psychothérapies insistent sur la compréhension des situations afin de les changer en utilisant des moyens techniques spécifiques à chacune, après que les dysfonctionnements de la relation et de la communication ont été pris en compte.

Autres psychothérapies

Les thérapies de la communication, plus confidentielles, mais aussi efficaces

Sans être dépressif, anxieux ou complètement stressé, il arrive que l'on se sente mal, insatisfait de soi-même et incompris. On se traîne et on entretient des relations plus ou moins heureuses avec son entourage. Ne jamais s'entendre avec ses collègues, vouloir faire changer les autres, provoquer des réactions négatives sont autant de situations qui peuvent résulter de notre façon d'être. En modifiant celle-ci, nous pouvons sortir de ces insatisfactions permanentes.

Directement axées sur notre vie quotidienne, connues sous les noms d'analyse transactionnelle, Gestalt, rebirth, elles sont utiles pour qui ressent des contradictions internes. Pratiquées seul ou en groupe, elles ont donné lieu à des techniques utiles pour tous dans la vie quotidienne et sont régulièrement pratiquées en entreprise pour améliorer les communications professionnelles.

a) L'analyse transactionnelle

Consiste à comprendre, au travers des conflits avec l'entourage, quels rôles on a pris l'habitude de jouer et les modifier si on le souhaite.

Quand on multiplie les relations conflictuelles avec autrui, ça peut devenir fatigant. Pourquoi, au bout d'un certain temps, les hommes avec lesquels on vit, finissent toujours par nous traiter comme des petites filles ou, au contraire, comme des mamans potentielles ? Pourquoi certaines personnes se soucient-elles toujours, au risque d'être exaspérantes, de savoir si l'on a bien mangé, si l'on est assez couvert ? Pourquoi d'autres se montrent-elles si autoritaires avec nous ? Parce que l'on inspire à nos interlocuteurs des rôles différents : « enfant », « parent » ou « adulte » ...

Changer son type de relation aux autres

En faisant « jouer » à ses patients, seuls ou en groupe, des situations concrètes rencontrées dans leur vie, le thérapeute va leur faire découvrir qu'ils agissent parfois comme des « parents persécuteurs » avec leur entourage, ou alors qu'ils se comportent comme des « enfants victimes » avec leur conjoint.

L'analyse transactionnelle se propose donc de nous aider à définir dans quel(s) rôle(s) nous nous plaçons, à quels jeux nous nous livrons face à autrui, et de nous en libérer lorsque ces rôles sont inconfortables ou incompatibles avec ce que nous souhaitons vivre.

Christophe, 47 ans, pharmacien

« Je collectionnais les déceptions amoureuses. J'ai entrepris une analyse transactionnelle pour mieux comprendre. Je venais de m'installer avec une femme que j'admirais pour son indépendance. Mais très vite, elle a envisagé de cesser de travailler et a manifesté une vive inquiétude à l'idée que je la quitte. Comment avais-je pu déclencher cela ? Toutes mes expériences se ressemblaient : j'étais toujours l'homme volant à la rescousse de femmes fragiles. J'ai découvert avec mon thérapeute que ma vieille croyance était « j'existe lorsque j'aide les femmes ». C'était lié à ma relation avec ma mère qui me gratifiait lorsque je me montrais « une personne sur qui l'on peut compter ». En analyse transactionnelle, il s'agit de retrouver comment l'enfant que l'on était a pu intégrer une telle croyance. Et de se demander si elle est encore utile. Il m'est apparu que je pouvais être valorisé sans pour autant jouer le rôle du père protecteur. »

D'après *Femme Actuelle*, avril 1995

Remarque : L'analyse transactionnelle traduit en terme de rôles que l'on a appris à jouer avec son entourage les conflits que l'on pourra modifier si on le souhaite. Ce document insiste sur l'aspect relationnel : changer son type de relation aux autres pour changer sa vie.

b) Gestalt : Une façon de faire le tri de ses pensées contradictoires pour pouvoir passer à l'action.

Il est des jours, voire des années, où l'on se sent confus, en contradiction avec soi-même et où le simple fait d'agir réclame de gros efforts. Si l'on tend l'oreille, on perçoit à l'intérieur de soi des voix qui s'élèvent en même temps. L'une peut dire « j'aimerais vivre avec cet homme », l'autre répond « oui, mais les hommes sont des égoïstes », et la troisième « je ne peux pas mener de front ma vie affective et professionnelle ». L'un des buts de la Gestalt est de permettre à ces pensées contradictoires de s'exprimer ouvertement, et de les amener à « négocier » les unes avec les autres pour avoir enfin les idées claires, prendre des décisions et agir. Cette thérapie offre aussi la possibilité de comprendre les raisons profondes de nos échecs, ceux dont nous tirons profit malgré tout : échouer pour se faire plaindre, rater sa vie de couple pour faire comme maman. En bref, on apprend en Gestalt à ne pas se voiler la face et à se responsabiliser.

Anne-Marie, 40 ans, mère de famille

« Dans ma vie de couple, j'ai longtemps souffert de la routine, d'une sorte de pesanteur générale. Je me sentais lasse, sans désir, déprimée. Je ne voyais pas d'issue à mes problèmes conjugaux. Je passais beaucoup de temps à reprocher à mon mari ce qu'il était ou ce qu'il faisait. Mon mari m'a proposé de suivre avec lui une thérapie. Avec la Gestalt, j'ai compris que le conflit que je croyais situé dans notre couple, se déroulait avant tout en moi. Et ce, depuis bien avant notre rencontre. J'ai appris à faire parler « mes personnages internes », c'est-à-dire toutes ces parties que l'on a en soi et que l'on ne parvient pas à accorder. Ces personnages sont un peu la voix de nos parents et ce qu'ils nous ont enseigné, ce que nous sommes aussi aujourd'hui, compte tenu des croyances que nous avons acquises en grandissant...

Nous avons appris chacun à évaluer notre part de responsabilité dans les problèmes que nous sommes amenés à rencontrer. »

D'après *Femme Actuelle*, avril 1995

Remarque : L'un des buts de la Gestalt est de permettre aux pensées contradictoires de s'exprimer ouvertement afin de sortir de l'indécision pour prendre une décision en connaissance de cause et être en mesure d'agir, ce qui demande de prendre ses responsabilités.

c) Rebirth : thérapie à visée d'abréaction

A partir d'un travail poussé sur notre respiration, le rebirth (renaissance en anglais) propose une autre manière de faire surgir des émotions et des souvenirs refoulés. A partir du souffle, il s'agit de restimuler nos forces vitales, de faire circuler de l'énergie que l'on a en soi à travers notre corps.

Ce travail corporel, basé sur des techniques de respiration, fait remonter le souvenir d'événements oubliés. Pour nous soulager de nos traumatismes anciens.

Revivre les moments forts de l'enfance

L'hyper-oxygénation que l'on recherche à travers une séance de rebirth, stimule les zones du cerveau qui contrôlent les états émotionnels. Des informations remontent à la surface. Le patient exprime ce qu'il ressent. Il peut parfois avoir le sentiment de revivre le moment de sa naissance. Autant dire qu'il est préférable que le thérapeute ait suivi une formation psychanalytique afin d'aider le patient à comprendre ce qui lui a traversé l'esprit et le corps au cours de la séance.

Anne-Sophie, 42 ans, cantatrice

« Je ne parvenais plus à chanter dans les aigus depuis deux ans.

Moi qui n'éprouvais jamais de trac, je commençais à en ressentir les effets. J'ai essayé de trouver une solution avec des exercices respiratoires de chant et de yoga, sans résultat. Puis j'ai pris des tranquillisants qui se sont révélés inefficaces. Je suis donc allée consulter une thérapeute pratiquant le rebirth. Elle m'a demandé ce qui s'était passé aux cours des deux dernières années. Je ne me souvenais de rien. Elle m'a alors suggéré de porter mon attention sur sa respiration. Je ressentais un blocage au niveau de la poitrine. Je me suis alors mis à haleter avant d'éclater en sanglots. C'était la première fois que je pleurais depuis la mort de mon père deux ans plus tôt. Je n'avais pas pu me rendre à son enterrement, étant en tournée à ce moment-là. Il m'a fallu prendre terriblement sur moi pour réprimer mon chagrin. J'ai compris à quel point mon père me manquait. J'ai continué la thérapie quelque temps et mes troubles ont complètement disparu. »

D'après *Femme Actuelle*, avril 1995

Remarque : Le rebirth comprend un travail corporel qui a pour but de faire remonter les souvenirs oubliés pour soulager des traumatismes anciens, ce qui ne peut qu'évoquer la catharsis.

2 - QUESTIONS DE RÉFLEXION

– Que pouvez-vous dire des témoignages de ces différentes personnes ? Qu'ont-ils de commun ? Qu'est-ce qui les différencie ?

– Quels sont les contenus spécifiques qui soutiennent les demandes de traitement ? Comment sont-ils présentés dans chacun des discours ?

– Quelles sont les méthodes et les techniques que recouvrent les différentes « nouvelles thérapies » ? Choisissez une démarche que vous analyserez, par exemple en quoi consiste la Gestalt-thérapie ? Quelle est la théorie sous-jacente ? Quelle est la méthode employée ? Quelle approche de l'homme suppose-t-elle ?

DOCUMENT PROPOSÉ

3 C 4 - La Déontologie

1 - PRÉSENTATION DU DOCUMENT

Jacqueline Rémy, journaliste à l'hebdomadaire *L'Express* propose une enquête portant sur « le pouvoir des psychologues ». Dans cet article, elle dénonce le pouvoir injustifié que s'octroient certains psychologues dans les domaines de l'éducation, de la justice, de la santé, de l'entreprise, de l'armée. Elle pose les questions suivantes : Au nom de qui et pour le bien de qui les psychologues prennent-ils la parole ?

Cet article soulève des questions d'ordre déontologique et éthique fondamentaux. Nous en présentons ici un extrait.

Le pouvoir des psychologues

Ils orientent les élèves, récusent certains candidats à l'embauche ou à l'adoption. Pour le bien des intéressés, disent-ils. Et si ces experts au savoir empirique ne servaient que l'intérêt des institutions ou de la morale ?
L'intérêt des personnes a parfois bon dos. Les psys aiment bien se gargariser de ce genre de pensées adoucissantes : « C'est dans leur propre intérêt que nous rejetons certains candidats » explique un psy recruteur, l'intérêt de l'entreprise qui le paie étant, lui, évidemment négligeable. On oblige une fille un peu paumée qui vient demander un « contrat jeune majeur » dans une mission d'insertion à suivre une thérapie. Si elle n'accepte pas, elle n'aura pas son contrat, mais bien entendu, c'est pour son bien. On contraint les gens à passer devant un psychologue pour adopter un enfant, avoir accès à la procréation médicalement assistée, parfois même à un lifting, mais c'est dans leur intérêt — on les aide à « élaborer », dit Jean-Loup Clément, à Lyon — ou dans celui de l'enfant à venir. Il serait plus simple — plus sain ? — de dire que c'est l'intérêt de l'institution qui est en jeu, ou les règles sociales.(...)
Quand, par exemple, on refuse l'adoption à un couple accusant une grosse différence d'âge — elle a 42 ans, il en a 28 — s'appuie-t-on sur des critères psychologiques ou sur des normes non dites ? « On met en avant les critères scientifiques — immaturité de Monsieur, volonté de puissance de Madame — mais le roi est nu, affirme un directeur d'action sociale. En réalité, il s'agit de décisions politiques camouflées. » Ce directeur est bien placé pour le savoir : il a lui-même pesé en faveur de la décision (...) La fonction du psychologue atteint des sommets d'ambiguïté dans les établissements scolaires. Là encore, à quoi joue-t-il quand il envoie un enfant en section de perfectionnement ou se prononce contre un passage anticipé dans la classe supérieure ? À protéger l'enfant ou l'institution ? Passons (...).

Jacqueline Rémy. *L'Express*, semaine du 3 octobre 1996.

2 - QUESTIONS DE RÉFLEXION

- Comment, d'après l'auteur de cet article, le psychologue exerce-t-il le pouvoir ? Quelle(s) définition(s) donnez-vous de la notion de pouvoir ?
- Quelle distinction peut-on établir entre pouvoir et responsabilité ?
- Que pensez-vous de l'image que renvoie le psychologue lorsqu'il accepte de répondre, pour le bien du sujet, à des critères qui font écho aux normes établies ?
- Comment le psychologue praticien peut-il préserver une position éthique ?

3 - EXERCICES

A/ Lecture du code de Déontologie des psychologues inséré dans cet ouvrage.

– Lire le Code de déontologie en parallèle avec l'extrait de l'article de Rémy. Trouve-t-on dans le code des réponses toutes faites à ces situations ?

– Que pensez-vous de la clause de conscience (titre I, principes généraux), des articles 7 et 8 ?

– Que signifient la spécificité et l'autonomie du psychologue (article 6) ?

– La compétence et la spécificité du psychologue ne lui confèrent-elles pas un certain pouvoir ? Que penser d'une application rigide et à la lettre de l'article 26 ?

B/ Pratique de terrain et code de déontologie

À l'occasion d'un stage, d'une rencontre avec un psychologue praticien, réalisez un entretien portant sur ces questions.

4

DÉLIRE ET CLINIQUE PSYCHIATRIQUE (l'observation de malades)

Il est indispensable que le psychologue ait acquis au cours de sa formation une bonne connaissance des troubles mentaux, et ceci quel que soit son mode ultérieur d'exercice, clinique ou non. Effectuer un ou plusieurs stages dans le domaine de la santé mentale constitue ainsi un élément important de sa formation. Toutefois un tel stage ne peut porter ses fruits que s'il est précédé, et accompagné, d'un enseignement de psychopathologie. Une partie de celui-ci est consacré à l'apprentissage d'un vocabulaire, précis et relativement universel, dénommant un certain nombre de troubles susceptibles de se retrouver combinés de diverses façons dans les affections mentales.

Une manière fort classique d'acquérir une bonne connaissance de cette **sémiologie,** puisque tel est son nom, est le travail sur observation, prélude à l'abord concret de patients. Cet exercice, canonique s'il en est, est d'une grande richesse. En effet, il s'agit de lire, de dire, de mettre en forme selon des règles très strictes les manifestations à première vue incompréhensibles de la folie.

Ce chapitre a pour objet d'introduire à un tel exercice. Pour ce faire nous ferons appel à la clinique psychiatrique, à des données épidémiologiques, à des références philosophiques. Une première partie interrogera le mode de fonctionnement de la clinique psychiatrique par rapport à celui de la clinique médicale. Dans une deuxième partie sera rappelée la mise en place de la clinique et de l'école psychiatrique française, et proposée une lecture centrifuge du cas et de son ordonnancement à partir d'un symptôme, le délire. Une dernière partie sera consacrée à l'étude des causes et aux divers courants de pensée qui animent la recherche **étiologique.** Elle se terminera par un récapitulatif, précisant la place occupée par le délire dans la **nosographie** classique française ainsi que dans les classifications actuelles, telles que le **DSM.**

LECTURES CONSEILLÉES

Ouvrages généraux :

CANGUILHEM, G. (1966). *Le normal et le pathologique,*. Paris : Presses Universitaires de France.
EY, H., BERNARD P., BRISSET, C. (1960).*Manuel de psychiatrie.* Paris : Masson.
LAPLANCHE, J. et PONTALIS, J.-B., (1967). *Vocabulaire de la psychanalyse.* Paris : Presses Universitaires de France.

Pour aller plus loin :

BERCHERIE, P., *Histoire et structure du savoir psychiatrique.* Paris : Editions Universitaires.
FOUCAULT, M., (1963). *Naissance de la clinique,* Paris : Presses Universitaires de France.
LANTÉRI-LAURA, G. (1991). *Psychiatrie et connaissance.* Paris : Sciences en situation.
POSTEL, J., *Nouvelle histoire de la psychiatrie.* Paris : Dunod.

American Psychiatric Association, *DSM IV,* traduction française par J.-D. GUELFI et al., 1995. Paris : Masson.
La revue *Encyclopédie médico-chirurgicale.*

A

CLINIQUE MÉDICALE ET CLINIQUE PSYCHIATRIQUE

Signe, symptôme, syndrome, ainsi que bien d'autres expressions telles que celle de trouble psychique ou de **maladie mentale** sont d'un usage courant en psychopathologie. Elles font partie de ces termes que l'on utilise sans toujours éprouver le besoin de les définir clairement. Or leur signification peut considérablement varier en fonction du contexte où ils se trouvent employés. Ainsi, par exemple, la définition du symptôme en psychanalyse n'a qu'un lointain rapport avec le sens donné à ce terme en médecine.

Cette polysémie s'explique en bonne partie par la manière dont s'est constitué le savoir psychiatrique. La psychiatrie a en effet longtemps caressé l'espoir de pouvoir fonctionner selon un modèle en tout point comparable à celui de la médecine, pour finir par prendre la mesure des difficultés que celui-ci soulevait. Elle a été ainsi amenée à développer une démarche qui lui est propre, tout en continuant à utiliser un vocabulaire hérité de la médecine.

Un important travail d'unification sur un plan international de la terminologie psychiatrique a été effectué ces dernières années. Le souci d'établir une nomenclature indépendante de toute référence théorique a ainsi conduit à imposer un modèle clinique où la place du symptôme se trouve à nouveau modifiée.

La multiplicité des sens pris par des termes d'usage aussi courant que signe ou symptôme renvoie ainsi à des formes différentes de clinique. Une bonne compréhension du mode de fonctionnement de ces diverses cliniques, médicale, psychiatrique, voire même psychanalytique, est donc ici indispensable. Elle a tout à gagner d'une approche historique.

1 - La clinique médicale

Clinique en tant qu'adjectif signifie « qui se fait au lit du malade », et pris comme substantif « enseignement médical au lit du malade » ainsi que par extension « institution dans laquelle les élèves apprennent l'art de guérir les maladies au lit même des malades » (Littré). Ce terme tire son origine du grec *klinê*, lit, qui dérive lui-même du verbe *klinô*, je penche. Le passage à un sens médical s'est fait dès l'Antiquité. C'est ainsi qu'en latin *clinicus* désigne déjà le médecin qui visite les malades. L'extension de la notion de clinique à d'autres domaines que la médecine est en revanche bien plus récente : c'est à la fin du XIXe siècle qu'apparaît par exemple l'expression « psychologie clinique », plus tard encore celle de « clinique psychanalytique ».

Il ne faudrait pas en conclure que de tout temps aurait existé une méthode clinique, d'abord particulière à la médecine, puis étendue à d'autres disciplines. Michel Foucault a montré comment la clinique médicale en tant que méthode s'est constituée à la faveur d'un changement dans les dispositions fondamentales du savoir survenu à la fin du XVIIIe siècle. En moins d'un demi-siècle on est passé d'une médecine où la place occupée par chaque maladie dans une classification était le meilleur des guides pour la conduite du traitement à une médecine fondée sur l'**anatomo-pathologie.** Dans cette mutation le statut du signe et du symptôme subit de profonds changements, d'autant plus intéressants à étudier qu'ils sont contemporains d'une autre naissance, celle de la psychiatrie.

A/ Signes et symptômes dans la médecine des espèces

Signe et symptôme appartiennent au vocabulaire médical depuis l'Antiquité. Ont été appelées symptômes toutes les modifications « contre nature » (*i.e.* pathologique) qui sont notées au cours des maladies. Différents sont les signes, indices sur lesquels s'étaie une prédiction du cours de la maladie dans son passé, son présent et son avenir.

Cette base terminologique commune a été en quelque sorte réinterprétée en fonction des convictions médicales de chaque époque. C'est ainsi que le symptôme occupe une place prépondérante dans la médecine du XVIIIe siècle. Le siècle des lumières a été celui des nosographies. La classification des espèces animales et végétales a été volontiers prise pour modèle. La maladie est alors conçue comme l'équivalent d'un être vivant. Comme une plante, elle naît, croit et finit par s'éteindre, d'elle-même si elle n'a pas avant sa disparition étouffé le support sur lequel elle s'est développée. Chaque type de maladie forme ainsi une espèce distincte, que le médecin, tout comme le naturaliste, doit pouvoir classer selon un arrangement qui soit en conformité avec l'ordre général de la nature. Pour ce faire il faut proscrire de la clinique, comme de l'histoire naturelle, toute considération sur les mécanismes internes, et ne s'en tenir qu'aux impressions reçues par les sens, c'est-à-dire aux seuls symptômes. Leur observation minutieuse, bien qu'essentielle, ne suffit toutefois pas à elle seule. Chaque cas doit être résumé en un tableau propre à être embrassé d'un coup d'œil et à être facilement comparé avec tout autre tableau analogue. L'observation de la même maladie sur divers individus établit ainsi une distinction entre symptômes accessoires, qui relèvent de variétés liées par exemple à l'âge ou au sexe, et symptômes fondamentaux, toujours identiques à eux-mêmes, qui seuls doivent être pris en compte pour caractériser une espèce. Les traits spécifiques d'une maladie étant établis, il faut encore saisir les points saillants de conformité avec d'autres espèces morbides. On s'élève ainsi progressivement au niveau du genre, de l'ordre puis de la classe, aboutissant finalement à la construction d'un tableau nosographique rassemblant en une même perspective l'ensemble des maladies. Ce travail achevé, il devient possible d'assigner à tout nouveau cas une place dans le tableau nosographique, et d'établir ainsi aisément la nature de la maladie en cause quels que soient le lieu ou la saison, l'observateur ou la constitution du malade.

Aucune des classifications proposées, y compris celle de Pinel (*cf.* document 4 A 1), ne parviendra en fait à mener à bien ce projet, qui sera vite remplacé par celui d'une clinique fondée sur les lésions découvertes à l'ouverture des corps.

B/ Signes et symptômes dans la médecine anatomo-clinique

Les maladies ne sont plus alors caractérisées par la constellation de symptômes que l'accumulation des cas progressivement dessine, mais par les lésions et les corrélations qui s'établissent entre celles-ci et les symptômes. La prise en compte de l'anatomie pathologique introduit ainsi une modification dans la démarche clinique : le primat du symptôme est remplacé par celui du signe. Cette redistribution des rôles sera durable, et persistera bien après que la méthode anatomo-clinique ait cessé d'être la seule manière d'établir des découpes dans l'apparent continuum de la morbidité. Elle fait partie d'une procédure d'identification des maladies désormais classique, qu'il convient maintenant de détailler.

Les symptômes d'une maladie sont représentés par l'ensemble des troubles qui peuvent s'observer dans cette maladie. Les signes d'une maladie sont constitués par tout ce qui permet de la désigner, de lui donner un nom. Les symptômes ne peuvent qu'avertir de l'existence d'un état morbide, qui leur a donné lieu et qu'ils révèlent, mais ne peuvent dire de quelle maladie il s'agit. Le signe en effet n'est pas une donnée de l'examen mais, pour reprendre une expression tirée du *Dictionnaire de médecine* de Littré et Robin (1873), une conclusion que l'esprit tire des symptômes observés.

Comment un symptôme devient-il signe ? Les symptômes que l'on peut observer dans l'ensemble des maladies sont nombreux mais cela ne signifie pas qu'ils soient innombrables. Certains sont communs à plusieurs affections. Leur comparaison fait alors ressortir, à côté des similitudes, des différences : une toux peut être grasse ou sèche, sonore ou éteinte, sifflante, ou encore se produire par quintes. Il est ainsi possible de pousser l'analyse des symptômes jusqu'à en trouver les composants en quelque sorte élémentaires. Etablir une terminologie plus rigoureuse des symptômes, utilisable quelle que soit l'affection considérée, est fondamental : il devient dès lors aisé de déterminer quelles sont les maladies où l'on rencontre un même trouble, de déterminer ce qu'on appelle la « valeur sémiologique » d'un symptôme ou groupement symptomatique. Ainsi, un nez qui coule abondamment, des yeux rouges, larmoyants, une toux sèche et rauque, un peu de fièvre, pris individuellement, sont peu évocateurs. Groupés, leur valeur sémiologique est déjà plus grande car ils peuvent faire penser à un début de rougeole. Mais seule la survenue de l'éruption permet d'affirmer ce diagnostic, et tout particulièrement certains de ses caractères : début à la face, derrière les oreilles, placards formés du regroupement de macules, intervalles de peau saine entre ces derniers, etc. Dans la rougeole existent en outre des manifestations buccales extrêmement caractéristiques, désignant à elles seules cette affection à l'exclusion de toute autre : c'est ce qu'on appelle un **signe pathognomonique.** Nous voyons donc comment symptomatologie et sémiologie, bien que liées, ne se confondent pas (même si l'usage fait que les deux termes soient souvent utilisés l'un pour l'autre). La première en effet découpe les symptômes en unités distinctes et fixe la nomenclature de leurs divers assemblages, mais il faut que s'y ajoute l'énoncé des affections auxquelles ils renvoient pour que la seconde soit constituée. Ajoutons que les regroupements symptomatiques caractéristiques ne sont pas les seuls à permettre la construction de signes. Ceux-ci peuvent aussi s'édifier à partir d'informations fournies par les antécédents, ou encore découler de corrélations anatomo-cliniques établies par l'expérience (matité thoracique à la percussion, abolition des vibrations vocales à la palpation et du murmure vésiculaire à l'auscultation font reconnaître un épanchement pleural). Il convient enfin de préciser que le signe au sens médical du terme n'est pas l'analogue du signe linguistique, où la liaison signifiant signifié est dite arbitraire. Il suppose au contraire un lien causal, une loi naturelle, et s'apparente par là plutôt à l'***indice***.

Les signes permettent de désigner une maladie. Mais qu'est-ce qu'une maladie, et plus précisément sur quoi repose la délimitation des maladies en entités distinctes ? Ce n'est plus comme dans la médecine des espèces la régularité avec

Indice : Le lien qui unit ce qui désigne et ce qui est désigné dans le cas de l'indice est d'ordre causal : la fumée est indice de feu, la fièvre indice d'un processus infectieux. En revanche, aucun lien causal n'existe entre le son « cheval » et l'animal qu'il désigne.

laquelle un certain nombre de troubles se manifestent ensemble, le type clinique, qui est le garant d'une unicité, mais un processus morbide sous-jacent aux symptômes. Peu importe que celui-ci s'énonce en termes de lésion, de physiopathologie ou de biologie moléculaire. L'essentiel est ailleurs : diagnostiquer une maladie permet de se référer à tout un savoir concernant celle-ci et d'en inférer un certain nombre de modifications ayant lieu dans le corps singulier du malade. Une maladie est ainsi désignée par ses signes et désigne à son tour ce qui se déroule dans le corps du patient. Le **syndrome** représente quant à lui un cas particulier. Il s'agit d'un groupement de symptômes, frappant par sa constance et sa cohérence, et que l'on retrouve identique dans un certain nombre de maladies.

Le « principe de Broussais ». En médecine la distinction entre signe et symptôme est aujourd'hui presque entièrement oubliée au bénéfice du signe. La notion de symptôme n'est en effet pleinement compréhensible qu'en référence à une conception des faits pathologiques qui n'a plus cours. L'état pathologique était alors rapporté à des lois toutes différentes de celles qui régissent l'état normal. Le rôle du symptôme était dès lors clair : indiquer par sa survenue le changement de nature qui existe entre l'état normal et celui de maladie.

Broussais (1772-1838) devait affirmer que l'état pathologique ne diffère de celui de santé que par le degré d'intensité, en plus ou en moins, des phénomènes observés et non pas par la survenue de phénomènes nouveaux. Cette notion a joué un grand rôle en médecine. Sous le nom de « principe de Broussais » elle a été reprise par Auguste Comte, qui lui a donné une très grande extension dans son système philosophique.

2 - La clinique psychiatrique

La psychiatrie a essayé de se conformer à cette démarche médicale sans jamais réellement y parvenir. Un patient travail d'analyse des données cliniques lui a permis d'établir une terminologie assez rigoureuse. Un seul mot, tel que phobie ou obsession, peut ainsi remplacer une longue description. Des qualificatifs peuvent s'y ajouter, qui en précisent le contenu : obsession idéative, phobie d'impulsion. Établir une nomenclature précise des troubles observés facilite la constitution de tableaux cliniques regroupant dans une description unique des cas similaires. Mais s'agit-t-il d'une sémiologie au sens médical du terme ?

A/ Signes et symptômes en psychiatrie

L'utilisation en psychiatrie des notions de signe et de symptôme soulève en fait un certain nombre de difficultés. La première est liée à la notion même de symptôme, qui implique celle de **morbidité.** Les troubles occasionnés par une maladie sont symptôme *de* maladie, c'est-à-dire qu'ils permettent à eux seuls de dire qu'il y a maladie avant même qu'on ait pu la nommer. Dans une maladie somatique les manifestations qui tranchent par rapport à l'état de santé sont en effet assez faciles à repérer. En revanche attribuer un caractère pathologique à une particularité mentale ne peut se faire qu'en référence à une norme bien difficile à établir. Les tentatives, souvent infructueuses, faites pour définir ce qu'est une idée délirante constitue un bon exemple des difficultés rencontrées.

La valeur sémiologique à attribuer aux symptômes représente un deuxième obstacle. Pour qu'un symptôme ou un groupement symptomatique puisse constituer un signe diagnostique digne d'intérêt, un certain nombre de conditions doivent être remplies. Il faut qu'existe une configuration symptomatique dont la forme soit à la fois aisément repérable et peu modifiée par les divers contextes où on peut la rencontrer : une toux sèche reste la même quelles que soient les affections susceptibles de l'occasionner. Il faut ensuite que cette configuration ait un certain pouvoir discriminant. Un symptôme qui appartiendrait à toutes les maladies, ou du moins à un grand nombre d'entre elles, constituerait un signe de peu d'utilité. La configuration symptomatique retenue doit enfin être d'une taille modeste par rapport à l'information qu'elle apporte. Un groupement qui comporterait la majorité des symptômes d'une maladie ne peut guère servir d'indice (il formerait plutôt un syndrome). Ces trois conditions sont malaisées à remplir en psychiatrie. Il existe certes des configurations susceptibles de se retrouver inchangées dans divers tableaux cliniques. C'est le cas par exemple des phobies. Il est possible d'en donner une définition qui reste valable quelles que soient les circonstances où on les rencontre. Mais une phobie peut exister aussi bien dans une démence que chez un schizophrène ou dans une névrose, y compris obsessionnelle. Sa valeur sémiologique est donc faible. Si l'on essaye d'un faire un signe plus discriminant en y ajoutant des spécifications supplémentaires, on a tôt fait de s'apercevoir qu'il est bien difficile de séparer la description des symptômes du contexte où on les trouve, et par conséquent d'en distinguer ceux qui pourraient être érigés en signes. Ainsi l'angoisse dans une démence a une coloration propre, qui n'est pas la même que dans une psychose. Cette coloration a en elle-même une valeur sémiologique, alors que, prise isolément, l'angoisse n'oriente guère vers un diagnostic plus qu'un autre. Toutefois pour qualifier exactement la teinte que prend l'angoisse il est nécessaire de se référer à cet ensemble que représente la démence ou la psychose. L'élément minimal capable de repérer quelque chose atteint ici une taille qui voisine celle de la chose repérée. Il est donc difficile d'y voir un signe comparable à ce que l'on rencontre en médecine. La démarche est ici presque inverse : dans l'exemple choisi la reconnaissance de la psychose dans sa globalité semble être première et éclairer la perception que nous avons de l'angoisse du patient, alors que dans la clinique médicale c'est l'observation d'éléments parcellaires qui permet de proche en proche la désignation du tout. Il est certes possible de rencontrer en psychiatrie quelques exemples de signes assez proches du signe médical. C'est ainsi qu'une attitude d'écoute fait envisager la possibilité d'hallucinations, ou qu'une poitrine constellée de médailles et de décorations fantaisistes évoque un délire chronique. Mais dans l'ensemble la psychiatrie a constitué plus une **symptomatologie** avec son vocabulaire relativement rigoureux qu'une véritable sémiologie.

Dernier problème, et non des moindres, la mise en évidence d'un symptôme dépend de l'interlocuteur et de l'environnement. Elle ne peut se faire que dans une relation, alors qu'une matité reste une matité quel que soit le doigt qui percute ou l'emplacement du cabinet médical. En effet, avant d'extraire des signes de l'examen du corps du patient, la clinique médicale en a d'abord éliminé tout aspect expressif. Son efficacité est à ce prix. Il est certes possible en psychiatrie de construire des outils d'évaluation visant à rendre le repérage des symptômes indépendant de l'observateur. Une telle démarche peut avoir son intérêt pour la recherche. Mais vouloir en généraliser l'usage conduirait à méconnaître une question fondamentale dans toute pratique psychiatrique : sur quoi porte la demande et qui la formule ? Il en résulte que la psychiatrie, qu'elle le veuille ou non, est ouverte sur une quête de sens et ne peut à aucun moment se dispenser d'être à l'écoute du sujet, écoute qui se fait à travers l'instauration d'une relation. Les signes sont ici extraits de l'analyse de cette relation et non plus comme dans la clinique médicale de l'examen d'un corps dont seuls les aspects physiologiques ou anatomiques sont pris en compte. Un théâtralisme est ainsi destiné à un interlocuteur qu'il met en position de spectateur et une mimique n'est discordante que par l'inadéquation de la relation à autrui qu'elle dénote. Ils peuvent être signe, au sens médical du terme, de schizophrénie ou d'hystérie. Mais ils peuvent aussi être considérés du point de vue de leur intentionnalité. Le premier peut être l'expression d'une représentation qui ne peut accéder à la conscience que sous le masque outré de la fiction théâtrale. Le second traduit l'existence d'une faille dans la constitution même de l'intentionnalité. Nous voyons ainsi comment la notion de signification d'un symptôme, sa valeur sémiologique, ne se confond pas avec celle de son sens, sa place dans un fonctionnement psychique.

Tout ceci explique la place importante qu'occupent les symptômes en psychiatrie, contrairement au reste de la médecine où ils s'effacent devant le signe. Les symptômes sont en effet la partie visible d'un travail psychique qu'il convient de reconstituer. Mais leur place centrale tient aussi aux difficultés rencontrées par la psychiatrie pour définir les maladies mentales autrement que par leur contenu symptomatique. Le terme de symptôme en psychiatrie oscille ainsi, pourrait-on dire, entre une survivance de la médecine des espèces et l'emploi qu'en fait la psychanalyse.

B/ La maladie mentale

La psychiatrie a décrit de nombreuses formes de troubles mentaux. Certains groupements symptomatiques se font en effet avec une très grande constance. Ils forment des ensembles aisément reconnaissables, dont la réalité clinique est acceptée par tous (c'est le cas par exemple de l'accès maniaque). Mais constituent-ils des maladies au sens usuel du terme ? En médecine nommer une maladie est bien plus que poser une étiquette. La maladie est en quelque sorte un **modèle.** Celui-ci permet, au niveau de l'universalité d'un savoir, de rendre compte de ce qui se passe dans le corps du patient et de concevoir les actions nécessaires pour y opérer les transformations jugées souhaitables. Dans le cas de la maladie dite mentale, il est bien difficile de dire à quoi renvoie la constance de forme des tableaux cliniques.

On peut considérer cette situation comme provisoire et estimer qu'il devrait être possible de construire des modèles expliquant la fixité des formes morbides par des particularités de la cartographie cérébrale ou du réseau des interactions biochimiques, et prenant en compte l'intervention éventuelle de l'environnement. Mais l'on peut faire aussi remarquer que si une pathologie est mentale, c'est qu'elle est d'abord et avant tout souffrance psychique. Elle peut se traduire dans des actes. La matérialité de ceux-ci ne doit toutefois pas faire oublier qu'à leur origine existent des faits psychiques. Il convient donc de les examiner en tant que tels et d'établir les liens qui les unissent avant de chercher ceux qui s'établissent avec des faits qui leur sont extérieurs. Il devient alors possible de faire dériver les symptômes les uns des autres, et même d'établir l'existence d'un trouble originaire, irréductible à tout autre. C'est ainsi que Bleuler a fait de la rupture des associations (*Spaltung*) un signe primaire de la schizophrénie, c'est-à-dire un trouble fondamental à partir duquel il est possible de comprendre une grande partie de la symptomatologie schizophrénique. Cette priorité donnée à l'analyse des symptômes d'un point de vue psychopathologique se heurte certes à une difficulté : il n'existe pas une psychopathologie mais plusieurs. Cependant, quelle que soit la diversité des orientations, toutes ont en commun de ne pas confondre dans une même démarche ce qui est de l'ordre d'une causalité interne au fait psychique et d'une mise en relation de celui-ci avec d'autres données.

Reste à examiner un dernier point : quelle place occupe le diagnostic dans la pratique psychiatrique ? Une telle question à de quoi surprendre. En médecine le premier gage d'efficacité thérapeutique est l'exactitude du diagnostic. Or il n'est pas rare de voir des malades régulièrement suivis depuis plusieurs années avec un résultat qui peut être remarquable, sans qu'aucun diagnostic précis n'ait jamais été posé. Ceci tient au fait qu'une bonne part des décisions thérapeutiques repose en psychiatrie sur des données autres que diagnostiques. Ainsi la qualité de l'entourage, les investissements du patient, sa capacité de distanciation par rapport aux troubles ou son contact avec les soignants comptent bien plus dans la définition d'un projet thérapeutique que la différenciation fine entre deux formes de psychoses. De même l'importance de l'angoisse, de l'activité hallucinatoire ou des conceptions délirantes peut orienter le choix d'un médicament indépendamment de considérations diagnostiques.

3 - Conclusion et perspectives actuelles

Au total la psychiatrie fait un usage qui lui est propre des notions de symptôme, signe et maladie. Elle s'est dotée d'une **terminologie** plus que d'une sémiologie. Les types cliniques qu'elle décrit sont plus proches de syndromes que de maladies proprement dites, dans la mesure où leur signification reste indéterminée. Ils sont perçus plutôt comme des globalités, comme si l'agencement des symptômes entre eux dessinait une figure dont la reconnaissance précédait celle des parties. Le diagnostic est dans chaque symptôme, a-t-on pu dire : ce qui a valeur diagnostique dans la manie n'est pas l'excitation motrice, mais une façon maniaque d'être agité.

L'idéal d'une clinique en tout point comparable à celle de la médecine n'a donc pas été atteint. On peut le regretter. On peut aussi estimer que la psychiatrie s'est dotée d'une clinique originale, rendant mieux compte des faits psychiques que le modèle médical habituel. Mais, quoi qu'il en soit, cette situation a eu le grave inconvénient de rendre les catégories diagnostiques très tributaires des diverses orientations théoriques de la psychiatrie. Il en est résulté un très grand nombre d'appellations et de classifications différentes, rendant la communication difficile et entravant la recherche. L'utilité d'une normalisation de la nomenclature à un niveau international est ainsi apparue.

La classification à laquelle se réfèrent la plupart des travaux actuels n'est pas celle proposée par l'Organisation mondiale de la santé (CIM-10), mais celle établie par l'Association américaine de psychiatrie (DSM-IV). Elle comporte plusieurs axes, dont le premier sert à coter les troubles cliniques rencontrés. Cette classification se veut exempte de toute référence à des théories étiologiques. Elle porte sur des troubles mentaux et non sur des maladies. Pour chacun d'entre eux sont précisés des critères diagnostiques. Les divers troubles ainsi définis peuvent aussi bien concerner ce qui était dans les classifications antérieures une maladie, voire un groupe de maladies (schizophrénie, par exemple), que ce qui ne constituait qu'un symptôme (les stéréotypies ou la dépersonnalisation). Certaines catégories disparaissent, telles que l'hystérie et plus généralement les névroses.

La généralisation de classifications de ce type est susceptible de modifier le fonctionnement de la clinique psychiatrique. La notion de signe s'efface en effet au profit de celle de critère, le diagnostic reposant sur un décompte de ces derniers selon des règles précises. Le terme de symptôme subsiste certes. Le DSM apparaît même comme un catalogue de groupements symptomatiques, définis par des critères rigoureux. Cependant, ces groupements ne sont pas analysés en composants plus élémentaires, bien qu'il soit théoriquement parfaitement possible d'envisager une codification du vocabulaire employé pour définir les critères. Par ailleurs, la disparition de la notion d'entité psychiatrique regroupant de nombreux ensembles symptomatiques amène souvent à multiplier les diagnostics pour un même cas. La notion de co-morbidité ne fait que qualifier ce problème sans le résoudre.

Seule la confrontation avec les impératifs d'un suivi au long cours des patients nous dira si cette psychiatrie nouvelle, plus orientée vers le choix du médicament que soucieuse de dégager le sens que prend un symptôme dans une économie psychique, représente un réel progrès.

B

UN SYMPTÔME : LE DÉLIRE

Henry Ey (1900-1977) : *traité des hallucinations* (1973). *Études psychiatriques* (1948-1954) « Créateur » de l'organo-dynamisme.

Le délire est ce phénomène qui semble le mieux caractériser la folie ; il peut incarner la folie elle-même. C'est la position de ***Henry Ey*** pour la schizophrénie. Est-ce si évident ?

Cet état, si couramment énoncé, dans le discours mondain : « c'est complètement délirant », représenté dans les arts picturaux (la ***Mélancolie*** de A. Dürer), projetée par le cinématographe (*Vol au-dessus d'un nid de coucou*), écrit par les plus grands littérateurs (*Le Horla* de G. de Maupassant), n'est en aucun cas aisé à repérer, appréhender, définir dans une clinique psychopathologique.

1 - Quelques jalons historiques

Les grands médecins de l'Antiquité nous décrivent certaines figures du délire que nous nous croyons, en toute légitimité, capables de nommer sans commettre d'anachronisme.

Le délire du mélancolique, du maniaque, sont décrits de longue date et gardent une même intelligibilité tout au long de l'histoire qui nous concerne.

Cette pérennité n'est qu'apparente et de nombreuses questions ont trouvé des réponses diverses. Nous en énonçons quelques-unes parmi les plus centrales et les plus actuelles.

- Le délire envahit-il toute la vie intérieure et relationnelle de l'individu ?
- Affectivité ? Vie intellectuelle ? Motricité ?...
- Dure-t-il tout au long de la journée ou au contraire apparaît-il à des moments bien précis ?
- A-t-il toujours la même intensité ?
- Le malade adhère-t-il à cette production pathologique ? Ou au contraire la critique-t-il ? La vit-il comme étrangère à lui-même ?

Mélancolie : « Il a été constaté que la recherche a toujours conduit inévitablement, et la plupart du temps, par des voies obscures, à des reprises de legs du passé, qui sont alors souvent considérées comme d'impressionnantes découvertes. », H. Tellenbach *La mélancolie.*

Ces questions tout au long de l'histoire de la psychopathologie se sont imposées à ceux qui se donnaient pour tâche de comprendre, d'expliquer, de classer le délire.

A/ Un nosographe

Pour notre pays, ***Philippe Pinel*** ou ses prédécesseurs immédiats comme F. Boissier de Sauvages (1706-1767) représentent les noms d'une ère nouvelle.

Le célèbre aliéniste rompra avec les théories très anciennes qui tentaient d'expliquer l'apparition des maladies à travers un jeu humoral compliqué.

Depuis ***Hippocrate*** la bonne santé tant physique que mentale – si tant est que tous fassent une coupure radicale entre les deux – ainsi que les troubles y afférents s'expliquaient par l'équilibre harmonieux de quatre **humeurs.**

Les quatre humeurs	Sang - Phlegme - Bile jaune Bile noire (ou atrabile)
Elles se combinent aux 4 éléments	Eau - Terre - Air - Feu
ainsi qu'aux deux qualités	Sec - Humide

C'est la perte de l'harmonie, par manque, excès, stase d'un ou de plusieurs de ces éléments qui précipitait l'individu dans la maladie.

La mélancolie est produite par un excès de bile noire ou atrabile (sécrétée par la rate) qui stagne dans l'estomac ; cette macération produit des vapeurs lourdes et épaisses qui par des trajets plus ou moins compliqués arrivent au cerveau et « embrument » celui-ci. C'est pourquoi les mélancoliques ont également le teint terreux. Il va de soi que le cerveau, ses enveloppes et ses ventricules rentrent en relation avec ses humeurs et participent à la formation des différentes maladies.

(La rate en anglais se dit *spleen* [du grec *splên*]. Baudelaire ne nous parle-t-il pas du « spleen de Paris » ? N'avait-on pas le spleen avant d'avoir le blues ?)

La thérapeutique suit de près ces étiologies et proposent des traitements congruents. On va purger ou saigner pour évacuer le surplus des mauvaises humeurs, on va humecter les « secs » : laitages, soupes, aliments liquides, ou au contraire assécher les « humides ». L'ambiance n'est pas oubliée : lectures, musique, repos, etc. seront également prescrits.

Si la rupture humorale est consommée, Pinel va également être l'artisan d'une pensée non religieuse. Il ne croit pas que l'aliénation mentale puisse être un châtiment divin venant sanctionner quelque péché individuel ou collectif. Nous le voyons, Pinel rompait des lances avec les différents courants étiologiques de son époque.

Notre médecin pense qu'il sera toujours impossible de connaître les causes de la **maladie mentale**, il croit en revanche possible de comprendre ce que l'on peut appeller « les figures de la folie ». Il se propose donc d'en repérer les formes, de les décrire, de les classer. Pour cette description il s'appuie sur un langage spécifique, précis, comme le font les grammairiens. Il s'agit de relever ce qui tombe sous les sens du praticien et est ordonné par son intelligence : **les signes, les symptômes,** en un mot**, la sémiologie.**

Cette mise en forme permettrait de classer des entités plus ou moins clairement isolées. Pour ce faire, Pinel adoptera une classification exportée des sciences naturelles : la ***classification binominale linnéenne***.

L'on sait que dans cette classification botanique et zoologique tout individu vivant est repéré par son genre et son espèce, ultimes taxons d'une hiérarchie qui en compte 24 (*cf.* document 4 A 1).

Philippe Pinel (1745-1826). Considéré comme le fondateur de la psychiatrie moderne en France ; « père » du traitement moral. *Traité médico-philosophique sur l'aliénation mentale.*

Hippocrate (v. 460 - v. 377 av. J.-C.). Créateur du serment qui porte son nom, prononcé par tous les médecins, représentant éminent de l'école de Cos.

Classification binominale linéenne : due à Carl Von Linné (1707-1778), naturaliste suédois. *Systema Naturae.*

Pour un zoologue notre chat domestique sera : *Felis lybica.*

Cette classification est **internationale.**

Nous aurons donc une **nosographie** (*cf.* document 4 A 1) qui nous propose des ordres, des familles, des espèces. La liaison qui existe à tous les niveaux chez Linnée est-elle présente chez Pinel ?...

La quatrième classe, la névrose, est la classe des affections sans fièvre. Pour classer les délires, Pinel prendra pour critère central le degré d'envahissement du patient par ce phénomène.

Nous aurons ainsi deux grandes types de délire : sur un seul objet ; partiel, soit la **mélancolie,** un délire généralisé, soit la **manie.**

On le voit, Pinel s'intéresse plus à l'envahissement du délire qu'au contenu ou aux thèmes. Il n'y a pas de contradiction pour lui à décrire des malades mélancoliques présentant une jovialité certaine.

B/ L'INVENTION DES MONOMANIES

Jean Étienne Dominique Esquirol, (1772-1840) : *Les monomanies.* Loi de 1838.

Son élève ***Esquirol*** au début de sa carrière s'appuiera encore sur cette dichotomie organisatrice. Peu à peu il donnera plus de relief au thème du délire.

La thymie sera également un élément à prendre en compte pour la classification.

Le délire partiel, cette préoccupation sur un seul objet, amènera Esquirol à revisiter la classification pinélienne. En effet, cet acte fou, qu'il soit énoncé : « Je suis Jésus-Christ », qu'il soit agi « l'incendie du pyromane », fera partie d'une ***des monomanies.***

Notre auteur décrit 3 grands types de monomanies, selon que l'intelligence, l'affectivité ou la volonté seront lésées. Nous aurons affaire à (cf. document 4 C 1) :

- une monomanie intellectuelle ;
- une monomanie affective dans laquelle le délire n'est pas présent ;
- une monomanie instinctuelle : la volonté est atteinte et peut amener le malade à commettre des actes médico-légaux.

Cette nosographie nouvelle recouvre un champ très vaste. Pour ce qui est du délire ce sont principalement les monomanies intellectuelles qui nous intéressent, car en général elles présentent un délire thématique limité dans son objet et où la folie est patente.

Les deux autres classes de monomanies recouvrent des manifestations pathologiques dans lesquelles le délire n'apparaît pas forcément.

Esquirol nous décrira de nombreuses monomanies :

Fous d'orgueil	< Mégalomanes
Fous incendiaires	< Pyromanes
Buveurs en excès	< Dypsomanes
Excès génésiques	< Nymphomanes

Il est à remarquer que cette commodité à créer des néologismes s'est exportée dans tout le champ de la santé ; les dentistes parlent toujours de bruxomanie.

La polémique autour des monomanies aura permis d'approfondir les rapports entre folie et délire et **folie et responsabilité pénale.** (Démence est ici synomyme de « folie ».)

Folie et responsabilité pénale. L'article 64 du code pénal de 1810 (dit code Napoléon) énonce : « Il n'y a ni crime ni délit lorsque le prévenu était en état de démence au temps de l'action ou lorsqu'il a été contraint par une force à laquelle il n'a pu résister. »

Cet article est devenu en 1992 : Article L.122.1 :

1. « N'est pas pénalement responsable la personne qui était atteinte au moment des faits d'un trouble psychique ou neuropsychique ayant aboli son discernement ou le contrôle de ses actes. »
2. « La personne qui était atteinte au moment des faits, d'un trouble psychique ou neuropsychique ayant altéré son discernement ou entravé le contrôle de ses actes demeure punissable, toutefois la juridiction tient compte de cette circonstance lorsqu'elle détermine la peine et en fixe le régime. »

Article L.122.2 :

« N'est pas pénalement responsable la personne qui a agi sous l'emprise d'une force ou d'une contrainte à laquelle elle n'a pu résister. »

Ce problème des manifestations objectives de la « folie » : le délire ou l'existence de troubles à éclipses mais « latents », à l'origine des actes dangereux pour soi-même ou pour les autres, amènera Esquirol à mettre en chantier avec d'autres aliénistes, la loi de 1838 « sur le placement des aliénés ».

Comme nous l'avons vu, Pinel et Esquirol étaient plus cliniciens qu'étiologistes, meilleurs observateurs que nosographes. Tous deux essayaient plus de trouver des regroupements sémiologiques que de chercher les causes premières de la folie.

C/ En 1822 un élève de Royer-Collard (1768-1825), Bayle, va soutenir une thèse retentissante

Antoine Laurent Jessé Bayle (1799-1858) *Recherches sur les maladies mentales, p. 822*: « Maladie de Bayle ».

Il va, en effet, montrer que tous les **malades paralytiques** généraux présentent une inflammation d'une des méninges, l'arachnoïde. D'un coup les positions des pères fondateurs vont se voir remises en question et la réflexion étiologique propulsée au premier rang.

Cette nouvelle voie n'ayant pas donné les résultats escomptés, la réflexion sémiologique/clinique retrouve tout son intérêt.

D/ Une nouvelle dichotomie va se faire jour sous la plume de Leuret

Leuret (1779-1851) - 1834 : « Sur la folie : les incohérences et les arrangeurs », 1839 : « Anatomie comparée du S.N. dans ses rapports avec l'intelligence ».

Dans cet article célèbre de 1834, ce médecin nous propose de remarquer que nous avons affaire à deux types de malades très différents. Cette différence est à lire dans les rapports que le délire entretient avec la « réalité ».

Arrangeurs et incohérents.

Les uns : les arrangeurs, nous proposent un délire logique, compréhensible, qui est admissible sinon crédible, qui suit les règles de la logique du discours.

Les autres : les incohérents, au contraire, ont un discours flou, décousu dans lequel les idées n'ont aucun lien entre elles où les thèmes, des plus déréels aux plus abscons, peuvent coexister et, ceci, sans acune logique interne.

L'intérêt va se déplacer et prendre en compte la forme du délire. La question sera centrée sur les modalités qui permettent d'aboutir à ce produit fini qu'est le délire.

Un nouveau concept va naître, celui de mécanisme du délire. Ces organisateurs vont nous permettre, pensent les médecins, d'avoir de nouveaux éléments pour faire un meilleur classement et d'ainsi mieux comprendre le dysfonctionnement à l'origine des troubles de tel ou tel patient.

2 - L'apparition des mécanismes

Très vite trois modalités de constructions du trouble vont se faire jour :

A/ Targorwla et Dublineau (1931) vont décrire l'intuition délirante.

Intuition délirante : ce délire semble s'imposer au malade, de l'intérieur, sans aucune référence au monde qui l'entoure. L'idée est toute faite, contient toute sa fécondité ; le malade y adhère d'emblée avec une très grande **conviction** (cf. document 4 B 1).

Lorsque l'on demande au patient qu'il nous explique la genèse de ses pensées, il n'y a aucune réponse, sinon que force nous est de constater qu'il s'agit d'une évidence.

À trop insister nous n'obtiendrons qu'une tentative de rationalisation peu crédible, au pire un mutisme total, sinon un acte violent.

Ces intuitions peuvent toucher tous les domaines, peuvent se succéder à quelques heures, quelques jours d'intervalle sans lien entre elles, sans logique, diffluentes. Elles peuvent se présenter à travers des thèmes, mystiques, érotiques, de transformations corporelles... Le contenu du délire peut être centré sur le malade ou au contraire s'élargir à l'entourage, au monde entier (délire centrifuge du mélancolique).

Sérieux et Capgras : Les folies raisonnantes, 1909.

B/ Ce mécanisme est présenté par Sérieux et Capgras dans un ouvrage célèbre

Il s'agit de l'apparition d'un nouveau *modus operandi*. À partir de perceptions justes : paroles, actions, attitudes apparaissant dans l'ambiance, ces patients vont attribuer un sens à ces faits mondains.

Ce sens mystérieux, caché, qu'eux seuls connaissent sera ce que l'on nomme **interprétation** délirante.

Interprétation : mécanisme qui fonctionne comme une espèce de traduction d'une langue à une autre. Il y a conservation de l'aptitude à bien percevoir le réel mais à lui attribuer un sens([qu'il n'a pas). Cette distorsion de la « réalité » a amené les auteurs à parler de **malades du jugement**.

Cette malade passant dans le parc de l'hôpital et voyant un jardinier lever un bras en conclut qu'il la pense alcoolique car « elle lève le coude ».

Dans un camion qui livre de la bière, une jeune malade y lit l'annonce de sa mort prochaine en jouant sur le polysémisme du mot bière.

Toutes ces interprétations **exogènes** peuvent êtres corroborrées par des interprétations **endogènes** ; il s'agira ici d'interpréter des ressentis **cénesthésiques** et d'y attribuer un sens bien précis.

Cénesthésie : sentiment plus ou moins diffus que nous avons de notre corps, de nos organes indépendamment du concours de nos sens. Il s'agit d'une sensibilité, d'un « sens » interne n'impliquant pas la notion dynamique que l'on retrouve dans *kinesthésie*, par exemple dans le test de Rorschach.

Un picotement à l'estomac après le repas sera le signe certain d'un empoisonnement criminel.

C/ Les hallucinations

Le troisième mécanisme est, lui, connu et décrit depuis très longtemps. Il ne s'agira plus ici de troubles du jugement mais bien « d'erreurs des sens ».

Il semble bien que tout un chacun comprenne à l'évidence ce qu'est une **hallucination ;** lui donner une définition, en comprendre le fonctionnement est chose moins aisée qu'il n'y paraît.

La définition la plus communément admise « perception d'un objet sans objet à percevoir » ne fait pas l'unanimité.

Deux axes d'interrogations et de critiques peuvent résumer une problématique qui s'est ouverte dès le Ve siècle avant notre ère.

Ces personnages que nous voyons, ces voix qui nous interpellent dans la rue, ces odeurs putrides qui nous envahissent, sont-ils le fruit d'un dysfonctionnement de l'organe récepteur : théorie périphérique ? Ces erreurs sont-elles dues à un défaut des aires associatives : théorie centrale ?

On demande dans ce cas à l'anatomie et à la physiologie de répondre à nos questions. La carence du fonctionnement « somatique » serait l'explication finale de ces troubles. Faisons nôtre la définition d'Esquirol : « Un homme qui a la conviction intime d'une sensation actuellement perçue alors que nul objet extérieur propre à exciter cette sensation n'est à portée de sens, est dans un état d'hallucination. C'est un visionnaire !! »

Nous proposerons une description classique des différentes hallucinations, rappelant que pour le clinicien ce qui importe au premier chef, c'est la façon dont ces phénomènes vont participer, à l'économie émotionnelle de nos patients.

Nous adopterons une position toute clinique : décrire la sémiologie des hallucinations et accepter de n'en pas connaître la cause d'une façon irréfutable.

Une longue polémique s'est fait jour autour des rapports entre hallucination et délire.

L'hallucination est première et le délire en découle ; on est halluciné, on délire.

Le délire est premier et les hallucinations secondaires : on est délirant, donc on hallucine.

La pertinence de cette discussion, son importance en psychopathologie ne sont pas à mettre en doute. Dans une approche clinique la nécessité s'en fait moins sentir. Nous considérerons l'hallucination comme une manière d'être-au-monde, qui, comme le délire, n'est plus en adéquation, en congruence avec un environnement composé de repères constants partagés par tous les représentants d'un groupe humain, un ensemble de signifiants, nous dirait J. Lacan.

■ Les modalités sensorielles : les hallucinations psychosensorielles

Ce groupe concerne les cinq sens plus la cénesthésie (que l'on peut rencontrer sous la forme *cœnesthésie*).

Il s'agit des hallucinations psychosensorielles ou hallucinations vraies.

Par ordre de fréquence nous pouvons ainsi énoncer :

Hallucinations psycho-sensorielles { **visuelles, auditives, cénesthésiques, olfactives, gustatives, tactiles.**

Acouphène : sensation auditive ne résultant pas d'une excitation de l'oreille (bourdonnement, sifflement).

Phosphène : sensation lumineuse perçue par l'œil sans qu'elle ait été provoquée par la lumière.

Ces hallucinations peuvent être de simples phénomènes élémentaires (***phosphènes, acouphènes),*** être plus complexes (lueurs, flammes, brûlures) ou s'organiser dans de grandes scènces riches, complexes, souvent déroutantes.

■ **Ces hallucinations sont dites vraies** lorsqu'elles présentent une réelle spatialité, une grande factualité. La description des tonalités vocales et leur localisation spatiale est indispensable. Le comportement de fuite, les précautions prises pour s'en défendre (coton dans les oreilles, fabrication d'armures compliquées) signifient bien que le malade est subjugué par cette néo-réalité sensorielle.

■ Les hallucinations psychiques et l'automatisme mental

Hallucinations psychiques : Il nous faut étudier une deuxième grande catégorie : les hallucinations psychiques ou pseudo-hallucinations. La remarquable étude qu'en fait Clérambault nous permettra également d'éclairer le rapport entre délire et hallucination.

G. de Clérambault (1872-1934). De 1921 à sa mort, médecin-chef de l'infirmerie spéciale. Travaille beaucoup sur l'érotomanie mais surtout sur les psychoses à base d'automatisme mental. Maître de H. Ey et J. Lacan.

G. de Clérambault s'est attaché à décrire les toutes premières étapes des processus psychotiques, et en particulier dans les délires chroniques hallucinatoires. Pour lui le mécanisme générateur de ces derniers n'est pas à chercher dans les hallucinations, qui lui semblent relativement tardives, mais dans toute une série de troubles du cours de la pensée survenus très précocement, qu'il s'attache à décrire.

Ces troubles inauguraux consistent en l'émergence, au côté de pensées que le sujet reconnaît comme siennes, de productions mentales dépourvues de ce sentiment d'appartenance. Le sujet, éprouvant une « impression de facticité », les considère comme autonomes par rapport à son propre psychisme. Il peut s'agir de phénomènes purement psychiques : adjonctions involontaires venant compromettre le sens de la pensée, dévidage muet des souvenirs, impressions irrésistibles de ressemblance ou d'étrangeté, disparition de pensées, substitution de pensées, ou encore arrêt de la pensée, vide et oubli. Il peut s'agir également de phénomènes verbaux : jeux syllabiques, fragments de phrases, absurdités et non-sens, mots biscornus qui font irruption au niveau du langage intérieur. Toutefois, plus que cette énumération, non exhaustive, importent les caractères généraux de cette activité mentale dissidente. Celle-ci, qu'elle survienne au niveau de la pensée pure ou de celle qui se formule déjà en mots, est remarquable par un certain nombre de propriétés : elle est dépourvue d'esthésie, neutre au point de vue affectif et athématique sur le plan idéique. En effet les productions anormales qui s'immiscent dans le cours de la pensée, pour étrangères qu'elles lui soient, n'en demeurent pas moins de l'ordre de la pensée, sans sensorialité ni spatialisation. Par ailleurs, ces phénomènes parasites n'ont aucune tonalité affective particulière : le sujet peut en être surpris, il peut aussi être indifférent ou s'en amuser ; jamais au début il ne s'en offusque. Ils sont enfin anidéiques, c'est-à-dire aussi éloignés que possible de toute signification pour le sujet. À aucun moment celui-ci ne se sentira personnellement concerné, même lorsqu'il ne s'agit pas de syllabes sans significations ou de mots déformés mais de phrases sémantiquement correctes.

L'activité délirante s'édifie lentement à partir de ce trouble générateur. Une première étape est marquée par le passage progressif à des voix venues de l'extérieur, attribuées à un ou plusieurs personnages, tenant des propos chargés de sens pour le patient et déclenchant chez celui-ci une réaction émotive plus ou moins vive. Ces hallucinations verbales auditives vont être complétées par des hallucinations psychosensorielles de tout type : olfactives, tactiles, visuelles, cénesthésiques, etc. Ce parcours, qui conduit du parasitisme de la pensée aux hallucinations proprement dites, se fait par l'écho de la pensée et l'hallucinose. L'écho de la pensée (ainsi que les phénomènes connexes : énonciation des gestes, commentaire des actes, etc.) peut n'être en effet encore qu'un pur trouble de la pensée quand le malade perçoit la sienne se répéter dans son mode propre. Mais il peut déjà être un phénomène extériorisé quand le malade a l'impression que la voix de quelqu'un d'autre répète dans ses oreilles ce qu'il vient de penser. L'hallucinose réalise de même une transition : bien que perçues à l'extérieur, les voix n'ont pour le malade ni sens ni valeur affective et, par conséquent, ne le concernent en rien, du moins au début. La thématique délirante, quant à elle, est la dernière à se constituer. Elle résulte en effet pour une part de la réaction d'un esprit resté sain à l'emprise d'une pensée qui s'émancipe et devient étrangère à elle-même, et tentant d'en rendre compte d'une manière intelligible, ceci en fonction de son caractère et de sa culture. Les impressions d'étrangeté et d'extranéïté, bientôt mêlées à celle d'extériorité, conduisent préférentiellement aux thèmes d'influence ou de possession. Mais d'autres orientations sont possibles : idées de grandeur ou de transformation corporelle, préoccupations mystiques et ceci en fonction de l'histoire du sujet.

Telle est la genèse de la pensée délirante du point de vue de G. de Clérambault, pour qui la personnalité du malade n'intervient qu'accessoirement et tardivement, le rôle de premier plan étant tenu par un fonctionnement cérébral automatique, lui-même sous la dépendance d'atteintes cérébrales organiques. G. de Clérambault qualifie ainsi de petit automatisme mental toute intrusion dans la pensée d'éléments qui lui sont étrangers tout en restant de l'ordre de la pensée, c'est-à-dire dépourvus de toute sensorialité, dès lors qu'ils restent neutres sur le plan affectif et athématiques sur le plan idéique. Il l'oppose au grand automatisme, marqué par l'apparition des hallucinations auditives proprement dites (verbales, objectives, individualisées et thématiques), ainsi qu'au triple automatisme, où viennent s'ajouter l'automatisme sensitif (hallucinations des sphères sensitives et sensorielles) et moteur (paroles ou actes imposés, inhibitions, etc.). Cette terminologie est toutefois sujette à variations, automatisme mental pouvant désigner chez lui aussi bien l'ensemble des troubles que ceux très circonscrits du début. Le « dogme de l'automatisme mental » nous est en effet parvenu à travers des articles épars et surtout l'enseignement oral du maître de l'infirmerie, qui n'en a jamais fait un exposé systématique. L'expression d'automatisme mental dans le sens où il l'entendait n'a ainsi pas toujours été bien comprise, même par ses contemporains et a fini par désigner de façon plus ou moins vague l'ensemble constitué par les divers phénomènes d'écho (pensée, lecture et écriture) et ceux qui lui sont connexes (pensée devinée ou imposée, commentaires, etc.), quel qu'en soit le degré de sensorialité.

Pour Clérambault l'intérêt de l'automatisme mental tenait surtout au petit automatisme, celui-ci pouvant rendre compte de tout le développement ultérieur de la psychose à partir de troubles suffisamment discrets pour que l'on puisse les imaginer liées à une modification de la texture cérébrale. La notion de petit automatisme mental mérite cependant de survivre aux théories mécanicistes de Clérambault, non plus pour sa valeur doctrinale, mais pour son intérêt clinique. On rencontre en effet de temps à autre des patients dont le seul trouble est constitué par ce syndrome, qui peut exister isolé des années, voire toute une vie, ce qui représente une modalité originale de manifestation a *minima* ou d'enkystement du processus psychotique.

■ Le moment d'apparition

Le lever, le coucher du soleil (crépuscules) peuvent amener des modifications d'états de conscience chez beaucoup de personnes. Des patients vont présenter durant une période plus ou moins longue cet état où il leur est parfois difficile de clairement différencier entre productions imaginaires et réalités extérieures. Cette intrication entre une imagerie mentale et les stimuli extérieurs vont créer des productions composites où se mêlent étroitement un dévidage d'images et de perceptions réelles.

Les périodes d'endormissement ou de réveil sont propices à ces manifestations dites **hypnagogiques.**

Reste un état où cette démarcation « réalité/imagination » est difficile à percevoir ; on voit apparaître des productions dites **oniroïdes** où hallucinoses et productions délirantes prennent une tournure singulière.

Comme le montre l'étymologie, on a l'impression d'avoir affaire à des manifestations qui ont beaucoup en commun avec le rêve. Depuis l'ouvrage célèbre de ***Lasègue***, on leur attribuera le vocable de délire oniroïde ou en général une étiologie toxi-infectieuse, l'archétype en est le délire subaigu du buveur et les troubles du sevrage alcoolique : le delirium tremens (*cf.* document 4 B 2).

Charles Ernest Lasègue (1816-1883) : *Le délire alcoolique n'est pas un délire mais un rêve* (1881).

Il s'agit de productions d'images assez semblables à celles du rêve qui défilent devant le sujet ; ce dernier agit, vit son rêve intensément. Très souvent apparaissent des contenus familiers : travail, entourage. Les « visions » parfois terrifiantes peuvent amener le malade à des actes médico-légaux graves.

D/ Quatrième mécanisme : la fabulation

C'est ***Ferdinand Dupré*** le premier qui en 1911 nous en donne la description.

Ferdinand Dupré (1862-1921). Quelques écrits : *Mythomanie* (1905). *Les constructions morbides* (1919).

C'est une tentative d'isoler un mécanisme d'édification de délire de plus, distinct à la fois de l'interprétation, de l'hallucination et de l'intuition.

Il s'agit de délires qui semblent être un récit inventé à la façon du roman d'aventures, du roman de cape et d'épée, et semblant être une pure production imaginative, le malade n'éprouvant pas le besoin de fonder ses dires sur une interprétation, une hallucination ou encore sur une révélation. C'est un récit qui reste plausible, plus précisément chacun des épisodes appartient à l'ordre du possible et l'accumulation d'épisodes – tous à la limite du possible – devient de plus en plus invraisemblable. Et ce sont des histoires censées être arrivées au sujet qui raconte sa vie, mais sur un mode qui finit par friser l'invraisemblable, où il va raconter tout un roman familial destiné à montrer que ses parents ne sont pas ses vrais parents, qu'en fait il y a eu enlèvement par les bohémiens, substitution d'enfants, que la filiation est princière, ou qu'il y a un héritage qui l'attend quelque part. Il y croit. En fait, chacun des épisodes sont des choses qui auraient pu lui arriver.

En fait, quand on reprend bien ces délires, qu'on les écoute très attentivement, on s'aperçoit que la **fabulation** n'existe jamais à l'état pur. Il y a toujours une expérience fondatrice de type hallucinatoire, survenue à un moment donné, ou encore l'entrée dans le délire a été marquée par une sorte de révélation. Ce qui fait que ces descriptions de Dupré, qu'on peut fort bien retrouver aujourd'hui, n'ont pas de raison d'en faire une description autonome de délires.

Néanmoins, la fabulation apparaît comme quelque chose de relativement original, une sorte de tentative de régularisation du mouvement premier. On peut imaginer qu'au moment de la phase fondatrice de ce genre de délire, hallucinatoire par exemple, s'il n'y avait pas eu ce recours à un mécanisme de fabulation, on aurait eu affaire à une dissociation, par exemple. La fabulation est peut-être un moyen de socialisation, de régularisation de délire qui sans quoi aurait peut-être une autre évolution.

Le malade est quelquefois amené à fabriquer des preuves et sans s'apercevoir d'ailleurs que ça ne tient pas debout.

Un bon exemple est ce malade qui écrivait des lettres en recommandé avec accusé de réception au président de la République. Il recevait bien sûr un document officiel émanant de la présidence. Il collectionnait ces talons, preuve évidente pour lui que le Président était son père, et que pour des raisons supérieures d'État, il était dans l'impossibilité de communiquer avec son fils naturel autrement que par subterfuge. Il créait le fait matériel et l'interprétait.

Pour Dupré, ces délires entraient dans le cadre d'une constitution mythomaniaque de gens constitutionnellement poussés à faire des récits de choses qui n'existent pas.

E/ L'ILLUSION

C'est la dernière « erreur » des sens que nous étudierons.

Les psychologues connaissent bien les ***illusions*** d'optique, phénomène manifestant une discordance entre une expérience perceptive et des propriétés physiques de la stimulation. (*cf.* Grand Amphi, *Psychologie cognitive*).

Une illusion classique

A est plus grand que B

Il y a dans les illusions réellement un objet à percevoir. À cause de préoccupations ou de baisse de vigilance, nos sens ne décryptent pas une situation entièrement, mais s'appuyant sur la « sensation » rapidement perçue construisent une autre réalité.

Après une longue nuit de conduite automobile, nous freinerons brusquement, croyant voir un animal traverser la chaussée dans un sac de plastique poussé par le vent.

Nous considérerons l'illusion comme l'un des organisateurs du délire, lorsque celles-ci apparaîtront dans un état délirant ou qu'elles constitueront le moteur principal de la production pathologique, par exemple dans l'illusion de sosie.

3 - CLASSIFICATION DES DÉLIRES

Après Pinel et Esquirol, qui s'appuyaient sur la partition nosologique partiel/généralisé, la fin du XIXe siècle a vu d'autres critères apparaître. Ces critères cumulatifs se sont peu à peu imposés. Il est maintenant classique de repérer dans un délire, les thèmes, les mécanismes, la structure. (*cf.* document 4 B 3).

■ **Les thèmes**

On peut citer les thématiques les plus courants apparaissant dans diverses pathologies. Thèmes : érotiques, mégalomaniaques, mystiques, de transformations corporelles, etc.

Et ceci, quels que soient les mécanismes générateurs.

■ Les mécanismes

Que nous venons de décrire dans le paragraphe précédent : intuition, hallucination, interprétation, illusion, fabulation.

A/ LA STRUCTURE

Ce nouvel élément mérite de notre part un développement plus large.

On estime qu'il n'en va pas de même d'avoir l'intuition d'être persécuté, cette idée s'imposant au sujet sans aucune référence extrinsèque, que de l'être en interprétant la « réalité » ou de voir nos persécuteurs se dresser devant nous.

Force est de constater, comme l'avait pressenti Leuret, que les thèmes et leurs modalités d'agencement ne semblent pas fortuits et qu'il est possible de repérer des formes délirantes plus ou moins répétitives et en nombre restreint.

Il faut attirer l'attention sur le fait que cette structure n'est pas synonyme du même vocable employé en psychologie ou en psychanalyse (psychoses, névroses, perversions) ; il ne s'agit en aucun cas de structure de la personnalité.

Aussi bien que l'ont fait Janet que Maleval, nous décrivons des délires chez des sujets névrosés (Achille de Janet).

Il s'agit bien ici de décrire la structure du délire sans inférer à des traits organisés prémorbides (avant les troubles).

■ Structure paranoïaque

Il s'agit ici, de **délires à base interprétative,** où les thèmes, dans les formes les plus pures, sont peu nombreux et bien liés entre eux. Bien souvent un seul thème apparaît, le malade va, soit insidieusement, soit à la suite d'une brutale « prise de conscience », d'une « révélation » (intuition inaugurale), nous expliquer, argumenter... qu'on lui en veut, qu'il est trompé par l'être aimé, qu'on lui vole ses inventions.

Le sujet, une fois énoncé le postulat délirant, va construire un délire qui « s'énonce dans l'ordre, la logique et la clarté ».

Il va s'agir d'un véritable roman. Les interprétations s'appuient sur des faits patents et si le postulat n'est pas *a priori* délirant : « Je suis le président de la République », « je suis la réincarnation du Bouddha », les propos du patient risquent fort d'entraîner l'adhésion de l'entourage dans un premier temps.

Ces délires vont s'enrichir, toujours à partir d'interprétations, de nouveaux amants, de nouveaux espions.

Lorsque le délire reste dans un domaine bien précis – autrement dit ne s'appuie que sur un seul thème, celui du postulat initial, bien précis, bien circonscrit (ancien délire partiel de Pinel) qui s'enfonce comme un coin dans la réalité, sans contaminer les autres pensées du malade, sans en perturber l'activité, tant qu'il fonctionne comme une « idée fixe » –, on dit qu'il s'agit d'un délire en secteur.

Souvent ce délire va s'enrichir de thèmes annexes, de personnages nouveaux mais qui se référeront sans cesse à cette cellule mère qu'est le thème prévalant, on parlera de travail délirant.

Valentin Magnan (1835-1916) nous propose un délire à évolution systématique. Il travaille beaucoup sur les problèmes de l'alcoolisme. Il fut un grand chantre de la théorie de la dégénérescence.

Lorsque la conviction demeure tout au long, que les thèmes ne changent pas – même s'ils s'enrichissent à travers un travail délirant important –, on dira qu'on a affaire à un délire systématisé, à ne pas confondre avec le délire à évolution systématique de ***Valentin Magnan*** qui se déroule toujours selon les quatre mêmes phases.

Voilà le type même du délire à structure paranoïaque, un délire logique, interprétatif, présentant un certain travail délirant et une grande systématisation.

À côté de ces délires en secteur, nous avons ici un autre type d'énoncé délirant où le mécanisme interprétatif est toujours présent, mais où les interprétations vont s'emballer. La systématisation va - mais pas toujours - disparaître ou tout au moins s'estomper, les thèmes vont être de plus en plus nombreux, la conviction devenir fluctuante, mais surtout le cheminement logique menant de l'interprétation à la cellule mère va être de plus en plus flou. Le malade va tout interpréter : épaisseur d'une lettre dans un article de journal, apparition ou non d'un point dans une phrase... Il n'y a plus ce grand travail délirant autour d'un thème, mais surtout le délire en réseau contamine toute la vie psychique du malade, l'amène à interpréter tout ce qui l'entoure ; toute la vie relationnelle ne sera qu'une litanie d'interprétations (*cf.* document 4 B 4).

Ces **délires interprétatifs** sont libres de tout phénomène hallucinatoire.
Il faut cependant faire une légère restriction, des phénomènes cénesthésiques sont parfois rapportés par les malades érotomanes.

■ Structure paranoïde

Le délire paranoïde est un délire flou, non systématisé, bâti sans aucune logique, s'appuyant sur différents mécanismes. Il en va de même pour les thèmes qui peuvent apparaître isolés, juxtaposés, dévidés en parallèle sans aucun respect d'une quelconque logique apparente ou interne. Ce délire, lorsqu'il est chronique, amène dans sa forme la plus typique à un état dit **autistique.** Le contenu du délire est de plus en plus abstrait, coupé de toute relation avec la réalité environnante. Cette pensée « abstraite », « symbolique » peut entraîner d'importants troubles du langage. Celui-ci perdant toute fonction relationnelle à autrui, va subir de nombreuses perturbations tant dans la sphère du lexique (apparition de néologismes) que grammaticale et syntaxique (mauvais maniement des pronoms personnels) : déstructuration qui peut aller jusqu'à un écroulement total de tout langage compréhensible, la **schizophasie** (terme dû au psychiatre suisse Eugen Bleuler [1857-1939]).

Ces délirants vont très souvent mettre au premier plan des préoccupations concernant l'intégrité de leur corps propre. Corps morcelé, corps machine, ils peuvent se penser multiples, sans limite. Ce syndrome de dépersonnalisation est assez typique des délires paranoïdes.

Il est nécessaire, ici, d'anticiper sur notre paragraphe concernant l'étiologie, car on s'accorde à dire que ce type de délire trouve son origine dans un état d'être fondamental du malade : la **dissociation** (concept également élaboré par Bleuler).

C'est en effet cet état de dissociation — *Spaltung* — interne qui serait à l'origine des troubles les plus caractéristiques apparaissant chez ces malades : ambivalence, impossibilité de mettre en adéquation une vie affective interne envahissante et leur immersion dans ce que nous avons coutume de nommer réalité.

Ce clivage peut s'observer, tant dans les ***barrages,*** le ***fading*** de la pensée que dans les phénomènes de discordance.

Ce terme est introduit par ***Chaslin*** en 1912. Ce grand clinicien français ne cherchera pas à dégager un « fait primordial », comme l'a fait Bleuler, mais plutôt à remarquer l'expression sémiologique d'un phénomène, d'une étiologie qu'il ne présuppose pas. C'est beaucoup plus dans l'enchaînement saugrenu des symptômes, dans la non-congruence de l'humeur et du discours, de la non-adéquation

Barrage : brusque interruption du discours ou de l'activité psychomotrice. C'est pour Bleuler un signe fondamental de la schizophrénie. S.Z. Kraepelin l'avait décrit chez les schizophrènes « négativistes » comme l'arrêt brusque de l'acte volontaire ou imposé.

Fading. Le fading peut être considéré comme un barrage « discret ».

Chaslin (1857-1923) : *Éléments de sémiologie et de clinique mentale*,1912.

entre l'ambiance et le vécu intérieur, d'actes immotivés, de paroles jaculatoires que Chaslin va repérer cette « dislocation » de la vie psychique qui signe ce délire si hermétique.

Il est courant d'employer dissociation et discordance comme étant de parfaits synonymes. Une fois de plus, il est possible d'accepter cette synonymie dans un tableau sémiologique. Il en va tout autrement lorsque nous nous livrons à une réflexion plus théorique. En effet la dissociation présuppose un « craqué » de l'être-au-monde, donc se situe du côté de l'étiologie, la discordance. Elle ressortit de la sémiologie, de l'expression d'un « quelque chose » qui n'est pas forcément connu ou reconnu.

Ces différents paramètres nous permettraient déjà de faire une classification, à partir de la structure du délire et des thèmes et de la relation de ces deux relevés sémiologiques. Il est classique d'ajouter une donnée nouvelle pour arriver à une nosographie acceptée généralement par les praticiens : la durée ; nous aurons ainsi des délires brefs (des épisodes), des accès délirants et des délires « au long cours ».

B/ L'EVOLUTION

■ Délires aigus

Bien souvent en médecine somatique ***aigu*** est rendu par le suffixe -ite et ***chronique*** par le suffixe -ose : on opposera une « somatite » à une « somatose ».

L'adjectif ***aigu*** paraît d'emblée s'opposer à ***chronique***. Il s'agit, en général, d'une donnée temporelle, l'endocardite par exemple signant l'inflammation de l'endocarde, opposée à une maladie au long cours de cette enveloppe cardiaque.

Dans notre discipline les phénomènes aigus signeront des états pathologiques allant de quelques heures à quelques semaines, donc brefs, mais ils attireront également l'attention sur la crise existentielle dont ils sont l'expression. Ce moment d'écroulement ne peut pas, comme nous allons le voir, toujours être considéré comme un « moment » d'une existence. Il nous faut insister, une fois de plus, sur l'écart qui existe entre sémiologie et étiologie.

Le modèle de ces épisodes aigus est la **bouffée délirante aiguë.** Il ne sera pas inutile de nous rappeler certaines images inspirées de la clinique que nous ont proposées les anciens auteurs.

Il s'agit d'états délirants qui apparaissent d'emblée « comme un coup de tonnerre dans un ciel serein » (*cf.* document 4 B 5). Les thèmes sont multiples, sans travail délirant, les mécanismes divers. Toute cette production idéique est changeante, labile. Il s'agit d'un véritable kaléidoscope. Le malade est parfois très anxieux. Un état confusionnel n'est pas rare.

Ces bouffées délirantes dont on décrit la rémission spontanée en quelques jours à quelques semaines peuvent n'apparaître qu'une seule fois au cours de la vie ou être rémanents.

L'épidémiologie nous rappelle qu'il en est ainsi dans cinquante pour cent des cas. Cet état délirant apparaît comme une crise dans le déroulé existentiel du « malade » et ne remanie pas, une fois l'épisode terminé, profondément la « personnalité » de celui qui a manifesté ce moment d'égarement aigu.

Dans vingt-cinq pour cent des cas le sujet pourra présenter de nouveaux accès, avec à chaque fois un retour *ad integrum.*

Dans le quart restant cette crise marque une rupture brutale dans la vie du patient, marque le début d'un remaniement profond, d'un bouleversement total de la vie psychique de celui qui va devenir un véritable malade chronique – en général une schizophrénie, plus rarement une psychose hallucinatoire chronique.

■ **Délires chroniques**

Il s'agit ici, d'une perte de contact avec la réalité qui s'installe de manière durable. Le délire apparaîtra avec plus ou moins d'acuité, d'une façon quasi définitive. En dehors des ***moments féconds,*** celui-là aura un rapport au monde délirant. Nous entendons ici qu'il y a à différencier l'état de délire, tel que nous avons pu le décrire, et un mode d'insertion à son entourage signant ce que nous pourrions, avec Henri Ey, nommer conscience délirante. Toute personne dissociée entretiendra avec la réalité des rapports ne permettant pas une insertion sociale et relationnelle adaptée sans que pour autant apparaisse un fait délirant.

Moment fécond, période féconde : étape de la maladie où l'efflorescence du délire est particulièrement importante. Par exemple : apparition d'un grand épisode délirant chez un malade plus ou moins stabilisé (ne doit pas être confondu avec le travail délirant).

4 - D'AUTRES QUESTIONS

A/ SIGNES AVANT-COUREURS OU PRODROMES

Le délire apparaît-il d'emblée, toujours, comme nous l'avons vu dans la bouffée délirante aiguë ou y-a-t-il des signes avant-coureurs ?

Nous pouvons remarquer que les modalités par lesquelles quelqu'un s'enfonce dans le délire sont nombreuses. Le délire peut surprendre, comme une « attaque », avec la soudaineté d'une crise cardiaque. Il est loisible de constater que telle personne va passer d'un commerce classique avec son entourage à un bouleversement total de son inscription dans le monde.

Cette véritable décompensation, si brutale dans son remaniement existentiel, n'est pas l'apanage des bouffées délirantes. Il en va ainsi du délire subaigu de l'alcoolique, ou de celui qui a ingéré du LSD.

Il n'en va pas toujours de même. L'entrée dans le délire se fera plus lentement, l'entourage ou le malade pourront relever ce que l'on nomme *aura* (terme qui spécifie plus précisément la crise d'épilepsie) ou prodrome. Ces signes avant-coureurs peuvent se repérer dans différentes sphères : langage, maniement de l'agressivité, apparition de comportements étrangers aux *habitus* du malade...

Nous voyons dans les psychoses maniaco-dépressives certains malades ou leur entourage pressentir, à la réapparition de conduites déjà connues, l'imminence d'un accès **maniaque** ou **mélancolique.**

Mélancolie. État pathologique caractérisé essentiellement par une grande tristesse (*tædium vitæ*), douleur morale. Il s'agit d'une « dépression » majeure dans laquelle la vie relationnelle comme l'activité psychomotrice sont grandement ralenties. Les « idées noires » parfois délirantes d'auto-accusation et d'auto-dépréciation peuvent entraîner le malade au suicide. Il s'agit de l'un des versants de la psychose maniaco-dépressive.

Manie. Il s'agit d'un syndrome d'hyperactivité générale. On décrit classiquement une très grande excitation psychomotrice, une exaltation de l'humeur, une très grande euphorie, avec fuite des idées. L'accès maniaque représente l'autre pôle de la psychose maniaco-dépressive.
Il va de soi que le terme courant « manie » désignant une personne méticuleuse est totalement à l'opposé du syndrome psychiatrique.

Pour ce qu'il en est du terme de cette alternance, les dépenses inconsidérées, une appétence pour les boissons alcoolisées, l'augmentation du débit de la parole, ou l'énoncé de « grands projets » pourront être autant d'indices d'une dégradation de la thymie.

Certains patients pourront alors prévoir l'imminence des troubles plus graves, sur le plan psychiatrique, et prendre les devants en faisant une démarche thérapeutique préventive en demandant, par exemple, un « placement libre » dans un établissement spécialisé.

Au décours des psychoses chroniques, des malades assez bien stabilisés savent que certains médicaments-retard provoquent la réapparition du délire pendant quelques jours après la prise du produit.

B/ Personnalité prémorbide

Il s'agit ici d'entendre ***personnalité*** dans son sens trivial ; la problématique de la personnalité en psychopathologie ne sera pas abordée dans ce chapitre.

Nous avons vu que le délire pouvait s'installer (chronique), ne durer que quelque temps (aigu) avec un retour ou non *ad integrum* ; et ceci d'une manière brutale ou au contraire avec des prodromes reconnaissables.

Au moins deux questions se présentent encore à nous :

Les modalités délirantes sont-elles dans la continuité d'une personnalité préexistante, ou au contraire en rupture totale ? Dans les psychoses chroniques nos malades délirent-ils tout le temps ?

Là encore la clinique a des réponses qui ne peuvent pas s'énoncer en termes de « tout ou rien ». Les grandes classifications européennes tiennent compte de ces données recueillies sur le terrain, mais nous nous refuserons à énoncer des lois générales. Il n'y a pas pour le clinicien dans sa pratique la schizophrénie ou le schizophrène mais des malades schizophrènes. Cette importance de l'individualisation de la maladie avait déjà été bien perçue par Esquirol.

Classiquement dans la bouffée délirante aiguë l'irruption du délire est imprévisible, rien dans le *modus vivendi* du sujet ne pouvait laisser présager un tel débordement de l'irrationnel.

Il y a donc un processus délirant en rupture totale avec la personnalité. Nous dirons qu'il n'y a pas de preuve ou de signe patent de troubles prémorbides de la personnalité.

Il sera plus difficile d'amener une réponse pour les accidents subaigus de l'alcoolique, car en soi, le délire oniroïde est bien en rupture avec les *habitus* du buveur, mais reste à savoir pourquoi celui-ci ou celle-là est alcoolique ?

Il est communément admis que dans les délires systématisés, il existe *de facto* une personnalité prémorbide bien reconnaissable. On a l'impression, l'entourage y compris, que ce délire interprétatif en général monothématique n'est que l'exagération jusqu'à l'absurde d'un regard sur le monde préexistant chez le patient.

Caractère paranoïaque : se définit par quatre termes : orgueil, psychorigidité, méfiance, troubles de l'adaptation.

Classiquement on a l'habitude de nommer **caractère paranoïaque** ce type d'inscription dans le monde.

Lorsque le malade, après des années de doutes, d'énoncés péremptoires sans aucune remise en question, sombre dans le délire, tout un chacun ne marque pas tellement d'étonnement. Il semble pour tous que « la machine s'est emballée » mais que ce qui se donne à entendre là n'est que l'hyperlogique du fonctionnement psychique antérieur. Ce discours si clair et si net se doit immédiatement d'être modéré.

Qu'en est-il de ceux qui vont faire deux ou trois bouffées délirantes aigües dans leur vie ?

Pourquoi prendre régulièrement des toxiques ?

Dans les **psychoses dissociatives** (groupe des schizophrénies), retrouve-t-on cette personnalité prémorbide ?

Les réponses arrivent nombreuses mais également diverses.

Beaucoup de schizophrènes sont des patients ayant souffert de troubles psychiques majeurs dans leur enfance. Pour ces derniers on ne fait que repousser dans le temps l'interrogation sur l'étiologie des troubles psychopathologiques majeurs.

Dans ce même groupe de pathologies les troubles ne sont apparus que tardivement, à l'adolescence par exemple : repli sur soi, échec scolaire, fugues.... Par ailleurs, avant les prémices de la maladie ils étaient des « enfants sans problème ».

D'autres, enfin, « n'entrent en schizophrénie » que beaucoup plus tard, certains même, à l'aube de l'involution feront une décompensation tardive.

La question est peut-être encore plus complexe dans le cadre des ***PMD***. Nous avons vu précédemment que nous parlions d'accès et de retour *ad integrum* dans les périodes intercurrentes. Cela signifie que dans les intervalles libres la personne souffrant de PMD ne présente aucun trouble notable. Ce schéma s'applique quel que soit le nombre des accès.

PMD : Psychose Maniaco-Dépressive.

Nous verrons beaucoup de malades **cycliques** ne pas suivre ce rythme « idéal » et présenter entre les accès soit une hypomanie, soit une vision péjorative de la vie. Ces troubles de l'humeur nécessitant un traitement ambulatoire « chronique », ces malades unipolaires, bien souvent, ne sont pas là pour nous aider à trancher ce qu'il en est de la ***période d'état*** en relation avec la personnalité !

Période d'état : Etat dans lequel se présente le malade lorsque les symptômes sont apparents déclarés, installés.

On décrit du côté des névroses, un « caractère obsessionnel » qui par ailleurs d'un point de vue purement descriptif recoupe en de nombreux points le caractère paranoïaque – lui du côté de la psychose.

C/ Durée du délire

Nos délirants chroniques sont-ils tout le temps en état de délire ? La réponse est uniquement clinique et ne souffre que peu d'énoncés généraux. Nous rappelons, de surcroît, qu'il n'est pas dans notre propos de traiter les psychoses chroniques mais de repérer les scansions que le délire peut leur imprimer.

Nous sommes amenés à voir des malades qui, hospitalisés depuis des années à cause d'une insertion impossible, ne délirer que très peu ou pas du tout ; d'autres présenteront des **moments féconds** très intenses et de brève durée ; d'autres enfin entreront dans des périodes délirantes allant de quelques semaines à quelques années, délires rebelles à tout traitement.

Autant il est aisé de trancher la question : « quand délire-t-on ? » quand il s'agit de délires paranoïdes, autant il est parfois fort compliqué de savoir si notre « interprétatif » est délirant ou si ses propos relèvent de la réalité.

Le clinicien en institution aura toujours grand soin d'écouter les propos du malade ; en effet, l'institution fera souvent l'économie d'une véritable écoute du malade, ou dissimulera une carence notoire ou de véritables exactions en disant simplement : « Ah ! M. X ; Mme Y délire encore ».

C

ÉTIOLOGIE ET CLASSIFICATION

Nous nous étions promis d'aller du plus visible, du plus patent au moins visible, au plus hypothétique.

Nous voilà amené à nous poser la question des origines.

S'il est possible de trouver un certain consensus sur le repérage des symptômes, il en va tout autrement lorsqu'il s'agit de dépasser :

1) l'expression des troubles sémiologiques ;

2) de décrire les modalités de construction des délires ;

3) d'établir une nosographie à partir d'éléments jugés discriminants : nosologie.

Il s'agit en fait d'essayer, non plus, de donner une forme et un nom aux troubles – démarche arbitraire (au sens où l'entendent les linguistes) sinon artificielle – mais d'essayer de comprendre pourquoi celui-ci ou celle-là sont devenus « fous ».

Il serait fastidieux sinon impossible de dresser une liste complète des différentes propositions tenant à comprendre l'étiologie des délires.

Organiciste : qui croit à une étiologie organique.

Il est assez classique de voir deux grands courants qui essayent de répondre à cette question, parfois en opposition radicale, parfois d'une manière synthétique, mais souvent dans un syncrétisme déconcertant : un courant ***organiciste*** qui verrait l'étiologie de ces troubles dans un dysfonctionnement ou une souffrance « somatique », c'est-à-dire des troubles anatomo-physiologiques du système nerveux central ; un courant « psychiste » qui, lui, trouverait l'origine des troubles dans le mauvais fonctionnement d'un « appareil psychique ».

Il conviendrait, sans doute, d'y ajouter un courant « fonctionnaliste » qui dit pouvoir comprendre la genèse des troubles dans les ratés, de grandes fonctions, les processus d'acquisition ou de cognition, par exemple (*cf.* document 4 C 1)

1 - Un courant organiciste

Les hypothèses prétendant assigner un lieu du corps comme siège de la folie sont nombreuses.

La médecine grecque a longtemps lu l'hystérie comme résultant des déplacements de l'utérus ; jusqu'à Pinel les quatre humeurs donnaient la clé de la démence. Cet auteur croyait encore pouvoir nous dire que les lésions du cerveau découvertes à la nécropsie n'étaient que secondaires, « par sympathie » nous dit-il, à des troubles des organes situés dans les « hypocondres ».

On peut estimer que c'est la thèse de A. L. Bayle (*Recherches sur les maladies mentales,* 1822) qui va assigner – preuves à l'appui – le cerveau et ses annexes comme siège de la folie. Nous avons affaire, là, à une vision anatomique postulant que c'est une souffrance de l'organe qui produit l'aliénation mentale. Il s'agit d'une hypothèse lésionnelle. Pendant des décennies les aliénistes vont essayer de faire coïncider chaque entité nosographique avec une lésion spécifique.

L'école **phrénologique** est, à ce sujet, du plus haut intérêt. Franz Joseph Gall alliait anatomie et fonctionnalisme. Pensant que les différentes fonctions étaient localisées dans des parties spécifiques du cerveau, le développement dysharmonique de ce dernier affectait la forme du crâne. Il était alors loisible de lire le « caractère » les « dons » mais aussi les différentes perturbations des « instincts » dans les bosses de l'exocrâne (c'est de cette époque que nous vient « la bosse des maths », par exemple).

D'aucuns ont pensé qu'à chaque bosse pouvait correspondre une monomanie.

Le cadre théorique que ***Claude Bernard*** va donner à la physiologie, va permettre de penser une physiologie du cerveau ; la synapse est décrite en 1897, les neuromédiateurs en 1952.

*C. **Bernard*** (1812-1878) : l'auteur du célèbre ouvrage *Introduction à l'étude de la médecine expérimentale,* 1865, a révolutionné tant la médecine que la physiologie. Ses recherches sur les fonctions du foie inaugurent la physiologie moderne. Sa méthodologie aura des retombées sur toutes les sciences humaines.

Cette meilleure connaissance de la « chimie du cerveau » et des recherches sur l'anesthésie vont amener à la « découverte » des neuroleptiques.

Nous avons là tous les éléments pour une théorie anatomo-physiologique ou neurophysiologique de l'étiologie des maladies mentales. Noguchi avait déjà montré en 1914 la présence du tréponème pâle dans le liquide céphalo-rachidien des paralytiques généraux. Ce qui nous permet de dire que Bayle avait trouvé l'**étiopathogénie** de la paralysie générale et non l'étiologie. C'est en effet la toxine sécrétée par le tréponème qui est à l'origine de l'*arachnitis* chronique.

On sait par ailleurs que certaines ***oligophrénies*** sévères (la phénylcétonurie, par exemple) sont dues à des troubles métaboliques : troubles de la phénylalanine pour notre exemple. Lejeune, Gauthier et Turpin en 1959 ont montré que le mongolisme relevait d'une aberration chromosomique : trisomie 21.

Oligophrénie : déficience mentale globale d'origine organique.

Il n'est pas dans notre propos de disqualifier la généralisation effectuée à partir des exemples précédents. Si nous mettons en relation deux séries de faits – des lésions, une déficience ou une augmentation d'un métabolisme d'un côté, une sémiologie psychiatrique d'un autre –, que ces deux séries soient constamment concomitantes, nous nous trouvons dans un cadre conceptuel acceptable.

Lorsque nous essayons de comprendre le lien de causalité qui unit ces deux séries il en va tout autrement. Nous n'avons en effet aucun modèle permettant de comprendre pourquoi et comment l'attaque d'un groupe de neurones va produire 1°) un délire, 2°) un délire spécifique comme le délire mégalomaniaque du paralytique général où les hallucinations liliputiennes des tumeurs du pédoncule ou les ***zoopsies*** terrifiantes du *delirium tremens*.

Zoopsies : hallucinations où apparaissent des animaux (souvent de la vermine).

Comment expliquer dans un procédé discursif sans faille les fausses reconnaissances du syndrome de Korsakov et une lésion spécifique de l'hypotholamus ? Surtout si nous voulons, dans un même élan, expliquer l'illusion de sosie ou pourquoi notre malade « systématisé » se prend pour le Christ ! « Dans l'état actuel de nos connaissances » aucun repérage à l'IRM (Image par Résonance Magnétique. *cf.* Grand Amphi, *Introduction biologique à la psychologie)* ou à la vérification ne sont possibles.

Il va de soi que si l'hypothèse lésionnelle s'impose dans beaucoup de cas, la modestie et la rigueur scientifiques nous amènent à constater que s'il y a concomitance entre une sémiologie et une étiologie, la liaison n'est encore qu'empirique, ne relève que d'hypothèses de recherche. C'est pourquoi il nous semble important de ne pas prendre pour une synonymie parfaite étiologie et cause. Nous pouvons faire remarquer qu'une causalité directe de type *a* induisant *b* n'est pas encore démontrée.

Parallèlement à ces théories strictement somatiques, se sont développées des approches que l'on peut – sans aucune polémique – dire fonctionnalistes.

On voit apparaître à la fin du XVIIIe siècle l'idée qu'une « fonction » est en lien étroit avec une partie du cerveau, que cette fonction serait une production « psychique » de l'organe ; nous l'avions fait remarquer, déjà, à propos de Gall.

En 1878 le dictionnaire de médecine de Dechambre nous propose entre autres fonctions du cerveau : sentiment, pensée, volonté...

Les progrès des neurosciences et la conservation de la visée fonctionnaliste ont amené au premier plan des recherches l'approche connexionniste en psychologie cognitive (*cf.* Grand Amphi, *Psychologie Cognitive*).

Pour ce qu'il en est du délire paranoïde qui apparaît dans les schizophrénies, plusieurs modèles nous sont proposés.

Il s'agit toujours de lier la neurophysiologie à une fonction cognitive (qui a trait à la gestion des connaissances. La psychologie cognitive contemporaine s'appuie sur le codage des informations qui nous parviennent par les canaux sensoriels. Elle va lier :

a) l'anatomie : le lobe frontal gauche,

b) la physiologie : les modifications sérotoninergiques ou dopaminergiques au niveau synaptique,

c) une fonction : la cognition.

Loin d'avoir épuisé ces approches « somatistes », nous en avons présenté les grands cadres conceptuels.

2 - UN COURANT « PSYCHISTE »

Qu'il s'agisse de les nommer « spiritualistes », « psychistes », « psychologiques », les cliniciens auxquels nous aurons affaire à présent se donnent pour tâche de comprendre les pathologies mentales à travers des processus psychiques.

Il est évident que dans cette lignée, elle aussi très ancienne, nous trouverons différents groupes ayant des références fort distinctes les unes des autres.

La psychanalyse sera la seule « école » que nous évoquerons en quelques lignes, une étude beaucoup plus complète en étant faite dans d'autres chapitres de cet ouvrage. Nous verrons comment Freud et Lacan ont pu aborder le problème du délire et quels sont les postulats qu'ils nous proposent. On sait que Freud postule l'existence d'un appareil psychique qui prendra deux aspects dans l'œuvre du maître : la première et la seconde **topiques.** Ces différents lieux sont en relation constante. Cet appareil psychique est parcouru par des poussées qui font tendre l'organisme vers un but. C'est-à-dire que cet appareil psychique a une dynamique pulsionnelle. Il tendra idéalement à maintenir au plus bas l'énergie interne. On peut ainsi parler d'**économie libidinale**. La **libido,** nous disent Laplanche et Pontalis, est « l'énergie postulée par Freud comme substrat des transformations de la pulsion sexuelle quant à l'objet (déplacement des investissements), quant au but (sublimation, par exemple), quant à la source de l'excitation sexuelle (diversité des zones érogènes) ».

Cet appareil psychique mis en place, Freud propose une description « génétique » (au sens de genèse) du développement d'un individu. Peu à peu le petit enfant va se différencier du « monde des objets » qui l'entoure, acquérir une autonomie pour se constituer comme un sujet en relation avec son entourage. Cette accession à ce qu'il nomme une organisation **génitale** (adulte), se fait à travers différents **stades.**

Nous arrivons ainsi à la **constitution du moi**. Cette **instance** est non seulement en relation avec les deux autres **(ça, surmoi),** mais également avec la réalité. Il se pose en médiateur, chargé des intérêts de la totalité de la personne.

L'appareil psychique, la constitution du moi à travers différents stades : les forces pulsionnelles, tel est le modèle que Freud propose pour comprendre le fonctionnement et les dysfonctionnements de la vie psychique.

C'est à l'étude des névroses que Freud s'est tout d'abord attaqué. Il semble que c'est dans l'étude du cas Schreber (1911) et peu avant l'élaboration du ***narcissisme*** (1914) que notre psychanalyste va élaborer sa théorie des psychoses.

Cette quête d'un modèle satisfaisant, Freud la poursuivra toute sa vie durant. Il restera insatisfait de ces différentes élaborations ne trouvant pas un mécanisme spécifique de la psychose qui serait le pendant du refoulement dans la névrose.

Nous pouvons schématiquement dire que le conflit dans la psychose se situe entre le sujet et l'extérieur. L'apparition du narcissisme va amener l'auteur à envisager la question sous l'angle de la relation entre les investissements libidinaux (narcissisme) et les investissements des pulsions du moi sur l'objet (libido objectale).

La perte de la réalité, conséquence de ces relations conflictuelles, ce repli sur le moi, vont amener à la tentative de restaurer ce manque. Cette perte par désinvestissement entraînerait un processus morbide délirant qui serait, en fait, une tentative de reconstruction de ces investissements.

C'est à Lacan que l'on doit d'avoir proposé une réponse au questionnement de Freud sur le mécanisme spécifique de la psychose : la **forclusion.** La forclusion se différencie du refoulement, car les signifiants forclos ne sont pas intégrés dans l'inconscient du sujet, et quand ils s'imposent à lui, c'est de l'extérieur qu'ils semblent parvenir, par exemple sous forme d'hallucinations.

3 - Récapitulatif

Dans la nosographie que nous propose l'école française nous pourrons retrouver des délires :

A/ Étiologie non clairement connue

I°) Dans les psychoses chroniques :

Délire à structure paranoïde.

1) Les formes paranoïdes de la schizophrénie.

Délires plus ou moins systématisés.

2) Dans le groupe des paranoïas, qu'il s'agisse des formes en secteur ou en réseau.
3) Dans les paraphrénies hallucinatoires ou confabulantes.
4) Dans les psychoses hallucinatoires.

II°) Dans les « psychoses » aiguës ou accès délirants :
1) Formes délirantes de la psychose maniaco-dépressive, y compris les phénomènes d'involution.
2) Les bouffées délirantes aiguës.

III°) Les épisodes délirants apparaissant chez les hystériques. Délires aigus.

Il s'agit là d'entités nosographiques dont l'étiologie n'est pas connue et que par commodité nous nommons « psychoses ». Groupe dans lequel même si les médicaments ont un effet apaisant les processus psychiques et les effets psychogènes reconnus dans l'anamnèse ne peuvent faire aucun doute.

B/ Étiologie toxico-infectieuse ou traumatique

I°) Les intoxications alcooliques :
1) Délire aigu et subaigu de l'alcoolique.
2) Le delirium tremens, induit par le sevrage.
3) Le syndrome de Korsakof.

II°) Les produits dysleptiques.

Beaucoup de molécules naturelles ou de synthèse peuvent induire des états délirants : LSD 25 (acide lysergique), mescaline, peyotl.

III°) Les délires liés à des maladies, à des troubles métaboliques ou une atteinte dégénérative du système nerveux central :
1) Délires hyperpyrétiques (fièvre élevée).
2) Délires azotémiques (perturbation du métabolisme de l'urée, entre autres).
3) Délire de la paralysie générale.
4) Troubles du post-partum (l'appellation psychose puerpérale étant désuète).
5) Les confusions mentales dont l'origine toxico-infectieuse est avérée.
6) Démences séniles (Types Alzheimer).

Il s'agit, ici, de cas où l'apparition des troubles psychiques semblent sans conteste être en relation avec une maladie préexistante, l'ingestion de toxiques ou des troubles métaboliques importants.

La liste serait longue de ces bouleversements de l'esprit qui apparaissent lors d'agressions de notre économie vitale. Ces quelques lignes ne sont qu'un balisage de ce que nous pourrions, nous référant à Georget, nommer folie, opposée à délire aigu, ou, dans un langage plus moderne, psychose et maladies mentales, troubles psychiques... « organiques ».

Nous pourrions proposer cet enchaînement temporel :

	Nosologie organisatrice	
sémiologie →	nosographie →	thérapeutique
relevé des signes	diagnostic	pronostic

Nous avons traité du délire qui est considéré comme un symptôme central en psychopathologie puisqu'il apparaît dans les phénomènes toxi-infectieux, les névroses, les phénomènes dégénératifs du système nerveux central.

L'exercice a été d'autant plus complexe que certains auteurs ne perçoivent pas le délire comme un symptôme de la psychose, mais comme étant la psychose elle-même (H. Ey pour la schizophrénie) et que nous n'avons aucun repère nosographique : il est courant de voir énoncer indifféremment délire systématisé comme synonyme de paranoïa.

« L'observation » est un exercice qui peut se pratiquer de multiples façons ; vous avez, ici, une approche qui, se référant à divers auteurs de Pinel à Bergeret, nous permet une lecture synchronique et diachronique de l'école française.

C/ Place du délire dans les classifications modernes

Dans les nosographies classiques, l'existence d'un délire imposait la notion de psychose. La névrose hystérique devenait ainsi folie dès lors qu'un délire s'instaurait pour un temps, dépassant l'instant d'une attaque. L'introduction d'un point de vue psychanalytique en psychiatrie, qui voit dans les psychoses et les névroses la conséquence de deux modes différents de fonctionnement de l'appareil psychique, a quelque peu modifié cette vision simple des choses. L'existence de délires non psychotiques a dès lors été possible, venant ainsi confirmer l'intuition de nombreux cliniciens ne pouvant se résoudre à confondre le délire de rêve avec celui des psychoses, fussent-elles aiguës.

Toutes ces considérations disparaissaient des actuelles classifications des maladies mentales, peu soucieuses de prendre en compte le fonctionnement psychique sous-jacent à un trouble. C'est ainsi que le DSM ne propose pas de classification des délires. Il est néanmoins possible d'indiquer quelle est la situation d'un certain nombre d'états délirants identifiés par la psychiatrie classique. Nous nous référerons ici à la IVe édition.

On retrouve ainsi la forme paranoïde de la schizophrénie, seule considérée comme délirante, le DSM ne prenant pas en compte l'état délirant mais les idées délirantes. De la même manière mais à l'inverse, le delirium, notre confusion mentale, ne comporte pas dans ses critères la mention d'idées délirantes.

Le groupe des délires chroniques de la nosographie classique est représenté par le « Trouble délirant » du DSM, défini par le caractère « non bizarre » de l'idée délirante et l'absence d'hallucinations (sauf si elles sont tactiles ou olfactives et en rapport avec le thème du délire). La nature du thème définit un certain nombre de types (érotomaniaque, mégalomaniaque, persécutif, etc.) dans une démarche qui n'est pas sans évoquer celle des monomanies. La paranoïa a disparu de l'actuelle édition, ce terme ne servant plus qu'à qualifier un type de personnalité, répertorié ailleurs. Aucune place n'est faite au délire de revendication. On ne retrouve pas non plus la psychose hallucinatoire chronique, qui se confond avec la shizophrénie. Quant aux délires fantastiques, leur seule place possible serait le « Trouble psychotique non spécifié ».

La possibilité d'idées délirantes dans les troubles de l'humeur est prévue.

Une place enfin est faite à la survenue d'idées délirantes dans une démence, au cours d'une affection médicale générale ou d'une intoxication.

Dans l'ensemble, le contraste est frappant entre la richese de la sémiologie classique des délires, les nombreux critères que celle-ci retient pour différencier les diverses formes de psychoses et la pauvreté de la sémiologie sous-jacente au DSM. Il n'est ainsi pas tenu compte de la systématisation du délire, de son développement en secteur ou en réseau, d'un travail délirant procédant par inférences à partir d'interprétations ou se bornant à tirer les conséquences d'une intuition première. Les notions de discordance ou dissociation n'apparaissent qu'en filigrane dans la « bizarrerie » de l'idée délirante.

L'absence dans le DSM d'un grand nombre de notations sémiologiques qui avaient pourtant valeur de critère nosographique dans la psychiatrie classique n'est pas sans conséquences. La référence à une classification internationale est devenue en effet une obligation dans toute publication, et tend par là à s'étendre jusque à la pratique quotidienne. Il en résulte que tout ce qui n'est pas prévu par la classification risque de ne plus avoir droit de cité.

Nous sommes bien loin du rêve pinélien, pour qui la nosographie avait une obligation inverse, celle de préserver la place de l'inconnu...

4 - Conclusion

Vous avez maintenant entre les mains les éléments nécessaires pour « faire des observations ». Ce chapitre a insisté sur la ***sémiologie*** et la nosographie.

L'étiologie, vous l'avez vu, est le lieu qui entraîne le moins d'unanimité parmi la communauté des psychopathologues.

Nous avons tenu à ces quelques pages afin de vous permettre, à travers les documents, de découvrir que les concepts traversent les âges, meurent, réapparaissent sous d'autres aspects. Il est étonnant de voir combien les réflexions de ***P. Moreau de Tours*** sont proches de celles de H. Ey (*cf.* document 4 C 2).

On peut constater l'obsolescence des monomanies d'Esquirol et la pertinence du tableau de ***E. Georget,*** pourtant contemporains (*cf.* document 4 C 3).

Vous voyez que le recueil des faits, des symptômes, ne relève pas des sciences naturelles mais que les grands regroupements nosographiques dépendent de nos référents quant à la mise en place des « mécanismes » générateurs. Comparez les observations classiques et celles de Bergeret : il s'agit pourtant bien de psychose et de délire (*cf.* document 4 C 4).

Nous n'insisterons jamais assez sur la marche à suivre, pour cet exercice.

> Ne jamais mélanger les **niveaux** :
> sémiologique → relevé raisonné des différents symptômes ;
> nosographique → nomination d'une maladie ;
> nosologique → principes organisateurs de la nosographie.

Sémiologie. Littré nous dit que c'est « la partie de la médecine qui traite des signes des maladies ». Il s'agit classiquement de recueillir les symptômes que le malade expose. Nous nous attacherons à toujours parler du délire comme symptôme et non comme un synonyme de psychose.

P. Moreau de Tours (1844-1908). Il affirmera la parfaite similitude entre le délire et le rêve. Il fut l'un des pionniers de la psychiatrie infantile. *La folie chez les enfants* (1888).

E. Georget (1795-1828) en 1820, dans son ouvrage *De la folie*, nous propose de séparer l'aliénation mentale en deux champs distincts : d'un côté ce qui appartient en propre à la maladie mentale, d'un autre des accidents intercurrents dans d'autres affections.

DOCUMENTS COMMENTÉS

4 A 1 - Pinel et la nosographie

1 - PRESENTATION DES DOCUMENTS

Le célèbre *Traité médico-philosophique sur l'aliénation ou la manie* (fin 1800) de Philippe Pinel (1745-1826), considéré comme l'ouvrage fondateur de la psychiatrie en France, est encadré par deux autres publications : la *Nosographie philosophique* (1798) dont les éditions remaniées et augmentées vont se succéder jusqu'à la 6e qui date de 1818, et la *Médecine clinique* (1802) dont la 3e et dernière édition est de 1815. Cette intrication montre bien que le Pinel aliéniste continue à se soucier de clinique médicale, malgré les contradictions qui peuvent en résulter.

Document n° 1 - Pinel et la clinique médicale

Il seroit difficile d'exprimer la fluctuation d'opinions, l'incertitude et l'embarras extrême que j'éprouvai, il y a environ douze ans, lorsque je fus appelé à exercer la médecine dans les hospices. Je devois chercher naturellement, dans mes visites ordinaires des malades, à me rendre un compte sévère de tout ce que j'observois, et à éviter du moins des erreurs dangereuses. Mais que d'obstacles naissoient en foule sur mes pas par la confusion des objets ! En effet, quel tableau disparate et sans cesse mobile n'offre point un rassemblement de cent cinquante à deux cents malades attaqués de symptômes simultanés ou successifs plus ou moins graves, les uns dus au caractère particulier et spécifique des maladies, d'autres aux localités ou à des dispositions individuelles, certains enfin à l'influence spéciale des saisons et de l'atmosphère ! Pouvois-je diriger ma marche d'après les descriptions générales des maladies, toujours insuffisantes pour fixer avec précision les idées, ou d'après les histoires particulières si souvent surchargées de détails superflus ? Je crois devoir au public un compte exact d'une méthode successivement perfectionnée dans mes cours particuliers, et qui rapproche l'enseignement clinique de la médecine, de celui de toutes les autres parties de l'histoire naturelle.

Mon ouvrage sur la Nosographie atteste assez l'importance extrême que j'attache à une description exacte des maladies, à l'exposition de l'ensemble et de la succession de leurs symptômes dans tout leur cours, et enfin à leur distribution méthodique, non moins fondée sur le caractère distinctif des signes extérieurs, que sur la structure et les fonctions organiques des parties lésées. Ces règles trouvent sans cesse leur application dans mes cours particuliers de clinique. Une maladie est-elle transportée aux infirmeries, l'exploration des affections diverses qu'elle éprouve a lieu dans un ordre qui sera exposé dans le cours de cet ouvrage. L'histoire en est recueillie à différentes reprises par un des élèves les plus instruits et les plus exercés, elle est ensuite rédigée et lue à haute voix au chevet du malade. Je fixe pendant cette lecture l'attention des élèves sur les traits qu'on peut regarder comme spécifiques de la maladie, et dès lors j'assigne la place qu'elle doit occuper dans mon cadre nosographique. [...] Telle est l'origine des histoires multipliées que je donne des maladies aiguës dans cet ouvrage, soit pour servir de fondement à mes principes de nosographie, ou de terme de comparaison pour l'étude de la clinique, soit pour faciliter l'application de l'analyse et de la distinction de ce que j'appelle espèces simples ou espèces compliquées, soit enfin pour faire voir qu'une suite quelconque de maladies bien observées et bien décrites, peut être réduite en un ordre aussi régulier et aussi méthodique qu'aucun autre objet d'histoire naturelle. Il faut seulement écarter de leurs notions toute opinion hypothétique, se borner pour leurs signes aux seules impressions faites sur les sens, et considérer chaque maladie comme formant un tout unique résultant de l'ensemble et de la succession de ses symptômes. J'ai eu soin de rassembler plusieurs exemples sous le titre commun d'une espèce, afin qu'on pût apprendre à connoître les symptômes accessoires qui tiennent aux variétés, et qui ne doivent point faire partie du caractère spécifique de la maladie. [...]

Un de mes élèves (le cit. Esquirol) a été chargé, sous ma révision, de rédiger d'une manière uniforme, et d'après mes principes, tous les cas particuliers de clinique que je publie, et de les rapporter à mon cadre nosographique. Chacun de ces faits exposé avec précision et avec exactitude, offre ainsi un tableau rapproché propre à être embrassé d'un coup d'œil, et à être comparé facilement avec tout autre tableau analogue. Il en est de même de plusieurs faits renfermés sous le titre d'une espèce particulière, de plusieurs espèces réunies en un genre, de plusieurs genres rapportés à un ordre, ou de plusieurs ordres rassemblés sous le titre général d'une classe [...]. Les maladies ainsi étudiées dans le rapport de leurs affinités, forment un enchaînement naturel d'idées, sont classifiées d'après leurs signes extérieurs comme tous les autres objets d'histoire naturelle, et finissent par être soumises à des dénominations exactes et invariables. J'ose même assurer que mes élèves, qu'ils soient placés à Pétersbourg, à Madrid, à Paris, à Calcutta, dans l'Inde ou dans une ville quelconque de l'Amérique, parviendront à s'entendre parfaitement lorsqu'ils auront à s'entretenir sur des maladies connues, et que s'ils ont à parler d'une maladie nouvellement observée, ils indiqueront avec facilité la place qu'elle doit occuper dans mon cadre nosographique, sans que je me dissimule cependant que certaines parties de ce cadre pourront être encore perfectionnées à mesure que les faits observés se multiplieront, ou que des circonstances rares en produiront d'un nouveau caractère.

D'après Pinel, Ph. (1802). *La médecine clinique rendue plus précise et plus exacte par l'application de l'analyse.* Paris : J.A. Brosson (Lib.)

2 - EXPLICATION DU DOCUMENT N° 1

Ce texte, extrait de l'introduction, montre très clairement quel était l'idéal poursuivi par la médecine de la fin du siècle des lumières, dont Pinel constitue l'un des derniers représentants en ce début du XIXe siècle. Le langage appartient encore à celui de la « médecine des espèces » mais on note la présence en germe des idées nouvelles qui conduiront à une autre clef de lecture, celle de l'anatomo-pathologie : Pinel nous dit en effet ne pas vouloir se fonder sur les seuls caractères distinctifs extérieurs, mais aussi sur « la structure... des parties lésées ». Pinel pratiquera toutefois peu cette nouvelle méthode.

Remarquons au passage le vœu d'universalité formulé à la fin du texte. Les actuelles classifications internationales des maladies sont-elles l'accomplissement de ce souhait ? Il convient plutôt de souligner une différence : selon Pinel, une bonne classification est celle qui permet d'assigner une place non seulement à toutes les maladies, mais encore à celles qui sont encore inconnues.

3 - EXPLICATION DU DOCUMENT N° 2

A/ La place des vésanies

Dans sa nosographie, embrassant l'ensemble des maladies, Pinel classe les désordres de l'esprit, ou vésanies, parmi les névroses. Il reprend ici un terme de Cullen (médecin écossais, auteur d'une nosographie dont Pinel à publié une traduction) et regroupe sous ce nom toutes les « lésions du sentiment et du mouvement sans inflammation ni lésion des structures » et qui se distinguent par là de la classe des fièvres et des phlegmasies.

La liste des diverses vésanies, variable d'une édition à l'autre, ne recoupe qu'imparfaitement la division de l'aliénation mentale en cinq espèces retenue dans les écrits psychiatriques. Dans cette 2e édition de la nosographie, la distinction entre délire partiel et généralisé conduit à regrouper dans un même genre des tableaux aussi hétéroclites que la manie, les démences ou l'idiotisme. De même feront successivement partie des vésanies selon les éditions l'hypochondrie, l'hystérie, le somnambulisme, l'hydrophobie, le cauchemar...

Il est à vrai dire assez difficile, sinon hasardeux, d'assigner aux diverses espèces pinéliennes des étiquettes modernes. Il est cependant aisé de voir pourquoi Esquirol proposera le terme de lypémanie pour l'espèce 2e du genre XLVI : il tient compte de l'humeur, ce qui l'amène a décrire une monomanie avec humeur triste. Le classement de Pinel pouvait en effet – toujours en raison du choix de l'opposition partiel/généralisé comme critère nosographique – fort bien comporter une mélancolie avec expansion de l'humeur.

Document n° 2 : La nosographie de Pinel

Classe I :	**FIÈVRES**
Classe II :	**PHLEGMASIES**
Classe III :	**HÉMORRAGIES**
Classe IV :	**NÉVROSES**

ORDRE I° : **vésanies**

Genre XLV	Hypochondrie	Espèce 1re	Hypochondrie simple
		Espèce 2e	Hypochondrie avec lésion organique
Genre XLVI	Mélancolie	Espèce 1re	Désire sur un objet unique
		Espèce 2e	Mélancolie avec penchant au suicide
Genre XLVII	Manie	Espèce 1re	Manie sans délire
		Espèce 2e	Manie avec délire
		Espèce 3e	Démence
		Espèce 4e	Idiotisme
Genre XLVIII	Somnambulisme	Espèce 1re	Somnambulisme
Genre XLIX	Hydrophobie	Espèce 1re	Hydrophobie spontanée
		Espèce 2e	Hydrophobie par contagion

ORDRE II : **spasmes**

Genre L	Convulsions
Genre LI	Épilepsie
Genre LII	Hystérie
Genre LIII	Tétanos

ORDRE III : **anomalies nerveuses locales**

Genre LIV	Asthénie musculaire	[paralysie, tremblement…]
Genre LV	Névroses des organes de la voix	[asthme, toux convulsive…]
Genre LVI	Névroses du conduit alimentaire	[colique des peintres…]
Genre LVII	Névroses aphrodisiaques	[priapisme, nymphomanie…]
Genre LVIII	Névroses ophtalmiques	[amaurose…]
Genre LIX	Névroses acoustiques	[dureté d'oreille…]
Genre LX	Névralgies	[névralgie faciale…]

ORDRE IV : **affections comateuses**

Genre LXI	Apoplexie	
Genre LXII	Catalepsie	[extase…]
Genre LXIII	Narcotisme	[ivresse…]
Genre LIV	Asphyxie	

D'après la 2e édition de la *Nosographie philosophique* de Pinel (1802). Seules les vésanies ont été détaillées. Entre crochets, quelques exemples d'espèces.

La place qu'occupe l'hystérie dans cette classification mérite d'être soulignée. Absente de l'œuvre psychiatrique de Pinel, elle figure dans les diverses éditions de sa nosographie tantôt parmi les vésanies, tantôt dans les spasmes, ou encore forme avec la nymphomanie une catégorie à part intitulée « névroses génitales de la femme ». Par ailleurs, certains troubles que nous considérerions volontiers aujourd'hui comme appartenant à l'hystérie, constituent des espèces distinctes : outre le somnambulisme, c'est le cas de la catalepsie ou de l'extase.

B/ Pertinence de la classification

Il est impossible de retrouver dans la classification de Pinel l'emboîtement logique des divers niveaux qui caractérise les classifications zoologiques ou botaniques dont elle s'inspire. Prenons un exemple tiré de la zoologie. Nous pouvons dire que tous les carnivores consomment de la chair : il s'agit de l'ordre. Il faudrait énoncer ensuite le sous-ordre (ou super famille), puis la famille et enfin et seulement le genre et l'espèce. Parmi les carnivores terrestres (ou fissipèdes) on peut ainsi repérer notre chat.

Sous famille	**Famille**	Genre	Espèce	
	Canidés			
	Mustelidés			
Félinés (félins)	viverridés		Sylvestris →	Chat sauvage
	Félidés	**Felis** →	**Lybica** →	Chat domestique que nous connaissons en Europe

Le chat domestique *Felis lybica* est un félidé comme tous les félins, et mange de la viande comme tous les carnivores, il est digitigrade comme les félinés.

Il est impossible de faire une telle démarche dans le tableau des maladies de Pinel. Il n'est pas certain qu'il ait cherché une telle pertinence.

DOCUMENT COMMENTÉ

4 B 1 - Conviction délirante, automatisme mental et délire en réseau

1 - PRÉSENTATION DU DOCUMENT

Cette observation et celle qui suit sont toutes deux extraites d'un des rares ouvrages d'E. Kraepelin traduits en français : l'*Introduction à la psychiatrie clinique* est un document du plus haut intérêt.

Ce recueil d'observations cliniques nous permet de saisir l'état de la pensée de Kraepelin en 1905. Il est possible de voir dans ces présentations toute la richesse de l'élaboration sémiologique d'un des maîtres de la psychiatrie européenne.

Il organise la synthèse sémiologique et jette les bases d'une nosographie toujours largement utilisée.

Un cultivateur sous influence

Voici maintenant un cultivateur de 65 ans. Il est venu consulter il y a un an ; dans la suite on dut l'enfermer ici. À ce moment il voulait un appareil électrique ; il avait déjà essayé de se le procurer chez un opticien. Il connaît à merveille le motif auquel il obéit en se rendant chez nous et il est très heureux de nous le raconter lui-même. Depuis un an et demi il était, dit-il, persécuté par ses voisins, et spécialement par un cordonnier ; ses ennemis employaient des appareils qui pouvaient l'influencer de multiples façons. Il entendait tout d'abord les gens dire du mal de lui ; on prétendait qu'il avait volé, abîmé des arbres et fait des faux. Il reconnaissait très bien les voix ; mais dès qu'il voulait leur demander explication, on ne répondait plus. Tout cela devait être fait avec un téléphone. On « construisait » aussi sa pensée. « Ce qu'il pensait, les autres l'avaient déjà dit. »

Plus tard cette électricité répandait sur lui une poudre noire comme du chloroforme ; la nuit ça venait dans sa bouche et ensuite il avait le feu au corps. Ses ennemis jetaient également une poudre qui séchait les feuilles des arbres. Il en fit faire l'analyse et on lui dit alors que ça ne pouvait être que le mildiou. Mais le courant électrique est la plus douloureuse de toutes les persécutions. Ce courant, qui est envoyé à l'aide d'une machine, lui passe dans les oreilles, dans les parties génitales, dans le dos. D'abord c'est une secousse, puis une sensation de brûlure si pénible qu'il est subitement renversé sur le parquet. La nuit ce sont des rayons de feu qui menacent de tout incendier. Ces phénomènes doivent provenir de la machine à piquer du cordonnier. Les persécuteurs possèdent de plus des cornes longues d'un pied et demi et comme soufflées, ainsi que toutes sortes de petits instruments qui peuvent se cacher dans la poche d'un pantalon. Ils ont dressé des tiges d'acier qui leur permettent de projeter le courant dans sa chambre, grâce à un réflecteur. On a pénétré chez lui dans la nuit, avec une clef électrique ; on l'a endormi, puis on l'a battu sur la bouche. Il sentait d'autre part une mauvaise odeur qu'on avait répandue chez lui, semblable à une odeur de foie ou d'os brûlés. Ses aliments contenaient du phosphore et de l'eau de savon. À plusieurs reprises on lui ratatinait la tête, on lui pressait le visage, on lui frappait sur les côtés ou dans le ventre, et cela lui avait fait tant de mal qu'il en était devenu comme soufflé jusqu'à ce que le vent se fût enfin dégagé. L'opticien lui avait montré un objet de verre rond avec des petits tuyaux, mais la machine de ses ennemis était beaucoup plus grosse. L'agent de police, qui était venu sur ces entrefaites, lui avait dit que cet instrument sert aux cordonniers. Il s'était alors procuré un catalogue de machines électriques pour trouver celle dont on se servait contre lui. Concurremment il fouillait les annonces des journaux, car souvent il y avait de semblables appareils. Le courant renferme la « prognose des péchés ». « C'est tout à fait comme dehors au télégraphe, ça montre tout ce qui vient. »

Le malade demanda verbalement d'abord, ensuite par écrit, protection au maire, puis au préfet ; mais il ne tarda pas à s'apercevoir que ces messieurs favorisaient le cordonnier. Il chercha donc à se garantir tout seul et mit sa bouillotte sur sa tête. Il entendait distinctement le bruit du courant à l'intérieur ; mais au moins il était tranquille, surtout lorsqu'il avait ajouté un morceau de fer. Chez nous il réclame de même un bout de fer-blanc qu'il puisse enrouler autour de son corps. Il préférerait, il est vrai, une pièce bien fermée avec des murs épais, impénétrable aux rayons. Il a adressé un certain nombre de requêtes aux autorités et il a l'intention de quémander l'aide du ministère.

Il débite tout ce récit avec la plus grande tranquillité. Il est convaincu de ce qu'il annonce. Aucune objection ne parvient à ébranler la fermeté de sa conviction. Sans prendre la peine de rien réfuter, il se met en colère et prétend que nous aidons à le martyriser. Nous l'emprisonnons illégalement ; nous n'avons pas le droit de le retenir ici et il insiste vivement pour obtenir sa sortie. On peut fort bien s'entretenir avec lui d'un sujet étranger à son délire, mais il revient à ce dernier avec la plus grande facilité. Son instruction répond à sa situation. Il témoigne d'une certaine activité d'esprit, s'occupe, cause avec les autres malades, joue aux cartes, et abstraction faite de son appareil protecteur, rien dans sa conduite n'attire spécialement l'attention sur lui. Il continue cependant à entendre le cordonnier causer de lui ; la nuit il ne goûte aucun repos et cherche à mettre sa tête à l'abri des rayons lumineux sous un véritable rempart de couvertures ou d'objets similaires. N'oublions pas de signaler aussi la haute estime en laquelle il tient sa personne ; il est heureux de montrer avec quelle habileté il sait déjouer les artifices de ses ennemis et ne pas se laisser berner.

Issu d'une famille de santé normale, cet homme a toujours été un travailleur actif et laborieux. Il est marié et a cinq enfants bien portants. L'affection actuelle a débuté, il y a un an et demi, par des idées de persécution et des hallucinations. À certains moments il émettait aussi des idées de grandeur ; il voulait fonder une nouvelle religion et améliorer l'agriculture sur toute la terre ; le monde entier disparaîtrait avec lui ; il saurait bien anéantir ses persécuteurs avec une carabine à air et une poudre spéciale. Aujourd'hui il n'accepte plus rien de ces idées délirantes.

Observation extraite de : E. KRAEPELIN, *Introduction à la psychiatrie clinique*, 1905.

2 - EXPLICATION

Nous nous attacherons dans cette observation à relever ce qui nous permet de constater *la conviction délirante* du malade (comparer avec S... Marie, 27 ans : la malade de Clérambault).

Ligne 23 : « Il en fit faire l'analyse » : on remarque la précision, le vécu des hallucinations psychosensorielles cénesthésiques.

L. 45-52 : « ... L'opticien... » : toutes les démarches, les recherches chez les spécialistes, l'achat de catalogues nous montrent combien ce « cultivateur » est plongé dans cette néo-réalité et ne vit qu'à travers elle.

L. 55-56 : dans ce passage alternent la fabrication d'appareils de protection et les démarches auprès de l'autorité supérieure, mais dans cette dernière attitude... l'interprétation l'emporte encore.

L. 73-74 : nous permettent, incidemment, d'énoncer l'existence d'un délire en réseau...On peut fort bien... délire, mais celui ci « revient au galop » ; L. 76-80 encore « nous voyons un espace d'insertion dans la réalité... joue aux cartes... l'attention sur lui ».

Le reste de cette observation vous permettra également de repérer cet « orgueil » du caractère paranoïaque. Même si le délire a tendance à se dilater, L. 91 à 94 : « A certains moments... avec lui ».

La cellule mère, le postulat initial réapparaissent bien vite, L. 94-95 : « ... il saurait... poudre spéciale ».

Que dire de la chute ?

3 - QUESTIONS CORRIGÉES

EXISTE-T-IL DES PHÉNOMÈNES DE PETIT AUTOMATISME MENTAL?

• Avoir bien compris ce qu'est le petit automatisme tel que G. de Clérambault l'a défini :
– phénomène purement mental, n'ayant rien de sensoriel,
– idéïque pur ou déjà idéo-verbal,
– vécu par le patient comme dépourvu de subjectivité (pensée que le malade ne fait pas sienne), neutre (absence de toute réaction affective en dehors de la surprise) et anidéique (aucune signification pouvant concerner le sujet),
– valeur sémiologique : ainsi défini, mécanisme « basal » pouvant conduire au grand automatisme et par là à l'édification secondaire d'un délire hallucinatoire chronique.

• Clairement dire qu'ici il n'y a pas de petit automatisme mental. Quand le malade nous dit que ce qu'il pensait les autres l'avaient déjà dit, il s'agit d'un écho anticipé de la pensée avec voix spatialisées, intentionnalité, pénibilité et même persécuteur désigné (cordonnier).

• Il est parfaitement possible de dire qu'existe dans cette observation un grand automatisme. Mais estimer que « qui peut le plus peut le moins » et que par conséquent le petit est aussi présent serait une grossière erreur.

PEUT-ON DIRE OU NON QUE CE MALADE SOIT DISCORDANT ?

Deux types de réponse sont possibles.

Soit assimiler la notion de discordance à celle de syndrome dissociatif de la schizophrénie et montrer qu'ici les principaux aspects de ce syndrome sont absents (ambivalence, bizarrerie, impénétrabilité, détachement). Une erreur possible : « prognose » n'est pas un néologisme.

Soit (ce qui est mieux) entendre discordance au sens bien précis que lui donne Chaslin : absence d'accord entre le contenu du délire, la tonalité affective et le comportement (mimique, etc.). Dans cette acception la discordance est également absente chez ce malade. Tout au plus pourrait-on relever que celui-ci débite son récit « avec la plus grande tranquillité ». Mais il s'agit plus d'un effet de sa conviction délirante, qui lui fait négliger les invraisemblances de son récit, que d'une véritable discordance.

QUELS SONT LES PRINCIPAUX CARACTÈRES SÉMIOLOGIQUES DE CE DÉLIRE ?

Question très classique. L'ordre de présentation compte peu. Néanmoins « structure du délire », qui a valeur de conclusion, gagne à être traité en dernier.

• Thèmes : – persécution,
– grandeur,
– influence,
– ébauche de quérulence (requête au maire, au préfet puis au ministre),
– quelques idées mystiques.

• Mécanisme : essentiellement hallucinatoire
= hallucinations psychosensorielles de tout ordre :
– auditives,
– tactiles et/ou cénesthésiques (difficiles à départager ici),
– olfactives,
– gustatives très probables (aliments),
– visuelles (rayons de feu).
= écho de la pensée et phénomènes connexes (on construit sa pensée)
= rien n'indique la présence d'hallucinations psychiques.

- Degré de systématisation du délire : les idées de persécution, d'influence, de revendication s'articulent relativement bien entre elles. Par contre, les exigences de logique et de cohérence interne sont peu marquées chez ce délirant. (Ce manque de cohérence, interne au délire, ne doit pas être confondu avec la discordance, un délire très incohérent pouvant aller de pair avec des émotions et un comportement approprié.)
- Développement en réseau ou en secteur ? La question ne se pose à vrai dire que pour le délire d'interprétation et les psychoses passionnelles. En fait, ce que l'on observe ici est la possibilité d'une certaine mise entre parenthèses du délire (joue au cartes, peut parler d'autre chose), et il se peut que l'évolution se fasse à la longue vers un « enkystement » de ce délire.
- Conviction délirante : absolue (ce qui n'est pas contradictoire avec le point précédent).
- Moyens de protection : multiples, mais d'une élaboration assez pauvre (un bout de fer, une bouillotte).
- Type de personnalité : aucune indication en dehors de la haute estime qu'il a de lui-même.
- Structure du délire : le type d'organisation délirante mérite discussion.
  - Paranoïde ? Mais aucune discordance.
  - Paraphrénique ? Mais la bipartition de la vie psychique propre au paraphrène est ici absente.
  - Paranoïaque ? Délire assez systématisé mais n'ayant pas l'ordre ni la clarté du délire paranoïaque. Par ailleurs, hormis la surestimation de soi, rien n'indique l'existence d'une personnalité de ce type.

Quelle(s) réflexion(s) vous suggère l'âge du malade au moment du début de ses troubles ?

Question assez ouverte, si bien que ce sont surtout les erreurs qu'il faut relever. Il existe en effet plusieurs manières possibles de répondre.

- Le diagnostic de Kraepelin est celui de délire sénile de persécution (idées de persécution invraisemblables, hallucinations, marche extrêmement lente vers des idées de grandeur stupides et un affaiblissement intellectuel). Cette réponse alors mérite d'être valorisée, et ceci d'autant plus que ce point n'a pas été abordé dans le cours.
- Plus banalement l'étudiant peut évoquer une Psychose Hallucinatoire Chronique et chercher alors à expliquer la survenue tardive des troubles de diverses manières, telles que :
  - un délire existant déjà à bas bruit depuis longtemps,
  - un événement déclenchant (à ce propos parler de traumatisme du départ à la retraite chez un cultivateur de la fin du XIXe siècle est quelque peu anachronique...,
  - une personnalité prémorbide anormale (mais rien ne l'indique dans l'observation),
  - une cause organique, etc.
- D'autres réponses sont possibles, telle que :
  - se borner à dire que l'âge de survenue des troubles doit faire rechercher un affaiblissement intellectuel, ici absent.

EXERCICES CORRIGÉS

4 B 2 - Délire subaigu alcoolique

1 - PRÉSENTATION DU DOCUMENT : voir 4 B 1.

Les chimères d'un alcoolique

Messieurs, je vous présente aujourd'hui un aubergiste, âgé de 34 ans, entré à la clinique depuis une heure environ. Il comprend très bien les questions qu'on lui pose, mais les écoute d'une oreille distraite et en négligeant bien des détails. Il nous donne exactement son nom et son âge ; par contre nous ne connaissons ses antécédents personnels que par bribes et morceaux. Cet homme a poursuivi ses études jusqu'à la rhétorique ; puis après avoir été refusé dans le service des chemins de fer pour daltonisme assez marqué, il est parti en Amérique où il a mené une existence des plus aventureuses. Revenu deux ans plus tard pour quelque temps seulement, il retourna bientôt en Amérique où, comme pianiste, il réussit assez bien à gagner sa vie. À vrai dire, il se livra à tous les métiers possibles et, en fin de compte, il était garçon dans un hôtel. Rentré en Allemagne depuis huit ans, il essaie tantôt une chose, tantôt une autre, et voilà six mois il s'est mis à la tête d'une auberge. D'après ses renseignements, il serait déjà venu une fois ici pour délire alcoolique. Pourtant il ne reconnaît personne et désigne les médecins sous les noms de ses amis. En outre il s'imagine être chez nous depuis deux à trois jours et se croit à l'hôtel de la Couronne ou plutôt à la clinique des voies urinaires. Il ne sait pas non plus au juste la date du jour.

Au cours de cet entretien, dans lequel il nous a fourni des données assez cohérentes, notre sujet manifeste déjà une certaine inquiétude. Il ne reste pas en place, regarde autour de lui ; il sursaute, joue avec ses mains. Puis il se lève tout à coup en demandant qu'on veuille bien le laisser immédiatement jouer du piano. Il se rassied cependant, mais aussitôt se relève, « afin, dit-il, d'aller leur dire quelque chose qu'il a oublié ». Petit à petit il s'agite davantage. Sa destinée est marquée d'un sceau fatal ; il lui faut quitter ce monde ; qu'on télégraphie rapidement à sa femme que son mari va mourir et sera exécuté par l'électricité, en même temps que fusillé. « L'image n'est pas bien imitée, ajoute-t-il ; à chaque instant, tantôt ici, tantôt là, il y a quelqu'un qui me surveille avec un revolver. Quand j'ouvre les yeux, ils disparaissent. » On lui a injecté dans les orteils et dans la tête un liquide qui sent mauvais et qui fait naître des images qu'on prend ensuite pour la réalité. Cela fait une alliance internationale qui « supprime les gens tombés dans le malheur par des faux pas, sans l'avoir mérité ». En même temps son regard se porte vers la fenêtre, où il voit des maisons et des arbres qui disparaissent pour réapparaître. Lui commande-t-on de fermer les yeux et les presse-t-on légèrement, il aperçoit un jaillissement d'étincelles, puis un lièvre, un tableau, une tête, une cuvette, une demi-lune, une tête d'homme, le tout d'abord flou, puis coloré. Si on lui montre une tache sur le plancher, il cherche à ramasser l'objet imaginaire qu'il croit distinguer, une pièce de monnaie par exemple. Quand on lui ferme la main et qu'on lui demande ce qu'il y a dedans, il la garde soigneusement close et devine que c'est un crayon ou une gomme. L'humeur du malade est mi-anxieuse, mi-joyeuse. La face est très congestionnée, le pouls petit et un peu accéléré. Le visage est bouffi, les yeux larmoyants. L'haleine répand une forte odeur d'alcool et d'acétone. La langue, très chargée, tremble fortement quand il la tire. Les doigts sont également animés d'une trémulation très accentuée.

Dans ce tableau clinique. on constate un certain nombre de traits qui ne se retrouvent dans aucun autre cas et permettent d'établir sans hésiter un diagnostic exact. Tout d'abord il est un fait important : c'est la désorientation complète dans l'espace et dans le temps, malgré une lucidité presque absolue. On peut causer longtemps avec le malade sans être frappé par ses troubles mentaux, jusqu'au moment où il laisse subitement voir qu'il n'a aucune idée de l'endroit où il se trouve et qu'il méconnaît complètement les personnes qui l'entourent. Tantôt il se voit, consommateur à la Couronne, tantôt malade à la clinique, tantôt hôtelier, tantôt pensionnaire, tantôt entouré de médecins. Il n'existe pas de troubles de la mémoire pour les faits anciens – aucun détail n'a échappé à la mémoire du malade, jusqu'aux derniers jours et même aux dernières heures. En étudiant le caractère de cet individu. nous y relevons encore certains faits dont le mélange est bien spécial : à côté de l'angoisse des dangers qui le menacent, le

malade semble conserver dans une certaine mesure la notion de l'absurdité de ses conceptions délirantes et des contradictions ridicules résultant du conflit entre la réalité et le délire.
Notre malade boit beaucoup, et cela depuis l'âge de 13 ans. Son père était, dit-on, facilement excitable ; il a eu un oncle qui était aussi un grand buveur. Une de ses tantes tenait un cabaret d'où, tout gamin, il portait de la bière aux clients, qui lui en offraient continuellement. À la maison on lui donnait journellement un quart de litre de vin, il buvait beaucoup dans une association d'élèves dont il faisait partie. Enfin en Amérique il apprit à absorber des petits verres. Ces derniers temps, il prenait chaque jour, d'après sa propre estimation, 6 à 7 litres de vin avec 5 à 6 apéritifs et il ne mangeait presque exclusivement que de la soupe. Voilà quelques semaines déjà, il eut fortuitement des hallucinations visuelles et voyait des souris, des rats, des hannetons, des lapins. Il n'était plus capable de reconnaître le monde. Il vint même une fois en chemise dans son auberge. Enfin ces jours-ci son état s'aggrava encore davantage.
On peut à coup sûr déjà prévoir que tous ces troubles disparaîtront en peu de jours (1).
Notre malade, comme il le dit lui-même, a fait un premier séjour à la clinique il y a à peu près quatre mois. Il présentait alors déjà exactement les mêmes symptômes qu'aujourd'hui. À cette époque, des hallucinations s'étaient aussi manifestées et elles avaient duré assez longtemps. Le patient voyait des rats, des souris ; il émettait des idées de jalousie et menaçait sa femme et sa domestique avec son revolver. À son entrée chez nous, il était porteur d'une bouteille de vin fort dont il buvait rapidement quelques gorgées. Le délire dura six jours ; le malade redevint alors complètement lucide et nous raconta les diverses sensations qu'il avait éprouvées pendant sa maladie.
Il se croyait être « au jour du Pape » et avoir le diable auprès de lui. Tout à coup il se précipita, tête baissée, contre une colonne de marbre, il cherchait à se garer, quand un énorme morceau de marbre se dressa devant lui et lui barra le passage. Derrière lui en vint un second et tous deux en marchant l'un vers l'autre menacèrent de s'écrouler sur lui. Puis deux fantômes le portèrent sur une charrette à l'auberge du « Bœuf » et là le couchèrent sur un lit de mort. Un maître de cérémonie lançait sur sa bouche, au moyen de ciseaux rougis au feu, des rayons brûlants ; il sentait ses forces s'en aller petit à petit. Sur ses prières il obtint un verre de vin rouge. Mais Satan, avec un sourire grimaçant, lui en refusa un second. Il dit alors adieu à son entourage et trépassa, en proférant toutes sortes de pieuses exhortations. En même temps on plaçait à côté de lui les cadavres de ses trois filles. Dans l'autre monde il fut puni par où il avait péché sur la terre. Il était sans cesse en proie à une soif inextinguible – mais à chaque fois qu'il étendait la main pour saisir une cruche ou un verre, il voyait ceux-ci disparaître.
Le lendemain matin, il était encore couché tout vivant sur la civière de mort dans l'auberge du Bœuf. Ses enfants aussi étaient là sous forme de lièvres blancs. Il y avait une procession catholique à laquelle il dut prendre part. Pendant que l'on chantait des litanies dans les chambres voisines de la « Couronne », il lui fallait appuyer sur une grande quantité de lunettes d'or déposées à terre, et chaque fois qu'il en touchait une, partait un coup de feu. Puis la procession délibérait. Devait-elle le fendre de toute sa hauteur ou le rouer de coups jusqu'à ce que la mort s'ensuive ? La patronne de la « Couronne » plaidait en faveur de la première opinion, à condition qu'il restât chez elle. Quant à lui, il désirait partir, car il n'y avait pas de bière. Enfin un maréchal des logis vint le délivrer. L'aubergiste tira sur lui un coup de revolver et pour ce motif fut emmené en prison.
Un autre soir, toute la communauté protestante était réunie à l'église pour une solennité. Au centre se tenait un étudiant d'une corporation qui, avant le commencement du service religieux, donna une sorte de représentation avec cinquante compagnons montés sur de petits chevaux. Plus tard, il vit sa femme se retirer avec un parent dans une salle de l'église ; il remarqua une sœur de charité cachée derrière l'orgue, qui profanait le sanctuaire ; en même temps il était enfermé lui-mème dans l'église. Finalement le vitrier fit un trou dans le vitrail, pour qu'on pût au moins aussi introduire de la bière. Quand il s'habilla, toutes les manches et toutes les boutonnières étaient fermées et cousues et les poches enlevées. Dans le bain, le malade voyait sept lièvres qui nageaient sous l'eau, autour de lui, l'éclaboussant et le mordillant continuellement.

(1) Au bout du sixième jour, le délire cessa. Depuis six ans, le malade revint à la clinique six fois environ, tantôt en état d'ivresse, tantôt à la suite d'accès alcoolique, tantôt avec des phénomènes délirants. Toute volonté a disparu chez lui et il est totalement incapable de tout travail suivi.

D'après Émile Kraepelin, *Introduction à la psychiatrie clinique*, 2e édition (1905).

2 - QUESTIONS CORRIGÉES

PRÉCISEZ LES PARTICULARITÉS SÉMIOLOGIQUES DE L'ÉTAT DÉLIRANT DANS LEQUEL S'EST TROUVÉ PLONGÉ DEUX FOIS LE MALADE

Question destinée à mettre en évidence les points saillants de l'état délirant de ce malade, c'est-à-dire caractérisant l'état de délire dans lequel il se trouve et dont les propos délirants ne représentent qu'un aspect. Analyser cet état en termes de thèmes, mécanisme et surtout de structure serait non seulement fort maladroit mais, s'agissant d'un état aigu, constituerait une erreur. C'est ainsi que parler ici de structure paranoïde serait absurde. De même, procéder à une simple énumération de thèmes n'apporte pas grand-chose. Il est au contraire bien plus important de chercher quels en sont les caractères généraux (scènes à caractère pénible, de terreur et d'exécution, se rapportant à des situations professionnelles, mobiles, etc.)

Les deux épisodes ici rapportés sont assez proches, et peuvent être confondus dans une même analyse. Cependant pour le plus récent en date, seules les premières heures du séjour hospitalier sont relatées, alors que le premier fait l'objet d'une description plus complète, comportant en particulier les souvenirs que le malade garde de son état délirant, une fois sorti de celui-ci.

Les points marquants sont ici les troubles de l'attention, de l'orientation, de la mémoire, les fausses reconnaissances, l'onirisme, l'anxiété, ainsi que l'évolution favorable dans l'immédiat des divers épisodes. Les troubles de mémoire sont à bien préciser : amnésie antérograde, avec une lacune mnésique à peine débutante dans l'épisode le plus récent et encore nette en ce qui concerne le plus ancien (se souvient qu'il est venu à la clinique mais ne reconnaît personne). Les caractères saillants de l'onirisme doivent de même être bien mis en évidence : délire chaotique, intensément vécu, hallucinatoire avant tout visuel mais aussi tactile (les lièvres le mordillent) et auditif, les zoopsies (petits animaux), l'existence d'une participation illusionnelle, le fait que la réalité par moments soit présente pour le malade derrière la fantasmagorie délirante. Sont également à souligner l'atteinte somatique et la dangerosité éventuelle de ce délire de rêve, aussi bien pour le malade (l'épisode des colonnes de marbre) que pour l'entourage (le revolver, les idées de jalousie).

Noter enfin le récit du délire que le malade fait *a posteriori :* il s'agit ici du récit de ce que le malade a éprouvé pendant sa maladie, et non pas de ce qui s'est réellement passé, ce dont il ne garde probablement guère de souvenirs. On ne sait pas à quel degré de critique parvient le malade ni quelle peut être la part d'un éventuel reliquat délirant postonirique.

PEUT-ON DIRE QUE LES ILLUSIONS JOUENT UN RÔLE DANS LES TROUBLES PERCEPTIFS DE CE MALADE ?

Donner une définition exacte de l'illusion : perception déformée d'un objet existant.

Indiquer qu'ici existent au côté des hallucinations des illusions : la tache sur le sol, la colonne de marbre (l'objet dans la main est plutôt de l'ordre d'une fabulation induite par une question habilement persuasive).

D'une manière plus générale, on peut se demander si l'on ne retrouverait pas dans tout le vécu onirique de ce malade la trace de perceptions déformées : les fantômes ne seraient autres que des infirmiers le transportant sur un brancard, les vêtements dont les manches sont cousues une camisole de force, etc.

On peut enfin discuter du rôle joué par un éventuel scotome : maisons et arbres qui disparaissent pour réapparaître, jaillissement d'étincelles lors de la fermeture des yeux. Quant au daltonisme de ce malade, il est peu probable qu'il intervienne ici.

Quels aspects vous semblent évocateurs d'une confusion mentale, et que pourrait-on dire de son origine ?

Les arguments en faveur de la confusion mentale sont nombreux.

• Certes l'onirisme l'emporte ici sur l'obnubilation. Les troubles de la vigilance sont néanmoins bien présents, comme en témoignent la labilité de l'attention, le fait de négliger bien des détails, de ne livrer des informations personnelles que par bribes et morceaux. Ces troubles de la vigilance s'accompagnent d'une désorientation dans le temps et l'espace, d'une amnésie de fixation, de fabulation et de fausses reconnaissances, de perceptions déformées.

• L'onirisme est ici au premier plan. Bien en détailler les caractères si cela n'a pas été déjà fait à la première question.

• La perplexité anxieuse est également présente (sensible aux contradictions entre délire et réalité).

• Sur le plan somatique, il existe une nette altération de l'état général.

• L'évolution enfin des deux épisodes est favorable, avec retour complet à la lucidité. Le lien unissant cet état confusionnel à l'intoxication alcoolique est clair. En témoignent les antécédents du malade, les signes d'imprégnation, et sur le plan psychopathologique la présence de zoopsies, les thèmes professionnels, ainsi qu'à un degré moindre le caractère terrifiant de l'onirisme.

Le tableau est celui d'un délire alcoolique subaigu plutôt que celui d'un delirium tremens. Il faut certes noter l'absence de sevrage, remplacé ici au contraire par une intensification de l'alcoolisation accompagnée d'une dénutrition. Toutefois, il ne s'agit pas là d'un argument contre un DT, celui-ci pouvant survenir indépendamment de tout sevrage. Ce qui fait la différence est l'absence de signes de gravité, tels que sueurs profuses, tremblement généralisé, mouvements d'agrippement, fièvre surtout. On peut supposer que la déshydratation est néanmoins ici importante, allant jusqu'à transparaître dans les préoccupations délirantes (soif inextinguible, cruche qui disparaît, etc.).

L'évolution à long terme semble s'être faite vers une démence alcoolique.

DOCUMENTS COMMENTÉS

4 B 3 - Classification des délires

1 - PRÉSENTATION DES DOCUMENTS

Tous les auteurs s'accordent à admettre que les délires chroniques ne peuvent se différencier les uns des autres que grâce à un faisceau de critères, d'ordre à la fois sémiologique, étiopathologénique, thérapeutique et évolutif.

Finie l'époque héroïque où l'on individualisait un délire sur son seul mécanisme ou sur sa thématique prévalente ! L'évaluation actuelle des délires chroniques doit tenir compte de plusieurs « axes » diagnostiques, comme l'indique le tableau (PHC : psychose hallucinatoire chronique).

Document n°1 : Organigramme diagnostique des PHC

Exemple de construction d'un diagnostic

à partir d'un symptôme : l'hallucination

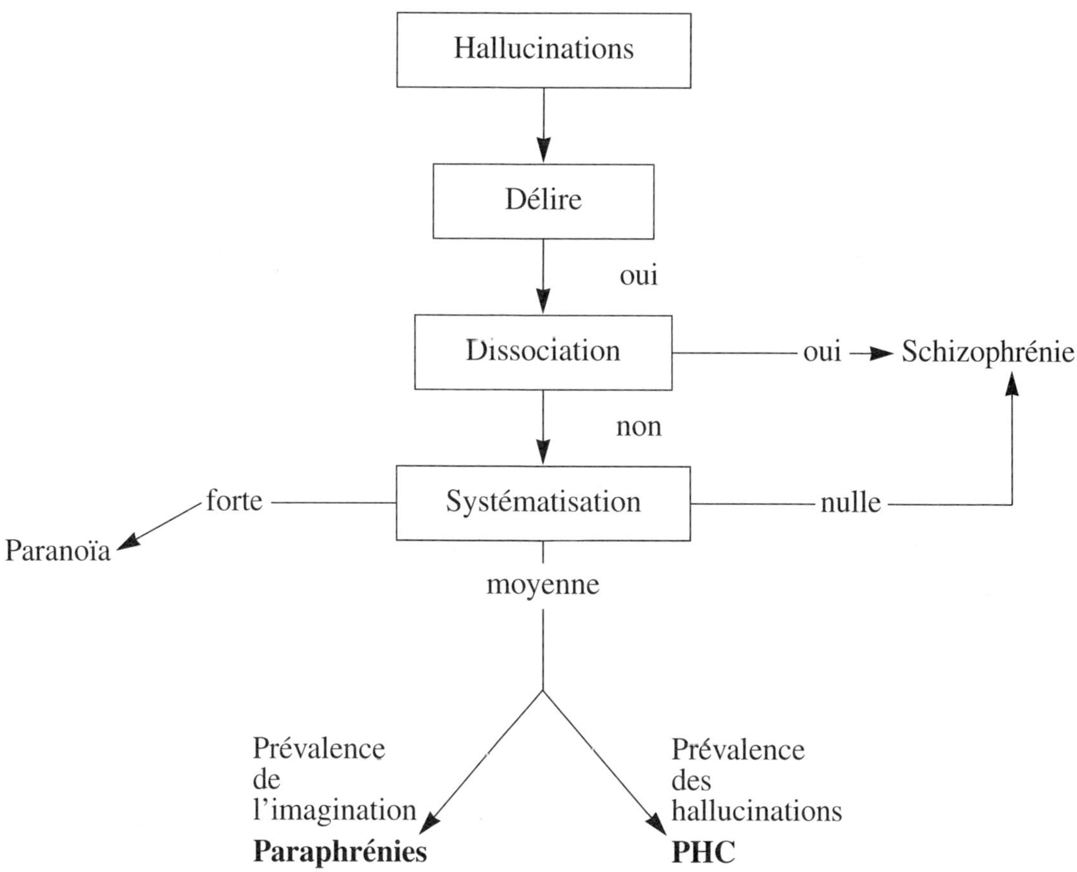

Document n° 2 : Représentation penta-axiale des principaux critères diagnostiques des délires chroniques (École française)

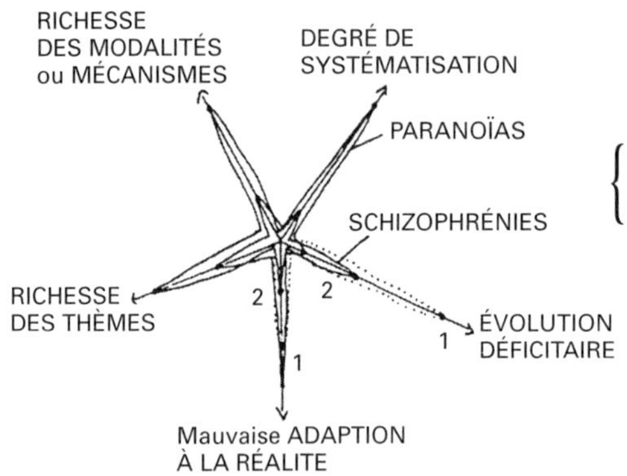

1 : avant l'ère des neuroleptiques
2 : après neuroleptisation

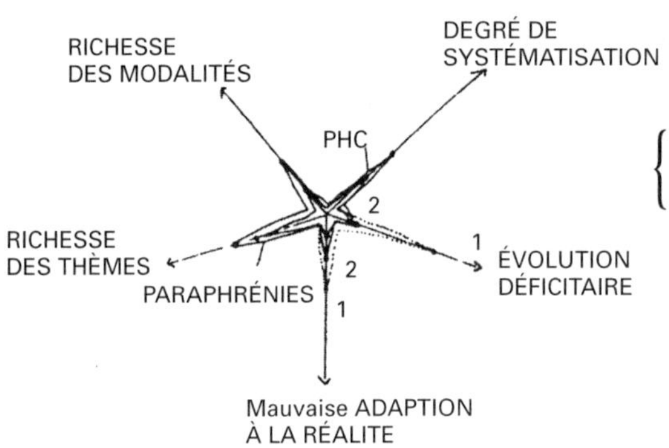

1 : avant l'ère des neuroleptiques
2 : après neuroleptisation

2 - EXPLICATION

L'intérêt de ces figures, en dehors du regroupement des délires chroniques à travers les références : mécanismes (modalités), thèmes, degré de systématisation (structures), est qu'elles permettent d'appréhender d'un seul coup d'œil ce que les délires signent du rapport à la réalité du malade et les risques d'évolution déficitaire : repli autistique, apraxie, agnosie du schizophrène (et non du délire à structure paranoïde). Nous sommes ici à un niveau nosographique.

La comparaison de certains troubles avant et après « l'ère des neuroleptiques » permet de remarquer le recul spectaculaire de l'« évolution déficitaire » et de l'adaptation à la réalité dans la schizophrénie et la PHC.

Ce constat pharmacologique est à mettre en relation avec les quelques lignes de commentaire que nous faisions à la fin du paragraphe sur les mécanismes.

EXERCICE CORRIGÉ

4 B 4 - Délire en réseau

1 - PRÉSENTATION DU DOCUMENT

Ce document est extrait d'un des ouvrages-clés de la psychiatrie française : « Les folies raisonnantes » de P. Sérieux et J. Capgras. Le sous-titre est très éclairant : « Le délire d'interprétation ».

L'étude de ces deux médecins va en effet montrer la manière dont le mécanisme de l'interprétation est prévalent dans tout un groupe de délires.

Cette publication de 1909 est la base de tous les travaux ultérieurs sur les délires systématisés.

Tout le monde lui en veut

OBSERVATION XVII. S... Marie est internée à l'asile de Vaucluse en 1890 (38 ans). Antécédents héréditaires : père buveur, interné à 17 ans pour un accès délirant ; un oncle aliéné. À l'âge de 19 ans S... quitte le domicile paternel pour vivre avec un amant, qui meurt en 1887. Elle mène ensuite une vie galante, devient enceinte en 1888 et accouche d'un enfant mort-né en mai 1889.

Le délire s'est manifesté surtout après la mort du premier amant. La malade assure que dès 1885 (33 ans) on commençait à la persécuter ; c'était encore peu de chose ; mais en avril 1886, elle remarque qu'on fait des mystères dans le quartier, on lui cherche chicane pour des niaiseries, on la suit dans les rues.

En 1887 un. va-et-vient suspect se produit autour de sa maison; des policiers stationnent devant la porte ; quand elle regarde dans la rue, le voisin apparaît aussitôt à la fenêtre. Les camionneurs disent sur son passage : « Où est-il le maquereau ?... elle en a du rouge sur les lèvres ! »

En 1888 (début de sa grossesse au mois d'août) les interprétations redoublent d'intensité, sans systématisation. Un individu de la bande noire habite dans sa maison. Son père lui donne à entendre qu'elle va disparaître. « Je demandais le pourquoi, dit-elle ; à partir de ce jour je sentais qu'on le payait pour mentir et me faire souffrir. » Dans la rue c'étaient des cris continuels à son adresse. Les marchands criaient : « À la moule ! à la coule ! » Devant les omnibus on disait : « À Charenton-Vincennes ! » pour lui faire entendre qu'elle devenait folle. Une voisine s'écriait : « La voilà, la pourrie ! » On l'appelait la femme au gros ventre, l'éléphant. Une dame lui déclare un jour : « J'ai une carte de recherche dans ma poche », ce qui signifie que la police fait des recherches sur son compte. D'ailleurs elle a entendu des ouvrières dire : « On va la mettre en carte ». Des gamins crient : « Elle se déplume » ou bien : « As-tu une plume ? » Une dame au deuxième étage chantait : « Je t'ai fait souvent cornette. » Une femme, en la fixant, s'écrie : « Elle n'a pas l'air si bonne ! » Quand elle donne une pièce aux marchands, ceux-ci remarquent : « À la bonne heure, ce n'est pas de la contrebande ! » et examinent la pièce avec affectation. Dans les cafés elle voyait tout le monde chuchoter. Quand son amant lui envoie de l'argent par la poste, elle reconnaît deux écritures sur la même enveloppe. Pourquoi ? Veut-il la faire passer pour une voleuse ? Quand il vient la voir, il a soin de fermer les rideaux ; pourquoi ces précautions ? Quand elle sort avec lui elle entend des propos inquiétants : « Il a posé sa canne », dit-on, ou encore : « le tailleur » ou bien : « l'homme de Neuilly ». Elle se débat ainsi, presque continuellement assaillie par une multitude d'interprétations, sans arriver à trouver une explication satisfaisante. Elle adresse plusieurs plaintes au commissariat de police.

Après son accouchement, nouvelle exacerbation de son délire. Pendant son séjour à la Maternité elle a écrit, pour une fille de service, une lettre à un dragon. Depuis lors on insinue que le père de son enfant est un militaire. On fait passer un dragon sous ses fenêtres, on suspend des habits militaires aux croisées voisines ; que signifient ces rideaux rouges ? Elle adresse encore de nombreuses plaintes aux autorités, sort trois fois avec l'intention de se faire arrêter, et fini par être internée.

À son entrée à l'asile (janvier 1890) elle est très excitée, accuse son père et un de ses amants de la faire passer pour folle, de vouloir se débarrasser d'elle. Ses interprétations la conduisent aux idées les plus extravagantes : on l'accuse d'avoir tué un enfant de trois ans, son père doit être l'assassin de Gouffé. À chaque visite elle s'emporte, injurie le médecin. Dès que l'on cause avec elle, elle devient calme et donne des renseignements très détaillés : mais à chaque instant elle hésite dans l'interprétation de tel ou tel fait ; sa conviction semble mal établie, soumise qu'elle est aux moindres événements quotidiens qui viennent chaque jour modifier telle ou telle conception délirante.

Avril 1890 -Tous ses malheurs viennent de son père qui a touché de l'argent de M.C.... Les interprétations sont incessantes : on représente continuellement dans la cour les choses qui la concernent. Une malade, Lafay, s'asseoit auprès d'elle, cela veut dire : « Elle l'a fait ». « Je ne comprends rien, écrit-elle, à ce milieu qu'on me représente, ni à cette question de curé, de pouilleux, d'assassins. » Ou l'accuse de rapports avec une fille publique. La moindre parole, le moindre geste, tout sert de prétexte aux interprétations.

Juillet 1890 - On lui dit que M.B... (son premier amant) a violé une petite fille ; elle ne l'entend pas, mais on le lui fait savoir ; tout se fait par signes : on va chercher une timbale, on va aux cabinets, on a un tablier de telle couleur ; chaque objet a un sens symbolique, le tablier blanc représente M. Blanc. Elle a compris qu'on avait empoisonné une concierge. M. X... fait courir le bruit qu'elle a fabriqué de la fausse monnaie.

Septembre 1890 - Toutes les femmes qui sont ici, y ont été mises pour la faire causer. Son père pendant l'hiver avait un sac sous le bras ; c'est donc un assassin. M. C... a des chaussettes marquées L., il porte donc tous les noms ; il a tué plusieurs voisins ; c'est un pédéraste parce que, comme les pédérastes, il porte la chaîne de sa montre du côté droit. À la figure de son oncle elle voyait qu'il avait tué. On ne cesse de la taquiner : quand elle se gratte le nez, on rit ; mêmes moqueries, quand elle se lave. On prend un air courroucé en passant auprès d'elle. De nouveau elle cherche pourquoi on l'accuse d'être la maîtresse d'un militaire. « Depuis un an je creuse ma pauvre tête pour savoir d'où peut venir cette question militaire. » Elle compose des mémoires ; elle s'efforce d'y donner l'explication de menus détails des quatre années précédentes, à l'aide de symboles qu'elle a appris à l'asile. « Je crois remarquer, écrit-elle, que le rose représente un joli bébé, le fichu blanc représente B... (son premier amant), le tablier ma belle-mère. « Quand on se gratte le front il s'agit de tel ou tel de ses amants ; pour désigner un autre on se passe la main derrière la nuque ou derrière le dos ou bien on regarde les cabinets ; si l'on met les mains dans les poches cela veut dire argent ; pour dire noir on porte un châle noir ou on se passe le doigt sur les sourcils, etc. Cette abondance de symboles ne fait que compliquer ses conceptions sans les préciser ni les fixer. De préférence elle accuse son père et son dernier amant : pourquoi celui-ci, tel jour, s'est-il arrêté devant une porte, qu'avait-il plus tard à fixer étrangement la fenêtre ? Et son père qui criait Charles ! Charles ! sachant très bien que c'était le nom d'un lieutenant. Que signifient ces propos : « Si tu n'as rien fait, il ne te sera rien fait ! » Son choix reste hésitant, et parfois elle se défend contre les soupçons qui lui viennent au sujet de son premier amant pour lequel elle a conservé un culte et auquel on ose attribuer diverses vilenies.

À de nombreuses reprises, elle repousse les idées de culpabilité qui l'envahissent comme malgré elle. On lui reproche d'avoir contracté la syphilis. Par divers signes, en lui montrant une pantoufle bleue, ou une rose, ou par différentes allusions, on l'accuse d'avoir tué sa fille ; elle se souvient qu'en face de la fenêtre était suspendue une chemise d'enfant, à une fenêtre voisine étaient inscrits ces mots : « marâtre, tête de veau, tête verte ». Une malade dit un jour : « J'ai trois enfants » ; c'est pour signifier qu'elle-même S... a eu trois enfants. Elle proteste, mais un moment après se demande : « Serait-ce vrai »? Elle écrit de longues lettres pour se justifier et finit en suppliant qu'on la pardonne. Puis elle se redresse à nouveau, se répand en invectives contre ses infâmes calomniateurs, causes de toutes ses souffrances. Elle passe ainsi très souvent des injures et des menaces aux larmes et aux supplications. « Quelle vie de mystère ! » conclut-elle.

Au mois de novembre 1890 cette malade, toujours dans le même état délirant, a été transférée à l'asile de Saint-Lô. Le médecin de cet asile nous écrit qu'« elle a conservé cette même expression morbide jusqu'à l'époque de son décès qui s'est produit en 1898 ».

2 - QUESTIONS CORRIGÉES

Précisez, à l'aide d'exemples, quels sont les caractères sémiologiques du mécanisme qui semble principalement en jeu dans ce délire. Indiquez s'il y a ou non présence d'un autre mécanisme.

Mécanisme essentiellement en jeu : l'interprétation.

- Rappeler la définition et montrer comment ici elle s'applique bien.

• Caractères sémiologiques des interprétations présentes dans ce cas :

– les interprétations sont ici exogènes. Il n'est nulle part fait mention d'interprétations endogènes ;

– elles portent sur les menus faits de la vie quotidienne beaucoup plus que sur les événements importants de la vie de la malade. La référence aux faits marquants de l'époque occupe une place très marginale (la bande noire, Gouffé…). On ne relève aucune allusion aux journaux.

– Le langage joue un rôle très important : les interprétations sont bien souvent fondées sur des similitudes de son, des calembours ou des noms propres.

– Il existe une tendance nette à établir un code de significations (rose = bébé, etc.), mais sans certitude absolue (« je crois remarquer... »)

• Au total, tout a un sens pour la malade, et un sens se rapportant à elle.

Autre mécanisme ?

C'est l'existence d'hallucinations qu'il convient de discuter. Rien n'indique qu'il y en ait ici, tout pouvant relever d'interprétations. Ce qui est prépondérant chez cette malade semble être en effet un « sentiment de signification » (à ne pas confondre avec une interprétation tirée d'un état mental, variété d'interprétation endogène).

Il est possible d'envisager l'existence d'intuitions.

Quelle que soit la conclusion, le mécanisme de ce délire reste l'interprétation. Illusions et hallucinations, même si elles existent, ne jouent qu'un rôle marginal dans son élaboration.

Quelles sont par ailleurs les particularités sémiologiques de ce délire ?

• Thème : persécution, culpabilité.

• (Mécanisme : interprétation, pas d'hallucination).

• Réactions : plaintes au commissariat, à ne pas confondre avec les idées de revendication d'un délire de préjudice (quérulents processifs).

• Deux particularités remarquables :

1°) La conviction délirante n'est pas absolue : les interprétations sont très nombreuses, mais la malade reste incertaine, ne sachant à laquelle s'arrêter. Plus précisément, si elle est sûre que tout a une signification, elle n'est pas assurée de laquelle (délire de supposition)[1].

2°) Conséquence du point précédent, le délire est peu systématisé : la coordination des conceptions délirantes en un système est peu poussée, ce qui est différent du flou des délires paranoïdes, marqués par l'incohérence des diverses propositions délirantes entre elles.

• Evolution : du fait de la systématisation imparfaite, on ne peut parler de développement du délire ni en réseau ni en secteur. La réalité entière est prise dans le réseau des interprétations, mais le délire ne forme pas un réseau. Les choses sont restées dans un état proche de la phase initiale des délires d'interprétation, celle de perplexité. Néanmoins cet état délirant persiste inchangé de nombreuses années, et sans aucun aspect déficitaire.

L'extravagance des propos permet-elle pour autant de dire que la malade est discordante ?

Deux types de réponse sont possibles :

– Soit assimiler la notion de discordance à celle de syndrome dissociatif de la schizophrénie et montrer qu'ici les principaux aspects de ce syndrome sont absents (ambivalence, bizarrerie, impénétrabilité, détachement).

– Soit (ce qui est mieux) entendre discordance au sens bien précis que lui donne Chaslin : absence d'accord entre le contenu du délire, la tonalité affective et le comportement (mimique, etc.). Dans cette acception la discordance est également absente chez cette malade : la tonalité affective et le comportement restent en accord avec les propos, aussi extravagants qu'ils puissent paraître.

Au total, ce cas appartient au groupe des délires chroniques et non pas à celui des schizophrénies, et il serait faux de parler de délire paranoïde, même si la systématisation est incomplète. Une erreur possible : tirer de la lettre écrite à un dragon un argument en faveur de la dissociation (bizarrerie, hermétisme, etc.) faute d'avoir compris que ce terme désigne ici un séduisant militaire et non un animal fantastique.

Que peut-on dire des idées de culpabilité de la malade ?

Pas de réponse standard à cette question. Plusieurs aspects peuvent être soulignés :

– On est bien loin ici du délire mélancolique, pauvre, monotone, centré sur l'auto-accusation, etc.

– Il est par contre parfaitement possible d'observer des moments dépressifs au cours de l'évolution d'une psychose chronique

– Les idées de culpabilité envahissent la malade malgré elle, et elles sont repoussées un peu à la manière de l'idée obsédante. La malade est même par moments prise de doutes. Toutefois ce qui reste ici franchement du registre délirant, c'est de croire discerner une intention accusatrice dans les multiples petits faits de la vie quotidienne.

– Beaucoup d'étudiants enfin ont essayé de relier les idées de culpabilité à la vie passée de la malade.

• Certains se demandent par exemple si leur survenue ne traduirait pas l'échec de la construction d'une néo-réalité délirante. Un tel point de vue est parfaitement admissible.

• D'autres en revanche sont conduits à un psychologisme simplificateur et proposent par exemple, parfois sous les dehors d'un langage pseudo-psychanalytique, une compréhension du délire à partir de la culpabilité qu'aurait ressentie la malade à la mort de sa fille.

(1) Le délire de supposition est décrit par Sérieux et Capgras dans leur ouvrage sur les folies raisonnantes de 1909. Ils en font une variété du délire d'interprétation, dans laquelle la conviction manque, remplacée par des doutes délirants (p. 168-170). Le cas de Marie est donné en exemple.

DOCUMENT COMMENTÉ

4 B 5 - Bouffée délirante aiguë (BDA)

1 - PRÉSENTATION DU DOCUMENT

Voici l'une des observations cliniques d'un spécialiste des bouffées délirantes. Le titre complet de la thèse qu'a soutenue le docteur Marc Jacquot en 1977 résume les problèmes théoriques que pose cette « entité nosographique » : *Structure pathologique et situation nosologique des bouffées délirantes aiguës.* Pendant de nombreuses années le docteur Jacquot a été le médecin assistant du professeur J. Postel à l'hôpital Sainte-Anne.

Un coup de tonnerre dans un ciel serein

Mademoiselle C... Marie, âgée de vingt-cinq ans, étudiante en droit, est hospitalisée pour la première fois le dix janvier 1957, après avoir mobilisé durant quatre heures, boulevard Picpus, la presse écrite et parlée, la télévision et les sapeurs-pompiers.
Les troubles ont débuté brutalement vers 18 h 30, le huit janvier à la cafétéria de la Cité Universitaire. « Les gens qui m'entouraient, qui passaient dans cette salle, me regardaient et me pourchassaient ». Elle quitte brusquement ses amis sans explication et elle erre dans Paris jusqu'à deux heures du matin. Du boulevard Jourdan, elle se rend à la Porte d'Orléans ; là, elle s'inquiète car « toutes les automobiles sont surchargées » ; des lumières qui s'allument sont dirigées vers elle ; un piano qu'elle entend, est un message : elle se sent cernée par des cars de police. Elle demande refuge dans un commissariat mais on ne veut pas la recevoir. Un prêtre passe ; elle se précipite sur lui, lui demande de dormir dans son église et lorsqu'il veut lui payer une chambre pour la nuit, elle s'enfuit. Elle prend un taxi, reste cinq minutes à l'intérieur, puis elle en descend car elle ne sait pas où aller. Elle essaie de trouver un prêtre qu'elle connaissait, mais il est absent. Elle voit une sentinelle Quai de Grenelle derrière laquelle se trouve un voile noir qui doit annoncer sa propre mort. Tout devient un « signe » : les feux rouges quand ils deviennent verts, les enseignes au néon, le début des lettres sur la devanture des magasins, « S veut dire salauds, B bordel, E enculée ».
Sa terreur augmente ; chaque passant est son futur meurtrier ou du moins son complice. Le « filet » se resserre ; à deux heures du matin, elle se retrouve dans sa chambre au sixième étage après avoir remarqué que « tous les chauffeurs de taxi qui étaient en procession devant sa porte lisaient le même journal à la même page ». Elle s'enferme chez elle ; pendant trois jours, elle écoute de la musique, elle lit des ouvrages de Nietzsche et elle n'ouvre la porte qu'à une seule amie, refusant de répondre aux sollicitations des voisins et du concierge. Elle se sent branchée sur le voltage d'un peintre chinois qui est son voisin ; elle voit apparaître « un gros bloc solaire en feu » à sa fenêtre.

Dans la nuit du neuf au dix janvier, abandonnée et menacée de toutes parts, elle essaie de trouver une fenêtre ouverte pour se suicider ; elle a l'impression que des voix parlant d'elle à tous les étages sont dirigées par sa marraine de Nancy.

Dans l'après-midi du neuf janvier, le concierge inquiet vient plusieurs fois lui demander si elle veut manger ; il lui parle d'une lettre et d'un coup de téléphone. Elle en déduit que son meurtrier est là et elle se précipite sur la corniche du sixième étage de l'immeuble en face de sa chambre pour échapper à ses persécuteurs... « Des religieux étaient là et entonnaient le requiem, un camion de bière passait en bas sur le chantier qui évoquait la mort, je ne pouvais avoir confiance en personne. » Ce n'est qu'après quatre heures de siège que le médecin des pompiers réussit, en lui demandant sa carte d'identité, à l'arracher au vide.

Quand nous avons vu Mademoiselle C..., la présentation était négligée, le contact difficile, la réticence extrême. Le discours était flou, centré sur des persécutions : elle exprimait avec difficulté un angoisse incoercible, hébétée, subconfuse, elle paraissait déshydratée.

Très rapidement, sous réhydratation massive, son état va s'améliorer.

Thèse du Dr Jacquot (1977).

2 - EXPLICATION

Nous retrouvons dans cette observation beaucoup de symptômes évoquant une BDA.

La soudaineté de l'accès, l.6... « Brutalement vers 18 h 30 » ;

Il est parfois difficile de trancher quant aux mécanismes qui ne sont pas toujours évidents à repérer dans ce compte rendu. Nous pouvons malgré tout relever :

L.7... 9... « Les gens... pourchassaient » : nous retrouvons cette notion de « concernement » tellement classique chez les interprétatifs.

L.10... 20 : les lumières, le piano tout est dirigé vers elle. L'interprétation n'est pas toujours avérée ; l'errance très visible même si l'on remarque des « réflexes » rationnels (le commissariat de police). L'angoisse est patente.

L.24... 25... « Elle voit sa mort » : nous avons là une illusion qui appuie une interprétation concomitante.

L.25-29 : les interprétations s'avèrent (les feux rouges, les néons). Les persécuteurs se font de plus en plus nombreux même s'ils ne sont pas désignés.

L.38-39... « Elle se sent... voisin » : nous pouvons relever le propos discordant ; à la ligne 40 nous avons bien affaire à une hallucination psychosensorielle visuelle.

Il est à remarquer l'interprétation à partir du polysémisme du mot « bière », ligne 52.

Le dernier paragraphe signe cette perte de contact avec le monde environnant. Nous avons là l'exemple de cet écroulement soudain qui va désorganiser tous les rapports au monde du patient.

L'angoisse n'arrive même pas à être canalisée dans un délire logique. Le délire de type paranoïde signe cette angoisse originelle qui par son irruption transforme cette étudiante en un être de souffrance.

DOCUMENT COMMENTÉ

4 C 1 - Etiologie

1 - PRÉSENTATION DU DOCUMENT

Esquirol sera l'un des premiers aliénistes à utiliser les statistiques. Le tableau comparatif qu'il établit dans *De la manie* (1818) est un essai de classification des différentes étiologies. Soulignons la grande dichotomie à l'honneur en ce XIXe siècle commençant entre les causes morales et les causes physiques. Ici Esquirol compare les différents malades à la Salpêtrière et dans sa clinique privée de la rue Buffon.

De la manie

CAUSES PHYSIQUES

	SALPÊTRIÈRE	MON ÉTABLISSEMENT hommes	MON ÉTABLISSEMENT femmes
Hérédité	88	38	37
Masturbation	8	6	2
Menstrues	27	"	11
Suite de couches	38	"	19
Temps critique	12	"	5
Abus du vin	14	4	"
Insolation	2	3	"
Exposition au feu	12	2	"
Chutes ou coups	8	1	2
Mercure	2	2	1
Cessation de la gale	3	1	"
Cessation des dartres	2	2	6
Ulcère supprimé	1	"	"
Fièvre	3	4	1
Apoplexie	"	1	1
Épilepsie	"	"	"
Total	132	26	51

CAUSES MORALES

	SALPÊTRIÈRE	MON ÉTABLISSEMENT hommes	MON ÉTABLISSEMENT femmes
Chagrins domestiques	62	9	20
Revers de fortune	6	13	6
Misère	19	"	"
Amour contrarié	53	4	14
Jalousie	4	1	8
Amour-propre blessé	1	15	7
Frayeur	36	1	6
Colère	2	1	1
Excès d'étude	"	10	"
Total	183	54	62

2 - EXPLICATION

Il serait très hasardeux de « contemporaniser » les différentes étiologies proposées par Esquirol. Autant sous la rubrique : « suite des couches » nous pourrions voir les différents troubles du *post-partum,* autant la cessation de la gale nous laisse perplexe. On voit que notre aliéniste lie directement l'apparition des troubles à un événement proche dans le temps. Il n'y a pas de véritable réflexion anamnestique. La logique liant l'ulcère supprimé à un délire nous échappe totalement.

Les causes morales (psychologiques) et physiques font bon ménage. Aucune démarche hypothético-déductive ne semble être présente. Seule la sympathie peut expliquer certains cas.

L'hérédité apparaît comme une cause canonique à cette époque. Il est à noter que les théories sur la transmission des parents aux enfants sont très variées et aucune ne peut rendre compte de l'hérédité.

L'onanisme est lui aussi cité systématiquement. L'ouvrage du docteur Tissot : *L'onanisme, dissertation sur les maladies produites par la masturbation*, connut plus de trente éditions entre 1760 et 1842.

Rendons hommage à Esquirol d'avoir vu que la misère peut rendre fou.

Document commenté

4 C 2 - Délire aigu

1 - PRÉSENTATION DU DOCUMENT

Dans son ouvrage de 1820 « *De la folie* », E. Georget montre son génie clinique. Cette œuvre est remarquable à plusieurs égards.

1°) Elle parachève et clarifie la nosographie héritée de son maître Pinel.

2°) Elle va pour la première fois bien délimiter le champ de la maladie mentale (folie) de celui des accidents psychiatriques induits par des maladies organiques (délire aigu) comme le délire hyperpyrétique, par exemple.

3°) Elle nous propose une méthodologie très rigoureuse.

Différenciation de la folie et du délire aigu par Georget

Principaux caractères qui distinguent, d'une manière positive, la folie du délire aigu.

Folie

1

Les troubles intellectuels constituent essentiellement, et souvent presque exclusivement la folie. Il n'y a point de folie sans délire.

2

Dans cette maladie, l'intelligence est rarement lésée en entier. Le plus souvent quelques facultés sont altérées, déviées. Les sens sont sains ; si quelquefois ils ne perçoivent pas juste, du moins perçoivent-ils. Jamais aucun d'eux ne perd son action qu'accidentellement. Il y a ordinairement excès d'action, déviation ou direction fausse des facultés intellectuelles, défaut d'harmonie entre elles. Les monomaniaques, et souvent les maniaques, tiennent des discours suivis, soutiennent bien, surtout les premiers, une discussion. Ils ont une volonté forte, commettent des actions motivées. C'est très souvent seulement le principe du raisonnement qui n'est pas juste, d'où il s'ensuit des idées fausses, mais bien suivies. Les aliénés conservent la mémoire de tout ce qui s'est passé pendant leur maladie.
Je ne parle ici ni des idiots, ni des déments.

Délire aigu

1

Le délire aigu n'est qu'un symptôme, qui n'est même pas caractéristique de la maladie dont il dépend, n'en détermine pas la nature, et ne l'empêcherait pas d'exister, quand même il ne surviendrait pas.

2

Ce symptôme consiste dans une abolition plutot que dans une déviation, un défaut d'harmonie intellectuelle. Les sensations n'existent plus qu'imparfaitement, ou même sont nulles dans toutes, ou quelques-unes de leurs sources. Les facultés affectives n'existent plus. Rarement il y a un raisonnement suivi quelque temps. Le malade profère ordinairement quelques paroles peu intelligibles et sans suite. Ses paroles et ses actions, souvent sans rapport avec les objets environnants, semblent automatiques. Il n'y a plus de volonté, de sentiment de l'existence ; le malade presque toujours assoupi, somnolent. parait rêver quand il fait quelque effort intellectuel. Les délirants une fois guéris, ne se souviennent plus que d'une manière fugace, d'un petit nombre de circonstances, de leur situation passée.

Le seul genre d'aliénation mentale, avec lequel le délire 2 ait peut-être quelque ressemblance, seulement quant à l'exercice intellectuel, est la démence. Dans l'un et l'autre cas, cet exercice est à peu près nul. Cependant ces aliénés ont les sens intacts, et si les objets extérieurs ne les frappent plus, ce n'est pas qu'ils n'en perçoivent pas les qualités, c'est que ces qualités ne sont plus appréciées par le cerveau. Ils n'iront cependant pas prendre une fenêtre pour une porte, ni une pierre pour du pain. Mais quelle différence sous tout autre rapport ! Le délire nous présente une excitation, un excès d'action, ou plutôt une perversion des fonctions du cerveau dans la démence ; cet organe a perdu son énergie, son ressort, et tout pouvoir d'action intellectuelle.

4 Dans la folie, le cerveau comme centre nerveux 3, n'est ordinairement que peu altéré ; voilà pourquoi toutes les autres fonctions n'éprouvent presque pas de dérangements, surtout après la période d'excitation. Les mouvements volontaires ne sont point altérés, les malades marchent et courent à leur aise. S'il survient de la paralysie, ce n'est qu'à la longue et partiellement. Ils boivent et mangent comme d'ordinaire, etc.	**4** Dans le délire aigu, le cerveau est vivement affecté dans toutes ses fonctions ; aussi, quels troubles graves nous présentent tous les organes ! plus de mouvements, ou agitation continuelle, convulsions, etc. Tous les délirants sont alités, leur estomac peut à peine supporter des boissons non nutritives, etc.
5 L'organe intellectuel, primitivement affecté par les causes, se dérange aussi le premier, en sorte que les troubles des autres fonctions sont sympathiques de l'affection cérébrale. La folie est donc une affection idiopathique. Les troubles intellectuels sont essentiels, puisque, à eux seuls, ou à peu près, ils constituent la maladie.	**5** Le délire n'est jamais primitif. S'il n'est pas sympathique d'une affection d'un organe éloigné du cerveau, s'il dépend d'une affection idiopathique de celui-ci, il a toujours été précédé par le développement d'autres symptômes. On peut donc le regarder souvent comme sympathique et toujours comme secondaire.
6 Les causes de la folie agissent sur les fonctions intellectuelles du cerveau ; elles sont directes.	**6** Les causes du délire sont, ou des maladies éloignées, ou des influences diverses qui peuvent donner lieu aux affections cérébrales qui offrent ce symptôme.
7 La durée de la folie est très variable ; comme elle n'est pas mortelle, devenant incurable, elle peut durer des années. Les malades ne guérissent guère qu'après quelques mois, une année, ou plus	**7** Le délire aigu n'étant qu'un symptôme, sa durée est subordonnée à celle de la maladie qui le produit. Cependant celle-ci ne pouvant rester dans un pareil état de gravité, le retour à la santé, ou la mort, le terminent promptement. Le délire peut durer quelques heures, quelques jours, et se prolonge rarement au-delà de vingt ou trente jours.
8 Nous venons de le dire, la folie n'est point mortelle, quoiqu'elle mette le malade dans le cas d'être plus facilement atteint par des maladies qui peuvent le devenir ; mais elle est souvent incurable.	**8** Les maladies qui produisent le délire sont souvent mortelles. Mais si elles guérissent ou diminuent d'intensité, le délire ne leur survit pas.
9 Le traitement essentiel est dirigé principalement sur les fonctions lésées ; c'est ainsi qu'agissent les moyens moraux qui, à eux seuls, constituent une grande partie du traitement, Les autres moyens tendent à agir indirectement sur le cerveau.	**9** Le délire aigu ne présente aucune indication curative. On ne s'est surtout jamais avisé de le combattre par des moyens moraux. Que pourraient-ils produire sur une intelligence presque abolie ?
10 Les symptômes sympathiques méritent rarement qu'on les combatte par un traitement spécial ; ils disparaissent d'eux-mêmes avec la maladie cérébrale.	**10** Les maladies qui produisent le délire doivent fixer exclusivement l'attention du médecin. Le délire disparaît avec elles.

11	11
La Folie est souvent héréditaire ; la moitié des aliénés éprouvent l'influence de cette cause, et beaucoup annoncent de bonne heure, par les dispositions de leur intelligence, qu'ils sont très susceptibles de contracter cette maladie.	Le délire aigu n'est pas plus héréditaire que les maladies dont il n'est qu'un symptôme ; ce n'est souvent qu'au moment où il éclate qu'on peut le reconnaître ; rarement au moins est-ce plus que plusieurs heures d'avance.
12	**12**
La guérison n'est pas toujours bien solide ; les rechutes sont fréquentes, et le cerveau facile à troubler par des causes légères.	Une fois la santé bien rétablie, on ne pense guère à une rechute, et il n'est pas plus facile de contracter une nouvelle maladie, que la première.

Ces deux caractères de la folie, l'hérédité et les rechutes, prouvent bien évidemment que cette maladie est essentiellement cérébrale : l'hérédité seule ou à l'aide d'une légère cause irritante, provoque souvent le développement des désordres cérébraux ; ici, aucun autre organe que le cerveau n'a pu en recevoir le germe de père en fils, et le conserver jusqu'à un certain âge : tout le reste de l'économie était d'ailleurs sain. Il en est de même des rechutes ; cet organe conservant après la guérison une grande susceptibilité, quoique partout ailleurs la santé soit parfaite, la moindre cause ou la seule disposition qui reste, produit le renouvellement de la maladie mentale. Rien de tout cela n'arrive dans le délire aigu, qui est aussi passager que la cause sympathique qui le produit. L'hérédité et la facilité des rechutes supposent toujours une disposition vicieuse constante dans l'organisation d'une partie.

Extrait de E. Georget, *De la folie*... J. Postel, Privat, 1972.

2 - EXPLICATION

Le commentaire de ce tableau serait, s'il devait en épuiser toute la richesse, trop long. Aussi, sans ordre autre que celui proposé par Georget, nous ferons des remarques d'ordres très divers.

Le titre de l'ouvrage *De la folie, considérations sur cette maladie, son siège et ses symptômes* (1820) marque bien les préoccupations de l'époque.

§ I **intellectuels** est à prendre comme synonyme actuel de psychiques ; tout ce qui a trait à l'adaptation au réel. Les troubles intellectuels seront donc ceux qui vont ébranler le malade dans sa structure (au sens des psychologues et des psychanalystes) la plus intime.

§ 2 **les sens** : il faut lire là tout ce qui touche aux hallucinations ; défaut d'harmonie ; c'est ainsi que Chaslin définira la discordance.
J. Postel nous dit que le tableau décrit par Georget au sujet du délire aigu est l'un des premiers tableaux de confusion mentale.

§ 4,5 Il est à remarquer la vision dichotomique de Georget quant au cerveau :
1 - **centre nerveux**... **anatomie**
2 - **organe intellectuel**... le cerveau secrète de l'intellectuel comme le foie de la bile.
Du côté du délire aigu on voit la rémanence de la notion de sympathie.

§ 6 Comparer avec Esquirol.
Ce petit paragraphe attire notre attention sur Georget étiologue.

§ 9 Il s'agit bien entendu du traitement moral proposé par Daquin et Pinel. Cet ancêtre de la thérapie institutionnelle est préféré par notre auteur à une pharmacopée qui agit, elle, sur le cerveau comme organe nerveux.

§ 11 Même remarque que pour l'hérédité précédemment.
L'intérêt de ce tableau est, si nous en faisons une **lecture anachronique,** de voir se dessiner pour la première fois - et cela grâce à un sens clinique aigu - une distinction entre les maladies sans étiologie connue et celles secondaires. Faire remarquer avec J. Postel les positions étiologiques de Georget qui serait donc du côté des monistes, même s'il voit deux fonctions pour le cerveau.

DOCUMENT PROPOSÉ

4 C 3 - Ey

1 - PRÉSENTATION DU DOCUMENT

Il n'est plus nécessaire de présenter Henri Ey (1900-1977), qui, pendant de longues années sera l'une des grandes figures de la psychiatrie internationale. À côté de son travail de clinicien H. Ey s'est toujours beaucoup intéressé à l'évolution historique de sa discipline. Ce célèbre schéma élaboré peu après la Seconde Guerre mondiale vise à donner une forme visuelle saisissante des fluctuations de la nosographie européenne et de l'influence que l'école allemande exercera au sein de celle-ci.

Il serait amusant pour un étudiant d'essayer de dessiner le cinquième cercle, en tenant scrupuleusement compte des pourcentages d'occurence des différentes entités nosographiques actuelles.

Une vision historique des délires [1] par Henry Ey

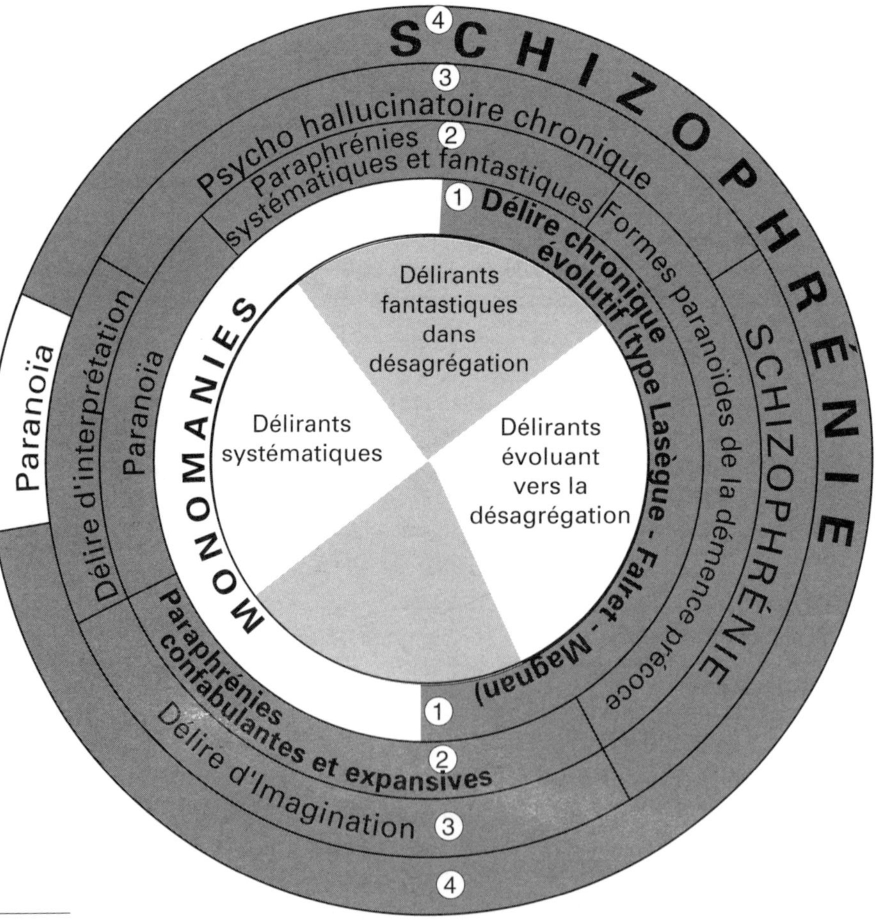

1) Ce schéma a été établi avec une minutieuse rigueur dans les proportions respectives et les recoupements réciproques des diverses classifications

Au centre, est figurée la masse de ces malades et leur hétérogénéité relative quant à la structure et à l'évolution des délires (2). Cette masse figure l'objet naturel de la classification.

– 1. Opposition au cours du XIXe siècle des monomanies et du délire chronique évolutif.

– 2. Kraepelin rencontre la division naturelle en décrivant les formes paranoïdes de la démence précode, la paranoïa et les paraphrénies, mais il les sépare trop radicalement.

– 3. L'Ecole française, tout en admettant le groupe « paranoïde » de la DP (ou schizophrénie divise la masse en secteurs qui répondent bien à l'hétérogénéité naturelle de la masse des délires chroniques, mais tend à multiplier des divisions trop artificielles.

– 4. Découragés par la recherche de l'hétérogénéité naturelle de groupe, la plupart des auteurs contemporains préfèrent ranger tout entier ce groupe (sauf parfois pour un petit secteur de délire attribué à la « paranoïa ») sous la rubrique « schizophrénie ». Mais cette notion implique, selon nous, nécessairement, que celle de désagrégation autistique ne peut s'appliquer intégralement à l'ensemble du groupe.

---

2) Délire doit être pris ici dans le sens du mot anglais *delusion* ou du mot allemand *Wahn*.

DOCUMENT COMMENTÉ

4 C 4 - Bergeret

1 - PRÉSENTATION DU DOCUMENT

Jean Bergeret restera dans la psychiatrie française comme le champion (*stricto sensu*) des états limites.

Dans son ouvrage capital *La personnalité normale et pathologique*, il s'essaiera à dresser avec une grande rigueur le tableau de trois grandes structures : névrotique, psychotique, état limite.

Ce traité, que soutient une méthodologie très serrée, est une mine d'observations cliniques d'une grande richesse.

1. Un garagiste émotif (structure névrotique)

Alexandre, garagiste de 28 ans, m'avait demandé un rendez-vous pour des difficultés à assumer ses tâches quotidiennes en raison de ses « angoisses émotives ».

Alexandre arrive au premier entretien accompagné de son épouse, une jeune femme un peu effacée qui ne cherche nullement à s'imposer, précise qu'elle est venue à la demande formelle de son mari et se retire dès le début de la consultation en déclarant très fort qu'elle part chez une amie.

Alexandre s'étend surtout au cours du premier entretien sur ses phobies des rues : tant qu'il va et vient dans son atelier, reçoit des clients, ou opère un dépannage à distance avec un de ses employés, tout se passe très bien. Mais dès qu'il s'agit de se rendre seul en ville, pour une démarche à son agence principale de marque ou chez des fournisseurs en matériel ou accessoires (lesquels se situent dans des quartiers périphériques mal famés), ce sont des réactions de panique qui le gagnent. Il est indispensable que sa femme l'accompagne jusqu'à la porte du lieu où il doit entrer ; ensuite tout va bien à nouveau, mais le même processus recommence en sens inverse, dans les rues au retour, tant qu'il n'a pu regagner sa voiture, et surtout son domicile ou son atelier.

L'enfance du patient est décrite par lui comme douloureuse : il était l'aîné d'un frère, né quatre ans après lui, et ayant très peu vécu par suite d'une encéphalopathie. La mère qui aurait été très bonne pour lui pendant les premières années, cessa de s'occuper de lui dès la naissance de l'enfant malade qui suivit, puis, peu après la mort de celui-ci, elle aurait été surprise par le père, revenu à l'appartement à l'improviste, dans les bras d'un voisin. Le père aurait alors demandé et obtenu le divorce, mais on lui refusa cependant la garde de son fils qu'il sollicitait avec insistance et l'enfant demeura entre sa mère et les amants de celle-ci jusqu'à l'âge de 12 ans où il eut enfin la possibilité d'aller vivre chez son père. Bien que celui-ci s'occupât beaucoup de lui (il était marchand forain, assez libre tous les après-midi et non remarié, vivant avec une de ses sœurs), Alexandre regrettait de ne pouvoir aller assez souvent rejoindre une mère qu'il considérait cependant comme beaucoup plus égoïste. Dès qu'il le put, il s'engagea dans un régiment technique où il reçut une formation assez poussée à la suite de stages et « pelotons » divers. À sa libération, son père lui achète le petit garage qu'il exploite aujourd'hui et où il semble avoir assez bien réussi.

Ses aventures féminines furent pauvres et terriblement tendues entre désirs et culpabilité. De retour au pays, il fréquente la fille d'une amie de sa mère qu'il doit épouser, une grossesse étant survenue dès leurs premières relations sexuelles, pourtant combien hésitantes et combien prudentes. Le père n'était pas tellement d'accord pour le mariage. Dès le retour du voyage de noces, de premiers éléments phobiques font leur apparition. Ils se sont particulièrement développés depuis un an, après le décès du père.

2. J'ai mal à ma mère (structure psychotique)

Patrice vient consulter pour une peur de sortir de chez lui, de s'éloigner de son domicile, une peur de l'hôpital, une angoisse de la nuit, de mourir à l'hôpital ou de mourir la nuit. Il souffre également de vertiges et de troubles fonctionnels divers.

Tout ceci l'a empêché de faire son service militaire, de prendre une situation malgré des études universitaires moyennes, de se marier bien qu'il vive depuis deux ans avec une amie dans des conditions tout à fait satisfaisantes, dit-il. Ces difficultés le gênent également dans sa vie quotidienne, dans ses loisirs, dans son sommeil même.

C'est pour tous ces inconvénients que Patrice vient consulter. Il a 22 ans. Il nous dit que tout a commencé à l'occasion d'une opération chirurgicale portant sur une cloison nasale, il y a deux ans. Le chirurgien, contrairement à ses promesses, ne l'aurait pas anesthésié.

Or, depuis cette intervention, il ne connaît plus de saignements de nez alors qu'il souffrait auparavant d'épistaxis dont l'importance inquiétait beaucoup la famille.

Pour lui, tout vient de l'intervention et de la brutalité du chirurgien. Cette attitude frise le délire de persécution et comporte des menaces de rétorsion.

Patrice n'a aucune activité : il vit donc en ménage avec une amie d'enfance, dans une maison en banlieue appartenant à ses parents et à leur charge totale. Un jour, il tente de partir dans un chalet de montagne avec sa maîtresse pour skier le lendemain mais il doit revenir le jour même, ne pouvant demeurer la nuit seul avec elle, loin des parents et cerné par la neige.

Ses seules occupations sont la mécanique et la peinture abstraite. Il construit des mobiles mais demeure incapable de vendre quoi que ce soit. Il ne peut rien signer de son nom (celui du père) et sa maîtresse n'est qu'un copain... Il n'est pas question non plus de lui donner son nom, tout autant par hémorragie narcissique que par défaut d'identité personnelle complètement constituée.

Quand nous lui demandons de nous parler de ses parents, sujet qu'il n'avait nullement abordé de lui-même (au bout d'une demi-heure d'entretien), il passe rapidement sur son père, le décrit comme un homme énergique et travailleur, 50 ans, directeur d'une usine importante, mais jamais au foyer. Par contre, il s'étend longuement sur sa mère et au bout de plusieurs entretiens nous apprenons des détails importants sur la relation ancienne mère-enfant :

La mère est décrite comme une dépressive, anxieuse à tout propos. Elle lui administrait dans son enfance un lavement presque quotidien pour une hypothétique constipation... qu'il n'avait d'ailleurs jamais eu le temps de démontrer.

Cette mère l'angoissait d'autre part beaucoup au sujet de ses épistaxis..., elle le surveillait sans cesse à ce sujet, ne le laissant jamais la quitter pendant toute son enfance : « Il aurait pu mourir, la nuit, dans une hémorragie nasale, sans que personne ne s'en aperçoive. »

Et cette anxiété de la mère s'est prolongée en lui par une angoisse de la mort dont l'expression manifeste a fait son apparition juste au moment où la motivation rationnelle avait disparu.

3 - Grille d'analyse

Structure	I Instance dominante dans l'organisation	II Nature du conflit	III Nature de l'angoisse	IV Défenses principales	V Relation d'objet
Névrotiques	Surmoi	Surmoi avec le Ça	de castration	refoulement	génitale
Psychotiques	Ça	Ça avec la réalité	de morcellement	déni de la réalité dédoublement du Moi	fusionnelle

La personnalité normale et pathologique, Bordas, Paris, 1974.

2 - EXPLICATION

Nous remarquerons que le « relevé des faits » est différent des observations précédentes. L'auteur s'attache minutieusement à démontrer la structure sous-jacente au symptôme qui a motivé la demande de consultation : à savoir une agoraphobie.

Il va se pencher beaucoup plus sur la genèse des troubles et essayer de cerner l'être-au-monde d'un malade bien plus que de relever des symptômes d'une maladie. Pour ce faire il va longuement explorer l'enfance des patients afin d'essayer de voir comment s'agencent : relations objectales, identifications… quels sont les mécanismes de défense mis en avant.

L'auteur nous propose lui-même un tableau permettant de décrire les différentes structures : psychotique, névrotique.

Nous avons affaire à la reconstruction d'une vie, qui à travers les différentes étapes décrites par Freud, doit permettre de pouvoir expliquer le *modus vivendi* de notre patient.

On voit Alexandre comme un « petit phobique » où la nature du conflit (II) est nommée explicitement « … ses aventures entre désirs et culpabilité… ».

Si l'on compare la « relation d'objet » (V) on voit combien Alexandre vit en adulte sa relation à son travail à sa femme.

Patrice, lui au contraire, n'est pas sorti de cette « relation fusionnelle », il vit à l'état adulte un assujettissement complet à cette mère dont il n'a pu se détacher.

« … de s'éloigner de son domicile »,

« … dans une maison appartenant à ses parents »,

« … un chalet de montagne… loin de ses parents ».

On voit par ailleurs qu'il n'a pas effectué son service militaire et qu'il est financièrement dépendant de ses parents.

Nous voyons combien la position théorique-étiologique de l'auteur compte pour la rédaction de l'observation. La visée thérapeutique – ici la cure analytique – est indissociable de l'élucidation des troubles. Il va de soi qu'un relevé de type classique, dans une premier temps, n'est pas incompatible, ni contradictoire avec une visée thérapeutique analytique.

Dans les grands délires chroniques la lecture de la structure est parfois possible dans les périodes intercurrentes.

5

NÉVROSE INFANTILE ET CRISE ŒDIPIENNE

Le débat ouvert par la définition freudienne de la **névrose infantile,** tantôt décrite comme le « complexe nodal » où s'organise la vie pulsionnelle de l'enfant, tantôt considérée comme un état pathologique névrotique apparaissant chez l'enfant, est toujours d'actualité.

La névrose infantile est-elle un moment de l'organisation psychique ou une pathologie particulière à l'enfance ? Dans un cas comme dans l'autre, est-elle le prototype d'une future névrose d'adulte, ou disparaît-elle sans laisser trace ?

Ce chapitre s'attachera à détacher la névrose infantile considérée comme temps de maturation du développement de la névrose de l'enfant au sens d'une organisation pathologique. Il situera ce qu'est la névrose infantile, au regard du très célèbre **complexe d'Œdipe.** Dans cette perspective, la névrose infantile est le temps qu'il faut à l'enfant pour se séparer de l'Autre primordial, à l'origine maternel , et pour se faire à la solitude de l'être.

Dans une première partie seront exposées les interprétations freudienne et lacanienne du complexe d'Œdipe, et de ce qui en est le corollaire : le **complexe de castration**. La suite s'attachera à détailler les mécanismes en jeu dans la névrose infantile, avec un développement sur les moments cruciaux. L'on verra comment, à partir de la découverte de la différence des sexes, l'enfant cherche à en comprendre le sens. C'est ce qui au terme d'un parcours non sans obstacle lui permettra d'être sujet sinon libre, du moins responsable.

Les phénomènes phobiques viendront alimenter le débat et l'illustrer car ils peuvent être considérés dans leur lien avec l'angoisse de castration comme signes de l'effectuation de la crise œdipienne, ou bien comme les symptômes d'une pathologie en cours d'inscription.

LECTURES CONSEILLÉES

Ouvrages généraux :

MARCELLI, D. (1996). *Enfance et Psychopathologie.* Paris : Masson.

Cet ouvrage présente différents axes autour desquels est décrite la psychopathologie de l'enfant : étude des conduites, de la structure mentale, de la visée diachronique et de l'environnement. Le lecteur y trouvera aussi, après chaque chapitre, une bibliographie thématique détaillée.

KAUFMANN, P. (Ed.) (1993). *L'apport freudien.* Paris : Bordas.

Encyclopédie qui présente l'œuvre de Freud et de ses successeurs : historique, concepts et évolution.

Ouvrages de référence :

FREUD, S. (1909). Analyse d'une phobie chez un petit garçon de 5 ans (*Le petit Hans).* In S. FREUD (réédition 1979) *Cinq psychanalyses.* Paris : Presses Universitaires de France.

(1918). Extrait de l'histoire d'une névrose infantile (L'Homme aux loups). In S. FREUD (réédition 1979) *Cinq psychanalyses.* Paris : Presses Universitaires de France.

(1908). Les théories sexuelles infantiles. In S. FREUD (réédition 1969). *La Vie sexuelle.* Paris : Presses Universitaires de France.

(1923). L'organisation génitale infantile. In S. FREUD (réédition 1969). *La Vie sexuelle.* Paris : Presses Universitaires de France.

(1924). La disparition du complexe d'Œdipe. In S. FREUD (réédition 1969). *La Vie sexuelle.* Paris : Presses Universitaires de France.

(1925). Quelques conséquences psychiques de la différence anatomique entre les sexes. In S. FREUD (réédition 1969). *La Vie sexuelle.* Paris : Presses Universitaires de France.

(1905). *Trois essais sur la théorie de la sexualité.* Paris : Gallimard (édition 1962).

Freud cite à plusieurs reprises dans *Le petit Hans* ce livre auquel il a rajouté des notes jusqu'en 1924. Ces ouvrages de Sigmund Freud contiennent l'essentiel de sa théorie sur la sexualité infantile et le complexe d'Œdipe.

(1938). *Abrégé de psychanalyse.* Paris : P.U.F, (édition 1978).

Freud reprend dans ce livre testament resté inachevé l'essentiel de son œuvre.

LACAN, J. (1994). *Le Séminaire* livre IV : *La relation d'objet.* Paris : Seuil.

Ce livre contient un long commentaire du cas du petit Hans.

LEBOVICI , S. et BRAUNSCHWEIG, D. (1967). À propos de la névrose infantile. *La psychiatrie de l'enfant, 10* , 43-122.

Cet article clinique précise les données diagnostiques de la névrose infantile.

Pour aller plus loin :

SAURET, M.-J. (1991). *De l'infantile à la structure.* Toulouse : Presses Universitaires du Mirail.

Ce travail, issu d'une thèse, reprend l'histoire des concepts freudiens à propos de la sexualité infantile, « moteur » du développement de l'enfant et noyau de la personnalité de l'adulte. Il en étudie le devenir dans l'œuvre de Jacques Lacan.

LACAN, J. (1938). *Les complexes familiaux.* Paris : Navarin (édition 1984).

Cet article a été écrit par Lacan pour le tome VIII de l'*Encyclopédie française,* consacré à « la vie mentale » et paru en 1938 ; il occupe, dans sa seconde partie « Circonstances et objets de l'activité psychique », la section A, « La famille ». Ce texte donne un magistral développement des moments cruciaux de la construction du sujet dans ses années de petite enfance.

(1958). La signification du phallus. In *Les Écrits.* Paris : Seuil (édition 1966), pp. 685 -695.

Article un peu plus difficile pour des débutants mais d'un grand intérêt théorique.

A

STRUCTURE ET NÉVROSE : ESSAI DE CADRAGE

1 - Généralités

A/ Définitions

■ La structure

La **structure** est l'organisation de l'ensemble des propriétés dont dispose un sujet, propriétés qui sont autant d'éléments qu'il conjuguera de manière singulière, originale, de telle sorte que la mobilité d'un élément entraînera nécessairement des modifications de l'ensemble. Elle se constitue dès les premiers moments de la vie, se manifeste sous le masque de la ***personnalité*** et se déduit à travers son actualisation dans le langage.

Personnalité : en grec, *persona* : masque. La personnalité est ce qui se présente d'une personne, son apparence, donc proche du personnage. C'est ce que l'on peut saisir d'un individu. Elle a un caractère fixe, permanent. C'est pourquoi elle peut être décrite comme résultat (singulier) d'une structure.

La structure est dès sa fixation (à l'adolescence, au plus tard) la forme constante du fonctionnement psychique inconscient. On en distingue trois principales : la structure névrotique, la structure psychotique et la structure perverse. C'est le déséquilibre des éléments la constituant, soit suite à un événement déclenchant, soit dans un *continuum* évolutif, qui provoque la pathologie correspondante : névrose, psychose ou perversion.

La **phobie** est tantôt considérée comme une névrose à part entière, tantôt comme un symptôme se rattachant à une structure et s'exprimant selon la particularité de celle-ci. Ainsi l'angoisse phobique dans la psychose n'a rien de commun avec la peur phobique, même déraisonnable, que chacun peut connaître.

Psychogène : d'origine et de nature proprement liées à des phénomènes internes de pensée non consciente.

■ La névrose

Tous les courants en psychopathologie s'accordent sur une description minimale de la **névrose**. C'est une affection de nature ***psychogène***, où le rapport à la réalité n'est pas profondément altéré, contrairement à ce que l'on observe dans les troubles mentaux plus graves comme la psychose (*cf.* chapitres 4 et 6).

Le ***symptôme*** est un phénomène exprimant un conflit inconscient. C'est une formation de compromis car les éléments refoulés réussissent à s'exprimer par son intermédiaire. Il peut, à ce titre, servir à faire tenir la structure psychique en équilibre.

La névrose se caractérise par une inhibition massive et/ou par des ***symptômes*** qui manifestent une défense contre l'angoisse, par des conduites désorientées et par des difficultés relationnelles.

B/ Naissance de la psychopathologie infantile

Le terme de névrose paraît avoir été introduit fin XVIIIe par un médecin écossais : William Cullen (*cf.* chapitre 3). L'usage s'en généralise au XIXe. Il recouvre à cette époque toute une série d'affections fonctionnelles, c'est-à-dire sans substrat organique et supposée venir des « nerfs ». À la fin du XIXe une classification plus précise sépare de cet amalgame les maladies pour lesquelles l'on est en train de découvrir une lésion du système nerveux : l'épilepsie, par exemple.

L'histoire contemporaine des névroses commence en France avec Pierre Janet qui, tout en gardant une conception organo-dynamiste, installe le champ des névroses dans l'étude des troubles psychologiques. Il distingue essentiellement deux grandes catégories cliniques : l'hystérie et la ***psychasthénie***, laquelle se rapproche de ce que Sigmund Freud nomme, à peu près à la même époque, la névrose obsessionnelle.

Psychasthénie : Forme dégradée de l'énergie qui se manifeste en angoisse, doute et inhibition.

Freud qui travaille à Vienne trouve dans la psychiatrie allemande une distinction relativement bien assurée entre névrose et psychose (introduite par Feuchredsleben en 1845). Il y rajoute la distinction franche d'avec la perversion, structure que l'on peut considérer comme intermédiaire. Et il va décrire précisément les deux grandes névroses qui servent de base à la ***nosographie*** actuelle :

Nosographie : description et classification des maladies.

- la névrose obsessionnelle où dominent les symptômes de rumination, doute, angoisse et culpabilité accompagnant un immobilisme d'attente anxieuse, marquée d'impuissance.
- l'hystérie caractérisée par la plainte dépressive, le théâtralisme et une éternelle insatisfaction.

Ce chapitre se situera exclusivement dans le cadre de la démarche freudienne. Mais auparavant nous ferons un petit tour d'horizon du champ de la ***clinique*** infantile, afin d'en délimiter les bornes.

Clinique : ensemble de données obtenues par l'observation directe.

C/ Conception de la névrose chez l'enfant

Cette forme d'affection psychique ayant d'abord été repérée et décrite chez l'adulte, la **psychopathologie infantile** a, par voie de conséquence, dans un premier temps, été envisagée en symétrie avec la nosographie psychiatrique adulte. Les premiers à s'intéresser en particulier à l'enfance sont les pédagogues qui s'occupent d'enfants considérés comme peu éducables (*cf.* chapitre 2). Ce sont eux qui introduisent ***l'aspect évolutif***. En effet, une des spécificités de la psychopathologie infantile est la place donnée à la dimension relationnelle. Tenir compte de la dépendance de l'enfant, au cours de son développement, aux aléas de son histoire avec ses parents viendra modérer la tentation de figer ce petit sujet en devenir sous une catégorie clinique décidée.

Le point de vue évolutif tient compte du changement progressif et du devenir d'un enfant en fonction des différents facteurs pouvant intervenir sur le processus de maturation.

Psychopathologie infantile. « La psychiatrie infantile, dont le développement est très récent, a d'abord eu comme unique objet d'études les enfants arriérés et la pédagogie spéciale que leur état appelait. Lorsque les psychiatres d'adultes, formés selon les tendances nosographiques du XIXe siècle, se sont intéressés à l'enfance, ils ont d'abord cherché à retrouver chez l'enfant les symptômes et les groupements syndromatiques des maladies mentales qui venaient précisément de trouver leur individualité. » Nacht, S., (1967). *La psychanalyse d'aujourd'hui.* Paris : Presses Universitaires de France, p. 170.

Car, si dans l'enfance certains symptômes de la série névrotique apparaissent, il serait imprudent d'en inférer systématiquement l'organisation d'une structure névrotique. ***L'étude longitudinale*** de ces symptômes montre qu'ils ne rentrent pas forcément dans la genèse d'une névrose de l'âge adulte. C'est ce que Freud dégagera comme passage névrotique obligé dans le temps de construction de la personnalité, et qu'il appellera névrose infantile.

L'étude longitudinale est l'observation et la description sur la durée d'un élément, par exemple, un comportement.

La psychopathologie infantile, à partir de la collaboration psychiatrie et pédagogie, évoluera vers l'observation de l'enfant et l'étude des bonnes conditions de son évolution. Ce qui se retrouve dans les approches dominantes actuellement en clinique infantile : l'approche psychologique qui s'intéresse à la description fine du sujet enfant et cherche les causes des troubles dans le développement, et la psychanalyse, qui s'intéresse d'avantage à la dynamique pulsionnelle dans la genèse des troubles.

2 - Principaux courants

Le développement de l'enfant avec ses éventuelles irrégularités ou difficultés trouve diverses lectures selon l'orientation de celui qui l'étudie. Nous ferons ici un tour rapide de quelques modèles importants en psychopathologie infantile.

A/ Conception neurologique

Cette option théorique donne toute son importance à la maturation neurophysiologique. Mais celle-ci ne peut être étudiée qu'en interaction avec l'environnement, dans le cadre de ***l'épigenèse.*** Les retards psychomoteurs fréquents des bébés carencés en témoignent. L'immaturité, ou ***néoténie***, du nouveau-né le place dans une relation de dépendance absolue à son entourage qui va imprimer sur lui sa marque. Cette donnée fondamentale explique en partie l'importance chez l'être humain de la socialisation et de l'inscription dans le langage.

« On appelle ***épigenèse*** toute l'organisation progressive somatique ou comportementale de l'individu qui est une construction dépendant à la fois du programme génétique et des matériaux et informations mis à sa disposition par l'environnement. Ce concept d'épigenèse rend compte des difficultés à vouloir de manière trop caricaturale séparer l'équipement inné et l'apport environnemental acquis. » J. de Ajuriaguerra, D. Marcelli, (1982). *Psychopathologie de l'enfant.* Paris : Masson. p. 6.

Néoténie : prématurité physiologique du petit humain. Le nouveau-né vient au monde avec un équipement insuffisant pour s'adapter activement à l'environnement. Jacques Lacan utilisera ce concept pour expliquer l'imprégnation du sujet humain par le langage.

B/ Conceptions psychologiques

■ Le développement cognitif

Le développement cognitif (*cf.* Grand Amphi, *Psychologie du développement*) s'intéresse à la genèse des connaissances. Jean Piaget, spécialiste de psychologie de l'enfant, propose une théorie du développement par stade. Les stades (sensori-moteur ; préopératoire ; opérations concrètes ; opérations formelles) sont des phases d'équilibre. Chaque stade est caractérisé par une structure de pensée (schème). L'arrivée de nouvelles connaissances nécessite une modification du schème, et un nouveau stade qui intègre le précédent se met alors en place.

Pour Henri Wallon, le développement cognitif est intégré dans une vision plus globale de l'enfant où la dimension affective et relationnelle est présente.

■ L'éthologie et la théorie de l'attachement

L'éthologie, science de l'observation du comportement animal (notamment d'interaction sociale et de communication), peut être étendue à l'homme. Les théories de l'attachement en sont issues. Elles s'intéressent à l'ensemble des communications entre le bébé et son entourage. John Bowlby en est un des représentants les plus connus. Cette approche décrit et analyse la relation bébé-mère selon un système de ***signaux*** (s'accrocher, pleurer, sourire). Dans cette théorie, la dimension signifiante du désir semble peu prise en compte (*cf.* Grand Amphi, *Psychologie du développement*).

Un ***signal*** implique une réponse. C'est une annonce, un avertisseur. Il ne représente rien, à la différence des indices, symboles ou signes qui renvoient à l'existence d'autre chose, à laquelle ils sont liés.

■ La théorie systémique

Elle mérite d'être citée pour son application en thérapie familiale. L'individu y est considéré comme le produit d'un réseau d'interactions, et sa liberté de sujet est réduite à peu.
Le document 5 A 1 présente différentes théories psychologiques du développement et porte sur l'ensemble de ce point B.

C/ Conceptions psychanalytiques

Nous ne présenterons ici que très succinctement les positions des deux grands fondateurs de la psychanalyse d'enfants, Sigmund Freud et Mélanie Klein, pour ne suivre ensuite que la voie tracée par Freud.

Sigmund Freud a très tôt dirigé son attention sur le passé infantile de ses patients adultes névrosés. Dès les *Études sur l'hystérie* (1895) il découvre l'origine infantile des conflits névrotiques. Le caractère inévitable et universel des conflits psychiques pendant l'enfance résulte des particularités de développement psycho-sexuel de l'enfant tel qu'il le décrit dans les *Trois essais sur la théorie de la sexualité* (1905). Freud désigne sous le nom de sexualité infantile « tout ce qui concerne les activités de la première enfance en quête de jouissance locale ». C'est notamment dans cet ouvrage que Freud met en place sa **théorie des stades**. On les voit s'ordonner selon les déplacements de la sexualité d'une zone à l'autre du corps de l'enfant : oral, anal, phallique.

Les stades chez Freud :

- **oral,** autour de l'incorporation (0 à 12 mois) : la principale zone de plaisir est la bouche, l'objet visé est le sein. Le bébé demande à l'autre maternel qu'elle lui donne l'objet désiré.
- **anal,** autour des fonctions d'expulsion/rétention (1 à 3 ans) : la source du plaisir se situe au niveau des sphincters, et l'objet est les fèces que la mère demande à l'enfant. L'ambivalence trouve là une expression possible avec l'usage de cet objet que l'enfant peut utiliser activement pour faire un effet sur son entourage alors qu'il ne pouvait que refuser passivement l'objet oral.
- **phallique,** autour de l'idée de la castration. La sensation devient génitale, l'adresse en est la mère, l'objet est le sexe érigé. Nous étudierons longuement ce stade dans la suite de ce chapitre.
- **génital,** après la période de latence (de 5/6 ans à la puberté), où le sujet s'assume comme homme ou femme.

Cette notion de stade est très différente de celle que l'on trouve dans la théorie de Piaget où chaque stade est différent du précédent et suppose une organisation radicalement nouvelle. Pour la théorie psychanalytique la finalité du développement est la mise en ordre de **courants pulsionnels**, c'est-à-dire liés à une énergie interne, qui se coordonnent sous le primat du génital. Chaque étape se caractérise par un régime pulsionnel dominant (oral, anal, phallique), qui devient l'amorce de l'organisation génitale adulte. Dans ce cadre conceptuel, toute pathologie du développement est signe d'une pathologie du désir et non d'une pathologie de la maturation psycho-sexuelle. Les travaux d'**Anna Freud** ont poursuivi cette voie de recherche.

Mélanie Klein, s'opposant à A. Freud, introduit une autre dimension en accentuant ses recherches autour de la relation précoce mère-enfant et de l'imaginaire plus ou moins angoissant qui l'accompagne. Pour elle, une période de névrose est inévitable dans le développement de l'enfant. Elle considère cette névrose infantile comme un mode d'élaboration des angoisses précoces. Pour Klein, l'apparition du complexe d'Œdipe se produit vers l'âge de six mois, lorsque le bébé passe d'une relation à l'objet partiel (sein) à une relation visant l'objet total, père ou mère indifférenciés. Comme pour Freud, le complexe d'Œdipe est appelé à organiser les pulsions partielles pour les deux sexes. Ce que Klein nomme névrose infantile est donc un temps de construction qui ne devient pathologique que s'il s'accompagne d'inhibition et de blocage massif. En somme, pour elle, la différence névrose infantile/névrose de l'enfant est quantitative, non qualitative.

Donald W. Winnicott s'est appuyé à la fois sur Freud et sur Klein pour construire une théorie très personnelle et assez pragmatique du développement de l'enfant pensé exclusivement dans son lien à une mère « suffisamment bonne », c'est-à-dire qui répondrait de façon totalement adaptée aux besoins du bébé. L'enfant construit son ***self*** en s'appuyant sur cette relation, le « faux-*self* » pouvant apparaître comme une défense par rapport à une mère insuffisante.

Self : selon Winnicott, le concept de Soi ou *self* (distinct du Moi) représente la personne dans sa totalité. Le soi est le produit des processus dynamiques qui assurent l'unité et la continuité de la personne.

Avec l'objet transitionnel qui se construit dans l'espace entre moi et non-moi (*cf.* plus loin la partie D), Winnicott introduit une séparation nécessaire entre mère et enfant sans pour autant en déduire toute l'importance de la place du tiers.

Jacques Lacan reprendra cet objet transitionnel, empruntera aussi à Klein, pour entreprendre une lecture de Freud originale. On peut lire dans le Séminaire IV, *La relation d'objet,* l'essentiel de son travail sur la névrose infantile, bien que toute son œuvre soit utile pour en saisir la pertinence.

Sigmund Freud (1856-1939). Médecin autrichien, mort en exil à Londres, inventeur de la psychanalyse, qu'il date comme le siècle en 1900 avec la sortie de son livre *L'Interprétation des rêves.* Il différencie psychisme et conscient, décrit l'Inconscient comme un système ayant ses lois propres de fonctionnement. En même temps, il inaugure une technique thérapeutique originale à partir de l'association libre.

Anna Freud (1895-1982) est la dernière fille de Freud. Elle développera la psychanalyse des enfants. C'est elle qui fondera la *Hampstead Nursery* à Londres, lieu d'accueil où ont travaillé et se sont formés de nombreux analystes.

Mélanie Klein (1882-1960). Psychanalyste britannique d'origine autrichienne, se spécialise dans la psychanalyse des enfants, où elle affirme, contre Anna Freud, la possibilité d'une cure typique. Elle introduit dans la technique thérapeutique le jeu, dont elle donne des interprétations renvoyant aux scénarios inconscients. Sa conception insiste sur la précocité du conflit œdipien, l'ambivalence du lien aux objets (bon/mauvais), l'importance des mécanismes d'introspection et de projection dans la constitution de la personnalité.

Jacques Lacan (1901-1981). Médecin et psychanalyste français. Sa thèse, parue en 1932, *De la psychose paranoïaque dans ses rapports avec la personnalité,* inaugure une pensée clinique brillante et précise. Ce travail sur la psychose, qui en renouvelle l'approche, le conduira à la psychanalyse. Il reprendra la lecture freudienne de l'inconscient, en y apportant ses propres thèses. Il insistera particulièrement sur la prise du sujet dans et par la parole (les signifiants). Dans la seconde époque de son enseignement, il s'intéressera davantage au « réel », c'est-à-dire à ce que les mots ne suffisent pas à recouvrir. Il aura recours à la topologie pour tenter de rendre compte de cet « impossible » à dire. Il fonde, en 1963, l'École freudienne de Paris.

Donald W. Winnicott (1896-1971). D'abord médecin pédiatre (britannique), il s'intéresse à la psychanalyse et l'adapte à l'approche des très jeunes enfants. Il centre son intérêt sur la relation mère-enfant qu'il considère comme essentielle, et en déduit une idée de la technique thérapeutique qui doit être « contenante », voire maternante.

B

NÉVROSE INFANTILE ET COMPLEXE D'ŒDIPE

1 - Névrose infantile / Névrose de l'enfant

A/ Qu'entend-on par névrose infantile ?

Freud [illegible] la névrose infantile à partir de reconstructions. Il la définit comme un « complexe nodal » où s'organise la vie pulsionnelle de l'enfant, un processus pendant lequel les diverses pulsions partielles orales, anales et phalliques doivent s'unifier. Il fera du **complexe d'Œdipe** le moteur de la névrose infantile dont le travail est de régler le conflit lié à ce complexe et à son axe central : le **complexe de castration**. Freud en donne une illustration clinique en 1918 avec *L'homme aux loups* dans *Extraits de l'histoire d'une névrose infantile.* La névrose infantile est le plus souvent refoulée durant toute la période de latence pour s'organiser ou non, à la puberté, en névrose constituée. L'équilibre psychique dépendra de la capacité du petit sujet à résoudre sa névrose infantile et à la « dissoudre » comme Freud le disait du complexe d'Œdipe.

Prenons l'exemple des **phobies** de l'enfance, symptômes qui seront au cœur de ce chapitre, du fait de leur apparition concomitante du **complexe de castration**. Elles sont très banales entre 2 et 7 ans, et peuvent disparaître sans laisser de trace, tout comme les terreurs nocturnes apparaissant au moment de l'Œdipe. Elles peuvent aussi évoluer vers une névrose particulièrement marquée du sceau de l'**angoisse.** Nous étudierons précisément comment elles sont la projection de l'angoisse de castration sur un objet extérieur, phobogène.

« ***Les névroses infantiles*** sont des épisodes réguliers du développement qui se manifestent quelquefois pendant un temps assez court, ou peuvent même passer inaperçues », précise Freud en 1938 dans l'*Abrégé de psychanalyse*. Paris : Presses Universitaires de France, p. 54. Il notait déjà en 1932 que « nous avons compris que la plupart de nos enfants traversent, au cours de leur développement, une phase névrotique » dans *Éclaircissements, applications, orientations. (Nouvelles conférences sur la psychanalyse).* Paris : Gallimard, 1981, p. 195.

Nous choisissons de désigner ici par ***névrose infantile*** non un état pathologique mais un moment structurant de l'organisation psychique et génitale de l'enfant, distinct de la névrose chez l'enfant. Cette définition correspond au sens ultime que Freud lui donne à partir de 1926 : « nous sommes tentés de dire que la névrose des enfants n'est pas l'exception mais la règle (...) » dans *La question de l'analyse profane* (Paris : Gallimard, 1986, p. 80-81). Il précise dans une conférence en 1932, qu'il s'agit d'une phase de développement de l'enfant qui, s'il faut la situer dans les stades, commence à la fin du stade anal pour se résoudre à l'entrée dans la phase de latence, ou au plus tard dans les remous psychiques de l'adolescence.

B/ Eclaircissements, applications, orientations

Serge Lebovici partage cette distinction entre « la névrose infantile élevée au rang d'un modèle psychopathologique (un concept de développement, une construction), et la névrose chez l'enfant, réalité clinique indiscutable. Dans ce dernier cas, les symptômes névrotiques de l'enfant ne sont pas emportés par le refoulement secondaire, contrairement à ce que l'on observe dans le modèle de la névrose infantile ». Relevé par J. de Ajuriaguerra et D. Marcelli dans *Psychopathologie de l'enfant.* Paris : Masson (1982), p. 312 (*cf.* document 5 B 1).

Il reste cependant extrêmement difficile, sauf à avoir un témoignage sur la suite comme pour **l'homme aux loups**, de décider si l'on a affaire à une névrose infantile particulièrement marquée ou déjà à une névrose chez un enfant.

Un exemple clinique : l'homme aux loups

Ernest Jones rapporte dans *la Vie et l'Œuvre de S. Freud,* 2, Paris, PUF, en note du 17 novembre 1909, les propos suivants tenus par Freud : « Nous (...) devrions intercaler la névrose élémentaire, [nom que Freud donne là à la névrose de l'enfant], stade intermédiaire, entre le complexe nucléaire [il parle là du complexe d'Œdipe] et la grave maladie ultérieure. »

Dans *L'Homme aux loups,* Freud décrit un épisode phobique ayant précédé la névrose obsessionnelle qui se retrouvera à l'âge adulte. Est-il possible d'en conclure que le petit Sergueï P., nom de « l'homme aux loups », serait entré dans une névrose obsessionnelle précoce faute d'avoir résolu sa névrose infantile ? Pour Sergueï, la névrose élémentaire dominante, d'allure obsessionnelle, s'intercale entre le complexe nucléaire, d'Œdipe, plutôt d'allure phobique, et la névrose obsessionnelle franchement déclarée de l'âge adulte qui fait suite à la névrose élémentaire. En somme, il y aurait chez Sergueï trois temps névrotiques : la névrose infantile où dominent les phobies, la névrose « élémentaire » ou névrose de l'enfant d'allure obsessionnelle, et la névrose obsessionnelle à l'âge adulte (*cf.* document 5 B 2).

« Si notre patient, avec sa phobie d'animaux n'avait pas présenté en outre une piété obsessionnelle, son histoire ne se distinguerait par rien de frappant de celle des autres enfants ». Freud S. (1918). *Cinq psychanalyses.* Paris : Presses Universitaires de France, p. 456.

Quant au petit Hans, l'enfant le plus célèbre de la psychanalyse, est-il possible de décider à la lecture de l'observation que Freud nous en a laissée s'il présente un épisode phobique particulièrement aigu dans une névrose infantile banale, ou s'il s'installe dans une névrose d'allure phobique qui donnera son ton à toute sa vie d'adulte. (*cf.* document 5 D 2)

2 - La névrose infantile est l'enfance du sujet

Dans *l'Avenir d'une illusion* (1927), Freud donne à la crise œdipienne le nom de névrose obsessionnelle infantile : « L'enfant humain ne peut accomplir son évolution vers la civilisation sans passer par une phase plus ou moins accentuée de névrose ». Et dans les *Cinq psychanalyses,* il déclare « être tenté de revendiquer pour cette névrose infantile une signification typique et exemplaire », en soulignant ainsi son caractère structural (p. 197). Le terme d'infantile la situe temporellement en lien avec cette période précise qui suit la toute petite enfance, soit après 2/3 ans. Le choix définitif de la structure : névrose ou perversion, puisque l'entrée dans l'Œdipe exclut l'hypothèse de la psychose, se fait au terme du déclin plus ou moins harmonieux de la dite crise œdipienne. C'est un « accident » de la névrose infantile qui provoque la névrose ultérieure, tandis que c'est l'impossibilité d'entrer dans la problématique œdipienne qui signe la psychose (*cf.* chapitre 6).

Freud signale, en somme, que face à l'angoisse qui surgit chez l'enfant obligé d'assumer et de trouver un sens à la distance qui se crée peu à peu avec une mère jusqu'alors quasi comblante, les défenses appelées à la rescousse ont une allure obsessionnelle. Époque en effet riche de ce que l'on pourrait prendre pour de la rumination mentale chez ce jeune chercheur obsédé par la question du **désir maternel**. Que va-t-elle donc chercher loin de lui ? Que peut-elle donc bien faire dès qu'elle a le dos tourné ?

La névrose infantile se déploie tout au long de la phase phallique jusqu'au moment du choix décidé, même s'il est un tantinet forcé, d'habiter son sexe (le choix de la sexuation dira Lacan, pour parler des identifications des sorties œdipiennes). Elle est le passage d'une sexualité infantile perverse polymorphe (voir plus loin), à dominance ***auto-érotique,*** à une sexualité ***hétéro-orientée.***

Auto = soi et ***hétéro*** = autre.

C'est au moment crucial de ce parcours, entre la mise en place de la fonction paternelle, c'est-à-dire la découverte que le père est un tiers, et la dissolution de l'Œdipe, que l'enfant rencontre le cœur du problème : la question du **manque**, de l'incomplétude, rencontre traumatique que Freud va appeler complexe de castration. Ce moment de la névrose infantile est celui où l'enfant présente des symptômes phobiques, le plus souvent transitoires.

Le **complexe d'Œdipe** est le moment décisif où culmine la sexualité infantile et où se décide l'avenir de la sexualité adulte. Il faut entendre par complexe d'Œdipe un ensemble organisé de désirs, à la fois amoureux et hostiles, que l'enfant éprouve à l'égard de ses parents. Il s'éteint après une période plus ou moins longue d'élaboration psychique, ce que nous décrivons sous le terme de névrose infantile. Les investissements amoureux sont alors remplacés par des **identifications**, et le Surmoi en est une sorte de reste, qui constitue l'intériorisation des interdits par le sujet.

Par **complexe d'Œdipe,** Freud entend désir sensuel pour le parent de sexe opposé et hostilité envers le parent de même sexe, le tout accompagné de son inverse : amour pour le parent de même sexe et rejet de celui de sexe opposé. La double composante du dit complexe, normal ou inversé, se retrouve dans des proportions variées chez tout sujet, petit ou grand, puisque, contrairement à ce qu'espérait Freud, le complexe d'Œdipe ne se dissout pas aussi facilement qu'une poudre dans l'eau. Il laisse le plus souvent quelques séquelles dans la sexualité de l'adulte qui fut ce petit amoureux transi, indice que l'Œdipe n'est pas détruit mais simplement refoulé. Freud en fait le « phénomène central de la sexualité infantile ».

Il fait référence pour la première fois au mythe d'Œdipe dans la lettre 71 à Wilhem Fliess du 15 octobre 1897. Il le nomme « complexe nucléaire ». Il lui donnera le nom de complexe d'Œdipe en 1912 dans *Contribution à la psychologie de la vie amoureuse.*

L'Œdipe est l'âge des déclarations d'amour au parent de sexe opposé : « quand je serai grand/e, je me marierai avec toi ». Sa traversée permet une pacification du désir qui aide l'enfant à devenir un sujet autonome ; son trajet se boucle sur le mécanisme final d'identification au parent de même sexe : « quand je serai grand/e, je ferai comme toi. »

Nous nous attacherons d'abord à décrire l'Œdipe tel que Freud l'a découvert, puis tel que Lacan l'a formalisé, pour enfin en détailler le travail psychique dans son aspect dynamique de névrose « de construction du sujet », comme pourrait être qualifiée la névrose infantile.

3 - La version freudienne de l'Œdipe

A/ La sexualité infantile

Freud nomme ***libido*** l'énergie psychique des pulsions sexuelles qui, chez l'humain, sont plus l'effet de la relation à un autre être parlant et désirant que la manifestation d'un pur instinct. L'activité libidinale de l'enfant se développe dans le lien à l'autre, d'abord parental.

C'est par l'étude de la **sexualité infantile** que Freud va différencier sexualité et génitalité. Le but initial de la sexualité est d'obtenir le plaisir, ce qui n'a pas forcément à faire avec la reproduction. La fonction sexuelle se manifeste d'emblée chez le nourrisson par des pulsions partielles, expressions d'une ***libido*** organisée autour des zones investies et érotisées dans les relations de soin à l'enfant. Par exemple, le suçotement chez l'enfant sera considéré comme une activité libidinale datant du stade oral. Une disposition perverse polymorphe caractérise donc la sexualité précoce de l'enfant, car le corps entier est sexualisé par le biais des pulsions partielles : orales, anales, mais aussi scopiques (le bébé « mange » des yeux) et invoquantes (il réagit très précocement aux voix).

La sexualité infantile. Freud en donne une définition élargie. La sexualité qui s'éveille dans la toute petite enfance accompagne les activités de découverte et de relation, mais ne se confond pas avec la génitalité. Son but originaire est la satisfaction, et les moyens pour l'atteindre ne sont pas forcément en lien avec les organes génitaux, mais concernent n'importe quel organe, dit zone érogène. C'est une activité à dominante auto-érotique. Freud ne découvre pas la sexualité infantile ; elle était connue depuis longtemps.

Ainsi, on trouve, dans le journal d'Héroard, le médecin personnel de Louis XIII, un témoignage presque quotidien de la sexualité de l'enfant-roi :

11 septembre 1602 (Louis XIII a 12 mois) : « Il se retrousse, montre sa guillery (...), et riant son petit rire, il s'ébranle tout le corps ».

12 juin 1603 (à 22 mois) : « En têtant, il gratte sa marchandise, droite et dure comme du bois. Il se plaisait ordinairement fort à la manier (...). »

Extrait de *L'enfant* (1979). *Nouvelle revue de Psychanalyse*, n°19, 290-292.

L'originalité de Freud fut de faire de la sexualité infantile le creuset de la vie érotique adulte.

B/ Le complexe de castration

Pour comprendre ce qu'est le complexe d'Œdipe, il faut l'articuler au **complexe de castration**, lui-même en lien avec la phase phallique. Freud décrit dans un article de 1923, *Sur l'organisation génitale infantile*, ce qu'il entend par phase phallique et primat du phallus. Pour les deux sexes, au moment de l'entrée dans l'Œdipe, un seul sexe existe : le mâle, et la différence des sexes est perçue comme différence entre phallique ou châtré. La libido jusqu'alors distribuée sur les différentes zones de satisfaction du corps (zones érotiques orale, anale,...) se centre vers la zone génitale. Le phallus va devenir l'enjeu de l'amour hétéro-érotique adressé à la mère.

Le **complexe de castration** décrit le trouble centré sur le fantasme de castration, qui est la réponse que l'enfant imagine pour trouver sens à la différence des sexes. La menace de subir la castration trouve son fondement, d'une part, dans la culpabilité liée à la limitation de l'auto-érotisme (c'est pourquoi Freud l'a d'abord rattachée aux interdits énoncés à l'enfant de se toucher « là »), d'autre part, dans les désirs œdipiens eux aussi frappés d'interdit. Le complexe de castration ne va pas sans angoisse, qui donnera sa tonalité à toute angoisse ultérieure : crainte de perdre pour le sujet mâle, dépit d'être privée et crainte d'être délaissée pour cela pour le sujet féminin. L'un comme l'autre peuvent être écrasés du sentiment de la faute inconnue qui leur vaudrait un tel châtiment. C'est l'acceptation de la castration qui met le sujet en position de pouvoir désirer ailleurs, dans la possibilité de donner ou de recevoir le phallus (...) que pourtant personne ne possède de fait.

Jusqu'au stade phallique le développement psycho-sexuel est le même pour les deux sexes. À l'entrée dans le stade phallique, la mère est l'objet d'amour du garçon comme de la fille. Quand ils découvrent la différence des sexes, ils posent et résolvent cette énigme de façon identique. Il y a deux catégories d'individus : ceux qui ont un « zizi » et ceux qui n'en n'ont pas. Le « zizi » à ce moment-là a valeur phallique. C'est ce que Freud nomme phase phallique, définie non par le primat du génital mais par le **primat du phallus**.

Freud établit sa thèse à partir du garçon, thèse qu'il va d'abord penser en symétrie pour la fille. Il reconnaîtra tardivement la dissymétrie radicale entre garçon et fille, et l'intense fixation, qu'il appelle pré-œdipienne, de la petite fille à sa mère.

Commençons, comme Freud, par **le garçon :** la découverte de la castration maternelle le fait entrer dans le complexe de castration qui le pousse vers les sorties œdipiennes. L'idée qu'il pourrait perdre l'organe est rendue vraisemblable par le fait que l'enfant considère son pénis comme détachable, au même titre que les fèces.

Selon Freud, l'angoisse de castration vient dans l'effet après coup d'une menace proférée à l'encontre de l'enfant mâle concernant son activité masturbatoire. L'enfant attribue au père, qu'il reconnaît comme celui qui a les moyens de posséder la mère, cette menace qui n'a pas besoin d'être proférée tout haut pour qu'elle soit efficace. Elle prend sens lorsque l'enfant découvre la différence anatomique entre les sexes, qu'il interprète comme une punition possible ou accomplie. La position œdipienne, impliquant pour lui élimination du père et **inceste**, entraînerait la sanction de la castration. C'est sous l'effet de cette crainte que l'enfant mâle choisit de sauver son pénis, c'est-à-dire de remettre à plus tard ses prétentions à la jouissance, et ce avec un autre objet que sa mère qu'il cède à son père. Il espère avoir lui aussi un jour l'usage du phallus qu'il attribue au père, le père qui est à ce moment-là considéré comme tout-puissant et idéalisé.

La fille, elle, toujours selon Freud, entre dans l'Œdipe positif par le complexe de castration. Elle rencontre la castration comme accomplie, sous la forme d'une privation réelle, et non comme menace. Elle se découvre manquante, tout comme sa mère dont elle se détourne alors en portant une demande de réparation vers le père. Qu'il lui donne ce dont elle se pense lésée. Privation dont elle peut attribuer la cause à la pratique d'une sexualité auto-érotique rattachée à une époque de relation tendre et érotisée à la mère.

Le complexe de castration se manifeste chez la fille par l'**envie du pénis** (le *penisneid*). « D'emblée, elle a jugé et décidé, elle a vu cela, sait qu'elle ne l'a pas et veut l'avoir », écrit en 1925 Freud dans *De quelques conséquences psychiques de la différence anatomique entre les sexes.* La petite fille se retourne vers son père duquel elle pense obtenir ce qu'elle n'a pas, d'abord le pénis, pour être comme lui (temps d'identification masculine), ensuite un enfant. En somme le complexe de castration oriente la fille vers l'hétérosexualité, *via* la maternité. Mais Freud note que l'amour pour la mère persiste sous la rivalité qui prend parfois des formes violentes d'expression.

L'envie du pénis. « C'est avec et pendant la phase phallique que la sexualité infantile atteint son point culminant et se rapproche de son déclin. Garçon et fille vont dès lors connaître un destin différent. Tous deux ont commencé à mettre leur activité intellectuelle au service de l'investigation sexuelle, tous deux ont adopté l'hypothèse de l'universalité du pénis. (...) Le petit garçon entre dans la phase œdipienne et se met à manipuler son pénis tout en se livrant à des fantasmes sexuels relatifs à une quelconque activité de son pénis à l'égard de sa mère. Puis, sous l'effet combiné de la menace de castration et de la constatation du manque de pénis chez la femme, le petit garçon subit le plus grand traumatisme de sa vie qui inaugure la période de latence avec toutes ses conséquences. La petite fille, après de vaines tentatives pour rivaliser avec le garçon, reconnaît son manque de phallus ou plutôt l'infériorité de son clitoris, ce qui a sur la formation de son caractère des retentissements durables. » Freud S. (1978). *Abrégé de psychanalyse.* Paris : Presses Universitaires de France, pp. 15-16 (1re édition, 1938).

C/ Le complexe d'Œdipe

Le complexe d'Œdipe recouvre l'interdit de l'inceste qui concerne, dans le champ de l'inconscient, pour le garçon comme pour la fille, la mère. Il s'agit d'un interdit qui porte autant sur l'intention que sur l'acte ; cet interdit déloge l'enfant de sa position d'être objet de sa mère.

Résumons ce qu'il en est pour l'un et l'autre sexe. Jusqu'à la phase phallique, garçon et fille sont dans la même position d'attachement érotisée à la mère et de relation tendre et admirative au père. Au moment de la crise œdipienne, l'enfant réalise que l'amour entre sa mère et lui ne peut porter sur son corps. La menace de castration, que jusqu'alors l'enfant ne savait à quelle faute relier, trouve dans les désirs incestueux sa légitimation. Voilà pourquoi tout un chacun tombe sous le coup de cette angoisse. L'amour porté à sa mère ne va jamais sans un soupçon de désir.

La découverte de la **différence des sexes** et son interprétation imaginaire vont faire diverger les trajets du garçon et de la fille. Le complexe de castration fait entrer la fille dans le complexe d'Œdipe, tandis qu'il précipite le garçon vers la sortie.

Le garçon croit avoir ce qui manque à la mère, ce qui fait qu'elle désire le père. Il entre dans la phase active du complexe : adresse incestueuse envers la mère et rivalité avec le père. Puis l'angoisse de castration l'amène à renoncer à ses prétentions. Il passe alors de la rivalité à l'imitation : faire comme le père et avoir, tout comme lui, une femme plus tard. À cette identification au père comme homme, il faut rajouter un reste de soumission au père, qui place le garçon en position féminine. Ces deux versants conclusifs du complexe d'Œdipe coexistent toujours avec plus ou moins d'intensité. Par exemple, face à un père à la sévérité rigide, le garçon aura du mal à soutenir la compétition et sera plus enclin à se démettre de sa virilité.

La fille ignore la particularité du sexe féminin et reproche à sa mère « de l'avoir si mal fichue ». Elle se tourne vers le père dans l'espoir d'obtenir ce qu'elle regrette de ne pas avoir, jusqu'à vouloir l'obtenir sous la forme substitutive d'un enfant. Au mieux, elle demandera la même chose à un autre homme, non sans toutefois qu'il reste quelques traces consistantes de cette période tumultueuse. Pour Freud le déclin du complexe d'Œdipe chez la fille reste très problématique et imparfait. Et plus il reconnaît l'importance de l'attachement à la mère, plus il se demande comment « l'enfant bisexuel » devient une femme.

Freud décrit trois issues au complexe d'Œdipe féminin:

- Déplacer sa demande d'enfant sur un autre homme que le père, passer de l'envie au désir, et s'identifier à la mère.
- Retourner à la position d'entrée dans le complexe de castration et s'identifier au père comme celui qui a l'objet, le père puissant idéalisé, et reprendre la mère comme objet d'amour.
- Renoncer à tout désir par impossibilité de surmonter le dommage imaginaire, ce qui donne chez la femme adulte une inhibition et une dépression latente sur fond de sentiment de dévalorisation (*cf.* document 5 B 3).

Notons-là que la question : « qu'est-ce qu'une femme ? » est une énigme pour les femmes elles-mêmes aussi bien que pour leurs partenaires. Le complexe de castration, d'être lié à une idée de « condition » plus que de punition, atteint l'être même de la fille et pas seulement, comme pour le garçon, l'avoir. D'où la fragilité « affective » s'exprimant dans la crainte de ne pas être aimée, de ne rien valoir, d'être laissée en plan.

La figure suivante résume les courants positifs et négatifs de l'Œdipe pour les deux sexes :

Légende :

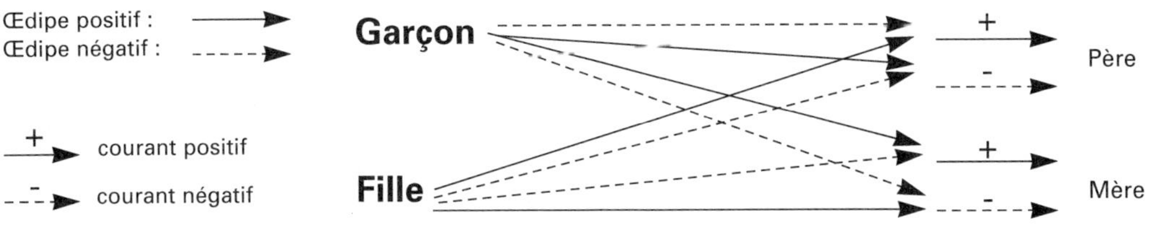

Le complexe d'Œdipe consiste à abandonner les objets incestueux pour se garantir l'usage du phallus.

À la sortie du complexe d'Œdipe, l'enfant, fille ou garçon, a intériorisé l'interdit fondateur de l'humanité, du lien social : celui de l'inceste, dont l'interdit du parricide découle logiquement. Le Surmoi, héritier du complexe, se chargera de le lui faire respecter avec plus ou moins de rigueur. Du déroulement et de la conclusion de cette crise dépendra l'orientation des choix amoureux du sujet et l'existence ou non d'une ***névrose*** ultérieure. La sortie œdipienne inaugure l'amnésie infantile de la période de latence.

La névrose : il est maintenant possible de la définir comme une affection psychogène qui découle du complexe de castration jamais dépassé, et où dominent les défenses contre l'angoisse dans la fixation à un scénario œdipien.

4 - Lacan et la père-version

Pour Lacan, la fonction fondamentale du complexe d'Œdipe est d'introduire la castration sur le plan **symbolique** en tant qu'opération qui va modifier radicalement la position du sujet enfant quant à son propre désir. La castration ne concerne évidemment pas l'organe réel. Ce n'est précisément que lorsque la castration symbolique n'a pas eu lieu, c'est-à-dire dans la psychose, que le sujet peut se mutiler en réalité.

Lacan reprend la logique phallocentrique de l'Œdipe mais en relève aussi les limites.

Nom-du-père : cette désignation renvoie à une place, non au patronyme, même si, à l'occasion, celui-ci peut avoir cette fonction symbolique. Par exemple un enfant qui ne connaîtrait de son père disparu que le nom que celui-ci lui a donné, l'inscrivant ainsi dans sa filiation, le reconnaissant (c'est-à-dire reconnaissant son existence, sa place dans la vie), peut s'appuyer sur ce signe symbolique pour devenir adulte, pour grandir dans sa sexuation. Le patronyme peut faire fonction de Nom-du-père là où il désigne le désir de la mère au sens où elle porte un enfant qui aura le nom d'un homme particulier. La paternité est une fonction. N'importe qui peut se loger à cette place. Le lien de filiation n'a rien à voir avec le lien de procréation. La maternité, au contraire, s'ancre dans le réel.

A/ L'attachement à la mère

L'enfant se constitue dans un premier temps dans la relation duelle avec la mère vécue comme toute-puissante puisque, en donnant du sens aux cris du bébé, elle satisfait ses besoins. Il s'agit alors pour lui d'être l'objet que désire la mère pour qu'elle ne le laisse pas tomber, car sa survie physique est en jeu. Lacan ne place pas complexe de castration et complexe d'Œdipe en opposition selon le sexe. Il fait de l'attachement « amoureux » à la mère le moteur de la névrose infantile. Pour lui, l'enfant, garçon ou fille, veut être l'**objet** désiré par la mère pour capter toute son attention. L'enfant est captif d'un mode de relation à la mère, que l'on peut appeler fusionnel, et le père réel est d'abord l'étranger plus ou moins sympathique qui, à l'occasion, s'occupe de l'enfant.

Mais voilà que la mère n'est pas toujours là. Son absence signale à l'enfant qu'il y a un au-delà à leur relation. Elle désire autre chose que ce qu'il représente, lui, comme objet. C'est à ce moment que le père intervient pour sortir l'enfant de l'assujettissement au bon vouloir de l'autre maternel. C'est l'interdiction d'un lien trop intime, du corps à corps, qui va déloger l'enfant, garçon ou fille, de sa position d'être l'objet de la mère. L'interdit de l'inceste, c'est la mise hors corps du lien avec la mère.

B/ Le Nom-du-père

Le père va être celui auquel est attribué l'objet de désir de la mère. Au-delà du papa réel, c'est l'existence d'un père comme nécessité logique qui va permettre à l'enfant de rentrer dans la dialectique œdipienne. Cette fonction du père transcende son rôle et se distingue de la présence paternelle réelle. C'est pourquoi

Lacan en fait une métaphore : la métaphore du Nom-du-père, formalisation qui consiste en un jeu de substitution dans la **chaîne signifiante.**

Chaîne signifiante : Lacan emprunte au linguiste Ferdinand de Saussure [*Cours de linguistique générale* (1916). Paris : Payot, édition de 1995] l'idée que dans le discours, en vertu du caractère linéaire de la langue, les mots entretiennent entre eux des rapports de succession (axe syntagmatique) et, en un point de cet axe, des rapports de substitution (axe paradigmatique). Pour Lacan, la structure inconsciente du sujet se déduit et s'entend dans le mode de rapport que ce sujet entretient aux signifiants qui le constituent, c'est-à-dire dans le discours, dans la chaîne signifiante. Par exemple, le psychotique prend le mot à la lettre, tandis que le névrosé en use sur l'axe métaphorique (condensation de plusieurs sens dans la même image) : *la terre est une orange bleue,* et sur l'axe métonymique (déplacement du sens) : *la grande bleue.* Le signifiant est un son qui correspond à un découpage de la langue personnel à chaque sujet, qui ne recouvre pas forcément celui de la grammaire. L'enfant construit ses signifiants à partir des réponses de l'autre. C'est à partir du moment où un son a un sens pour l'autre qui le renvoie à l'enfant que ce son prend sens.

Le **Nom-du-père** agit en tant que signifiant donnant du sens et venant à la place de l'inconnu du **désir de la mère**. C'est pourquoi Lacan l'écrit comme une **métaphore** :

$$\frac{\text{Nom-du-père}}{\text{Désir de la mère}} \cdot \frac{\text{Désir de la mère}}{\text{Signifié au sujet}} \longrightarrow \text{Nom-du-père}\left(\frac{\text{A}}{\text{Phallus}}\right)$$

Jacques Lacan, *Écrits*, 1966. Paris : Seuil, p. 557.

C'est à partir du père de la horde primitive que Freud décrit dans *Totem et tabou* (1912-13) violent, jaloux, gardant toutes les femmes pour lui et chassant ses fils au fur et à mesure qu'ils grandissent, que Lacan dégage le père symbolique. Car une fois mis à mort par ses fils, le père devient un pur signifiant (un totem, un blason) d'où s'origine la loi. L'interdiction de l'inceste qui permet la mise en place de la différenciation des générations et pousse aux alliances ***exogamiques*** fondent les règles du lien social.

Exogamie : usage selon lequel les unions se font entre membres de lignées différentes.

Ce père symbolique existe dans le discours de la mère, selon son propre rapport à la loi. Son efficacité tient aussi au mode de présence que son représentant dans la réalité, c'est-à-dire le père réel lorsqu'il est présent, soutient auprès de la mère. C'est un père momentanément idéalisé par l'enfant, et auquel est attribué la possession du phallus. C'est donc logiquement que ce père n'est jamais tout à fait à la hauteur de la tâche qui lui incombe. Les épisodes phobiques dans l'Œdipe arrivent à la rescousse d'un père trop débonnaire ; ce sera largement illustré par la phobie de Hans qui fait appel en vain au père-sévère pour l'aider à se libérer des désirs incestueux. Cette opération symbolique repose en effet d'une part sur la place que la mère réserve à son désir pour un homme : une mère qui ne signale rien à l'horizon de son désir favorise chez son enfant le fantasme d'être l'objet qui la complète, et d'autre part sur la façon dont le père tient sa place d'homme désirant une femme. C'est encore avec le petit Hans que l'on vérifiera ici les conséquences d'un père entravé dans son désir sexuel pour sa femme.

C/ Le phallus comme signifiant du désir

L'enfant ne se construit pas dans une relation duelle à sa mère mais en rapport avec un tiers terme représentant le désir de la mère. Ce tiers terme, Lacan le nomme **phallus,** tout comme Freud. Il le dégage radicalement de son origine anatomique pour en faire un pur signifiant du désir. Le phallus, envisagé comme détaché du corps, donne la raison du désir.

L'enfant constate la castration de sa mère et attribue au père la possibilité de la combler :

- Soit il refuse, et cela l'entraîne, garçon ou fille, à être l'objet partiel qui satisfait la mère.
- Soit il accepte. Il symbolisera l'objet du désir comme manquant au lieu de s'identifier à cet objet. Il admet que sa mère n'a pas le phallus et, partant de ce manque, il peut passer de l'alternative : être ou ne pas être le phallus, à celle de l'avoir ou pas.

Phallus. « Si le désir de la mère est le phallus, l'enfant veut être le phallus pour le satisfaire (...) : ce qu'il a ne vaut pas mieux que ce qu'il n'a pas, pour sa demande d'amour qui voudrait qu'il le soit.
Cette épreuve du désir de l'Autre, la clinique nous montre qu'elle n'est pas décisive en tant que le sujet y apprend si lui-même a ou non un phallus réel, mais en tant qu'il apprend que la mère ne l'a pas. »
Lacan, J. (1966). La signification du phallus. In *Les Écrits*. Paris : Seuil, p. 693.

Le père intervient dans le ternaire mère-enfant-phallus pour refuser à l'enfant d'incarner le phallus et d'y trouver sa densité d'être. L'enfant, garçon ou fille, peut dès lors s'appuyer sur l'identification au père (incorporer des traits du père) et accepter la transmission phallique (*cf.* documents 5 B 4 et 5 B 5), c'est-à-dire accepter de faire du phallus un **signifiant.** L'enfant, grâce à ce signifiant, symbolisera l'objet du désir comme manquant et cessera de s'identifier à cet objet.

Le phallus est signifiant d'un manque, d'abord dans l'autre maternel. La sortie de l'Œdipe suppose un temps logique d'attribution du phallus au père. Ce dernier apparaît pour l'enfant comme celui qui peut donner à la mère ce qu'elle désire. La nouvelle alternative – l'avoir ou pas – conduit le garçon à l'identification à être un homme comme le père (ce qui ne dit pas ce qu'est un père), et la fille à être une mère comme la mère (ce qui laisse dans l'ombre ce qu'est une femme).

Le résultat de la métaphore paternelle est un retournement vers le père dans la mesure où c'est lui qui peut transmettre le phallus, à titre symbolique, comme un titre dont le sujet pourra faire usage.

La fille réalise qu'elle ne manque pas de ce qu'elle croit ne pas avoir, tandis que le garçon réalise qu'il n'a pas ce qu'il croit avoir. L'assomption de la castration équivaut ainsi chez Lacan à la symbolisation du manque pour le sujet lui-même, et à la possibilité qu'il a enfin d'utiliser le phallus comme signifiant « baladeur », qui circule et permet le désir. Car castré n'est pas châtré, bien au contraire. La castration assumée permet le dépassement de l'angoisse de castration, et ouvre au savoir-faire avec son manque.

D/ L'universalité du complexe de castration

Ce qui est universel, démontre Lacan avec cette distanciation du mythe œdipien, c'est le complexe de castration, que d'autres formes mythiques peuvent introduire, dans des cultures différentes de la culture patriarcale monothéiste. C'est pourquoi il rebaptise l'Œdipe : père-version, pour bien signifier que ce n'est qu'une version particulière du manque universel. Un des risques inhérents à cette version est l'idée que seul le père détient le phallus, ce qui rend, pour le garçon, la virilité problématique, et pour la fille, le choix d'un homme décevant car jamais à la hauteur du père fantasmé tout-puissant.

La fonction tiers peut s'installer pour un enfant en l'absence de père du fait de son inscription dans un monde où règne la loi du symbolique. C'est la façon dont la mère fait exister son propre rapport à cette loi dans sa vie, dans son discours, qui fait passer le message. La mère évoque le père comme médiateur de cette loi. Qu'elle ne puisse « n'hommer » son désir n'empêche pas la métaphore paternelle de s'exercer, ne serait ce que parce que son insatisfaction renvoie l'enfant à un ailleurs. C'est la localisation du phallus qui va rester plus mystérieuse, si la mère n'indique pas de voie à l'enfant parce qu'elle même erre dans son désir. D'où pour l'enfant une quête inquiète et des sorties œdipiennes un peu atypiques, à examiner au cas par cas.

L'au-delà de la père-version consiste à désattribuer le phallus, à ne plus l'attendre comme un don venant du père, et à l'assumer non plus sur le plan imaginaire comme signe de puissance (version masculine) ou de privation (version féminine), mais sur le plan symbolique, comme « titre en poche ». Le phallus est alors un pur signifiant représentant le manque qui est inscrit en chacun, homme ou femme. C'est à partir de ce manque que peut s'instaurer le désir.

C

DES TEMPS LOGIQUES DE LA NÉVROSE INFANTILE

Poursuivons en nous attachant plus particulièrement à ce qui se précipite au sens chimique du terme dans ces deux moments cruciaux : la phase phallique et le complexe de castration pour l'enfant engagé dans ce parcours. Nous parlons de temps logique plutôt que chronologique pour désigner les moments clés de ce travail psychique minutieux et rendre compte de son aspect déductif.

C'est l'énigme du désir de la mère qui nous servira de fil conducteur. Nous nous arrêterons avec une attention particulière sur les phénomènes phobiques, considérés dans leurs liens avec l'angoisse de castration.

1 - La phase phallique et les théories sexuelles infantiles

A/ La découverte du phallus

Vient un temps où les yeux de l'enfant s'ouvrent sur cette petite différence qu'il phallicise en se la représentant en termes de l'avoir ou pas. Il admet volontiers qu'il y a des petits garçons et des petites filles, et que ces dernières sont privées d'un élément essentiel. Précisons encore une fois que le « il » représente ici les deux sexes, puisque dans la langue, le masculin l'emporte. Mais l'enfant hésite à étendre cette constatation aux adultes, encore moins à ceux qui l'entourent et qui ont à ses yeux une valeur incontestable. L'immaturité et l'inachèvement dans lesquels il se trouve lui permet de donner à ses observations une explication logique : « ça a encore le temps de pousser ». L'enfant cherche à vérifier cette hypothèse en observant des adultes, en particulier les « dames ». Et surtout la plus importante d'entre elles : la mère. Ces préoccupations s'entendent fréquemment dans les conversations des petits.

Le phallus est un signifiant.

Voilà un dialogue entre une mère et son fils, âgé d'environ 4 ans :

L'enfant : « Une telle, une telle, (copines d'école particulièrement appréciées) elles ont un zizi. »

La mère : « Mais non voyons, tu sais bien qu'aucune fille n'a de zizi. »

L'enfant : « Même madame X ? (son institutrice, personnage éminent.) »

La mère : « Madame X non plus, aucune dame. »

L'enfant : « Mais les mamans si », d'un ton cette fois très affirmatif et sûr de lui.

La mère, surprise que l'éducation éclairée qu'elle dispense à ses enfants ait si peu d'effet, et vaguement inquiète, réplique : « Mais les mamans non plus, tu ne te rappelles pas qu'on a lu ensemble le livre sur les bébés et que tout ça est expliqué ? »

L'enfant, dans une dernière tentative de refus de la castration, insiste : « Oui..., mais toi maman quand tu mets ton jean, t'en as un. »

C'est la découverte du sexe de la mère, et son interprétation comme châtrée, qui trahit l'affirmation du primat du phallus. La menace de castration s'imagine par le garçon comme privation possible, tandis que pour la fille elle s'actualise dans un sentiment de privation injuste. Cette phase, avec le cortège de questions qui s'ensuit, est contemporaine du démarrage de la névrose infantile.

À partir de 2-3 ans l'enfant va faire preuve ouvertement d'une curiosité intensive qui tourne autour du sexe : comparaisons et manipulations démonstratives entre enfants, interrogations serrées adressées aux adultes et pratique plus ou moins discrète de l'observation silencieuse. Ce temps suppose un travail de réflexion absolument déterminé, et déterminant, où nous voyons le jeune enfant, travailleur décidé, se pencher sur les mystères de la vie (la naissance, la grossesse, l'union des sexes, la mort) et osciller entre la ***pulsion épistémologique*** freudienne et la ***passion de l'ignorance*** lacanienne.

Freud ancre la *Wisstrieb*, c'est-à-dire la ***pulsion épistémologique*** (en grec, *epistemê* = connaissance, *logos* = étude) dans la curiosité du jeune enfant à l'égard du sexe. « L'enfant s'attache aux problèmes sexuels avec une intensité imprévue et l'on peut même dire que ce sont là les problèmes éveillant son intelligence » écrit-il en 1905 dans les *Trois essais sur la théorie de la sexualité* (1962. Paris : Gallimard, p. 90).

Lacan préfère parler d'un désir de savoir marqué dès l'origine de cette base pulsionnelle, et soumis dès lors aux aléas du refoulement, dont le refus de savoir. C'est ce qui correspond à la ***passion de l'ignorance***.

B/ L'abandon du tout et l'acceptation du manque

Car c'est entre ces deux mouvements contradictoires: vouloir savoir et désir de maintenir l'illusion qu'oscille ce chercheur en herbe, élaborant au passage des théories farfelues pour tenter d'échapper à la cruelle vérité : tout le monde « manque ».

Les **théories sexuelles infantiles** sont élaborées pour tenter d'éviter ce manque universel sur lequel la castration maternelle ouvre les yeux. Ce sont des constructions qui visent avant tout à contourner la **castration**. L'enfant s'essaie à trouver une version qui rendrait compatible l'avoir et la perte. C'est à ce temps qu'en reste le pervers, mais ceci ne sera pas démontré ici (*cf.* document 5 C 1)

Tout le travail de la névrose infantile consiste à abandonner cet ultime espoir de la totalité. Comme dans l'état amoureux, l'enfant voudrait ne faire qu'un avec l'autre maternel. Il lui faudra un long parcours avant de reconnaître, tout comme Woody Allen dans un de ses films, que dire : « mon amour, toi et moi, nous ne faisons qu'un : moi » est une façon comme une autre, bien que résolument égoïste, de déclarer que la fusion de deux en un est impossible.

Imaginons un petit enfant qui a remarqué que sa mère n'est pas toujours là. Pour qu'il ait remarqué cela, il faut précisément qu'elle ne soit pas toujours là, c'est-à-dire qu'elle désire ailleurs, qu'elle ne soit pas entièrement comblée par son enfant. Que va-t-elle voir plus loin alors que l'enfant était dans l'illusion de la satisfaire autant qu'elle le satisfait ?

L'enfant met en scène cette rencontre avec l'absence maternelle dans des jeux que tout le monde a pu observer : cache-cache, rejet d'un jouet et jubilation à le faire réapparaître, etc. Il accompagne son activité des premières oppositions signifiantes symboliques : parti/le voilà, coucou/a pu, etc. Il est désormais averti, par son manque dans la réalité, de l'incomplétude de son partenaire privilégié.

Suivons pas à pas son raisonnement logique. Si sa mère va voir ailleurs :

1) c'est qu'elle y cherche quelque chose qu'elle n'a pas,

2) c'est qu'elle y cherche quelque chose qu'il n'est pas,

3) c'est qu'il n'a pas non plus ce qu'elle cherche.

Le voilà donc prévenu qu'il a lui-même, garçon ou fille, affaire au manque. C'est le moment où se percutent au plus près désir et horreur de savoir, oscillation rythmée par le **complexe de castration** qui arrache l'enfant définitivement au fantasme d'un retour possible au nirvana de la complétude. L'acceptation de la castration le livre seul, limité, mortel, unique répondant et responsable de ses actes, à l'existence.

2 - L'énigme du sexuel et du désir de la mère

La question qui surgit ici et qui restera active dans la vie de tout un chacun est : que veut une femme ? Car que l'enfant ne la comble pas toute indique que la mère n'est pas toute mère, qu'elle est divisée entre mère et femme.

A/ La période pré-phobique

La vive curiosité et l'intérêt soudain que l'enfant porte à la gestation et à la naissance des bébés cache une interrogation plus difficile à avouer, qui concerne le rapport entre les parents. Que peuvent-ils bien faire ensemble ? Qu'est-ce que le père a pour que la mère se tourne vers lui ? Les sensations génitales que l'enfant ressent de façon plus consciente que dans la période des soins primaires, et surtout la possibilité active dans laquelle il est désormais de se les procurer à son gré, lui fait vaguement penser que tout cela doit avoir un lien avec le sexe. Sa première version des relations sexuelles : son père maltraite sa mère (c'est une des théories sexuelles infantiles les plus courantes concernant l'idée du rapport entre les parents : la ***scène primitive***) ne peut tenir bien longtemps. Il ne croit pas, lui, au masochisme féminin, et donc est bien obligé de concevoir que ce que sa mère retourne régulièrement chercher auprès de son homme, ce ne sont pas des coups.

Ce n'est plus la demande de la mère qui signale ce dont elle manque et qu'elle désire car alors elle serait encore comblée par le lait avalé par l'enfant, ou le caca qu'il lui offre. Celle qui se réjouit de ces petites satisfactions – qui pour l'enfant sont de grands plaisirs pulsionnels – c'est la mère de l'amour, pas la mère du désir. Le désir de la mère est ce qui la fait s'éloigner de l'enfant.

Scène primitive : scène fantasmée dans laquelle le sujet est témoin du coït de ses parents. Elle doit son caractère traumatique à l'irruption d'une sexualité interprétée comme violence.

Lorsqu'il réalise qu'il n'a pas ce qu'elle désire, il peut être tenté d'être ce qu'elle veut, soit tenté d'incarner l'objet obscur du désir. Dans ses jeux de cache-cache, il s'y essaie en mettant en scène sa propre disparition. Il se fait objet à (re)trouver. Le risque pris est grand : être avalé tout cru par la mère de l'oralité, ou être jeté comme un caca qui n'intéresserait plus la mère de l'analité.

C'est une époque que l'on pourrait appeler pré-phobique où sont évoqués avec un mélange de crainte et d'intérêt aigu toutes les représentations de l'autre dévorateur : sorcières, monstres, animaux à longues dents sont convoqués pour des frayeurs délicieuses. Le loup, signifiant phobique par excellence (ce qui veut dire que l'on n'en rencontre pas tous les jours, que le loup n'est plus que l'idée du loup et le nom de loup) va faire son apparition dans les chambres d'enfants et y jouera son rôle d'animal phobique même *a minima.*

B/ Le rôle du père

Jusqu'alors toutes les expériences de perte ont lieu dans le cadre étroit de la relation duelle mère-enfant. La mère prive l'enfant du sein, elle lui demande de se priver de ses fèces, elle le prive de sa vue en s'absentant régulièrement, et du son de sa voix en ne répondant pas toujours à l'appel. L'objet en circulation est **l'objet partiel :** sein, fèces, regard, voix. Les allers-retours de la mère indiquent à l'enfant que ce ne sont pas ces objets-là qui l'intéressent. Inutile donc que – comme dans certaine structure névrotique – il s'exerce à se prendre pour une « merde ». Car un des risques de ne pas accepter la médiation symbolique phallique est de rester identifié à un objet partiel. L'enfant, futur ou déjà névrosé, confond dans ce cas la demande de l'autre (objet partiel) et le désir de l'autre (phallus).

Décidons-là qu'il choisit plutôt d'aller voir vers l'autre de la mère, le père à l'occasion, et d'y chercher ce qui manque, et à la mère, et à lui-même. Quel est l'objet susceptible d'éloigner la mère de la satisfaction qu'elle prend avec son enfant ? Le garçon comme la fille se tournent vers le père dans leur quête de savoir en quoi consiste le désir de la mère. En filigrane, il faut entendre qu'ils posent en même temps la question de ce qu'ils valent pour l'autre maternel à partir du moment où ni l'un ni l'autre n'est ce qu'elle veut, ou n'a pas ce qu'elle désire. Les voilà mis en demeure de trouver seuls le sens de leur propre existence, de réaliser que personne n'en sera plus garant à leur place, ne répondra à leur place. Triste choix forcé où le sujet doit perdre, disons des illusions, pour pouvoir être sujet de son désir.

Nous l'avons vu, c'est par le truchement de la fonction paternelle, fonction qui à la limite peut se passer de la présence réelle, incarnée, du père que le désir sexuel perd de sa « spontanéité ». Il y gagne en dimension humaine. Les paroles qui sont dites à propos des désirs « hors la loi » de l'enfant tissent les règles des relations interpersonnelles et positionnent l'enfant à la bonne place dans sa filiation. C'est ainsi que se nouent le désir et la loi, par l'acquiescement à l'interdit de l'inceste, qui donne les règles de l'alliance et permet que la communauté humaine ne s'entretue pas. Les guerres fratricides sont l'illustration tragique et collective de la faillite de la fonction paternelle.

D

LES PHOBIES DANS L'ŒDIPE

Nous arrivons au moment de considérer plus en détail les liens entre désirs œdipiens, assortis de leur interdiction, et moments phobiques, à l'époque tumultueuse des amours enfantines. Il s'agira de développer l'hypothèse selon laquelle la phobie est un **symptôme transitoire** dans la névrose infantile. Pour cela, seront envisagés les rapports entre phobie et castration (*cf.* document 5 D 1).

La ***phobie*** est manifestation de la lutte contre l'angoisse de castration. Elle apparaît comme barrière psychique défensive, temps logique de la constitution du sujet qui explore de façon plus ou moins systématique toutes les solutions possibles à l'énigme de la différence des sexes. Elle est une anticipation de la métaphore paternelle qui soulagera plus efficacement le sujet de sa difficulté à sortir de l'alternative : être l'instrument de jouissance de l'autre maternel, ou être laissé tombé. C'est ce qui explique que les phénomènes phobiques apparaissent couramment à un moment de la crise œdipienne, et qu'ils soient d'autant plus forts qu'il y a défaillance de la fonction paternelle.

S. Freud souligne en 1916 la concordance entre les ***phobies*** et l'angoisse infantile : « Dans les phobies (...) les choses se passent exactement comme dans l'angoisse infantile : une libido inemployée subit sans cesse une transformation en une apparente angoisse réelle, et, de ce fait, le moindre danger extérieur devient une substitution pour les exigences de la libido » (dans *Introduction à la psychanalyse*, 1992, Paris : Payot, p. 386).

Anna Freud pensait même qu'il n'y avait de phobie qu'œdipienne et qu'elle était une manifestation de la névrose infantile ou de ses vicissitudes face au traumatisme de la représentation incestueuse, qui déborde les capacités défensives de l'enfant.

1 - La flambée phobique

A/ L'objet transitionnel

L'objet transitionnel aide à supporter le passage entre un vécu de présence maternelle constante ou hallucinée comme telle. Le fait que chaque fois que le nourrisson pleure la mère apparaisse induit chez l'enfant l'idée qu'elle est toujours là. Il faut un temps, voire un décalage entre l'appel et la réponse, pour que le bébé réalise que sa mère n'est pas constamment là, et qu'elle a affaire à d'autres partenaires qu'à lui.

L'objet transitionnel. Ce « doudou » qui se décline sous les noms les plus doux, est choisi parmi les objets avec lesquels le bébé a été en contact, et qui ont donc été aussi manipulés fréquemment par la mère. C'est un objet qui a matérialisé la limite entre eux deux : la couverture que l'on borde, la peluche que l'on met contre la joue du bébé au moment de le quitter, le petit vêtement confortable et chaud qui l'enveloppe lors des longues nuits solitaires.

Cet objet très particulier, décrit par Winnicott, est là pour rendre présent par son contact, son odeur, le lien mère-enfant dans son aspect le plus comblant. Remarquons que le « doudou » (nom familier du dit-objet) est massivement utilisé en l'absence de la mère qu'alors il compense. Le « doudou » est par exemple indispensable à l'endormissement. Mais il est tout aussi bien utilisé en sa présence pour calmer, apaiser, consoler. C'est dire que la mère dont il s'agit ici n'est pas tant la mère concrète, réelle que celle, improbable, qui serait toujours là et détiendrait la clé du bonheur de son enfant.

L'objet transitionnel est de même nature que la bobine du petit-fils de Freud. Ce petit garçon de 18 mois joue, sous les yeux de son grand-père fort intéressé, à faire apparaître et disparaître une bobine attachée au bout d'un ruban. Il accompagne son jeu répétitif de ponctuations signifiantes : « parti (*fort*)/le voilà (*da*) ». Freud traduit : l'enfant joue à répéter l'alternance présence/ absence de la mère, et réussit de la sorte à dominer l'angoisse de séparation en la symbolisant par le jeu. Avec l'avantage secondaire qu'ainsi c'est lui qui maîtrise la situation en se faisant le maître du jeu.

L'objet transitionnel se présente comme un objet limite du dedans et du dehors. Ce n'est pas le sein, et pourtant l'enfant le tète et y cherche l'odeur maternelle. Ce n'est pas non plus le pouce, et pourtant il reste d'une certaine façon attaché à l'enfant qui ne s'en défait guère. Son prototype réel, dira Lacan, c'est le placenta, cette enveloppe entre mère et enfant qui n'est ni à l'un, ni à l'autre. L'objet transitionnel précède les objets directement appelés à masquer le manque lié non plus à l'absence maternelle mais à son incomplétude, déjà évoquée par ses absences.

Ces autres objets qui vont se charger de couvrir le manque phallique sont :

L'objet fétiche qui fait **voile** devant le « pas-de-pénis » reconnu chez la mère lorsque le sujet échoue à le symboliser en manque phallique. Ce qui laisse à la castration son aspect exclusivement traumatisant. L'objet fétiche sera choisi dans une série représentant un caractère sexuel féminin, et viendra donner l'illusion d'une perception là où il n'y a rien. C'est un objet qui vient masquer le manque, laissant place au fantasme de l'existence, derrière le masque, du phallus maternel. C'est un leurre qui actualise la présence du phallus absent et dont la satisfaction sexuelle dépend. Le fétichiste désavoue la castration féminine, répugne à admettre que sa mère n'est pas toute-puissante, pour échapper lui-même à la menace de castration.

Dans le cas du petit Hans (*cf.* document 5 D 2) les culottes noires de la mère auraient pu prendre ce statut d'objet fétiche.

L'objet phobique qui, lui, se place comme protection devant l'irreprésentable d'une trop réelle menace de castration. Son but est de détourner sur lui l'attention et ainsi de focaliser l'angoisse ou de provoquer la fuite afin de l'éviter. Il vient se proposer comme objet symbolique là où le sujet est en panne de sens. Comme dirait le langage populaire : là, au moins, le sujet sait de quoi il a peur ! N'importe quoi peut prendre ce statut, et même un simple mot (exemple du loup). Il suffit que ce signifiant fasse sens dans l'histoire inconsciente du sujet, dans sa chaîne signifiante. L'objet phobique est **écran** devant la castration.

B/ Phobie et manque

Dans le déroulement de la crise œdipienne, le petit sujet fait l'épreuve de l'impossible. Impossible de la complétude, impossible d'échapper au manque.

La phobie s'articule à l'angoisse de castration et la manifeste. Dans la phobie, l'angoisse qui est le moteur à l'origine du symptôme devient l'affect central, mais avec un déplacement. La phobie illustre la nature la plus radicale du symptôme. Le danger de castration provoque l'angoisse. Mais celle-ci trouve un objet de dérivation. Le Moi reconnaît le danger de castration, donne le signal d'angoisse et provoque le refoulement en même temps que la phobie se forme. Le moteur du refoulement est l'angoisse provoquée par le mouvement libidinal œdipien, le résultat est la formation d'un objet générateur d'angoisse.

On trouve là le caractère paradoxal du rapport de la phobie avec l'angoisse. Malgré toute la charge d'angoisse que véhicule la phobie, elle reste une défense contre l'angoisse, car il y a une double économie dans ce montage :

- Il règle le conflit d'ambivalence à l'égard du parent aimé, autant qu'à l'égard de celui qui est craint et rejeté.
- Il canalise l'angoisse, qui n'apparaît plus qu'à l'évocation ou en présence de l'objet phobique, et qu'il suffit alors d'éviter. Ce travail peut parfois prendre un caractère ***sisyphéen.*** Le livre de Patrick Süsskind, *le Pigeon,* en donne un **exemple** particulièrement saisissant.

Sisyphe fut condamné par Zeus à rouler éternellement un rocher sur une pente : parvenu au sommet, le rocher retombe immanquablement. Les raisons de ce châtiment sont imprécises.

Un exemple. « Jonathan se sent envahi "d'une frayeur mortelle" (...) une mortelle stupéfaction. (...) D'un bond en arrière, il se jeta dans sa chambre et claqua la porte avant que l'œil du pigeon ait eu le temps de se rouvrir. Il tourna le verrou, fit en titubant les trois pas jusqu'à son lit et s'y assit en tremblant, son cœur battant la chamade. Il avait le front glacé et, sur la nuque et le long de son échine, il sentit la sueur qui se mettait à ruisseler. (...) Jamais, dans une maison habitée par un pigeon un homme ne saurait continuer à vivre, un pigeon, c'est le chaos (...). Non, il ne pouvait franchir cette porte, même si ce maudit oiseau était à présent parti (...). Il fallait donc qu'il se tînt prêt à passer cette nuit dans une pension, et peut-être aussi les nuits suivantes. »
Extrait de Süsskind, P. (1987). *Le Pigeon.* Paris : Fayard, p. 15.

La phobie se constitue comme un symptôme, mais un symptôme original en raison de sa quasi-universalité, du fait que tout un chacun a affaire à l'angoisse de castration. Elle fait fonction de « plaque tournante », ainsi que la nomme Lacan dans le séminaire : *D'un Autre à l'autre* (inédit, leçon du 7 mai 1969). Freud la rapprochait de l'hystérie d'angoisse sans en faire non plus une entité clinique à part. Dans *Métapsychologie* (1915), Freud la décrit comme un syndrome défensif contre l'angoisse liée à la castration. Dans *l'Homme aux loups* (1918) il souligne que l'angoisse qui prend part à la formation des phobies est l'angoisse de castration. Dans *Inhibition, symptôme et angoisse* (1925) il la définit comme un symptôme de substitution, avec mécanisme de déplacement de l'objet assorti d'une transformation de la pulsion en son contraire. Il place résolument la phobie en connexion avec l'angoisse liée au complexe de castration : « l'affect d'angoisse constitue l'essence de la phobie ». L'objet phobique supplée au père dont la fonction séparatrice et interdictrice est déplacée sur un élément neutre, extérieur. Il y a dans la phobie substitution d'un élément (signifiant, image, objet) par un autre, ce qui est une métaphore qui vient à la place de la métaphore paternelle. C'est un appel au père comme le démontre Hans, lorsque le père réel défaille à soutenir sa fonction.

La phobie apparaît au cœur de la névrose infantile, elle est signe d'effectuation de l'Œdipe. Elle précède le choix de la structure. En somme, c'est le style de la névrose infantile. « On ne peut accorder aux **phobies de l'enfance** le sens que leur confère une émergence dans la suite du développement (...). Les phobies de la névrose infantile participent d'un modèle d'organisation œdipienne *in nucleo.* » (Position de Lebovici, rapportée par Birraux, A. (1994). *Éloge de la phobie.* Paris : Presses Universitaires de France, p. 89.) La phobie est un virage : la fonction du manque, de la castration, est là mais le sujet n'a pas encore choisi la façon d'y faire argument. Tout enfant passe par le temps logique de la phobie, même discret et si universel qu'il en devient banal. Qui n'a jamais eu peur du grand méchant loup ?

Les phobies de l'enfance chez Freud et chez Lacan. Freud remarque dans *Conférences sur l'angoisse* (1932) que les phobies de l'enfance sont liées à la production initiale d'angoisse et précèdent la formation des symptômes. Lacan les considère comme une modalité particulière de la névrose infantile liée à l'impossibilité structurelle pour un homme de contenir le tout du désir féminin. La sexualité féminine n'est pas toute dans la fonction phallique, il y a un « reste » qui fait que le père ne suffit pas et que l'enfant reste en partie seul devant son tourment.

2 - Le petit Hans

La phobie du cheval décrite par le menu dans le cas du petit Hans rapporté par Freud dans les *Cinq psychanalyses* présente l'avantage d'être largement connue et commentée, ce qui permet de s'en servir comme prototype de l'étude des phobies de l'enfance.

A/ Le cas

Au début de l'observation Hans présente, écrit Freud, une « vie sexuelle infantile (...) en harmonie parfaite avec la description que j'en ai donnée dans ma théorie sexuelle ». C'est dire que ce petit garçon très freudien est placé au mieux pour guider le lecteur jusqu'au cœur de la névrose infantile.

Lorsque Freud commence l'observation, Hans a environ deux ans. Ses parents ont répondu au vœu du maître. Le père de Hans, disciple appliqué, transmet par le menu les dits et gestes de son fils à Freud qui réclame du matériel *in vivo* pour étayer ses thèses sur la sexualité infantile. Jusque-là, Freud s'est appuyé sur les souvenirs de ses patients adultes. Ceux de *l'Homme aux loups,* rapportés également dans les *Cinq psychanalyses* sous le titre paradoxal (puisqu'il s'agit d'un adulte) des *Extraits de l'histoire d'une névrose infantile* témoignent de cet intérêt freudien pour l'infantile dans l'adulte.

Hans, à un moment précis de sa vie d'enfant freudien, va développer une phobie quelque peu gênante. Car nous sommes à une époque où il ne peut guère sortir de chez lui sans rencontrer ce dont il a une peur bleue : un cheval. Mais cette phobie sera très précieuse pour faire avancer Freud dans sa formalisation du complexe d'Œdipe et de son noyau : le complexe de castration.

Hans, avant l'éclosion de sa phobie, coule des jours heureux et vit dans l'intimité de sa mère. Il est pris dans la relation ternaire imaginaire : mère-enfant-phallus et vit dans l'illusion qu'il peut combler le désir de sa mère en s'identifiant au phallus qu'il suppose sous les jupes maternelles. Il affirme l'avoir vu alors qu'elle était nue et en chemise. C'est alors que se pose à lui une double énigme à partir de laquelle il va interroger le rôle de son père : d'une part les manifestations de son pénis, d'autre part la naissance de sa petite sœur. Mais le père remplit mal la fonction de détenteur légitime du phallus et Hans doit faire intervenir un élément extérieur pour mener à bien son Œdipe : le « cheval d'angoisse », comme le nommera Freud.

La phobie de Hans est massive, elle servira à démontrer son articulation avec l'angoisse de castration (*cf.* document 5 D 2).

B/ Les leçons à en tirer

Hans le démontre : l'angoisse de la phobie, c'est l'angoisse de castration. Le cheval porteur d'angoisse se loge à la place centrale de la crise œdipienne où il va servir de couverture à l'angoisse de castration. La phobie se présente bien comme un équivalent du mythe œdipien, moment de passage qui se présente toujours à un moment de la névrose infantile. Pour Jacques Lacan c'est un moment structurel de l'enfance : « La phobie que l'on observe le plus fréquemment chez l'enfant a pour objet l'animal, et elle est une forme substitutive de la dégradation de l'Œdipe, pour autant que l'animal représente la mère comme gestatrice, le père comme menaçant, le père comme intrus ». Lacan J. (1984). *Les Complexes familiaux.* Paris : Navarin, p. 96.

Mais si sa fonction de suppléance soutient le déroulement de la crise œdipienne et en permet l'issue, elle peut laisser le sujet dans une certaine fragilité quant à l'angoisse de castration. C'est ce qui se passe pour Sergueï P. (« l'homme aux loups »), alors que Hans, d'après ce que l'on sait de sa vie, n'a plus jamais souffert du mal-être névrotique.

Cette phobie qui apparaît toujours à un moment crucial du « complexe nodal » serait-elle la forme élémentaire que prend la névrose infantile ? Freud pose la question avec Hans : « Il n'est pas le seul enfant ayant à un moment ou l'autre de son enfance été frappé d'une phobie (...). Les enfants en question deviennent plus tard névrosés ou bien ils restent bien portants. » *Cinq psychanalyses.* PUF, p. 422.

Au terme de cette étude la phobie apparaît comme ayant un statut incontournable et universel dans la construction du sujet. Et ceci quelle que soit l'issue de la névrose infantile : dissolution totale ne laissant aucune trace symptomatique ou refoulement qui fera le lit d'une névrose d'adulte. Dans ce cas, c'est cette période, avec la violence des affects qui l'accompagne, qui s'actualisera, à l'occasion d'une psychanalyse, dans la névrose de transfert. La psychanalyse se présente alors, à l'instar de l'adolescence dans le processus de développement normal, comme l'ultime chance de conclure sa névrose infantile.

DOCUMENT PROPOSÉ

5 A 1 - Les théories du développement : quelques repères

1 - PRÉSENTATION DU DOCUMENT

Ce document présente des extraits d'un article du numéro 65 du journal *Sciences humaines* (octobre 1996). Cet article donne des points de repère sur quelques grands auteurs représentants des courants théoriques divers des sciences humaines. Nous en avons choisi certains en complément du chapitre du cours les présentant.

Points de repère

La théorie de l'attachement

Ce courant de recherches, né à la fin des années 50, est consacré aux relations sociales précoces de l'enfant.

John Bowlby postule que l'attachement est un besoin primaire et spécifique, c'est-à-dire ne dépendant pas de la satisfaction des besoins physiologiques de l'enfant (en particulier : l'allaitement). Le bébé humain est pourvu d'un répertoire de comportements innés qui lui permettent d'établir et de maintenir le contact avec ses proches et en particulier sa mère (réflexes de succion et d'agrippement, pleurs et cris, sourires...). En apprenant à communiquer avec sa mère, le bébé développe ses capacités d'interagir ultérieurement avec d'autres personnes.

Hubert Montagner et son équipe ont mis en évidence les divers comportements des enfants entre eux en crèche : offrandes, sollicitations, menaces, comportements de saisie et agressions ouvertes, isolements et pleurs. Il a également établi une typologie des enfants selon leur comportement : leaders, dominants agressifs, dominés craintifs, dominés agressifs, dominés aux mécanismes de leaders, isolés. Il attribue ces différences au comportement des parents.

Les visions globales

Certains auteurs ont opté pour une vision globale de l'enfant, intégrant les aspects moteurs, affectifs, relationnels et cognitifs.

Henri Wallon (1879-1962) considère que la personnalité de l'enfant se développe par une succession de six stades et au travers de deux fonctions principales (l'intelligence et l'affectivité) :

- le stade d'impulsivité motrice (de 0 à 3 mois) qui est caractérisé par le désordre gestuel ;
- le stade émotionnel (de 3 mois à 1 an), au cours duquel les réponses des proches du bébé organisent progressivement ce désordre en émotions différenciées ;
- le stade sensori-moteur et projectif (de 1 à 3 ans) qui est l'occasion pour l'enfant de développer deux types d'intelligence : l'intelligence pratique (ou intelligence des situations), liée à la manipulation des objets, l'intelligence représentative (ou discursive), liée à l'imitation et au langage ;
- le stade du personnalisme (de 3 à 6 ans) qui voit l'affectivité primer sur l'intelligence ;
- le stade catégoriel (de 6 à 11 ans) qui est une phase de domination des activités intellectuelles. L'enfant entre à l'école et devient capable d'attention, d'effort, de mémoire volontaire ;
- le stade de la puberté et de l'adolescence (de 11 à 16 ans).

Arnold Gesell (1880-1961) établit un lien précis entre l'âge de l'enfant et les caractéristiques de croissance. Tous les enfants passent par des périodes alternées (de 6 mois ou 1 an) d'équilibre, caractérisées par un certain bien-être personnel, et de déséquilibre, durant lesquelles l'enfant est mal dans sa peau.

Le courant piagétien

Jean Piaget (1896-1980) s'est essentiellement intéressé au développement cognitif de l'enfant. Il a laissé une œuvre immense, poursuivie par certains chercheurs.

Il distingue quatre stades du développement cognitif de l'enfant :

- le stade sensori-moteur (de la naissance à 2 ans) qui concerne les déplacements du corps et des objets dans l'espace ;
- le stade préopératoire (de 2 à 7 ans) qui désigne une phase durant laquelle l'enfant ne maîtrise pas certaines opérations logiques, telles que la conservation ou la réversibilité (voir stade suivant). Par ailleurs, dans cette période, les rela-

tions de l'enfant avec le monde sont dominées par l'« égocentrisme » ;

- le stade des opérations concrètes (de 7 à 11 ans), durant lequel l'enfant est capable de résoudre des problèmes portant sur des réalités physiques. L'enfant est « conservant », c'est-à-dire qu'il sait que les volumes, les poids, etc. ne varient pas lorsqu'on modifie la forme des objets. Par exemple, si l'on transvase de l'eau d'un récipient étroit dans un récipient plus large, il affirme qu'il y a la même quantité de liquide ;
- le stade des opérations formelles (de 11 à 15 ans) qui permet l'accès à un raisonnement hypothético-déductif. L'enfant peut émettre une hypothèse abstraite puis se lancer dans une expérimentation pour en vérifier la validité.

Extrait de *Sciences humaines*, n° 65, octobre 1996.

2 - QUESTION DE RÉFLEXION

Relever les différences essentielles entre la théorie des stades dans les psychologies du développement (Wallon, Piaget) et en psychanalyse (Freud).

Document proposé

5 B 1- Névrose de l'enfant / Névrose infantile : éléments de distinction

1- PRÉSENTATION DU DOCUMENT

Il s'agit d'un extrait de *Psychanalyse d'aujourd'hui,* sous la direction de S. Nacht. Les auteurs du chapitre *La psychanalyse des enfants,* S. Lebovici, R. Diatkine, J.-A. Favreau, P. Luquet et J. Luquet-Parat, y proposent quelques critères de diagnostic de la névrose chez un enfant en la distinguant de la névrose infantile.

L'ensemble du chapitre traite dans un premier temps de l'évolution historique et de l'interaction psychiatrie et psychanalyse de l'enfant. Dans un second temps, sont exposées les applications thérapeutiques de la psychanalyse pour l'enfant. C'est dans la partie qui concerne des indications de la psychanalyse chez l'enfant qu'est traitée la question du diagnostic différentiel névrose infantile/névrose de l'enfant puisque si la première ne demande, la plupart du temps, aucune intervention thérapeutique, la seconde l'exige.

Critères différentiels

Pour fixer les critères de la névrose infantile, nous rappelions, à titre préalable, quelques conditions évolutives propres à l'enfance :

1. Freud a toujours insisté sur ce fait que la névrose de l'adulte repose sur une maladie infantile, apparemment cicatrisée. Rappelons que dans « l'Homme aux loups », le sujet fut atteint dès l'âge de 4 ans d'une phobie des loups, ultérieurement compliquée d'obsessions à thème religieux. Cette névrose semblait avoir spontanément guéri vers 10 ans, jusqu'au moment où le sujet alla consulter Freud à l'âge adulte à l'occasion des conséquences d'une blennorragie. Le problème est donc de savoir si un traitement psychanalytique chez l'enfant est susceptible d'éviter l'éclosion d'une névrose chez l'adulte.

Dans le cas du petit Hans, Freud a lui-même clairement posé le problème :

« Je ferai en outre observer en faveur de Hans (j'avoue ouvertement ma partialité) qu'il n'est pas le seul enfant ayant, à un moment ou l'autre de son enfance, été frappé d'une phobie. De telles maladies sont, cela est connu, extraordinairement fréquentes, même chez des enfants pour qui l'éducation, en matière de sévérité, ne laisse rien à redire. Les enfants en question deviennent plus tard un peu névrosés ou bien ils restent bien portants. On réduit, en leur criant après, dans la *nursery,* leurs phobies au silence, car elles sont inaccessibles au traitement et sont certes très gênantes. Elles rétrocèdent alors au bout de quelques mois ou de quelques années et guérissent en apparence ; mais personne ne saurait dire quelles altérations psychologiques nécessitent une semblable « guérison », ni quelles modifications de caractère elle implique.(...) Je crois donc que notre Hans n'a peut-être pas été plus malade que beaucoup d'autres enfants. » (...)

Je peux en conséquence me figurer qu'il fut salutaire pour notre Hans d'avoir eu cette phobie, parce qu'elle attira l'attention de ses parents sur les inévitables difficultés auxquelles un enfant doit faire face, quand, au cours de son éducation de civilisé, il doit surmonter les composantes instinctuelles innées de sa nature, et parce que c'est le trouble que subit Hans qui appela son père à son secours. Il se peut que, maintenant, Hans ait un avantage sur les autres enfants, en ceci qu'il ne porte plus en lui ce germe de complexe refoulé qui ne doit jamais être sans importance, causant à des degrés divers une déformation du caractère, quand ce n'est pas une disposition à la névrose ultérieure. (...)

2. Le problème de la curabilité spontanée de la névrose se trouve donc posé par Freud, comme il vient d'être dit. On a également vu qu'Anna Freud a bien montré que la phase de latence et la période pubérale sont marquées par l'extinction de certains troubles névrotiques. D'ailleurs, on peut noter ici l'opposition entre les troubles névrotiques et les troubles réactionnels du comportement, puisque l'adolescence est un âge de prédilection pour le déclenchement des comportements dyssociaux.

3. De toute façon, la question de l'existence même de névroses chez l'enfant est difficile à trancher : on peut admettre qu'il n'y a pas de névrose possible sans une organisation suffisante du Moi et du Surmoi. Sans doute Mélanie Klein a-t-elle insisté sur les conséquences de manifestations précoces qu'elle appelle psychotiques et qu'elle décrit au travers des reconstitutions interprétatives que lui ont permis un certain nombre d'analyses précoces. Mais, au sens de la clinique psychiatrique et psychanalytique classique, une névrose ne peut guère s'observer chez le tout jeune enfant : l'organisation stable du Moi ne s'établit qu'après l'évolution œdipienne, à l'entrée dans la période de latence. Dans ces conditions, l'apparition de symptômes analogues à ceux qu'on observe dans les névroses de l'adulte chez un jeune enfant n'autorise pas toujours à parler de névroses.

Extrait de Lebovici, S., Diatkine, J.-A., Favreau, P., Luquet-Parat J. (1967). La psychanalyse des enfants. In S. Nacht (Ed.). *Psychanalyse d'aujourd'hui*. Paris : PUF, pp. 201-203.

2 - QUESTIONS DE RÉFLEXION

– Résumer les arguments développés dans cet extrait pour établir un diagnostic différentiel névrose infantile/névrose de l'enfant.

– En voyez-vous d'autres ?

Document commenté

5 B 2 - L'homme aux loups

1 - PRÉSENTATION DU DOCUMENT

Ce travail est paru en 1918 sous le titre : *Extrait de l'histoire d'une névrose infantile.* Il est publié dans *Cinq psychanalyses.* Freud y rapporte les séances avec un jeune adulte qui vient le rencontrer pour traiter des symptômes obsessionnels très gênants. Mais, écrit Freud, « ses années d'enfance avaient été dominées par de graves troubles névrotiques qui avaient éclaté juste avant son quatrième anniversaire sous forme d'une hystérie d'angoisse (phobie d'animaux), puis s'étaient transformés en névrose obsessionnelle à contenu religieux (...) » (p. 326).

Quelques extraits ont été choisis ici car ils permettent de repérer ce passage.

Extrait n° 1 : de la névrose infantile à la névrose de l'enfant

À 3 ans et demi environ (pp. 338-339) :
« (...) Comme nous pouvions nous y attendre, avec les premières excitations génitales commença l'investigation sexuelle infantile et notre petit investigateur se trouva bientôt confronté au problème de la castration. Il réussit à ce moment-là à observer deux petites filles (...) pendant qu'elles urinaient. Sa perspicacité aurait déjà pu lui permettre, devant ce spectacle, de comprendre ce qu'il en était, mais il se comporta en cette circonstance comme nous savons que le font souvent d'autres enfants mâles. Il repoussa l'idée qu'il avait devant lui la confirmation de la blessure dont Nania l'avait menacé et se donna comme explication que c'était là le « panpan de devant » des filles. Mais le thème de la castration n'était pas par là éliminé ; dans tout ce qu'il entendait il y trouvait de nouvelles allusions. Un jour, comme on distribuait aux enfants des sucres d'orge, la gouvernante (...) déclara que c'étaient des fragments de serpents découpés en morceaux. Il se rappela alors que son père avait un jour rencontré un serpent et l'avait avec sa canne frappé et découpé en morceaux. Il entendit lire l'histoire du loup qui voulait en hiver attraper des poissons, se servait de sa queue à cette intention, ce qui fit que la queue se cassa dans la glace. Il apprit ensuite les divers noms par lesquels on désigne les chevaux, d'après l'intégrité de leurs organes génitaux. Ainsi la pensée de la castration le préoccupait, mais jusqu'ici il n'y croyait ni ne la craignait. Les contes dont il fit à ce moment-là connaissance posèrent pour lui d'autres problèmes sexuels. Dans *le Chaperon Rouge* et dans *les Sept petits chevreaux,* on sortait les enfants du corps du loup. Le loup était-il donc une créature féminine, ou bien les hommes pouvaient-ils receler des enfants dans leur corps ? À ce moment, cette question n'avait pas encore de réponse. De plus, à l'époque de ces investigations, il n'avait encore aucune peur du loup. »

À environ 4 ans (p. 343) :
« (...) Il avait eu une peur effroyable de l'image d'un loup qui se trouvait dans un certain livre de contes. (...) Sur cette image, le loup se tenait debout, une patte en avant, les griffes sorties et les oreilles dressées. »

À plus de 5 ans (pp. 332-333) :
« Avant de s'endormir, il devait longuement prier et faire une série infinie de signes de croix. Il avait aussi coutume, le soir, de faire le tour de toutes les icônes appendues dans la chambre, à l'aide d'une chaise sur laquelle il grimpait afin de baiser dévotement chacune d'elles. Avec ce pieux cérémonial s'accordait très mal - ou peut-être très bien - qu'il se souvint de pensées blasphématoires qui (...) lui venaient à l'esprit. Il était obligé de penser : Dieu-cochon ou bien Dieu-merde. Au cours d'un voyage à une station balnéaire allemande, il fut tourmenté par la compulsion à devoir penser à la Sainte Trinité chaque fois qu'il voyait trois tas de crottin de cheval (...). Quand il voyait des gens qui lui inspiraient de la pitié : mendiants, infirmes, vieillards, il devait bruyamment expirer de l'air afin de ne pas devenir comme eux. »

Extrait de Freud, S. (1938). Extrait de l'histoire d'une névrose infantile (l'homme aux loups). In *Cinq psychanalyses.* Paris : Presses Universitaires de France (édition de 1979).

2 - EXPLICATION

La phobie est déclenchée par le très fameux rêve d'angoisse : la fenêtre s'ouvre brusquement et Sergueï P. aperçoit dans le cadre 7 loups qui le fixent. Les loups sur l'arbre ont des queues comme des renards. Cet élément est associé à une histoire entendue : un loup gris saute dans la pièce où travaille un tailleur. Lequel saisit le loup par la queue qu'il arrache. Le loup épouvanté s'enfuit. Quelques temps après, le tailleur est assailli dans la forêt par une meute de loups qu'il évite en grimpant à un arbre. Le mutilé qui est parmi eux veut se venger du tailleur et propose que tous les loups forment une pyramide dont il sera la base pour atteindre l'homme. Celui-ci, qui a reconnu sa « victime », s'écrie alors : « attrapez le loup gris par la queue ». Le loup terrifié par ce souvenir s'enfuit, et tous dégringolent. Les queues inadéquates du rêve sont un déni de cette castration par le tailleur, celui qui taille. Le texte et l'analyse intégrale du rêve se trouvent pages 342 à 358 de l'observation.

Freud analyse ce rêve comme un souvenir écran de la scène primitive. L'enfant aurait assisté, à l'âge d'un an et demi, à une relation sexuelle entre ses parents. C'est, comme toujours dans un deuxième temps, en association avec d'autres découvertes et événements, que cette scène prend un caractère traumatisant avec la révélation pour l'enfant de la sexualité. C'est à peu près à la même époque qu'ont lieu des jeux sexuels initiés par sa sœur aînée.

La phobie du loup chez Sergueï P. va disparaître assez vite, beaucoup plus facilement que celle du cheval pour Hans. Mais elle va être immédiatement suivie de symptômes de névrose obsessionnelle, ce qui n'est pas du tout le cas pour Hans qui semble retrouver une sérénité durable. Pour l'homme aux loups, après une relative accalmie pendant une période de latence toutefois assez tardive, s'installe une grave névrose dans la continuité de celle de son enfance.

3 - QUESTION DE RÉFLEXION

- Repérer à partir du premier extrait par quelles associations de mots et d'images l'enfant se représente imaginairement la castration. Vous pouvez aussi lire le passage suivant où Sergueï P. se représente avec un doigt coupé en manifestant une intense angoisse de castration.

Extrait n° 2 : L'hallucination du doigt coupé

« (...) J'avais cinq ans, je jouais au jardin auprès de ma bonne, et j'étais en train d'entailler, avec mon couteau de poche, l'écorce de l'un de ces noyers qui jouent encore un rôle dans mon rêve. Je remarquai soudain, avec une inexprimable terreur, que je m'étais coupé le petit doigt de la main (droite ou gauche ?) de telle sorte que le doigt ne tenait plus que par la peau. Je n'éprouvai aucune douleur mais une grande peur. Je n'osai pas dire quoi que ce fût à ma bonne, qui était à quelques pas de moi. Je m'effondrai sur le banc voisin et restai là assis, incapable de jeter un regard de plus sur mon doigt. Je me calmai enfin, je regardai mon doigt, et voilà qu'il n'avait jamais subi la moindre blessure (...) »

Extrait de Freud, S. (1938). Extrait de l'histoire d'une névrose infantile (l'homme aux loups). In *Cinq psychanalyses*. Paris : Presses Universitaires de France (édition de 1979), p. 390.

4 - REMARQUE

On observera la différence de description clinique entre ce qui apparaît comme névrose obsessionnelle chez l'enfant alors âgé de plus de 5 ans, et ce qui apparaît auparavant comme phobie du loup en lien avec l'angoisse de castration se formant après une période d'investigation dense autour de la question de la différence des sexes.

Document proposé

5 B 3 - Le complexe d'Œdipe selon Freud

1 - PRÉSENTATION DU DOCUMENT

Dans ce long extrait, Freud résume ce qu'il en est de l'articulation : complexe d'Œdipe et complexe de castration pour le garçon et pour la fille.

Le texte intégral se trouve dans le chapitre VII de l'*Abrégé de psychanalyse* sous le titre : *Un exemple de travail psychanalytique.* Ce livre, commencé en juillet 1938, est resté inachevé du fait de la mort de Freud. On peut considérer qu'il s'agit là en somme du « testament » freudien où l'on trouve l'essentiel de ce que Freud entendait laisser de son œuvre.

Un exemple de travail psychanalytique : extraits

Le sein nourricier de sa mère est pour l'enfant le premier objet érotique, l'amour apparaît en s'étayant à la satisfaction du besoin de nourriture. Au début, l'enfant ne différencie certainement pas le sein de son propre corps. C'est parce qu'il s'aperçoit que ce sein lui manque souvent que l'enfant le sépare de son corps, le situe au « dehors » et le considère dès lors comme un « objet », un objet chargé d'une partie de l'investissement narcissique primitif et qui se complète par la suite en devenant la personne maternelle. Celle-ci ne se contente pas de nourrir, elle soigne l'enfant et éveille ainsi en lui maintes autres sensations physiques agréables ou désagréables. Grâce aux soins qu'elle lui prodigue, elle devient sa première séductrice. Par ces deux sortes de relations, la mère acquiert une importance unique, incomparable, inaltérable et permanente et devient pour les deux sexes l'objet du premier et du plus puissant des amours, prototype de toutes les relations amoureuses ultérieures.

(...) Cet avant-propos n'est pas superflu et va nous permettre de comprendre l'intensité du complexe d'Œdipe. Quand le garçon (vers 2, 3 ans) entre dans la phase phallique de son évolution libidinale, quand il ressent les sensations voluptueuses fournies par son organe sexuel, quand il apprend à se les procurer lui-même, à son gré, par excitation manuelle, il devient alors amoureux de sa mère et souhaite la posséder physiquement de la manière que ses observations d'ordre sexuel et son intuition lui ont permis de deviner. Il cherche à la séduire en exhibant son pénis dont la possession le remplit de fierté. En un mot, sa virilité tôt éveillée l'incite à vouloir remplacer auprès d'elle son père qui, jusqu'à ce moment, avait été un modèle envié à cause de son évidente force physique et de l'autorité dont il était investi. Maintenant l'enfant considère son père comme un rival qu'il voudrait évincer. Si le petit garçon a quelquefois partagé le lit de sa mère pendant une absence de son père, il s'en voit banni dès le retour de celui-ci, d'où satisfaction au départ et amère déception au retour. Tel est le complexe d'Œdipe que la légende grecque a emprunté au monde fantasmatique infantile pour le transposer en prétendue réalité. Dans nos civilisations actuelles, une fin terrible est réservée à ce complexe.

La mère comprend très bien que l'excitation sexuelle de son petit garçon se rapporte à elle-même. Un beau jour, elle se dit qu'il ne faut pas laisser les choses aller ainsi et croit bien faire en lui interdisant les pratiques masturbatoires. L'interdiction a peu d'effet et n'entraîne tout au plus qu'une modification du procédé d'auto-satisfaction. Finalement, la mère adopte les grands moyens. Elle menace l'enfant de lui enlever l'objet du délit et, généralement, pour rendre sa menace plus terrifiante, plus croyable, elle déclare laisser au père le soin de l'exécuter et annonce qu'elle va tout raconter à ce dernier. Le père, dit-elle, coupera le membre viril. Chose remarquable, cette menace ne devient opérante que si une autre condition se trouve remplie auparavant ou plus tard. En effet, l'enfant ne croit pas la possibilité d'une punition semblable, mais si, au moment de la menace, il se souvient d'avoir déjà vu des organes génitaux féminins, ou encore si, un peu plus tard, il lui arrive d'apercevoir ce sexe auquel manque l'objet apprécié entre tous, il prend alors au sérieux la menace, et, sous l'effet du complexe de castration, subit le plus fort traumatisme de sa jeune existence.

Les effets de la menace de castration sont multiples, incalculables et influencent toutes les relations du petit garçon avec ses père et mère et plus tard ses rapports avec les hommes et les femmes en général. La plupart du temps, la virilité de l'enfant cède sous ce premier choc. Afin de sauver son membre viril, il renonce plus ou moins complètement à la possession de sa mère ; souvent sa sexualité est, par suite de cette interdiction, à tout jamais compromise. S'il possède en lui une forte composante féminine, comme nous disons, cet élément gagne en puissance du fait de la virilité menacée. Il adopte, en face de son père, une attitude passive, analogue à celle qu'il prête à sa mère. La menace a pu le faire renoncer à la masturbation, mais non aux fantasmes qui accompagnaient celle-ci. Bien au contraire, l'activité fantasmatique, seule forme de satisfaction sexuelle qu'il lui reste, s'exerce plus qu'auparavant.

(...) Les effets du complexe de castration sont, chez la fille, plus uniformes mais non moins profonds. La petite fille, cela va de soi, n'a pas à redouter de perdre son pénis, mais elle réagit au fait de n'en pas avoir été pourvue. Dès le début, elle envie le garçon et l'on peut dire que toute son évolution s'effectue sous le signe de cette envie du pénis. Elle s'efforce d'abord vainement de rivaliser avec le garçon, puis avec plus de succès, tente de trouver une compensation à son manque et ses efforts peuvent aboutir à lui faire adopter une attitude féminine normale. Quand, au cours de la phase phallique, elle cherche, comme le petit garçon, à se procurer des sensations voluptueuses en excitant ses organes génitaux, elle ne parvient pas toujours à obtenir une satisfaction suffisante et étend alors à toute sa personne le sentiment d'infériorité qu'a suscité chez elle la possession d'un pénis rabougri. En règle générale, cherchant à fuir tout ce qui lui rappelle la supériorité de son frère ou de ses camarades masculins, elle ne tarde pas à renoncer aux pratiques masturbatoires et se détourne alors tout à fait de la sexualité.

Si la petite fille s'en tient à son désir premier, devenir un garçon, elle sera plus tard, dans les cas extrêmes, une homosexuelle manifeste ou, en tout cas, présentera des traits marqués du caractère masculin, choisira une carrière masculine, etc. Dans l'autre voie qui lui est ouverte, elle se détache d'une mère autrefois aimée, ne lui pardonnant pas, sous l'effet de l'envie du pénis, de l'avoir mise au monde si mal pourvue. Dans son ressentiment, elle se détourne de sa mère et adopte un autre objet d'amour : son père. Lorsqu'on perd un être aimé, la réaction la plus naturelle est de s'identifier à lui, de le remplacer, si l'on peut dire, du dedans. C'est ce mécanisme qu'utilise alors la fillette. Elle peut remplacer l'attachement par une identification, se met à la place de sa mère comme elle l'a toujours fait dans ses jeux, et, voulant la remplacer auprès de son père, se met à haïr celle qu'elle avait jusqu'alors aimée, cela pour deux motifs : par jalousie et par rancune, à cause du pénis dont elle a été privée. Ses nouvelles relations avec son père peuvent s'établir d'abord sur le désir de disposer du pénis de celui-ci, mais le point culminant s'en trouve dans un autre désir : recevoir de lui le cadeau d'un enfant. Ce désir de l'enfant a remplacé l'envie du pénis ou du moins en dérive par une sorte de clivage.

Il est intéressant d'observer combien les relations entre le complexe d'Œdipe et le complexe de castration sont différentes, voire opposées, chez les filles et les garçons. En effet, la menace de castration, comme nous l'avons pu voir, met fin chez le garçon au complexe d'Œdipe. La fille, au contraire, est poussée dans ce complexe quand elle s'aperçoit qu'elle ne possède pas de pénis.

Freud, S. (1978). *Abrégé de psychanalyse.* Paris : PUF, pp. 59-66.

2 - QUESTIONS DE RÉFLEXION

– Relever les arguments que Freud avance pour soutenir son hypothèse de l'universalité du complexe d'Œdipe.

– Remarquer la dissymétrie dans l'évolution du complexe d'Œdipe chez le garçon et chez la fille. Mais noter les similitudes quant au rapport à la mère. Que peut-on en déduire, en particulier à propos du complexe d'Œdipe de la petite fille ?

DOCUMENT PROPOSÉ

5 B 4 - L'Œdipe d'un petit garçon

1 - PRÉSENTATION DU DOCUMENT

Il s'agit de la retranscription presque *in extenso* des séances avec un petit garçon, Rodolphe, qui a 5 ans et demi lorsqu'il rencontre l'analyste pour la première fois. Il paraît à peine 3 ans, et se comporte à peu près comme un enfant de cet âge. Les séances reprises ici ont été choisies comme illustrant le temps psychique qu'il faut à Rodolphe pour mener à bien sa névrose infantile et conclure en ayant « récupéré » son âge chronologique.

L'auteur, Patrick Valas, est l'analyste de l'enfant. Les extraits de séances et leurs commentaires sont tirés de son livre : *Œdipe, reviens, tu es pardonné* (1984). Paris : Seuil (collection Points).

Mise en place de la métaphore du Nom-du-Père

Troisième séance : (...) Il dessine « l'histoire du secret du lézard à la queue coupée, mais ça ne fait rien, ça repousse tout seul ».

L'ablation de la queue du lézard pourrait évoquer la crainte de perdre le pénis, en faire châtiment de désirs incestueux. Auquel cas, elle marquerait le moment où l'enfant s'introduit à la problématique de la castration symbolique.

Septième séance : Il fait ce dessin de la « maman moche avec le destin moche et le bébé qu'on ne sait pas s'il est une fille ou un garçon. »

Comme on le verra, l'angoisse est à corréler à une identification au phallus maternel. C'est parce que la mère a un destin moche : à savoir, pas le pénis, qu'elle a un bébé dans le ventre, la sexuation de l'enfant en question devenant problématique de ce fait même.

Huitième séance : (...) La grossesse est directement associée au phallus : « la maman qui a un plus gros ventre et pas même un enfant ».

Neuvième séance : À sa mère qui est venue parler avec l'analyste : « quand tu seras morte, je veux que tu meures. » À son analyste : «mon père m'aime trop. »

On remarquera cette phrase étonnante de Rodolphe : il veut que sa mère meure, mais seulement lorsqu'elle sera morte, à savoir lorsqu'elle ne sera plus désirante, ou encore en tant que femme phallique, en tant que femme munie d'un phallus, ici représenté par Rodolphe. Le désir de mort vise l'entité où mère et enfant forment la figure de la femme phallique (...). Rodolphe déclare vacante la place du père, en raison de l'excès d'amour que ce dernier lui porte.

Dixième séance : « Mon vrai destin c'est que mon papa meure jeune et que je me marie avec ma maman ». Problématique œdipienne classique.

Treizième séance : (...) Il évoque sa propre place par rapport à la jouissance phallique, et plus simplement celle du phallus maternel : « Je me sens pas quand je fais pipi... Je me traite comme un bébé et pourtant je suis un grand garçon. J'ai pas su comprendre les choses de bébé (...) »

Dix-huitième séance : « (...) Toucher le zizi c'est la révolution des fantômes qui coupent le zizi... Je bute sur quelque chose. Durcir le zizi ça me bouche le zizi (...) pour consoler la maman je me mettrai des faux poils pour remplacer papa. »

Comme il n'est pas capable de comprendre les manifestations réelles de son pénis, Rodolphe se donne l'explication qu'il peut trouver.

Il situe le fantôme dans sa relation à l'inceste, commence à distinguer le pénis (zizi) de la signification du phallus (la révolution des fantômes). Il s'engage dans l'Œdipe. Il est sur le seuil de la castration symbolique. Cette castration n'est pas un moment ponctuel, mais consiste en une série d'approches. Elle porte sur le rapport du sujet à sa parole. Son objet est imaginaire. C'est le phallus désiré par la mère (...). L'agent de la castration est le père réel.

Trente-quatrième séance : il fait un dessin qu'il commente : « le gros perroquet qui mange tous les fantômes ».

Rodolphe va pouvoir faire appel à la fonction paternelle : le père OK qui mange tous les fantômes.

Extraits de Valas P. (1984). *Œdipe, reviens, tu es pardonné.* Paris : Seuil (collection Points), pp. 22-63

2 -QUESTIONS DE RÉFLEXION

- Repérer la construction, avec les moments cruciaux, du complexe de castration pour Rodolphe :
  - angoisse de castration corrélée au questionnement sur la différence des sexes,
  - fantasme de la mère phallique,
  - énigme de la jouissance pénienne,
  - série d'objets métonymiques, représentant le phallus : queue, bébé, gros ventre, objet que possède le père, le zizi de Rodolphe (d'où l'énurésie).
- Remarquer comment le fantôme est l'élément phobique qui fait passer le père d'un état de « trop gentil » à celui de suffisamment puissant pour assumer la fonction paternelle. C'est à ce moment que Rodolphe peut s'engager dans la résolution de son complexe d'Œdipe.

DOCUMENT COMMENTÉ

5 B 5 - L'Œdipe d'une petite fille

1 - PRÉSENTATION DU DOCUMENT

Cette présentation est extraite de la lettre du GRAPE (Groupe de recherche analytique en psychologie de l'enfant) : *L'Enfant et les savoirs*, mars 1997.

Il s'agit d'une fillette qui vient voir l'analyste à cause de son échec dans l'apprentissage de la lecture. Les hésitations, la lenteur, les oublis, les vides de la pensée ponctués de « j'sais pas » font penser à une inhibition massive. Une agitation permanente l'anime, probable signe extérieur d'une lutte contre une angoisse dont elle ne veut rien savoir. À part ça, « tout va bien », déclare-t-elle volontiers si l'analyste s'attarde un peu trop sur la question : « et à part ça ? », pour la faire sortir de la plainte répétitive mais stérile car articulée à aucune association de ne pas savoir lire. Pourtant son agitation témoigne d'une excitation que le corps exprime à la place des mots et qu'elle met en acte tellement elle est débordée.

Elle a 9 ans et ne sait effectivement pas lire. Sa pensée s'énonce sous forme d'injonctions surmoïques. Dans son système idéatoire, il n'est pas du tout interdit d'interdire. Il faut donc : ranger, ne pas salir, encore moins se salir, ne pas déballer les jouets, réfléchir (c'est un ordre !), ne pas rester cul nu, et enfin interdire.

Entendons ce : « il faut interdire » comme un appel à un tiers symbolique visant à borner, à mettre des limites à la jouissance, à entendre dans le sens juridique du terme « jouir de », « avoir l'usage de ». Cela tant dans la relation avec son père, qui entretient avec elle un lien de corps à corps, qu'avec sa mère, qui apparaît, telle celle décrite dans *l'Arrache-cœur* de Boris Vian, comme une mère qui aime tant ses enfants que, pour les protéger, elle les enferme dans une cage.

L'inhibition intellectuelle qui apparaît au premier plan a partie liée avec un défaut de refoulement des désirs œdipiens. La fillette est face à une mère phallique toute-puissante qu'elle ne peut affronter. Dans un rêve, la mère apparaît comme une sorcière qui enferme effectivement sa fille dans une cage. La fille n'a plus qu'à refouler ses questions sur qui a le pouvoir, et toute curiosité intellectuelle est aspirée en même temps.

Le père ne l'aide guère, la sollicitant là où il devrait la maintenir à distance.

Rapportons ici un rêve de cette jeune patiente après plusieurs mois d'analyse.

Un rêve œdipien

« C'était ma mère, elle allait rester à l'hôpital jusqu'à ce que j'aie 12 ans (renseignement pris, c'est pour elle l'âge adulte). J'avais retrouvé ma chienne. » Elle commente : la chienne traverse la rue, la petite sœur hurle, elle (qui : la sœur ? la chienne ?) se fait écraser. Supposons que c'est la petite rivale qui disparaît ainsi après la grande. Puis elle continue : « Moi je suis pressée d'être une dame pour avoir un bébé. ». Enfin : « Avant, mon père il était qu'avec moi ». Et d'une petite voix triste contrastant avec son habituelle vivacité : « Maintenant encore... », et elle suspend sa parole sur cette évocation nostalgique du père séducteur.

Le commentaire suivant éclaire la fixation œdipienne en même temps que s'annonce une ébauche de sortie : « Mon papa, il dit que je suis trop petite pour le raser. Si je suis coiffeuse, il viendra chez moi au coiffeur. Il est déjà marié. »

Extrait de Menès, M. (1997). L'inhibition, un mal nécessaire. *Lettre du GRAPE, l'Enfant et les savoirs*, n° 27.

2 - EXPLICATION

Apprendre pour devenir coiffeuse devient possible dès lors que le désir de savoir n'est plus parasité par le désir œdipien. Ce désir rencontrait un certain écho chez le père qui faisait volontiers appel à sa fille pour des soins assez intimes. Pour pouvoir apprendre, il faut qu'elle renonce à coiffer non pas l'homme qui est son père, mais le mari de sa mère. La limite que le père énonce enfin permet un début de sublimation : apprendre un métier où la relation intime au père pourrait être maintenue sous une forme acceptable, et un changement quant à l'adresse de la demande : devenir une dame, demander un bébé à un autre homme que le père.

3 - REMARQUE

Même dans ce bref extrait on peut lire les effets civilisateurs de l'interdit de l'inceste dans son double versant :

- mettre une distance entre mère et fille pour ne pas se faire « bouffer », disparaître dans la passivité et l'inhibition au point de ne plus penser ;.
- mettre une distance entre le père et la fille pour permettre à la fille d'accéder à un désir propre, autonome, de transmission.

4 - EXERCICE

Dans cette courte séquence de cure, on voit la fillette osciller entre deux des trois issues du complexe d'Œdipe féminin. Les relever précisément.

Document proposé

5 C 1 - Les théories sexuelles infantiles

1 - PRÉSENTATION DU DOCUMENT

Des extraits des réflexions du petit Hans dans les *Cinq psychanalyses* de Freud (Paris : PUF, 1979) vont permettre de repérer différentes versions à propos de la gestation et de la naissance des bébés.

Comment naissent les bébés ?

Théorie de l'auto-engendrement (pp. 153, 154 et 160)

Hans, à son père : À Gmunden, tu as pondu un œuf dans l'herbe et un poulet en est tout de suite sorti. Tu as pondu un œuf un jour, je le sais, je sais que c'est sûr. Parce que Maman me l'a dit.

Remarquer la conviction de Hans.

Hans : À Gmunden, je me suis couché dans l'herbe, non, je me suis mis à genoux et les enfants ne me regardaient pas du tout, et tout d'un coup le matin j'ai dit : Cherchez, les enfants, hier j'ai pondu un œuf ! Et tout à coup ils ont vu un œuf et il en est sorti un petit Hans.

Hans, un peu plus loin, à propos de sa petite sœur à laquelle il attribue les mêmes possibilités :

(...) La petite fille pond tout de suite un œuf, et de l'œuf sort encore une Anna.

Plus tard encore :

Le père : Mais de qui as-tu pensé que tu avais eu les enfants ?

Hans : Na ! de moi.

Freud le signale en note, les réponses de Hans à cette époque sont dans la logique de l'auto-érotisme, et utilisent des éléments de l'oralité (l'œuf), et de l'analité (la ponte).

La théorie suivante donne une version anale :

Théorie anale de la naissance (p. 145)

(...) Freud : J'avais omis de le rendre attentif (le père) au fait que, pour les théories sexuelles des enfants, un enfant est un *loumf* (caca)

Le père : Quand tu es assis sur le pot et qu'un *loumf* vient, as-tu déjà pensé que tu étais en train d'avoir un enfant ?

Hans : Oui. Déjà à la rue N., et ici aussi.

Avec les versions suivantes, nous voyons qu'Hans a reconnu la différence des sexes, et que l'énigme porte maintenant sur son sens. L'angoisse de castration n'est pas loin. Voyons comment il va penser cette question actualisée par l'arrivée au monde de sa petite sœur :

Dénégation pure et simple (p. 141)

Hans affirme plusieurs années avant la naissance de sa sœur : « Anna a voyagé à Gmunden avec nous, dans une caisse comme ça. Chaque fois que nous avons été à Gmunden, elle est venue avec nous dans la caisse. »

Interprétation de la différence des sexes assortie de son déni (pp. 154 et 160)

Hans : Les petits garçons ont des filles et les petites filles des garçons.

Le père : Mais les petits garçons ne peuvent pas avoir d'enfants.

Hans : Mais pourquoi pas moi ?

et plus loin : Oui, oui. Mais je le crois tout de même.

Là, encore une fois, remarquer qu'il s'agit bien d'une croyance qui va à l'encontre de ce que Hans admet pourtant. Les théories sexuelles infantiles se présentent ainsi comme des matrices du fantasme.

D'après Freud, S. (1909). Analyse d'une phobie chez un petit garçon de 5 ans (Le petit Hans). In *Cinq psychanalyses*. Paris : PUF (1979).

Remarque

Les différentes versions sur l'origine des bébés et sur la naissance suivent l'évolution psychosexuelle de l'enfant.

2 - QUESTION DE RÉFLEXION

Essayer à partir de ce défilé de faire une hypothèse explicative de la constipation chronique de Hans et de ses manœuvres de rétention et de refus du pot. Penser à l'équivalence des objets partiels : sein = fèces = pénis = bébé.

DOCUMENT COMMENTÉ

5 D 1 - Sandy : un épisode phobique chez une petite fille de 2 ans et 5 mois

1 - PRÉSENTATION DU DOCUMENT

Sandy est une petite fille dont le cas est présenté par une élève d'Anna Freud : Anneliese Schnurmann, dans *Observation of a phobia, Psychoanalytic Study of the child,* 1949, pp. 253-270, vol. 3-4. Les extraits rapportés ici et les commentaires sont issus pour l'essentiel du Séminaire IV : *La relation d'objet* de Jacques Lacan (1994, Paris : Seuil) où l'auteur analyse les observations laissées par Schnurmann. Les encadrés sont de Jacques Lacan.

Complexe de castration et phobie

Le cas

L'enfant se trouve à la *Hampstead Nursery* créée à Londres par Anna. Freud pour recueillir les enfants des familles en difficulté pendant la Seconde Guerre mondiale. Elle est décrite à 2 ans comme une fillette active et vive. À 2 ans 1 mois, elle a l'occasion d'observer un petit garçon en train d'uriner et elle essaye de faire comme lui. Elle se fâche parce qu'elle n'y arrive pas. Sa nurse lui donne quelques éclaircissements. Lacan commente ainsi cet épisode :

« La petite fille - (...) - s'étant aperçue que les garçons ont un fait-pipi, comme s'exprime le petit Hans, se met à fonctionner en position de rivalité. Elle fait tout pour faire comme les petits garçons. ».

Lacan J., *Séminaire* IV. Paris : Seuil. p. 72.

Le cas

Un peu plus tard elle a peur d'un petit garçon qui joue à faire le chien.

Elle a à peu près 2 ans 4 mois quand sa mère, hospitalisée pour une intervention, ne peut venir la voir pendant trois semaines. Lorsque celle-ci réapparaît, c'est en marchant soutenue par une canne.

C'est une nuit de cette période – Sandy a 2 ans 5 mois – qu'un cauchemar la réveille. Elle soutient qu'il y a un chien dans son lit. Ensuite elle refuse d'aller se coucher : « pas lit. Toutou arrive », et de sortir parce qu'elle a peur de rencontrer un chien.

Il s'est écoulé quatre mois entre la découverte par l'enfant de son aphallicisme et l'éclosion de la phobie. Entre-temps la mère a manqué et elle revient affaiblie.

« Nous découvrons ainsi grâce à l'observation que l'aphallicisme n'a pas suffi, mais qu'il fallait encore cette deuxième rupture dans le rythme alternant de la venue-revenue de la mère.
La mère est d'abord apparue comme quelqu'un qui pouvait manquer, et son manque s'est inscrit dans la réaction et le comportement de l'enfant : elle est triste...
L'enfant revoit ensuite sa mère sous une forme débile, appuyée sur une canne, malade, fatiguée – dès le lendemain éclate le rêve du chien, et la phobie s'installe. »

Lacan, *ibid.*, p. 72-73.

Le cas

Il faut que la mère soit perçue elle aussi marquée du manque pour que la phobie se déclenche. Sandy ne veut plus sortir dans la rue de peur de rencontrer un chien et elle explique : « toutou mordre jambe vilain garçon », et aussitôt après elle montre son doigt indemne (penser à l'hallucination de l'homme aux loups) en disant : « tout mieux ». C'est sa théorie infantile de la castration : une punition et «tout mieux» montre un espoir d'y échapper.

À 2 ans 6 mois, dans le bain, elle s'enfonce un morceau de savon dans le sexe. « Elle fut bouleversée et effrayée », dit la nurse qui lui explique alors que toutes les filles sont ainsi faites. Sandy réplique : « Maman malade, maman remarcher. » Le lendemain, elle désigne son sexe en disant : « mordue là ».

Au retour de sa mère la première chose que Sandy fait est de regarder sous ses jupes.

La phobie disparaîtra en quelques semaines.

2 - EXPLICATION

A/ Pourquoi Sandy développe-t-elle une phobie ?

Les premières manifestations de son complexe d'Œdipe s'expriment sous les auspices classiques de l'envie du pénis. Lorsqu'elle observe un petit garçon en train d'uriner, elle tente de l'imiter. Elle n'accepte pas de ne pas avoir le même organe que lui. L'envie du pénis marque une déception imaginaire : l'enfant s'imagine privée du phallus qui s'ancre sur le pénis entrevu.

L'angoisse de castration est forte :

- Sandy a peur qu'un chien ne morde un petit garçon parce que méchant.
- Elle interprète la diminution physique de sa mère en termes de manque phallique (va voir sous ses jupes), et à cette occasion réalise qu'elle ne pourra recevoir le phallus de sa mère qui ne l'a pas non plus.

« La vue de la mère amoindrie, endommagée, handicapée (*dammaged mother*) peut avoir confirmée une peur qu'avait expérimentée Sandy, quand elle comparait les organes génitaux du petit garçon avec les siens » écrit A.L. Schnurmann.

- Les attouchements avec l'expérience du savon qu'elle s'enfonce dans le vagin éveille une sexualité qui l'angoisse.

Il n'y a pas de tiers paternel présent.

La phobie se présente bien là, à un moment particulièrement critique, comme un appel à la rescousse, l'appel à une symbolisation, à une mise en sens de la castration.

B/ Pourquoi ce choix du chien comme représentant de la phobie ?

Il y a une identification entre le « toutou » et l'enfant-mordeur garçon.

Être mordu c'est être « méchant garçon »… ou fille ? Sandy fait un lien *via* sa mère entre blessure et manque.

La morsure enlève quelque chose, même si, comme le souligne A.L. Schnurmann, « l'enfant n'a aucune idée sur la question de savoir si le dommage supposé avait déjà été fait ou sur le point d'être fait (...). Ce n'est pas surprenant si l'on considère que les processus de pensée ne se conforment pas aux lois du temps et de la logique. »

3 - QUESTIONS DE RÉFLEXION

- Relever les similitudes et les différences entre la phobie de Hans (*cf.* document 5 D 2) et celle de Sandy quant au déclenchement, quant au rôle de la rencontre avec le réel du sexe et quant au vécu du complexe de castration.
- Noter les coordonnées qui pourraient expliquer que l'épisode phobique chez Sandy se résout beaucoup plus facilement que pour Hans.

Document commenté

5 D 2 - Le petit Hans

1 - PRÉSENTATION DU DOCUMENT

En 1909, Freud publie l'analyse d'une phobie chez un petit garçon de cinq ans. Les pages commentées ici et indiquées entre parenthèses renvoient au texte de la version éditée par les PUF dans *Cinq psychanalyses* en 1979. Ces commentaires sont largement inspirés par ceux de Lacan dont on peut trouver les originaux dans le Séminaire IV sur *La relation d'objet* (1994, Paris : Seuil).

2 - EXPLICATION

A/ Hans cherche le sens de la différence aperçue

Au début de l'observation Hans a environ 2 ans et demi. Il fait preuve d'une robuste sexualité infantile et d'une curiosité bien orientée. Son *wiwi-macher* – traduction : « fait-pipi », focalise son intérêt, intérêt qui le pousse à la masturbation (p. 95).

Il en cherche la présence semblable sur son père, sur sa mère, sur les animaux et même sur les objets qu'il sexualise. On le voit « phalliciser » ainsi les éléments féminins : le pis de la vache, le « tutu » des filles, et même le sien, deviennent un équivalent du « fait-pipi ».

Il s'en sert pour attirer l'attention des petites filles, puis de sa mère (p. 106) qui menace de le lui faire couper par le docteur. Menace qui ne prendra de valeur angoissante qu'après coup. Au moment où il l'entend, Hans a l'idée d'une substitution possible. Le «tutu », derrière, fera l'affaire (p. 95).

Il est intrigué par les sensations que lui procure cet organe, ce qui l'amène à entamer une enquête serrée sur sa fonction, c'est-à-dire qu'il cherche un sens à la jouissance masturbatoire. Faute de le trouver, l'érection s'impose à lui comme intrusion.

B/ Le déni maternel

Le rapport que le père fait à Freud commence avec cette question que Hans (presque 3 ans) adresse à sa mère : « as-tu aussi un fait-pipi ? ». « Bien entendu », répond celle-ci sans hésiter (p. 95). Réponse qui ne laisse entrevoir aucun manque au delà d'elle-même et des enfants qui la complètent. Plus tard – il a 4 ans 3 mois – Hans essaiera de se faire aimer non plus pour ce qu'il est mais pour ce qu'il a. Un jour de bain, il demande à sa mère de talquer aussi son pénis qu'elle évite avec soin (p. 103). Sa tentative est un échec complet. Sa mère riposte : « cache ça, c'est une cochonnerie. » Elle méprise le phallus qu'il a, mais elle tient au phallus qu'il est pour elle, enfant appendice imaginaire qu'elle traîne partout avec elle, jusque dans les toilettes où Hans a tout le loisir de remarquer qu'elle n'a pas ce qu'elle dit avoir. Les tentatives interdictrices du père restent sans effet, en particulier lorsqu'il essaie de sortir son fils du lit conjugal (p. 118). Hans rencontre l'énigme du désir de sa mère sans grand appui du côté du père qui, lui aussi, se fait débouter pour ce qu'il a. L'enfant ne peut que rester avec sa question, à savoir, pourquoi il est aimé.

Pourtant Hans a vu, il sait. Il continue sa recherche. Apparaît pour la première fois le signifiant de sa phobie : « Puisque tu es si grande, tu dois avoir un fait-pipi comme un cheval » (p. 96). Mais la mère réitère son déni du manque, ce qui permet de faire l'hypothèse qu'elle a un rapport de refus quant à la castration.

C/ La quête phallique de Hans

Hans a une idée sur l'endroit où pourrait se tenir le phallus. Il rajoute un trait vertical au dessin de la girafe que son père dessine pour lui, trait qu'il nomme fait-pipi. Sur ce dessin, le fait-pipi est séparé du corps de la girafe (p. 100). Il indique avec ce fait-pipi séparé et détachable un début de symbolisation. C'est ce qui lui permet (p. 114) de garder quelque espoir pour pouvoir dans le futur « enraciner » le phallus sur son « fait-pipi » afin d'être en mesure de s'en servir pour un autre usage.

Le dessin de la girafe

Hans dit : « dessine-moi une girafe. Et dessine aussi le fait-pipi. »

Je (le père) réplique : « dessine-le toi-même. »

Alors il ajoute à mon dessin de la girafe ce trait, d'abord en tirant un trait court, puis en le prolongeant d'un autre trait en remarquant : « le fait-pipi est plus long. »

Lorsque sa petite sœur naît, Hans (3 ans et demi) se trouve débouté de sa place de phallus maternel non par le désir que la mère porte au père mais par la présence d'un nouvel enfant. D'où son angoisse d'être laissé en plan puisque Anna vient exactement à la même place que lui, comme objet métonymique du phallus maternel, et non comme l'enfant métaphorique de l'amour de la mère pour le père.

Ses premières réactions de refus de l'intruse sont d'ailleurs très vives : il en tombe malade (p. 98) et l'on apprend plus tard que le vœu de mort n'est pas loin (p. 143).

Hans dit à son père à propos d'Anna : « J'aimerais mieux qu'elle ne fût pas venue au monde. »

La première manifestation d'angoisse suit un rêve où sa mère est partie (p. 106). Comme tout rêve, celui-ci exprime un désir : qu'elle le lâche. Mais alors deviendra-t-il un reste sans aucune valeur que plus personne n'aimera ? Car Hans, qui a maintenant 4 ans 9 mois, reste dans l'idée que ce n'est qu'en tant qu'objet total qu'il intéresse sa mère. D'où sa double crainte :

- Séparé, il n'est plus rien, néantisé, moins qu'un *loumf* (caca), objet partiel dont il a quelque peine, l'observation le mentionne, à se défaire (p. 161) . Peut-être parce que le *loumf* a statut d'objet phallique puisque c'est la seule chose qu'il puisse « voir » en prolongation du corps maternel lorsqu'elle l'amène avec elle aux toilettes.
- Trop près, il risque d'être dévoré par la mère de la relation orale, ce qui est à la fois craint et désiré. Cette crainte se retrouve avec la peur d'être mordu par le cheval (p. 107).

D/ La phobie

À partir de ce moment-là, la phobie flambe et se canalise sur les « chevaux d'angoisse ». Le cheval vient se subtiliser au père incapable d'interdire à sa femme et à son fils trop de proximité.

La question de la différence des sexes est heureusement relancée par l'observation que Hans fait maintenant sur sa petite sœur (pp. 98 et 105). Dans la logique de la réponse de sa mère et en l'absence de démenti de la part de son père, Hans demande quand le fait-pipi d'Anna va pousser. Jamais, lui est-il répondu (p. 112), ce qui confirme ses doutes mais le jette dans la perplexité absolue concernant le sexe de sa mère.

■ Différence objet phobique-objet fétiche

Ce sont les culottes de cette dernière qui vont alors captiver son attention, mais uniquement lorsqu'elles sont sur le corps de sa mère car c'est là que pourrait se loger ce phallus mystérieux, derrière l'écran qu'elles rendent présent. Son intérêt pour cette fonction du vêtement est annoncé par le fantasme très œdipien que Hans, sans aucune gêne, raconte à son père : sa mère se serait montrée à lui « toute nue en chemise » (p. 113). Rappelons que Hans a eu maintes fois l'occasion offerte par sa mère de la voir nue, et qu'il prouve par cet intérêt nouveau que c'est bien le phallus qu'il suppose, et non le pénis qu'il sait parfaitement absent. Hans aurait pu à ce moment-là opter pour la perversion, mais il ne le fait pas. La castration maternelle est par lui déniée, comme elle l'est vraisemblablement par la mère elle-même, mais non niée comme dans la perversion. Les culottes en elles-mêmes ne présentent un intérêt que portées. Leur intérêt est de cacher en même temps qu'elles font exister ce que la mère n'a pas. Elles deviennent objet de dégoût lorsqu'elles sont « détachées » du corps (pp. 131 et 136). C'est le signe qu'elles n'ont pas le statut d'objet fétiche qui viendrait représenter le phallus absent.

■ La carence paternelle

Si le père a une parole vaine face à sa femme, c'est que lui-même recule devant la castration. D'où un « dire non » qui n'a pas de poids, et le refus de se fâcher malgré l'appel de Hans qui lui demande d'exprimer plus de colère (p. 151). Hans va jusqu'à lui dire : « tu es fier que je vienne dans le lit de maman », et à relier très précisément son appel au père : « tu dois être jaloux, te mettre en colère », à l'agressivité que lui-même ressent à l'égard de son père : « je veux que tu te blesses. »

Faute de réaction de sa part, Hans finit-il par supposer que la place qu'il occupe auprès de sa mère arrange cet homme qui a lui-même si peu quitté sa mère ? Mère chez laquelle il passe, seul avec Hans, une grande partie de tous les dimanches. Lorsque Freud s'inquiète de savoir si Hans a pu observer la fameuse scène primitive, la réponse fuse : « absolument pas ». Or Hans a dormi dans la chambre de ses parents jusqu'à l'âge de 4 ans ! Et Lacan d'en conclure que si Freud ne s'en étonne pas plus que ça, c'est qu'il sait à quoi s'en tenir, ayant longuement écouté les plaintes de la mère, qui fut en analyse chez lui, sur le peu d'empressement de son époux. Pourtant l'effroi que provoque chez Hans le « charivari avec les pieds » des chevaux laisse à penser qu'il a une vision terrifiante de la relation sexuelle entre ses parents (la scène primitive).

E/ Mise en place de la métaphore paternelle

Ce père qui ne peut être le père menaçant, agent et vecteur de la castration, père interdicteur que Hans appelle de ses vœux ne peut que rester le père de l'amour pré-œdipien, que l'enfant aime dans la continuité de l'amour qu'il porte à sa mère, comme un prolongement maternel. Hans le considère comme une sorte de double. Il finit par supposer qu'il est interdit aussi à son père de posséder sa mère, et se met à fantasmer de faire une série d'infractions avec ce fils-père (p. 119). C'est dire qu'il suppose son père au même rang que lui dans la transgression de l'interdit de l'inceste.

L'intervention directe de Freud (Hans ne le rencontrera qu'une seule fois) va permettre à Hans de renouveler son appel au père à partir de la version œdipienne que l'analyste lui énonce. Freud fait une véritable implantation du mythe œdipien. Il donne à Hans son explication de la phobie en l'orientant vers la crainte du père (p. 120). Le résultat est immédiat : Hans fabrique, malgré le père débonnaire qu'il a, un père sévère : « oui, tu m'as battu ». La peur des chevaux en est allégée et se limite : Hans n'a plus peur que des chevaux marqués de certains traits qui sont tous métaphoriques de sa relation à sa mère : la chute (être lâché), la morsure (être dévoré) et le noir sur la bouche (p. 125). De ce dernier détail Freud pense : ce sont les moustaches du père. Hans refuse cette interprétation. Lacan soulignera que le noir est « la chose pas regardable » sous les culottes maternelles.

Hans s'exerce sans faillir à métaphoriser la castration, à la porter à un autre niveau qu'à celui d'un danger de disparition ou de mutilation. Deux temps essentiels scandent cette période où on le voit élaborer des réponses symboliques à sa question de « qui a le phallus ».

Le premier temps remet en scène la girafe (p. 116), mais cette fois-ci il y en a deux : une grande et une petite, et Hans va s'asseoir sur la petite qu'il a préalablement chiffonnée. Virtuellement s'entend, car il s'agit d'un récit et non d'un commentaire de dessin. Hans écrase un symbole : le phallus absent de la mère, tandis que le père, par une sorte de lapsus, trahit son propre fantasme : sa femme est la grande girafe qui le soumet à sa loi. En effet après avoir interprété à Hans que la petite girafe est la mère ou plutôt son organe génital (ce que Freud confirme en note), il se contredit en appelant sa femme « grande girafe » (pp. 117-119). Contradiction qui n'échappe pas à Hans qui commence à se forger une opinion sur un père tigre en papier et une mère dont le phallus n'est qu'une girafe chiffonnée.

Dans le deuxième temps, il est question d'une substitution qui viendra résoudre, bien qu'imparfaitement, la question de la castration. Avec la construction fantasmatique autour de l'intervention d'un plombier, l'angoisse de castration trouve un apaisement et la phobie disparaît. Hans le fait intervenir comme l'agent de la castration. La baignoire est un objet utilitaire dont il a une grande peur et dans laquelle il ne peut aller que sous des conditions très précises (p. 138). Un plombier vient dévisser la grande baignoire qui terrifie tant Hans. A-t-il ainsi « déboulonné » la mère qui pourrait engloutir l'enfant avec l'eau du bain ? Cette opération n'est pas sans frais du côté de Hans : le plombier lui enfonce un grand perçoir dans le ventre, image de la castration accomplie. Mais c'est pour mieux lui changer le derrière (le tutu) qui, rappelons-nous, avait pour Hans, il y a encore peu, valeur phallique (p. 163).

Hans symbolise la castration

« Si du côté du père, il n'y a pas de castrateur, nous avons par contre un certain nombre de personnages qui sont venus à la place du castrateur : le plombier, l'installateur (...) à qui le petit Hans fait remplir une partie des fonctions du castrateur exigé par le complexe de castration. (...) Ce que vient changer l'installateur, c'est le derrière du petit Hans, son assiette. On a démonté toute la baraque, ça ne suffit pas, il faut changer quelque chose dans le petit Hans. Nous retrouvons là sans aucun doute le schéma de symbolisation fondamentale du complexe de castration. »

Lacan J. (1994). *Séminaire IV, La relation d'objet*, p. 366.

F/ La sortie œdipienne

C'est le père qui tire la conclusion et propose à Hans l'interprétation de la fin : le plombier lui donne un nouveau et plus grand fait-pipi (p. 163). Le père témoigne là d'un désir de transmission bien intentionné malgré la difficulté à soutenir sa place, mais en rajoute car il n'est jamais question de cet heureux dénouement typiquement œdipien. Or, si le pénis est en effet enlevé, témoignant que Hans pose la question de son manque, il n'est pas remplacé dans le récit qu'en fait Hans lui-même.

Le témoignage s'arrête sur une sortie œdipienne plus atypique : Hans épouse sa mère et remet son père là où il l'a trouvé, commente Lacan, c'est-à-dire dans les jupons de sa propre mère (p. 162). Hans accorde à son père le même bonheur qu'il réclame pour lui-même. L'angoisse émanant du complexe de castration est surmontée mais l'Œdipe n'est pas pour autant résolu. Hans reste dans l'évitement du conflit avec son père auquel il voue une affection ambivalente. Et s'il renonce provisoirement à la jouissance du corps de sa mère, c'est pour s'identifier à elle (p. 162), avoir comme elle des petites « girls-phallus ». Solution imparfaite dont Hans fera vocation puisque, dans son métier d'homme de théâtre, il aura à s'occuper de nombreuses « filles ».

3 - QUESTIONS DE RÉFLEXION

- Est-il possible à la simple lecture du document, voire de l'observation en son entier, de décider de la nature de la phobie de Hans : symptôme d'une névrose infantile complexe, ou prémisse d'une névrose de l'enfant ?
- Relever toutes les significations métonymiques que prend le signifiant cheval et essayez de les lier aux différents moments du cheminement de Hans.

6

INTRODUCTION À LA CLINIQUE DE L'AUTISME INFANTILE

L'**autisme infantile** est une notion sur laquelle fleurissent les malentendus et les controverses...

Voilà pourquoi nous proposons de relire l'histoire de l'autisme : notre projet n'est pas tant de trouver des invariants dans la description des symptômes que de favoriser la lecture des moments théoriques où se saisit une construction clinique spécifique à propos de l'autisme, qui ne le rabat pas sur la psychose ni ne l'évalue selon le modèle d'un développement tenu pour normal.

Tenter de distinguer une spécificité de l'autisme revient aussi à exposer les débats et les enjeux qui se développent autour de cette pathologie. Si l'autisme nous touche et nous fascine c'est bien parce que les cliniciens qui s'occupent d'enfants autistes sont confrontés à un point « originaire » de la mise au monde humain du petit d'homme, point originaire situé en deçà de la construction du lien social. Ce point s'illustrerait par les refus rigides et virulents des autistes par rapport à ce qu'autrui leur demande. Le sujet « autiste » est-il pour autant dans un total isolement, enclos dans la suffisance de son propre univers ? C'est ici que divergent les théories et les approches. Si aujourd'hui rien de concluant n'est avancé concernant les causes organiques de l'autisme, les cliniciens et les chercheurs qui se sont engagés dans des relations avec des autistes permettent de mieux comprendre ce qu'est le monde autiste. Non celui d'un sujet-roi apaisé dans son splendide isolement, mais un monde extrêmement précaire et destiné à contrôler ce qui, dans la présence d'autrui, vient faire menace. Un monde qui, pour demeurer viable et fiable, doit rester immuable. Pourtant, des autistes correctement soignés évoluent – avec des destins certes différents en fonction des modèles théoriques auxquels leurs thérapeutes ou leurs éducateurs se réfèrent. Et ces « sorties » hors de la haute solitude autistique mènent aussi à interroger et à redéfinir certaines bases conceptuelles propres à tel champ disciplinaire : il en est ainsi des notions d'« image inconsciente du corps » et de « stade du miroir ».

Le propos de ce chapitre sera de situer les différentes controverses et pistes de dialogues transdisciplinaires qui se précisent à partir de l'autisme et de présenter de façon claire et détaillée les moments d'invention clinique des psychanalystes qui, confrontés à l'énigme de l'autisme, n'ont pas reculé devant un engagement thérapeutique avec ce sujet-là.

LECTURES CONSEILLÉES

Ouvrages de référence :

BETTELHEIM, B. (1967). *La forteresse vide.* Paris : Gallimard, 1969, pour la trad. française.

KANNER, L. (1942-1943). Autistic disturbances of affective contact. *Nervous child,* 2-3, 217-250. Trad. française, *L'autisme infantile.* Paris : PUF, pp. 217-264.

KLEIN, M. (1921-45). *Essais de psychanalyse.* Paris : Payot (1968 pour la trad. française).

WINNICOTT, D.W. (1971). *Collected Papers : Through Paediatrics to Psychoanalysis.* Londres : Tavistock. Trad. française : *De la psychiatrie à la psychanalyse.* Paris : Payot, 1971.

Pour aller plus loin :

BERNARD-DESORIA, O. (1992). *Autisme et psychoses d'enfant ou travaux et résultats de l'unité « du point de capiton ».* Tours : Editions Soleil carré.

DOUVILLE, O. (1996). Quelles références pour les psychothérapies d'autistes en institution ? *in Psychologie clinique,* n° 2, 67-104.

FRITH, U. (1992). *L'énigme de l'autisme.* Paris : Odile Jacob.

GRANDIN, T. (1986). *Emergence : Labeled Autistic,* Arena Press (Grande Bretagne). Trad. française : 1994 *Ma vie d'autiste.* Paris : Odile Jacob.

LEFORT, R., et R. (1982). *La naissance de l'Autre.* Paris : Seuil.

TUSTIN, F. (1986). *Autistic Barriers in Neurotics Patients,* Londres : Karanc Books. Trad française, *Le trou noir de la psyché.* Paris : Le Seuil. 1989.

A

ÉVOLUTION DES PREMIERS DESCRIPTIFS, DE BLEULER À KANNER

1 - Naissance du concept d'autisme

A/ Bleuler et le complexe émotionnel

Nous sommes au tout début de ce siècle, à la clinique du Burghölzi, à Zurich. La conception qu'a ***Euger Bleuler*** de l'autisme repose sur un travail qu'il entreprend avec son assistant, C. G. Jung. Tous deux tentent d'appliquer les thèses de Sigmund Freud à l'investigation des grandes psychoses et ils extrapolent la notion de **complexe émotionnel**. Ce terme signifie l'importance de l'affectivité dans la régulation du cours des opérations de pensée, importance qui se signale à travers l'action des processus psychiques que Freud mit à jour en analysant le « travail du rêve » (condensation, déplacement, investissement réactionnel...). En 1906, Bleuler applique cette grille à la ***paranoïa de Kraepelin***, puis il rebaptise schizophrénie la démence précoce, du même Kraepelin, bien mal nommée à son sens tant il ne s'agit pas d'une démence vraie.

Bleuler, Eugen (1857-1939). Psychiatre suisse. Publie en 1911 son livre *Dementiae praecox*. Directeur de la clinique du Burghölzi de 1898 à 1927, il voulait adapter la psychanalyse à l'asile.

Kraepelin, Emil (1856-1926). Psychiatre allemand, élève de Wundt, fondateur de la nosologie psychiatrique. Il distingue trois groupes de psychose : la paranoïa, la démence précoce, la psychose maniaco-dépressive.

B/ Bleuler et l'invention de l'autisme

Enfin, Bleuler nomme **autisme** cette prédominance de la sphère émotionnelle et il l'isole comme un des trois signes primaires de la schizophrénie avec la dissociation et l'ambivalence. L'autisme est défini par une perte de contact avec la réalité. Bleuler suggère le terme d'autisme qu'il écrit en soustrayant les lettres « é.r.o.s. » de l'écriture du concept « **auto-érotisme** ». La formule est : l'autisme c'est l'auto-érotisme sans l'éros. Il faut également noter qu'avec Bleuler l'idée de psychose autistique et dissociative chez l'enfant s'affirme, puis s'impose ; et elle se distingue de l'arriération mentale comme des diverses manifestations de type caractériel et constitutionnel.

La caractérisation de l'autisme est celle d'une poche se formant par mise en arrêt des échanges avec le monde extérieur. Freud, en 1911 (in *Formulations sur les deux principes du fonctionnement mental*), citera Bleuler : « ... il y a un bel exemple d'un système psychique fermé aux excitations du monde extérieur qui peut satisfaire jusqu'à ses besoins de nourriture de façon autistique (selon le mot de Bleuler), c'est le petit oiseau enfermé avec sa provision de nourriture dans la coquille de l'œuf, pour lequel les soins maternels se réduisent à fournir de la chaleur » (in *Résultats, Idées, Problèmes*, Paris, PUF, p. 136-137).

On comprend bien comment avec Bleuler nous sommes amenés à voir dans l'autiste un sujet qui vit en pleine clôture pour son autoconservation, ce qui définit aussi la régression de la vie psychique autiste sur le mode de ce qui se produit quand on rêve. Le rêve serait le modèle théorico-clinique de l'autisme, son analogue métapsychologique. Nous verrons un peu plus loin l'impasse dans laquelle ce modèle nous engage très rapidement.

2 - Kanner et l'invention de « l'autisme infantile »

En 1943, L. Kanner dessine les contours du syndrome de l'autisme infantile précoce. Le tableau est très caractéristique dès l'âge de deux ans ; bien entendu, nombre de comportements peuvent permettre d'en faire un diagnostic plus tôt encore. Kanner est encore en accord avec Bleuler pour mettre en équivalence autisme et désintérêt du monde extérieur. L'un et l'autre tirent l'auto-érotisme freudien dans le sens de ce désintérêt. Nous aborderons les signes cliniques mis en évidence par Kanner, qui présentent entre eux beaucoup d'interconnexions, puis nous les discuterons, enfin, nous mentionnerons quelques-unes des particularités des vies d'autistes lors de la phase pubertaire.

A/ Le tableau clinique de l'autisme

Quoique présentant des similitudes avec les enfants **schizophrènes**, les autistes, toujours selon Kanner, s'en distinguent néanmoins en un point : l'autisme est inné, c'est-à-dire présent dès la naissance. « Il semble, dit-il, que nous soyons en présence de purs exemples culturels d'une perturbation autistique innée du contact affectif » (Kanner parle de purs exemples culturels, car ces enfants proviennent de familles cultivées et certains des parents sont psychiatres, c'est-à-dire censés être assez observateurs de ce qui se passe psychiquement chez leurs enfants). Nulle déficience de l'organisme, nul manquement des parents ou de l'environnement n'apparaissent comme points d'origine du trouble. Ce point capital aujourd'hui encore est mal compris. L'innéité, Kanner ne la rapporte pas à une cause organique ; il ne l'appréhende pas davantage comme la traduction d'un déficit d'ordre perceptif, psychique ou intellectuel.

Kanner définit aussi cette perturbation initiale qu'est, pour lui, l'autisme comme une forme de puissance de refus, ou de non-consentement. Il en voit principalement le signe dans l'absence d'un ajustement du corps de ces enfants avec celui de la personne qui les tient. Ce non-consentement persiste au cours des années. Cela ne signifie en rien qu'une passivité domine chez des autistes ; bien au contraire, certains sont tout à fait capables de bricoler une orthopédie destinée à stabiliser les éprouvés corporels (*cf.* document 6 A 1.)

B/ Discussion

Dans la mesure où l'extérieur a ce statut **inné,** l'enfant **autiste** semble ne pas être concerné par le postulat universel que c'est à manifester un manque qu'on reçoit les dons premiers (soin, nourriture). Bref, nous voyons que les recherches et les conclusions de Kanner nous présentent l'autiste non comme un handicapé, mais comme un stratège. En ce sens, le non-consentement à la présence de l'autre n'est pas le seul trait distinctif de l'autiste. L'enfant prélève de quoi manier l'environnement en le spécifiant le moins possible. Il advient que, toujours selon Kanner, « les gens sont inclus dans le monde de l'enfant dans la mesure où ils satisfont ses besoins, répondant à des questions répétitives, lui enseignant à lire ou à faire des choses ». Nous retrouvons là une forme comportementale que l'exigence d'immuabilité prend dans la relation à autrui et, nous ne le soulignerons jamais assez, l'enfant autiste peut élaborer des sorties hors de son isolement. On les remarque le plus souvent lorsque l'attrait pour le trajet suscite des conduites exploratoires de réseaux à partir du corps, collé à une machine en déambulation. La littérature, spécialisée ou non, abonde d'exemples d'enfants qui font corps avec des machines bricolées par eux et capables d'avoir un effet sur leurs mouvements : enfant machine, enfant voiture, enfant tramway (tels le célèbre **cas Joey de Bettelheim** ou le témoignage de Temple Grandin).... Mais le travail clinique ne peut se limiter à observer ces conduites, il doit provoquer au lien et à la communication, comme nous le verrons plus loin.

Le cas Joey décrit par Bettelheim.
« Il ne pouvait rien faire sans être mû par des machines. Avant de se mettre à lire, même avant de pouvoir s'asseoir, il devait brancher sa table à une source d'énergie. Ensuite, il devait se brancher lui-même, brancher ses livres et ses crayons à la table et se mettre sur la bonne longueur d'onde. »

La forteresse vide, cf. Lectures conseillées, p. 325.

Kanner a étudié ultérieurement près d'une centaine d'enfants autistes. Onze d'entre eux ont pu acquérir une autonomie satisfaisante à l'âge adulte. Une modification du comportement est née d'une motivation personnelle lors de la puberté. Comment entendre cela ? Peut-on parler de crises adolescentes pour l'autisme ? Ce n'est pas tant parce que la phase adolescente conduit en ces cas vers un choix d'identification sexuée, mais bien plutôt parce que les tourments physiques de la puberté contraignent le sujet autiste en puberté à inventer des solutions pour venir à bout de cette intrusion du sexuel dans le corporel.

B

ÉVOLUTION DES ABORDS PSYCHANALYTIQUES DE L'AUTISME

1 - Les psychanalystes anglo-saxons

Si les recherches et les modèles autour de l'autisme sont abondants depuis les observations de Kanner, il n'est pas faux de dire que la description clinique et les hypothèses causales soutenues par chaque auteur sont très liées entre elles. Il en va ainsi des théories kleinienne et post-kleiniennes qui postulent un lien entre les troubles que l'observation met en avant avec un trait pathologique supposé en rendre raison (les théories post-kleiniennes sont les théories issues des hypothèses et des indications thérapeutiques dues à la plus célèbre des disciples de Freud).

A/ L'enfant psychotique et l'enfant autiste : premières études

Klein Mélanie : « L'importance du moi dans la formation du symbole dans le développement du moi » (*cf.* p. 263, Lectures conseillées).

Dès les années quarante, la psychose de l'enfant est reconnue et étudiée sous ses deux aspects : schizophrénie et paranoïa. Déjà le cas de Dick, exposé en 1930 par ***Mélanie Klein*** — en qui de nombreux auteurs voient un autiste —, fut tenu par celle-ci comme une « maladie différente de la schizophrénie habituelle de l'enfance, en ce que son problème consistait plutôt en une inhibition du développement, arrêté par une "défense" contre ses propres tendances sadiques ». Elle plaide en faveur de l'hypothèse d'une inhibition du développement et non d'une régression, ce à quoi une autre psychanalyste, F. Tustin, rendra plus tard hommage en ajoutant que Klein avait des années d'avance sur son époque. Il est vrai que non seulement Klein a accoutumé la psychiatrie à l'idée que des enfants puissent être psychotiques, mais encore elle a affirmé que certains enfants psychotiques pouvaient bénéficier d'une prise en charge psychothérapeutique.

En ce qui concerne les apports des psychanalystes anglo-saxons, une des positions les plus connues consiste à expliquer l'autisme par l'hypothèse, observable dans la clinique, d'une carence, chez l'autiste, de l'usage d'objets permettant une élaboration active et non traumatique de la **séparation.** C'est cela qui rendrait compte d'une non-construction du moi.

Nous allons maintenant passer en revue les principaux auteurs de ce courant, en commençant par sa fondatrice, Mélanie Klein.

B/ Mélanie Klein

■ Éléments théoriques

Pour M. Klein, la vie **fantasmatique** de l'enfant est intense et précoce. Cette vie imaginaire se déploie autour du corps de l'enfant et du corps de la mère, et selon une problématique sadique, le sadisme agissant sur toutes les sources du plaisir libidinal au début de la vie psychique.

Ce **corps maternel** est vécu comme portant en son sein tout ce qui intéresse la vie fantasmatique de l'enfant : « le pénis du père, des excréments, des enfants » (*op. cit.*, p. 263). Les objets, et en particulier le sein maternel, sont perçus par l'enfant comme « bons » quand ils sont présents, quand ils le satisfont, et comme « mauvais » quand ils sont absents, quand ils le frustrent : les objets sont dits clivés entre bons et mauvais. L'enfant projette ses propres sentiments sur ces objets, qui ne sont donc pas seulement des objets réels qui le frustrent ou le satisfont, mais sont imaginarisés selon les propres tendances du sujet. En particulier, les objets sont soumis à ce que Mélanie Klein nomme le sadisme de l'enfant, et qui est constitutionnel. Il s'agit alors de détruire l'objet, selon la prédominance pulsionnelle du moment : par exemple, dévorer le sein à la phase orale ; ou encore le découper, le noyer sous un flot d'urine à la phase anale, etc. Le moi de l'enfant se constitue par l'***introjection*** des bons objets. Si seuls de mauvais objets (ou les aspects mauvais des objets) sont introjectés, le moi aura du mal à se construire et le psychisme demeurera chaotique et persécuté. La notion d'introjection implique que c'est dans le lien au corps maternel que se construit la réalité mentale de tout un chacun, lors de la prime enfance. Le corps de la mère est le réservoir, la matrice du monde de l'enfant, c'est à partir de lui que le sujet construira la réalité en faisant des « équivalences symboliques » entre les objets contenus dans le ventre maternel et les objets de l'environnement. C'est cette idée d'une base fantasmatique à l'appréhension de la réalité qui est au fondement

Introjection : terme introduit par Sandor Ferenczi qui désigne la manière dont un sujet intègre à l'intérieur de sa vie fantasmatique des objets du dehors.

de la cure chez M. Klein. Pour comprendre cela, prenons quelques exemples d'interprétations kleiniennes lors de cures d'enfants : le lavabo représente pour un petit patient le corps de la mère, pour un autre, le train passant sous un tunnel représente le pénis du père pénétrant la mère, etc. Ce sont d'ailleurs ces équivalences qui font que l'enfant s'intéresse au monde extérieur, à la réalité. Progressivement, l'enfant normal va laisser tomber ses fantasmagories et se défaire de l'adéquation entre objets fantasmés/objets réels.

Dès 1935, M. Klein radicalise cette position et fait de la première année de la vie une période séparée en deux phases. La **position schizo-paranoïde** (jusqu'à 4 mois environ) est caractérisée par la constitution d'un noyau psychotique dans le moi : sadisme oral vis-à-vis des objets et anxiété à caractère persécutif qui en résulte. À cette phase-là, les objets sont partiels, c'est-à-dire que l'enfant rencontre des objets dans ses fantasmes qui n'ont rien à voir avec une personne : sein, excréments, pénis. La mère n'est pas reconnue en tant que telle, mais les objets sont construits imaginairement à partir de morceaux de corps. Nous sommes avant la constitution de l'objet.

La seconde position, la **position dépressiv**e, est caractérisée par des sentiments de culpabilité vis-à vis-de l'objet qui est devenu total, c'est-à-dire que la mère est reconnue en tant que telle. En effet l'enfant vit son sadisme non plus sur le mode d'une angoisse persécutive, mais sur celui de la culpabilité de vouloir détruire la mère, et sur la peur de la perdre, ce qui l'introduit au sentiment de tristesse.

Ainsi M. Klein traduit le manque d'affects – dont l'angoisse –, l'indifférence totale au monde des humains de Dick, par un gel au moment de la constitution d'une défense par rapport à son propre sadisme.

■ Exemple : le cas de Dick (1930)

Il s'agit, écrit M. Klein, « d'un petit garçon de quatre ans qui, en ce qui concerne la pauvreté du vocabulaire et des acquisitions intellectuelles, semblait être au niveau d'un enfant de quinze à dix-huit mois. L'adaptation à la réalité et ses rapports affectifs avec son entourage étaient presque inexistants. Cet enfant, qui s'appelait Dick, presque totalement dépourvu d'affects, était indifférent à la présence ou à l'absence de sa mère ou de sa nurse. Depuis sa plus tendre enfance, il n'avait que rarement manifesté de l'angoisse, et cela dans une mesure anormalement faible. » Dick est isolé et indifférent, il ne joue pas ; et pour tout langage, il se contente d'émettre des sons dépourvus de significations et des bruits qu'il répète sans répit. Si il lui arrive d'adopter un langage articulé, il utilise en général son maigre vocabulaire de manière incorrecte. Il n'est pas seulement incapable de se faire comprendre (ce qui serait un handicap) ; il n'en a pas le désir. Bien plus, sa mère perçoit parfois chez lui une attitude parfaitement négative : souvent, il fait précisément le contraire de ce qu'on attend de lui. A la différence de l'enfant névrosé, Mélanie Klein note que « ... l'opposition et l'obéissance de Dick manquaient à la fois d'affect et de compréhension ». De même, quand Dick se blesse ou se fait mal, il fait preuve d'une grande insensibilité à la douleur et ne fait rien pour obtenir une consolation ou un apaisement auprès de l'adulte. De plus, sa maladresse physique est remarquable.

Ce qui surprend Mélanie Klein quand elle rencontre Dick, c'est son indifférence totale face aux personnes comme aux objets : ni angoisse au départ de la nurse, ni intérêt par rapport au nouveau lieu. Les seuls intérêts de Dick concernent les trains, les gares, les poignées de porte, les portes elles-mêmes ainsi que leur ouverture et fermeture. Par la loi du symbolisme, pour Mélanie Klein, ces intérêts renvoient à une seule et même chose : « la pénétration du pénis dans le corps de la mère », les portes et les serrures représentent les entrées et les sorties du corps de la mère, tandis que les poignées des portes signifient le pénis de son père et le sien propre. C'est donc la peur de ce qu'il aurait à subir (surtout de la part du pénis de son père) après avoir pénétré dans le corps de sa mère qui avait arrêté Dick dans la formation symbolique. L'enfant reste figé à ces premières équivalences, qu'il répète sans cesse. En outre, ses défenses contre ses propres tendances destructrices apparurent comme l'obstacle majeur de son développement. Il était absolument incapable d'un acte d'agression, et la base de cette incapacité s'était clairement manifestée, au cours de sa petite enfance, dans son refus de mâcher la nourriture.

M. Klein diagnostique ce cas de schizophrénie. Son génie clinique lui fait reconnaître un autre mécanisme, non plus celui de la régression, mais celui de l'**inhibition** : « ... nous serons fondés à classer la maladie de Dick sous l'étiquette de la schizophrénie. Il est vrai qu'elle diffère de la schizophrénie typique de l'enfant en ceci que dans le cas de Dick, il s'agit d'une inhibition du développement, alors que dans la plupart des cas il s'agit d'une régression survenue après qu'un certain développement a été normalement atteint. En outre, la gravité du cas décrit accentue encore le caractère exceptionnel du tableau clinique. Néanmoins, j'ai des raisons de penser qu'il ne s'agit pas d'un cas isolé, car j'ai récemment vu deux cas analogues d'enfants ayant à peu près l'âge de Dick. J'incline donc à penser que si nous examinions les cas qui se présentent à nous avec un regard plus pénétrant, nous en verrions plus souvent de semblables » (p. 276). Chez Dick, et c'est ce qui fera la difficulté de sa cure, il y a un blocage de la fonction symbolique, qui ne s'est pas développée, blocage dû à l'absence de relation affective aux choses, qui ne le pousse pas à faire des équivalences, cela étant lié, en dernière analyse, à la mise en place de défenses trop fortes.

La seule équivalence à partir de quoi M. Klein engage le travail avec son patient est : « porte » (et ses dérivées), « train/gare », mis en relation avec le signifié « relations sexuelles des parents ». Voici ce que M. Klein fait lors de la première séance de ce trognon de symbolique : « Je pris un grand train que je plaçai à côté d'un train plus petit et je les désignais sous le nom de "train papa" et de "train Dick". Il prit là-dessus le train que j'avais appelé "Dick" le fit rouler jusqu'à la fenêtre et dit "gare". Je lui expliquai que "la gare, c'est maman ; Dick entre dans maman." Cette interprétation d'une manifestation de l'inconscient eut pour effets de faire surgir l'angoisse chez le sujet et de l'ouvrir à l'appel à autrui. Ainsi Dick appellera sa nurse, se réfugiera contre sa psychanalyste, et manifestera assez vite un attachement aux personnes de son entourage. Cela lèvera aussi une inhibition quant à son intérêt pour les choses et pour leur nomination.

M. Klein analyse ce cas par le fait que la **vie fantasmatique** de Dick est extrêmement figée dans le sadisme, selon des modalités à la fois passives et actives par rapport aux objets contenus dans le corps maternel. C'est cette fixation qui empêche Dick de fonctionner et c'est cela qu'il s'agira de faire céder dans la cure.

En effet, pour M. Klein, le sadisme est une composante essentielle du psychisme. Ainsi, l'enfant dès le début de sa vie projette sur sa mère ses pulsions destructrices. En retour ces projections attaqueront l'enfant pour tenter de le détruire. Dans le cas de Dick, à la suite de M. Klein, et avec les apports des thèses de Bion et de Bick, les processus psychiques autistiques sont décrits comme ce qui vient pallier les difficultés de l'introjection d'un bon objet contenant et sécurisant.

C/ Malher et Meltzer

■ Malher

Des débats eurent lieu entre les principaux auteurs de ce courant. La thèse de Klein, pour qui l'enfant est dès les premiers moments de sa vie en lien direct avec des **objets fantasmatiques,** sera controversée par M. Malher (à la fin des années quarante), selon lequel l'enfant ne serait pas d'emblée confronté à un objet. Il développerait un autisme primaire normal, réédition d'une vie intra-utérine. La théorie de Malher évoque un moi autosuffisant et ne se supportant que d'une partition entre l'agréable et le mauvais (définition qui emprunte à Bleuler et à Klein). Une perception brumeuse de la consistance extérieure de l'objet apte à générer l'expérience de satisfaction ne surviendrait qu'après six à huit semaines dans l'existence du nourrisson. À cette période secondaire, Malher dégage une phase symbiotique normale qui se caractérise par le fait que l'enfant est doté d'une représentation de la mère, fusionnée à lui. Ce milieu en symbiose protègerait l'enfant contre les trop fortes excitations et contre les stimuli pulsionnels en excès. On conçoit alors que, par suite d'une séparation trop précoce, l'enfant puisse se mettre à délirer. D'où une description de la psychose symbiotique avec, comme trait psychopathologique, la production hallucinatoire et délirante. Cette production rend compte d'une tentative psychique de mettre au dehors l'unité duelle toute-puissante, alors que des comportements restitutifs visent, eux, à maintenir la fusion.

À l'inverse de cet accident du développement menant à du pathologique, un modèle de bon développement est proposé selon lequel plus la symbiose a été rassurante, plus l'enfant sera apte à séparer et à différencier les représentations qu'il a de lui-même de celles fusionnées, caractéristiques à la période de vie du couple mère-enfant, soit, dans les termes propres à Malher, du couple « self-objet ».

Concevoir et manipuler l'objet sont deux comportements envisagés comme le résultat d'étapes élaborées de la vie psychique, ils nécessitent que la distinction du self et du non-self soit acquise, et solidement acquise. M. Malher décrit l'autisme selon les destins d'une relation d'objet positivée comme pleinement satisfaisante.

■ Meltzer

Dans le cas de l'autisme, un autre psychanalyste d'obédience kleinienne se donne pour tâche de concevoir des concepts susceptibles de rendre compte d'un mode de fonctionnement mental encore plus primitif que celui de l'identification projective. Il s'agit de ***D. Meltzer,*** qui, par sa notion de dimensionnalité, définit « un processus de construction symbolique correspondant à quatre possibilités d'organisation dimensionnelle du monde. Il pose d'abord l'**unidimensionnalité** qu'il met en lien avec la conception freudienne du psychisme, jusqu'en 1905, date de parution du livre de Freud *Trois essais sur la théorie sexuelle.* Selon Meltzer, l'autisme s'accorderait avec la réduction de l'expérience à un monde unidimensionnel, série d'événements qui ne font pas traces pour la mémoire et pour la pensée. Temps et distance ne sont pas distingués, et ne peuvent l'être ; de même « gratification et fusion avec l'objet seraient indifférenciées ».

Meltzer, D. : psychanalyste anglais. Centre ses recherches sur les dispositions maternelles à assumer une fonction maintenante, continue et accueillante.

Partant de là, Meltzer conditionne la possibilité de développement psychique à l'accession par l'individu d'une **pluridimensionnalité.** Cette accession suppose que le « self » et l'objet soit trouvés, et que le sujet accède au mécanisme d'identification projective par quoi se signe un renoncement à l'objet.

Les concepts forgés par Meltzer sont audacieux et pertinents. Ils donnent le modèle des espaces psychiques catastrophiques et paradoxaux, espaces dont les caractéristiques sont d'être unidimensionnels, sans distinction dedans-dehors, avec des possibilités aléatoires de repérages et de coupures. On verra plus loin avec F. Tustin et grâce aussi au témoignage autobiographique d'une autiste adulte, Temple Grandin (*cf.* document 6 C 1), qu'on ne saurait situer le monde autistique sans se contraindre à imaginer de tels espaces. Mais, chez Meltzer, on peut regretter tout de même que de tels concepts soient réduits à ce qui peut (ou doit) être observé.

Il extrapole toutefois en posant que l'autisme intervient comme une rupture dans un développement normal ; dysfonctionnement qui intervient « comme un coup de tonnerre dans un ciel serein » (in *Explorations dans le monde de l'autisme*, p. 234), et qui réduit à rien l'accord de l'enfant avec le corps maternel. Meltzer tente de donner image de ce qui est mis à mal dans l'autisme : la continuité psychique idyllique bouche de l'enfant-mamelon maternel. L'arrêt, spécifique à l'autisme, de cette continuité rend impossible l'inscription des objets internes. Il n'est pas seulement question d'une unité qui se disloque, il s'agit d'une défense. Meltzer suppose que cette désintégration, qu'il nomme **démantèlement,** est sans angoisse, comme si triomphait alors ce qui sépare, disjoint, désinvestit, opte de façon apathique pour le retour à l'inanimé. Freud avait autrefois appelé cette tendance « pulsion de nirvana », nommant de la sorte la composante passive de la pulsion de mort, tendance à se garder vierge de toute inscription du temps qui passe, de l'espace qui se meut, de la différence qui s'inscrit.

Phénoménologie : description des phénomènes perceptifs et de leur signification subjective.

Topologie : science qui décrit les modes d'agencement de tous les espaces et pour laquelle l'espace-temps quotidien n'est qu'un cas particulier ; elle décrit utilement les espaces sans profondeur de champ au sein desquels l'autisme signifie son monde.

Meltzer, enfin, décrit la notion, précieuse pour comprendre l'autisme, d'identité adhésive. Cette notion rend compte d'un collage, normal chez le nourrisson, mais pathologique lorsqu'il perdure au-delà des neuf premiers mois de l'existence. Ce collage fait penser à un corps-à-corps, à une continuité de peau à peau entre le bébé et sa mère. Une telle notion est censée expliquer le sentiment de chaos et/ou de fin du monde qu'éprouvent des autistes à qui, brusquement, leur objet d'élection est retiré. Tout se passe alors comme si, la profondeur n'étant pas construite du tout, il n'était en rien possible qu'un objet existe s'il est détaché du corps du sujet. Nous sommes avec Meltzer, comme nous le serons plus tard avec Tustin, au croisement de la ***phénoménologie*** et de la ***topologie***.

D/ Bettelheim

Bettelheim, Bruno : psychanalyste américain d'origine autrichienne (1903-1990). Nommé directeur, en 1944, de l'École orthogénique de Chicago qu'il dirigea avec autorité pour en faire un lieu des plus adaptés à sa théorie de l'autisme.

Le célèbre travail de ***Bruno Bettelheim*** figure ici pour deux raisons. D'une part, cet auteur a donné une réelle extension à la notion d'autisme, d'autre part, et surtout, il a dirigé un centre psychothérapeutique tout à fait spécifique : l'École orthogénique.

La notion d'autisme telle que l'emploie Bettelheim est en fait un concept très large et tous les enfants diagnostiqués « autistes » relèvent pour certains de psychoses autres ou même de névroses graves. Il emploie indifféremment les termes de schizophrénie, d'autisme (ou plutôt d'enfant autistique). De plus, les toxicomanes – il y en eut quelques-uns à l'école – présentent aussi pour lui un fond autistique.

■ L'expérience concentrationnaire dans la pensée de Bettelheim

En fait, tout ce qui touche à des stratégies de repli sur soi, de fuite du monde, est pour Bettelheim du côté de l'autisme. Malgré ce flou conceptuel, les cas présentés dans son livre clé, *La forteresse vide*, sont, sans aucun doute, des cas d'autisme. S'appuyant sur l'expérience terrible des camps de concentration nazis, Bettelheim a dégagé le rôle de l'« environnement » comme déterminant dans la construction de la maladie mentale. En effet, son expérience des camps lui a enseigné que celui qui détient un pouvoir de vie ou de mort sur vous possède une importance terrifiante. De là, il met en relief le rôle déterminant des premiers autres que rencontre l'enfant, soit ses parents, et en particulier la mère. **L'Autre** est donc primordial pour la construction du sujet, c'est une figure de la toute-puissance. L'attitude de la **mère**, dans les soins concrets prodigués à l'enfant et en particulier durant la tété, est déterminante pour la construction du « soi » de l'enfant. Le désir de la mère envers son enfant s'exprimera dans le langage corporel, dans les échanges, dans les mimiques, en bref, dans l'établissement d'une « mutualité » qui permettra à l'enfant de construire son « moi corporel », que Bettelheim appelle le « soi » (qui est constitué des trois instances psychiques de la seconde topique freudienne : le moi, le ça et le surmoi). Lors de ces échanges, le bébé est actif et la mère, par l'acceptation qu'elle aura de son enfant, lui permettra de développer cette activité et de construire son « soi », au travers de ces échanges mutuels. L'enfant, et c'est cela l'enjeu déterminant pour Bettel-

Figure 1

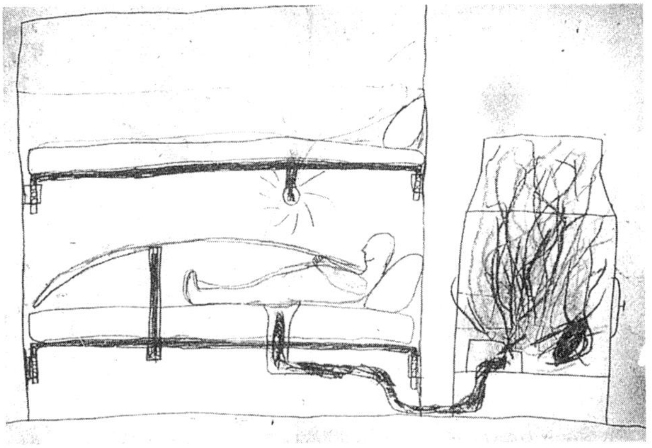

Dessin de Joey : « Les dangers de l'élimination : les intestins sortent du corps comme "un câble" laissant le sujet éviscéré mais fournissant le combustible de la chaudière (à droite) » (*cf.* Bettelheim, Lectures conseillées, Annexes, dessin 18).

Figure 2

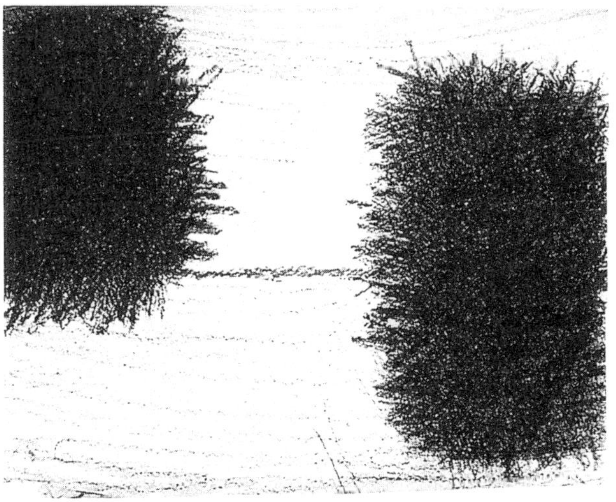

Dessin de Laurie : « Un dessin comportant deux centres, symbolisant (ou représentant) probablement les deux seins » (*cf.* Bettelheim, Lectures conseillées, Annexes, dessin 7).

Chaque sujet autiste développe une problématique particulière. Ces deux dessins, si différents, de deux enfants de *La forteresse vide* (Bettelheim), Joey et Laurie, nous le montrent parfaitement.

heim, doit avoir l'impression de pouvoir modifier l'environnement : par ses cris, ses pleurs, ses sourires, il doit pouvoir agir sur l'Autre. Si cela ne s'établit pas, c'est l'autisme, dans lequel l'enfant tombe par désespoir de changer quelque chose à la réalité.

La mère de l'autiste n'a pas su lui permettre de comprendre l'effet de ses actions propres sur le monde. Cette non-prise sur le monde conduit l'enfant autistique au désespoir, sa situation est sans issue, comme pour les prisonniers du camp de concentration qui ne voient pas de fin possible à leur situation. Cela conduira l'enfant, comme le prisonnier du camp (certains, du moins), au retrait autistique ou schizophrénique, qui est en fait une défense du sujet pour se fermer à l'influence de l'Autre, l'Autre qui est nuisible pour sa vie. L'autisme est en effet considéré comme une défense du sujet par rapport à un environnement hostile.

■ Le tableau clinique

Dans l'autisme, non seulement l'aspect affectif est stéréotypé, mais aussi l'aspect cognitif : le monde demeure imprévisible, d'où les expériences qu'effectuent les autistes de façon répétitive : allumer-éteindre la lumière, faire tomber les grains de sable d'une main à l'autre, etc. Dans l'imprévisibilité du monde, s'assurer de certains rapports entre les choses est apaisant.

La frustration trop précoce est aussi quelque chose que souligne Bettelheim. L'enfant doit avoir le sentiment que le monde lui appartient, c'est-à-dire qu'il doit penser que ses propres activités lui permettent d'obtenir la satisfaction. Si l'environnement apparaît trop tôt comme trop frustrant, alors, le monde sera vécu pour toujours comme une réalité fondamentalement frustrante, et l'enfant n'investira pas « l'énergie vitale » dans la recherche de ce qu'il veut, alors même que ses capacités motrices le rendent possible. C'est ce que Bettelheim appelle la « perte de l'espoir ». Tout est vécu comme vain, impossible, d'où le retrait autistique qui signe un désinvestissement du monde. La visée de la thérapie sera donc de redonner espoir à l'enfant, via une écoute constante et un respect humaniste de l'autiste. Il s'agit de ne pas brusquer l'enfant dans sa manière d'être qui est celle qu'il a trouvée afin d'échapper à ce qui lui apparaît comme terriblement dangereux.

■ Le rôle des parents

Les parents des autistes, et Bettelheim le dira à plusieurs reprises avec cas à l'appui – tels ceux que nous retrouvons dans *La forteresse vide* –, sont des parents qui sont indifférents à leur enfant, qui n'ont aucun désir pour lui (ni « positifs », ni « négatifs ») : cela entraîne que l'enfant autiste est élevé de façon mécanique (par exemple, un enfant recevait sa tété toutes les quatre heures précises, on le changeait, mais ses parents ne le touchaient jamais que pour le nécessaire des soins, ne jouaient jamais avec lui...). Les parents ne répondent pas à la demande d'amour de l'enfant, ils ne lui donnent que des soins sans affects. Ainsi, l'enfant est dépossédé, comme le dit Bettelheim, de tout moyen d'action sur le monde puisqu'il n'est inscrit dans aucun désir, il ne peut percer la gangue d'indifférence de l'Autre, qui ne lui donne rien. Les émotions, les affects qu'il peut ressentir, sont toujours du côté du désespoir et c'est pour cela que l'enfant se retire du monde, pour ne plus rien ressentir : c'est le sens du titre *La forteresse vide* (*cf.* exercice 6 B 1).

■ L'analyse de la disposition autistique

Bettelheim explique qu'il y a trois moments déterminants pour que s'installe **l'anlage** (c'est-à-dire la disposition ou la constitution) autistique. À chaque stade, les efforts du Soi pour exister ont été bloqués de façon spécifique : l'activité générale de l'enfant au premier stade, sa recherche de contact avec l'autre au deuxième, ses efforts actifs pour maîtriser physiquement et intellectuellement le monde au troisième. Détaillons :

- pendant les 6 premiers mois, pour que « tout se passe bien », l'enfant doit éprouver le monde comme essentiellement bon. L'expérience de la satisfaction va permettre à l'enfant de distinguer ses « amis », avec qui il va développer des relations sociales. Si cette relation privilégiée et confiante ne s'effectue pas, alors tous les gens seront jugés équivalents et insatisfaisants ;
- de 6 à 9 mois, d'autres personnes que la mère sont reconnues, et l'enfant commence aussi à avoir **conscience de son Soi** et à se différencier de sa mère. C'est en reconnaissant l'autre comme tel qu'il se reconnaîtra comme Soi. Mais cela ne peut se faire que sur la base d'une mutualité. L'Autre doit répondre à l'enfant en fonction de ce que ce dernier lui demande (le prendre dans ses bras quand il tend les siens, par exemple, ou changer la façon dont il le tient quand son corps se raidit). Si l'enfant ne rencontre que l'indifférence, alors il ne trouvera pas son Soi et n'entrera en contact avec personne ;
- troisième moment critique, entre 18 mois et 2 ans : c'est l'âge de l'apparition de la marche, qui permet une autonomie de l'enfant, qui peut alors soit approcher le monde, soit l'éviter. Ce moment pourrait donc être le stade où au retrait affectif de la mère du deuxième stade s'ajouterait un second retrait qui est physique.

À partir de cette chronologie, on peut dire cette ***psychogenèse*** du risque autistique, se déduit un modèle temporel des effets de la frustration. En fonction du moment où s'est passée la frustration, les pathologies autistiques ne seraient pas les mêmes :

- soit cela s'est passé dans la première année, alors c'est l'***hospitalisme*** (dont parle un auteur comme R. Spitz) : le monde n'est que destruction;
- soit cela s'est passé dans la deuxième année, les besoins vitaux de l'enfant ayant été assurés jusque-là, alors le monde n'est pas vécu seulement sur un mode destructeur, mais comme on ne laisse pas à ces enfants l'occasion d'éprouver les effets de leurs faits et gestes, le monde leur paraît « insensible ». L'enfant tentera alors de compenser la frustration vécue du monde dans les fantasmes.

Dans les deux cas, nous assistons au retrait autistique, mais plus ou moins grave.

Nous choisissons ici le cas Marcia, que nous retrouvons aussi bien dans le livre le plus célèbre de Bettelheim, *La forteresse vide*, que dans un film célèbre fait par lui sur certains enfants de son École.

Psychogenèse : évolution des étapes de construction de la vie psychique pour un sujet.

Hospitalisme : tableau clinique sur les abandonnismes des enfants hospitalisés. Terme créé par Spitz en 1945 pour désigner un état d'altération grave, psychique et physique, avec de graves carences, défaut d'adaptation à l'environnement, mutisme, retrait.

■ Exemple : le cas de Marcia

Marcia arrive à l'École de Bettelheim quand elle a 11 ans, voici ce qui fait la spécificité de son retrait autistique : elle est indifférente à tout, elle est quasi mutique, ne pouvant prononcer que de très rares mots dans un souffle : ces mots sont « personnels » et ne font pas communication, d'autant plus qu'ils ne s'adressent à personne. Marcia avait aussi un comportement typiquement autistique que Bettelheim appelle « twiling », du verbe anglais « *to twile* », traduit en français par « tripotages », « tripoter ». Cela correspond à des comportements compulsionnels et répétitifs (La forteresse vide, note p. 99), très fréquents chez les autistes et qui ont pour fonction, selon Bettelheim, de couper le sujet de la réalité, ce qui lui permet d'halluciner.

Cela est certainement à mettre en parallèle avec le fait que certains autistes se bouchent les oreilles, le nez, voire les yeux, pour se fermer à toute stimulation extérieure. Dans le cas du tripotage, il faut y ajouter une fonction de décharge motrice d'une tension, ainsi qu'une autre fonction, plus symbolique, de l'expression d'un désir impossible. Le tripotage de Marcia consistait à secouer à toute vitesse son index (accompagné ou non de son majeur) à partir d'un mouvement du poignet. Bettelheim interprétera ce geste, – guidé par plusieurs situations mises en scène par Marcia – comme une impossibilité pour cette enfant de porter son doigt à sa bouche pour une satisfaction orale. Il est à noter que l'objet oral n'est pas un objet de plaisir pour Marcia, qui ne mange qu'avec difficulté, craignant d'ingérer un mauvais objet. Quant à l'objet anal, elle se retient d'aller à la selle, car y aller, c'est répondre à l'injonction de l'Autre (nous développerons ce point plus loin).

Si la nourriture n'équivaut pas au don d'amour des parents, et si l'excrément n'est pas donné à l'Autre par l'enfant, nous en restons soit au niveau d'un pur réel que l'enfant engloutit ou que l'Autre tire de son ventre (pour plus de détails, lire « Joey », autre cas de *La forteresse vide*), soit ces objets pulsionnels deviennent l'enjeu d'une lutte pour exister face à l'Autre : un dire du non – ne pas donner, ne pas prendre (Marcia est une constipée chronique).

Marcia est une enfant née d'un couple de parents dépressifs, qui ne la désiraient pas. Les seuls contacts qu'elle avait avec son père s'effectuaient dans des scènes traumatiques, où l'enfant se voyait infliger de force des lavements. Pendant que son père la tenait serrée entre ses genoux, sa mère lui administrait un lavement. Marcia se trouve être là l'objet de jouissance de ses parents, selon une modalité sadique. Bettelheim nous dit que Marcia détestait ces scènes, mais parce qu'elles étaient les seules où quelque chose d'un « contact » se passait avec son père, elle les désirait. Cela signe l'impossible dans lequel se trouvait Marcia voulant et ne voulant pas. Ce désir indécidable car paradoxal, l'impossibilité d'un choix, est ce qui semble d'ailleurs avoir guidé Bettelheim dans l'interprétation qu'il nous donne du cas de Marcia.

Il est important de souligner que les lavements ne sont pas la cause de l'autisme de Marcia, mais que cette scène traumatique lui permet de reconstruire, dans un après-coup (c'est-à-dire une fois que les choses ont vraiment eu lieu), toute son expérience orale au travers de l'analité. Ainsi l'**oralité**, si difficile chez Marcia, est télescopée avec l'**analité** : sa mère la força à manger, comme elle la força à lâcher ses excréments avec les lavements, selon son bon vouloir. Ce qui induit un impossible à parler, avec un blocage de l'appareil buccal, la langue en particulier est comme « coincée », Marcia dira d'ailleurs cette équivalence oralité/analité dans leur rapport à un Autre injonctif : « parler c'est chier » (p. 280-281). Marcia est muette, comme elle est constipée.

Ce qui guide Bettelheim dans la thérapie, c'est qu'il réfère les comportements autistiques à du symbolique. Les comportements répètent les traumas de la vie de l'enfant et sont donc à interpréter pour en découvrir la signification. Ainsi il interprète le fait que Marcia marchait sur le côté et si possible en longeant les murs dans les débuts de son arrivée à l'école par la peur d'être violée par-derrière – comme lors des scènes de lavements.

Il est d'ailleurs à noter que ce comportement a disparu sous l'effet de la thérapie, ce qui veut dire que le traumatisme a pu être dépassé. Une fois que ses éducateurs ne campèrent plus les parents vécus comme injonctifs auxquels elle eut à faire, Marcia ne longea plus les murs et commença à supporter d'avoir quelqu'un placé derrière elle.

E/ Winnicott

C'est moins en fonction de sa description de l'état autistique que nous citons ici le célèbre psychanalyste d'enfants – il est là assez proche de Malher ou de Meltzer – qu'en fonction de sa théorie de l'espace psychique. D.W. Winnicott, à son tour, pense que les autistes ont développé, au tout début de leur vie, des réactions massives d'évitement afin de faire face à une séparation corporelle traumatisante. Cette séparation a heurté un psychisme incapable de produire la moindre représentation projective nécessaire pour sauvegarder une représentation de la bonne liaison. La thèse cruciale est que l'état autistique constitue une réaction à la prise de conscience traumatisante de la séparation entre le bébé et sa mère qui lui procure des sensations lors de l'allaitement.

En 1958, il écrit : « Certains aspects de sa propre bouche disparaissent, du point de vue du nourrisson, en même temps que la mère et le sein, quand la séparation survient à une date où l'enfant n'a pas encore atteint un stade de développement affectif qui lui donne les moyens de faire face à cette perte. Quelque mois plus tard la même perte de la mère serait seulement la perte d'un objet, sans cette adjonction d'une partie du sujet » (*op. cit.*, Lectures conseillées).

Mais Winnicott se montrera plus novateur dans ses analyses quand il regrettera qu'on ne suppose pas dans la théorie kleinienne un espace tiers entre le dedans et le dehors. À cette partition élémentaire il ajoutera la zone intermédiaire, ou aire transitionnelle. Et il lui importera peu de déterminer si l'objet de possession que permet cet espace recoupe une représentation enfantine du sein de la mère.

L'**aire transitionnelle** est le nom de cet espace intermédiaire entre la psyché maternelle et celle de l'enfant. Elle est l'aire du **jeu** et du semblant. En ce qui concerne l'autisme, fusionné à un objet sans jouer avec lui – ce que relèvent tous les observateurs, psychanalystes ou pas –, on peut tenir pour un grand progrès qu'un autiste arrive à jouer avec son thérapeute, et même à se moquer de lui : jouer et faire semblant sont parmi les choses les plus difficiles qui soient pour lui. Voilà aussi pourquoi, en institution, dans un hôpital ou un hôpital de jour par exemple, on essaye de faire jouer les enfants, tentative tenue pour importante.

F/ Tustin

■ Autisme et état prénarcissique

Nous voyons en F. Tustin la clinicienne post-kleinienne la plus inventive et la plus rigoureuse aussi dans ses tentatives de définition de la spécificité de l'autisme au regard des autres formes de psychoses infantiles (*cf.* document 6 B 2). À partir de sa clinique, Tustin emprunte la notion de dépression psychotique à Winnicott et invente celle de ***fantasme de bouton*** qui entretient plus d'une correspondance avec celle, assez romanesque, d'amour symbiotique, due à Malher (*cf.* plus haut). Renonçant au postulat kleinien du lien premier entre objet et self, Tustin pense que chacun, lors de la toute première enfance, traverse un autisme structurel, état normal et phase transitoire distinguée de l'autisme pathologique. Cette phase du développement a, à peu de chose près, les mêmes caractéristiques que l'auto érotisme freudien, les processus primaires servant de pare-excitations (filtre psychique qui s'étaye sur les premiers échanges entre corps et autrui) à une réalité dont la rencontre serait autrement bien trop brutale. En l'absence de réponses suffisamment régulières et adaptées de l'environnement maternel, les processus de l'autisme normal connaîtraient une hypertrophie pathologique.

Fantasme de bouton : constitué par des sensations éprouvées lors de la présence dans la bouche d'objets assimilés au mamelon.

À l'inverse de Klein qui avait estimé que, par exemple, les troubles de Dick s'enracinaient dans le narcissisme, Tustin établit que les racines de l'autisme se trouvent dans l'état prénarcissique antérieur. Elle pense l'auto-érotisme freudien par rapport à un stade originel de l'auto-sensualité. Dans le développement normal cette **auto-sensualité** se différencie graduellement en **auto-érotisme** et **auto-sadisme**, alors que dans le développement aberrant, auto-érotisme et auto-sadisme, trop tôt développés, n'ont pu être dirigés vers des objets extérieurs de façon appropriée. Voilà pourquoi l'enfant autiste n'a aucun sens ni sentiment d'être un « moi ».

Le schéma de Tustin suppose qu'une des premières illusions de l'enfant est que le monde est une surface continue, prolongement de sa matière corporelle. Pour expliquer l'autisme, elle retrouve l'idée communément admise d'une catastrophe autour de la perception continue bouche-sein-regard. Non surmontée, cette séparation aura valeur de **catastrophe orale** originaire. En ce cas, la première séparation d'avec le mamelon est vécue comme une amputation, menace d'anéantissement.

■ Le modèle du trou noir

Revenons à la clinique de l'autisme. Il est vrai que les psychothérapies nous enseignent en ce sens : à la place d'un intérêt pour l'image ou pour le reflet (intérêt particulièrement obsédant chez des enfants psychotiques), s'inscrit chez de nombreux autistes un attrait pour le trou. Mais ce trou n'est pas analogue à un vide pur. Des émergences destructrices et des saillies destructrices s'y terrent. Tustin se montra très attentive à la façon décisive dont John, un enfant autiste, parlait de cette pure perte aspirante comme d'un trou noir plein de méchants piquants (*cf.* Lectures conseillées). « J'étais très étonnée de la révélation que ce garçon m'avait faite sur le "trou noir avec le méchant piquant", car je n'avais rien vu de tel dans ma formation kleinienne » (in *Autisme et psychose de l'enfant*, p. 15-39).

De fait, Tustin condense dans son modèle du **trou noir** deux formes d'angoisse, selon nous distinctes. L'**angoisse d'anéantissement** : le trou noir est capable d'absorber et de réduire à rien la totalité corps-monde ; et l'**angoisse persécutive :** le trou noir n'est pas un « non-univers », mais un univers doté d'une consistance méchante. Le modèle du trou noir est celui d'un univers chaotique et agressif qui vise le sujet et le plonge dans une angoisse d'anéantissement extrême.

Tustin a insisté sur la clinique, sa pensée a évolué, ses ultimes théorisations ne font plus place à l'idée d'un **autisme primaire normal** devenant malencontreusement anormal à cause des accidents de l'existence, et elles tiennent l'autisme pour anormal, d'emblée.

Par ses inventions dans le champ de la méthode thérapeutique, elle s'oppose à Bettelheim (elle a qualifié la tentative de Bettelheim et ses implications – agir autrement que les parents – d'« erreur cruelle »). Elle est très autoritaire, met en garde les psychanalystes qui seraient tentés d'attendre passivement que l'autiste devienne désirant (ou demandeur) en le laissant stagner dans une errance absurde. Elle fait fi de la « neutralité bienveillante » et encourage les psychologues et médecins thérapeutes à contrer les stéréotypies et « pousser au relationnel ». Son approche n'est pas stérilement éducative dans la mesure où elle se guide sans relâche dans ses recherches sur le rapport au corps inconscient dans l'autisme – et pour l'enfant, et pour le thérapeute.

2 - L'apport lacanien : Rosine et Robert Lefort

A/ Considérations générales

En ce qui concerne l'abord approfondi du monde de l'autisme, la psychologie clinique et psychopathologique doit énormément aux courants issus de l'œuvre de M. Klein. Finesse et rigueur des observations, tentatives abouties de serrer au plus près la nature de l'angoisse et des défenses spécifiques aux autismes, sont des qualités majeures de ces auteurs. Contrairement aux idées reçues, il nous faut rappeler que les disciples de Lacan se sont laissés instruire par les psychanalystes anglo-saxons, à l'instar de Lacan lui-même, tout à fait attentif aux inventions de son ami Winnicott. Ce sera sur la représentation de la genèse de l'autisme et sur la théorie du symbolique que des cliniciens qui travaillent avec des enfants autistes, en restant dans le fil de leur culture lacanienne, apporteront du neuf.

Convenons d'abord que Malher et même Tustin, et bien d'autres encore, pour proposer un modèle de la genèse de l'autisme, dramatisent la scène de la **séparation** mère-enfant. Toute séparation est considérée comme une machinerie du « laisser-tomber » qui a son contrepoids : une romance au sujet de la bonne relation primitive à un objet chaleureux. C'est sur ce point que les théories kleinienne et post-kleiniennes peuvent recevoir une critique. L'idée selon laquelle un **manque** réel serait à l'origine de toute une pathologie ne convient plus depuis la relecture qu'opère Lacan de ce qui constitue une **relation d'objet**. Nous pouvons dire avec lui que ce qu'exige l'enfant n'est, en aucun cas, une mère « tout à lui ». Ce qui vient structurer sa relation à autrui et aux objets peut se définir ainsi : une mère qui n'écrase pas la demande sur le besoin.

La question du soin maternel se précise. L'enfant, pour la **mère**, est autre que sa simple progéniture. L'enfant entre dans la problématique du don et dans celle de la dette. En clinique de l'enfant, s'observent des relations à deux : soins, maternages (dont l'allaitement). Cependant, sur le plan de l'hypothèse de l'inconscient, l'enfant entre dans une **fantasmatique** à trois. Les carences du soin, par annexions trop longues ou séparations trop précoces, par exemple, ne semblent plus devoir être tenues comme de purs événements responsables d'un développement pathologique autiste, psychotique ou déficitaire. Les **carences** ont un impact en fonction des modes d'inscription dans la fantasmatique maternelle de la fonction imaginaire qu'occupe l'enfant (écart enfant réel/enfant imaginaire) et de la dimension paternelle. Et, de façon plus précoce encore, l'activité **pulsionnelle** du nourrisson est aux prises avec de l'instrumentation, c'est-à-dire du **rituel** : rituel alimentaire, par excellence. Le soin mère/enfant est irréductible à un simple modèle de maternage. La question du bon et du mauvais s'impose au corps parce que le corps consent à s'instrumentaliser autour des ritualisations des soins premiers. C'est aussi pour cela que les carences précoces n'influent jamais directement sur la totalité du psychisme. C'est en fonction de la capacité d'élaboration du **fantasme**, qui met en lien la **mère** et l'enfant, que l'on peut envisager de parler de la façon dont les objets sont créés, trouvés, manipulés, abandonnés et/ou offerts.

B/ Les apports lacaniens

En ce qui concerne les travaux de Lacan deux hypothèses, donc, sont aujourd'hui très généralement admises par les cliniciens, à juste titre :

– l'apport du psychisme de l'un et de l'autre des parents à la constitution du code symbolique de l'enfant, c'est-à-dire à la rencontre entre **langue maternelle** et **corps de l'enfant** : on parlera de greffes de langage sur le corps et sur le psychisme ;

– le fait que le **sujet** n'est pas une donnée de départ (dès la naissance), mais une construction qui suppose que tout un chacun soit sujet de la communication en tant qu'il est sujet de la demande. Favoriser l'avènement de la demande est un des grands objectifs des prises en charge d'enfants autistes quand elles prennent appui sur des éléments de théorie lacanienne.

C/ Une cure exemplaire : Marie-Françoise

Dans le cadre de l'analyse d'une enfant autistique de 30 mois effectuée par Rosine Lefort, les auteurs avancent que ce qui manque à une autiste qu'ils nommeront Marie-Françoise, c'est la dimension de l'Autre du symbolique, défini comme le trésor des signifiants, à partir duquel le sujet a à se repérer.

Le terme à retenir ici est celui de la dialectique de la demande, dialectique que nous pouvons condenser ainsi : c'est à partir du cri transmué en appel par la mère que le sujet se construit et va trouver ses premières marques. C'est en tant qu'il existe dans le désir de la mère qui va le signifier que le sujet va être représenté dans le langage.

Pour Marie-Françoise, il en fut tout autrement. Abandonnée par sa mère à l'âge de deux mois, elle ne vit pratiquement qu'en institution. Lors de ses séances d'analyse, elle ne peut que lancer des regards et des appels vers une fenêtre, pointant une absence radicale. Lors des premières séances, la présence réelle de R. Lefort ne l'interpelle pas, la psychanalyste est un objet parmi les autres : Marie-Françoise ne se pose pas la question de savoir ce que lui veut R. Lefort. Corollaire de cette inexistence d'autrui, il n'existe pas d'identifications non plus chez Marie-Françoise. Les autres – enfants de l'institution –, ne sont que des objets au même niveau que les objets inanimés.

■ L'importance de la pulsion orale

Ce cas s'articule autour de la pulsion orale, car l'objet oral est très mobilisé dans cette cure. Dès les premières séances, R. Lefort pose parmi le matériel utilisé une assiette de riz. L'enfant la dévore des yeux et avec angoisse, elle ne pourra la manger. C'est là que la psychanalyste joue sa partie et décide de ne pas lui donner à manger, à moins qu'elle ne le lui demande sans équivoque, cela pour ne pas répéter et encourager la passivité de l'enfant. Cette demande ne peut être exprimée puisque l'Autre n'existe pas pour cette enfant autistique : lors des premières séances, Marie-Françoise restera au bord de la convulsion devant l'objet désiré, sans pouvoir le demander, en appelant vers la béance d'une fenêtre un partenaire radicalement absent. L'enjeu, pour la psychanalyste, est justement de faire consister cet **Autre** au travers de l'émergence de la **demande**.

En effet, Marie-Françoise fut nourrie, ce qui arrive souvent en institution, sans aucune demande adressée, ce qui a abouti au désinvestissement de toute nourriture : d'où la boulimie, dont elle souffre après avoir été anorexique. En institution, le nourrissage est purement fonctionnel : donner un objet réel pour satisfaire le besoin de l'enfant, et, dit R. Lefort, pour ne pas cesser de le faire taire. Alors que, dans le cadre de la relation à l'Autre, l'objet **oral** est don, et don d'amour.

Commentaire

Comme nous l'avons entrevu avec le travail de F. Tustin, le recours à la logique des trous et des surfaces, c'est-à-dire à la topologie, est nécessaire pour tenter de comprendre quelque chose à l'autisme, voire à toute structure subjective. Les Lefort soulignent qu'au départ « le corps du petit sujet est une surface à un seul côté, qui n'a ni intérieur ni extérieur, et qui n'est pas trouée » : ce que nous pouvons figurer par une bande de Moebius (*cf.* figure 3).

Figure 3 - Bande de Moebius

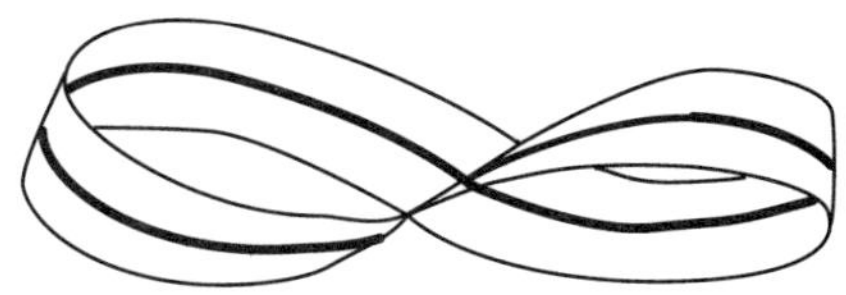

La bande de Moebius est une surface continue. Grâce à sa torsion, si une fourmi partait d'un point quelconque de sa surface et y revenait, elle serait dans une continuité spatiale : ni dessus, ni dessous.

Le **corps de l'enfant** n'est pas troué, car il est bouché par un objet pris sur le corps de l'Autre, c'est donc le corps de l'Autre qui est troué. Cet **objet** n'est pas un objet réel, c'est un objet **signifiant** (ou symbolique). C'est ainsi que l'on peut expliquer la propension des bébés à mettre le doigt dans la bouche de leur mère et à l'explorer : le trou, c'est la trace de cet objet pris dans le corps de l'Autre du symbolique. Il s'agit, pour l'enfant, de nouer le corps réel et le symbolique. Le réel de son corps, qui ne demeure jamais, sauf justement peut-être dans l'autisme, un pur réel fonctionnel.

Il est un fait étonnant, c'est que le bébé ne connaît pas son corps par rapport à ce qui l'intéresse le plus, la fonction digestive. En effet, l'enfant ne semble pas se définir par rapport à ce trou que constitue la liaison bouche-anus, mais, comme nous l'avons vu, il se vit dans un corps de surface, non troué, bouché par l'objet de **l'Autre**.

Le corps-bande de Moebius non troué est donc la première étape que franchira l'enfant dans sa construction de sujet, mais il n'en restera pas là, il faut qu'il advienne à avoir un corps troué et torique, cela c'est l'image spéculaire qui le lui donnera (*cf.* figure 4). Le tore se situe dans l'espace à trois dimensions (la bande de Moebius n'en a que deux) et comporte un intérieur et un extérieur.

Figure 4 - Le tore est une surface trouée en son centre et à trois dimensions

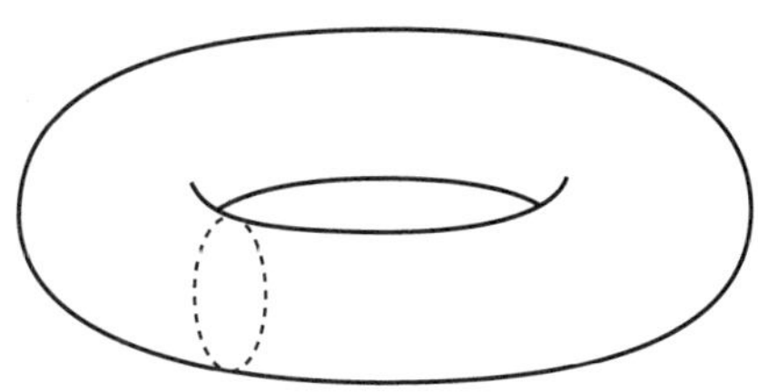

Dans l'autisme, *a contrario* de l'état « normal » (ou névrotique chez l'enfant), c'est le corps du petit sujet qui est troué, mais aussi c'est le monde qui est troué, et c'est le corps de l'Autre qui est intact (pensons à ce fait clinique banal de la terreur de certains autistes de disparaître avec l'eau dans la bonde d'écoulement de la baignoire ou avec leurs excréments quand ils tirent la chasse d'eau). Et pour cause, nous l'avons vu avec Marie-Françoise, il n'y a pas d'Autre. Ce qui implique qu'il n'y a pas de lieu où prendre des objets qui symboliquement vont boucher son corps. L'autiste n'atteint donc même pas la première étape de la prise signifiante minimale du corps, la structure moebienne, il est de ce fait bien loin du spéculaire : Marie-Françoise ne reconnaît pas son image dans le miroir, elle tapotera derrière, quand une petite glace de poche lui sera présentée, y cherchant l'objet (son image) qu'elle y voit (p. 355).

Marie-Françoise en reste donc à un pur réel du **trou** : l'objet oral est englouti et rejeté, sans que cela ne soit signifiant de la problématique du don. Côté **analité**, la façon dont elle se barbouilla le visage de ses excréments, dans un moment de sa cure, nous dit cette structure trouée du corps : elle cerclera les trous de son visage – bouche, œil. Les Lefort comparent ce comportement à celui d'une enfant névrosée, qui, elle, mettra ses excréments dans ses trous, comme s'ils n'existaient pas : excréments mangés et mis dans les yeux, monstration d'une structure sans trou.

Face à l'inexistence fondamentale de **l'Autre**, le monde de l'autiste n'est pas organisé par le langage : le cas de Marie-Françoise illustre assez exhaustivement les conséquences qu'une approche thérapeutique de l'autisme tire de ces deux hypothèses. C'est cela qui crée l'angoisse dans l'autisme. L'absence de l'Autre fait que l'autiste ne peut se défaire de ses objets pour les donner au sujet dans le cadre d'une relation désirante. En effet, les objets sont soit pris sur le **corps de l'Autre** (l'objet oral), soit donnés à l'Autre (objet anal), c'est cette prise dans ce circuit d'échange qui fait qu'ils ne sont pas pur réel, mais deviennent signifiants d'une relation. C'est la mutation du **réel** en **symbolique** qui manque fondamentalement dans l'autisme. Pour le cas des Lefort : « La perte réelle de sa mère à 2 mois a renvoyé Marie-Françoise au Réel absolu de l'absence, bloquant toute symbolisation, le Réel ne cessant d'être réel » (*cf.* R. et R. Lefort, Lectures conseillées p. 352).

Le manque de dialectisation de l'objet dans le cadre de la **demande** a pour effet, quand un **objet** ou un autre surgit dans le **réel**, que le sujet ne peut pas se positionner face à lui, car il ne sait pas le situer dans le chaos de son monde. C'est sans doute ce qui fait que les autistes ne supportent pas le changement et préfèrent la routine : l'habitude donne des repères minimaux aux sujets, et quand un changement intervient, leur monde éclate et devient insensé, d'où surgissement de **l'angoisse**.

Nom-du-Père : produit de la métaphore paternelle qui attribue la fonction paternelle à l'effet symbolique du signifiant et désigne ce qui sépare besoin et demande, pulsion et désir et qui, par conséquent, régit la dynamique subjective : mise en règle du sujet avec son désir, au regard du jeu des signifiants qui l'animent. Le lecteur peut se reporter à J. Lacan, *Les structures freudiennes des psychoses*, Séminaire III, Paris Seuil, 1981.

Pour les Lefort, l'autisme est à intégrer dans le cadre des **psychoses,** en tant que le registre du réel et celui du symbolique demeurent disjoints, du fait de la forclusion (rejet) du ***Nom-du-Père***. Ou dit autrement, le réel demeure massif et n'est pas repris dans une dialectique signifiante qui seule permet au sujet de se supporter dans un corps non chaotique et de s'insérer dans un monde sensé.

C'est à partir de références à l'ensemble des courants psychanalytiques décrits ci-dessus que nous allons maintenant exposer des points de repères concernant la clinique des prises en charge psychothérapeutiques d'enfants autistes.

C

CLINIQUE ET PRISE EN CHARGE PSYCHOTHÉRAPEUTIQUE

Nous rencontrons des autistes dans le cadre de lieux de travail institutionnels (hôpitaux psychiatriques, hôpitaux de jour ou centres médico-psychologiques), le plus souvent. Un repérage s'impose alors du mode d'abord que nous devons avoir des parents de ces enfants, de l'écoute de leurs difficultés de leur désarroi et, parfois mais rarement, de leur sidération.

1 - Parents et enfants autistes

A/ Préalables

Avant d'entrer dans le vif du sujet, nous aborderons deux considérations préalables sur les suivis de sujets dans l'autisme et de leurs familles.

1 - La clinique objecte à l'idée que le désir parental qui préside à la conception d'un enfant serait acquis une bonne fois pour toutes ; nous tenons qu'il se réédite à chaque naissance et antérieurement aussi, à chaque conception. La mère apporte sa valeur d'intimité dans la mesure où elle est pour l'enfant un des premiers, sinon le premier, des postes-frontières qu'il rencontre dans son trajet de sujet-parlant. Pour l'enfant, la mère se présente et comme un lieu de la parole et comme un partenaire réel. Lieu et personne.

Quant au père, son être et sa fonction ne se réduisent pas à la figure du géniteur car il est avant tout celui qui est en position de soutenir la génération des signifiants. Or, nous remarquons souvent avec des enfants autistes que, souvent, les deux parents n'ont, dans leur construction fantasmatique autour de leur enfant autiste, aucun écart l'un par rapport à l'autre.

2 – Nous n'acceptons pas la moindre relation de cause à effet entre la façon dont on perçoit la présentation des parents, lors des entretiens ou des premières consultations, et la pathologie dont leur(s) enfant(s) souffre(nt). Nous récusons toute explication qui, par exemple, à partir de la dépression d'une mère d'enfant autiste conclut que la cause de l'autisme réside dans la ***mélancolie maternelle***. Ce genre de raccourci n'est pas supportable. Il ne sert de rien d'imputer aux parents toutes les responsabilités. Adopter et diffuser ces fausses explications fait sombrer la clinique dans un psychologisme commode et accusateur

Mélancolie maternelle : terme propre aux théories ou aux modèles d'auteurs anglo-saxons (Bettelheim, Meltzer) qui pensent la mère d'un autiste comme une personne qui ne peut accueillir la vie psychique de son enfant, prise qu'elle est dans sa dépression.

B/ Parents face à l'enfant autiste

À l'inverse, en abordant la clinique convenablement, une expérience de thérapeute permet d'entendre que ces parents, à qui l'enfant ne répond pas par une présence engagée dans l'échange, développent en eux, au fil du temps, cette identification catastrophique à ceux qui auraient radicalement perdu l'amour. Les aider, et c'est possible, à quitter cette identification mélancolique acquise, leur permettre d'entretenir un rapport conflictuel avec elle afin de les détacher de tout scénario de fatalité, exige une invention clinique et épistémologique, et non la reconduction de préjugés causalistes sans fondements. Souvent, trop souvent, lorsque sur un enfant « tombe » le diagnostic d'autisme, il est aussi déclaré « inguérissable ».

Trop d'anticipations négatives du devenir autiste ont cours. Mais qu'est-ce qu'un parent peut reconnaître et vivre de son propre sentiment d'identité lorsqu'il est confronté à un enfant qui jamais ne demande ? La clinique, c'est fréquent, nous fait rencontrer des **parents** désemparés. Ils perçoivent en eux une perte radicale et déroutante, vivant ce que l'on éprouve lorsqu'une énigme fracassante nous vide de tout répondant.

De là, une conclusion : dans le suivi psychothérapeutique d'un enfant autiste et de sa famille, ce n'est que par la mise en circulation d'un dire sur la survenue de ce trouble réel que peut être remise en chantier l'inclusion de la réalité de l'enfant autiste dans les discours parentaux. Mais il est vrai qu'une partie des difficultés de l'un (ou de l'autre) des **parents** provient du fait qu'il ne se sent pas soutenu. Mais de qui le soutien est-il espéré ? Pensons à des mères qui souffrent d'avoir un garçon autiste. Elles nous font part de la souffrance plus actuelle qu'elles ressentent à ne pas vivre dans un contexte suffisamment sécurisant pour qu'elles puissent se sentir « passeuses » dans la transmission de la vie psychique. **Une mère** fait un travail psychique de modification de sa position subjective après la naissance d'un enfant et, pour cela, elle doit se sentir soutenue et « portée » aussi par cet enfant.

2 - Discussions sur les perspectives thérapeutiques

Alors comment faire avec un enfant autiste ? Faire référence à la psychanalyse comme théorie et comme méthode n'est pas promouvoir l'idée qu'une séance standard d'analyse constituerait le nec plus ultra en matière de soins. Du reste, l'idée est absurde. Il s'agit de nous porter avec les théories cliniques de ce qu'est l'archéologie du corps et de la parole à la hauteur de ce que les enfants autistes construisent et mettent en place comme constructions de la pulsion, du corps et d'autrui. S'il y a construction dans l'autisme, elle ne peut se rejouer et se mettre à l'épreuve que dans le transfert à un thérapeute qui est à la fois intrusif — il convient de ne pas laisser le sujet se réduire à des automatismes — et contenant.

Si très souvent le sujet en autisme est effrayé par le fait de s'engager dans une relation, c'est peut-être parce que parler et rencontrer l'autre reviendrait à le faire disparaître.

A/ Points de repère

Nous proposons, en nous référant aussi à nos prises en charge, les points de repère suivants, au risque de simplifications extrêmes, toutefois :

Il est à remarquer que si les autistes ne se suicident pas, souvent ils s'auto-mutilent. Ils se font des trous, creusent leur corps, portent atteinte lors des moments les plus extrêmes de leurs « crises automutilations » à leurs yeux ou à leurs oreilles. Ce qui sort d'eux, leurs excréments, ou ce qui rentre en eux, la nourriture, subit un sort analogue. Ils en viennent parfois à se confondre avec ces substances, et en font alors usage afin de colmater tous les orifices organiques de leur corps. L'orificialité naturelle n'est que très peu supportée.

Le moment où s'apaisent ces tempêtes **mutilatrices,** c'est aussi le moment où la fonction de cadre, de contenant, peut venir s'édifier autour d'un objet positivé, à quoi les autistes se collent, un temps. Les passages des blessures-trous à la manipulation d'un objet (ou d'une série d'objets) privilégié, véritable support réel du corps, balisent les espaces.

Il ne s'agit en rien d'un développement naturel de ces sujets. De tels passages qui font que le corps de l'enfant n'est plus l'unique partenaire de l'autiste exigent très souvent que le thérapeute limite l'enroulement catastrophique de l'autiste sur lui-même.

Il convient de ramasser l'enfant en autisme avec des mots ; la voix et le regard du clinicien, cherchant le sujet là où il fonctionne, suspendent le déversement dans le corps autiste de l'agitation du monde environnant.

L'évolution des prises en charge se signe ainsi : l'enfant en vient à supporter notre offre pressante de présence. Il va assez souvent décrocher un objet sur le corps du clinicien et s'initier à une série de manipulations qui écrivent une spatialité du corps, mais où aussi se fixe un rendez-vous pour la voix et l'échange verbal.

Et si l'on imagine trop bien l'autiste comme un petit œuf ou une forteresse vide, il est possible d'aller plus loin. Les **objets autistiques** sont tout de même des partenaires dès que leur manipulation s'accompagne d'une vocalisation spécifique, en même temps qu'ils permettent à l'autiste d'explorer son corps propre et de faire circuler du geste sur lui. Ce n'est pas parce que l'**objet autistique** est vécu comme un réel prolongement du **corps** qu'il n'est pas non plus le lieu de dépôt d'un son. Et puis peut-être n'y a-t-il pas pour l'autiste qu'un seul type d'objet... Nous ne savons rien de plus difficile que de tenter de différencier les modes de rapport à l'objet dans l'autisme, ni quoi qui soit plus utile, de nos jours.

Il est vrai aussi qu'amener un autiste à tolérer les demandes d'autrui et à jouer sur de possibles bords et passages de frontières n'est pas pour autant l'initier à perdre son mode d'investissement du partenaire. Du thérapeute les demandes peuvent être tolérées, non sans mal, mais le corps autiste reste branché sur le corps de l'adulte qui s'occupe d'eux, comme il pourra être ultérieurement branché sur un corps orthopédique. Nous intervenons comme des messagers qui viennent greffer des messages sur le **corps de l'autiste**, et, pendant longtemps, les autistes seront par rapport à nous dans une situation de pur reflet, sans subjectivation.

D'où, même pour des autistes socialisés et efficaces socialement – Temple Grandin (*cf.* document 6 C 1) —, éduqués et rééduqués à n'en plus finir, ce côté toujours un peu « à côté », « comme si », « la vie, mode d'emploi »... d'une existence qui, pour eux, se déroule en dehors de toute aptitude à flirter avec l'énigme et l'humour et à parier sur l'équivoque, quand bien même les organes tournent rond.

B/ Limites de la prise en charge

Tout cela indique-t-il les limites possibles d'une prise en charge psychothérapeutique ? Ne serions-nous alors que des compagnons venant réguler les débâcles qui autrement agitent le corps de l'autiste et plongent le sujet dans la frayeur ? Cela est fort possible.

La recherche par quelques autistes de certains compagnons structurants est, par ailleurs, attestée par ces autistes vieillis, très intelligents et qui ont réussi à lutter contre le chaos de la pensée en s'inventant des formes extrêmement sophistiquées de mécanismes qui permettent de réguler le lien entre corps propre, surface du monde et corps d'autrui. Des sujets qui ont réussi à s'inventer un espace avec une frontière et un objet avec quoi ils construisent des partenaires et régulent les jeux de force pulsionnels. L'imagerie déficitaire sous laquelle on réduit l'autisme ne convient alors absolument pas pour rendre compte de la logique extrêmement rigoureuse avec laquelle ces sujets se sont sortis de leur chaos.

D

DÉBATS ACTUELS AUTOUR DE L'AUTISME

1 - Discussions nosologiques

Faire aujourd'hui usage de la notion d'autisme confronte le clinicien et le psychopathologue à un problème délicat. Nous ne savons pas si, dans l'autisme, il n'y a pas un handicap neuropsychologique, et notre confusion s'accroît de ce que des « guérisons » d'autistes ne nous renseignent en rien à ce propos. *A priori*, les variations des façons d'être dans l'autisme et de ne pas y demeurer ne font pas tableau. L'autisme est-il une élaboration défensive psychotique, comme le délire paranoïaque ou la dissociation schizophrénique? Ou bien l'idée d'un assujettissement précis à une structure fixe n'est pas à tenir pour légitime? Des sujets quittent leur autisme, certains pour débuter (ou confirmer) une évolution psychotique, rarement du côté de la paranoïa, d'autres non. Serait-il alors plus prudent de parler *des* autismes, au lieu *d'un* autisme ? Retracer d'abord l'histoire de ce concept peut éclairer ce débat, d'autant qu'au sein de certaines institutions on parle d'autisme dans le sens d'un retrait, comme l'entendait Bleuler, alors que dans d'autres lieux de soin, l'étiquette « autiste » ne sera utilisée que pour des autismes primaires, au sens de Kanner.

La difficulté de l'étude des formes que prend l'autisme de l'enfant tient donc à leur extrême diversité, mais plus encore à l'absence de points communs d'envergure entre les repérages nosographiques propres à chaque auteur. En effet, convient-il d'employer le mot « autisme » au singulier, supposant alors l'unité d'un syndrome – qui regroupe maladie, état ou déficit ? – ou doit-on plutôt faire mention des autismes, ce qui sous-entend leur diversité ? Le terme autisme doit-il, ou non, être suivi du qualificatif « précoce » ? Doit-il, enfin, être envisagé en continuité avec les psychoses infantiles ? Telles sont les questions qu'aujourd'hui tout théoricien de l'autisme infantile rencontre. Or, si un accord se fait jour lorsqu'une conduite est décrite (stéréotypie, automutilation, troubles alimentaires...), la construction d'un **syndrome** fait intervenir des données de niveau clinique et épistémologique inégal : de sorte que certains syndromes sont des collections organisées de symptômes observés puis corrélés les uns aux autres, tandis que d'autres traduisent les hypothèses théoriques que leurs inventeurs utilisent en les enjolivant du caractère sacré de l'efficacité thérapeutique.

Quant aux pistes étiologiques, elles sont très loin d'être formellement démontrées, et celles qui existent sont en débat. C'est plutôt dans le sens d'une extrapolation, à partir des stratégies thérapeutiques et éducatives, qu'on évoque des hypothèses relatives à l'origine de l'autisme, quand on ne les postule pas.

2 - La part des hypothèses d'origine organique

Il faut bien l'affirmer : toutes les hypothèses d'étiologie organique – quelque peu débridées car l'existence d'un tel tâtonnement marque l'échec de chacune, ou du moins le manque de résultats probants pour constituer un axe de recherche privilégié pour les scientifiques – visent donc à faire de l'autisme un handicap, traduisant une altération organique et non pas un déficit du symbolique. Citons J. et N. Feingold, qui, dans un article important sur l'hérédité des maladies humaines, estimaient que, très probablement, la biologie moléculaire isolera et caractérisera les facteurs génétiques de l'autisme infantile (in « L'hérédité des maladies humaines », *La recherche*, 155, 1984, p. 718-732). Quatorze ans après ce cri du cœur, nous attendons encore, tout en notant que ces deux auteurs lorsque, faisant cette fois-ci preuve d'une prudence judicieuse, affirment qu'il « serait outrecuidance d'inférer d'une telle prévision que l'on expliquera bientôt l'autisme infantile par une anomalie génétique déterminée », tant la « susceptibilité » d'un individu à un autre est une variante vraisemblablement dépendante de plusieurs gènes situés à des sites chromosomiques différents et d'autre part de facteurs apportés par le milieu... La maladie apparaîtrait dès que la « susceptibilité» atteint un seuil critique. De même, mais plus intrépides encore, quand C. Giliberg et M. Colman déclarent que l'autisme est un état avant tout biologique, ils proclament une croyance et ne font en rien état d'une conclusion qu'autoriseraient démarche et procédure scientifiques puisqu'une telle affirmation ne conduit pas à préconiser le moindre traitement biologique : « la psychopharmacologie n'a aucun rôle majeur dans le traitement du jeune autiste » (in *Biologie des syndromes d'autisme,* 1990, Paris, Masson, p. 165).

Enfin d'autres chercheurs, tel G. Edelman, refusent de concevoir le psychisme comme un programme entièrement livré et connecté dès la naissance. Quant à nous, nous tenons pour indéniable que, quels que soient les processus biologiques qui ordonnent le support de la vie psychique, on ne saurait exclure les facteurs d'aléatoire et d'entropie. Il est illusoire de rester dans une simple causalité de connexion cérébrale.

Nous touchons là à un point de méthodologie important pour qui veut s'engager dans une pensée rigoureuse de ce qu'est la psychopathologie clinique. Prétendre qu'une affection psychopathologique n'a d'explication que dans l'avènement d'un gène, est favoriser l'obscurantisme. En revanche, une psychopathologie a des chances de se constituer rigoureusement si, au moins une condition est respectée : que ses théorisations fassent fonctionner entre eux des modèles élaborés dans leur propre champ d'expérience et d'observation et disposant d'une capacité inter-critique. À ce titre, le psychopathologue et le psychologue clinicien ne peuvent qu'être attentifs aux progrès de le recherche en biologie moléculaire et en neurobiologie

3 - Maladie ou handicap ?

A/ Le travail d'Uta Frith

La psychologie « armée » s'attarde à l'étude des processus cognitifs : le livre le plus représentatif de cette façon de voir date de 1992, il est dû à Uta Frith.

■ Les déficits cognitifs

La thèse fondamentale d'Uta Frith est que l'autisme est causé par l'inexistence d'un système, qu'elle nomme **force de cohésion centrale**. C'est ce système qui permet aux individus non autistes d'avoir une vision cohérente du monde, une vision de la réalité non fragmentée. Ainsi, l'humain aurait une tendance innée à la cohérence, soit à faire de son monde un monde de sens, ce qui revient à regrouper les éléments perçus entre eux, pour les faire entrer dans des systèmes de signification. C'est cette faculté qui manquerait aux enfants autistes, pour qui le monde serait mouvant, non prévisible, fragmenté, car insensé. Tout ce que l'auteur appelle « déficits » dans l'autisme est lié à un manque de cohérence au niveau des processus centraux : problèmes cognitifs, langagiers, « perceptifs ». En fait, ce dernier terme demande les guillemets car ce n'est pas tant la perception de la réalité qui est déficitaire que le traitement des informations provenant de la réalité. Les stimuli seraient bien encodés, mais c'est le centre du traitement de la réalité au niveau du système cérébral qui est déficitaire. Ainsi, le rapport à l'autre, ou plutôt le manque de rapport à l'autre dans l'autisme – ce que Frith appelle le « retrait social » – semble dû au fait que l'autiste ne sait pas ce que l'autre pense, et d'ailleurs ne s'y intéresse pas. Le manque de cohérence centrale empêcherait le sujet d'accéder à ce que les psychologues cognitivistes nomment la « ***théorie de l'esprit*** ». Posséder la théorie de l'esprit permet au sujet de savoir à tout instant ce que l'autre pense ou, du moins, d'émettre des hypothèses – souvent implicites – sur ce que l'autre pense. C'est, dit Frith, comme « lire entre les lignes », ce qui est le contraire de la démarche autistique qui prend tout « au pied de la lettre », qui prend les dires et les actes des autres pour argent comptant (c'est pour cela que l'autiste est imperméable à l'humour).

Théorie de l'esprit : voir Grand Amphi, *Psychologie du développement*, chapitre 5.

■ Les performances des autistes

Situés par Frith du côté du handicap (entendu comme une atteinte réelle du corps), les autistes sont pourtant capables de « performances » (dans le sens d'accomplissement de certaines tâches, ou de certaines choses). Par exemple, la reconnaissance des objets et des personnes ou/et le langage sont possibles aux autistes. Contrairement aux idées reçues, Frith note à son tour que certains sujets parlent, bien qu'ils n'utilisent pas ce que nous pourrions appeler la « parole », soit un engagement du sujet dans ce qu'il dit : le langage autistique demeure froid, impersonnel, purement informatif, stéréotypé. La métaphore, le langage imagé, l'humour, et *a fortiori* le mensonge, sont étrangers à l'autiste.

Frith établit fort bien qu'une faiblesse de cohérence centrale constitue un phénomène majeur, de sorte que les sujets vivent dans un monde fragmenté et que la fonction de la lettre devient prédominante et souvent très investie. Certaines performances des autistes sont même ahurissantes, telles celles que l'on trouve chez les « idiots savants », ces sujets qui peuvent faire des opérations arithmétiques à toute vitesse, ou qui connaissent par cœur l'annuaire téléphonique de leur ville, ou les horaires de tous les trains (Le film *Rain Man* a illustré ce type de phénomènes au cinéma). Les exploits que nous retrouvons chez les « idiots savants » sont liés à une véritable obsession de ces autistes à l'égard d'un thème particulier, l'intérêt se portant uniquement sur le sujet de prédilection, de façon répétitive et incessante, sans le risque d'erreur qu'entraîne le penchant de tout être névrotique pour l'équivoque.

Que le sujet autiste soit capable de certaines performances – elles sont toutefois de différents niveaux selon les sujets (est-ce une question de déficit plus ou moins grand ?) – s'explique, selon Frith, par le fait que certains « systèmes périphériques de cohérence » ne sont eux pas touchés. Ce qui produit des « cohérences locales ». Autrement dit, il subsiste des îlots limités de sens non référé au système global.

Le système de cohérence centrale – notion clé, nous l'avons vu – est localisé dans le cerveau, bien qu'aucune recherche actuelle, ce que Frith reconnaît sans réserve, n'ait établi cette localisation. On suppose donc que c'est d'un déficit organique dont souffrent les autistes. Ce déficit peut avoir plusieurs origines, dont aucune aujourd'hui n'est prouvée, nous en sommes au stade des hypothèses qui relèvent de différents types : psychophysiologique, neurologique, génétique, biologique, etc. (lésion structurale du cerveau central ou malformation d'une certaine zone du cervelet, absence de substances neuromédiatrices, prolifération des cellules cérébrales ou, au contraire, destruction de ces mêmes cellules) (*cf.* document 6 D 1).

B/ Remarques sur les recherches cognitives actuelles

■ Autisme et expérimentation

En France, se dessine un mouvement qui assimile l'autisme au handicap, dans le cadre des nosographies dominantes. À partir de là s'annonce l'idée qu'il appartient de plein droit à la psychologie cognitive et aux rééducations diverses d'occuper le champ de la prise en charge des autistes. Il s'agira de *réparer* l'autiste et de lui donner les compétences auxquelles il n'a pas encore accès. Il ne semble pas pourtant y avoir d'ouvrage français de référence pour le courant cognitiviste. Les recherches se situent dans le droit fil des recherches de Frith, ou de Schopler. Les auteurs problématisent leur objet à l'intersection du développement « normal » et de la psychopathologie (*cf.* les travaux du laboratoire de psychobiologie de l'enfant, université Paris-V) ou encore à la croisée de la psychologie du développement, d'une part, et de la neuropsychologie et de la biologie, d'autre part (soit pour ce qui est ici en pointe dans ce genre de recherches les travaux de B. Rogé). Il s'agit, toujours dans le droit fil des travaux de Frith, d'expérimentations consacrées aux difficultés de prise en compte de ses propres états mentaux et de ceux d'autrui par l'enfant en autisme. Méthodes et interprétations sont ici des plus variées : centration sur tel ou tel « état psychique » (émotion, cognition) ; méthodes expérimentales, observations plus ou moins « armées »... Il s'agit aussi, puisque le problème est avant tout d'ordre cognitif, de mettre en place des programmes d'apprentissage spécifiquement étudiés pour les sujets autistes afin de leur permettre de comprendre ce que pense l'autre (**théorie de l'esprit**) et, plus largement, de donner sens à son environnement (*cf.* la méthode TEACCH, ou T. Peters, « L'autisme »), cela dans le but de « fournir les gestes qui faciliteront l'adaptation et la communication » (Rogé, *in* préface à « L'autisme », T. Peters, 1994, 1996 pour la trad. française, p. XVI). L'autisme n'est ni une maladie mentale, ni un retard mental, mais c'est un trouble envahissant du développement, dans lequel plusieurs fonctions d'un développement normal sont touchées et bloquées, avec pour effet de désorganiser le codage des informations : ce qui implique que l'autiste ne comprend rien au monde qui l'entoure.

■ L'autisme et l'environnement social

On remarquera que ces recherches accolent souvent le terme « social » à celui de « cognitif », ce qui rend compte de l'intérêt central de ces études dissemblables : l'intérêt pour les modes de communication de leur « vision du monde » qu'ont des enfants autistes. Avec et après Frith, les cognitivistes découvrent l'existence du relationnel. Il s'agira dans ces études cognitivistes de se limiter à la représentation du monde social, et nous retrouvons là une vieille question psychologique :

comment penser, vivre et faire (avec) l'autre ? (c'est-à-dire comment l'enfant autiste peut-il concevoir qu'il y a des personnes ?). En d'autres termes, autrui existe avec des attitudes et des constructions mentales différentes des miennes et je dois les découvrir.

Bien sûr, tous les tenants de ce courant émettent l'hypothèse que l'autisme est la manifestation d'un comportement déviant, mais c'est là un truisme. Quant à la cause de l'autisme, elle est souvent tenue pour « multifactorielle », position d'une inventivité relative, mais d'une prudence judicieuse et qui a l'avantage de ne pas prêter le flanc à trop de polémiques ; ou bien encore sa causalité est liée à un ensemble de « dysfonctionnements cérébraux » (Rogé, *op. cit.*).

Nous savons que le syndrome autistique se manifeste par des replis majeurs et précoces. Sachant qu'il est essentiel pour tout bébé, dépendant de son environnement immédiat, de parvenir rapidement à anticiper les réactions des personnes et à en provoquer certaines, on a donc voulu savoir si les enfants autistes présentaient des anomalies spécifiques dans le développement de la compréhension psychologique des personnes.

Des études expérimentales furent donc entreprises, desquelles se dégage un point commun : la mise en évidence de difficultés chez l'enfant autiste à comprendre les états psychologiques propres à autrui.

Aujourd'hui, on tend vers des approches plus intégratives des relations entre troubles cognitifs et sociaux. Aussi tend-on à concevoir des programmes pédagogiques visant à prendre en considération les spécificités du développement des enfants autistes. Mais c'est souvent au risque de déconsidérer les approches psychothérapeutiques et en ne voyant dans l'autisme qu'un handicap, pétition de principe que nous discuterons plus loin.

■ L'autisme comme mode de défense

Hochman, J. (1997). *Pour soigner l'enfant autiste*. Paris : O. Jacob, coll. Opus.

Il faut noter l'existence d'une « troisième voie », représentée entre autres par ***J. Hochman***, qui ne tranche pas la question de la cause organique ou psychologique de l'autisme. Dans ce cadre de courant théorique, l'autisme est conçu comme un mode de défense par rapport à un monde vécu comme angoissant. Cela est causé soit par un « défaut initial du sujet », soit par le fait que les interlocuteurs de l'enfant autiste « se révèlent incapables de l'aider à apprivoiser le monde » (*Hochman*, p. 56), soit, et c'est l'hypothèse forte de l'auteur, à que ces deux facteurs se conjuguent pour donner corps à la défense autistique. Dans le champ de la psychanalyse, les ***théories interactionnistes*** semblent, pour l'auteur, les mieux à même d'expliciter les ratages en tant qu'elles laissent ouverte la question de la causalité : soit la mise en place de tout processus pathologique liée à une demande trop forte de l'enfant – elle serait due, par exemple, à l'insuffisance du capital libidinal de base – qui rend toute réponse des parents inadéquate ; soit elle est liée à une carence parentale à répondre de façon satisfaisante à l'enfant. Dans le cas de la folie – et donc de l'autisme – l'étiologie est à rechercher à la rencontre de ces deux facteurs (*op. cit.*, p. 107).

Théories interactionnistes : théories qui restituent le sens d'un symptôme ou d'une conduite par rapport à un cadre d'interelations.

L'autisme est alors à la fois :

– un désordre psychopathologique (qui fait partie intégrante des psychoses),

– un handicap, en tant que ce handicap empêche l'établissement des processus cognitifs et donc qu'il rend impossible l'intégration sociale du sujet.

La réponse à l'autisme est donc thérapeutique (relation à autrui) et éducative (éducation du retard cognitif). Se référant à deux corpus théoriques dont se réclame sa pratique institutionnelle, Hochman appelle de ses vœux une rencontre jusque-là tenue pour ratée entre les théories cognitives et la psychanalyse.

Hochman allie donc la psychothérapie et l'approche éducative pour la prise en charge institutionnelle de l'enfant autiste. L'éducatif se fait sous la forme de séances d'orthophonie, de scolarisation, quand cela est possible, et de participation à des clubs de loisirs de la cité.

Le témoignage de Hochman est intéressant car il fait clairement ressortir, outre les positions personnelles de l'auteur, une politique de soins qui se pratique couramment dans les hôpitaux de jour et qui, reste très peu relatée par la publication de ses expériences (*cf.* document 6 D 2).

DOCUMENT PROPOSÉ

6 A 1 - Le tableau clinique de l'autisme selon Kanner

1 - PRÉSENTATION DU DOCUMENT

Le modèle de l'autisme infantile se dégage véritablement en 1943 par l'article de L. Kanner « Autistic disturbances of affective contact » (*cf.* Lectures conseillées), qui étudie les cas de huit garçons et de trois filles. Kanner continuera à observer des enfants et des adolescents autistes pendant près de trente années. L'enfant étudié semble isolé dans un monde insensible, anesthésié ; il ne semble pas réagir au monde sonore ni à la voix humaine, ne pas tenir compte de la présence (et de l'absence) d'objets ou de personnes. En fait, des observations approfondies permettent de préciser ce qui brise cette indifférence. Bien des enfants autistes sont sensibles à la musique et au rythme, et l'utilisation particulière qu'ils font de leur regard les conduit à entrecouper un regard flottant et périphérique de brefs coups d'œil, très incisifs et localisés. Un point souligné par Kanner est aujourd'hui encore décisif pour situer l'originalité de l'autisme infantile. Il s'agit du fait que ces enfants ne peuvent supporter le regard de l'autre : on a pu évoquer à ce propos le ratage du stade du miroir.

Tableau clinique

1 - Solitude et immuabilité

Le tableau clinique conjugue les différents traits. Les deux principaux traits symptomatiques sont la solitude et l'immuabilité. Ce qui distingue ces enfants est « une extrême solitude autistique qui, toutes les fois que cela est possible, dédaigne, ignore, exclut tout ce qui vient vers l'enfant de l'extérieur ». La solitude vient de l'intolérance au contact avec autrui, dans la mesure où ce contact est vécu comme intrusif, voire persécutif, ce qui est maintenant une donnée d'observation courante. C'est de façon plus large, en fonction de cette attitude d'isolement, qu'on a pu croire que les autistes ne « demandaient » qu'une seule chose : être laissés en paix. Ce qui est inexact, les enfants autistes peuvent développer des processus de défense spécifiques, véritables stratégies susceptibles d'inclure la présence d'autrui.

Le comportement d'immuabilité de l'enfant autiste renvoie à l'intolérance absolue des autistes à toute modification de leur environnement inanimé. Il témoigne d'un rapport un peu plus complexe aux objets qui l'entourent, car le « *samesses behavior* » (mot anglais désignant pour Kanner cette immuabilité) inclut le respect de certaines séquences temporelles. Tout ce qui est apporté à l'enfant de l'extérieur, tout ce qui change son environnement interne ou externe représente une intrusion effrayante. L'exigence d'immuabilité qui fait que « la conduite de l'enfant est régie par une obsession anxieuse de la permanence que personne ne peut rompre, sauf l'enfant lui-même et en de rares occasions », amène Kanner à penser une cause primitive : l'extérieur est, dès l'origine, constitué comme une menace.

En fait, l'autiste est surtout et avant tout quelqu'un qui refuse toute **demande** à son endroit. On note encore que des autistes adultes, certains d'entre eux (comme Temple Grandin, Donna Williams, *cf.* document 6 C 1) écrivent leur autobiographie, se plaignent souvent encore d'un isolement pénible que provoque toute manifestation de curiosité, d'estime ou de sympathie à leur égard. Attention ! La compréhension de ce « refus » est peu facile. On peut trop aisément en déduire qu'autrui est déjà constitué, ou, si on préfère, que l'autiste est capable de distinguer l'autre de lui-même, ce qui est optimiste, mais tout à fait faux. Qu'un enfant autiste puisse s'introduire dans le circuit de la demande est reconnu comme un des objectifs des prises en charge psychothérapeutiques (*cf.* p. 16). Cela n'est jamais donné d'emblée.

Kanner note enfin que l'enfant autiste a une bonne **relation aux objets** ; il s'intéresse à eux, et peut jouer avec eux, joyeusement, pendant des heures. « Laissés seuls avec des objets, ils arborent souvent un sourire paisible et un air de béatitude. » L'autiste peut être indulgent avec eux ou en colère contre eux, si par exemple il ne peut pas les adapter à un certain endroit.

2 - Langage et intelligence

Si on peut concevoir que Kanner a surévalué des compétences chez les enfants qu'il observait, ses descriptions restent d'une très vive actualité ; il est vrai qu'à rebours de ce qu'une opinion mal informée affirme, jamais Kanner ne rend équivalents autisme et mutisme, quand bien même il met en relief l'attirance et la facilité — on peut même parler d'habileté — qu'ont ces sujets à se mouvoir dans un langage mécanisé. Il s'agit souvent d'un langage désarticulé, marqué par une interversion des pronoms, avec des craquées verbales et des néologismes. Mais c'est un langage riche qui semble plus inventé que déficitaire.

« ... parfois ils chantent et fredonnent joyeusement bien que de façon monotone. Le vocabulaire stupéfiant des enfants qui ont acquis le langage, l'excellence de leur mémoire pour des événements datant de plusieurs années, la capacité phénoménale d'apprendre par cœur poèmes et noms et de se souvenir précisément de séquences et de schèmes complexes témoignent d'une bonne intelligence au sens communément admis de ce terme ». Il est opportun de signaler en premier lieu que les autistes, d'après les constatations de Kanner, sont intelligents, certains d'entre eux obtenant même, aux tests d'intelligence, des résultats au-dessus de la moyenne, alors que bon nombre d'entre eux étaient considérés jusqu'alors comme des faibles d'esprit — avec toutes les savantes graduations qui les caractérisent — ou comme des schizophrènes. Il écrit encore à ce propos : « Leurs visages donnent à la fois l'impression d'une grande profondeur d'esprit et, lorsqu'ils sont en présence d'autrui, d'une tension anxieuse, sans doute parce qu'ils prévoient le désagrément d'un éventuel dérangement ».

2 - QUESTIONS CORRIGÉES

QUESTION 1

Comment comprenez-vous le besoin d'immuabilité ?

QUESTION 2

Autisme et intelligence : comment comprendre cette hypothèse de Kanner sur l'intelligence des autistes et le fait que certains autistes obtiennent des performances remarquables aux tests d'intelligence ?

RÉPONSE 1

L'ensemble de ces traits cliniques renvoie à une nécessité précise : limiter le plus possible l'environnement à un monde monotone, toute perte, tout incident ayant valeur de catastrophe.

RÉPONSE 2

Tout dépend de ce que nous nommons « intelligence ». Il faut, dans l'autisme, comprendre ce qui fait construction et organisation d'un monde, ce qui fait ausi défense contre des angoisses de néantisation. Les autistes peuvent beaucoup utiliser des codages, des constructions « symboliques », des stratégies pour maintenir l'environnement immuable. De plus, parce qu'elle est non marquée par le refoulement, leur mémoire peut être tout à fait remarquable.

EXERCICE COMMENTÉ

6 B 1 - L'étude du cas de Laurie (Bettelheim)

1 - PRÉSENTATION DU DOCUMENT

Laurie, face à l'indifférence de l'Autre, se retire du monde, pour ne plus rien ressentir.

Laurie, 7 ans, autiste

Laurie est une fillette qui, à sept ans, est mutique, anorexique, inerte et cachectique.
La mère de Laurie dit qu'elle n'est pas heureuse dans la vie : pas plus qu'aujourd'hui elle ne le fut dans son enfance et d'ailleurs elle épousa son premier mari – un homme beaucoup plus âgé qu'elle – pour échapper à un père autoritaire et punisseur. Le père de Laurie est le second mari de sa mère, ils se rencontrèrent après avoir, l'un comme l'autre, subi des déboires amoureux. Laurie naît, alors que forts de leurs expériences respectives et de la connaissance de leurs problèmes, ses parents avaient décidé d'attendre de vérifier la solidité de leur mariage avant de procréer.
Le père est très occupé par son travail, et considère le cas de sa fille comme désespéré, causé par une grave lésion cérébrale ; il se désintéressera de Laurie, et c'est la mère qui consultera deux fois des services spécialisés sur le cas de sa fille. Elle a un très grand contrôle d'elle-même, mais semble retirée du monde.
À six semaines, Laurie fut confiée à une jeune bonne d'enfant, sa mère travaillant. Laurie se développe normalement, apprend ses premiers mots à quinze mois, mais n'arrivera jamais à s'adresser à quelqu'un : elle ne dit jamais papa ni maman.
Quand Laurie eut deux ans et demi, la jeune bonne fut remplacée par une autre, plus âgée, mais ni cette dernière, ni les suivantes ne suscitèrent son attachement. Laurie remplaça au départ de sa première bonne les quelques mots qu'elle avait acquis par des sortes de gloussements. Jusqu'à cinq ans, elle poussa des cris inarticulés, et s'arrêta suite à une fessée que lui donna sa mère pour ses cris trop proches de l'animalité ; elle pouvait dessiner, jouer avec des cubes jusqu'à cet âge-là, ne le fit plus ensuite. Puis Laurie perdit l'acquisition de la propreté, ne mangea plus seule, et devint anorexique : elle se retira de plus en plus du monde. Elle passait ses journées sans bouger, restant là où on la posait, ou alors tournait ou déchirait les pages d'une revue sans la regarder. Elle arrachait ses boutons, déchirait ses draps, ou arrachait le papier des murs. Si elle avait un ruban, elle l'effilochait jusqu'à ce qu'il devienne une boule cotonneuse ; même chose pour ses couvertures ou le tapis de sa chambre.
Lorsque l'on parlait à Laurie, elle détournait le visage, lorsque qu'elle était dérangée ou quand on la grondait, elle fixait sa main, ou regardait dans le vide.
Son rapport aux adultes est totalement « objectivant » : ses parents ne se sentent pas aimés et sont frustrés de ne jamais avoir été appelés papa et maman. Ils disent « faire partie du mobilier », tout juste bons à être utilisés pour les gestes de la vie quotidienne : manger, boire, habiller.
Quand elle arriva à l'École orthogénique de Chicago à sept ans, Laurie ne fermait jamais la bouche, y compris les rares fois où elle avalait de la nourriture. Elle ne prenait d'ailleurs que la nourriture qu'elle pouvait avaler sans mâcher : raisins secs, aliments mous, petits bouts de gâteaux ou de bonbons.
Le **corps de Laurie** ne semble pas intégré : sa bouche, ses mains, ses jambes semblent séparés du corps, chaque partie semble un objet distinct. De même elle ne semble ne voir des adultes que la partie du corps qui l'intéresse immédiatement : une main, un bras qui lui tendent quelque chose. Elle ne regarde pas le visage des gens, mais seulement la main qui agit pour elle.
La position qu'adopte l'école orthogénique, c'est de ne la forcer en rien. Elle est nourrie à la main (et non à la cuiller, jugée trop mécanique) et peu à peu elle avalera quelque nourriture seule : raisins secs avalés un par un, gâteaux secs. Au fur et à mesure que Laurie peut s'alimenter seule, elle se remet à pousser les gloussements qu'elle n'avait pas émis depuis ses cinq ans. Malgré ce petit progrès, Laurie reste inerte, atonique et dans une indifférence totale au monde.
Laurie est une constipée chronique et sa mère la mettait sur les cabinets plusieurs fois par jour pour arriver à la faire déféquer. Au début, Laurie ne déféquait que très rarement et Bettelheim corrèle cela avec une ignorance de la fonction de défécation, et

non au fait de dire non à **l'Autre** qui **demande** la selle : Laurie ne sentait rien de ce qui se passait dans son corps, toutes les fonctions étaient gelées pour sa conscience, ce qui explique cette impression de corps morcelé et de défécation qui ne se fait pas de façon active : quand Laurie déféquait, cela lui demeurait étranger, comme si elle s'était fermée au monde mais aussi à son propre corps.

Pour la miction, Laurie est dans une compulsion qui semble le résultat d'un dressage et non l'effet d'une conscience : elle urine le matin et le soir de façon immuable. Bettelheim souligne que la défécation est essentielle pour la distinction soi/non-soi : matière sécable, poussées de l'expulsion. Laurie jouera avec ses selles, en même temps qu'elle retrouvera une activité abandonnée elle aussi à la naissance de sa sœur : le jeu avec des cubes.

Les fonctions se libéreront peu à peu, viendront à la conscience, ce qui amènera Laurie à devenir maladroite : elle tombera, ce qui ne lui était jamais arrivé.

2 - EXERCICE COMMENTÉ

Sachant que ce cas est une patiente de Bettelheim, comment articuler les questions suivantes dans le cadre de sa théorie ?

QUESTION 1

Qu'est-ce qui, du monde adulte, a pu avoir des effets sur le destin de Laurie ?

QUESTION 2

Pourquoi l'École orthogénique a-t-elle pris la décision de ne pas contraindre Laurie ?

RÉPONSE 1

Du côté parental, non seulement les déboires sentimentaux, somme toute banaux chez les humains, mais le fait que les parents aient eu un doute quant au bien-fondé de leur mariage, corrélé à l'occupation paternelle et au retrait maternel lié à un contrôle de soi trop patent (*cf.* les parents-frigidaires de Kanner, auteur que Bettelheim suit ici), sont certainement pour Bettelheim des indices de la position du non-désir parental pour Laurie. (Nous nous situons dans la logique de Bettelheim pour avancer cela, ayant explicité plus haut notre désaccord sur ce point.) Un environnement ne répondant pas de façon désirante aux sollicitations de l'enfant mène celui-ci au désespoir.

Du côté des bonnes d'enfants, le fait que la première fut remplacée est aussi un élément à retenir : pas de figure stable, et cela est souligné par le fait que Laurie ne fut pas plus attachée à la deuxième qu'aux autres qui lui ont succédé. La perte du langage consécutive au départ de sa première bonne est aussi un indice important. Cette bonne a pu faire tenir Laurie, lui permettre d'échapper, de façon transitoire, à l'effondrement autistique, qui surviendra peu après son départ.

La fessée donnée par la mère devant ce qui lui est apparu comme des cris animaux – les gloussements de Laurie – précipita l'effondrement : elle devint mutique, toute manifestation vocale devenant interdite ; les multiples pertes des acquisitions qu'elle fit à la suite de cela, vers cinq ans, confortent cette hypothèse.

Enfin, la constipation de Laurie est liée, pour Bettelheim, au fait que l'injonction anale était la seule demande parentale : elle était mise au pot plusieurs fois par jour. Telle est évidemment la problématique de Laurie par rapport à l'analité : c'est guidé par la clinique que Bettelheim peut se permettre d'avancer cette thèse.

RÉPONSE 2

Pour Bettelheim, l'autisme est dû à un découragement de l'enfant qui se retire du monde car il ne peut pas agir sur lui. Autrui devient aussi un persécuteur pour le sujet dans le sens où il le contraint à sa volonté, sans prendre en compte son désir. Ces deux éléments font référence à l'expérience des camps vécue par Bettelheim.

Face à cela, pour faire advenir le sujet à renaître, à entrer dans le monde, il faut lui laisser une marge de liberté où il pourra explorer le monde et s'y situer. À noter que, chez Laurie, la fermeture du sujet est tellement radicale qu'elle affecte le corps : anorexie, constipation, atonie léthargique, etc. Explorer le monde pour le comprendre (jeu avec les selles), au-delà de ce qui est normalement permis dans le cadre de l'éducation, constitue la stratégie radicale de Bettelheim dans son école. Le non-forçage, le fait que le sujet se rende compte qu'autrui n'est pas un persécuteur qui veut atteindre à sa vie ou jouir de son corps (rappelons-nous Marcia qui marchait le long des murs pour ne pas être violée par les lavements), voilà ce qui guide Bettelheim dans sa conduite vis-à-vis des enfants.

DOCUMENT COMMENTÉ

6 B 2 - La différence entre psychose infantile et autisme selon F. Tustin

1 - PRÉSENTATION DU DOCUMENT

Rigoureusement fidèle à l'idée qu'un traitement psychothérapeutique ne peut s'envisager sans repères diagnostiques précis, F. Tustin a entrepris un travail approfondi de démarcation entre psychose et autisme. Elle retire de sa pratique la certitude que la psychopathologie d'un enfant autiste est différente de celle d'un enfant schizophrène ou en symbiose pathologique (on retrouve encore une fois la terminologie de Malher). Sans que l'on trouve sous la plume de Tustin une grille définitive pour un diagnostic différentiel, il est possible, en croisant ses écrits majeurs, de répertorier selon nous six critères qui, à ses yeux, différencient les jeunes enfants autistes des schizophrènes.

Grille pour un diagnostic différentiel

1 - Fantasmes et sensations

L'enfant schizophrène est très conscient des intérieurs et des extérieurs, il fantasme comme étant à l'intérieur du corps de la mère. Il est par là même capable d'établir des relations où s'exprime sa recherche d'objets. Par opposition aux enfants de type schizophrénique qui ressentent leur intérieur comme un monde interne et encombré d'objets qui luttent et s'entrechoquent entre eux, les autistes se sentent vides et sans objets. Le fonctionnement autiste est marqué par une existence au sein d'un univers dominé par la sensation, l'autiste recherche des sensations plus que des objets en tant que tels.

2 - Objets autistiques

Un autre caractère spécifique des enfants autistes est l'usage qu'ils font des objets nommés par Tustin « autistiques ». Pour l'enfant, ce ne sont pas des objets, mais plutôt des formes capables de générer des sensations et ne permettant aucune opération de séparation du sujet. Les formes autistiques ne peuvent faire l'objet d'échanges. L'enfant peut avoir la conviction que ces objets font partie de son corps. Il est « ensorcelé » par ces formes. S'accrocher à ce genre d'objets, c'est leur faire jouer un office de suture à la sensation de vidage de la consistance corporelle. Cette manipulation omnipotente de l'objet-appendice, qui semble être longtemps le seul partenaire de l'enfant autiste, viendrait à la place d'une activité exploratrice normale de succion des objets auto-sensuels premiers comme le pouce, le poing ou les autres doigts. Le contraste est frappant avec le comportement de jeunes enfants schizophrènes qui sucent avec avidité. Ces formes ou objets-traces autistiques peuvent devenir des lettres ou des nombres qui ponctuent et marquent les bornes d'un univers de refuge mais aucun objet autistique ne permet durablement au sujet de se calmer, sa manipulation montre plutôt qu'aucune séparation n'a pu être établie entre l'enfant et autrui.

3 - Le regard

L'enfant autiste ne peut regarder en face, ce dont est capable un enfant schizophrène, même si ses yeux peuvent être voilés et son regard de concentration brève.

4 - Un avatar de l'identification : l'« identification mimétique »

L'enfant autiste, qui vit dans un monde de sensations et de contours, semble dans un « état d'identification mimétique » avec ce qui l'entoure, comme on l'observe chez le bébé, qui tirera sa langue si sa mère vient juste de le faire. L'enfant autistique est bloqué à ce stade, d'une façon pathologique. Il est notable, lorsque Tustin donne des exemples de cet « état d'identification mimétique », qu'elle décrive, tout comme le fit H. Segal (réf. biblio 1957), mais avec beaucoup plus d'exactitude encore, une manipulation analogique des informations de l'environnement par les autistes. « C'est ainsi que les armoires et les commodes sont mises en équation avec des estomacs, les ouvertures dans les objets avec des boucles. Les taille-crayons, j'en ai de nombreuses preuves, sont souvent ressentis par l'enfant comme en "équation" avec sa bouche en train de se mordre cruellement. Par exemple, il mettra le bout d'un jouet dans la "bouche" d'un taille-crayon et fera en même temps des mouvements circulaires de morsure avec sa propre bouche. »

5 - L'absence d'une troisième dimension signifiante

Ce qui retient le plus l'attention des autistes, et la leur seulement, est l'aspect à deux dimensions seulement du monde environnant. Ils s'intéressent principalement aux surfaces auxquelles ils peuvent se coller, afin d'acquérir un certain sentiment des limites corporelles.
Si l'un deux, note-t-elle, «entre dans une boîte, un tunnel ou une armoire, c'est la sensation d'être caché et protégé qui a un sens pour lui. Ce n'est pas le fait d'aller dedans ». Les autistes bouchent les trous, colmatent les failles, se collent aux ouvertures des espaces pour ne pas s'évider.

6 - Le caractère spécifique des hallucinations éventuelles

Les activités des enfants autistes sont « massivement symboliques ».

L'abrasion de la dimension imaginaire, telle qu'elle est conçue par les kleiniens comme capacité à fantasmer et à projeter, fait qu'il est rarissime qu'un enfant autiste connaisse des hallucinations visuelles.

Et si, de façon très originale, Tustin considère les formes autistiques comme une sorte d'hallucination du toucher, elle y voit un progrès.

Pour elle, si, au cours du traitement, un autiste a des hallucinations visuelles, il puise alors un peu de bon sein sur quoi il prend appui, il se soutient d'une identification visqueuse à l'objet.

2 - EXPLICATION

A/ L'originalité du diagnostic

Dans tout cet essai de distinction, la grande invention théorique originale qui se dégage combine la notion de forme autistique avec le modèle du trou noir autistique. La façon dont Tustin se laisse enseigner par ses jeunes patients est remarquable. Elle fait part d'extraordinaires dialogues avec les enfants autistes, qui lui donnent les mots clé de sa théorie (non sa théorie, bien sûr). C'est dans le chapitre 16 du livre *États autistiques* intitulé « Thinking », que la psychanalyste décrit la façon dont un garçon autiste, Peter, utilise le mot « forme » pour désigner des manœuvres auto-sensuelles, réalisant une sorte de pensée qui tourne en rond. L'erreur serait d'entendre cette expression : « une pensée qui tourne en rond », comme la description d'une rumination mentale. Ici l'aspect circulaire de la pensée est à comprendre au sens réel et matériel d'une pensée qui est vécue telle une forme et une force qui tourbillonnent parce qu'elles n'arrivent pas à pénétrer un morceau du corps, un tiroir assimilé à l'estomac, lieu où, pour Peter, se jouent les transformations. Cet espace «sauté» est au mieux fantasmé comme étant plein de monstres.

B/ Le travail thérapeutique

Tustin décrit son travail de la façon suivante. Son souci thérapeutique est de permettre élaboration et échange du champ de la pensée possible à Peter, et possible entre Peter et elle. Elle dit qu'elle est alors obligée de se concentrer fortement sur ses pensées à elle, et que lorsqu'elle communiquera à l'enfant le résultat de sa propre digestion, dans ce qu'elle ira jusqu'à nommer « l'estomac de son esprit », l'enfant détendu peut penser et échanger. « Dès que son ventre, écrit-elle, lui permet de relier sa tête dure avec son "derrière mou", il sent qu'il peut disposer d'un contenant pour ses pensées. »

3 - QUESTIONS CORRIGÉES

Question 1

Quelles théories de l'objet y-a-t-il dans le travail de Tustin ?

Question 2

Comment penser le passage entre « observation » psychanalytique et interaction clinique ?

Réponse 1

Espace pour les pensées, cavité donnée par l'activité mentale du thérapeute au creux de laquelle se nichent les élaborations de l'enfant, on dirait là une archéologie de toute théorie de l'étayage. Rappelons que ce mot étayage désigne en ce cas le fait qu'un processus de pensée prend appui sur une fonction somatique de satisfaction de besoin. Le processus digestif est alors la base de la transformation des sensations-émotions « excorporées » et retournées de manière supportable. Chez tous les jeunes enfants, les « substances corporelles molles » (excrément, urine, morve, salive ou, provenant du corps maternel : le lait) sont des pièces de base du fonctionnement psychique. Pour Tustin, si la production de ces formes (premier enregistrement de ces objets corporels réels) n'aboutit pas à la formation de structures perceptives et conceptuelles qui faciliteront une distinction dedans/dehors et une relation pratiquée aux objets extérieurs, alors on peut s'attendre à d'« énormes problèmes. C'est, poursuit-elle, ce qui est arrivé aux enfants autistes » (*op. cit.*, p. 71).

Réponse 2

L'observation des enfants indique que des activités comme saliver, se balancer, pleurer, sont des formes déjà ritualisées et que, de ce fait même, l'enfant incline à les répéter. L'activité psychique réside dans la possibilité d'imaginer des « formes », soit des « concavités » à partir de leur sensation. L'observation psychanalytique des enfants dans l'autisme enseigne qu'ils ne sont pas dans la plus extrême des passivités mais qu'au prix d'une grande angoisse ils essayent de se donner un organisme par auto-sensualité. L'échec est alors échec de la constitution de l'autre, en raison de cet échec l'autre est soit effrayant, soit indifférent. Tustin contraint l'autiste à faire avec l'autre. Elle se guide de la façon dont les autistes constituent ces cavités d'inscription des formes en travaillant avec elle. Elle greffe de l'altérité et de l'intériorité. En ce sens, son exploration de l'univers autiste se fait toujours dans le droit fil de sa participation à la prise en charge de ces enfants. Elle élabore une théorie dynamique de processus de constructions propres à l'autisme au sein de l'espace psychanalytique qu'elle offre. Ces concepts de base explorent l'archaïque inconscient du corps qui est propre à l'autisme.

EXERCICE CORRIGÉ

6 B 3 - Etude du cas de Victor, « l'enfant au gobelet rouge »

1 - PRESENTATION DU DOCUMENT

Ce cas a été présenté par Virginio Baio, dans « Une clinique psychanalytique de l'autisme ? » (Actes du colloque de la Découverte freudienne, Toulouse, 26-27 septembre 1987).

Victor et son gobelet ou le corps autiste en jeu

A six ans Victor arrive dans l'institution où il restera douze ans. Il se présente comme un enfant en permanence blessé : dès que ses bras sont libres, il se donne des coups de poing sur la figure, pendant un temps la joue droite, puis le menton, etc. Il y a déplacement des blessures ou des trous : dès qu'une plaie se cicatrise, une autre apparaît, ailleurs. Il se donne aussi des coups de poing sur la figure quand il doit utiliser sa main : pour prendre un objet ou pour donner la main. Dans les moments de crise, il hurle, il se donne des coups à la figure, il s'arrache les cheveux. « Pour garder ses mains bloquées, il garde une chaise derrière son dos, en faisant passer ses bras de façon que la chaise lui colle au dos et sa tête tout à fait pliée sous le dos de la chaise. » Pendant plusieurs mois, Victor portera une chaise sur son dos sur laquelle tiennent en équilibre deux bols remplis d'eau à ras bord. Il reste des heures devant un fauteuil, replié en position fœtale avec cette chaise ainsi montée sur son dos. Si un bol tombe, cela déclenche chez Victor des cris et des coups, puis il repart le remplir. Des moments d'apaisement relatif succèdent à des moments où des crises explosives se succèdent, ce qui correspond à des changements (arrivée d'un enfant dans le groupe, femme enceinte, approche des vacances, etc.).

La chaise sera remplacée par le couvercle d'une poubelle, derrière lequel il coinçait ses bras, puis un bol en fer, porté en équilibre sur la tête. L'équipe institutionnelle lui proposa un gobelet rouge, moins encombrant, mais qui devint tout aussi essentiel : les crises sont vives quand l'objet est perdu. Ces objets, qui se substituent les uns aux autres, sont gardés contre le corps (des bras coincés, à l'équilibre sur la tête), le jour comme la nuit. À l'époque du gobelet rouge, quand celui-ci est perdu, Victor le remplace par le premier objet trouvé : fourchette, couteau, morceau de bois, ou, à la limite, son bras.

Au retour des vacances passées chez ses parents, Victor revint sans son gobelet, mais avec une myriade de chaussures : une sur la tête, deux sur le cou, une sous chaque bras, une dans chaque main. Après une semaine passée dans l'institution, il garda une chaussure sur l'épaule et remplaça la chaussure sur la tête par un petit canard rouge.

Les trous que l'enfant se faisait sur le corps, et qui apparaissaient l'un après l'autre : aux pommettes, au menton, derrière le cou, aux coudes, sur les épaules, au dos, sans oublier les coups qui visaient les yeux et les oreilles au moment « les plus cruciaux », ont disparu, à partir du remplacement de la chaise par d'autres objets.

D'après Baio, V. *Une clinique psychanalytique de l'autisme ?*, *in* Actes du colloque de la Découverte freudienne, Toulouse, 26-27 septembre 1987.

2 - QUESTIONS CORRIGÉES

QUESTION 1

En vous fondant sur le travail de Rosine et Robert Lefort, que pouvez-vous dire de la problématique des trous que ce sujet se fait sur le corps ? Appuyez-vous sur la dialectique de l'objet et du grand Autre.

QUESTION 2

Quelle est la fonction de l'appareillage (chaise, gobelet, etc.) pour ce sujet autiste ?

Réponse 1

Dans l'approche lacanienne des Lefort, l'objet est conçu dans la dialectique de la demande à l'Autre maternel. Par ailleurs, l'objet se construit dans une temporalité.

Le sujet névrosé au départ ne manque pas de l'objet : l'objet de la pulsion (le sein), lui appartient ; la coupure passe entre l'objet et la mère et non entre l'objet et son corps. Ce n'est que dans un second temps que le corps du petit sujet deviendra troué, l'objet passant au corps de l'Autre : il deviendra donné ou pas, par l'Autre, signe de son amour au-delà du besoin.

Topologiquement, l'enfant passe d'une structure corporelle moebienne à une structure corporelle torique.

Ce cas est d'une certaine façon un piège par rapport à ce que nous avons vu du témoignage des Lefort dans le cas de Marie-Françoise. Nous avons vu que, pour cette petite fille, le corps restait hors signifiant, ce qui est aussi le cas de Victor, mais encore, était troué chez Marie-Françoise.

Alors que, chez Victor, il semble au contraire souffrir de ne pas avoir de trou : les blessures qu'il se fait, par des coups répétitifs, signent cela. Victor semble en être à une structure moebienne, ne se dépossédant pas de l'objet de la pulsion (objet « a » dans l'algèbre lacanienne), ne le faisant pas passer au champ de l'Autre, ce qui fait que la jouissance de cet objet ne manque pas. Victor ne passe donc pas par la demande, appelle adressée à l'Autre de le satisfaire.

Cet objet, toujours logé dans son corps et qui fait jouir Victor sans en passer par l'Autre, par la communication minimale que représente la demande, est un objet encombrant. C'est le fait de ne pouvoir se défaire de l'objet qui fait cette jouissance hors discours, spécifique à la psychose en général, à l'autisme en particulier. Les trous qu'effectue Victor sur son corps sont autant de tentatives pour extraire cet objet. La jouissance n'étant pas à mettre du côté du principe de plaisir, mais dans un au-delà, ou, pour l'autisme, dans un en deça. Ainsi les crises, fréquentes de Victor, sont les acmés de cette jouissance, liée à cette présence de l'objet. Le fait que l'enfant vise à ces « moments cruciaux », les yeux et les oreilles, a à voir avec les objets scopique et vocal, objets privilégiés pour l'humain (avec les objets oral et anal) : ne plus voir, ne plus entendre.

Cet inversion du rapport à l'objet dans son lien au corps entre Marie-Françoise et Victor est tout à fait intéressante : est-ce la différence d'âge, le fait que Victor est plus âgé que Marie-Françoise qui en est la cause (six ans d'un côté, vingt-six mois, de l'autre) ? Est-ce la construction de ces sujets qui est différente à l'intérieur de la position autistique ?

C'est bien difficile d'y répondre, nous ne pouvons, et ce « piège » est un exercice qui va dans ce sens, que nous pencher sur la clinique et noter les différences entre les sujets, pour essayer d'y comprendre quelque chose.

Notons aussi que nous sommes restés dans les concepts lacaniens pour tenter de dégager cette question de l'objet et du trou, valide quel que soit le cas présenté.

Réponse 2

À noter d'abord que l'objet auquel le sujet s'appareille semble calmer l'angoisse : sa perte amène la crise. Ensuite, remarquons que la problématique des trous opérés dans le corps est abandonnée quand les appareillages commencent à se substituer les uns aux autres.

Au départ, l'objet (la chaise) est là pour tenir les bras du sujet, il les coince dans le dossier, ce qui le met devant un choix : ou se trouer la peau et perdre la chaise ou garder la chaise, mais sans se trouer la peau. Cela a donc sans doute la fonction de brider la pratique automutilante.

La substitution d'un objet à un autre est le fait d'une équivalence posée entre ces objets, ils valent pour leur fonction et non pas pour leur réalité : une chaise = un bol en fer = un gobelet rouge = des chaussures. Ces substitutions effleurent là le langage : c'est un au-delà de l'objet qui se met ici en fonction chez ce sujet.

Important aussi : ces objets ne sont plus directement « entravants », il ne faut plus les tenir avec les mains, même s'ils demeurent de l'ordre du maniement d'un équilibriste : le gobelet rouge est posé sur la tête.

Cette substitution des objets semble apaiser le sujet qui ne s'automutile plus, et cela est à mettre en parallèle avec ce que nous allons voir de l'appareil à contention de Grandin, qui permet, bien que de façon beaucoup plus élaborée, une certaine stabilisation.

DOCUMENT COMMENTÉ

6 C 1 - Témoignage autobiographique : l'exemple de Temple Grandin

1 - PRÉSENTATION DU DOCUMENT

Ma vie d'autiste se présente comme un témoignage autobiographique. Il compte au nombre des trop rares autobiographies de sujets qui peuvent parler de la façon dont ils ont construit leur relation au monde et à autrui. Mais tel quel, ce document passionnant nous remet en mémoire qu'autisme n'est en rien synonyme de mutisme ou de déficit intellectuel. Elle invente un appareil de rétention (cf. figure p. 328).

2 - EXPLICATION

Très intrigants bien davantage qu'émouvants, les mots de Temple Grandin touchent quand ils montrent l'**autisme** de l'intérieur et nous étonnent lorsqu'ils indiquent à quel point l'autisme ne se réduit pas à cette façon de désert ou de forteresse vide que l'on cru qu'il était, mais consiste aussi en une forme de lutte active contre ce qu'il convient de nommer une angoisse de mort du sujet.

A/ Mort du sujet

Car comment qualifier autrement que par « risque de **mort du sujet** » ce qui est vécu et pensé par Temple Grandin comme une exténuation de toutes les capacités subjectives devant une masse traumatisante de stimulations imprévisibles et indécodables ? Il se crée alors, en réponses forcées, des formes plastiques et dynamiques de création de sujet. Elles inversent le passif en actif et éclairent sur la fonction de la stimulation auto-produite au risque de la douleur physique, dans l'autisme. Citons : « En général, les thérapeutes s'opposent à toute concession aux obsessions. Mais les obsessions, chez les enfants autistes, sont souvent un moyen de diminuer l'excitation d'un système nerveux hyperactif. En se concentrant sur leur fixation, ils bloquent les autres stimulations qu'ils n'arrivent pas à gérer... Les fixations ne sont que des traits de caractère poussés à l'extrême... Je me souviens que, quand j'étais petite, j'aurais presque pu dire que j'aimais les stimulations douloureuses. Il s'agit peut-être de la même chose chez les enfants qui s'auto-mutilent » (p. 124).

B/ Rapport aux machines

Temple Grandin est, à l'heure d'aujourd'hui, devenue une inventeuse et une prosélyte. Par son goût pour le bricolage et grâce aussi à de réelles qualités et capacités d'observation, elle est inventeuse d'une trappe pour animaux, conçue sur le modèle d'une machine qu'elle expérimenta sur elle, adolescente dans une ferme familiale, et qui lui procurait l'apaisement.

Il semble toutefois que cette bonne rencontre avec ce genre d'appareillage ne soit en rien fortuite et qu'elle engagea son corps dans un traitement mécanique – qu'elle baptisa « machine à serrer » – dont elle avait escompté auparavant tout le bienfait qu'il aurait sur elle : « Dans le grenier de mon esprit, je rêvais toujours d'une machine magique qui me soulagerait et me rendrait moins différente » (p. 81).

C/ Le rapport à l'espace

Le texte de Temple Grandin nous livre des souvenirs précis et très précieux, d'un point de vue clinique. Ils donnent mesure de l'intensité des conduites exploratoires des autistes sur tout ce qui fait accident dans les surfaces de leur monde. Leur univers est réduit à deux dimensions. La quête de ce qui, comme une porte – le thème de la porte est une obsession constante chez Temple Grandin –, dégage et troue cette platitude compacte est frappante : dans l'autisme, tout n'est pas renfermement et tout le corps n'est pas collé à un univers à deux dimensions. L'autiste que fut T. Grandin était fascinée par le trou, et par les bords. Bref, ce qui faisait greffe et ouverture de la dimension de la profondeur suscitait chez elle un intérêt exploratoire, non une frayeur sans répit. Autre donnée importante contenue dans cette auto-observation : l'inquiétude, et parfois la panique – qui souvent s'est manifestée de façon agressive – quand enfant et adolescente elle était invitée à s'engager dans une parole. Ainsi : « J'étais absolument infernale avec le professeur de français qui m'avait renvoyée de sa classe parce que je lui avais dit : "Mademoiselle Jo-Lee, ferme ta bouche." Et comme cette enseignante assurait aussi le cours de couture, elle n'arrivait pas à comprendre pourquoi je me comportais si bien en cours de couture et si mal en cours de français. C'était pourtant simple : en cours de couture, je faisais de la création et j'étais particulièrement douée en broderie » (p. 85).

Figure 3 L'appareil de contention de Temple Grandin

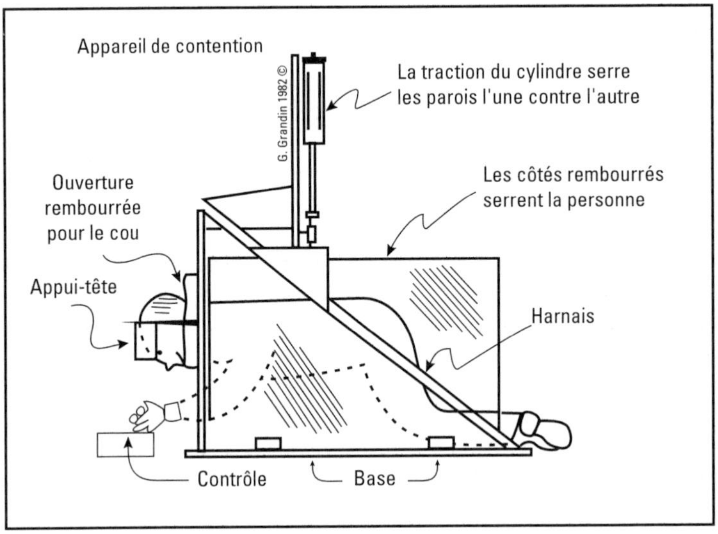

Dessin de Temple Grandin (cf. Lectures conseillées) *Ma vie d'autiste.*

Depuis, une belle carrière s'ouvre à elle. Elle voyage partout – États-Unis, Europe, Canada et Australie – pour promouvoir des installations de traitement de bétail pour les ranchs, les enclos et les abattoirs conçues à partir de « sa machine à serrer » ; de plus , diplômée en psychologie, elle donne des conférences pour aider de ses conseils parents, éducateurs et thérapeutes d'enfants autistes.

7

ENFANTS ET ADOLESCENTS ISSUS DE LA MIGRATION : UNE CLINIQUE SPÉCIFIQUE ?

L'idée générale qui oriente ce chapitre est la suivante : les difficultés et surtout les troubles psychiques de l'enfant et de l'adolescent dit « **enfant de migrant** » ne peuvent être situées et expliquées en fonction d'indicateurs sociologiques ou culturels pris comme unique source explicative : comme la notion de « distance culturelle ». Ces difficultés renvoient toujours à des histoires singulières, elles-mêmes situées dans des **histoires familiales**. Aucun **exil** ne ressemble à un autre quant à sa signification psychique. La **sociologie** ou l'**anthropologie** peuvent décrire des communautés « minoritaires », et elles peuvent décrire les habitudes ou les tendances propres à telles ou telles communautés : le tableau ainsi dégagé, souvent touffu, est peu prédictif pour un abord clinique des exilés.

Soyons concret : il est tout à fait légitime que les cliniciens et les praticiens de la santé se demandent si les formes de prise en charge qui semblent fonctionner pour des Occidentaux peuvent être généralisées à des sujets provenant d'autres cultures. N'est-ce pas imposer à ceux-ci un mode de rapport à la maladie ou à la mort qui fait inutilement violence et peut même se révéler tout à fait déplacé, pénalisant les patients si on ignore la façon dont leur culture permet de penser le symptôme, la maladie ou le soin ? Mais il est essentiel de rappeler que notre domaine d'action thérapeutique et de recherche clinique se situe ailleurs. Il nous faut envisager le phénomène dans sa complexité et savoir que les migrants et les exilés qui viennent ici consulter à l'hôpital général ou psychiatrique ou dans d'autres structures de soin (CMP, dispensaire, etc.), le font aussi parce que les symptômes ou les maladies qu'il présentent n'ont que de lointains rapports avec ce que l'***ethnomédecine*** a pu établir des symptômes et des pathologies spécifiques à telle ou à telle communauté. Au demeurant, au pays d'origine même, les compatriotes de ces migrants sont pris dans l'histoire mondiale — c'est assez vrai depuis la Première Guerre mondiale et ça l'est encore plus depuis la Seconde

Guerre et les diverses décolonisations. Les situations de pauvreté et de prolétarisation violente que connaissent ces pays, l'émergence de nouvelles cultures urbaines sont de si puissants facteurs de modification des liens familiaux et sociaux, des croyances et des façons de penser le malheur et le mal que là-bas aussi, ethnologues et cliniciens n'ont jamais affaire à un conflit culturellement « pur » ou typique ou à un individu qui serait en tout point représentatif, voire emblématique de son groupe d'appartenance. Cela est vrai a fortiori du rapport d'un sujet à sa souffrance psychique dans les pays où lui et/ou sa famille ont choisi de migrer, voire de s'établir. Aussi devons-nous savoir que toute explication du psychopathologique par le sociologique ou par le culturalisme «loupe» nécessairement ce qu'il en est de la **causalité psychique** singulière à chacun.

Le propos de ce chapitre tourne alors sur la façon dont certains enfants dont les parents ont migré « héritent » des significations psychologiques que cette expérience du déplacement a fait naître ou a révélées. Nous indiquerons aussi comment laisser place à la dimension de la dite culture d'origine.

Le texte que vous allez lire prend donc acte des avancées qu'apporta l'***ethnopsychiatrie*** de G. Devereux, mais s'inspire surtout de la diversité des prises en charge que connaissent aujourd'hui les enfants et les adolescents dont les familles ont vécu l'exil. Les exemples donnés, d'enfants et d'adolescents, concernent principalement les migrations maghrébines et les déplacements des Antillais vers la métropole. L'arrière-plan ethnologique est plus vaste : outre ces pays et ces régions, il sera fait mention de l'Afrique de l'Ouest. La question des difficultés d'adaptation qui se révèlent en milieu scolaire est envisagée autour d'une analyse clinique du symptôme de mutisme. Le destin des **rituels** en **exil** sert aussi de fil rouge à ce chapitre. Enfin seront abordées des notions théoriques précises concernant la **psychologie interculturelle** et certaines théorisations psychanalytiques sur les liens entre le psychisme et la **culture.**

Ethnomédecine : branche de l'ethnologie qui étudie les théories et les systèmes des médecines dites « traditionnelles ».

LECTURES CONSEILLÉES

Ouvrages de référence :

BENSLAMA F. : "L'enfant et le lieu" *Cahiers Intersignes* n° 3 , automne 1991 : 51-69.

CASTELLAN Y. : *L'enfant entre mythe et projet.* Paris : Païdos-Centurion 1988

DAHOUN K.S. Z. : *Les couleurs du silence. Le mutisme des enfants migrants.* Calman-Lévy, 1995

DOUVILLE O. (sous la direction de) : 1996, *Anthropologie et Cliniques : recherches et perspectives.* Rennes, Ed A.R.C.P. Université de Rennes 2 (6, avenue G. Berger 35000 Rennes), 1996

DOUVILLE O., HUGUET M. (sous la direction de): 1997 « *Les sites de l'exil* » psychologie clinique n° 3. Paris, L'Harmattan (avec des contributions de F. Benslama, M. Cadoret, J. Galap, J.-M. . Hirt, O. Natahi, R. Stitou...

KAËS R. (sous la direction de) : *Différence culturelle et souffrances de l'identité*, Paris, Dunod, 1998.

STITOU R. : « *Universalité et singularité de l'exil* » In « *Les Sites de l'exil*». Psychologie clinique, 3, 1997-1 , 1997, : 13-29

VINSONNEAU G. : 1997, *Culture et comportement*, Paris, A. Collin, collection Cursus

Pour en savoir plus :

BENCHEMSI Z., NATAHI O. : « *Le féminin et la question du savoir dans la civilisation arabo-musulmane* » in Psychanalyste n° 40 octobre 1990 « *L'Islam au singulier* » pp 71-76

DASEN P., RETCHINSKY J. : « *Recherches interculturelles* » in Socialisations et Cultures. A.R.I.C Presses Universitaires du Mirail, 1989 : 9-15.

DEVEREUX G. : 1970, *Essais d'ethnopsychiatrie générale*, Paris, Gallimard

DOUVILLE O., HUGUET M. (sous la direction de) : 1997 « *L'exil intérieur* » psychologie clinique n° 4. Paris, L'Harmattan (avec des contributions de L. Boutaleb et O. Douville, A. Cherki, M.-C. Lambotte, A. Longuet-Marx, R. Leparoux, J.-C. Maleval, ...FAYAUD, R.-L. (1985). Éléments psychoculturels martiniquais : approche dynamique insulaire antillaise. *Psychologie médicale,* 17, 439-442.

GALAP, J. (1996). Du père et des pères dans les sociétés antillaises : *Un éclairage psycho-anthropologique pour une approche interculturelle.* In *Recherches du G.R.A.P.E.*, 49-74.

REY-VON-ALLMEN, M. (1993). *Psychologie clinique et interrogations culturelles.* Paris : L'Harmattan.

TANON F., VERMES G. (1993). *L'individu et ses cultures.* Paris : L'Harmattan.

A

EXIL ET MIGRATIONS

1 - De l'exil

A/ D'un exil essentiel à l'humain

Ce qui doit être tenté pour introduire à une discussion sur les effets d'exil dans la psychopathologie est un repérage des termes dont nous faisons usage. Ainsi trop souvent la **notion d'exil** et celle de **migration** sont-elles confondues.

La notion d'exil est en fait double, et chacun de ses aspects doit être bien précisé pour tout étudiant en psychologie clinique. D'une part « exil » désigne une situation universelle : la séparation d'avec son origine immédiate comme constitutive de toute subjectivité, d'autre part « exil » désigne un mode précis d'aller vers un lieu étranger et d'y séjourner. Il ne s'agit pas toujours du résultat d'un éloignement volontaire, et certains se résignent à l'exil pour échapper à la misère ou aux persécutions. Coupure et séparation sont à l'œuvre, telles sont les significations les plus fréquemment associées à l'exil. Cette latitude d'acception mène à distinguer ce que l'exil a d'universel et ce qu'il désigne de réalités singulières.

Une différence de niveau doit être ici posée. La compréhension psychanalytique de ce qu'est le sujet pose le sujet comme divisé, incomplet, coupé d'un monde originaire (à vrai dire plus mythique qu'observé) de fusion avec le corps maternel. Cette opération de division, romancée sous le nom de refoulement originaire, est contemporaine de l'entrée du sujet dans le monde du langage. C'est donc l'opération de mise en culture initiale. Elle est de structure pour chacun et donc universelle. Au demeurant, un fait biologique indéniable sur quoi les psychologues et les psychanalystes on insisté sur ce point, surtout autour des années 1930 (Wallon, Lacan), interdit de penser le rapport de l'humain au monde en terme d'équilibre naturel harmonieux : la néotonie ou prématuration de chaque petit d'homme, première manifestation d'une insuffisance vitale propre à l'humain. Le nourrisson ne peut construire une monde et une pensée et à fortiori, ne peut survivre sans intervention d'un autrui qui répond aux besoins mais qui répond aussi au-delà de la stricte sphère du soin physique. Ce concours est d'emblée un rapport culturel (seuls de très rares enfants semblent refuser ce concours - cf la discussion sur l'aspect inné de l'autisme chez Kanner, chapitre 6 de cet ouvrage). Il faut alors , avec le texte de Freud sur le «complexe du prochain» (1895), se représenter là une scène concrète où la pulsion va s'articuler aux signes de l'autre, à sa présence et à ses rythmes. Dès la naissance, le cri de l'enfant dès qu'il est entendu par sa mère, va être interprété en appel. Ce montage de partenaires réciproques mais non semblables, non symétriques l'un par rapport à l'autre, fait que le nourrisson va être anticipé comme un vouloir alors que la mère devient pour lui à la fois énigmatique et secourable.

Fin de la première partie de l'*Esquise d'une Psychologie Scientifique,* 1895, in *La naissance de la Psychanalyse,* Paris PUF 1956*

Penser la division du sujet passe nécessairement par une réflexion sur la notion même de dedans et de dehors. Tout point de départ pour tout être humain, quelle que soit son appartenance linguistique ou culturelle, est la séparation d'avec une origine indifférenciée. L'expérience de séparation d'avec le «corps maternel» réorganise les positions dépressives et persécutives et les rapports du dedans et du dehors. La création et la rencontre de l'altérité organisent la différence comme exil. L'enfant n'est pas le tout du désir de la mère, il n'est pas, précise R. Kaës (1997), l'autre de ce désir. Il est par là confronté avec le «non-même». Recadrée par la psychanalyse, cette césure fondamentale va être définie comme l'aboutissement de l'arrachement d'un donné primitif et/ou de l'environnement immédiat.

On dira avec la théorie psychanalytique de M. Klein à propos de l'enfance précoce et les mécanismes de la socialisation, que certains processus initiaux seraient identiques à travers différentes cultures et subcultures. En effet, autour des relations précoces que l'enfant vit avec sa mère, s'organisent les capacités d'aimer et d'agresser autrui. Le moi existerait dès la naissance et la capacité de croire en la permanence d'un bon objet (à la source d'une relation de sécurité avec l'environnement), serait indépendante de ce champ plus vaste qu'est celui donné par les variables culturelles. Autrement dit, d'un individu à un autre, ces modalités premières de relation à l'objet seraient tout à fait variable, dépendant bien davantage et tout d'abord du lien qu'entretient telle ou telle mère avec l'inconscient que de facteurs dépendant de «personnalité» au sens large. La socialisation prend ultérieurement la forme d'une conformité (ou non) aux idéaux communautaires, mais le tout premier lien suppose déjà une séparation et une «mentalisation» du premier partenaire de l'enfant. Cette opération première de coupure et de lien est par là-même notre premier exil.

Certes, le mot d'exil n'est pas un concept «en soi» pour la psychanalyse comme l'est le terme de «division subjective». Toutefois, est au premier plan de notre positionnement du problème une tentative de définir l'arrachement et la coupure comme la condition même pour qu'il y ait inconscient et donc sujet (du moins pour l'approche clinique). On voit avec R. Stitou que ce rappel de la dimension structurelle de la division du sujet et de sa nécessaire constitution au champ de l'autre permet de poser une solidarité entre la condition d'humain et la condition d'exilé. C'est là un point de départ précis qui permet de comprendre le fait que toutes les expériences ultérieures de séparation et de lien réveillent ce premier exil, cette première division, et qu'elles l'actualisent parce qu'elles suscitent des positionnements subjectifs inédits. Ces derniers peuvent être des échappées sublimatoires, mais aussi comportent des risques d'aliénation à une identité de pur emprunt ou encore à des mises en nostalgie mélancoliques (Benchemsi et Natahi, 1990). Ces positions, dégagées par la plupart des auteurs qui ont travaillé sur les «cliniques de l'exil» (Douville, 1996), sont à comprendre aussi comme des positions transitoires, négociées avec la culture d'origine comme avec celle de résidence et vouées à se rejouer et à se déformer dans la transmission culturelle d'une génération à l'autre.

Cf. lectures conseillées : Universalité et singularité de l'exil.

B/ L'enfant qui vient au monde, opérateur et acteur de passage

Aux particularités de cette mise au monde dans la culture dès la naissance du corps pulsionnel de l'enfant, il faut ajouter que l'enfant est à son tour un facteur de séparation. Nous sommes spontanément disposés à penser que l'enfant est le produit du groupe familial. Les recherches anthropologiques mènent à ce que nous puissions remettre en question ce qui est devenu un quasi-postulat : l'enfant appartient à sa famille «naturelle». A tenter de répondre à la question toujours nébuleuse et qui revient sans cesse de savoir à qui appartient l'enfant, on se rend bien compte que pour beaucoup de cultures l'enfant est le modèle même de l'humain qui revient de l'ailleurs, un «exilé» un «étranger» à reconnaître et accueillir. Mais, ici ou là, c'est en effet à des tentatives répétées, continues de ritualisation d'un enfant «animalisé» pulsionnel et «sauvage» que le bébé humain va être soumis de la part des adultes qui l'entourent.

Il importe qu'à ce moment précis de l'accueil d'un nouveau-né (un nouveau venu) tenu pour étranger, surgisse une dimension qui nous concerne tous. La dimension de l'hospitalité. Mais cette hospitalité provient aussi et avant tout de l'évènement d'étrangeté que l'enfant crée dans une famille. L'appartenance à la lignée ne s'interprète pas au gré de la fantaisie des uns et des autres et elle s'affirme par un code. Ce code concerne les circulations des personnes, les classifications des statuts, les traitements génériques des substances du corps. Accoucher c'est retrouver et puis se détacher (ou se trouver en détachement) des matries ancestrales. L'exigence primaire de fabriquer de l'humain à partir du bébé réveille la séparation première d'avec la mère-nature.

Pour certaines cultures , il est indispensable de bien montrer et ritualiser comment, après la mise au monde de l'enfant, il faut à la société un temps de fabrication culturelle de cet enfant. Le façonner afin de l'accueillir comme un partenaire potentiel dans (et pour) la communauté. Voilà pourquoi les **rites de naissance** ont pour fonction de fabriquer peu après sa naissance l'enfant comme un étranger que l'on doit progressivement inclure dans les espaces domestiques et publics, sacrés ou profanes mais en tout cas aptes à loger la référence communautaire ; à savoir les espaces de la familiarité et de la reconnaissance. Exemple : une maman accouche en Afrique noire polythéiste (où la dimension du culte des ancêtres et des «génies» est prépondérante et où l'usage des fétiches peut rendre compte de la dimension de la maladie et du soin), elle donne jour à un enfant qui est supposé être éventuellement un ancêtre. Cela veut dire un message des anciens et une mémoire de l'origine du monde. Quels anciens, quel ancêtre ? Il faut les identifier. Message bénéfique ou maléfique ? Il faut réduire l'énigme. Il s'agit à chaque fois, par le rituel, de réduire l'étranger que le nouveau-né est supposé représenter afin qu'il puisse y avoir retour de l'enfant vers la mère, afin que l'enfant puisse également «reconnaître» sa mère, culturellement, après avoir été réellement porté par elle.

C/ Une théorie psychanalytique des franchissements de culture

Selon les psychanalystes anglo-saxons, à partir de Winnicott, l'expérience de traversée culturelle aboutit à un lieu « trouvé-créé », en dehors de la personne mais ne faisant pas intégralement partie du monde extérieur. Cet espace relie les rapports de la **psyché** à la **culture**. Les expériences de franchissement rendent plus lisible le fait qu'il s'y condense deux séries de différenciation dans le psychisme.

Une première articulation est constituée par la dépendance et l'aliénation fondamentales de l'être humain, où qu'il ait pris naissance, à la culture et à l'adulte qui prend en charge la néotonie du nouveau-né. Il se crée là un niveau premier d'attachement, l'espace prévalent est l'espace proximal (familial) dominé par la fonction de sécurité avec ses composantes de l'amour et de l'appartenance. Cette articulation conditionne la capacité de chacun à s'insérer dans les rapports d'échanges et de relations qui lui préexistent et peuvent lui offrir le modèle de l'identique, du proche et du lointain. Nous sommes là dans le registre de l'articulation de l'inconscient et du préconscient, registre qui procède de l'inscription du sujet dans une **structure familiale** et un ordre sexuel dont la triangulation **œdipienne** constitue une matrice fondamentale.

Tous ces registres peuvent déterminer plusieurs modes d'**identification** que l'on peut désigner, à titre de repérage, comme l'identité sexuée et corporelle, comme l'identité sociale, et enfin comme l'identité culturelle; identités qui interagissent les unes sur les autres mais sont en rapport de distinction les unes par rapport aux autres.

La gamme de ces distinctions ouvre et met à l'épreuve une seconde différenciation. Celle-ci se tient dans le dynamisme même de tout système culturel entrant en contact avec un autre système. Elle provient de la dépendance d'un système symbolique constitué, énoncé ou prescrit dans le manifeste rituel et/ou quotidien, à un autre système qui est lui refoulé et latent. Dans l'effet de contact entre des sujets appartenant à des cohérences culturelles distinctes et en contact, un processus d'identité est en rapport avec la constitution de l'altérité et de la représentation d'une culture autre. De là une ouverture pour l'**anthropologie clinique** : interroger la mise en commun des espaces et des références dans des contextes inédits de heurts ou de métissage entre populations.

2 - Migrations et Migrants

« Le déplacement qui implique une rupture dans la réalité géographique concerne de prime abord ces hommes et ces femmes que l'on nomme les **immigrés**, ceux et celles qui ont à un moment de leur vie changé de pays, de langue et de culture. Si certains d'entre eux ont choisi d'habiter loin de la « terre natale » dans une contrée souvent idéalisée, d'autres, contraints à l'immigration pour des raisons de survie, la vivent parfois d'une façon beaucoup moins idéale ». Quel lieux quitte et rejoint l'exilé, quelles césures, clivages ou transitionnalité s'opèrent dans l'expatriement ? Ce sont là des questions générales mais qui prennent un tour particulier lorsque nous sommes face à des hommes ou des femmes qui ont vécu et vivent une situation d'exclusion. Par exemple, comment cliniquement interroger et construire ce qui fait refuge et met à l'abri celui ou celle qui, fuyant la menace, vit son exil comme une protection, parce qu'il ou parce qu'elle a ici un statut de réfugié politique ? La question est d'autant plus vive que l'effet immédiat de certains exils (en particulier ceux amenant à bénéficier de l'asile politique) est qu'il rend impossible le retour au pays.

La vie psychique et les repères identitaires peuvent être saturés de ces séries d'angoisse que génère l'obligation ou la nécessité de rejoindre un autre lieu (la terre étrangère où le sujet et sa famille s'exilent et où ils peuvent donner naissance à leurs enfants) pour continuer à vivre. **Culpabilité, défi, nostalgie, idéalisation** de l'un ou de l'autre pôle du trajet migratoire sont des façons de faire face à ces angoisses.

La notion de **migrant** en elle-même est une notion assez galvaudée, et particulièrement plurisémique. En effet si migrer désigne le fait de se déplacer, que se passe-t-il quand le migrant est stabilisé quelque part, en son point dit d'« arrivée » ? Pour beaucoup de parents et plus encore d'enfants et d'adolescents, ce qui se désignait encore il y a une quinzaine d'années comme « mythe de retour » n'est plus crédible aujourd'hui.

A/ La France, terre de migration

Dans une perspective historique, depuis 1852, date des premiers recensements, la population française s'est construite grâce à de nombreuses migrations, au moins un Français sur trois a dans ses ascendants proches (au niveau des grands-parents) un migrant. Entre 1920 et 1940, la France a accueilli et assimilé, toute proportion gardée, plus de migrants que les U.S.A. Cette **intégration**, indéniable facteur de richesse culturelle, a pu se faire, malgré des violences, des incitations à la haine, des prises de position qui rejoignent en agressivité ce que les idéologies xénophobes tentent actuellement de faire passer dans l'opinion. Ce point intéresse la clinique et un théoricien comme G. Devereux a su montrer comment dans des contextes sociaux marqués d'hostilité envers les étrangers ceux-ci avaient tendance à se confectionner une identité de repli, valorisant des dimensions de laculture d'origine, jusque parfois dans le simulacre. Il a nommé ce mécanisme « **acculturation antagoniste** ». Quant aux effets dévastateurs des racismes et de l'antisémitisme sur le trajet d'identification des sujets et leur vie psychique, on pourra aussi se reporter au travail de I. Herman : « Psychanalyse de l'antisémitisme » ou de O. Mannoni : « Psychanalyse et décolonisation » ou encore deF. Fanon : « Peau noire, masques blancs ».

La France, pour beaucoup de migrants et leurs enfants, n'est pas qu'une terre d'isolement transitoire. Le travail, l'école, ces deux lieux de rencontre avec la réalité économique et laïque de la société d'«accueil», créent de nouvelles relations à la langue et au corps. Souvent les enfants ne parlent qu'à peine la langue maternelle de leurs parents. L'exil a pris mesure de la longue durée, et dans le cas de la migration maghrébine, particulièrement, la France devient aussi le nom du lieu où sont inhumés des proches.

Est-on encore migrant ou va-t-on constituer une autre identité ? Plusieurs positions subjectives peuvent être adoptées face à un monde nouveau dont les codes sont inconnus : repli sur une origine mise en nostalgie, volonté d'assimilation par identification au majoritaire, possibilité d'articuler des éléments issus de plusieurs systèmes culturels. Voilà quelques-unes des positions de lien et ou de rupture avec l'origine qui peuvent constituer autant de positions identitaires pour les enfants.

D'autres notions aussi sont équivoques. Il en est ainsi de celle d'assimilation. L'« **assimilation** » est un terme ambigu, car s'il ouvre sur l'échange il comprend aussi la négation de l'autre, ou du moins son extrême mise en passivité. Assimiler vaut mieux qu'exclure. Mais a-t-on vraiment analysé les façons dont les migrants assimilent des codes et des valeurs en jeu ici, des contradictions culturelles et sociales du pays d'accueil, des enjeux historiques, culturels et politiques dans lesquels il est pris ? Une politique d'assimilation qui ne vise pas aussi une reconnaissance et une valorisation des cultures « autres » est facteur de désubjectivation et de fragilisation. Assimiler des hommes et des femmes sans leur permettre d'être aussi acteurs et facteurs de transmission revient à les réduire à une vie sans relief et sans surprises, lourde d'incertitudes et d'inhibitions.

De plus, l'extrême majorité des patients venus d'ailleurs (Afrique noire, pays du Maghreb, Antilles...) ne rencontre pas la culture européenne ou française uniquement en arrivant ou en naissant ici. Il y eut sur la terre d'origine en compagnie des proches ou lors d'exil, déjà, du sujet dans ces grands métropoles du « Tiers monde » une élaboration du projet de déplacement. Cette élaboration s'est constituée, déposée et inscrite en plus d'un site. Elle fait partie du mythe culturel dans le sens où l'exil vers l'Occident fut le ***modèle du voyage initiatique***, avec des enjeux de renaissance ; mais elle trouve inscription contemporaine dans la **généalogie et au sein du roman familial** . Cela peut être vrai des patients dont les parents ou les grands-parents furent tués par les Français lors des guerres coloniales ou, plus anciennement, sont morts en France ou avec les armées françaises lors des deux guerres mondiales. L'« Ailleurs » que la France peut représenter dans les idéaux, les nostalgies ou les traumas familiaux a une fonction souvent déterminante dans les histoires de migrations. Cette représentation — ou cet ensemble de représentations — pèse sur la nostalgie de l'origine et avec les modes de relation ou de non-relation que les parents entretiennent vis-à-vis de ceux des leurs restés sur place, au pays.

Modèle du voyage initiatique : *cf.* Le récit de l'exil occidental (*Qissat al-ghorbat al gharbîya*), texte connu en France par le travail de H. Corbin, qui le traduisit en français et dont le commentaire qu'il en fit reste, à ce jour, le plus inspiré.

B/ De la façon dont certains sont partis de chez eux

Elle n'est pas rare, la figure de celui envoyé en exil par sa famille ! Nous pensons à ces hommes qui souvent s'accidentèrent ou délirèrent en terre d'exil et qui, au départ, avaient été désignés par leur groupe, leur village, leurs proches ou leurs parents comme étant ceux-là qui devaient s'exiler. Et, les autres demeurés sur place sont dans l'attente des nouvelles de l'exilé... un temps. Pour un retour incertain et sans cesse reporté, il se construisit une maison, demeure du vide, souvent abandonnée au cours de sa construction, aux murailles envahies par les herbes et par les ronces de l'indifférence ou du regret, devenant, rongée par un temps sans surprise et sans terme, un sarcophage de ruines d'avant l'achèvement. Que ceux-là soient partis, expulsés du roman idéal que la famille se donne d'elle-même, ou qu'ils aient été envoyés à l'étranger comme la personne la plus méritante ou la plus dégourdie... il est des fois où même cette distinction n'importe plus quand l'exil se fait errance et quand le corps devient ce site où revient, par et dans le symptôme, le désir d'avoir voulu se faire totalement autre. C'est ce que l'on peut nommer une « **position traumatique de l'étranger** », et qui a été repérée par plusieurs cliniciens (*cf.* « Les sites de l'exil », 1997). Il s'agissait de patients qui présentaient des symptômes d'errance, de mise en maladie du corps, ou d'impossible récupération de leur capacité de travail à la suite d'un accident de travail après, pourtant, une « réparation » médicale du corps. L'ensemble de ces symptômes renvoient à une position radicale d'étranger et d'exclu et ne peut se comprendre par une causalité mise en avant par les guérisseurs « traditionnels ». Ces patientes, ces patients vivent le risque effrayant de se placer dans la position d'avoir brisé trop vite et trop tôt la place traditionnelle des pères, des mères et des fils, d'avoir trop brutalement cassé les énigmes qui scellaient le destin, sans le secours d'un espace d'illusion et de croyance partagées.

C/ Le sujet, le collectif

Derrière toutes ces questions que posent ces personnes qui nous renvoient notre propre étrangeté se profile la difficile articulation entre le **sujet** et le **collectif**, question fondamentale qui trouve tout un développement à travers le **culturalisme**. Et de façon plus large depuis l'époque des conquêtes coloniales où s'élabore une psychiatrie spécifique sur le modèle de la médecine découvrant des maladies exotiques et des façons indigènes de les soigner, dans sa « mission civilisatrice ».

Cette **psychiatrie coloniale** a tenté, malgré quelques exceptions des plus estimables, de plaquer des modèles dans une visée « dite scientifique », sans tenir compte des soubassements subjectifs de tel ou tel symptôme ou de telle ou telle conduite, mais réduisant au contraire le sujet aux formes culturelles de son symptôme.

Toute idée de la culture comme une culture achevée finie et sise hors histoire est à récuser. **Il n'y a pas d'individu monoculturel.** Toute pensée estimant que quitter sa « culture » de base rend fatalement malade est une théorie malade qui méconnaît la vigueur civilisatrice des exils dans l'histoire humaine.

Il paraît donc nécessaire d'examiner à présent les principales sources de confusions idéologiques qui nous empêchent de formuler convenablement une théorie des effets cliniques de l'exil. Ainsi le « **culturalisme** », soit le recours à une explication de type causalité culturelle qui ne peut se faire qu'au détriment de la saisie de la causalité psychique. Cette conception s'appuie sur une idée fausse qui voudrait que **culture** et **psychisme** soient en correspondance exacte.

La situation de certaines personnes en exil leur fait opérer un travail de remaniement psychique : dépasser un clivage, entre une origine tenue pour perdue ou trahie et un lieu de vie rendu opaque ou potentiellement menaçant. Le travail de psychothérapie échoue le plus souvent lorsqu'il vient renforcer ce clivage, en ne donnant à entendre à un immigré et à ses enfants que leur appartenance à une origine tenue, à tort, pour univoque, c'est-à-dire celle de la terre natale. *A contrario*, le travail clinique se fait dès que le psychologue clinicien renonce à suggérer le jadis et l'ailleurs comme le lieu même où l'identité du sujet s'accomplit — ce qui est une illusion dangereuse — et qu'il se centre sur l'histoire singulière du sujet et de sa famille, sur le sens de son déplacement, sur ce qu'il adopte du pays de résidence pour constituer son identité, ses espoirs, ses valeurs, mais aussi ses symptômes. Ce travail clinique peut alors aider le sujet à assumer le sens de sa propre histoire et des autres histoires d'exil qui se sont peut-être jouées dans l'histoire concrète de sa famille sur plusieurs générations.

B

LA DÉMARCHE INTERCULTURELLE

1 - Grands axes théoriques

Giovanni Pico della Mirandolla (1463-1494). De famille princière , il se forma à l'Université de Bologne. Il fréquenta à Florence les cercles néoplatoniciens et à Padoue les milieux aristotéliciens. Cette figure emblématique de la Renaissance a écrit sur la nature des liens entre la condition humaine et son créateur, introduisant des notions proches de celle du « libre arbitre » et il a fait dialoguer des textes ésotériques, des textes révélés et des fragments d'anciennes religions perses. Sa tolérance et son érudition lui valent de mourir empoisonné à 31 ans.

Les discussions actuelles sur les différences entre les sciences interculturelles (au premier rang desquelles se trouve la psychologie interculturelle) et les sciences humaines qui ne sont pas interculturelles mettent en relief la survivance d'une série de « grands partages ». Sur le mode de l'opposition entre nature et culture s'opposait la civilisation au « primitivisme ». La force de ces oppositions fut déterminante pour la genèse de la pensée anthropologique, dès la Renaissance (avec notamment ***Pico della Mirandolla*** et son « Traité sur la Dignité Humaine »).

Le débat entre « homme nature » et « homme culture », « homme universel » et « homme particulier » est, en son fondement, un débat théologique dépendant très étroitement des rhétoriques de la finitude et du salut qui opposent l'homme prédestiné à l'homme libre. Sans passer sous silence quelques écrits humanistes et inspirés par les thèses des « Lumières » faisant valoir l'universalité de la raison humaine ou soulignant, du moins, la non-exclusivité de la raison pour l'Occident et la vanité de toute conversion forcée (on pense à Diderot et à son *Supplément au voyage de Bougainville*), il fallut attendre les apports du **structuralisme** pour mettre radicalement fin à l'illusion archaïque et évolutionniste, celle qui promeut l'équation : « primitif = enfant = névrosé ». Si autrui n'avait pas été ainsi ramené à l'état d'enfant que l'on doit assister ou de primitif vestige de notre humanité désenchantée mais progressiste, on aurait pu reconnaître dans les productions de cet autrui des faits de culture, en ses coutumes des institutions, en ses guerres la complexité de sa pensée politique, et en ses rêveries et ses mythes l'expression d'une philosophie sur l'origine du monde et sur la sexuation de l'humain.

Le structuralisme est un courant théorique visant à privilégier la totalité à la partie, le social plus que l'individu, la synchronie plutôt que le développement, et les relations qui unissent les faits plus que les faits eux-mêmes.
Avec Claude Lévi-Strauss le social va être organisé en un système signifiant. Pour cet auteur, ce n'est pas la psychologie qui est à la base des insitutions sociales ou des conduites de l'individu. Au contraire, ce sont les institutions qui règlent les conduites des individus. La nature de la société est de s'exprimer symboliquement, et d'exprimer symboliquement les oppositions qui comptent (différence des sexes et des générations, au premier plan), à travers les coutumes et les institutions. Si chaque individu est le vecteur de l'expression symbolique aucune conduite en elle-même n'est symbolique, elle ne l'est que par référence à un système. L'héritage de C. Lévi-Strauss, qui continue de passionner quelques psychanalystes (A. Green surtout) est controversé en anthropologie, de nos jours.

Il existe aujourd'hui, et de plus en plus, une tendance dans les recherches de psychologie à ouvrir leur horizon vers la psychologie interculturelle, puisque tout comportement est toujours englobé dans un contexte culturel – jusqu'aux modes de déviance ou de folie, **modèles d'inconduites** en rapport avec tel ou tel type de lien social.

Ce **modèle d'inconduite**, créé par le sociologue américain Ralph Linton, désigne des comportements de folie ou de déviance étroitement tributaires d'un contexte culturel donné. Tout se passe comme si, explique Linton, chaque culture tenait au «candidat» à la folie ou à la déviance un discours paradoxal formé des deux énoncés souvants : *1/ Tu n'as pas le droit d'entrer en crise de folie ou en déviance ; 2/ Mais si tu dois le faire, fais-le ainsi.* L'exemple le plus connu est celui de l'Amok : ce terme malais désigne un ensemble de manifestations aiguës observées en Malaisie et en Indonésie, dont le trait commun est une course frénétique, plus ou moins automatique, dans un état de fureur de destruction, le plus souvent à caractère homicide. Le «coureur d'amok» étant régulièrement tué. On peut encore citer le Koro : mot qui serait d'origine malaisienne signifiant «la tortue», et qui désigne un trouble particulier qui consiste en une crise d'angoisse aiguë associée à une conviction délirante de rétrécissement du pénis, que le sujet sent disparaître dans son bas-ventre, avec la crainte d'une mort imminente. Survenant souvent par épidémie, il se rencontre en Malaisie et dans le sud de la Chine, en Asie du Sud-Est et en Assam. En Chine les croyances en un tel désordre peuvent se rapporter à un esprit des morts envieux du principe vital, contenu dans le sperme des vivants. Rentre aussi dans ce cadre le Windigo : syndrôme dépressif culturel décrit chez les indiens Cree, Ojibwa et Saulteaux du Canada, consistant en un retrait dépressif, accompagné d'un dégoût de la nourriture, de la conviction d'être possédé par un monstre cannibale, et d'impulsions homicides ou suicidaires. Ce syndrome désormais quasi disparu, qui reflétait les préoccupations des Indiens à propos de l'anthropophagie, était sans doute l'expression d'une pathologie dépressive.

Une première définition fera de la **culture** un ensemble qui fournit aux membres de toute société un « guide » ou un ensemble de « codes » indispensables pour les circonstances de la vie. On voit que cette définition est très restrictive. D'une part les sociétés doivent exister et fonctionner dans un monde qui change sans cesse ; d'autre part ce que nous « donne » la culture fonctionne souvent à notre insu et ne peut se définir uniquement comme un mode d'emploi.

Culture. Système relativement cohérent — à la fois du point de vue synchronique et diachronique — des productions symboliques et pratiques d'un groupe humain, historiquement constitué, rassemblé le plus souvent par une territorialité physique (territoire limité par une frontière ou défini par des trajets et des points de rassemblement : exemple des tziganes). Certaines cultures sont toutefois le fait de populations vivant en «diaspora» : dans ce cas leur territoire est symbolique.
Pour le théoricien de l'ethnopsychiatrie G. Devereux, la culture a des fonctions en analogie avec les mécanismes de défense du Moi. «Chaque culture permet à certains fantasmes, pulsions et autres manifestations du psychisme d'accéder et de demeurer au niveau conscient et exige que d'autres soient refoulés. C'est pourquoi tous les membres d'une même culture possèdent en commun un certain nombre de conflits inconscients». Une telle définition a pu être entendue comme mettant sur le même plan la culture de quelqu'un et sa structure psychique. Ce n'était pas le point de vue de G. Devereux, sa théorie faisait place à un inconscient individuel non réductible à l'inconscient culturel.

2 - Les cliniciens et la psychologie interculturelle en France

En France, la tradition universitaire de la psychologie culturelle est ancienne, et assez inféodée à d'anciens préjugés. Paraissent, en 1910 et 1912, deux livres de ***Lucien Lévy-Bruhl*** : *Fonctions mentales dans les sociétés inférieures* et *La mentalité primitive*. Les psychologues, nombreux à lire ces textes se saisissent de l'interrogation posée par Lévy-Bruhl sur les rapports entre les cadres sociaux et les processus psychiques : cognition et affect. Dès lors, la psychologie comparée va se développer vers ce qu'il fut courant de nommer la psychologie ethnique. Ce courant aboutira avec I. Meyerson à la création d'un Centre de recherches de psychologie comparative historique qui exercera la plus nette sur l'***anthropologie historique.*** La notion d'« identité culturelle » revêt alors une position centrale dans l'analyse de l'organisation psychique.

Lucien Lévy-Bruhl : philosophe français (1857-1939). Il définit les mœurs en fonction de la morale et émit l'hypothèse d'une évolution mentale de l'espèce humaine, hypothèse relativisée courageusement à la fin de sa vie.

Anthropologie historique : s'intéresse au poids de l'histoire sur le développement des institutions et des mentalités, avec les travaux de Marc Bloch (1886-1944), qui soumit l'histoire aux méthodes des autres sciences sociales.

C'est seulement avec deux courants théoriques très différents : l'**ethnopsychiatrie** de G. Devereux d'une part et l'**anthropologie structurale** de C. Lévi-Strauss d'autre part que la psychologie trouvera de quoi penser et poser scientifiquement la dimension (et non plus le phénomène) de l'altérité.

En ce qui concerne G. Devereux, il tend à promouvoir une théorie universelle de la culture et formalise des critères de « normal » et d'« anormal » en dehors des cadres erratiques d'un relativisme culturel toujours anecdotique. L'« actuelle » ethnopsychiatrie a oublié cette exigence.

Épistémologie : partie de la philosophie qui étudie des modes de construction, de production et de validation des concepts, mais aussi essai d'objectivation des maniements idéologiques sous-jacents dans l'usage de telle ou telle conceptualisation.

Les études de C. Lévi - Strauss, quelles que soient les ambivalences puis les hostilités de cet auteur à l'égard de la psychanalyse, intéressent beaucoup l'***épistémologie*** des cliniciens. A cela, au moins, une raison : avec l'approche structuraliste en anthropologie, l'identité ne se conçoit pas sans son rapport à l'altérité. **Altérité** du prochain et du semblable, certes, mais aussi altérité radicale de la langue et de la structure du social. Sans référence à cette notion d'altérité (entendue à la fois comme l'autre c'est-à-dire le différent, et l'**Autre**, ce lieu qui existe avant moi : lieu de la langue, du symbolique, de la loi...), il ne peut se produire de psychologie interculturelle digne de ce nom. L'ethnologie qui est une des sciences humaines avec qui dialogue le plus cette psychologie interculturelle serait, si elle se privait de cette notion d'altérité, réduite à un essai descriptif et classificatoire de particularité locales, de mœurs et de coutumes et, de même la linguistique ne serait plus que le fait des collectionneurs de langues, fascinés par le local et le particulier, par le détail et le pittoresque.

ARIC, cf. Tanon, Vermès, 1993.

Cf. le numéro 1/2, 1997 de PTAH (revue de l'***ARAPS***)

Cf. Douville, 1996.

Aujourd'hui, la diversité des approches cliniques en situation interculturelle est de plus en plus reconnue. Des associations se sont formées avec des praticiens et chercheurs en sciences humaines, elles tiennent des colloques et publient les résultats de leur recherche (il faut citer surtout les travaux de l'Association pour la Recherche Interculturelle (***ARIC***) et ceux de l'Association Recherches Anthropologie et Psychanalyse sur les Processus de Socialisation (***ARAPS***). En Europe, en Italie (Séminaire international, Union internationale d'aide à la santé mentale et Gruppo Relazioni Transculturali, Insituto Mario Negri) (Milan, 1991), un colloque sur les différences culturelles dans les pratiques de soins, vit se succéder à côté d'interventions encore très « culturalistes » des propositions de travail davantage soucieuses des réalités politiques et des nécessités intégratives. En Italie toujours, les réflexions de N. Diasio tendent à rendre plus complexe l'abord de la différence culturelle, en faisant sa part à la pensée de ce que l'exil et les difficultés d'insertion peuvent induire comme incidences subjectives sur les pathologies présentées. E. Schroëder, en Allemagne, J. Conrotte et l'équipe médico-psychologique universitaire du Méridien à Bruxelles, en Belgique, inscrivent aussi dans leurs réflexions et leurs initiatives le souci de faire place à une clinique de l'expérience du déplacement.

C

APPARTENANCES ET IDENTITES : DES MISES EN TENSION

L'**identité** définit un lien. L'**identité** vivante est toujours, quel que soit le type de lien social, une instance qui articule soi et autrui, appartenance et altérité. La fiction du « nous » qui s'en dégage est elle-même variable. Toute personne fait partie de plus d'un groupe culturel, mais ces groupes sont aussi à l'intérieur du soi. Les souffrances identitaires les plus intenses, celles qui mettent réellement à l'ordre du jour ce que c'est que de « faire du mal à l'autre en soi », ont pour horizon l'existence de processus d'amour ou de haine entre ces différents groupes internes. Ce qui produit un conflit d'instance psychique qui dépasse et déborde le sujet.

Tout le monde connaît des moments de crise dans son **identité**. Ces temps de « crise » ne sont pas en soi une mauvaise chose. Ils peuvent être stimulants. Mais que se passe-t-il lorsque dans le social circulent des représentations et des préjugés péjoratifs liés à certaines identités et qui dénigrent le rapport au symbolique (langue, rite du corps, interdits, religion…) du sujet ? La construction identitaire est fragilisée en ces cas d'exclusion culturelle et/ou sociale. Il est nécessaire que chaque individu puisse se trouver en position légitime d'interlocuteur et en état de pouvoir s'interroger sur le sens de sa vie, ce qui nécessite une reconnaissance et par lui et pour lui de ses capacités à s'approprier l'histoire, la mémoire et la souffrance.

L'**exil** et la situation d'« **entre-deux** » peuvent conduire le sujet à se découvrir assujetti à d'autres déterminations identitaires qu'à celles régissant la communauté immédiate. De plus, d'une génération à l'autre, des jeunes peuvent être conduits à libérer l'énergie psychique qui était utilisée auparavant pour maintenir les défenses collectives compactes. Mais aussi, à la génération précédente, les expériences d'exil ravivent au sein d'un individu et pour ses projets de transmission vis-à-vis de ses enfants tout un ensemble de déformations, de réinterprétations et d'altérations de ses rapports à son origine, laquelle se réinvente en prenant aussi comme matière de sa construction des éléments rencontrés dans la société d'accueil. L'expérience clinique nous montre que tout sujet exprime son conflit psychique par des représentations prises dans telle ou telle culture et/ou dans tel ou tel événement historique et ces représentations peuvent appartenir à plus d'un champ référentiel ou événementiel.

D

TRANSMISSION ET VÉCU MIGRATOIRE DES ENFANTS ET DES ADOLESCENTS EN CRISE

1 - L'ENFANT ET LES SITES DE L'EXIL

Chez les enfants et les adolescents dont il est question ici, sujets subissant des effets de déplacement, la question du site où s'inscrire et où penser son être devient une cause de détresse, tant que cette question envahissante est sans réponse plausible. Des enfants sans « ici » ni « là » semblent moins incarner ce fameux « entre-deux » qu'être véritablement dans un « nulle part » psychique et géographique. Cette situation peut entraîner des manifestations symptomatiques : se fixer à un type de souffrance, se fixer à un produit toxique, ou encore mettre en échec les opérations d'apprentissage. Ces symptômes seront examinés ultérieurement. Bien sûr, il faut raisonner avec prudence et respecter une démarche méthodique.

Toute « pseudo-compréhension » des troubles des enfants migrants en partant d'un a priori massif qui, édictant une distance culturelle plus ou moins grande entre la dite culture d'origine et la dite culture d'accueil, en déduirait des difficultés d'adaptation proportionnelles à mesure que cette distance irait croissante, est à bannir.

Le psychisme de l'enfant se construit à partir d'un matériel bien plus subtil que la « culture » en tant quelle. Ce matériel est fait d'emboîtements et d'articulations entre la culture, le social et le familial. De l'élaboration des théories sur la sexualité infantile jusqu'à celle de son **mythe individuel de névrosé** chaque sujet passe par la construction de romans familiaux, où ce qui constitue la vision de sa vie est nourri des savoirs et des énigmes propres aux deux lignées dont il est issu.

Mythe individuel de névrosé.
L'expression est de J. Lacan. C'est à l'anthropologie structurale qu'est emprunté le concept de mythe et à Freud bien sûr qu'est empruntée la question du roman familial des névrosés, par une lecture fidèle du texte de Freud «Le roman familial des névrosés». Voyons maintenant comment ce mythe fonctionne. Le névrosé (à entendre comme sujet de la névrose fondatrice), c'est-à-dire le névrosé œdipien, rejoue la nécessité d'articuler une loi symbolique de l'échange, une loi symbolique de la reconnaissance, une loi symbolique de la paternité. Pour Lacan, qui, en cela, suit très fidèlement les conceptions de Lévi-Strauss, les lois symboliques de l'échange, de la reconnaissance et de la paternité sont les lois symboliques de la parole, elles ont la vertu de fonder le rapport à l'altérité.

La trame généalogique d'une vie compte au moins trois **générations**. C'est pourquoi parler de « seconde génération » est, à la vérité, une terminologie des plus malencontreuses. Outre que cette expression met seulement en miroir deux générations alors qu'il faut trois générations pour donner corps à une transmission, c'est-à-dire à une retrouvaille et à une réinterprétation de l'héritage culturel et de l'héritage familial, cette expression de « seconde génération » enferme le sujet au sein de son cercle domestique immédiat, ce qui accentue la clivage désastreux migrants/autochtones. Enfin, il est patent que les expériences d'exil et de déplacement font vivre au plus grand nombre de ceux qui les traversent le fait que tout humain doit aussi garder un peu d'amour et un peu de capacité à faire lien pour autre chose que son immédiat horizon ou que son immédiate origine, c'est-à-dire au moins un peu d'intérêt pour d'autres filiations. Ceci devrait interdire toute approche péjorative ou paternaliste **de l'étranger**, et devrait aussi permettre de dédramatiser des situations de malentendu. C'est là le point éthique de l'**exil**. Aucune démarche clinique avec des exilés et leurs **enfants** n'est possible si elle méconnaît ce point. L'écoute du sujet migrant et de ses **enfants** implique un choix : soit une référence à une étrangeté et à une différence de l'autre qui renvoie le patient vers sa supposée appartenance close à une culture étrangère, avec comme conséquence que le thérapeute doive contrefaire un tradi-praticien (ou thérapeute « traditionnel » : guérisseur, chaman...) ; soit une écoute interculturelle où la distinction entre code culturel (forme du symptôme) et structure du sujet est posée d'abord. Opter pour ce second choix permet de comprendre comment les enfants et adolescents issus de la migration « inventent » leur bien-être et leur « mal-être », leurs sublimations, adaptations et symptômes avec des éléments composites (**entre deux** langues, **entre deux** sites), et également comment ils mettent en récit au singulier, les trajets d'exil qui les précèdent.

2 - L'ENFANT MIS EN PLACE D'ÉTRANGER : UNE POSITION PEU TENABLE

A/ DÉTRESSE DES ENFANTS

Dans notre pratique, nous rencontrons souvent des situations de détresse de l'enfant, lorsque sa venue ou sa façon d'être ici font redouter qu'il devienne trop étranger à l'un ou à l'autre des deux parents (voire aux deux). Il peut s'agir d'un premier enfant qui a vu le jour en terre étrangère et dont les parents craignent qu'il devienne le premier étranger inassimilable de (et dans) sa propre famille. La terre de l'exil, la France, n'est alors plus ressentie que comme une terre de relégation, c'est-à-dire plus un site hors du monde qu'un univers habitable. Fethi Benslama emploie à ce propos l'expression d'« hostilité du lieu » (« L'enfant et le lieu », p. 54, *cf.* Lectures conseillées). Cet aspect extrêmement fragilisant provient du fait que tout le devenir de cette famille semble être impossible « au pays » — il faut vraiment ne rien comprendre aux souffrances de l'exil pour préconiser le « retour thérapeutique au pays » comme remède aux souffrances de l'exil — et, en France, il est vécu comme une perte sèche de soi. Le devenir, l'avenir seraient alors les noms de cette catastrophe qui aspire hors de chez lui l'enfant déjà « étranger au milieu des siens ». L'ailleurs devient brutalement hostile.

Certaines représentations trop bien établies dans le monde scolaire redoublent cette vision des choses. Ainsi, à l'école, tant qu'on persistera à croire que c'est en effaçant chez l'enfant migrant les traces de sa langue maternelle et de son origine qu'il apprendra mieux et sera mieux inséré, on risquera de favoriser la création de ces clivages et de ces désarrois. L'enfant «pour réussir» devient de la sorte chargé d'une étrangeté insupportable. La clinique de quelques-uns de ces enfants, « bons élèves » pourquoi pas, mais tellement coincés dans des positions impossibles, tellement assignés à un « non-lieu », montre qu'à l'exil matériel de leurs parents se superpose pour eux un « **exil intérieur** » où leur rapport à la parole devient au mieux conflictuel ou, au pire, déserté. On signale ici de nombreux **troubles du langage**, des **inhibitions massives** et des **angoisses de mort** inhabituelles à l'enfant en phase de latence (*cf.* document 7D1).

De façon plus générale, fait symptôme pour l'enfant la façon dont ne sont pas entendues ses tentatives de faire tressage ou pont entre deux sites et entre deux temps. Il en va ainsi de certains enfants sacrifiés à représenter la nostalgie de la terre perdue, ou d'autres desquels un effort d'assimilation est exigé au point que l'intégration leur devient douloureuse ou difficile. L'enfant est alors mis dans un monde trop référé à une seule terre. Il lui revient de représenter la totalité d'un des pôles du déplacement parental : l'origine quittée (et parfois c'est pour les parents comme s'ils avaient trahi cette origine et lui devaient, en réparation, un enfant), ou le pays atteint (dans lequel on abandonne un enfant).

B/ De quelques « dérives » adolescentes

Ceci peut expliquer pourquoi, lors de l'adolescence, des jeunes placés dans un « entre-deux » vide, ni « ici », ni « là », se retrouvent toujours indécis ou inquiets quand au maintien de leur existence, ne pouvant s'aventurer dans la construction de leur fantasme, lorsque sont exclues du social les traces de mémoire et péjorés les signifiants de leur origine. Ils en viennent le plus fréquemment à demander à ce qu'on leur signifie le maintien de leur existence par des impositions de marques ou de sanctions qui généralement déçoivent les jeunes et désespèrent l'entourage. Pour qu'à l'adolescent un parcours psychique de son histoire d'exil soit possible, il importe que le trajet de l'exil puisse s'appuyer sur des instances symboliques qui, dans le même temps qu'elles inscrivent les pertes, présentent des altérités.

Pour l'adolescent qui a à trouver et à recréer une part de son identité, qui a à jouer les identifications et les instances psychiques qu'il a héritées de son complexe œdipien dans le social, encore faut-il que les bribes d'histoire venues des générations antérieures puissent faire trace, faire inscription et traduction dans l'autre langue. Ceci suppose de trouver dans le social et la culture du pays rejoint par les parents des références symboliques, offrant les représentations verbales pour la traduction des bribes de langue et d'histoire.

Autre conséquence peut-être plus funeste : toute expérience de ce qui constitue sa **parole**, c'est-à-dire toute expérience de perte, doit être montrée, répétée, sans garantie qu'il y ait passage vers autre chose. La **perte** doit être tant montrée que le sujet s'identifie à la perte même. Il se met en risque en **errance**. Et certains visent non la désertification totale du lien, mais errent plutôt en se soutenant faiblement de l'espoir que dans un lointain inconnu le monde apparaisse comme humain, tandis que d'autres s'abandonnent au « voyage » en désespérant de la capacité du temps et de l'espace à orienter leurs dires et leurs gestes. Destruction lancinante du semblable, et à partir de là, l'adolescent se met en risque d'une éternisation psychique de l'errance. Les uns se confondent avec le défaut d'inscription, errants, erratiques dans leur vie amoureuse ou dans leurs relations avec leurs pairs. Se constate chez eux une forme d'incrédulité quasi totale pour tout ce qui orienterait leur existences. Traductions en comportements de ce vide d'inscription, de cette défaite de toute croyance possible en la réciprocité.

C/ Echec de l'« entre-deux »

En quoi est-il permis à l'enfant ou l'adolescent de se représenter le trajet entre-deux lieux, entre-deux sites, entre-deux langues ? En quoi est-il possible à l'enfant de faire ces allers et retours, est-il possible d'inventer sa propre mise en récit des départs et des arrivées, du familier et de l'altérité ? Telles apparaissent les questions essentielles qui permettent de parler de souffrances dans les parcours d'exil.

Pour le reste, les tableaux de grandes psychopathologies sont à peu près les mêmes partout dans le monde et il s'agit de ne pas confondre les souffrances d'exil et d'acculturation et les classiques tableaux de psychopathologies infantiles (psychose et autisme de l'enfant, névroses phobiques ...).

On le voit, aucune explication **culturaliste** massive qui voudrait mettre en corrélation fixe « culture du sujet » – si tant est qu'il n'y en ait qu'une, ce qui est assez faux surtout dans la modernité – et psychopathologie tombe à l'eau. Quant à l'impossible mise en travail psychique par et pour l'enfant des dimensions de traduction (« entre-deux langues ») et de passage (« entre-deux lieux »), ***Jean Galap*** a finement étudié ce point, par rapport aux enfants « trimballés entre métropole et Antilles » (*cf.* document 7 D 2).

Jean Galap. Psychologue clinicien et docteur en psychologie, ingénieur-chercheur à l'Ecole des Hautes Etudes en Sciences

E

QUESTIONS POSÉES PAR LE TRAVAIL QUOTIDIEN

Il faut à présent envisager ce qui semble poser le plus de problèmes aux psychologues et intervenants sociaux dans la prise en charge des migrants et de leurs enfants.

Ce qui est le plus avancé par ces professionnels concerne plusieurs aspects dont :

- la difficulté à trouver un cadre de référence commun qui permette de situer l'offre et la demande d'aide,
- le barrage de la **langue**,
- la confusion entre ce qui relève des éléments culturels et des processus psychiques.

1 - Quelles consultations ?

L'idée communément admise par de nombreux cliniciens veut que le genre de consultation « standard » qu'offrent les lieux de soins et de prévention ne suffise pas ou soit inadapté. Seulement les raisons avancées sont des plus diverses et semblent répondre plus souvent à des motifs idéologiques qu'à des préoccupations d'ordre clinique. Qui suit depuis ces six dernières années la presse spécialisée et certains médias a pu lire l'écho de nombreux débats (*cf. Les Temps modernes,* Us et abus de l'ethnopsychiatrie, Karima Salima Dahoun, Juillet/ Août 1992, pp. 224-251, puis Fethi Benslama : *Une fiction troublante, l'origine en partage,* Ed. de l'Aube, 1994).

Nous l'avons vu, nous ne pouvons réduire l'expérience d'**exil** à celle d'un **trauma**. De même avons-nous insisté sur le fait que les parents migrants et a fortiori leurs enfants présentaient des symptomatologies assez éloignées de celles que leur compatriotes les moins touchés par la modernité présentaient au pays d'origine dans des consultations de guérissages traditionnels. C'est pourquoi s'il est tout à fait légitime de vouloir connaître d'autres systèmes thérapeutiques que ceux qui ont cours en Europe et en France dans les centres médicaux, on ne peut tenir pour sérieuses les initiatives qui veulent soigner un migrant et/ou ses enfants comme si la mutation culturelle due à l'exil et à la modernité n'avait pas joué sur la façon de vivre et, éventuellement, de tomber malade de ce sujet. Certes les partisans d'une version catastrophique de l'**exil** — et de son corollaire : la clôture identitaire — se feront les promoteurs de consultations où il s'agit de provoquer et de renforcer des montages identitaires entre sujets et origine. Cette idée d'une nécessaire clôture de l'interaction thérapeutique rencontre beaucoup d'opposition chez les cliniciens, pour des raisons cliniques, comme au plan éthique. Est-ce alors qu'il faille tenir pour rien l'appartenance culturelle de certains de nos patients ? C'est à la fois en tenant compte de la nécessité clinique de donner plein droit à l'expression de ce qu'un sujet (et son groupe) peut dire de sa situation de souffrance psychique et en restant au plus proche de la clinique du sujet que quelques **consultations pluriculturelles** fonctionnent aujourd'hui. Parmi lesquelles, celles de Zerdalia Salima Dahoun au sein de l'association « Maison de toutes les couleurs », à Paris (consultation adultes et adolescents en direction surtout des patients maghrébins et antillais), la consultation des Hôpitaux Civils de Strasbourg dirigée par Pierre Stanislas Lagarde et Bertrand Piret (en direction des patients adultes migrants, quelle que soit leur origine), le Centre Minkowska à Paris (le plus ancien centre en direction des Maghrébin, Africains de l'Ouest, Portugais, Espagnols et Turcs le plus souvent), l'ancienne consultation du Centre d'étude et documentation Antilles, Guyane, Réunion, à Paris... Elles ont pour point commun de miser sur la création d'une aire transitionnelle, intermédiaire, avec un éventuel interprète. Peuvent s'y donner à entendre l'articulation des thématiques culturelles des souffrances liées à l'exil et à ce qui déjà se joue au pays de départ. Bref, s'y travaille la façon dont l'histoire du déplacement recouvre, révèle et masque l'histoire subjective de chacun. On accordera à ces consultations qu'elles ne se basent pas sur une hypothèse culturaliste et font place à une théorie du sujet et de la subjectivité à valeur universelle. Elles tournent ainsi le dos aux systèmes et aux opinions qui mettent en avant clôture du psychisme et fermeture des interactions thérapeutiques, qui pensent en terme de causalité psychique « tribale » ou n'opèrent qu'à partir de celle-ci, par conviction ou par impuissance.

Il ne s'agit donc pas de tenir pour rien les rationalités des modèles étiologiques, **métapsychologiques** et thérapeutiques traditionnels, mais d'entendre et de comprendre comment avec des patients en **exil** nous avons affaire à une autre réalité anthropologique et clinique, puisque nous travaillons avec des sujets qui sont dans un parcours de perte de références afin d'en gagner peut-être d'autres. Un exemple (*cf.* document 7 E 1) montrera clairement comment des thématiques aussi « exotiques » que celle de la magie et de la possession peuvent être véhiculées dans un discours et dans une histoire de malade, laquelle demande à être entendue et accueillie surtout comme une histoire tout à fait banale pour un clinicien, tout à fait œdipienne et tout à fait audible et compréhensible dans un cadre hospitalier banal.

2 - Sur le symptôme

Afin de sortir de ces **clivages** (où d'un côté il y aurait les difficultés d'un sujet isolé de toute articulation au lien social avec sa psyché « suspendue en l'air », et d'un autre côté la crise du social, du politique...), il convient de redéfinir *ce que signifie le mot symptôme.* Tout symptôme est à l'interface du singulier (dans sa tentative de signifier quelque chose de la vérité de son être), et du discours social. Le **symptôme** exprime ainsi la vérité d'un sujet dans le champ du collectif à travers l'émergence du refoulé. S'agit-il de dire qu'une réalité clinique, pour peu qu'elle soit enrichie de facteurs interculturels, pose davantage de problèmes qu'une autre ? Les questions se multiplient alors et deviennent encore plus complexes, tant au plan du diagnostic que du thérapeutique, dès lors que l'on admet l'existence de trois sortes de faits :

- L'ancienneté de la **migration** : certaines familles tunisiennes, par exemple, vivent en France depuis le tout début de ce siècle.
- L'ouverture de centres de soins intermédiaires davantage ouverts à la cité sont deux facteurs qui offrent l'occasion d'entendre des difficultés et des douleurs subjectives plus vastes, plus variées et plus diffuses que celles que des immigrés – le plus souvent des ouvriers solitaires – présentent à l'hôpital psychiatrique, après un parcours fort remuant et désespéré entre médecine du travail et sécurité sociale, pour le plus grand nombre d'entre eux.
- Les enfants (ou les petits-enfants) de migrants qui viennent adresser une demande d'écoute et de soins sont loin, nous l'avons vu, de présenter des symptomatologies analogues à celles qui étaient en cours dans le pays d'origine de leurs parents. En effet parce qu'ils sont nés et furent élevés ici, ces enfants sont dans des problématiques de **métissage** culturel et d'entre-deux, et ne sont plus pour cela des sujets de culture traditionnelle à part entière. Souvent ces jeunes ne parlent plus la langue d'origine et ne sont pas concernés par le sens des rituels corporels que les parents leur prescrivent.

3 - Familles en désarroi

A/ A propos de quelques mères désemparées

Quant aux familles, et surtout aux mères, elles peuvent être désemparées par l'irruption de la culture française écrite qui passe par l'école et, en conséquence, par ce que représente le nouveau rapport au symbolique de leurs enfants devenus de jeunes écoliers. Les enfants accentuent par leur scolarisation en France l'écart entre culture orale et culture écrite ou l'écart entre le code écrit du pays natal des parents et celui de la culture française. Dans certains cas, ils peuvent ainsi être en position de renvoyer les échos de ce que fut, dans le pays d'origine, la violence de l'acculturation due à la colonisation. Un point de retentissement très sensible de ces ruptures engendrées par l'exil, est le démembrement des dimensions du féminin dans l'expatriement. Nous pouvons recevoir des femmes dont les plaintes faites de souffrances vives, semblent ne pas rencontrer de modèles, dans les allégations traditionnelles de la douleur psychique. Pour certaines mères, les coordonnées usuelles du pouvoir et du statut féminins vont s'éroder et se déliter, à l'épreuve de l'exil. Les **logiques de la parenté** traditionnelle supportent et engendrent des possibilités de relais pour asseoir l'autorité maternelle. Plus profondément, l'un des résultats auxquelles l'existence de ces relais offerts par la famille élargie aboutit, est de permettre aux enfants de se forger plus d'une fantaisie sur son roman familial. Ainsi il échappe à une fascination ou une capture face à une origine trop nue.

Si des réductions de tout le pôle maternel sur l'unique personne de la **mère**, s'opèrent dans l'exil, alors les divers protagonistes de la famille émigrée peuvent se retrouver empêchés de rêver et de se forger une capacité de création de vie fantasmatique et d'illusion sur les sites symboliques qui fondent la représentation et le fonctionnement culturel d'un groupe familial. Il s'agit des sites du masculin et du féminin tels qu'ils sont impliqués dans la nécessité d'instituer des sujets dans les lois de la filiation. Dans certains cas l'exil crée une vive coupure dans le tissu de la généalogie, portant interruption traumatique ou fragilisante au travail de la mémoire. L'origine se donne pour l'immédiat, pour l'ici et le maintenant.

Ainsi certains enfants ressentent ce désarroi des mères comme un vide. Comment pourraient-ils se présenter à autrui comme fils ou comme fille d'un tel ou d'une telle quand peu de chose, rien de consistant ou de transmissible, ne désigne ses ascendants comme père ou mère, si ce n'est dans quelques cas l'immédiat exercice de la coercition éducative ?

B/ Comment certaines familles rencontrent-elles les institutions de soin ou d'éducation ?

En ce qui concerne la dépressivité ou le clivage, les attitudes de certaines familles très démunies ne les aident pas à rencontrer les institutions d'éducation ou de soin autrement que sur un mode de catastrophe. Nous pouvons toutefois constater que la création d'institutions de soin et de prévention et les pratiques institutionnelles conséquentes ont fait naître un intérêt pour les processus sociaux de construction de la personne. Le travail clinique en institution ne s'adresse pas qu'à l'actualité du malaise et du comportement. L'institution est un lieu de confrontation. Elle a des fonctions par lesquelles elle légitime son existence et sa durée, mais elle a aussi cette caractéristique de préexister au sujet et de l'introduire à des idéologies et à des utopies. Or, les patients exilés nous donnent la chance de nous remettre assez radicalement en question et d'avoir un regard sur la façon dont nous vivons au cœur de nos institutions. C'est précieux, tant il est vrai que l'on s'égare trop à vouloir que les familles immigrées ressemblent à des familles européennes.

Ethnocentrisme. « Attitude basée sur la conviction que le peuple auquel on appartient, avec ses croyances, ses traditions, ses valeurs est un modèle auquel tout doit se référer » (Vocabulaire de la Psychologie, H. Piéron, PUF p. 163). Un tel ethnocentrisme s'exprime dans ces injonctions faites à des hommes ou à des femmes migrants afin qu'ils « sortent d'eux » des positions subjectives très douloureuses. Citons, en vrac, tous ces effets violents, totalement inefficaces ou parfois traumatisants pour des familles quand, en toute bonne foi, l'équipe soignante prend des initiatives ethnocentrées : mettre un père africain ou maghrébin en rivalité œdipienne directe avec le fils, ne pas comprendre que les divers vecteurs de la maternité culturelle et psychique puissent être supportés par plusieurs femmes et contraindre une mère africaine à adopter un training corporel, conversationnel et éducatif analogue aux « performances éducatives » des jeunes mamans européennes, ne pas entendre la référence au Tiers que des femmes antillaises élevant seules leurs enfants peuvent mettre en place par des suppléances magico-religieuses, etc.

C'est, nous l'avons vu, une méconnaissance supplémentaire des incidences qu'a l'exil sur les équilibres familiaux que de faire fi de la complexité des problèmes que connaissent des fratries africaines ou maghrébines bordées par deux enfants qu'accablent des représentations extrêmes : l'un d'eux voué à incarner l'Origine et l'autre abandonné au lieu de l'exil, à la France et ses institutions. Or, ce clivage a la valeur d'un prix à payer pour que la famille, les parents ou l'un des deux parents puissent croire pouvoir enfin trouver demeure dans le pays quitté ou dans le pays choisi pour leur exil.

C/ Du rituel en exil

Migrer altère le sens et l'**exercice du rituel**. Les **rites**, dans la **transmission**, sont parfois imposés aux enfants sans faire sens ou lien, c'est-à-dire sans faire alliance. Ainsi Zerdalia Salima Dahoun décrit une mère maghrébine qui pleure devant son enfant, né en France, à chaque célébration de l'***Aïd-el-Kébir.*** « Elle se comporte comme si elle avait laissé là-bas une partie d'elle-même. Et ce là-bas est impossible à partager avec l'enfant qui est lui né ici » (1995, p. 87).

La clinique permet de situer et de comprendre comment cette scène de la fondation des rapports entre corps et rituel opère dans la mise en jeu du corps et de la langue que chaque histoire d'exil provoque à un moment ou à un autre. Les moments de ***dépersonnalisation*** dans l'exil traduisent un moment d'affolement des lois et des repères qui régissent la cohérence culturelle d'origine du sujet . S'y produit le risque que, dans la capture par le dehors occidental, la scène de l'intime et de l'absence qui fonde l'être au monde se décompose. Le démembrement des rituels qui ne garantissent plus l'ensemble des composantes du moi pourrait être un lieu privilégié pour l'attention clinique. Il en est ainsi des cas où le rituel (*cf.* ci-dessus le cas « Saïd ») perd son pouvoir métaphorique et métonymique, pour se rabattre sur une violence non séparatrice. Coincée entre une nostalgie impossible à mettre en partage et en perte, et des réifications rituelles, la corporéité de l'enfant ou de l'adolescent se fait muraille. Elle devient mutique ou se livre au hasard et à la dérive. Le **rite** ne fait alors pas transition, pas plus qu'il ne redonne la personne touchée par lui à un autre monde. Nostalgies des parents qui vivent l'exil comme si, en terre d'origine était resté encrypté le trésor des signes et des lettres qui font encore vivre la mémoire du nom. Que ces parents vivent dans le chagrin de l'absence les fêtes traditionnelles ou qu'ils forcent les enfants vers le mimétisme à l'origine impossible et on comprend aisément que la violence et le visuel du rite ne suffisent pas à faire jouer les espaces de transmission. La **violence sacrificielle** devient parfois la force qui sature. Le rite démembré rive le sujet à l'obsession de la blessure de son corps propre. La symbolisation de la **violence originaire** que toute ritualité efficace devrait garantir, ne s'effectue parfois plus dans l'exil (*cf.* document 7 E 2).

Fête de l'Aïd-el-Kébir (ou Aïd el-Adha) : grande fête dite «fête du mouton» célébrant le sacrifice d'Abraham, *soit le fait que le sacrifié ne soit pas le fils d'Abraham mais un «mouton» envoyé par un émissaire de Dieu.* Cette fête honore donc le noyau commun des trois monothéismes : le geste d'Abraham, père commun aux juifs, chrétiens et musulmans.

Dépersonnalisation : signe psychopathologique qui traverse les structures de la névrose, de la psychose et de la perversion. Signifie de façon très large un épisode de perte de sentiment de son identité et d'irréalité de l'environnement et du rapport du sujet au corps propre.

POUR CONCLURE

Étiologie : science des causes ou discours sur les causes, par extension étiologie d'une maladie : ensemble des facteurs ou facteur ayant causé cette maladie.

Métapsychologie : discours spéculatif sur le psychisme humain référé à l'hypothèse de l'inconscient (Freud). Depuis les travaux du premier psychanalyste-anthropologue, Geza Roheim, l'étude de la façon dont les sociétés se représentent le psychisme (leur théorie métapsychologique) est un aspect du travail de terrain de quelques anthropologues, dont, en France, Jacques Galinier.

Il et à présent possible de dire que, de même qu'il n'existe pas de « nosologie » consistante référée à telle ou telle « culture », de même il n'existe pas de solution toute faite « culturaliste » qui, par ritualisation, puisse cerner et soigner le réel clinique singulier en jeu dans les symptômes où s'entrecroisent causalité psychique, effet d'exil et « appartenance culturelle » des parents.

Certes, le clinicien occidental gagne à connaître des informations **anthropologiques** : comprendre, par exemple, les structures et les règles de l'institution de la **parenté**, le lien entre enfant et ancestralité, les modes rituels d'éducation, les scénarios non seulement ***étiologiques*** mais aussi ***métapsychologiques*** qui, pour une culture, rassemblent les représentations de la santé et de la maladie.

Il ne s'agit pas de recréer le sens d'un monde, mais d'ouvrir la possibilité que le patient puisse se saisir du sens de sa propre vie. Il est inquiétant que le psychologue clinicien prenne le relais des institutions défaillantes, et devienne un fabricant de recyclage parmi tant d'autres, au lieu qu'il affirme sa position : celui qui peut faire tenir un champ extraterritorial d'énonciation pour le sujet. Quel **mythe individuel** le patient reproduit-il sans en avoir la moindre idée ? Voilà la vraie question. Jamais une théorie toute faite de la **culture** et de la coutume ne convient pour y répondre. Enfin, il est utile aux cliniciens, thérapeutes, psychiatres et éducateurs, de savoir qu'au fond nous ne disposons pas encore d'une vaste littérature conséquente sur la question des incidences cliniques de l'exil sur les subjectivités. Cette clinique est à unifier autrement que par des grandes découpes culturelles et nationales. A cet effet, le repérage des rapports du sujet par rapport à sa parole, aux langues et aux lieux, au moins le perpétuel étayage entre les données subjectives et les facteurs culturels, mais aussi historiques, doivent être explorés au plus fin.

La démarche clinique vise à dégager le sens de chaque vie ; elle doit alors comprendre les versions « culturelles » qu'un groupe donne du trouble qui affecte l'un de ses membres, comme on le ferait d'une rationalisation, c'est-à-dire d'un scénario porteur d'explications parfois justes mais souvent tout à fait « déplacées ».

Nous avons aussi refusé de comprendre le **symptôme** de l'enfant ou de l'adolescent en référence à des modèles directement issus de l'**anthropologie**, ou du moins des abords réputés tels.

Nous gagnons à nous informer :

- des parcours de consultations médicaux ou traditionnels des parents et des enfants,
- des **rituels** opérés ou pas (rituels de passage, rituels thérapeutiques),
- des circonstances de la **migration**,
- des effets de l'**histoire** et de l'**histoire coloniale** dans la vie de telle ou telle famille,
- de la « place » imaginaire et symbolique que l'enfant occupe,
- des conditions d'apprentissage et d'effectuation de son **bilinguisme** possible,
- des façons contrastées avec lesquelles les parents parlent de ces troubles.

Nous devons éviter de :

– préconiser tel parcours thérapeutique,

– nous en tenir à de simples significations « culturelles » ou groupales,

– inciter les parents à rester fidèles à la tradition ou aux rituels, du moins tant que nous ne savons rien du sens de ces traditions ou de ces rituels.

Ce sont là de simples remarques de prudence et de bon sens. C'est à ce prix que peut s'ouvrir la possibilité de travailler avec la dimension de la transmission psychique d'une génération à l'autre. Le culturel n'est pas la superstructure qui recouvre des appareils psychiques individualisés. La tradition, quant à elle, ne peut se définir comme un simple système de mise au pas des sujets.

Au plus proche du sujet la **clinique** est une invention, nous n'avons pas à aborder autrui comme si d'emblée nous savions mieux et plus que lui ce qui cause ses malheurs et ses dires. Nous n'avons pas non plus à lui apprendre qui il est ou, pire encore, qui il doit être.

DOCUMENT COMMENTÉ

7 D 1 - Sur le mutisme des enfants de migrants

1 - PRÉSENTATION DU DOCUMENT

Afin d'illustrer comment les symptômes que présentent souvent des enfants issus de la migration sont des tentatives de faire mise en tension entre des univers culturellement hétérogènes, un dernier exemple, au demeurant fort connu, celui du « mutisme » que présentent certains de ces enfants. On doit à Zerdalia Salima Dahoun, dans son livre (1995) une belle approche de ce trouble. Ses thèses permettent à juste titre de s'éloigner d'une conception déficitaire de ce mutisme que présentent des enfants de migrants, par ailleurs, elle insiste sur la nécessité de ne pas confondre mutisme et autisme (elle démontre magistralement l'absurdité qu'il y a à mélanger les registres), et enfin l'attention clinique se porte sur la fonction de création de pont de compromis et de liaison entre des univers hétérogènes que représente et qu'accomplit le symptôme considéré. Ainsi, s'ouvrent les portes d'une réelle clinique de la médiation et du métissage. Ceci permet des repérages qui ne sont pas de simples énumérations typologiques ou nosologiques, qui ne s'opèrent donc pas gratuitement, pour autant qu'ils permettent de faire valoir des positions subjectives. Il faut repérer le sens de ce mutisme, qui vient en réponse et ordonne des rencontres cliniques finement relatées.

Mutisme, inhibition et exil

C'est une terrible bévue de « psychiatriser » le silence des enfants de migrants (un symptôme bien connu des éducateurs et des psychologues scolaires) en en faisant un symptôme qui relèverait de l'abord psychiatrique de l'autisme. On voit mal quel projet clinique découle de cette dramatisation. Dans le mutisme que présentent ces petits passeurs d'entre-deux rives, il s'agit d'un silence qui n'a de sens que pour l'économie œdipienne du sujet. C'est un repli qui a pour but de maintenir l'amour qu'un des deux parents porte à l'origine. C'est une mise à l'abri du champ de la parole, non un refus des enjeux éthiques de la parole. Les enfants se taisent pour dire l'épuisement qu'ils éprouvent à être écartelés entre les exigences de la famille et celles de l'école. Le mutisme met en échec des jeux de translations et de traductions entre l'origine et l'accueil. Au mutisme de l'enfant coïncident souvent des renoncements chez les parents pris par une nostalgie à déplacer et à partager des mémoires de l'origine. Tant qu'ils sont nostalgiques ou brisés, il est très souvent difficile à ces pères ou à ces mères de redonner ailleurs, ici en France, présence à leur souvenirs et à leur rêves. Des morceaux de son et de sens, ne semblent plus encryptés que dans un « là-bas » impossible à partager avec un enfant qui, lui, est né ici.

Le **mutisme** peut être analysé non comme un autisme « folklorique » mais comme une forme de phobie, c'est à dire comme une réponse à l'angoisse de séparation. Le mutisme dénoncerait les paroles factices, appelant une nouvelle mise en récit des lieux, des liens et du généalogique. Fonction donc de ce mutisme est de remettre en chantier les espaces de transition et de traduction.

Comment, pour le clinicien écouter et reconnaître le temps d'épreuve psychique que comporte l'exil, mais aussi repérer que l'exil n'est pas une mise hors monde mais une occasion de partager des histoires communes avec les habitants du pays d'accueil ? Comment ouvrir le sujet à la possibilité de reprendre avec les uns ou les autres des parents et des collatéraux des familles en exil la place qu'a joué dans le roman et la tradition familiale la colonisation française, l'imposition de l'écrit, les mondes scolaires, les guerres et les tensions politiques ?

Dahoun, K.S.Z. *Les couleurs du silence* (*cf.* Lectures conseillées).

2 - EXPLICATION

– S'agit-il d'**inhibition** ?

La transmission n'est jamais ni univoque, ni linéaire. Elle suppose toujours du trajet, du parcours, de l'identification et de l'interprétation. Un retour peut être ici tenté au titre même de notre rencontre à partir de ces cliniques de l'exil qu'avec F. Benslama, Z. Benchemsi, A. Cherki, J. Galap, J.-M. Hirt et O. Natahi nous avons voulu remettre sur leurs pieds. Car, parfois, dans l'exil, des pères et des mères se vivent comme n'ayant plus rien à transmettre, comme si, par exemple le lieu qui faisait tenir leur corps était soumis à une dilapidation effrénée. Un point de désorganisation de l'image et du corps peut ensuite faire entaille sur deux générations. Mais peut-être est-ce aussi ce à quoi on a affaire dans certaines cliniques de l'inhibition : cet emballement imaginaire toujours saturé par trop d'origine et trop de visibilité. Et si le clinicien confond les êtres et les reflets, les places et les lieux, les assignations et les signatures, il finit par oublier qu'enfant ou parent sont à la fois des personnes, des statuts mais sont aussi des résultats de trajets, de parcours et d'interprétations.

L'inutile et le dangereux qu'il y a à assigner l'enfant à ce que l'origine exige au plus manifeste de lui prennent hélas effet non de consolidation identitaire, mais comme mise en suspens de la temporalité signifiante de la transmission. On ne se saisit de son être qu'à partir du moment où ce qui est vide – et non ruine – dans la transmission devient le site qui en appelle à la production de métaphores inédites de soi, pour de nouvelles mises en lien, loin des fidélités automatiques. L'inhibition serait ainsi le nom d'une attente de cet autre rapport au manifeste du discours et de la loi commune. Un temps pour un écart, un temps pour une mise en interprétation et en traduction potentielle. L'inhibition serait alors à entendre dans deux sens assez opposés:

- soit comme mise en arrêt – ou en errance – de toute capacité de métaphorisation de l'hétérogène et du féminin,
- soit comme un temps où se suspend la satisfaction pulsionnelle, la décharge ; un temps où se met en réserve, en gésine, l'invention et la fabrique de lieu de détour et de métaphorisation.

Et c'est – à l'évidence – à ne pas oublier cette seconde figure de l'inhibition que progresse notre abord clinique et sa logique. Aussi la discussion « inhibition ou symptôme » est-elle loin d'être close, pour ces enfants du trajet et de l'« entre-deux » qui ont à inventer leur style au-delà des commodités des assignations communes, c'est-à-dire au-delà d'une mise en commun d'inhibitions communes, mise en commun qui de façon toute générale désigne bien le conformisme de l'adap tation et de la mise au pas du corps à des modèles préétablis.

La clinique laisse supposer que l'inhibition n'est pas toujours signe de rigidification névrotique du moi que signe un retour de l'agressivité sur elle-même – c'est bien ainsi que la description banale d'une métapsychologie de l'inhibition pose le problème. L'inhibition serait aussi le résultat d'une dynamique conflictuelle, un acte d'attente de cette troisième personne à qui dire enfin combien est lourd le travail de lien de l'hétérogène.

DOCUMENT COMMENTÉ

7 D 2 - Une situation particulière d'« entre-deux » : l'enfant antillais dit « enfant-paquet »

1 - PRÉSENTATION DU DOCUMENT

La notion d'***enfant-paquet*** désigne tout à la fois une pratique culturelle et celui qui peut en être soit le bénéficiaire soit la victime. Est ainsi désigné, tout enfant qui, suite à une décision parentale unilatérale, connaît une adoption temporaire intra-familiale qui l'amène à quitter, pour un temps indéterminé et y revenir par la suite, le domicile de sa famille naturelle, afin de vivre chez un autre membre de la famille qui l'élèvera comme son propre enfant. Ce placement s'effectuera sans qu'à aucun moment on tienne compte de ses attentes, de ses désirs et sans que soient évaluées les conséquences éventuelles sur son développement psycho-affectif. Cette pratique ne peut se comprendre qu'en référence à l'univers culturel des protagonistes considérés.

Cette pratique qui s'inscrivait dans une logique culturelle, conduit, quand elle est reproduite de façon mécanique hors du champ socio-culturel qui lui donne sens, au dysfonctionnement psycho-affectif des enfants concernés.

Deux parcours d'enfant

L'enfant né dans une famille antillaise migrante résidant en Ile-de-France, au cours des toutes premières années de sa vie, tel un paquet est acheminé, en voyage accompagné - métaphore qui a été à l'origine de la dénomination d'enfant-paquet — vers le pays d'origine de sa ou ses procréateurs, vers une personne de la famille qui remplira le rôle de substitut maternel. Si le plus souvent la grand-mère assume la charge, d'autres personnages, tels la marraine, une tante notamment, peuvent très bien faire l'affaire. Au bout de quelques années — dont le nombre n'est qu'une question d'opportunité et de circonstances, variable donc d'un individu à un autre — l'enfant ayant pris de l'âge, sans qu'il ait été consulté, est déposé dans un avion à destination de la France où il retrouvera sa famille naturelle.

Deux cas de figure avec des variantes s'observent, selon le sens du déplacement qui indique le lieu du placement et souvent l'âge de l'intéressé.

- Le voyage de la France vers l'une ou l'autre des deux îles françaises des Antilles s'adresse le plus souvent à des enfants très jeunes. La décision en est prise avec le consentement du parent récepteur par la mère : une femme jeune, la plupart du temps célibataire, sans emploi et sans logement. La maternité est un accident de parcours qui pénalise gravement la jeune femme venue en France avec des intentions de promotion sociale. Cet échec appelle une solution qui passe par la réactivation de la pratique culturelle. La famille antillaise, sur la base du dispositif décrit, vient à la rescousse. Contrairement aux théories psychologiques classiques, ce type de séparation mère/enfant est d'autant moins traumatisant qu'il s'effectue dès la naissance. L'accueil de l'enfant venu de France au sein de la famille ou qui lui est confié, au départ de la mère pour l'Europe, est chaleureux, dans une ambiance saturée en affects où il bénéficiera d'un maternage intense ; ce qui n'est pas, loin s'en faut, le cas de ceux qui ont vu le jour en France au sein d'une famille le plus souvent monoparentale, fragilisée par une vie marquée par l'exclusion.
- À l'inverse, le voyage des Antilles vers la France, concerne les enfants plus âgés, le plus souvent adolescents qui ont connu une enculturation (*cf.* Remarque) aux valeurs du milieu d'éducation et pour qui la migration vers d'autres cieux et d'autres parents, fussent-ils la ou les géniteurs, va nécessiter une adaptation à un nouveau milieu. Il en sera de même pour les jeunes nés en France, élevés aux Antilles et rapatriés ultérieurement. Ces enfants sont ceux qui participent, avec l'aide des services sociaux, du regroupement familial — mis en route par les parents résidant en France, en l'occurrence la mère — après le temps de séjour, variable selon les situations, qui aura été nécessaire pour accéder aux conditions matérielles adéquates à l'accueil des enfants. Cette manière de procéder, rendue nécessaire pour des raisons économiques, ne favo-

rise ni le développement harmonieux des intéressés, ni la cohésion de la famille. Les parents qui agissent ainsi, voulant donner à chaque enfant les conditions matérielles optimales, n'en sont pas conscients. D'autre part on note dans le contingent d'enfants-paquets, de nombreux adolescents, garçons et/ou filles, adressés à la famille de France, pour des raisons de scolarité ou de formation. Mais ce ne sont pas les seules raisons, car il peut aussi s'agir de protéger, en les éloignant, des adolescentes d'un familier trop entreprenant ou incestueux. Des tantes, des sœurs aînées, quelquefois des frères, suffisamment établis en France pour être en mesure de se proposer comme famille d'accueil, prendront le relais.

Commentaire : Que se passe-t-il pour qu'un fait de culture qui a fait la preuve de son efficience devienne porteur de troubles ?

La réponse tient en deux causalités qui vont, se renforçant et se surdéterminant, changer le sens de la pratique culturelle. D'une part les conditions de vie inhérentes au parcours d'adaptation des migrants — qui introduit un décalage entre les pratiques du pays d'origine et celles de la société de résidence — engendrent de l'entropie dans le système. Autant les faits de culture sont intégrés dans l'aire culturelle de référence qui a donné naissance à une organisation sociale qui répond adéquatement aux situations locales — encore qu'ils puissent ne plus l'être à la suite de changements sociaux — autant le passage dans un autre lieu, régi par d'autres règles et imposant des conditions de vie différentes les mettent en porte-à-faux. D'autre part, la famille antillaise est différemment organisée en France, ce qui a pour conséquence d'engendrer des modifications dans les relations entre ses membres comme dans les modalités de prise en charge des enfants. Cette double causalité n'est pas univoque. Les conséquences, catastrophiques quel que soit le cas de figure, se déclinent sur une échelle de gravité. Elles vont d'une symptomatologie relativement systématisée affectant les enfants jeunes rejoignant leur mère, et qui évolue vers une pathologie sociale de compensation, à des formes d'exclusion qui frappent les adolescents déjà fragilisés par les nouvelles conditions de vie du milieu. Un processus de décompensation psychopathologique plus ou moins grave selon la structure et la personnalité du sujet va se développer conjointement à sa mise en marge des lieux de socialisation.

D'après Jean Galap (1997) in *Psychologie clinique*, n° 3.

Remarque

Enculturation : appropriation par l'individu, tout au long de son existence, d'éléments de(s) culture(s) au sein de laquelle (desquelles) il évolue. Les corps, les esprits et les dynamiques identitaires et psychosociales prennent forme au cours de l'enculturation, opération qui permet à chacun de reconnaître de sélectionner, de valoriser différentiellement, de reconstruire... (in Geneviève Vinsonneau, 1997, p. 178).

2 - EXPLICATION

Comment expliquer que ces « **enfants-paquets** », selon Jean Galap rencontrent des dysfonctionnements psycho-affectifs ?

Ce qui ne fonctionne pas pour ces enfants dans la construction de leur identité n'est pas à référer aux simples déplacements des Antilles à la métropole, mais aux conditions de ces déplacements.

L'auteur reconnaît que cette pratique repose sur un fait de culture qui a fait ses preuves, mais dans une utilisation pathologique de ce fait de culture. A l'appui de cette thèse, il met l'accent sur les variables suivantes :

- décision parentale unilatérale des départs de l'enfant,
- non-prise en compte de l'évolution de l'enfant, de ses désirs et du sens qu'a pour lui un tel déplacement,
- aspect plus difficile des voyages faits par les plus âgés des enfants, voire par des adolescents, en raison des nécessités d'adaptation à un nouveau milieu,

Au-delà de ces facteurs assez généraux, il convient de souligner que tous les enfants-paquets ne connaissent pas un avenir sombre, cela, en raison des facteurs de personnalité, des aléas de l'histoire enfantine, et de la place réelle et imaginaire que prend pour l'enfant et pour sa famille le fait de le faire passer d'un lieu à un autre.

DOCUMENT PROPOSÉ

7 E 1 - Comment situer la référence à la magie, si importante dans le rapport à la maladie et aux soins ?

1 - PRÉSENTATION DU DOCUMENT

Afin de situer la référence à la magie dont certains adolescents, enfants ou parents nous entretiennent, nous prenons l'exemple d'un adolescent reçu dans un CHS (Centre Hospitalier Spécialisé), c'est-à-dire en psychiatrie, Saïd N. âgé de seize ans, adressé par le service des urgences d'un hôpital intercommunal.

Histoire de Saïd

Saïd est un jeune homme de petite taille et d'allure frêle, paraissant encore plus jeune que son âge. Il présente une symptomatologie faisant évoquer une bouffée délirante aiguë avec des hallucinations auditives, des bizarreries gestuelles, et l'impression d'être possédé par une force mystique... Il est également instable et déambule constamment. Son père et sa belle-mère (sa mère est morte et son père est remarié) qui l'accompagnent disent que ses troubles se sont aggravés depuis trois jours avec agitation et insomnie. Le bilan somatique effectué aux urgences s'est avéré sans particularités.

Quinze jours avant son hospitalisation, Saïd présente une anorexie qui justifie, en un premier temps, la consultation d'un médecin généraliste. Tout d'abord une maladie virale est soupçonnée... à tort. Peu à peu se développe une symptomatologie d'allure dépressive avec intensification des manifestations somatiques (oppression, vertiges, douleurs dorsales). C'est dans ce contexte que la belle-mère fait venir à domicile trois Talebs — guérisseurs traditionnels du Maghreb — sans prévenir Saïd.

Il est exact que les manifestations psychopathologiques que présente le patient sont attribuées par son père et sa belle-mère à des manœuvres de sorcellerie. Pour le père, les rendez-vous avec les médecins n'ont pas donné de résultats... « C'est peut-être l'intervention d'un djinn par des manœuvres de sorcellerie, qui sait, il y a beaucoup d'envieux... Je viens de construire une maison dans mon village au Maroc et l'on veut m'atteindre par l'intermédiaire de mon fils, comme on l'a fait pour ma première femme. »

D'une prescription qui fait fi du sujet : Alors, en présence du père et de la belle-mère les trois guérisseurs réalisent un « herz » (talisman) que Saïd doit instamment porter contre sa peau. Suite à cette prescription, l'état du jeune homme s'aggrave brutalement au point de nécessiter l'hospitalisation aux urgences dès le lendemain. Dès son admission dans le service, il manifeste vis-à-vis de son père et de sa belle-mère une grande agressivité accompagnée de demandes précises. Il demande de l'argent à son père pour pouvoir retourner au Maroc et rappelle à sa belle-mère qu'elle n'est pas sa mère. Suite au départ de la famille il se calme. Quand il évoque ce qui s'est passé avant l'hospitalisation, il parle de manière très décousue et à voix très basse comme si quelqu'un d'autre que nous pouvait ou devait l'entendre. Lorsqu'il adopte une attitude d'écoute il nous présente son dos. Il nous dit alors: « Ils étaient trois autour de la table... Trois Talebs... C'étaient des géants... Mon père et ma belle-mère étaient là... Ils récitaient des versets du Coran... L'un deux a écrit en arabe sur un bout de papier... Il l'a trempé dans l'eau... Il s'adressait à ma belle-mère... Cela s'est passé comme pour ma mère... Elle est morte. »

Relatant cet événement, il donne le sentiment qu'il est en train de le revivre, tant il est saisi d'effroi. Il dit que c'est sûrement sa belle-mère qui a fait intervenir les Talebs et demeure convaincu qu'ils sont tous les trois intervenus avec la ferme intention de lui faire subir un envoûtement. Il décrit alors l'existence d'un sentiment persécutif, angoissant, avec impression de « déjà-vu ». Cela fait une semaine, dit-il, que des hommes le suivent partout.

1 - Eléments d'anamnèse

a) D'une mère morte et d'un deuil abrégé : Saïd N. est né trois mois après le décès de son frère Ahmed, au Maroc. Il se retrouve être l'aîné des garçons. Quant il entre dans sa huitième année, sa mère meurt, probablement de troubles organiques cérébraux qui auraient donné lieu à une confusion mentale. Toujours est-il qu'elle avait là-bas la réputation d'être possédée, aucune intervention médicale n'a été sollicitée pour elle, la raison des troubles étant attribuée, par le mari et la belle famille, à une possession par un djinn. Ce que divers Talebs confirmèrent (ce sont des guérisseurs traditionnels du Maghreb qui se réfèrent au Coran). Le père se remarie avec la nièce de la mère de Saïd, deux mois après le décès de cette dernière. Deux mois : un intervalle de temps entre la mort de la première femme et l'alliance avec une autre qui est court. La durée traditionnelle d'un deuil impose un autre délai. Cette hâte à se remarier fait violence à la période de deuil. La nouvelle épousée vient en France en 1985. Tous se regroupent ici.

b) D'un père alerté et d'une interprétation « ad hoc ».
Dès le début de l'hospitalisation, la belle-mère a tenu à signaler qu'elle n'est pas la mère de Saïd. Le père voulait taire ce fait. Très inquiet, il considère que la maladie de son fils comporte un risque mortel. Il insiste sur le fait que la mère de Saïd présentait juste avant sa mort des symptômes qu'il reconnaît chez son fils. Il est tout à fait sur la défensive quand est abordée la mort de sa première épouse, nous demandant de ne pas mettre « ça » dans la tête de son fils. La levée progressive de l'épisode confuso-délirant marque le dernier temps de l'hospitalisation ; un glissement vers un épisode dépressif se précise, rapidement.

Le père de Saïd demande alors à être reçu. Deux jours auparavant, très ému par l'hostilité manifeste de son fils à son égard, ayant aussi très peur de voir Saïd évoluer comme sa première femme, il avait consulté à son tour un Taleb sur le conseil d' un ami de son village. Une parole du Taleb, relative à sa première épouse le rassure beaucoup : « quand une personne maskuna (terme signifiant "possédée") meurt, le djinn meurt avec elle ». Il y a là invention "clinique" d'une grande subtilité de la part de ce dernier Taleb. Ce Taleb ne renvoie pas à une identité close ni à un savoir ancestral préétabli. Cependant, notre expérience de terrain et les rencontres que nous avons faites avec des Talebs maghrébins nous ont conduits à tenir pour presque rien le présupposé usuel selon lequel les guérisseurs traditionnels limiteraient leurs interventions à la répétition inflexible de la tradition. À vrai dire, ils s'affranchissent des données du savoir moyen (en thérapeutique et en étiologie) du groupe social dont ils sont membres. De la sorte, ils inventent et surprennent. Et c'est parce que leur parole peut avoir des effets de surprise et de suspension, jusqu'à entrer en contradiction avec ce savoir commun, qu'elle est susceptible de produire des effets thérapeutiques. L'idée, très récurrente en ethnopsychiatrie, que l'on écoute et soigne en énonçant l'opinion et les représentations communes en matière de diagnostic et de soin apparaît simpliste et se révèle fausse. L'on peut, en revanche, supposer qu'un Taleb est bien plus libre et davantage inventif par rapport à sa tradition que ne l'est un Occidental ou un groupe de thérapeutes occidentalisés qui veulent revenir et/ou faire appel à cette tradition moyenne qu'exprime l'opinion populaire. Aussi pour nous qui recevons des exilés, qu'ils soient exilés de première génération, ou encore primo-arrivants, nous ne sommes pas assurés de nous rapprocher de ce qui fonctionne là-bas en matière d'effet de soin lorsque nous sollicitions ce savoir moyen qu'un patient et un groupe emportent avec eux.

2 - Interprétation

D'un point de vue psychopathologique, le délire a dominé, en un premier temps, le tableau. Ce sont massivement des troubles de la relation au corps, le sujet semblant brutalement privé d'une image interne qui serait garante de sa consistante. Des préoccupations de transformations corporelles abondent, conséquence de ce que fut pour lui la mise en contact avec ce talisman; comme si son corps brutalement dérobé était en totalité envahi par le fantôme du corps maternel. Le fils devient un mort, au féminin. Il s'agit aussi de voir que les registres de l'objet et de la lettre s'affolent de telle façon que pour Saïd sa généalogie et son talisman ne forment plus qu'un .

Il nous aura fallu recevoir ce père et lui permettre de parler de ce qui a fait trauma dans sa rencontre avec le réel d'une décompensation psychique présente chez sa femme, pour qu'il se remobilise en tant qu'agent symbolique, et en tant qu'acteur de la transmission. Il se réconcilia avec les opérateurs culturels qui le font tenir en tant qu'homme réel dans l'institution de la parenté. En effet dans l'histoire de cette famille l'usage des rituels fut, comme cela arrive de plus en plus, abandonné brusquement. Deux rituels de purification et de conjuration furent manqués et/ou avortés. Soit dans un premier temps le fait de se recueillir devant la tombe de la première épouse, ce d'autant que la mort de cette femme fut qualifiée de surnaturelle. Ensuite, des rituels de protection à la suite du décès de l'enfant Ahmed, deuxième décès d'un enfant et qui plus est d'un garçon dans une famille qui comporte essentiellement des filles.

« Maintenant que mon père n'est pas fou je veux bien vous parler de ma vie », dira-t-il peu avant sa sortie. Il exprime que la réintégration de la référence dans un espace d'illusion partagé peut être possible.

Nous pouvons lire ainsi, et à rebours, ce « cas » à partir de l'assertion finale de ce jeune patient. Soit les séquences :

1) mon père m'a contaminé ;

2) je suis la folie de mon père qui m'en protègera ;

3) je suis la femme morte de mon père, mon père n'est pas fou ;

4) je suis revenu de ce site, mon corps retrouve son invisible fondateur.

Ce jeune patient nous rencontrera peu après pour quelques entretiens.

D'après O. Douville, 1996, pp 85-92, voir Lectures conseillées

2 - QUESTIONS CORRIGÉES

Question 1 : Peut-on affirmer que seul le manque **de rituel** est cause de la pathologie de cet adolescent ?

Question 2 : Cet exemple peut-il être compris en référence à la théorie du **complexe d'Œdipe** ?

Question 3 : Fallait-il accueillir ce que le père avait à dire de ces références traditionnelles et, si oui, comment en faire le meilleur usage pour l'abord clinique ?

Réponse 1 : Ce n'est pas l'exil qui a provoqué ces manquements au rituel, mais le fait que le père n'a pu surmonter le deuil de ces deux êtres. L'exil a valeur d'opération de protection : quitter le lieu où on a défailli au rituel, quitter le lieu où se produisit la transgression de la généalogie rituelle. Voilà pourquoi les interventions des trois premiers Talebs ont eu cet effet de mise en catastrophe : mettre Saïd dans la position de celui qui reprend sur lui tous les rituels, et ne pas tenir compte de la question subjective du père, c'est-à-dire cette mélancolie de deuil qui l'empêcha de s'ériger comme père capable de reprendre et de représenter les rituels de conjuration, ce qui lui aurait laissé latitude de tenir une place de référence.

Réponse 2 : Dans ce jeu tragique, le grand enjeu de l'exil du père concerna Saïd qui utilisa à bon escient l'institution occidentale. C'est à partir de ce lieu de rencontre avec l'étranger que nous sommes qu'il a pu dire comment il pouvait trouver place dans son histoire et dans les espaces créés par la migration. Le père défaillant en défaut, est le résultat d'une identification de Saïd et une façon pour Saïd de faire appel à un père qui puisse enfin lui répondre. C'est autour de cet appel au père que cette histoire peut s'historiser. Ne pas comprendre ceci revient à enfermer Saïd dans une régression de type « ancestrale », c'est-à-dire dans une substitution de ce sujet aux fantômes errants de sa mère et de son frère. Nous nous serions emprisonnés dans ce genre de position où la « culture » prime sur le sujet si nous avions bricolé des prescriptions de rituels. Nous aurions dans ce cas négligé d'interroger le sens singulier pour le père et le fils de ces transgressions par rapport à la tradition.

Réponse 3 : La raison de notre prudence tient à ceci : il fallait comprendre avec ce père le sens défensif qu'avait pour lui le fait de négliger ou de s'être refusé à continuer les ritualisations. Sans doute à ce moment était-il en passe de laisser les djinns mourir au lointain, ce qu'un Taleb intelligent sut lui dire, sans rien lui prescrire.

Se faire étranger, non pour se perdre mais pour revenir de l'au-delà — revenir de ce site d'entre les morts, que l'exil avec lui déplaça par hantise. Sans doute la rencontre avec les tourmenteurs voisins et familiers force-t-elle Saïd à se découvrir à la fois comme singulier et comme prochain.

Document commenté

7 E 2 - Destin des rituels en exil/l'exemple d'un rituel de passage qui ne fait pas lien

1 - PRÉSENTATION DU DOCUMENT

Afin de situer les incidences subjectives des rituels et de leur destin, nous présentons l'exemple suivant.

Youssef : un rituel réduit à sa violence, un sujet en errance

Partons d'un exemple clinique. Youssef a douze ans ; il connaît un échec dans sa scolarité. Son intelligence est cependant manifeste. Il n'a jamais, excepté à l'école, été confronté au dehors. Ne serait-ce que pour des vacances. Né ici, il n'a jamais vu le pays natal de ses parents, l'Algérie, et ce qu'il connaît des obligations rituelles lui semble une contrainte vide de sens. Sa mère et sa tante maternelle préfèrent le garder à la maison, et lorsque la famille est convoquée à l'école, seules ces deux femmes répondent et se présentent.

Le symptôme d'une persistante insomnie alourdit le tableau. De fait, son sommeil est très mauvais, peuplé de cauchemars qui le réveillent en sueur et en sursaut. Des thèmes de revenants qui veulent le « rapter » abondent. Rencontrée ultérieurement dans un lieu d'écoute de l' ASE (Aide sociale à l'enfance), la mère se plaint. Elle déplore l'échec de son fils qu'elle garde collée à elle dans une honte jalouse, elle critique son mari « sinistrosé » depuis un accident de travail sévère, et qui erre comme une ombre détruite et muette au milieu des siens. Il n'aurait plus aucune autorité sur les enfants. L'accident de travail du père a eu lieu très peu de temps avant le rituel de circoncision qui fut « exécuté à la va-vite » ; les préoccupations pour l'hygiène dominaient, mais l'enveloppe et la chronologie culturelle ont manqué. L'échec du rituel est l'échec d'un passage. Le marquage eut lieu, mais il est là comme une trace vide de sens, bien plus que comme cou pure signifiante. Un trait, pas une lettre.

A l'occasion d'autres entretiens, cette femme exprimera une crainte et un désarroi. Crainte que son fils « tourne mal », qu'il devienne délinquant ou homosexuel, désarroi anxieux devant le geste de violent marquage qu'elle lui faisait subir en assenant avec le tranchant de la main des coups verticaux, de part et d'autre du cou, parfois au sommet de la tête, comme s'il fallait séparer la région du crâne, ou le buste, en deux zones distinctes et symétriques.

Dans ce cas, nous ne pouvons négliger plus avant ce fait. Le rituel de passage joue sur deux plans. D'une part, destinant le jeune à de nouvelles idéalités sociales, il lui donne meilleure assise dans la consistance du lien social, de sorte qu'à chaque rituel, c'est tout le social qui confirme son allégeance et sa dette au code culturel qui organise sa fondation symbolique. D'autre part, la mère qui donne un fils au social, à la communauté, qui se laisse dessaisir de son fils, rejoint par le prix de cette épreuve la communauté des mères, de celles qui ont pu et su donner de l'enfant mâle au lien social et à ce que la transcendance réclame en tant que sacrifice codifié. Le rite fait donc entrer les mères dans l'ensemble des femmes, ensemble de ces femmes rituellement privées de la totalité du fils. Si la mise en place de cette distinction ne fonctionne pas, et si aucun autre montage métaphorique (par exemple la réussite scolaire) ne vient certifier que le fils a bien été séparé de la mère, alors ce sont ici trois corps qui sont envahis, parasités par l'insensé originaire :

- celui du fils, dont il est redouté qu'il ne se socialise avec de petits prochains en marge et interchangeables (« délinquants ») ;
- celui du père, défait et dévasté par l'accident puis confondu avec l'impuissance atone de la référence ;
- celui de la mère qui fait recours à une violence répétitive pour éviter d'être précipitée dans les abîmes de l'archaïque maternel, vengeur et destructeur.

2 - EXPLICATION

Comment interpréter le sens des cauchemars que fait cet enfant ?

Est-ce vraiment le défaut de rituel en lui-même qui est facteur et fauteur de troubles psychiques ?

On peut dans un premier temps se montrer sensible aux contenus « culturels » qui sont présents dans ce rêve — comme dans tout rêve fait par quelque sujet que ce soit et où que ce soit. Ici, les spectres qui effraient l'enfant sont-ils connus par les interprètes traditionnels, quel « esprit » ancestral serait alors tapi derrière ces figurations ? De fait ce genre de démarche peut être celle d'un enquêteur soucieux de récolter des rêves typiques propres à telle ou telle aire culturelle — et qui n'y arrive pas de façon probante, tant le rêve dit aussi l'universel du conflit. La réponse à la question posée est ailleurs. La dimension singulière du cas se donne à lire. Le narcissisme primaire (celui qui régit le rythme du rêve dans le sommeil) n'est pas en place tant l'enfant est aussi le lieu des angoisses de la mère, ces angoisses passent par lui. Sa symptomatologie renvoie à un «problème» de cette famille dans l'exil. Elle ne peut être référée à un modèle dit traditionnel. C'est bien en parlant de ce que l'exil représente comme provocation au changement qu'il est possible d'être thérapeute pour cet enfant. C'est bien alors l'usage très précis du rituel qui pose question, pour cette famille. Il s'agit d'une psychopathologie du lien de la mère à sa propre mère. La culpabilité et l'angoisse qu'il y a à constater la mauvaise efficacité de ce rituel si tardivement prescrit, et réduit à une simple soustraction organique, se trouvant projetées sur l'enfant. Notre démarche est alors de comprendre les complexes familiaux et de comprendre que c'est au cœur de ces complexes que se nichent les principes d'une causalité psychique. Il est nécessaire d'aider là encore les parents et leurs enfants à symboliser l'exil, à réaliser l'exil comme expérience subjective et non à le ressasser comme trauma. C'est pourquoi nous ne pouvons pas considérer que les sujets soient simplement représentatifs de leur groupe culturel, ni ne pouvons penser que tout symptôme renvoie uniquement à une unique souffrance dans l'identité culturelle.

8

L'ÉTUDE DE CAS

Historiquement, l'étude de cas commence avec Hippocrate, médecin de l'Antiquité (né vers 460 av. J.-C.) qui avait fondé la méthode d'observation ***clinique.*** On retrouve des descriptions de cas tout au long de l'histoire des sciences médicales.

Pour la médecine (comme pour la psychologie clinique), la description des symptômes basée sur l'***anamnèse,*** sur l'observation du patient et sur l'examen clinique, permet d'élaborer un diagnostic et de mettre en place un traitement.

L'évocation d'une histoire de cas, retraçant l'apparition de symptômes et l'évolution d'une pathologie favorise la compréhension.

Chaque étude de cas permet de constituer un **tableau clinique** précis utilisable comme cadre de référence par les praticiens. L'étude de cas est essentielle. Elle a pour fonction de former les ***cliniciens,*** de les informer et de faire progresser la recherche.

Ainsi que nous l'expliciterons plus loin, le modèle médical a servi de creuset à la psychiatrie, la psychanalyse, la psychopathologie, la psychologie clinique et la psychologie sociale. C'est l'analyse d'un cas clinique qui a permis à Freud la découverte de l'inconscient. Freud et ses successeurs utilisent tous les récits d'histoires de cas pour construire et affiner leurs théories.

La psychologie clinique est l'héritière directe de la psychanalyse et de la psychopathologie puisqu'elle a les mêmes soubassements théoriques.

En quoi consiste l'étude de cas en psychologie clinique ?

L'étude de cas est un **travail d'analyse et de synthèse.**

L'étude de cas suppose la description des symptômes, le dégagement des éléments d'une problématique et la présentation du matériel opérant une lecture à plusieurs niveaux.

Elle repose sur un **travail d'interprétation** du matériel recueilli (observation, entretien, tests, etc.) et suppose une reprise et un ordonnancement des éléments récoltés.

Clinique : qui se fait près du lit des patients (Dictionnaire Larousse).

Anamnèse : du grec *ana* : en remontant, et *mnésis* : mémoire. Ensemble de renseignements recueillis par le médecin auprès d'un malade et de son entourage qui peuvent aider à l'établissement d'un diagnostic (Dictionnaire Larousse).

Clinicien : spécialiste qui étudie les pathologies par l'observation directe des patients.

Au cours d'une consultation ou dans le cadre d'une recherche, le clinicien va recueillir un certain nombre de données : le **matériel clinique**. Ce matériel peut être récolté à partir du **discours** du patient (entretien non directif ou associations libres), entretien semi-directif, protocoles de test (matériel plus codifié) ou à partir de l'**observation** du patient.

Le clinicien va devoir fixer le matériel par des notes prises au cours de la consultation et par la rédaction de l'observation (en faisant appel à sa mémoire).

L'étude de cas est donc un **document produit *a posteriori*** (en se fondant sur les faits constatés) parce qu'il suppose un travail d'analyse et de synthèse du matériel clinique.

Nous allons vous proposer ici plusieurs cas cliniques. Certains seront analysés et commentés pour permettre de comprendre comment élaborer une étude de cas, d'autres serviront à des fins d'illustration (cas de recherche).

C'est parce que l'étude de cas suppose un travail de reconstitution et des articulations entre la théorie et la clinique qu'il apparaissait artificiel et peu pédagogique de séparer les cours (notions théoriques) et les observations comme dans les chapitres précédents.

La spécificité de l'étude de cas en psychologie clinique étant fondée sur l'**articulation théorico-clinique,** les considérations théoriques sont donc abordées **par** le cas dans ce chapitre, et ne peuvent donner lieu aux habituelles analyses de documents.

LECTURES CONSEILLÉES

Ouvrages de référence :

REVAULT d'ALLONNES, C. et al. (1989) *La démarche clinique en sciences humaines.* Paris : Dunod.
HUBER, W. (1987). *La Psychologie clinique aujourd'hui.* Bruxelles : Mardaga.
LEYENS, J.-P. (1983). *Sommes-nous tous des psychologues ? Approche psychosociale des théories de la personnalité.* Bruxelles : Mardaga.

Ouvrages à consulter :

– concernant l'ÉTUDE DE CAS :
FREUD, S. (1954). *Cinq psychanalyses.* Paris : Presses Universitaires de France.
KHAN, M. (1985) *Passion, solitude et folie.* Paris : Gallimard.
MC DOUGALL, J. (1982). *Théâtre du je.* Paris : Gallimard. (1989). *Théâtre du corps.* Paris : Gallimard.

– concernant l'OBSERVATION :
SANDRI, R. (1991). *La maman et son bébé : un regard.* Lyon : Césura.
LACROIX, M.-B. et MONNAYANT M., (1995). *Les liens d'émerveillement, l'observation des nourrissons selon E. Bick.* Toulouse : Éd.Erès.

– concernant l'ENTRETIEN CLINIQUE :
CHILAND, C. (1983). *L'entretien clinique.* Paris : Presses Universitaires de France.
HUGUET, M. (1971). *Les femmes dans les grands ensembles.* Paris : Éd. du CNRS. (1987). *L'ennui ou la douleur du temps.* Paris : Masson.
LAJEUNESSE PILLARD (1984). *Regard sur l'abandonnisme, les ados sans visage et autrui.* Toulouse : Éd. Erès.

– concernant la PSYCHIATRIE :
EY, H., BERNARD, P. et BRISSET, C. (1967). *Manuel de psychiatrie.* Paris : Masson.

A

« UN EXEMPLE VAUT MIEUX QUE DIX PREUVES STATISTIQUES »

Afin d'introduire l'étude de cas, nous vous proposons de décrire comment elle peut s'élaborer à partir du **matériel clinique** recueilli au cours des entretiens, de l'observation et des tests projectifs.

1 - Une étude de cas : l'exemple de Mélanie

Mélanie est une jeune fille de quinze ans et demi atteinte d'***anorexie mentale***. Elle est première de sa classe. Elle a maigri de 30 kilos en trois mois. Tout en étant consciente qu'elle est en danger de mort du fait des carences alimentaires graves qu'elle s'inflige, elle refuse toute aide thérapeutique. Elle est aux prises avec des difficultés œdipiennes (agressivité vis-à-vis de la mère qu'elle voudrait inconsciemment exclure et une angoisse liée au désir interdit de séduire le père) et une problématique de séparation-individuation liée à la ***crise d'adolescence.***

Mélanie est tiraillée entre l'envie de grandir et de se séparer des parents et celle de rester une petite fille. Elle présente un tableau clinique où prédomine des éléments dépressifs (liés aux conflits internes) et des problèmes narcissiques (liés à l'image de soi).

Anorexie mentale : elle marque l'importance de la fixation orale à la nourriture en rapport avec la mère préœdipienne et met en évidence une symbolique sexuelle liée à l'acte de s'alimenter.

Crise d'adolescence : elle est, au regard de la psychanalyse, conçue comme une réactivation des tensions et des conflits de la période œdipienne (3 à 5 ans) accrus d'une charge d'anxiété attachée à la sexualité. Cette crise met en cause l'image des parents et la recherche d'une identité (moi idéal).

2 - Le matériel clinique : comment se construit l'étude de cas

Voici les commentaires de la psychologue clinicienne qui reçoit Mélanie en consultation :

Les séances de Mélanie

Mélanie a 15 ans 8 mois lorsque je la rencontre pour la première fois en novembre. Elle est amenée en consultation au CMPP (centre médico-psychopédagogique) sur les conseils du psychiatre d'un hôpital parisien. Les parents de Mélanie l'avaient emmenée dans un service hospitalier fin septembre, car elle refusait de s'alimenter et avait maigri de 30 kg en 3 mois. Les médecins consultés ont proposé une hospitalisation. Mélanie l'a refusée avec une telle véhémence que ses parents n'ont pas eu le cœur de l'y contraindre.

L'alternative à l'hospitalisation est une prise en charge au CMPP avec indication de psychothérapie. Mélanie est très réticente, mais elle n'a pas le choix.

Les parents ont été reçus en consultation par un pédopsychiatre du CMPP quelques jours avant ma rencontre avec Mélanie. C'est donc lui qui m'adresse cette adolescente en vue d'une psychothérapie dans le

cadre du CMPP et il me demande un bilan clinique afin de mieux évaluer le niveau des problématiques de Mélanie.
Je la reçois seule (sans ses parents) afin de lui aménager son espace propre de parole.

1 - Un premier entretien difficile

Mélanie est sur la défensive et manifeste même une certaine hostilité à mon égard. Elle évite de me regarder au visage et tortille nerveusement un petit foulard qu'elle enroule et déroule autour de ses doigts et qu'elle renifle de temps à autre.
Mélanie est une jeune fille au visage diaphane, avec de grands yeux bleus à demi cachés par une abondante chevelure blonde. Elle est d'une maigreur effrayante (elle ne pèse que 40 kg pour 1,73 mètre). Elle est vêtue de noir, le collant et la minijupe accentuent son apparence squelettique.
Lorsque je lui demande ce qu'elle attend de notre entretien, elle répond, sans me regarder : « *Qu'on me laisse tranquille !* » Je lui dis que ses parents et les médecins s'inquiètent de son état... après un bref silence elle lance : « *Je ne suis pas anorexique. Je suis un cas atypique, personne ne sait ce que j'ai. Ils veulent m'hospitaliser. Moi, je veux continuer mes études.* » Mélanie a lu toute la littérature psychologique concernant l'anorexie mentale et critique inexorablement toutes les interprétations qui lui ont été faites au cours des trois consultations hospitalières antérieures. Elle est très « caustique » à l'égard des « psy » et tourne tout en dérision : « *Ils m'amusent avec leurs histoires, de toute manière personne ne me comprend. Je veux qu'on me laisse en paix.* »
Je lui dis que je suis d'accord avec elle : parler d'anorexie ne veut rien dire parce qu'il n'y a pas deux personnes qui se ressemblent. Ce que je peux faire pour elle c'est l'aider à comprendre pourquoi elle n'a pas trouvé d'autre solution à ses difficultés actuelles et à sa souffrance que de mettre sa vie en péril. Surprise, Mélanie me regarde alors et recule sa chaise de quelques centimètres comme pour mieux se défendre. Elle se tait et baisse les yeux, l'air renfrogné. Je prends le parti de reprendre, avec son accord, certains éléments du discours que ses parents ont tenu au pédopsychiatre. J'ouvre le dossier et je parcours en silence les notes qu'a prises mon collègue psychiatre afin de trouver quelques éléments d'anamnèse pour relancer le dialogue avec Mélanie.
Mélanie rapproche sa chaise et dit : « *Là, on va bien se marrer ! Mes parents ne me comprennent pas, personne ne peut me comprendre...* »
Pendant que je consulte le dossier (que j'avais déjà parcouru avant la consultation) Mélanie scrute mon visage comme si elle cherchait à mieux évaluer la qualité de l'ennemie potentielle à laquelle il va falloir s'affronter. Mélanie est très tendue et elle m'émeut beaucoup. J'ai vraiment envie de l'aider.
D'après les notes figurant dans le dossier, les parents sont très angoissés par l'état de leur fille.
Mélanie est l'aînée de deux enfants, elle a un frère de 13 ans. « *C'est le chouchou de mon père* », commente Mélanie en détournant la tête pour ne pas croiser mon regard. C'est une élève brillante, première de classe. Elle est en seconde et envisage un bac scientifique car elle souhaiterait faire des études de médecine. Elle est issue d'un milieu aisé et les deux parents sont cadres en entreprise.
Mélanie aurait commencé son régime amaigrissant en même temps que sa mère en mai dernier. Elle pesait 70 kg pour 1,73 m. Mélanie me dit alors qu'elle se « trouvait bien » et qu'elle a seulement voulu soutenir les efforts que fait sa mère chaque printemps pour rester mince. La mère aurait arrêté son régime fin juin après avoir perdu 5 kg, mais Mélanie a continué en juillet et au retour d'un séjour linguistique fin août, elle ne pèse plus que 40 kg. « *J'avais pris plaisir à maigrir. La sensation de faim m'est devenue agréable, c'est comme une drogue. Je suis épuisée, j'ai froid tout le temps et j'ai la tête qui tourne, mais ce n'est pas désagréable, c'est cotonneux !* » Disant ceci, elle scrute mon visage pour mesurer l'effet de ses paroles. Je poursuis la lecture des notes en silence. Elle se renfrogne et se tasse sur sa chaise. Fin septembre, Mélanie fait plusieurs syncopes et la mère est obligée de s'arrêter de travailler pour veiller sur elle. Mélanie est ravie car la mère, très inquiète, ne s'occupe que d'elle pendant trois semaines. Mélanie exige que sa mère dorme avec elle (elle sépare ainsi le couple parental) et n'accepte de manger que des aliments moulinés préparés par sa mère et des « petits pots de bébé ». J'apprends alors que le petit foulard qu'elle tortille depuis le début de l'entretien est un ancien

objet transitionnel qu'elle a repris depuis quelques semaines et qu'elle asperge avec le parfum qu'utilise sa mère (le petit foulard imbibé de parfum constituait la solution qu'avait trouvée la mère lorsque Mélanie était rentrée à la maternelle car elle ne supportait pas les séparations et pleurait beaucoup).

À l'égard de sa mère, Mélanie semble très ambivalente : tantôt elle la critique et la rejette, tantôt elle demande des câlins. Depuis la reprise de sa scolarité, en septembre, elle l'appelle à chaque inter-cours pour lui dire qu'elle l'aime ou demander si sa mère l'aime (comme pour s'assurer que ses pensées agressives - voire meurtrières - n'ont pas magiquement atteint sa mère).

Mélanie commente alors : « *Je suis très proche de ma mère, elle me comprend et je la comprends, mais elle est fragile, soumise à mon père et sans grande consistance. Je ne peux pas lui en vouloir.* » Elle poursuit en me parlant de son père qu'elle décrit comme un être « autoritaire, despotique, macho, mais faible..., un colosse aux pieds d'argile ». Je lui dit que son père semble très préoccupé de son état. « *Je sais, d'ailleurs il dit que si ça ne change pas, il s'en ira car il ne supporte pas de me voir comme ça. Eh bien ! qu'il s'en aille, bon débarras... mais ça m'étonnerait qu'il le fasse... il est incapable de prendre une décision.* » Elle se tait un moment puis ajoute : « *De toutes façons la haine, c'est mieux que l'indifférence : être maigre et lui déplaire, ça m'enchante.* » Elle me dit alors qu'elle cherche à éviter la présence de son père et refuse de prendre ses repas en famille : «*Si je suis à table avec mon père, je me sens gonflée avant même d'avoir mangé quoi que ce soit. Rien que sa présence et mon ventre triple de volume.*» (Fantasme de grossesse ?)

On voit ici se dessiner clairement le tableau des difficultés auxquelles Mélanie est confrontée du fait de la résurgence des problématiques œdipiennes et du ***processus de séparation-individuation*** lié au travail psychique de l'adolescence.

Je ne fais évidemment pas part à Mélanie de mes réflexions personnelles. Je lui propose un rendez-vous dans quelques jours et lui suggère de passer deux ***tests projectifs***) dont je m'engage à lui restituer ultérieurement les résultats. Je lui explique que ces tests nous permettront (à elle et à moi) de mieux comprendre l'origine de ses difficultés actuelles.

Mélanie, cynique, me dit : « *C'est un peu comme une consultation de voyance ou d'astrologie, en somme !* » Elle tourne les choses en dérision de façon très défensive, mais je sens pointer son intérêt.

2 - Le deuxième entretien

Mélanie est plus détendue. Elle est venue seule en métro. Je lui propose le ***test de Rorschach*** (test projectif dit test des « taches d'encre »).

Elle éprouve un plaisir manifeste à maîtriser la situation, tandis que je note ses réponses. Elle vit la situation de test comme un intérêt porté à sa personne. Elle semble me vivre comme une mère attentive qui ne se préoccupe que d'elle, qui s'intéresse à ce qu'elle pense et à ce qu'elle ressent.

Mon attention est très vite attirée, entre autres, par la grande quantité de réponses « peau », qui évoquent des failles dans l'image de soi et une grande vulnérabilité aux attaques du monde extérieur :

- les animaux qu'elle voit ont une carapace protectrice (tortue, scarabée, coquillage) ou un plumage superbe (paon).

Objet transitionnel : pouce, peluche, mouchoir... il se distingue du jouet, dans la mesure où il assure une transition fantasmatique entre la mère (premier objet d'amour) et la constitution d'une véritable relation aux autres.

Processus de séparation-individuation : processus qui caractérise la réalisation de soi comme individu unique. Devenir soi-même suppose qu'on s'autonomise psychiquement des parents (séparation).

Tests projectifs : donnent des indications très précises concernant le fonctionnement psychique d'une personne à un moment précis de son histoire et permettent d'établir un diagnostic (opération fondamentale de la psychologie clinique).

Le test de RORSCHACH est composé de 10 planches représentant des formes floues (taches d'encre) symétriques noires , grises, noires avec des taches rouges et 3 planches avec des couleurs pastels comportant des vides (trous blancs). On s'intéresse à la manière dont le sujet organise sa perception (réponse d'ensemble, petits détails...), au contenu des réponses (réponses animales, botanique, objet ou humain), au mouvement perçu (oiseau qui vole, volcan qui explose) et aussi à la signification des réponses. Par exemple : 2 lions qui se battent, 2 lionceaux qui se font des bisous, un lion et une lionne qui discutent, n'évoquent pas la même symbolique.

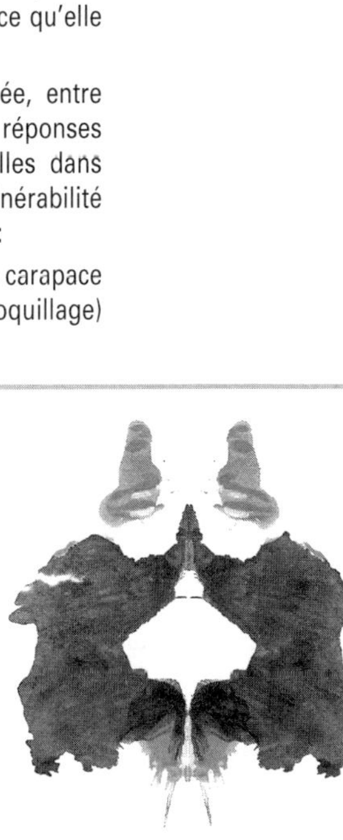

Planche II

– les personnages sont en costume d'apparat, habillés de manteaux de fourrure, portent des vêtements troués, déchirés ou sont protégés par des cuirasses ou des armures.

Les réponses « peau » renvoient aux enveloppes corporelles dont elles traduisent les vertus et les lacunes pour camoufler les « trous » qu'elle a dans son image d'elle (elle me dira un jour de consultation qu'elle se sent «mitée», comme si elle ne pouvait se protéger du monde extérieur).

Lorsque Mélanie est entrée dans le bureau tout à l'heure, mon regard a été attiré par les vêtements qu'elle porte. Son corps disparaît sous un long pull à col roulé qui lui descend à mi-cuisses et sous un large pantalon informe et trop long qui cache ses chaussures, un peu comme si elle se cachait derrière une « seconde peau » pour se protéger des regards. Je me surprends à penser que sa vêture souligne combien Mélanie se sent « mal dans sa peau ».

À la fin de la séance, c'est Mélanie qui demande un autre rendez-vous pour passer le deuxième test que je lui avais proposé.

3 - Le troisième entretien

Mélanie arrive très en avance et surveille les allées et venues dans la salle d'attente. À l'heure de la séance, je vais la chercher et lui propose la passation du ***TAT***, comme nous en avions convenu.

TAT (thematic apperception test) : construit par MURRAY en 1943, il met en scène des personnages dans des situations quotidiennes. Le patient doit raconter l'histoire que le contenu de la planche lui évoque. Les situations proposées font référence à des problématiques œdipiennes ou plus archaïques. Le patient va projeter ses propres problématiques réactivées par le contenu latent du matériel.

Dans le protocole du test, je repère des éléments dépressifs massifs, des problématiques œdipiennes, des angoisses de séparations. À l'une des planches (ci-jointe), Mélanie répond : « *C'est une femme accablée, elle a peut-être eu un coup de fil, une mauvaise nouvelle. C'est pas une douleur physique, c'est pire, elle souffre beaucoup... peut-être l'annonce que son ami la quitte, oui, quelque chose d'impossible à supporter. Elle pleure* ».

Après la passation du TAT (je lui ai proposé 16 planches) Mélanie a l'air fatigué et soucieux. Je lui propose un autre rendez-vous qu'elle accepte avec intérêt.

CAT (children apperception test) : version pour enfant (de 3 à 8 ans) mettant en scène des animaux : ours, kangourous, singes, tigre, lion, etc.

4 - Le quatrième entretien

Mélanie me dit qu'elle a beaucoup repensé à certaines réponses qu'elle a données aux planches du TAT. Elle évoque alors 2 planches où ont affleuré des éléments dépressifs et elle me raconte un rêve qu'elle a fait la veille de la séance dans lequel « un homme à la peau noire lui dit d'un air menaçant qu'il est son père et qu'il vient la chercher. Elle m'appelle à son secours (je passe dans la rue par hasard à ce moment - là) et me demande de dire à cet homme qu'elle est ma fille et qu'elle ne peut donc être la fille de cet homme puisque je ne l'ai jamais vu » (joli ***rêve transférentiel*** dans lequel elle me met en position de bonne mère protectrice : elle est « symboliquement » ma fille).

Mélanie me dit qu'elle se sent déprimée depuis des mois, qu'elle n'a envie de rien, que plus rien ne l'intéresse, qu'elle n'a pas d'amis, qu'elle dort beaucoup et ne s'intéresse plus à sa scolarité.

Mélanie me raconte alors un chagrin d'amour dont elle dit n'avoir parlé à personne, « *ni à ma mère, ni à mes copines* ». Au cours de l'été précédant sa mise au régime, elle est tombée amoureuse d'un homme de 27 ans qui était son moniteur à l'école de surf. Elle avait alors 14 ans et demi. Sur l'insistance du jeune homme, elle accepte de faire l'amour avec lui. Il s'est désintéressé d'elle dès le lendemain.

Mélanie dit qu'elle était *partagée entre la fierté d'avoir séduit un homme plus âgé qu'elle et un sentiment de haine vis-à-vis de cet homme qui l'avait abandonnée.* Elle a tenté d'oublier cet épisode de sa vie en se réfugiant dans le travail scolaire tout au long de l'année. Le régime qu'elle entreprend au mois de juin de l'année suivante est destiné à le surprendre et à le reséduire. « *Je pensais que si j'étais mince et différente, il allait peut-être à nouveau s'intéresser à moi.* » Au mois de juillet elle retourne en vacances au même endroit, ils refont l'amour une fois et le même scénario se répète : « *Dès le lendemain, il ne m'adresse plus un regard.* » Mélanie part en séjour linguistique, elle est déprimée et poursuit son régime comme une forcenée : « *De toute façon, je ne voulais plus vivre...* » elle ajoute : « *Je peux maîtriser mon poids et ce que je mange... Sur les autres on n'a pas de prise.* » (Elle n'a aucune prise sur ce jeune homme ni sur son père.)

Les conflits qui opposent Mélanie à ses parents avaient déjà commencé depuis plus d'un an, particulièrement avec son père : « *Il continue à me traiter comme une petite fille, alors que je suis une femme. Lui aussi, je le hais.* »

À partir de cette séance, Mélanie va réclamer une aide psychothérapique.

Rêve transférentiel : signale un « éprouvé d'amour » à l'égard de la psychologue. Cet élan affectif s'adresse, en réalité, aux parents de Mélanie.

3 - L'ÉTUDE DE CAS : UNE RENCONTRE CLINIQUE

La rencontre d'un patient et d'un soignant est à l'origine de la production du **document clinique** qu'est l'étude de cas.

Masud KAHN propose de substituer l'appellation « rencontre clinique » à celle d'étude de cas qui implique, non seulement le patient et le clinicien dans l'intimité de la consultation, mais encore d'autre intervenants :

- l'entourage familial (parents, ascendants, fratrie...) ;
- l'entourage professionnel (l'avis d'autres soignants consultés, médecins, psychologues ...) ;
- l'entourage social (le groupe social dans lequel vit le patient, les enseignants...) ;
- et en dernier ressort les lecteurs ou auditeurs auxquels l'étude est destinée (praticiens, étudiants, chercheurs, thérapeutes...).

Khan, M. Du vide plein la tête. *Nouvelle Revue de Psychanalyse*, n°2, p.182.

L'étude de cas suppose de la part du clinicien une attention méticuleuse portée à **l'ensemble des éléments qui composent la situation du patient.**

L'étude de cas est destinée à donner un tableau clinique aussi précis que possible et une analyse de la situation prenant en compte les aspects sociaux, c'est-à-dire que lorsqu'il relate un cas, il lui faut suivre un « fil rouge » qui va permettre de créer des liens entre ce qu'il observe, ce qu'il entend et ce qu'il perçoit de la problématique du patient et tenant compte de son environnement familial, social et culturel.

Mouvements transférentiels : ils signalent la répétition de prototypes infantiles par lesquels le patient projette (transfère) dans la situation actuelle, face au clinicien, des émotions qui concernent d'autres personnes (ses parents, par exemple).

Mouvements contre-transférentiels : ce sont les réactions, les émotions suscitées par le patient chez le clinicien, donc les sentiments « éprouvés » par le clinicien face au discours et au comportement du patient. (ex. : il peut être ému ou pris de colère...).

C'est un travail d'analyse qui vise à **donner du sens** à l'ensemble des éléments cliniques recueillis.

Ceci suppose que le clinicien prenne également en compte :

- les ***mouvements transférentiels*** (c'est-à-dire le transfert) : la manière dont le patient s'adresse à lui et manifeste son vécu de la situation et ses réactions affectives vis-à-vis du clinicien ;
- et ses propres ***mouvements contre-transférentiels*** (les émotions que l'attitude et les paroles du patient lui font éprouver).

L'étude de cas est donc un **travail d'analyse et de synthèse** qui exige beaucoup de rigueur car, du fait qu'on ne peut jamais tout retransmettre, l'étude de cas a forcément un aspect réducteur.

« L'étude de cas est, en quelque sorte, une histoire dévoilée et reconstruite dans une relation à deux. » (Claude Revault d'Allonnes, *cf.* Lectures conseillées, p. 68.)

4 - Un travail d'analyse et de synthèse

Afin d'y voir un peu plus clair, nous vous proposons un autre exemple d'étude de cas. Nous vous restituons ici les notes de la psychologue clinicienne ainsi que les repères théoriques qui l'aident à interpréter la situation.

L'étude de cas est un travail d'analyse et de présentation concernant une personne : elle suppose la description des symptômes, le dégagement des éléments d'une problématique et la présentation du matériel opérant une lecture à plusieurs niveaux. L'étude de cas repose sur un travail d'interprétation du matériel recueilli (observation, entretien, tests, etc.) et constitue une reprise et un ordonnancement des éléments récoltés.

A/ Autre exemple : le cas de Jérémie

Jérémie a 4 ans et demi. Il n'a jamais été mis à la crèche ni à l'école. Sa mère s'est arrêtée de travailler à sa naissance. Elle vient consulter parce qu'il « ne mange pas de morceaux » (c'est-à-dire n'accepte que les purées moulinées). À l'origine, c'est le père qui l'a contraint à consulter ; quant à elle : « ça ne la dérange pas du tout », dit-elle.

Le déroulement des séances

Au cours de l'entretien, j'apprends qu'elle est « vaguement inquiète » parce que Jérémie devient de plus en plus agressif à son égard. Lors de la première consultation, Jérémie est à demi couché sur sa mère et suce son pouce, il refuse de jouer avec les objets de la pièce de thérapie (petites voitures, cubes, peluches, animaux préhistoriques, etc.).

Mme G. se dit « très contente de la relation » qu'elle entretient avec son fils. Elle dit qu'elle n'a essayé de lui donner à manger des morceaux de jambon dans une purée qu'une seule fois alors qu'ils étaient invités chez sa propre mère, parce que celle-ci n'avait pas de *mixer*. Jérémie avait refusé de manger (il avait 3 ans déjà !).

Et depuis, elle « *n'insiste pas* ». Elle passe beaucoup de temps à lui préparer des soupes dans lesquelles elle met des légumes verts frais, des viandes et du poisson. « *Il a tout ce qu'il lui faut* », dit-elle, « *je ne suis gênée que par le regard des autres* », celui du père de Jérémie aussi, qui est souvent absent, mais ne trouve pas cela normal. Au cours de la seconde consultation, elle dira qu'elle ne supporte pas que son mari intervienne dans la situation. Un jour, il aurait emmené Jérémie au MacDonald's et lui aurait fait manger des frites (que Jérémie semble avoir appréciées), et elle l'accuse d'être « *inconscient* » car cet enfant qui n'a jamais mangé des aliments durs aurait pu « *s'étouffer* ». Mme C. m'expliquera que, depuis la naissance de Jérémie, elle vit une relation « *idyllique* » avec lui. Elle dort avec lui, fait tout avec lui, l'emmène partout avec elle: « *on ne se quitte jamais, hein, mon chéri !* », termine-t-elle, radieuse. Jérémie, petit à petit, est devenu une sorte de tyran familial : il conteste toute autorité et « *ne veut en faire qu'à sa tête* ». À la fin de la consultation, je propose une psychothérapie mère-enfant.

Peu à peu au cours des séances de psychothérapie mère-enfant, Jérémie va tout d'abord oser me regarder, puis s'adresser à moi en formulant des ordres : « *donne une feuille, je veux faire un dessin* ». La mère est très fière : « *il a du caractère, n'est-ce pas ?* » Un jour, Jérémie me donne un dessin. Mme G. intervient : « *tu en fais un autre pour maman !* » Un autre jour, Jérémie m'apporte une petite caravane qu'il veut que j'accroche à une voiture : « *Laisse donc la dame tranquille ! Donne, maman va le faire* ». Elle se sent de plus en plus en rivalité avec moi et fait barrage à l'instauration d'une relation entre Jérémie et moi dont elle se sentirait exclue.

Un jour, alors que Jérémie m'envoie un ballon et que je le lui relance, la mère va exploser de rage car Jérémie rit dans un grand plaisir relationnel : elle se lève, intercepte le ballon et vocifère : « *J'en ai marre, on ne peut même plus parler, on ne s'entend plus ici* ». (Dois-je comprendre qu'elle ne peut plus s'entendre avec moi ?). Lorsqu'ils sont dans la salle d'attente, Jérémie s'aperçoit que « les grands » montent tout seuls (la thérapie a lieu en CMPP). Un jour, il veut monter tout seul lui aussi et la mère va intervenir : « *Si tu continues tes caprices, on ne viendra plus voir la dame !* », et elle monte avec lui.

J'apprends, au cours des séances, qu'elle refuse toute relation sexuelle avec son mari depuis la naissance de Jérémie : elle « *n'a plus envie, elle est fatiguée le soir car le petit lui prend toute son énergie* ». Le père ne semble pas pouvoir assumer un rôle séparateur dans ce couple fusionnel mère-enfant. Mme G. me dit : « *Il sait que jusqu'à cinq ans, un enfant appartient à sa mère !* » Ceci m'a tout l'air d'un concensus de couple qui semble très lié à l'histoire personnelle du père (retiré tôt à sa mère, élevé par une grand-mère et ayant un père très violent auquel il ne peut s'identifier sans mal). Jérémie va avoir 5 ans. Le père inscrit son fils à l'école maternelle en septembre, et un mois après la rentrée scolaire, la mère est enceinte. Sa relation avec Jérémie devient très problématique : « *il m'énerve par ses exigences* ». Dès octobre, elle le laisse toute la journée à l'école (distanciation excessive et brutale) comme si elle le rejetait parce qu'elle se sent abandonnée par Jérémie qui a instauré une relation d'accrochage avec la maîtresse (qu'il ne quitte pas d'une semelle). Il se cramponne à l'institutrice dès que la mère a disparu. Chaque matin, c'est l'arrachement, Jérémie pleure et la mère est excédée.

B/ Commentaire de l'étude de cas

On s'aperçoit de la qualité narcissique de l'investissement. Mme G. ne peut pas se séparer d'une relation fusionnelle avec son fils (« *il est à moi et à personne d'autre, cet enfant* »).

L'enfant non séparé reste le garant de la continuité narcissique de sa mère au prix de son aliénation. Jérémie est gardé en otage pour que la mère se sente complète car il n'est qu'une partie d'elle : s'il tente de se séparer d'elle, elle le lâche (et fait un bébé de remplacement).

Le travail psychothérapeutique va consister à aider cette mère à investir l'enfant pour son propre compte, à le considérer comme une personne différente d'elle, à l'aimer pour lui-même.

Par le biais de la thérapie, on va arriver à instaurer un processus de séparation qui se soldera par une tranquille attente (de part et d'autre) lorsqu'ils sont séparés et à d'heureuses retrouvailles. Chacun des deux va devoir accomplir pour son propre compte le travail de séparation qui vise à le libérer de l'emprise exercée par l'autre sur sa réalité psychique. C'est un travail coûteux pour la psyché, car toute séparation implique une perte.

Objets internes : concerne les personnages que le sujet a introjectés (mis à l'intérieur de son espace psychique). Objets à la fois positifs et négatifs et qui servent de sous-bassement à ses actes.

Transfert : processus par lequel le patient attribue à l'analyste des émotions et des affects qui concernent ses objets internes qu'il projette sur l'analyste (répétition de vécus infantiles inconscients). Il attribue à l'analyste des émotions qui concernent sa mère, son père ou d'autres intervenants de son théâtre interne.

Il n'y a pas d'individuation possible sans mise en jeu d'une certaine part de souffrance correspondant à la perte de l'illusion narcissique d'un objet parfait qui viendrait combler sans délai tous les désirs et au renoncement à la toute-puissance infantile devant l'épreuve de la réalité.

Dans toute psychothérapie, à un moment ou à un autre, on est confronté au problème de la séparation (ne fût-ce qu'aux interruptions des vacances), ce qui donne l'occasion de retravailler les ***objets internes*** à travers l'analyse du ***transfert***.

La dépendance, l'incapacité d'être seul, l'intolérance à toute séparation ne sont pas (de la part de l'enfant ni de la part de la mère) des preuves d'amour.

Ecoutons ce que D.W. Winnicott (pédo-psychiatre et psychanalyste anglais) nous en dit :

« Peut se croire une mère aimante celle qui s'inquiète de toute distanciation, qui est angoissée à la moindre séparation alors qu'au fond, elle hait le pouvoir qu'a son enfant de se séparer d'elle et de s'intéresser aux autres, parce qu'il échappe à la maîtrise. Elle a peur des capacités d'autonomie de l'enfant. Elle aime celui qui dépend d'elle et lui obéit. Elle déteste celui qui se dérobe à son pouvoir, l'adulte en puissance. » On voit ici l'articulation théorique qui a servi à l'interprétation de la situation et à l'analyse du matériel clinique.

B

À QUOI SERT L'ÉTUDE DE CAS ?

L'étude de cas sert à **former, informer, illustrer** ; l'étude de cas permet de mieux se représenter les situations et d'établir des **liens entre la clinique et la théorie,** c'est pourquoi elle fait **progresser la recherche.**

« L'étude de cas déborde fréquemment l'observation, même prise dans une conception large et diversifiée, et intègre des données provenant de sources très diverses : éléments de dossiers médical, administratif ou social, témoignages, résultats de tests ou d'examens, données de l'anamnèse émanant d'entretiens, de prises en charge ou de suivi psychothérapique, facteurs historiques, culturels, institutionnels, etc. » (C. Revault d'Allonnes, *cf.* Lectures conseillées.)

1 - Former, informer, illustrer

L'étude de cas est destinée à des lecteurs ou à des auditeurs : étudiants, praticiens, chercheurs, psychothérapeutes, etc. C'est pour eux qu'elle existe.

L'étude de cas permet d'avancer dans la recherche en matière de psychopathologie.

Nous proposons de vous soumettre le cas de Leïla afin de montrer comment l'étude de cas peut être un outil de formation, d'information, de réflexion.

Le cas de Leïla a été présenté par une psychologue clinicienne lors d'un week-end de travail sur l'étude de cas en psychothérapie psychanalytique. Le but de cette présentation clinique était de réfléchir entre professionnels sur la difficulté du maintien du cadre thérapeutique dans la prise en charge d'une petite fille psychotique ayant des défenses maniaques (hyperagitation).

Nous soumettons ce document clinique afin d'illustrer l'importance de l'**observation,** l'apport de l'**entretien,** l'incidence du **transfert** et du **contre-transfert,** l'impact du **cadre,** la prise en compte des éléments du dossier médical, etc. Cette étude de cas a permis de réfléchir, de dialoguer avec divers professionnels, d'avancer dans la compréhension de la problématique de Leïla et de progresser dans la compréhension théorique concernant les troubles de la symbolisation (Leïla ne parle pas), de l'agitation motrice en lien avec la dépression maternelle dans les premiers mois de la vie de l'enfant.

Nous vous livrons ici le discours de la psychologue-psychothérapeute qui souhaite réfléchir au cours d'un groupe de réflexion aux multiples difficultés qu'elle a rencontrées durant la psychothérapie de Leïla.

La thérapie a lieu dans le cadre d'un CMPP de la région parisienne. Les parents amènent Leïla pour des troubles importants du comportement.

L'agitation motrice de Leïla va poser d'emblée un certain nombre de problèmes au niveau de l'institution car il sera impossible de circonscrire l'expression de ses difficultés dans le cadre du bureau : Leïla met la salle d'attente sens dessus dessous, terrorise enfants et adultes, attire des réflexions de la part du personnel, comme nous le verrons ultérieurement.

Les secrétaires, entre autres, supportent mal cette enfant et pressent la psychologue de la recevoir dès son arrivée (même si la mère l'amène en avance). La psychologue sera également confrontée au regard des autres thérapeutes par rapport à ce qui se passe dans les couloirs et à bien d'autres problèmes qui seront évoqués au cours de la présentation de l'étude du cas.

Voici un extrait du discours de la psychologue clinicienne au cours de ce séminaire de réflexion théorico-clinique. Cet exposé nous permettra de comprendre comment on recueille le matériel clinique.

L'exposé

Le cas de Leïla, que je vais rapporter, est l'un de ceux qui, dans ma carrière d'analyste, a marqué par le degré de réflexion qu'il a nécessité. Leïla pourrait se vanter de m'avoir fait relire les écrits de M. Klein, F. Tustin, D. Meltzer et de bien d'autres et retravailler sur les notions d'autisme, de psychose, de cadre aussi.

L'intensité des assauts destructeurs et des angoisses archaïques a souvent mis mon contre-transfert à rude épreuve et m'a obligée à puiser au fond de moi dans des ressources quelquefois insoupçonnées de patience et d'espoir.

Les trois vecteurs qu'il m'intéresse plus particulièrement de travailler, concernent mon implication (mon contre-transfert c'est-à-dire ce que Leïla me fait vivre, et ce que je me « vois faire » dans les séances avec cette enfant), l'incidence du cadre institutionnel et l'élaboration d'un cadre thérapeutique avec cette enfant qui va partout, qui emprunte du matériel ailleurs, etc.

Je présenterai, dans un premier temps, le cadre, la demande et le matériel clinique dont je dispose dans le dossier avant de recevoir l'enfant en consultation.

1 - Le cadre institutionnel

C'est lors d'une synthèse de cas au CMPP (centre médico-psycho-pédagogique) dans lequel je travaille depuis de nombreuses années, que je prends connaissance du dossier de Leïla. Elle a 4 ans, 5 mois lorsque les parents consultent dans un service de pédopsychiatrie parisien. Cette consultation leur a été conseillée par la directrice de l'école maternelle car Leïla ne parle pas et a un comportement asocial : elle mord les autres enfants, les griffe et « n'écoute pas ».

L'école maternelle où elle est scolarisée à mi-temps ne veut pas la garder car elle perturbe enfants et enseignants. Elle nécessite une surveillance constante : chaque moment d'inattention de l'institutrice a des répercussions catastrophiques (Leïla sort de la classe et met tout « à sac » sur son passage : elle ouvre les robinets, boit la peinture, se barbouille de feutre... etc.) Le compte rendu d'hospitalisation dont il est donné lecture lors de cette synthèse est déconcertant. J'en cite rapidement quelques passages, car c'est à travers ce bilan d'hospitalisation que je découvre Leïla.

2 - Le compte rendu d'hospitalisation

Les parents sur le conseil de la directrice de l'école maternelle ont consulté un pédopsychiatre hospitalier.

Je cite son compte rendu :

« Leïla, 4 ans, est amenée par ses parents sur les conseils de l'école qui veut l'orienter vers un hôpital de jour car elle présente des difficultés d'attention-concentration et des troubles du comportement à type d'instabilité et d'agitation. Troubles dans la compréhension de l'expression verbale ».

L'examen psychologique détermine un âge mental de 3 ans. Cependant, l'examinateur note que l'instabilité psychomotrice étant au premier plan (ainsi que provocation et agressivité), ceci doit minorer les résultats aux tests.

Tous les apprentissages sont également considérablement gênés. Elle devrait pouvoir être maintenue en maternelle pour l'année d'autant plus qu'elle est native de novembre. La voie « de garage » (placement en institution spécialisée) ne semble pas adéquate dans l'immédiat.

Examen de langage :

« examen partiel en raison de la grande agitation et des troubles du comportement, mais l'hypothèse de déficience mentale ne se confirme pas.

Retard phonologique et linguistique. L'abord phonologique serait intéressant mais un abord psychomoteur serait plus urgent ainsi que le traitement de cette hyperactivité qui reste le problème majeur et qui entraîne le rejet de l'école.

Donc : troubles de l'attention et du comportement et immaturité (carence éducative ?)

Conclusion :

Nécessité d'une observation plus longue.

Discuter une rééducation psychomotrice et discuter de la chimiothérapie ».

3 - Commentaires à propos du bilan d'hospitalisation

Voici donc le compte rendu du service de pédopsychiatrie de l'hôpital.

Ces conclusions ont, semble-t-il, fait fuir les parents à qui on propose une chimiothérapie et une rééducation psychomotrice pour Leïla.

À propos des conclusions de l'hospitalisation, ce qui m'avait surtout déconcertée, c'est que du fait de l'agitation motrice, on proposait une « camisole chimique » pour minimiser les symptômes, et aussi que du fait de l'agitation motrice, on pense à la psychomotricité !

Je pense que cela fait partie de la défense massive face à la dépression chez l'enfant. Ce n'est que très récemment que les livres pour les psychiatres en formation mentionnent la **dépression** chez l'enfant jeune. Avant, il était stipulé que la dépression n'existait qu'à partir de la puberté ou de l'adolescence. Ceci nous consterne actuellement. Cette hyperagitation motrice est une défense contre la dépression sous-jacente. Si cette dépression était améliorée chimiquement, ce genre de défense serait moins nécessaire. Mais la chimiothérapie ne favorise jamais l'élaboration des problèmes sous jacents dans les dépressions. Elle est donc à déconseiller parce que, par commodité, on peut ainsi devenir un toxicomane à vie pour chasser des petits vécus de l'ordre de la dépression. Or, si la dépression ne dépasse pas un certain seuil, cela peut être une stimulation psychique. De sorte que la chimiothérapie ferme la porte aux possibilités de développement psychique et à la psychothérapie.

4 - L'entretien avec les parents

Je reçois les parents, sans Leïla. M. K. se présente comme un homme grand, beau, aux traits fins. Il a 33 ans et est mécanicien dans un garage. Il a perdu ses parents et a élevé, en Algérie, ses 3 frères et ses 2 sœurs.

La mère a 23 ans. Elle est arrivée en France il y a 10 ans. Elle ne sait pas lire et suit des cours d'alphabétisation. Seul le père parle. Tout le discours tourne autour de l'école, (très accusateur et interprétant le rejet scolaire comme un élément de racisme).

Mme K. est assise en retrait, elle a toujours le regard fuyant et se tourne vers son mari à chaque fois que je l'enjoins à prendre la parole. Elle s'exprime dans un français hésitant. Je n'arriverai à obtenir que de maigres éléments d'anamnèse.

La grossesse de Rachid (le fils aîné) s'est bien passée. Elle a accouché à terme. Sa propre mère était présente un mois avant l'accouchement et est restée encore quelques semaines après pour l'aider.

La grossesse pour Leïla n'était pas souhaitée par la mère mais « il fallait bien avoir un autre enfant », dit-elle.

Leïla est née à 37 semaines et pesait 2 kg 850. C'était un bébé trop calme, qui ne souriait pas. La mère ne l'a pas allaité parce qu'elle était fatiguée (déprimée ?). Aucun problème jusqu'à 17 mois. Leïla, dès l'acquisition de la marche est devenue agitée, grimpant partout, vidant les tiroirs, etc.

« Mais quand on la tape, elle se tient tranquille... », dit le père.

« Elle fatigue beaucoup sa mère, c'est pour ça qu'on veut qu'elle aille à l'école. »

Mme K. l'enferme dans une chambre quand elle fait le ménage car Leïla met tout en désordre et il faut la surveiller tout le temps (même système de contention qu'à l'école). Mme K. qui semble déprimée et immature (elle a l'air d'une petite fille traquée) me laisse à penser qu'elle a été très vite débordée par ce bébé (née fille - alors qu'elle aurait souhaité un second garçon et ne réagissant pas) ; incapable aussi, peut-être, en l'absence de sa propre mère d'apaiser les angoisses du bébé. Je pense à un manque de *holding* psychique.

Tous les éléments du discours des parents tournent autour de ce thème : difficultés d'accordage avec Leïla. La mère dit : « je ne la comprends pas, elle me désoriente... etc. » (c'est moi qui décrypte et l'exprime avec mes mots parce que c'était bien plus pauvre...).

Je pense donc, d'emblée, à des difficultés dès les premières interactions.

Au cours de cet entretien, la mère alterne des périodes d'excitation (quand elle parle, elle s'anime) et des moments de rupture totale de communication. Plusieurs fois, alors que son mari parle, elle s'absente, elle rêve... et elle donne le sentiment de ne plus être là. Et c'est quelque chose que je retrouve dans la psychothérapie de Leïla qui fait subir au cadre des assauts qui sont l'expression de ses éprouvés avec la même alternance, passant d'un excès d'excitation à un arrêt, avec ce même type de rupture de registres. Je tiens à préciser que cet entretien a eu lieu après ma première rencontre avec Leïla décrite dans le commentaire de cas à la page suivante.

2 - ÉTABLIR DES LIENS THÉORICO-CLINIQUES

Le cas de Leïla est donc présenté dans un groupe de réflexion par la thérapeute (psychologue clinicienne et psychanalyste).

A/ RECUEILLIR LE MATÉRIEL CLINIQUE

Après plusieurs mois de prise en charge psychothérapique, elle présente l'étude de cas de Leïla dans ce groupe de travail. L'auditoire est composé de psychothérapeutes et de deux psychanalystes d'enfants (Didier Houzel et James Gammill) commentant l'étude de cas. Nous restituons ici les propos tels qu'ils ont été enregistrés lors de cette séance de travail afin de rendre compte de la manière dont on procède dans ces groupes de travail.

La présentation clinique qui va suivre a pour but de montrer **le travail d'analyse sur le *transfert* qui peut se faire grâce à la rencontre avec d'autres intervenants.** C'est un travail de « supervision » ou de « contrôle » qui se pratique couramment. Ce travail de réflexion sur un cas peut se faire individuellement (le thérapeute en parle avec un psychanalyste) ou en groupe (la présentation du cas clinique a lieu devant un groupe de collègues). Ce type de réflexion est capital car il est très difficile de comprendre la problématique d'un enfant (ou d'un adulte) puisqu'on occulte certains aspects lorsqu'on est émotionnellement en prise directe sur les événements. On verra dans le cas de Leïla la difficulté à laquelle la thérapeute sera confrontée : réfléchir à la problématique de l'enfant, donner du sens à ses angoisses et les interpréter alors qu'elle est prise dans un véritable tourbillon et que cela est quasi impossible sans prendre du recul. Le recul dont elle a besoin, c'est ce groupe de réflexion qui va le lui donner. Nous vous soumettons le cas afin de faire ensemble les liens thénico-cliniques qui vont nous permettre de mieux comprendre Leïla.

La supervision { en / par le groupe

La psychologue : Si j'ai parlé de ce bilan, c'est parce que c'est par ce biais-là que j'ai rencontré cette enfant et que lorsque je l'ai vue pour la première fois, j'avais tout cela derrière la tête. Il y avait ce problème d'agitation motrice à l'avant du tableau. La suspicion de dépression maternelle et de dépression chez Leïla.

Lors de la synthèse au CMPP est discutée l'indication de psychothérapie individuelle ou d'unité de soins intensifs (puisqu'il existe une structure où les enfants sont accueillis par groupes de 6 enfants d'âge préscolaire, encadrés par 4 thérapeutes à raison de 3 fois par semaine pour des séances d'une heure et demie - je ne participe pas à ces groupes d'unité de soins). Comme les parents amènent déjà régulièrement le frère aîné à des séances d'orthophonie, il est opté pour la psychothérapie individuelle (les parents étant considérés comme fiables au niveau des accompagnements). Mais la prise en charge individuelle ne pourra excéder 2 séances hebdomadaires, la mère n'ayant pas de voiture et les moyens de transport étant difficiles (aucun service de bus ne faisant la jonction entre l'îlot d'HLM où ils habitent et le CMPP).

Les parents ont été reçus par le médecin directeur et acceptent l'hypothèse de la psychothérapie car ils reconnaissent les bienfaits de la prise en charge pour Rachid (l'aîné qui a 7 ans et redouble un CP) et parce qu'ils sont très inquiets pour Leïla à cause du rejet de l'école. D'autres familles maghrébines dont les enfants sont suivis au CMPP les ont incités à consulter chez nous car « on y apprend à parler » et ils sont persuadés que tout irait mieux si Leïla parlait. Je fixe donc un premier rendez-vous pour un entretien préliminaire en convoquant nominalement les deux parents de Leïla.

Par rapport au thème que je voulais aborder, il y a donc toutes les difficultés de l'élaboration du cadre de cette psychothérapie qui se sont profilées dès la première séance et qui vont resurgir lors des séances ultérieures et persistent encore aujourd'hui (alors que Leïla entame sa troisième année de psychothérapie avec moi).

Parmi les difficultés que je rencontre, il y a une impossibilité à circonscrire l'expression des troubles de Leïla au cadre du bureau, c'est-à-dire que Leïla met la salle d'attente « à sac », terrorise enfants et adultes, m'attire des réflexions de la part du personnel du fait de quelque chose d'insupportable dans son comportement. Un autre problème sera celui de l'introduction d'objets extérieurs à la salle de thérapie : elle emporte des objets de la salle d'attente ou va en emprunter dans d'autres bureaux et tout interdit (ou toute restriction) la met dans une rage proche du désespoir ou la plonge dans un état d'excitation maniaque difficile à contenir.

Au début elle emportait donc des objets, ensuite elle montait avec des revues et actuellement (elle est plus calme et dessine en salle d'attente) elle monte son dessin, mais il y a toujours eu ce transport d'objets.

J'avais surtout envie de réfléchir sur le problème central de cette thérapie qui est le problème du « portage ».

Leïla est une enfant qui ne peut absolument pas garder des bonnes choses à l'intérieur d'elle, ni contenir ses angoisses et elle m'a très vite amené à une contention physique pour l'aider à se fabriquer une enveloppe psychique (une sorte de *holding* donc, pour l'aider à contenir les choses et aider à une sédation de l'angoisse).

J'essaie de donner une explication au fait qu'elle avait besoin d'apporter des objets, parce que lorsqu'elle passe d'un endroit à un autre, elle perd tout : c'est le vide intérieur, les liens sont coupés ou perdus. Alors, concrètement, dans un premier temps, il me semble qu'elle avait besoin d'assurer une continuité. Un monde interne qui faisait déficit avait à être compensé par ces objets qu'elle pouvait tenir dans sa main et voir avec ses yeux. Comment interpréter ces angoisses dépressives ?

Un psychanalyste : Il semble qu'il s'agisse d'une dépression primaire : perte de tout.

A l'issue de cette synthèse de cas, j'avais donc proposé un rendez-vous aux deux parents avec l'enfant et je descends en salle d'attente avec l'intention de recevoir la famille et d'évaluer un peu mieux les difficultés de l'enfant, d'en discuter avec les parents et de faire une proposition de contrat thérapeutique. Et en fait, je me retrouve face à une situation à laquelle je ne m'attendais pas du tout : puisque seules sont venues la mère et l'enfant.

Je n'oublierai jamais le premier contact avec Leïla et sa mère. Lorsque je descends dans la salle d'attente, Leïla est couchée par terre, sur le dos, au milieu de la salle d'attente non loin de sa mère. « Le père n'a pas pu venir, il travaille », me dit la secrétaire en m'indiquant Leïla et sa mère.

Je m'approche de Mme K. et me présente. Elle me regarde d'un air un peu terrorisé. C'est une femme petite et menue, pas sûre d'elle. Elle fuit mon regard, se lève, se précipite vers sa fille (toujours allongée sur le sol), l'attrape par un bras et me la tend. « Tiens », dit-elle.

Je reste un moment interdite, puis je me penche vers Leïla et lui dit : « Bonjour ». Leïla gigote au bout du bras de sa mère puis pose les pieds sur le sol. Sa mère tient l'avant-bras serré et Leïla pend dans le vide. Je ne supporte pas bien la violence avec laquelle la mère m'a tendu cette enfant, comme un objet. Et je suis déjà, depuis cette minute, empêtrée dans un contre-transfert agressif à l'égard de la mère et d'un désir de réparation auprès de l'enfant. Leïla est hypotrophique pour ses 4 ans (elle a la taille d'un bébé de deux ans et demi à peine et l'apparence d'un enfant anorexique : elle est d'une maigreur effrayante).

Un psychanalyste : Je pense qu'« être par terre » suggère que le sol soutient et que la mère est dans le désespoir par rapport à la « tenir ». Je pense que « tiens » n'est ici l'expression que d'un « je ne peux pas la tenir ».

La psychologue : Tout à fait, d'ailleurs ce que vous dites va se confirmer. Leïla est debout à présent, elle reste immobile une fraction de seconde alors que sa mère lui a lâché le bras. Elle tient le regard baissé. Elle semble écouter les paroles de bienvenue que je prononce à son endroit. Cela dure quelques secondes. Puis Leïla s'échappe, traverse la salle d'attente et va violemment frapper au visage un bébé de 18 mois qui est assis aux pieds de sa mère. S'ensuit une cavalcade dans la salle d'attente où elle grimpe sur les chaises, atteint le bureau de la secrétaire où elle fauche un pot contenant des stylos et verse le contenu sur le sol. Je remets les stylos dans le pot et lui dit quelque chose comme : « Viens, tu vas m'expliquer tout cela là-haut. »

Je cherche à lui donner la main et à croiser son regard. En vain. Leïla ne regarde pas au visage. Elle semble accepter ma proposition car elle se dirige vers la porte qui monte aux étages (elle est déjà venue avec ses parents voir le psychiatre il y a 15 jours). Je propose à la mère de monter avec nous. Elle est très fuyante et dit :

– « Mon mari n'est pas là. »

– « Oui, je sais, mais nous pouvons parler un peu. »

– « Une autre fois, je dois aller chercher Rachid à l'école. »

Il est 10 h et Rachid doit sortir vers 11 h 30, donc je pense qu'il n'y a pas de corrélation au niveau du temps et qu'il s'agit d'une fuite. Je n'insiste pas et propose un rendez-vous pour le jeudi, avec le papa, cette fois. Elle a l'air rassurée et me fit signe de partir avec Leïla. D'un geste qui pourrait vouloir dire « Prends » comme elle avait dit : « Tiens », tout à l'heure.

Un psychanalyste : On peut penser que si Leïla établit un bon contact avec vous, à cause de votre accueil, c'est accompagné d'une idée de la mère abandonnée qui va tout de suite aller récupérer un autre enfant. Leila est aux prises avec un conflit de loyauté : si elle aime une autre personne, elle va perdre sa mère. Donc, il faut détruire (giffler) ce bébé tout près d'elle. Mais les choses s'arrangent finalement après un certain nombre de déboires dans la salle d'attente.

La psychologue : Pendant les quelques secondes que durent mon échange avec la mère, Leïla, sur la pointe des pieds, essaie d'attraper la poignée pour ouvrir la porte. Je la rejoins et dès que j'ai entrouvert la porte, Leïla s'échappe. Elle grimpe l'escalier en mettant les mains sur les marches un peu à la manière d'un quadrupède, avec une agilité surprenante. Elle va beaucoup plus vite que moi et lorsque j'arrive sur le palier elle a déjà fait tomber une pile de dossiers dans le bureau de la secrétaire (lequel était resté ouvert) et s'échappe jusqu'au bout du couloir où elle essaie d'ouvrir une porte.

Je la rejoins calmement et lui propose de venir dans mon bureau. Dès que j'arrive près d'elle, elle part dans l'autre sens, sans me regarder et cherche à ouvrir une autre porte. Je bénis sa petite taille car j'aurais à affronter les foudres de mes collègues.

Je me dirige calmement vers mon bureau et ouvre la porte en grand tout en lui expliquant qu'on sera mieux dans le bureau pour comprendre tout ce qui est si difficile pour elle.

Elle se précipite dans la pièce.

J'ai gardé de cette première séance un sentiment de tourbillon. J'ai pris des notes après chaque séance mais les événements se succèdent à une telle vitesse que je ne peux, objectivement, tout restituer. De plus, l'implication émotionnelle est si forte que certaines séquences sont estompées, voire effacées. J'ai donc ici un problème de restitution du matériel clinique.

Un intervenant : Pendant qu'elle courait ainsi, dans ce tourbillon, comment était son visage ?

La psychologue : Complètement atone, sans aucune expression et sans regard. Ce n'était pas de l'ordre d'une provocation du style « je joue à cache-cache ». Elle fonçait droit devant elle un peu comme si elle se sentait traquée... une sorte de fuite en avant, sans aucune relation avec moi.

Un autre intervenant : Lorsque vous avez dit que la mère vous la tendait en disant : « Tiens », j'ai pensé à quelque chose de l'ordre de l'abandon et que cette enfant se sentait lâchée par sa mère : elle est « donnée » à quelqu'un mais elle ne sait pas encore qui vous êtes ni ce que vous allez lui faire, et elle devait être prise d'une angoisse terrible.

La psychologue : D'autant qu'elle a déjà vécu des expériences terribles à l'école car je ne connais pas la manière dont les enseignants s'y prenaient avec elle, mais j'ai su qu'elle a quelquefois été enfermée dans une pièce avant d'être exclue de l'école.

Je pense effectivement qu'elle était très inquiète mais c'était difficilement perceptible parce que tout se passait dans une telle agitation.

Un psychanalyste : Je trouve aussi que ça pose des problèmes, non pas concernant l'offre d'une situation thérapeutique et d'une situation « contenant » (l'attention de l'analyste) mais concernant les qualités complexes de cet objet contenant qu'on met à sa disposition.

On a l'impression que son modèle de relation n'est pas une communication. Elle a bien l'idée qu'on peut établir un lien avec l'objet, mais pas sur le mode d'une approche mutuelle, d'une communication élaborée peu à peu avec des émotions partagées et des représentations et une expression verbale, mais c'est de l'ordre de l'effraction, de la razzia : posséder l'objet, c'est faire irruption et tout mettre en l'air de la façon que vous décrivez.

Il me semble qu'il est nécessaire dans une situation comme celle-là, et presque en préalable, de travailler sur la qualité du contenant. Et je crois qu'on peut être amené à contenir physiquement une enfant comme ça, non pas pour l'enfermer comme à l'école, mais pour qu'il y ait un *holding* qui soit à la fois, non seulement une présence-disponibilité-attention, mais aussi un *holding* consistant et non effractable.

Un intervenant : Je repense à ce moment où la mère vous l'a présentée. On ne sait pas ce que cela représentait pour elle de vous l'amener, mais peut-être qu'elle avait besoin qu'il se passe entre elle et vous quelque chose de l'ordre d'un *holding* : qu'elle puisse, non seulement vous confier l'enfant, mais aussi une part de sa souffrance à elle avec l'espoir qu'un lien puisse s'établir entre Leïla et vous pour que l'enfant puisse aussi commencer à l'investir, elle.

La psychologue : Oui, certainement. D'autant que la mère avait déjà pu avoir confiance et dans le lieu et en une autre thérapeute pour son fils. Et je pense que la manière dont elle a dit « Tiens ! » c'était aussi dire « je n'en peux plus ! » parce que vous allez voir comment se comporte Leïla en présence et en l'absence de sa mère.

Un intervenant : Peut-être même que c'est elle qui est tenue au travers de Leïla quand vous la portez (elle, petite fille portée par sa thérapeute).

La psychologue : C'est étonnant, ce que vous dites, parce qu'il s'agit donc d'une famille maghrébine. La mère a énormément de difficultés à s'exprimer en français. Mes échanges avec elle s'en trouvent limités, je m'adresse à elle pour des problèmes de réalité, mais j'ai très peu pu parler avec elle. Elle a toujours refusé d'être seule avec moi et elle a cependant énormément changé... Les gens de l'accueil me disent : « qu'est-ce qu'elle va mieux » (et je fais confiance à leur regard). Elle est devenue jolie alors qu'avant, elle était très inhibée, avec le regard fuyant... On a le sentiment qu'à travers la thérapie de sa fille, elle a elle-même pu « réparer » des choses en elle-même. Le regard que je porte sur sa fille la réhabilite en tant que mère ; l'attention que je porte à son enfant lui permet (par identification avec moi) d'être une mère plus attentive avec ses enfants.

B/ Susciter la réflexion, modifier les pratiques

À travers cet exemple, on voit comment l'étude de cas permet de réfléchir à la fois sur la théorie et sur la pratique. L'étude de cas est un vecteur d'information, de formation si elle suscite la réflexion et permet des associations théorico-cliniques.

Leïla n'ayant aucun langage verbal, tout ce travail est basé sur l'**observation**.

L'entretien avec les parents a permis de situer Leïla dans son univers familial et donné de précieuses indications concernant l'histoire de ses difficultés actuelles.

Cette étude de cas prend également en compte les problèmes **transférentiels** (ce que Leïla éprouve dans la situation) et les mouvements **contre-transférentiels** (c'est-à-dire que Leïla me fait éprouver). Ces éléments vont m'aider à mieux comprendre les angoisses de l'enfant et me permettre de l'aider sur un plan thérapeutique.

L'intérêt de l'étude de cas réside encore dans le fait qu'elle permet, grâce aux articulations théorico-cliniques, de modifier les pratiques. À titre d'illustration la psychothérapeute de Leïla est confrontée à de multiples difficultés (l'enfant ne parle pas, est extrêmement agitée et pose des problèmes au niveau institutionnel et au niveau de la prise en charge thérapeutique).

L'étude de cas, présentée dans un séminaire de réflexion va mettre en évidence l'importance du « portage » (le fait de prendre Leïla dans les bras et de la porter). Le portage a une vertu thérapeutique, c'est un « contenant psychique », une sorte de contention physique et psychique (l'enfant se sent « tenue » et soutenue physiquement et psychiquement).

Alors que certaines théories analytiques stipulent qu'il faut éviter de toucher l'enfant dans le cadre de la psychothérapie, la confrontation avec des professionnels, concernant le cas de Leïla, a permis de mettre en évidence l'importance capitale du « portage » et du « toucher » dans l'action thérapeutique (le fait de prendre Leïla dans les bras va être l'un des moteurs de cette psychothérapie).

3 - L'étude de cas sert à faire avancer la recherche

Le psychologue clinicien est à la fois **praticien** et **chercheur** : la pratique clinique et la recherche sont deux registres complémentaires et indissociables.

La dimension de la recherche est présente dès les origines de la démarche clinique sous forme de référence à la connaissance scientifique.

Dans le cadre de la recherche, le chercheur se situe en extériorité par rapport à la situation clinique qu'il étudie.

Son objet est l'étude de la personne en situation, prenant en compte son fonctionnement psychique, son mode relationnel, l'histoire vécue en lien avec les événements extérieurs.

A/ Un exemple de thème de recherche : l'accouchement prématuré

Une hypothèse est une proposition initiale à partir de laquelle on construit un raisonnement. C'est une question que l'on se pose et qui suppose une réponse attendue (voir partie E pour les hypothèses de recherche dans un guide d'entretien).

Thèse : opinion que l'on avance et que l'on soutient.

L'étude de cas sert à faire avancer la recherche, à vérifier une ***hypothèse*** ou à étayer une ***thèse:*** prenons pour exemple l'accouchement prématuré.

Malgré les efforts importants de la médecine (intensification du rythme des consultations prénatales, mesures de repos, hospitalisations, utilisation de bétaminiques, etc.), la prématurité ne cesse de croître (4,7% en 1974 ; 9 % actuellement). Les pouvoirs publics s'en inquiètent (coût de l'hospitalisation en néonatalogie, prise en charge à long terme des séquelles neurologiques et psychosomatiques chez l'enfant).

La difficulté à laquelle est donc confrontée la médecine est celle du dépistage précoce des femmes particulièrement à risque d'accouchement prématuré.

Dans le but de fournir aux soignants une série d'indicateurs qui leur permettraient de repérer précocement les femmes à risque, nous avons donc proposé de mener une étude clinique, approchée par l'analyse, d'un échantillon de femmes ayant accouché prématurément.

La méthodologie utilisée est basée sur l'*observation* et sur l'*entretien* semi-directif (voir partie E).

C'est l'analyse du contenu des entretiens qui nous a permis, à travers 80 histoires singulières, de comprendre les mécanismes psychiques en jeu dans l'accouchement prématuré. L'accouchement prématuré est un acte-symptôme (*cf.* Joyce Mc Dougall : *Théâtre du corps,* Lectures conseillées).

Certaines femmes en souffrance psychique ne trouveraient pas d'autre solution à la résolution d'un conflit psychologique que d'interrompre prématurément la grossesse.

Certaines femmes en difficulté dans leur vie actuelle, du fait de la fragilisation psychologique liée à la grossesse, n'arrivent plus à trouver en elles ou dans l'entourage les ressources suffisantes pour lutter contre un envahissement dépressif et décompensent physiquement. Il apparaît que la grossesse devient soudain, à la faveur d'éléments extérieurs, insupportable.

Ce sont souvent des femmes confrontées à des situations conflictuelles :
- au niveau du couple,
- au niveau du statut de l'enfant à naître,
- sur le plan familial,
- sur le plan professionnel.

Chaque histoire est singulière, mais elles ont des points communs qui nous permettent de réfléchir autrement les pratiques.

B/ Un exemple de consultation : une naissance avant terme

L'étude de cas qui va suivre a été constituée dans le cadre d'un CMPP et permet d'illustrer le protocole de recherche présenté dans la partie C. La psychologue clinicienne avait en mémoire le guide d'entretien semi-directif qui servait à cette recherche concernant l'accouchement prématuré. Cette étude de cas vient illustrer l'application de certaines hypothèses de recherche lors d'une consultation.

Anatole ou la confirmation d'une hypothèse de recherche lors d'une consultation en CMPP

Mme F. vient consulter au CMPP pour son fils Anatole âgé de 4 ans (sur les conseils de la psychologue du service de néonatalogie où Anatole a été hospitalisé à la naissance).

Motif d'inscription :

Anatole ne parle pas et est maladroit dans ses gestes.

Lorsque je reçois Anatole et sa mère en consultation, celui-ci piaille tout le temps (« il parle dans son monde » dit la mère), s'entourant d'une enveloppe sonore, aucune syllabe n'étant identifiable.

Il accuse un retard staturo-pondéral (il a à peine la taille d'un enfant de 2 ans) et présente des troubles psychomoteurs (ne peut ni monter ni descendre les escaliers, mais prend les objets dans ses mains). Son regard est fuyant, mais il regarde quelquefois au visage. Je suis frappée par l'attitude de la mère qui ne s'adresse pas à lui. « Je n'arrive pas à lui parler, je ne trouve rien à lui dire ». Elle ne le regarde pas elle non plus, comme si elle avait peur du regard que son fils pourrait poser sur elle, « j'ai peur qu'il me juge et m'en veuille parce qu'il a beaucoup souffert ».

Mme F. apparaît comme une femme fine et intelligente, aux gestes lents. Elle semble très déprimée, comme engourdie.

Anamnèse :

Les parents d'Anatole sont tous deux originaires du Togo. Tous deux universitaires, ils se sont rencontrés à la fac en France. Ils se sont mariés contre l'avis de la famille qui avait prévu un mariage arrangé.

Au cours des entretiens mère-enfant, Mme F. se confie facilement. Mme F. est l'aînée de 6 enfants. Sa mère a eu d'abord 4 filles puis des jumeaux, dont l'un décédé à la naissance et l'autre à l'âge de 3 ans (d'une maladie).

Elle ne sait rien des grossesses ni des accouchements de sa mère : « Chez nous on ne parle pas de ces choses-là. » M. F. est le dernier de 10 enfants dont 3 seulement ont survécu. Peu de temps après leur mariage, Mme F. est enceinte, elle est âgée de 27 ans. La grossesse se passe bien, elle est contente d'être enceinte. On diagnostique une disproportion fœto-pelvienne (le bassin de Mme F. est trop petit) et une césarienne est programmée pour le 8 décembre.

Mme F. est affolée : « Je suis très primitive, chez nous les cicatrices, c'est mal vu. » Elle a peur de mourir pendant l'opération. Dans la nuit du 29 au 30 novembre, elle a des contractions et perd les eaux, la césarienne doit être pratiquée en urgence. C'est dans la panique que va naître Liliane, née au terme de 39 semaines et pesant 3,6 kg. Mme F. ne veut pas l'allaiter. La césarienne a été un choc, un drame. Mme F. a le sentiment d'avoir « raté » quelque chose. Elle ne veut plus d'enfant et prend la pilule, sans l'accord de son mari qui veut un fils.

Depuis la naissance de Liliane, les relations dans le couple sont tendues.

« Mon mari était très gentil avec moi pendant la grossesse, mais depuis que le bébé est là, il sort avec des copains et je suis toute seule à la maison. »

Mme F. habite en banlieue et travaille à Paris. Elle se sent submergée et a le sentiment de « ne pas y arriver ». Elle n'a pas d'amies et fait état d'un sentiment de solitude. Elle se réfugie dans le travail, prépare un examen pour obtenir une promotion.

Liliane a maintenant trois ans. M. F. veut un second enfant. Mme F. refuse. Elle dit avoir été « trop déçue par cette naissance ratée ». « Je ne me suis jamais remise du choc (césarienne) ».

De violentes disputes éclatent dans le couple. Le mari menace de la répudier ou de prendre une seconde épouse au pays. Mme F. en vient à souhaiter le divorce. C'est dans ce contexte que survient la grossesse par « oubli de pilule ». « Je voulais avorter, mais j'ai accepté de le garder pour des motifs religieux. »

Les deux premiers mois de grossesse sont difficiles (nausées, saignements). Mme F. est très fatiguée. « Le médecin me disait que c'est normal d'être fatiguée pendant la grossesse. » « J'évitais de penser au bébé, je me polarisais sur mon travail. Je passais mes week-ends à faire du ménage. Il fallait tout le temps que je m'occupe. Tout était pénible, le travail, la maison, Liliane ; je n'étais bien nulle part. »

« J'étais tellement fatiguée. Je comptais les mois. J'avais hâte d'en finir. Je n'étais pas bien dans ma peau. J'étais nerveuse, irritable, je criais tout le temps et comme mon mari évitait de rester à la maison, tout le poids pesait sur moi. »

Mme F. est enceinte de 5 mois, elle va consulter parce qu'elle souffre dans son corps (mal au dos, points de côté, hypersalivation, jambes lourdes, maux de tête, acidité gastrique...). On l'hospitalise une journée. Elle reste deux heures sous *monitoring*, seule dans un chambre, et ressort avec une prescription de fer et des médicaments « de confort ». « J'avais l'impression qu'on ne me comprenait pas, que personne ne s'occupait de moi. Je me sentais abandonnée. J'en avais marre. »

Quinze jours plus tard, un matin à l'arrêt de bus, elle est prise d'une violente douleur du côté gauche. Quand elle arrive à son travail, elle perd les eaux. Elle est hospitalisée en urgence et accouche six heures plus tard d'Anatole. Né au terme de 25 semaines, (d'aménorrhée), il ne pèse que 790 grammes.

Anatole a un ***APGAR*** à 10 et est emmené en urgence à Port-Royal où il va rester trois mois, puis sera hospitalisé boulevard Brune pendant deux mois. Au total, il restera hospitalisé cinq mois. Lorsque les parents le reprennent, il pèse 3,5 kg.

APGAR : note sur 10 donnée à la naissance en fonction de l'état respiratoire et de l'aspect du bébé.

Mme F. va le voir tous les jours et tire son lait. Elle arrête son travail et se met en disponibilité pour trois ans. Son mari lui reproche de n'avoir pas pris assez de précautions.

« J'ai raté ma grossesse. J'espérais être libérée très vite, mais pas si vite ! La grossesse me pesait, je me disais « vivement que j'accouche », mais je me sens coupable parce que je me rends compte maintenant que je pensais à moi et que je ne pensais pas au bébé. »

C/ Confirmation de l'hypothèse de recherche

Ce cas clinique permet de vérifier certains paramètres d'une étude sur l'accouchement prématuré.

Au regard d'un travail de recherche sur 80 cas cliniques étudiés, on pouvait constater que, d'une part :

- l'accouchement prématuré apparaît comme une manifestation psychosomatique : il nous semble que les contractions utérines constituent un mécanisme de décharge motrice dans un système de comportement (non mentalisé) pour évacuer le foetus devenu objet de conflit (décharge partielle irréversible) ;
- le bébé est en quelque sorte « sacrifié » car la grossesse devient insupportable au regard des événements traumatiques actuels (deuil, préoccupations par rapport à un conflit familial ou un conflit aigu, conflit professionnel, etc.) ;
- la femme « lâche » le fœtus car elle est préoccupée par autre chose et ne peut plus « contenir » la grossesse ;

d'autre part :

il apparaît que le « contenant » médical (c'est-à-dire la vigilance, l'écoute et l'attention des instances médicales) est d'une importance capitale lorsqu'une difficulté surgit ; très souvent, il apparaît (dans les entretiens réalisés) que les consultants ont fonctionné dans le déni de l'accouchement prématuré – en partie parce que les femmes paraissent en bonne santé psychique (du fait de l'hyperactivité notamment) alors qu'*au cours d'une grossesse, l'hyperactivité devrait être un signal d'alarme (signe de malaise psychologique).*

Nous pouvons donc formuler l'hypothèse suivante qu'une vigilance accrue des consultants au cours des consultations prénatales s'avère indispensable, et elle passe par l'évaluation :
- du tissu familial dont peut disposer la patiente,
- de ses relations avec ses ascendants (mère, belle-mère, etc.),
- du statut de la grossesse dans le couple et pour la famille,
- des difficultés familiales ou dans l'entourage (professionnel) qui peuvent venir supplanter l'intérêt que la femme peut porter à la grossesse (elle « lâche » le bébé dans sa tête comme s'il y avait un choix à faire, choix « impossible » qui se résout malgré elle par un accouchement prématuré).

Cette évaluation n'a généralement pas lieu dans le milieu médical (faute de connaissance de la part des obstétriciens). Cette histoire de cas, comme celles qui vont suivre vont aider les médecins et sages-femmes et les psychologues cliniciens à comprendre l'origine psychologique de l'accouchement prématuré et leur permettre de faire évoluer leurs pratiques, c'est-à-dire de prendre en compte les aspects psychologiques.

D/ Deux histoires illustrant l'hypothèse de recherche

L'histoire de Charlotte : le poids inconscient du passé

Charlotte est hospitalisée pour hypertension artérielle (HTA), elle est enceinte pour la troisième fois. *« À chaque grossesse, c'est pareil, je fais des poussées d'hypertension. Mon premier bébé a été sauvé de justesse par une césarienne pratiquée en urgence alors que j'étais enceinte de 6 mois et demi. Elle pesait à peine 1,7 kg et est restée sept mois en néonatalogie. Mon second bébé a été aussi extrait en urgence à 33 semaines, pour une souffrance fœtale liée à mon hypertension et a été sous assistance respiratoire du fait de l'immaturité pulmonaire pendant douze semaines. »*

Charlotte me parle alors de sa mère, qu'elle décrit comme une femme dépressive. Lorsque Charlotte avait 8 ans, sa mère s'est suicidée par pendaison. Charlotte est séparée de son frère et élevée par une tante. C'est à l'âge de 17 ans qu'elle apprend que sa mère s'est pendue parce qu'elle était enceinte et que toutes les tentatives d'avortement avaient échoué. Sa mère était enceinte de presque 6 mois lorsqu'elle a décidé de mettre fin à ses jours (terme auquel Charlotte a des poussées d'hypertension avec menace d'éclampsie, c'est-à-dire qu'elle risque de mourir avec le bébé). *« J'en ai toujours voulu à ma mère de nous avoir abandonnés. Je comprends maintenant quelle pouvait être sa détresse. La pauvre, si j'avais su, je l'aurais aidée, je l'aurais soutenue ! »*
Charlotte, cette fois, accouchera à 38 semaines d'un petit garçon de 2,8 kg. Il lui faudra trois grossesses pour arriver à se « réconcilier avec sa mère ». « J'ai failli mourir avec mon bébé à chaque grossesse. À présent, je fais le lien avec mon histoire, mais je ne comprends pas comment c'est possible, ça reste donc très intellectuel. Moi, je ne voulais pas mourir et je désirais mes enfants, et pourtant... »

Tiphène : l'hospitalisation : une détresse reconnue

Tiphène est hospitalisée depuis quinze jours à la maternité, les contractions ont entraîné une modification du col. Elle accepte avec beaucoup de plaisir l'entretien que nous lui proposons car elle s'ennuie.

Il y a deux ans, elle a perdu un premier bébé d'une cardiopathie, deux jours après la naissance. On lui avait proposé une interruption médicale de grossesse parce que la malformation était inopérable, mais elle a préféré poursuivre la grossesse pensant que les médecins s'étaient peut-être trompés et que le bébé vivrait. Elle a eu beaucoup de chagrin et semble même ne pas surmonter complètement ce deuil.

Elle est actuellement enceinte de 35 semaines et, bien que l'échographie n'ait montré aucun élément inquiétant, elle n'arrive pas à se rassurer. Nous apprenons qu'elle a des contractions depuis plusieurs semaines et il lui a été prescrit du repos à domicile et un arrêt de travail depuis la 28e semaine. Elle est esthéticienne et aime le contact avec la clientèle. Ses collègues lui téléphonaient lorsqu'elle était chez elle, mais elle se sentait très seule malgré tout. Depuis qu'elle est à l'hôpital, seuls ses proches l'appellent. Elle se dit plus rassurée depuis qu'elle est hospitalisée. Chez elle, Tiphène avait des idées noires.

« Ici, je suis sécurisée, il y a toujours quelqu'un à qui parler. Lorsque j'étais chez moi, je n'arrivais pas à me calmer, j'avais des pensées horrible de bébé malformé, j'ai l'impression que c'est à cause de toutes ses angoisses que j'allais si mal. Depuis que je suis ici, je me sens mieux, plus calme. Avec mon mari, le soir, j'arrive à rêver d'un bébé comme ceux qu'on voit dans les magazines. »

Pour Thiphène, l'hospitalisation représente un sédatif contre l'angoisse et un pare-dépression.

E/ Commentaire des deux études de cas

En cas de détresse psychique, les soignants ne sont plus de simples figurants sur la scène mais deviennent les acteurs principaux.

Des nombreux entretiens semi-directifs que nous avons pratiqués, il ressort que le soignant est vécu psychiquement comme une mère qui rassure. Il a assurément une fonction maternelle puisqu'il a une fonction de soin.

Le regard du soignant sur la femme, son écoute, ses gestes, ses paroles viennent comme une « capacité maternelle » à contenir les angoisses de la femme.

La consultation, l'examen médical, les médications, les prescriptions sont immanquablement compris comme des signes d'attention et d'intérêt à l'égard de la patiente. La vigilance des soignants est porteuse de sens et signale implicitement à la femme qu'on prend soin d'elle parce qu'elle est importante aux yeux de la médecine (et de la société) et que l'enfant qu'elle porte est précieux.

C

L'OBSERVATION ET L'ENTRETIEN : BASES DE LA MÉTHODE CLINIQUE

L'observation et l'entretien, qui sont les bases de la méthode clinique, servent de soubassement à ce travail d'analyse et de synthèse qu'est l'étude de cas.

Au cours des consultations (ou dans le cadre d'une recherche), le clinicien va recueillir un certain nombre de données : le **matériel clinique**, ainsi qu'on l'a vu avec les exemples de Mélanie et de Leïla.

Ce matériel peut être récolté à partir du **discours** du patient (entretien non directif ou associations libres), d'entretiens semi-directifs, de protocoles de tests (matériel plus codifié) ou à partir de la seule **observation** du patient (pour les nourrissons ou les jeunes enfants).

Le clinicien va devoir fixer le matériel soit par des notes prises au cours de la consultation, soit par la rédaction de l'observation après coup (en faisant appel à sa mémoire).

Très souvent lors d'une recherche, on utilise l'enregistrement audio ou vidéo, ce qui permet de procéder à une analyse du contenu de l'entretien ou à une analyse du document d'observation dans le cadre d'un groupe d'étude.

L'étude de cas est un document produit *a posteriori* puisqu'elle suppose un travail d'analyse et de synthèse du matériel clinique.

1 - L'ENTRETIEN CLINIQUE

L'entretien est un dispositif de base en psychologie clinique. À la fois outil de diagnostic, outil de thérapie et de soutien, c'est lui qui permet d'accéder aux représentations du patient, à ses émotions et à son vécu.

Conduire des ***entretiens :*** cf. Grand Amphi, *Les Méthodes en psychologie*, p. 99.

Il sera mené en fonction du **but** qu'on poursuit, du **cadre** et notamment en réponse à la **demande** qui préside à l'entrevue.

A/ QU'EST-CE QU'UN ENTRETIEN ?

L'entretien est une situation d'échange verbal entre deux ou plusieurs personnes dans le but d'obtenir des informations.

L'entretien est la partie clinique qui consiste en une conversation avec le sujet ou des membres de son milieu de vie, permettant dc préciser les antécédents et l'évolution de la situation ou de la maladie, qui a conduit à l'examen. Mettant le sujet dans une situation particulière (situation d'examen), elle donne ainsi des éléments d'observation du comportement qui, associés aux éléments du discours et éventuellement aux indications du bilan psychologique (tests), peuvent permettre d'établir un diagnostique et de mettre en place une psychothérapie.

B/ L'ENTRETIEN NÉCESSITE UNE FORMATION

L'entretien c'est un peu comme « les charentaises » (pantoufles) des sciences humaines cliniques : chercheurs, étudiants, praticiens les chaussent sans se poser de questions alors qu'il suppose, dans les faits, un travail complexe qui nécessite une solide formation.

Il faut donc se méfier de la facilité apparente des entretiens.

« L'entretien est une méthode employée dans pratiquement toutes les branches de la psychologie, dès lors que le sujet est capable de s'exprimer par le langage. Son usage nécessite des réflexions théoriques approfondies, notamment sur les rapports entre langages et pensée, langage et affectivité, langage et inconscient, langage et processus d'influence, langage et pratiques sociales, etc. En outre, comme il s'agit d'une situation de communication où les places et les rôles des personnes jouent un rôle fondamental, il est impératif d'approfondir ces aspects, pour acquérir une bonne maîtrise de cette méthode, jugée *a priori* facile, puisqu'elle peut être assimilée abusivement à nos conversations ordinaires. Ce n'est généralement qu'après une longue pratique contrôlée par des pairs qu'on parvient à faire un bon usage des entretiens. La formation à l'entretien peut débuter, en premier cycle, dans la perspective d'une sensibilisation aux problèmes que pose l'usage des différentes techniques » (*Les méthodes en psychologie,* Bréal, Grand Amphi, p. 100).

La pratique de l'entretien clinique associé à l'observation implique une formation clinique et pratique poussée et longtemps contrôlée. Cet apprentissage peut s'effectuer soit en groupe (groupe de contrôle ou d'intercontrôle), soit avec un interlocuteur qui accepte de faire une supervision dans le cadre d'un « contrôle de cas ».

C/ La forme de l'entretien

Elle dépend de deux paramètres essentiels :

– le **cadre** dans lequel il est mené,

– le **but** auquel il obéit (qui dépend de la **demande**).

■ Le cadre

Il est défini par la spécification des rôles et des attentes des partenaires, ainsi que par les conditions de la rencontre (lieu, durée, enregistrement ou non de l'entretien, anonymat ou non-anonymat, etc.).

Il désigne à la fois le lieu où est mené l'entretien (milieu hospitalier, cabinet de consultation, prison...) et le dispositif dans lequel il intervient (s'agit-il d'un objectif thérapeutique ou du cadre d'une recherche ou d'une enquête...). Le cadre suppose donc qu'on prenne en compte la demande.

Le cadre constitue un paramètre important qu'il est nécessaire de spécifier lors de la restitution des matériaux recueillis dans l'étude de cas.

■ La demande

Toute étude clinique a à faire avec une demande.

Cette demande peut être exprimée par un sujet ou un groupe en souffrance. Elle peut être formulée par un tiers à la place du sujet (par exemple : pour un enfant, un drogué, un malade, une personne âgée, un handicapé).

Lorsque l'entretien a lieu à la demande d'une personne qui l'a sollicité - d'une famille ou d'un tiers (médecin, par exemple) il s'agit d'une **consultation**.

La demande peut aussi émaner d'un chercheur ou d'un groupe de recherche. Les positions de départ sont alors inversées : c'est le psychologue qui est demandeur.

Les objectifs (études, enquêtes) vont influer sur les méthodes utilisées. L'entretien suppose alors un protocole spécifique et s'approche plus de l'**interview**. Nous reviendrons sur ce point (voir les différentes formes d'entretien clinique) et le paragraphe sur l'entretien semi-directif).

En somme, « l'entretien clinique est une situation d'échange entre un sujet actif, qui organise son propre mode de communication, et le clinicien qui adopte une attitude de neutralité bienveillante. Cette relation se caractérise par l'asymétrie de la demande, le psychologue se plaçant surtout dans une **position d'écoute** du sujet qui vient en général exposer une souffrance, un conflit, une interrogation. L'entretien est à la base de la méthode clinique. (...) L'entretien clinique prend en compte tous les aspects originaux, anamnésiques (c'est-à-dire relatifs à l'histoire de l'individu) et actuels du problème posé par le sujet. » (*Les méthodes en psychologie*, p. 101.)

Reprenons l'exemple de Mélanie :

Le **but** : il s'agit d'aider Mélanie, aux prises avec des difficultés affectives importantes, et donc de comprendre son fonctionnement psychique et les événements déclencheurs qui l'ont amenée à l'amaigrissement. Le but de l'entretien est, ici, thérapeutique.

La **demande** : Mélanie est amenée par ses parents contre son gré. Elle ne demande rien (explicitement, du moins). La demande d'aide émane des parents. Il a été demandé à la psychologue clinicienne (par le psychiatre de l'hôpital et le pédopsychiatre du CMPP) de mettre tout en œuvre pour que Mélanie puisse bénéficier d'une psychothérapie.

Un bilan psychologique a également été demandé par le pédopsychiatre du CMPP car, n'ayant pas reçu Mélanie en consultation avec ses parents, il souhaite savoir si l'anorexie est liée à une décompensation psychotique ou si l'anorexie de Mélanie se situe plutôt sur un versant névrotique ou narcissique lié à des difficultés de l'adolescence.

Il me demande un diagnostic (pour lequel les tests projectifs sont un garant d'objectivité) avant de démarrer une psychothérapie.

Le **cadre** : L'entretien a lieu en consultation ambulatoire, en CMPP, à la demande de la famille, des médecins consultants, dans un but à la fois diagnostic et thématique.

D/ Quels sont les différents types d'entretien ?

Les entretiens diffèrent en fonction du contexte dans lequel ils ont lieu (en fonction du cadre et de la demande).

Nous reviendrons sur la spécificité de l'entretien clinique au paragraphe suivant.

Un entretien mené dans un but de recherche ou d'enquête, un entretien d'orientation, de sélection ou d'embauche, un entretien thérapeutique (individuel ou familial) n'ont, de toute évidence, pas le même but.

L'entretien est une méthode de recueil d'informations.

Plusieurs techniques peuvent être utilisées allant de l'interrogatoire à l'entretien non directif en passant par l'entretien semi-directif.

■ L'entretien directif

On parle d'entretien directif, lorsque le psychologue détermine lui-même les thèmes de l'échange et induit les réponses de l'interviewé (par exemple : entretien d'embauche en entreprise ou interrogatoire policier).

Ceci suppose un protocole d'entretien prédéterminé qui délimite le champ d'investigation, voire un questionnaire précis.

L'entretien directif consiste en un interrogatoire plus ou moins systématisé, plus ou moins standard ou adapté, qui limite la spontanéité bilatérale (nécessaire à la méthode clinique) et les possibilités de pousser plus loin l'investigation si on se borne à son application stricte, scientifique et neutre. Comme le sujet ne peut répondre qu'à des questions précises, on n'obtiendra forcément que des réponses !

■ L'entretien non directif

Le psychologue laisse l'interlocuteur parler librement, « par associations libres » autour d'un thème. Il reste à l'écoute, repère l'enchaînement des thèmes dans le discours, aide éventuellement par des « ***relances*** » pour que la personne élabore son point de vue personnel. Il doit rester vigilant afin de ne pas orienter, à son insu, le discours dans le sens qu'il souhaite.

Relances : Il s'agit de questions visant à prolonger la conversation sur un thème donné. Ce peut être des reformulations, des demandes de précision, des incitations à poursuivre le discours du type « et puis », « et encore ».

■ L'entretien semi-directif dans le cadre d'une consultation

Ce type d'entretien constitue le dispositif de base du psychologue clinicien. Dans ce cas la demande émane du patient.

Exemple du déroulement d'un entretien

Un pédiatre m'adresse en consultation Grégoire, un bébé de dix mois qui a des troubles du sommeil depuis la naissance.

Le motif de la consultation m'a été donné au téléphone par la mère. Elle est épuisée car le bébé se réveille chaque nuit à 3 heures du matin et n'accepte de se rendormir que vers 8 heures. Je reçois les parents avec l'enfant.

J'ai déjà des pistes de recherche (que j'appelle des « fils rouges », c'est-à-dire des hypothèses de recherches) qui vont me permettre d'aiguiller l'entretien.

Dans un premier temps, je laisse les parents exprimer leur souffrance, leur colère contre l'enfant et leur désarroi devant la situation. Ils ont tout essayé pour calmer Grégoire : les câlins, les bains chauds en pleine nuit, les cris, les fessées. Ils l'ont laissé pleurer plusieurs nuits de suite sur les conseils d'une belle-mère. Rien n'y fait, Grégoire pleure toutes les nuits et les parents en viennent à se disputer pour des riens.

Après les avoir écouté (cet entretien non directif m'a permis d'affiner certaines hypothèses), je vais poser quelques questions concernant l'histoire de la conception, de la grossesse, etc. (en fonction de mes « fils rouges », je vais mener un entretien semi-directif : je les laisse répondre librement à mes questions). J'apprends que le couple a eu un premier enfant il y a 4 ans, décédé de mort indéterminée (dite mort subite) à l'âge de 4 mois. C'est la mère qui l'a retrouvé vers 8 heures du matin dans le berceau. « Je ne m'en suis jamais remise », dit-elle. Le couple a attendu une nouvelle grossesse pendant trois ans. Puis Grégoire est arrivé. Le premier né était un garçon. Les parents ont très peur que le même événement ne se reproduise. La mère dira alors qu' « en cachette de son mari, elle va régulièrement secouer Grégoire pour s'assurer qu'il est bien vivant ». Je demande si le médecin légiste a donné une heure de décès pour le premier bébé. Les parents se regardent, étonnés par ma question. Le bébé serait mort à 3 heures du matin (ils n'avaient jamais fait le lien entre l'heure de décès du premier-né et l'heure de réveil quasi-systématique de Grégoire). Les parents avouent alors être terrorisés à l'idée que Grégoire puisse mourir, qu'ils n'osent pas se l'avouer, ni en parler (comme si « le penser ou le dire » pouvait provoquer magiquement l'événement). Ils n'évoquent jamais le premier-né (dont je ne connaîtrai même pas le prénom à l'issue de la première consultation). Toutes mes questions, toutes mes relances vont leur permettre de prendre conscience de leur peur de la mort de Grégoire et, aussi, de leur participation active à la situation (puisqu'inconsciemment ils demandent à Grégoire de rester réveillé la nuit pour les rassurer).

Un entretien semi-directif a pour but de permettre au psychologue clinicien de poursuivre sa réflexion scientifique (repérer des « fils rouges », c'est-à-dire trouver des pistes de compréhension de la problématique) tout en laissant se déployer le discours des patients (ici, les parents de Grégoire). Il ne doit pas interférer dans le discours, tout en favorisant l'expression de problématiques (à l'occasion de relances, de reformulations ou de questions destinées à obtenir plus de précisions). Son attention « flottante », son intuition (ou *insight*) en lien avec les hypothèses cliniques (« fils rouges ») servent de soubassement à la conduite de l'entretien.

■ L'entretien semi-directif dans le cadre d'une recherche

Dans ce cas, la demande émane des psychologues. Nous voulons repérer les facteurs qui favorisent l'accouchement prématuré. Pour cela nous allons procéder à une étude clinique sur un échantillon de 50 femmes ayant accouché prématurément. L'objectif de l'étude est de fournir aux soignants (obstétriciens et sages-femmes assurant la surveillance de la grossesse) une série d'indicateurs qui devraient permettre de repérer précocement les femmes à risque d'accouchement prématuré dès les premières consultations prénatales et impérativement avant le second trimestre de la grossesse, en attirant l'attention des soignants sur certains signaux caractérisant les femmes à risque d'accouchement prématuré.

Pour ce faire, nous avons construit un guide d'entretien car 6 psychologues cliniciens participent à l'étude et il nous faut un « outil » commun.

Le guide d'entretien est composé d'items, qui pré-structurent la conduite de l'entretien. Il sert « d'aide-mémoire » au psychologue.

Ce n'est pas un questionnaire, c'est un **indicateur** qui guide le psychologue clinicien dans l'entretien, car il est la traduction des hypothèses scientifiques qu'il faut confronter à la problématique de chaque interviewé. Lorsque le psychologue mène l'interview au chevet d'une patiente, les hypothèses ne lui servent que de **guide**. On ne cherche pas à les confirmer, on cherche au-delà (plus loin). Chaque entretien semi-directif permet d'accéder aux représentations de la patiente et de recueillir des informations sur le vécu spécifique de chaque femme (en fonction de son histoire personnelle, de sa situation sociale actuelle, de la structure de sa personnalité, etc.).

Chaque entretien (enregistré) fera l'objet d'une analyse de contenu par 2 chercheurs et les résultats seront analysés et discutés en groupe (6 chercheurs).

Les entretiens semi-directifs sont destinés à vérifier (ou infirmer) nos hypothèses et à poursuivre la recherche en fonction de la découverte de nouvelles pistes obtenues grâce au discours de chaque patiente. Tout l'intérêt de l'étude clinique réside dans le fait que l'on écoute chaque discours et que l'on fait la synthèse des pistes de recherches. Alors que dans les ***études épidémiologiques***, on fait passer des questionnaires qui ne peuvent donner que des indicateurs statistiques.

Études épidémiologiques : concernent des enquêtes de santé publique menées sur un pays entier.

Chaque rencontre clinique va donner lieu à une étude de cas mettant en évidence la spécificité de la problématique de chaque personne interviewée.

Par exemple : l'analyse des 50 études de cas va permettre de mettre en évidence des traits communs (malgré la singularité et la richesse de chaque rencontre clinique et de chaque histoire de vie).

C'est en ceci que l'étude de cas contribue à faire avancer la recherche (*cf.* partie B).

Exemple de guide d'entretien semi-directif

Âge de la mère :
Situation de famille :
Qualité de l'entourage affectif et relations avec les proches :
Terme à l'accouchement :
Poids du bébé :
Sexe :

1 - Vécu de la grossesse

Qualité de l'attente : plaisir d'être enceinte ou hâte d'en finir (non-perception des mouvements de l'enfant et faible anticipation du bébé).
Vécu des transformations corporelles (image du corps).
Vécu subjectif de la fatigue :
Vécu de la prescription de repos : considérée comme un devoir ou comme un droit ?
Quand aviez-vous prévu d'accoucher : (une date ?)
Quels étaient les prénoms envisagés ? (Qualité de l'anticipation du bébé)
Avez-vous eu connaissance du sexe de l'enfant à l'échographie ?
Présence d'insomnies, envies de pleurer, sentiment de découragement, manifestations somatiques ?

Nous cherchons à repérer des éléments dépressifs au cours de [a grossesse (notre hypothèse étant qu'une décompensation psychique peut entraîner une décompensation somatique : accouchement prématuré).

Lorsque la fatigue fait l'objet d'une plainte importante, est-ce un signal de dépression ? L'hyperactivité est-elle un signe de dépression camouflée ?

2 - Entourage affectif

Qualité d'accompagnement du père de l'enfant (homme immature ? difficulté de couple ?)

Intérêt de l'entourage pour cette grossesse : (qui ?)

Soutien et présence de l'environnement proche :

Investissement de l'activité professionnelle et qualité de cet entourage :

Comment a été supporté l'arrêt de travail ?

Y a-t-il des bébés ou des enfants en difficulté dans la fratrie ou dans l'entourage ?

Le couple a-t-il subi des deuils récents ? Y a-t-il eu des maladies graves dans la famille (parents en danger de mort) ?

Qualité du lien à sa propre mère, belle-mère, sœurs.

Nous tentons de mettre en évidence la qualité du contenant. Notre hypothèse est que si l'entourage affectif « porte l'enfant et la mère », le risqued'accouchement prématuré s'en trouve diminué.

3 - La qualité de l'entourage médical

Le vécu de l'accompagnement médical : qualité du suivi, de l'écoute (par exemple, suivi assuré par une même personne ?).

Attitude subjective vis-à-vis des prescriptions médicales : acceptation ou refus des médications, de la prescription de repos, de l'hospitalisation à domicile ou en maternité.

Incidence de la parole médicale sur le décours de la grossesse...

Notre hypothèse :

La vigilance et l'écoute médicale servent aussi de contenant aux mères en difficulté. L'hospitalisation a valeur de « portage » collectif de la grossesse.

4 - Histoire de la mère - Aspects transgénérationnels

Nombre d'enfant dans la fratrie :

Place dans la fratrie :

Histoire des grossesses de la mère (antécédents, etc.) et des accouchements ? Qu'en a-t-elle transmis à la patiente ? Investissement de ces grossesses par le père de la patiente.

Histoire de la grand-mère maternelle et de la belle-mère (investissement des grossesses, histoire obstétricale et antécédents de prématurité, etc.). Décès ou absence de la mère.

Rupture avec le milieu familial.

Conflits à l'adolescence (anorexie, boulimie, troubles du comportement, etc.).

Nous cherchons à comprendre ce qui se transmet et s'organise de génération en génération.

E/ Démarche et objectifs

■ Qu'est-ce qui caractérise un entretien clinique ?

L'entretien clinique est à la fois un outil de diagnostic et de thérapie.

La démarche clinique est la rencontre de deux univers psychiques : celui du psychologue clinicien et celui du patient. Elle suppose un ensemble de connaissances et de pratiques (observation, entretien, tests) qui répondent à une demande de diagnostic et de traitement d'un sujet.

Son objectif est de comprendre la dynamique et le fonctionnement psychique propre à une personne particulière en tenant compte de l'histoire personnelle, de la structure de la personnalité et de l'environnement social.

■ Un entretien clinique peut-il être thérapeutique ?

Un entretien clinique peut permettre une décharge émotionnelle momentanée car en favorisant l'expression d'un problème, il peut susciter une diminution de la tension.

« Freud attribuait au refoulement une part importante dans la constitution des symptômes. Le refoulement constitue pour le sujet "une tentative de fuite", tentative d'échapper à un conflit psychique par la "répression après coup" d'une représentation et de sa charge pulsionnelle devenue intolérable.

L'activité psychique du patient fait alors obstacle à toute association entre la représentation refoulée et les autres éléments de son monde de connaissances et de croyances » (*cf.* Revault d'Allonnes, Lectures conseillées p. 87).

C'est pour cela qu'en aidant un patient à « faire des liens », tout entretien peut avoir des effets thérapeutiques.

■ Un seul entretien clinique peut-il être thérapeutique ?

« La question paraît saugrenue et, pourtant, dans nombre de cas, on constate son intérêt. L'entretien clinique peut permettre une décharge émotionnelle momentanée, précurseur d'une demande thérapeutique.

Cependant, la plupart du temps, un seul entretien n'a pas d'effet thérapeutique. Il peut, au plus, instituer une amorce de changement positif, par exemple dans les entretiens d'orientation professionnelle ou dans les consultations des conseillés conjugaux. C'est la multiplication des entretiens qui conduira à la réelle mise en place d'une dynamique thérapeutique. » (*Les méthodes en psychologie, p.101.*)

2 - L'OBSERVATION

Observer, c'est « l'action de considérer, avec une attention suivie, *la nature, l'homme, la société, afin de mieux les connaître.* » (dictionnaire Robert)

L'observation est la recherche de caractère distinctifs : ce qui intéresse le psychologue n'est pas facile à appréhender puisque cela concerne les affects, les émotions...

Il s'agit de repérer des signes inconscients qui évoquent ce que le patient éprouve à un moment donné.

A/ Les méthodes de l'observation

L'observation concerne en priorité le langage du corps (gestes, attitudes corporelles).

Ce que l'on peut observer, ce sont des comportements, des conduites, des attitudes. Le problème auquel on est confronté est celui du décryptage de la **signification** de ces observations, de la **compréhension** (c'est-à-dire du sens à ce qui est observé) et de l'interprétation des données. Comment **créer des liens** entre ce qu'on observe de l'espace psychique du patient (partie visible de l'iceberg) et comment comprendre le sens que cela a pour lui ?

Le travail d'observation exige un apprentissage.

Ce sont les groupes de contrôle qui permettent d'acquérir cette formation.

Le travail d'élaboration du matériel clinique est, généralement, réalisé avec un groupe de cliniciens (*cf.* plus haut la discussion sur Leïla).

« L'observation approfondie et prolongée de cas individuels est une méthode pratiquée de longue date en médecine et en histoire. » W. Huber (*cf.* Lectures conseillées). En médecine, elle vise à décrire les symptômes et l'évolution des malades et des maladies.

En histoire, elle récolte des faits, les organise pour en faire une biographie.

« En psychologie, l'importance de l'observation approfondie et prolongée de cas individuels a été reconnue dès le début de sa fondation comme science empirique, et on doit remarquer que la discussion de ses possibilités et problèmes a récemment regagné en actualité. » W. Huber (*cf.* Lectures conseillées, p. 177).

L'observation prend toute son importance lorsqu'on observe un nouveau-né ou un jeune enfant.

L'observation des nourrissons a pour but d'*apprendre* à observer.

« Savoir observer vous servira pour toute votre vie », disait Esther Bick.

Esther Bick a créé la méthode d'observation des nourrissons en 1948 dans le cadre de la société britannique de psychanalyse.

Dans la plupart des pays de la Communauté européenne (Belgique, Italie, Espagne, Grèce, etc.), cet apprentissage fait partie de la formation des futurs psychologues cliniciens et des psychothérapeutes.

Les psychothérapeutes d'enfants en formation se rendent dans une famille une fois par semaine, jusqu'à la fin de la première année de l'enfant (chaque observation durant normalement une heure).

Observer suppose une attitude interne particulière : laisser à l'écart les *a priori* et ne sauter à aucune conclusion.

Si on arrive avec des concepts bien arrêtés, avec des théories toutes prêtes, on n'observera que ce qu'on veut voir.

Pour observer, il faut regarder les choses, se laisser pénétrer par les émotions et ensuite retravailler les traces laissées en vous. Plaquer des théories est une attitude de défense intellectuelle contre l'émotion.

B/ Un exemple d'observation : Leïla

Leila est donc une petite fille de 4 ans qui présente des troubles graves de la personnalité. Nous avons étudié le cas de Leïla dans la partie B du présent chapitre. C'est pour introduire le concept d'observation que nous vous présentons la première séance de psychothérapie de cette enfant. Cette séance est décrite par la psychothérapeute :

Le déroulement de la séance

« Dès qu'elle est dans mon bureau, elle grimpe sur une chaise puis sur le bureau et sur le dessus d'une armoire et se laisse tomber dans le vide (elle enjambe le vide sans perception du relief) et tombe en pelote sur la moquette ne se protégeant pas. Elle a dû se faire très mal et ne donne cependant aucun signe de douleur. Elle se relève très vite. Tire une chaise et monte sur le radiateur puis passe du radiateur au lavabo qui est à proximité et à même hauteur. Ouvre tout grand le robinet et regarde couler l'eau, enfin calmée dans son agitation motrice. Elle est accroupie sur le bord du lavabo comme Birdy, l'homme-oiseau (pendant des mois, Leïla va rester ainsi sur le bord du lavabo ou accroupie au bord du bureau).

Tout en refermant un peu le robinet pour régler le débit de l'eau qui gicle partout, je lui propose quelques objets et un ou deux récipients en lui expliquant qu'elle peut utiliser le matériel qui est dans la boîte sur une petite table près d'elle.

Toujours sans me regarder, elle m'arrache les petits personnages des mains (ce sont des petits bébés animaux en plastique souple), et les jette dans l'eau. Elle les regarde tourbillonner tout en léchant les gouttes d'eau qu'elle a sur le visage. Son visage est sans aucune expression. Il y a un grand miroir tout autour du lavabo, elle n'y prête aucune attention. (Ce miroir me permet de voir son visage sous tous les angles même si je suis derrière elle.) Puis soudain, elle s'approche de l'eau et lape, (elle a la tête entre les jambes et boit plus bas que ses pieds dans une extraordinaire maîtrise d'équilibre, elle se tient au rebord du lavabo une main entre les talons).

Puis elle prend quelques petits personnages et les jette sur le sol sans les suivre du regard, refait couler l'eau plus fort et le lavabo déborde. Elle semble, un moment, écouter l'eau qui tombe sur le lino, mais sans regarder et se couvre la tête des deux bras comme si elle craignait que je ne la frappe (ce qui mobilise chez moi les émotions. Je me dis qu'elle doit être souvent frappée !)

Je commente en disant quelque chose comme : « Oh ! là là !, ça déborde, ça coule partout. Viens, on va essuyer tout cela. » (Tout en glissant une serpillière sur la flaque et fermant un peu le robinet.) Je m'aperçois que je m'adresse à elle comme à un petit bébé et que son geste de se protéger la tête contre des coups a suscité en moi un désir de « réparation ».

Elle reste un moment dans un état de stupeur. Je lui dis alors « qu'elle semble avoir eu très peur, qu'elle a peut-être peur de se répandre comme l'eau qui coule à terre et de dégouliner... ».

Je n'ai pas sitôt fini ma phrase qu'elle se dresse sur le bord du lavabo, fait une enjambée dans le vide et va s'écraser sur le sol. Elle se relève sans un signe de douleur et va répandre violemment tous les objets qui sont sur la petite table avec une sorte de rage vengeresse.

Pendant ce temps j'essaie de dire « qu'elle répand le contenu de la boîte car elle a la sensation que les choses qu'elle contient peuvent aussi se répandre... » (je pensais à dégouliner, ne rien pouvoir garder !). Mais elle est déjà passée à autre chose : elle donne des coups de pied très violents dans les pieds du bureau. Je dis : « Tu veux voir si les jambes du bureau sont dures et solides et ne vont pas tomber si tu les cognes... » Dans la foulée, elle s'approche de moi et me donne un coup de pied dans les tibias.

« Peut-être tu voudrais t'assurer que, moi aussi, je suis solide et ne vais pas tomber ou me casser si tu m'attaques. » (Je pense qu'elle teste ma solidité à ce moment-là.) Elle n'a toujours émis aucun son. Il n'y a toujours pas eu d'échanges de regard.

Alors je lui dis : « Viens, on va ramasser tout cela, les choses ne peuvent pas rester comme ça, éparpillées. » (Je m'exécute, je remets les objets dans la boîte.) Mais elle a déjà ouvert un petit placard et renverse le contenu de trois boîtes. Elle vide tout sur ses pieds et marche négligemment sur les objets. (Je me sens un peu débordée et agacée à ce moment-là.)

J'ai l'impression d'être en présence d'un enfant resté à l'état sauvage. Tous les objets sont sur le sol maintenant. Leïla ne bouge plus, elle est figée, le regard agrippé sur le vide. C'est très étonnant pour moi, ces moments d'hyperagitation; et puis... plus rien. Je suis prise d'un désir de la protéger contre elle-même et de la rassurer à cause de ces terreurs que je sens chez elle. Je m'approche des objets étalés sur le sol et je dis : « On va remettre tout cela dans les boîtes. » (Il y a des petites poupées de scénotest et deux familles de « petits malins », ours et lapins avec leurs bébés.) « Les bébés seront plus en sécurité s'ils se sentent dans une enveloppe qui les limite. » Et je remets les bébés dans la boîte avec les parents et je pose le couvercle. Leïla ne bouge toujours pas. Alors que je remets le couvercle sur la boîte, elle se précipite sur moi, m'arrache le couvercle et veut le déchirer. Je l'en empêche. Je récupère le couvercle et le repose sur la boîte. Comme elle veut le reprendre, je le lui prends des mains et lui dis :

« Non, je ne veux pas que tu détruises cela. Le papa, la maman et les bébés ont besoin du couvercle, c'est le toit de leur maison.»

A posteriori, je pense que cette intervention a été bénéfique parce que cela a provoqué une sédation de l'état d'angoisse dans lequel elle plongeait à ce moment-là : car cette boîte, son contenu et le couvercle vont devenir des objets très investis. Lors d'une des séances du printemps, un an plus tard, elle s'est servie du couvercle pour faire un enclos autour de la maison des ours (enclos fait de torchons, de serviettes et de bouts de tissu) pour les protéger. Dans cet enclos, elle avait déposé des petits personnages tout en signifiant qu'ils n'avaient pas besoin de leurs vêtements...

J'avais envie de faire une remarque : cette boîte qu'on ne peut pas déchirer et qui peut contenir et supporter une certaine violence pulsionnelle n'est pas effractable, déchirable, malléable à volonté ; elle a une certaine consistance, en même temps elle est un réceptacle et a une consistance. (Cette boîte est à l'image de la psychothérapeute qui peut à la fois accueillir les contenus de pensée de Leïla et ne pas se laisser entamer par ses assauts destructeurs.) On remarque comment cela structure les choses et apaise les angoisses de Leïla.

C/ Commentaire de l'observation

On voit ici l'importance de l'observation et les liens théoriques qui peuvent s'opérer pour se mettre au service de la compréhension de la situation clinique et de la psychothérapie.

Le matériel clinique recueilli lors de l'inscription de Leïla au CMPP (compte rendu d'hospitalisation, entretien avec les parents, éléments d'anamnèse…) et lors des premières séances (par l'observation) ont permis de dresser un tableau clinique des difficultés de l'enfant, de faire un diagnostic et de mettre en place une psychothérapie.

D

LE MODÈLE MÉDICAL COMME CREUSET

1 - L'étude de cas en psychiatrie

Pinel, Ph. (1745-1826). Médecin français, il substitue un traitement humain aux vilenies dont les aliénés étaient jusqu'alors victimes.

En France, c'est ***Philippe Pinel*** qui va faire naître l'étude de cas en psychiatrie. Dès 1797, Pinel propose sa première classification des maladies mentales dans un traité médico-philosophique sur l'aliénation mentale.

En l'an VI (1798), Pinel écrit un *Mémoire sur la manie périodique ou intermittente*. Il cite des cas. Dans sa *Nosographie philosophique ou la méthode de l'analyse appliquée à la médecine*. (1e édition (an VI - 1798) tome II), on trouve l'étude de cas suivante (p. 287-189).

L'étude de cas psychiatrique reste la référence.

Les grands noms de la psychiatrie restent associés à de grandes études de cas connues (Janet, Kraepelin, Piaget, Henri Ey…).

Étude de cas psychiatrique de Pinel. Une jeune personne d'un teint brun, d'une constitution forte et saine, tomba à l'âge de 17 ans, sans aucune cause connue, dans uns sorte de manie, ou plutôt une suite d'actes d'extravagance, qui consistait à parler seule, sauter, déchirer ses habits, les jeter au feu. Cet état dura cinq mois. Il se manifesta des accès d'hystérie qui se renouvelaient tous les mois. D'abord, dégoût pour ses occupations ordinaires, fréquence de pleurs versés sans cause, air sombre et taciturne ; bientôt après, perte de l'usage de la parole, visage très coloré, resserrement spasmodique au cou, et sentiment d'une sorte de strangulation, engorgement des glandes salivaires ; et bientôt, après, salivation abondante, : alors impossibilité d'ouvrir la bouche, par la forte contraction des muscles de la mâchoire inférieure ; tout le reste du corps dans une sorte de raideur tétanique, pouls à peine sensible, respiration lente, mais régulière, ventre constipé, urines limpides. Ces symptômes durent trois ou quatre jours, qui se passent dans une abstinence absolue ; ensuite voracité singulière, et toutes les fonctions se rétablissent dans l'état naturel. Le calme continue sept à huit jours ; puis les accès se renouvellent avec la même violence : air sombre et taciturne, obstination de garder le lit, refus de nourriture, excepté quelques rôties trempées dans du vin et du sucre. Pour faire cesser cet état de spasme et d'apathie, je prescrivis des courses répétées dans la campagne, dans une voiture ouverte en tout sens. Pour prévenir toute rechute, j'ai fortement insisté sur la nécessité du mariage vers l'approche de l'hiver ; et c'est ainsi qu'une guérison solide s'est terminée en remplissant le vœu de la nature.

Nourrie de ce que voit et entend le psychiatre lors de ses entrevues avec le malade, l'étude de cas s'appuie sur l'anamnèse et prépare le diagnostic. Son objectif est triple : comprendre, soigner, former.

L'objectif pédagogique de l'étude de cas apparaît clairement, par exemple, dans les intentions et la présentation du manuel de B. Samuel Lajeunesse et J.-D. Guelfi (1975) intitulé *Psychopathologie – études de cas* (dont l'introduction précise bien l'utilité, les ambiguïtés et les limites :

« Cet ouvrage comprend 36 observations de patients hospitalisés au cours des vingt dernières années. Ce recueil a pour but de fournir aux étudiants des documents permettant une première approche de la psychopathologie. Les cas cliniques présentés ont été choisis en fonction de leur potentielle valeur pédagogique. Il ne s'agit pas d'un éventail complet des troubles psychologiques. Nous avons surtout voulu donner un aperçu aussi large que possible de la sémiologie psychiatrique. Nous n'avons donc privilégié aucun abord particulier. Une entière liberté est donc laissée à ceux qui pensent pouvoir reconstituer une trajectoire psychodynamique au seul énoncé d'une histoire clinique. **Cependant l'absence de traduction des mouvements transférentiels dans les observations impose à nos yeux des limites à cette démarche** » (souligné par l'auteur, C. Revault d'Allonnes, *cf.* Lectures conseillées)

2 - L'ÉTUDE DE CAS EN PSYCHOPATHOLOGIE

Le champ s'élargit : des troubles mentaux aux maladies psychosomatiques en passant par les notions d'angoisse. ***Sigmund Freud*** publie en 1898 un article intitulé « Du mécanisme psychique de la tendance à l'oubli » dont le contenu servira de point de départ à des considérations ultérieures développées dans *Psychopathologie de la vie quotidienne*. Voici une étude de cas de Freud.

Freud S. (1898). *Psychopathologie de la vie quotidienne*. Paris : Payot, p. 56 - 57

À propos de souvenirs d'enfance

« Tous ceux qui ont eu l'occasion de pratiquer la psychanalyse avec un certain nombre de sujets, ont certainement réuni un grand nombre d'exemples de "souvenirs écrans" de toutes sortes. Mais la communication de ces exemples est rendue extraordinairement difficile par la nature même des rapports qui, nous l'avons montré, existent entre les souvenirs d'enfance et la vie ultérieure ; pour découvrir dans un souvenir d'enfance un "souvenir écran", il faudrait souvent faire dérouler devant les yeux de l'expérimentateur toute la vie de la personne examinée. On ne réussit que rarement à exposer un souvenir d'enfance isolé, en le détachant de l'ensemble. En voici un exemple très intéressant. Un jeune homme de 24 ans garde de sa cinquième année le souvenir du tableau suivant. Il est assis, dans le jardin d'une maison de campagne, sur une petite chaise à côté de sa tante, occupée à lui inculquer les rudiments de l'alphabet. La distinction entre *m* et *n* lui offre beaucoup de difficultés, et il prie sa tante de lui dire comment on peut reconnaître l'un de l'autre. La tante attire son attention sur le fait que la lettre *m* a un jambage de plus que la lettre *n*. - Il n'y avait aucune raison de contester l'authenticité de ce souvenir d'enfance ; mais la signification de ce souvenir ne s'est révélée que plus tard, lorsqu'on a constaté qu'il était possible de l'interpréter comme une représentation (substitutive) symbolique d'une autre curiosité de l'enfant. Car, de même qu'il voulait connaître alors la différence entre *m* et *n*, il chercha plus tard à apprendre la différence qui existe entre garçon et fille et aurait aimé être instruit en cette matière par la tante en question. Il finit par découvrir que la différence entre garçon et fille est la même qu'entre *m* et *n*, à savoir que le garçon a quelque chose de plus que la fille, et c'est à l'époque où il a acquis cette connaissance que s'est éveillé en lui le souvenir de la leçon d'alphabet.

Voici un autre exemple se rapportant à la seconde enfance. Il s'agit d'un homme âgé de 40 ans, ayant eu beaucoup de déboires dans sa vie amoureuse. Il est l'aîné de 9 enfants. Il avait déjà 15 ans lors de la naissance de la plus jeune de ses sœurs, mais il affirme ne s'être jamais aperçu que sa mère était enceinte. Me voyant incrédule, il fait appel à ses souvenirs et finit par se rappeler qu'à l'âge de 11 ou 12 ans, il vit un jour sa mère défaire hâtivement sa jupe devant une glace. Sans être sollicité cette fois, il complète ce souvenir en disant que ce jour-là sa mère venait de rentrer et s'était sentie prise de douleurs inattendues. Or, le délaçage (*Aufbinden*) de la jupe n'apparaît dans ce cas que comme un "souvenir écran" pour accouchement (*Entbindung*). Il s'agit là d'une sorte de « pont verbal » dont nous retrouverons l'usage dans d'autres cas. Je veux encore montrer par un exemple la signification que peut acquérir, à la suite d'une réflexion analytique, un souvenir d'enfance qui semblait dépourvu de tout sens. »

3 - L'ÉTUDE DE CAS EN PSYCHANALYSE

Sigmund Freud a publié plusieurs études de cas cliniques (exemple : *Cinq psychanalyses, cf.* Lectures conseillées) qui lui ont servi de soubassement pour l'élaboration de sa théorie psychanalytique. Parmi de nombreux successeurs de Freud, nous citerons Joyce Mc Dougall (né en 1920) qui présente dans un écrit de merveilleuses études de cas (*cf.* Lectures conseillées).

4 - L'ÉTUDE DE CAS EN SOCIOLOGIE

Dans l'étude de cas en sociologie, le matériel de départ n'est pas le même que dans la démarche clinique. Il est plutôt centré sur des études de situations, des histoires de vie, des trajectoires.

En France, c'est D. Bertaux qui introduit ce type d'étude de cas (*Destins personnels et structure de classe*, Paris : PUF, 1977).

Gaulejac (Vincent de). Professeur de sociologie à l'université Paris-VII. Trajectoire sociale et conflits d'identité, in *La névrose de classe*. Paris : Hommes et groupes, 1987, p.31 à 35.

Vincent de Gaulejac avec la « névrose de classe » vise à comprendre comment le social et l'historique sont représentés dans l'histoire individuelle et montre comment le déplacement social (passer de la classe dominée à la classe dominante, par exemple) détermine des conflits intrapsychiques.

Dans l'ouvrage de Vincent de Gaulejac sur « la névrose de classe », il s'agit d'interroger des phénomènes névrotiques, à partir d'une double problématisation, sociologique et psychologique. L'attention de Vincent de Gaulejac a été attirée par l'importance que le déplacement social, ascension ou déclin, joue dans la production des phénomènes névrotiques. Il montre que dans ces cas, il est impossible de réduire la névrose à une simple causalité sociale ou psychologique, ni même à une addition de facteurs. Il s'agit plutôt d'une articulation de processus à plusieurs niveaux : processus sociaux de domination et d'invalidation entre dominants et dominés ; processus intra-familiaux, demandes contradictoires des parents d'être respectés par leurs enfants alors que ceux-ci s'identifient à d'autres modèles.

La compréhension de la névrose, non seulement théorique mais pratique, en est considérablement enrichie.

« Cette analyse est l'occasion de réfléchir sur les rapports entre la sociologie et la psychanalyse, sur l'intérêt et les limites de leurs apports respectifs dans la compréhension des destinées humaines et des conflits existentiels : à propos des relations entre l'histoire sociale, l'histoire familiale et l'histoire personnelle dans le développement de la personnalité ; à propos de la genèse sociale des conflits psychiques en particulier dans le développement des sentiments de culpabilité, d'humiliation et d'infériorité ; à propos de l'articulation entre les composantes sexuelles et les composantes sociales du complexe d'Oedipe ; à propos des notions de roman familial et de clivage du Moi... » (Vincent de Gaulejac, *op. cit.* p. 19)

Pour illustrer son analyse de la névrose de classe, V. de Gauléjac a choisi d'utiliser un matériel **autobiographique** publié (plutôt qu'une interview), d'une part à cause de son intérêt clinique, mais également parce que son caractère public permet à chacun de s'y référer. Il s'agit de trois témoignages que livre Annie Ernaux in *les Armoires vides* (Gallimard, Paris, 1974), *la Place* (Gallimard, Paris, 1983), *une Femme* (Gallimard, Paris, 1988).

Le matériel servant de base à l'étude de cas est ici différent de celui du clinicien ; il ne concerne ni l'entretien ni l'observation et ne tient aucun compte des phénomènes transférentiels.

5 - L'ÉTUDE DE CAS EN PSYCHOLOGIE CLINIQUE

L'étude de cas clinique n'est pas essentiellement basée sur l'anamnèse et ne vise pas seulement le diagnostic.

Elle est à la fois clinique, ***psychopathologique*** et ouverte au social.

> ***Psychopathologie :*** a pour objet les troubles et dysfonctionnements de la personnalité.

La psychologie clinique doit confronter les repères dont elle dispose à la complexité des situations qu'elle rencontre.

Le cadre d'un entretien thérapeutique ou d'un entretien de recherche en milieu hospitalier (service de maternité, de pédiatrie ou de brûlés graves par exemple), à peu de chose à voir avec le cadre du cabinet du psychanalyste.

Dans l'étude de cas clinique, si l'on tient compte de la demande, du transfert et du contre-transfert, le travail d'analyse n'est pas basé sur l'analyse du transfert et du contre-transfert comme dans le cadre de la psychanalyse.

La psychologie clinique est fondée sur « l'étude approfondie de cas individuels ». Son objet est l'étude de la conduite humaine (adaptée ou inadaptée) incluant les dimensions sociales ou l'impact de l'environnement. L'étude de cas concerne à la fois la clinique du sujet et la clinique du social.

A/ Un exemple : le sentiment d'ennui

Michèle Huguet nous en donne des exemples montrant comment « l'approche clinique s'appuie mais ne se confond pas avec l'analyse sociologique. Elle est centrée sur l'étude de processus singuliers, mais attentive à repérer comment ils utilisent pour se déployer des supports sociaux. Tout affect peut être considéré comme la manifestation de l'ordre pulsionnel ayant trouvé son mode d'expression grâce à son énergie propre et aux voies permises et offertes par l'environnement » (*cf.* Lectures conseillées, *L'ennui ou la douleur du temps*, p. 9).

Elle montre la différence entre l'approche sociologique et la démarche clinique : « Entre une analyse sociologique qui pose la détermination du social sans s'interroger sur la façon dont elle s'accomplit, et la réduction souvent opérée par la psychologie sociale de ramener cette détermination aux seules relations interpersonnelles ou groupales, il faut tenter de comprendre et d'expliquer l'ennui en cherchant à combler le lieu vide de l'analyse sociologique et à rendre au contexte social global les processus relationnels. C'est à cela que tend l'approche clinique proposée » (*op. cit.*, p. 11).

Elle explique la méthode : « Il s'agit d'**entretiens** en face à face, empruntant au dispositif analytique de l'écoute flottante le principe de l'absence de choix quant aux dires du patient. Toutefois, s'agissant d'entretiens ne recourant pas de façon stricte à l'association libre, ménageant la possibilité d'interventions ou d'interrogations destinées à permettre au sujet de développer davantage ses propos, ce principe se spécifie en un sens un peu différent. Il s'agit pour le thérapeute de créer un espace de disponibilité » (*op.cit.*, p.13).

L'ennui comme insatisfaction de soi et du monde

« M.U. vient à la consultation sur les conseils d'un ami psychiatre parce qu'il a des moments de creux, de désintérêt, qu'il s'ennuie. Il n'a plus goût à rien, il fait les choses automatiquement. Il a 27 ans, termine une thèse en art et littérature. Il appartient à un milieu privilégié et a mené jusqu'alors une vie, qu'il qualifie lui-même de "particulièrement protégée", pour l'essentiel, à l'intérieur de sa famille, chez ses parents ou son frère aîné. Il n'a jamais travaillé. En dehors de ses études il mène une vie mondaine relativement brillante et très "parisienne". Il fréquente artistes, intellectuels, et psy de tous genres. Ces détails sont utiles à relater pour faire comprendre la nature relativement exceptionnelle de la demande d'aide psychothérapique et la structuration du sentiment d'ennui.

Au premier entretien, il parle de "coup de tête" à propos du fait d'être venu et manifeste une grande résistance. La psychothérapie ne peut rien lui apporter, il ne veut pas me faire perdre mon temps, prendre la place de quelqu'un qui en a besoin... Cette attitude persiste au cours des entretiens suivants, de façon moins présente, au fur et à mesure qu'il laisse passer la plainte d'une vie qui ne le satisfait pas, plainte dominée par un ennui dont il décrit deux formes.

L'une, en quelque façon chronique et relativement ancienne, est faite de l'absence "de grandes passions, de grands projets". Il se décrit comme un enfant solitaire se trouvant bien à la maison, n'aimant pas sortir puis comme un adolescent plus inquiet se tournant vers une vie "agitée, superficielle, comme pour fuir une impression de vide", et s'occuper à tout prix. (...)

On est en présence d'une histoire de l'ennui qui mêle au manque d'appétit à vivre, comme désintérêt pour la réalité, l'exigence aiguë d'un "on-ne-sait-quoi" dont le statut veut qu'à son imprécision réponde la capacité à refuser le quotidien tel qu'il se donne. On est proche de l'ennui rencontré en littérature, d'un ennui au visage traditionnel, mal d'un idéal qui est autant celui de soi que de l'environnement. Le désir est indéterminé et douloureux parce qu'il ne parvient pas à se fixer.

À suivre le récit de ce jeune homme, une telle disposition renvoie à une série de déterminations organisées autour d'un noyau central qu'on pourrait appeler la peur de vivre. (...)

M.U. est incertain sur son avenir et explique ainsi son absence de désir concernant le mariage. Il se situe, par rapport à l'entrée dans la vie, dans une ambivalence dont il est intéressant d'analyser les supports. (...) » (M. Huguet, *op. cit.*)

B/ Commentaire de l'étude de cas

« L'examen d'un tel système met en lumière le lien entre le système de représentations déployé à propos de la société actuelle et la trame relationnelle qui en a supporté la construction. Celle-ci intéresse ses relations familiales, l'univers culturel où il a grandi, et celui qui constitue sa vie quotidienne. La notion de malheur idéologique prend ici tout son sens parce que, de façon étrange, système de valeurs et relations affectives sont indissolublement mêlés. L'acceptation ou le refus d'une valeur, d'une idée se trouvent en fait déterminés par le jeu des relations affectives. Cette dépendance se concrétise dans la toute-puissance accordée à sa propre sensibilité pour juger des gens et des choses, mais également pour en jouir ou en souffrir. Son refus de la réalité, identifié par lui à son incapacité douloureuse à « entrer dans la vie », repose sur son impossibilité à relativiser un jugement construit comme l'intériorisation d'un manque psychologique et social. Il a enseigné pendant un an, mais les élèves, les enseignants l'ont déçu. “Ils sont gauchistes à 99 %, portent des cheveux longs.” Et puis il a été choqué de la mesquinerie ambiante : que chacun paie son café, par exemple. Ses parents pourtant appartiennent à ce milieu. » (M. Huguet, *op. cit.*)

POUR CONCLURE

On pourrait dire que la spécificité de l'étude de cas en psychologie clinique réside dans la manière dont on recueille le matériel de base.

La psychologie clinique est une parente proche de la psychanalyse et de la psychopathologie puisque les référents théoriques sont communs.

Dans le secret du cabinet, le psychanalyste défriche les terrains qui seront ensuite explorés, avec d'autres méthodes, par la psychologie clinique.

Freud compare le travail de la psychanalyse et celui de la psychologie clinique : la psychanalyse tentant de faire reculer l'inconscient est comparée par Freud à l'assèchement du Zuiderzee (toujours menacé par le mouvement de la marée) et la psychologie clinique serait l'équivalent de « la culture maraîchère dans les polders conquis par la mer ».

Freud, S. (1932). *Nouvelles conférences sur la psychanalyse.* Paris : Gallimard.

En retour, la psychologie clinique interpelle la psychanalyse à ses marges et à ses failles et ouvre de nouveaux espaces de questionnement et de nouvelles formes d'intervention (par exemple, la thérapie familiale ou le psychodrame individuel).

Les histoires de cas cliniques sont des **histoires**, des expériences vécues qui sont retranscrites par un clinicien qui tente de comprendre l'individu au plus près de ses aspirations, de ses aliénations, de ses représentations, de ses croyances.

Des histoires, pour une histoire singulière.

« L'histoire de cas est un peu comme l'histoire de l'homme, qui a vu l'homme, qui a vu l'ours.

On recueille les traces, on travaille sur ces traces et comme l'homme qui a vu l'ours, on prend soin d'observer, de mémoriser, d'enregistrer, de construire, de faire des liens, de suivre un fil rouge dans un effort constant de compréhension de l'autre dans ce qu'il a de plus personnel. »

Colette Assouley-Piquet, *in* C. Revault d'Allonnes, *op. cit.* p.179

Même s'il y a des points communs, il n'y a pas deux individus identiques. Chaque humain étant un univers à soi tout seul, chaque histoire est unique... C'est pourquoi la rencontre clinique est une rencontre singulière.

9

LE BILAN PSYCHOLOGIQUE : UNE SITUATION, UN CONTENU, UNE LECTURE

Les étudiants qui s'inscrivent pour la première fois dans le cursus de psychologie voient s'ouvrir devant eux plusieurs champs : psychologie sociale, psychologie clinique, neurosciences, psychopathologie, etc. Ils savent aussi qu'ils pourront se spécialiser plus tard pour devenir psychologue scolaire, psychologue clinicien, cognitiviste, expérimentaliste...

Chacun de ces domaines possède ses propres outils de travail tels que les entretiens cliniques, les questionnaires, les observations statistiques des données recueillies pour n'en citer que quelques-uns parmi d'autres possibles.

Les étudiants qui ont choisi la psychologie clinique pensent souvent devenir psychothérapeutes. Mais comme Michèle Emmanuelli l'a signalé très justement : « (...) dans la pratique actuelle, un psychologue est rarement recruté d'emblée pour effectuer des thérapies. Cela peut faire partie de ses activités si, indépendamment du cursus universitaire, il a fait l'expérience d'une analyse personnelle et s'engage dans une formation, mais les institutions attendent généralement qu'il ait fait ses preuves dans des activités telles que les bilans, l'accueil, les relations institutionnelles avant de lui proposer des prises en charge » (Emmanuelli, M. (1997). Le psychologue clinicien et l'examen psychologique *in* D. Fua (Ed.) *Le métier de psychologue clinicien.* Paris : Nathan, p. 44).

Cette remarque faite en 1997 ne fait que confirmer les résultats d'une enquête réalisée en 1983 auprès des psychologues praticiens inscrits dans une formation post-universitaire de l'Institut des Psychologues Cliniciens (IPC) de l'Université Paris VII et montre surtout la persistance des exigences dans les institutions de santé (Nguyên, K.C. (1983). Un aperçu de la formation et des activités professionnelles des psychologues cliniciens. *Bulletin de Psychologie, 36,* n°370, 391-395).

Avant de revenir en détail sur les caractéristiques et les étapes d'un bilan psychologique, on peut dire que c'est donc **une des activités** du psychologue clinicien au sein d'une institution et/ou en cabinet privé. Mais c'est aussi **une de ses méthodes de travail** dont l'objectif est d'arriver à appréhender les diverses aptitudes, les problématiques, les caractéristiques de la personnalité d'un individu venu consulter pour diverses raisons en vue d'une prévision d'adaptation scolaire, professionnelle, sociale, familiale, et/ou en vue d'une éventuelle proposition d'intervention thérapeutique.

Pour pouvoir faire ce bilan psychologique, le psychologue a besoin d'**instruments psychotechniques** tels que les échelles métriques de l'intelligence, celles des aptitudes ainsi que les méthodes d'investigation de la personnalité.

Mais il doit être aussi à la fois compétent dans l'application des tests, capable d'observations fines des comportements du sujet en situation d'examen clinique et perspicace dans l'analyse des interactions entre les différentes variables en jeu dans cette rencontre examinateur-examiné, mais aussi dans sa lecture analytique et synthétique des données recueillies.

Dans le cadre de cet ouvrage qui met l'accent sur l'articulation entre la psychologie clinique et la psychopathologie, l'analyse de la lecture faite par le psychologue clinicien des données recueillies lors d'un bilan psychologique, depuis l'entretien de la première rencontre jusqu'à la synthèse finale en passant par l'administration des épreuves d'évaluation des aptitudes et de la personnalité, offrira beaucoup d'intérêt quant à ce type d'articulation. En effet, la lecture du psychologue dépend de ses compétences et celles-ci dépendent de la manière dont il a été formé, d'où l'orientation inévitable de cette lecture.

Nous voulons donc essayer de décrire ce qu'un psychologue praticien devra assumer dès lors qu'une demande de bilan psychologique lui a été adressée, qu'il soit en cabinet privé ou membre d'une équipe responsable dans une institution.

Après une introduction sur une première délimitation de ce que recouvre le bilan psychologique, la situation même de l'**examen psychologique** (partie A), le **contenu du bilan** (partie B) ainsi que l'appréhension par le psychologue clinicien des **données recueillies** (partie C) seront évoqués.

LECTURES CONSEILLÉES

Ouvrages généraux

ANZIEU, D., CHABERT, C. (1992). *Les méthodes projectives. 9e éd.,* Paris : Presses Universitaires de France.

BACKES-THOMAS, M. (1969). *Le Test des Trois Personnages.* Neuchâtel : Delachaux et Niestlé.

BOURGÈS, S. (1984). *Approche génétique et psychanalytique de l'enfant. Choix et interprétation des épreuves,* T.1. Neuchatel : Delachaux et Niestlé.

FAVEZ-BOUTONIER, J. (1959). *La psychologie clinique : objet, méthodes, problèmes.* Paris : CDU (Les cours de la Sorbonne).

FUA, D et al. (Eds.). (1997). *Le métier de psychologue clinicien.* Paris : Nathan.

GUILLAUMIN, J. (1977). *La dynamique de l'examen psychologique.* Paris : Dunod.

PERRON, R. et al. (Eds.). (1997). *La pratique de la psychologie clinique.* Paris : Dunod.

PERRON-BORELLI, M. et PERRON, R. (1970). *L'examen psychologique de l'enfant.* Paris : Presses Universitaires de France.

PICHOT, P. (1967). *Les tests mentaux.* Paris : Presses Universitaires de France.

REVAULT D'ALLONNES, C. et al. (1989). *La démarche clinique.* Paris : Dunod.

SHENTOUB, V. et al. (1990). *Manuel d'utilisation du T.A.T. (Approche psychanalytique).* Paris : Dunod.

Revues spécialisées

Bulletin de Psychologie (1963). Psychologie projective. Théories et techniques, *17,* n° 225.
Bulletin de Psychologie (1983). Psychologie clinique, *36,* n° 370.
Bulletin de Psychologie (1992). Les méthodes projectives et leurs applications pratiques, *45,* n° 406.
Bulletin de la section de Psychologie du Travail (1975), n° 7. Établissements d'Applications Psychotechniques.
Bulletin du Test des Trois Personnages. (1976). Laboratoire de Psychologie Clinique, n°4.
Le Journal des Psychologues, Les tests d'aujourd'hui, n°145, mars 1997.

A

LA SITUATION DU BILAN PSYCHOLOGIQUE

Par « situation », nous entendons un contexte de travail où le psychologue est pris dans un réseau d'interactions relationnelles complexes. En effet, en tant que seul praticien habilité à faire ce bilan psychologique d'un individu donné, d'emblée il est en contact avec le demandeur, le motif de la demande avant de rencontrer le sujet à examiner d'abord en entretien et ensuite avec un objet médiateur qui est le matériel d'évaluation possédant un contenu manifeste et un contenu latent aussi agissants l'un que l'autre.

Ce bilan est donc un **espace de rencontres** où les différents interlocuteurs ont chacun un statut et des attentes.

Selon le décret d'application n° 91-129 du 31 janvier 1991 de la loi n° 85-772 du 24 juillet 1985, portant sur le statut des psychologues de la fonction hospitalière : « Les psychologues de secteur sanitaire et social exercent les fonctions, conçoivent les méthodes et mettent en œuvre les moyens et techniques correspondant à la qualification qu'ils ont reçue. A ce titre, ils étudient et traitent, au travers d'une démarche professionnelle propre, les rapports réciproques entre la vie psychique et les comportements individuels et collectifs afin de promouvoir l'autonomie de la personnalité » (cité par ***Robert Samacher,*** p. 366).

Samacher, R. (1992). Un bilan psychologique pour quoi faire ? *Bulletin de psychologie*, Les méthodes projectives et leurs applications pratiques, *45*, n° 406, 366-372.

On leur laisse maintenant :
- la liberté de concevoir les méthodes et de mettre en œuvre les moyens et les techniques correspondant à leur formation ;
- la possibilité d'adopter une démarche professionnelle destinée à « promouvoir l'autonomie de la personnalité » du sujet examiné.

Le psychologue clinicien se trouve donc maintenant face à ses responsabilités dans l'exercice de ses fonctions où les diagnostics et les pronostics sont inclus.

Par qui et pour qui un bilan psychologique est-il entrepris ?

Il peut être demandé par :
- une instance institutionnelle : école, entreprise, justice, hôpital, etc. en vue d'une orientation scolaire, professionnelle, d'une sélection d'embauche, d'une expertise d'un détenu, d'un diagnostic,
- des particuliers comme des parents qui ont besoin de connaître l'avis d'un expert pour mieux situer la ou les difficultés de leur enfant ou pour servir leur propre ambition par rapport à l'enfant,
- des adultes qui désirent comprendre leurs propres problématiques, etc.

Guillaumin, J. (1977). *La dynamique de l'examen psychologique*. Paris : Dunod, p. 6.

Si l'on considère le bilan psychologique dans sa phase d'évaluation du sujet à examiner, cette description résumée de ***Jean Guillaumin*** est bien explicite : « Ce mode d'exploration psychologique correspond à une situation duelle examinateur-examiné, d'une durée limitée à un minimum et à un maximum empiriquement définis, pendant laquelle l'examinateur exerce en direction de l'examiné, en s'appuyant le plus souvent sur un support instrumental destiné à faciliter son attention et à enrichir son information, une observation directe plus intense qu'il ne ferait dans le cadre d'une situation au long cours. L'intensité de l'observation est *grosso modo* inversement proportionnelle à sa longueur. »

Mais même en phase d'évaluation, cette rencontre examinateur-examiné n'est « duelle » qu'en apparence. En effet, la dynamique du bilan psychologique d'un enfant ou d'un adulte commence déjà dès la réception de la demande. Elle englobe plusieurs éléments en interaction de façon explicite et implicite tout au long de cette démarche.

1 - Le projet d'un bilan psychologique

A/ Le motif de la demande et ses acteurs

Il y a toujours une étape qui précède la rencontre examinateur-examiné.

Elle débute avec trois éléments : le demandeur et son statut, le motif de la demande ainsi que le psychologue et son statut.

■ Le demandeur et son statut

Médecin, juge, enseignant, chef d'entreprise, parents ou l'examiné lui-même qui, de ce fait, a un double statut : demandeur et examiné.

■ Le motif et la demande

Diagnostic différentiel, diagnostic des aptitudes, décisions d'orientations professionnelles, d'orientations scolaires, des sélections pour une embauche, des expertises en vue d'un jugement de la justice ou tout simplement une découverte de soi.

Le motif de la demande a aussi un statut. Il peut être d'ordre institutionnel ou privé.

■. Le psychologue lui-même avec son statut

Le psychologue peut faire partie d'une équipe travaillant dans un cadre institutionnel ou en cabinet privé.

Ainsi le statut des uns et des autres peut les mettre en conflit avant même que le bilan psychologique ne soit programmé et avant l'entrée en scène de la personne à examiner.

B/ Exemples d'intrications statutaires

■ Le psychologue privé

Pour mieux faire comprendre cette intrication statutaire, prenons un exemple concret : le cas de François, 4 ans 6 mois, en deuxième année de maternelle. Ses parents souhaitaient l'inscrire de façon anticipée au cours préparatoire de l'école primaire c'est-à-dire un surclassement. La directrice de l'école et le psychologue scolaire ont donné un avis défavorable, invoquant l'immaturité et la fatigabilité possible d'un enfant de cet âge pour assumer un si grand changement de rythme de vie ainsi qu'un travail qui demanderait beaucoup d'attention, d'application et de stabilité psychomotrice.

Les parents de cet enfant, voulant plaider leur cause, ont contacté un psychologue privé pour avoir un bilan psychologique de François. Les parents ont insisté beaucoup auprès du psychologue privé sur leur désir de voir la réalisation de leur projet concernant leur fils. Ils souhaitaient que les résultats du bilan leur donnent des arguments concrets afin d'infléchir la décision de l'école.

Ainsi à un stade où le bilan n'est encore qu'à l'état de « proposition » d'un particulier à un psychologue en libéral, ce dernier est déjà impliqué dans un réseau conflictuel. S'il acceptait cette demande il serait « l'arbitre » qui se trouverait entre le demandeur-payeur et son motif d'une part, et d'autre part un pouvoir institutionnel où il y a aussi un psychologue « juge ». L'enjeu de cette différence d'opinions est un jeune enfant dont la trajectoire scolaire pourrait être bouleversée par le désir des parents mais dont personne ne peut prévoir les conséquences à venir pour lui-même.

■ Le psychologue en institution

Prenons maintenant le cas d'un psychologue qui travaille dans un cadre institutionnel. Il fait alors partie d'une équipe plus ou moins hiérarchisée où il a sa place et des fonctions précises.

Bettini, R. (1997). Le travail de psychologue dans un centre de santé mentale in D. Fua (Ed.). *Le métier de psychologue clinicien.* Paris : Nathan, p. 31.

Voici un exemple d'organigramme décrit par ***Roberta Bettini,*** psychologue de consultation au Centre Alfred Binet (centre de consultations et de traitement ambulatoires pour l'Intersecteur de Psychiatrie Infantile du XIII° arrondissement de Paris) : « Une équipe est constituée par un médecin-chef, psychiatre et psychanalyste, une secrétaire, une assistante sociale, des psychologues, des orthophonistes, des psychothérapeutes. C'est en tant que psychologue de consultation que je pratique des bilans et que je participe de ce fait au diagnostic et aux décisions concernant les traitements ».

Travaillant dans ce type d'institution, comment les psychologues s'y prennent-ils lors des **propositions de bilans** ? Selon Emmanuelli, « ils n'ont pas à se laisser imposer l'application d'un bilan s'ils trouvent celui-ci inutile et qu'ils ont, par contre, à en proposer l'usage lorsqu'ils considèrent qu'il peut apporter des informations susceptibles d'être utiles au malade. »

Cas d'une **proposition de bilan,** suivie d'effet, relaté par Robert Samacher :

Madame M., 61 ans, est admise à l'hôpital général pour dépression sévère et anorexie. Le psychiatre de l'hôpital en accord avec le médecin traitant préconise des électrochocs comme traitement. Madame M. adhère à ce projet. Le psychologue, lui, évoque l'hypothèse d'une dépression hystérique avec des commentaires à l'appui. Il propose alors un bilan psychologique. Madame M. accepte ce nouveau projet.

Les résultats du bilan ont montré que Madame M. a des potentialités, qu'elle est intelligente, capable d'évolution et de réalisations. Quant à sa problématique, elle concerne le jeu des identifications à sa mère. Elle répète dans sa propre vie ce qu'elle a pu connaître des relations conflictuelles et difficiles entre sa mère et son père.

Ce bilan a pu orienter Madame M. vers une psychothérapie et lui éviter des électrochocs.

D'après Samacher, R. (1992). Un bilan psychologique pour quoi faire ? *Bulletin de psychologie,* Les méthodes projectives et leurs applications pratiques, *45,* n° 406, 366-372.

■ Le psychologue et la sélection du personnel

Dans le cadre d'une sélection d'embauche, le psychologue est cette fois-ci lui-même l'initiateur du bilan avec l'obligation de tenir compte d'un certain nombre de critères relatifs aux postes à pourvoir, critères exigés à la fois par l'employeur et par les fonctions du poste. Dans ce cas, les conflits statutaires entre demandeur et psychologue se trouvent plus atténués.

En résumé, on peut dire qu'il existe des interférences relationnelles avec ou sans conflit entre le demandeur, le motif de la demande et le psychologue praticien avant même que la décision d'une application de bilan soit prise. Le demandeur comme le psychologue ont des attentes par rapport au motif de la demande. Dans les exemples cités ci-dessus, pour le cas de François, ses parents espèrent des résultats valorisant les compétences de leur fils, quant au psychologue, il attend de voir si les caractéristiques de l'enfant peuvent corroborer le projet parental. Quant au cas de Madame M., l'équipe médicale ainsi que le psychologue espèrent, chacun pour ses propres préoccupations, que les résultats du bilan confirmeront leur diagnostic opposé.

De ce fait, ce vécu d'avant le bilan sera présent au moment où le praticien va entrer en contact avec l'examiné, qu'il soit ou non accompagné de ses proches. Cette rencontre ne sera pas duelle mais englobera aussi la présence invisible des acteurs absents sur cette scène-là.

2 - Le bilan et ses étapes

Une fois que la décision de faire un bilan psychologique d'un individu est prise, le praticien va entrer en contact avec son ou ses interlocuteurs, c'est-à-dire les parents de l'enfant à examiner et ensuite l'examiné lui-même : enfant, adolescent ou adulte.

Cet espace de rencontres va se dérouler en plusieurs phases dans le temps et sous différentes modalités : entretiens préalables, évaluation des potentialités et des caractéristiques de la personnalité de l'examiné à l'aide d'un support instrumental et enfin entretien de restitution.

S'il s'agit d'un psychologue libéral, il va assurer lui-même tout le déroulement depuis la présentation de la demande jusqu'à la restitution des résultats au demandeur.

Pour un psychologue en institution il ne peut parfois assurer qu'une partie du bilan. D'après Bettini qui se réfère au Centre Alfred Binet : « Il est d'usage (...) lorsqu'une demande de consultation nous parvient, que l'assistante sociale reçoive d'abord les parents pour constituer l'anamnèse (c'est-à-dire l'histoire de l'enfant), qu'un psychologue pratique un examen de l'enfant, aussi complet qu'il le juge utile (...) et qu'enfin le médecin reçoive l'enfant et la famille, après avoir entendu l'avis de ses collaborateurs. » Dans le cadre décrit par Bettini, le travail semble bien distribué mais on peut regretter que le psychologue ne puisse assumer l'ensemble du bilan. En effet, le bilan dans son ensemble constitue une situation particulière à interactions multiples.

Voici les différentes étapes du bilan.

A/ Le premier entretien

Lors de cette première rencontre, le psychologue praticien se retrouve seul avec l'examiné adulte, ou avec les parents lorsqu'il s'agit d'un enfant. De part et d'autre, chacun des interlocuteurs a un âge, un sexe, une personnalité, des attentes à cause du motif de la demande et des représentations réciproques résultant de la distribution des statuts par cette consultation même, à savoir l'examinateur et l'examiné.

C'est pourquoi dans cet espace de rencontres où l'atmosphère n'est pas particulièrement sereine, l'intérêt principal se porte alors sur la perception réciproque des interlocuteurs. Cette perception correspond à la représentation des examinés par rapport au lieu de la consultation et par rapport au psychologue. De même, l'attitude du psychologue face à la personne qui va être testée et à ses proches doit être évoquée.

■ Perception de la consultation par les examinés

Nous avons vu que le motif de la demande est le facteur déclenchant du bilan psychologique. Le lieu dans lequel il va être effectué est un autre élément qui va peser sur la représentation de la consultation et sur celle de l'examinateur.

En **pratique privée**, le demandeur est à la fois payeur et examiné (sauf quand il s'agit d'un enfant : lui, il n'a pas changé de statut). La démarche vers le psychologue est plus personnelle, plus volontaire mais plus exigeante quant aux résultats (voir plus haut le cas de François, 4 ans 6 mois).

Cette démarche devient plus anxieuse et ambivalente (désir de savoir et appréhension) lorsqu'il s'agit d'un examen en vue d'une éventuelle aide thérapeutique.

En ce qui concerne l'enfant à examiner, il sait qu'il est porteur de quelque chose « qui ne va pas » (même dans le cas de surclassement). C'est ce qui a provoqué sa rencontre avec le « psy ». D'où son inquiétude qui serait la même à celle qu'il devrait subir si cette évaluation se déroulait au sein de l'école. Sa perception du psychologue est conditionnée par ce que ses parents lui ont dit à propos du motif de la consultation.

En **entreprise** ou en cabinet de recrutement, l'examiné sait, en venant à cette entrevue qu'il doit se montrer le plus performant et sous son meilleur jour. Le psychologue est vu comme faisant équipe avec l'entreprise. L'inquiétude de l'examiné est à la fois orientée vers le poste à obtenir et celui qui lui fait cette évaluation dont les conclusions vont faire pencher la sélection finale.

Dans le cadre d'une **institution** comme un hôpital ou une prison, l'examiné (enfant ou adulte) perçoit d'emblée le psychologue comme partie intégrante de l'équipe soignante et/ou dirigeante responsable. Il peut lui conférer un pouvoir : la capacité de connaître autrui grâce à ses outils de travail et à ses compétences. Il peut aussi redouter l'impact des résultats de ce bilan sur son sort : crainte d'un diagnostic pathologique dans le cadre d'un hôpital ou profil de personnalité et diagnostic susceptibles de peser sur le jugement d'une cour de justice concernant son degré de responsabilité par rapport au délit commis. A ce premier contact, un examiné adulte a plus d'une raison pour être anxieux, mal à l'aise et sur ses gardes.

Quant il s'agit d'un enfant, dans le cadre d'une **école,** d'un **centre médico-pédagogique,** cette fois-ci l'examinateur doit affronter plusieurs interlocuteurs: les parents et l'enfant à examiner.

Perron, R. et Perron-Borelli, M. (1970). *L'examen psychologique de l'enfant,* Paris : PUF, p. 189 à 190.

Dans leur ouvrage, ***Roger Perron et Michèle Perron-Borelli*** ont attiré l'attention du lecteur sur les points suivants :

« Un enfant ne consulte jamais de son propre chef et on ne sait comment cette démarche lui a été présentée. D'un cas à l'autre, l'acte de consultation est nécessairement déclenché par une insatisfaction, une inquiétude ressenties par les adultes qui en ont la charge. La demande a pu être suggérée ou imposée par un tiers (enseignant, médecin scolaire, psychologue scolaire, etc.). Mais quel que soit l'initiateur, l'inquiétude existe d'abord chez les parents. Cette inquiétude et leur demande peuvent s'exprimer sous plusieurs formes. Elles peuvent être par exemple discrètes et maîtrisées d'où la consultation est recherchée sans trop d'anxiété, ou très manifestes, d'où la consultation est considérée comme une bouée de sauvetage avec un vécu d'impuissance, de démission, de culpabilité, ou encore ambivalentes : derrière les protestations d'amour et de responsabilité pèse le rejet de cet enfant, source de difficultés objectives et d'angoisse. Ce conflit ne fait que surcharger l'anxiété créée par les difficultés objectives qui ont motivé la consultation.

« Quant à l'enfant, par la consultation même il se trouve personnellement mis en cause : pour ses conduites qui ne satisfont pas ses parents, pour ce qu'il est en tant qu'objet de l'amour ou du rejet des parents, pour ce qu'il en est en tant que personne, peut-être essentiellement incapable ou condamnable.

« Son inquiétude par rapport à cette rencontre peut se manifester par une opposition à l'examen, soit ouverte (mutisme, pleurs, colères) soit indirecte (mauvaise humeur, instabilité), ou par un essai de coopération avec le psychologue pour trouver la cause de "ce qui ne pas va pas", ou par une apparente indifférence. »

Nous pensons que dans le cas de survalorisation, justifiée ou non, des capacités de l'enfant par les parents qui demandent le passage anticipé dans une classe supérieure (comme le cas de François, 4 ans 6 mois), une même inquiétude habite parents et enfant. Les premiers s'attendent à ne pas être déçus par les résultats de l'évaluation ; l'enfant de son côté redoute de décevoir les ambitions de ses parents. Ils espèrent tous que le psychologue leur donnera raison.

Devant les cas de figures décrits jusqu'à présent, quelle serait l'attitude du psychologue face à des interlocuteurs anxieux, chargés de demandes, d'attentes implicites et explicites ?

■ Le vécu du psychologue praticien lors du premier entretien

Nous avons vu qu'avant cette première rencontre avec l'examiné, avec ou sans ses proches, **dans un cadre institutionnel**, le psychologue connaissait déjà :

- le motif de la consultation,
- les hypothèses ou le diagnostic proposés par le médecin ou les autres membres de son équipe,
- il a aussi émis son opinion positive ou négative sur les avis des autres. Il a peut-être aussi une idée sur ce qu'il va employer comme méthodes d'évaluation. De ce fait, il a déjà des attentes par rapport à cette première entrevue. Mais en tant que psychologue clinicien, le seul censé savoir administrer les tests d'évaluation afin de faire un bilan psychologique de l'individu en question, le praticien a des obligations à remplir. La plus importante est de chercher à comprendre la nature des difficultés de l'intéressé afin de lui apporter une aide efficace.

Son attitude vis-à-vis de l'examiné est en quelque sorte ambivalente. Il attend d'une part des indices pour vérifier ses hypothèses, il doit d'autre part observer, écouter, retenir des détails, poser des questions judicieuses pour mieux cerner la ou les problématiques, les demandes des examinés et de leurs proches afin de constituer une anamnèse et faire un choix judicieux de ses outils.

Par ailleurs, il doit faire attention à ne pas se laisser piéger par les interlocuteurs tels que les parents démissionnaires qui voudraient bien décharger leurs responsabilités sur lui, ou par des enfants hostiles à l'examen qui lui feraient endosser le rôle d'adulte contraignant comme les parents et les maîtres.

Par conséquent, lors de cette première entrevue le psychologue est à la fois attentif aux paroles et agissements de ses interlocuteurs, mais aussi à son propre comportement. En effet, il est essentiel de mettre à l'aise et en confiance l'examiné pour assurer le bon déroulement de la phase d'évaluation qui vient après.

Le psychologue en libéral a les mêmes obligations d'observation et de tact mais en plus il ne doit pas laisser le « demandeur-payeur-examiné » lui imposer ses propres exigences et prendre ainsi son parti par rapport à un autre parti adverse.

Bourgès, S. (psychanalyste). *Le bilan psychologique*, cours de son séminaire non édité, mars 1991, p. 1.

Selon ***Simone Bourgès***, « les entretiens préliminaires avec les parents permettent de présenter le rôle du psychologue : chercher ensemble comment rétablir le mieux-être de l'enfant et par conséquent celui de sa famille. Quant à l'enfant, il entre en relation comme une personne à part entière avec le psychologue qui ne s'occupera que de lui, pour le laisser révéler le meilleur de lui-même. »

Quant au **psychologue recruteur,** confondu avec l'entreprise et l'examinateur par les candidats, il doit mettre chacun d'eux à l'aise lors de cet entretien pour qu'ils puissent aborder les épreuves d'évaluation à chances égales.

B/ Les évaluations et la dynamique relationnelle entre testeur-testé et tests

Les évaluations constituent une activité spécifique du psychologue clinicien parce que sa formation le désigne comme le seul à savoir appliquer les tests.

■ Le choix des épreuves d'investigation

Il incombe au psychologue clinicien la responsabilité de faire le choix du support instrumental en fonction du motif de la demande et de ce qu'il sait de l'anamnèse. Le choix doit donc être judicieux. De ce fait, le psychologue doit avoir, en premier lieu, une bonne connaissance des possibilités d'exploration des diverses épreuves à utiliser et en second lieu de la compétence, c'est-à-dire de la capacité et l'aisance pour les administrer correctement.

Selon Bettini, « il est indispensable aussi que le psychologue se sente à l'aise avec un ensemble aussi riche et varié que possible d'épreuves, afin de pouvoir s'adapter "en cours de route" à toute nouvelle situation. »

Sanzana, A. (1997). Méthodes et techniques *in* R. Perron et al. (Eds.). *La pratique de la psychologie clinique*. Paris : Dunod, p. 149.

Ariel Sanzana pense de même : « En définitive, nos choix quant aux épreuves sont guidés par l'information que nous escomptons obtenir. (...) Cela implique un point de première importance : le clinicien ne dispose pas d'une «batterie» d'épreuves préalablement déterminée, utilisable pour toute la démarche d'examen psychologique. En fait, le choix des épreuves se fera d'une séance à l'autre, en fonction des observations et des hypothèses que fait le psychologue concernant le fonctionnement du sujet. »

Bourgès, S. (1992). Place des techniques projectives dans la lecture psychanalytique d'un dossier. *Bulletin de Psychologie*. Les méthodes projectives et leurs applications pratiques, *45*, n° 406, p. 378.

Pour ***S. Bourgès*** : « Le psychologue sélectionne les épreuves et choisit sans agir en aveugle. La portée du bilan prend ainsi sa valeur irremplaçable. »

Il est préférable aussi que cette évaluation se déroule en plusieurs séances. En effet pour Bourgès (cours 1991, op. cit.) : « La confiance s'établit d'autant mieux que les séances, d'une durée raisonnable, se renouvellent dans le temps : réaliser un bilan d'une traite représente plusieurs heures de fatigue et de stress... »

■ La dynamique relationnelle entre testeur-testé et tests

À cette étape spécifique, le testeur et le testé se retrouvent seuls avec le matériel d'évaluation comme objet médiateur, c'est-à-dire un intermédiaire entre les deux interlocuteurs afin de permettre au sujet testé de s'exprimer à travers ses réponses aux items proposés. C'est une relation triangulaire qui va s'établir.

L'examen psychologique que nous décrivons ici est dans un cadre non expérimental. En effet, cette phase d'évaluation a été l'objet de multiples expériences où l'on fait varier les différentes variables afin de voir s'il y avait des modifications importantes dans la production du sujet testé. Ainsi on a fait varier le sexe, l'âge, la présentation du psychologue. On a créé également des situations de stress, d'excitation agressive ou de détente (Guillaumin, 1977, p. 64-65). Toutes ces expériences ont montré que les réponses du sujet sont influençables et dépendantes de l'atmosphère de la situation de l'examen.
Mais nous pensons que par la même occasion elles ont démontré aussi que **les situations expérimentales faussent toujours les résultats** soit à cause de ces exagérations introduites volontairement, soit à cause des modifications des variables qui les rendent inhabituelles.

Revenons à la situation d'évaluation classique pour étudier la dynamique relationnelle qui se déroule dans les deux temps : celui de l'application des tests d'efficience et celui de la passation des méthodes d'investigation de la personnalité.

Piéron, H. (1968) : *Vocabulaire de Psychologie.* Paris : PUF.

C/ L'ÉVALUATION AVEC LES TESTS D'EFFICIENCE

Selon la définition d'***Henri Piéron***, p. 438 : « Un test c'est une épreuve définie impliquant une tâche à remplir, identique pour tous les sujets examinés, avec une technique précise pour l'appréciation du succès ou de l'échec ou pour la notation numérique de la réussite. »

Les tests d'efficience sont donc un matériel standardisé avec des règles d'application bien définies. Le psychologue est censé savoir les manier avec aisance devant l'examiné.

Il existe des échelles composites de ***niveau intellectuel*** global comme le ***NEMI,*** le ***WISC*** avec ses révisés WISC-R, WISC III, le ***WAIS,*** le ***K ABC*** de Kaufman, qui permettent d'évaluer le niveau que l'enfant a atteint par rapport à ce qui est attendu de sa ***classe d'âge réel*** ou que l'adulte a atteint après avoir déduit un certain pourcentage de détérioration mentale. Il y a aussi d'autres épreuves plus spécifiques qui tentent d'explorer d'autres aspects des fonctions cognitives telles que le test de dessin, les ***tests de facteur G*** ou les épreuves de Piaget. Sur ces tests, *cf.* Grand Amphi, *Les méthodes* et *Psychologie différentielle.*

NEMI : Nouvelle échelle métrique de l'intelligence, 1966. ***WISC :*** Wechsler intelligence scale for children, 1957. ***WAIS :*** Wechsler adult intelligence scale, 1956. ***K. ABC :*** Kaufman et al. (Eds.) La pensée sauvage, 1995.

Classe d'âge réel : la tranche d'âge chronologique proposée par les échelles psychométriques. Exemple : pour le WISC, ces tranches d'âges sont de 3 mois, de 5 ans 0 mois à 15 ans 11 mois.

Dans cette phase active du bilan psychologique, le praticien peut apparaître aux yeux du testé comme celui qui détient le pouvoir et qui a en main des instruments capables de le mettre en cause dans ses valeurs. En effet, le psychologue pose des questions, fait exécuter des tâches précises, mesure le temps, observe. Malgré son effort de se maintenir dans une « neutralité bienveillante » il est omniprésent face au testé intimidé, bousculé dans ses repères. Ce dernier cherche à mobiliser ses défenses, ses connaissances pour faire face aux épreuves qu'on lui propose et qu'il ne réussit pas toujours. L'attitude du testé devant ses propres réussites et échecs, face à la neutralité bienveillante du psychologue peut faire ressortir ses différentes modalités de défense devant les situations proposées. D'où, en même temps que l'administration des épreuves, le caractère essentiel de l'observation du comportement du sujet testé. Elle permet au praticien de saisir en « instantané » les diverses réactions verbales, comportementales de l'examiné, enfant comme adulte.

Tests de facteur G (facteur général), tests dérivés des travaux de Spearman, de type non verbal. Si deux tests mentaux ont entre eux une corrélation statistique élevée, c'est qu'ils apprécient quelque chose en commun. La corrélation exprime la mesure du facteur commun ou G (Bourgès, 1984).

Évaluation et/ou comparaison. Qu'éprouverait le sujet testé devant tous ces items à résoudre ?
Voici le point de vue de Perron et Perron-Borelli (1977, op. cit., p. 193-194) concernant un testé-enfant, mais nous le trouvons aussi valable pour un adulte. En effet pour ces auteurs, un enfant peut ressentir le test d'efficience comme « une évaluation d'une part de ses propres valeurs en termes de réussite ou d'échec et d'autre part en termes de comparaison : dans quelle mesure il fait mieux ou moins bien que les autres. On peut voir l'expression plus ou moins explicite de ces sentiments dans les attitudes de valorisation-dévalorisation que l'enfant développe face à ses activités et à ses résultats. Cette situation tend à réactiver les problèmes de compétition, de rivalité, d'affirmation de soi, qui jouent un rôle essentiel dans la dynamique personnelle. »

Nous avons parlé plus haut de relation triangulaire testeur-testé-test. Quel rôle joue alors le **matériel de test** ?

Il sert d'abord comme **objet de médiation** entre les deux personnes en situation. L'une propose des items selon des règles précises, l'autre doit trouver une réponse adéquate à la fois au contenu manifeste et au contenu latent du matériel et dans un temps limité imparti. Le contenu manifeste concerne les questions précises, les problèmes à résoudre, des histoires morcelées à classer selon l'ordre chronologique ou des cubes en couleur à rassembler selon la figure d'un modèle proposé. Le contenu latent du matériel exige la compréhension de la consigne, les capacités d'abstraction, du raisonnement logique sans parler du retentissement possible au niveau de l'inconscient à propos d'un visage à rassembler, un détail manquant sur un objet, etc. en relation possible avec la ou les problématiques du sujet testé malgré la standardisation du matériel.

Il permet aussi au testeur de recueillir des données chiffrées, des observations et au testé de prouver ses valeurs mais aussi ce qu'il pense du testeur et de la consultation elle-même.

D/ Les méthodes d'investigation de la personnalité

Après la phase d'investigation avec les tests d'efficience qui fournissent des données quantitatives pour situer le niveau intellectuel d'un individu par rapport à la moyenne de sa classe d'âge, le psychologue clinicien poursuit ses investigations sur d'autres caractéristiques de la personnalité de l'examiné qui lui appartiennent en propre. Celles-ci, en effet, ne sont pas à comparer à celles de sa classe d'âge.

Pour cela, le psychologue a plusieurs méthodes à sa disposition :

- les méthodes des questionnaires dont le ***MMPI*** est le prototype ;
- les méthodes objectives destinées à repérer le niveau d'aspiration du sujet testé à partir des résultats concrets de ses propres performances ;
- les méthodes projectives dont le ***Rorschach***, le ***TAT***, le ***CAT,*** les Tests de ***dessin,*** sont les plus utilisées. Mais il existe bien d'autres épreuves aussi performantes mais moins enseignées donc moins utilisées telles que le Test du Village, les Phrases à compléter, le test des Trois Personnages, le ***MAPS,*** etc.

De ces trois méthodes, les ***méthodes projectives*** sont les plus utilisées pour compléter le bilan après l'évaluation de l'efficience intellectuelle. La manière d'administrer ces épreuves est totalement différente de celle des tests d'efficience. En effet, ici le matériel est volontairement ambigu : des taches d'encre (Rorschach), des scènes prêtant à différentes histoires (TAT et CAT), des thèmes proposés pour dessiner mais qu'on peut dessiner comme l'on veut, etc.

Il en est de même pour la consigne, rien de précis : « Dites ce que vous y voyez » (Rorschach) ou « Racontez une histoire à partir de cette planche » (TAT, CAT, Patte Noire, etc.) ou encore « Imaginez trois personnages ». Le sujet testé n'est plus stressé par le temps limité et toutes ses réponses sont acceptées. La « décontraction » de cette phase par rapport à la rigueur de la première peut déconcerter l'examiné, aussi est-il préférable que le psychologue prépare la transition pour que le sujet puisse saisir la différence entre les deux.

Comme pour l'évaluation du niveau de l'efficience, le psychologue doit bien connaître plusieurs méthodes d'investigation de la personnalité afin de pouvoir s'adapter aux problématiques de l'examiné.

Rorschach : dix planches de taches d'encre symétriques, test créé par Hermann Rorschach, psychiatre suisse, en 1921.

TAT : Thematic Apperception Test. Auteur : Henry Murray. ***CAT :*** Children's Apperception Test, version pour enfants de 4 à 10 ans. Tests de ***dessins*** libres ou à thème : Test de l'Arbre, Test de la Maison, de la Personne, Epreuve de dessins multiples : Maison , Arbre, Deux Personnes, Test du dessin de la famille, etc.

MAPS : Make a picture story. Auteur : Edwin S. Shneidman.

Méthodes projectives. « Le terme de techniques projectives a été employé pour la première fois en 1939 par le psychologue américain Lawrence K. Frank. Le caractère essentiel d'une technique projective est, l'expression de son monde personnel et des processus de sa personnalité » (Pichot, P., 1967, *Les tests mentaux,* Paris, p. 82).

L'objectif des techniques projectives est de proposer à l'examiné des stimuli qui nécessitent de faire appel à des ressources affectives profondes de son vécu pour donner des réponses et non à ses connaissances, à ses aptitudes.

De ce fait, les réponses au Rorschach, les histoires racontées au TAT, les dessins d'un arbre, d'une maison, d'une personne ou d'une famille, une construction d'un village sont considérés par les auteurs de ces techniques comme autant de **projections ayant une correspondance point par point** avec le monde interne du sujet testé comme l'indique le sens géométrique ou neurologique du terme. Ces productions sont des représentations d'un compromis résultant des interactions entre les trois instances, ça, moi et surmoi de l'appareil psychique (les trois instances de la personnalité selon la psychanalyse freudienne). Le matériel projectif a un contenu manifeste plus ou moins anodin mais son contenu latent est fort agissant. Plus que jamais son rôle de médiateur est essentiel.

Voici un tableau récapitulatif des caractéristiques des tests psychométriques et des techniques projectives afin d'éclairer la complémentarité de ces deux types de matériel.

Caractéristiques des tests psychométriques et des techniques projectives

Caractéristiques	Tests psychométriques	Techniques projectives
Situation de test	Standardisée	En majorité standardisée
Matériel	Très structuré, standardisé ex. WISC, NEMI, WAIS.	- banal (papier,crayon) - peu structuré (taches d'encre) - thèmes ambigus (TAT, CAT, Test des Trois personnages) - complexe (test du Village, MAPS etc.). Ces matériels sont plus ou moins structurés culturellement et standardisés.
Consigne	Précise, contraignante (ex. recopier un dessin imposé, reconstruire un modèle avec des cubes, résoudre un problème, etc.)	Ambivalente car elle est à la fois contraignante et permissive, laissant beaucoup de liberté au sujet testé (ex. : racontez une histoire, construisez un village, dessinez une maison, imaginez 3 personnages).
Temps	Limité à quelques minutes près pour chaque réponse.	Non contraignant, possibilité de donner une réponse à la consigne après plusieurs minutes et possibilité de passer le test en plusieurs phases.
Réponses	Une seule réponse est correcte pour chaque item.	Toutes les réponses sont acceptées.
Ressources	Les connaissances acquises demandées, les raisonnements logiques et rationnels.	Les ressources profondes de l'individu, son vécu affectif, son histoire personnelle.
Résultat final	Un score traduisible en quotient intellectuel, en quotient d'aptitude permettant de situer statistiquement le sujet par rapport à la population représentative de son contexte socio-culturel.	Une création projective traduisible en caractéristiques psychologiques spécifiques à ce sujet, c'est-à-dire irréductibles à aucun autre.

Nguyên, K.C. (1992). Les méthodes projectives c'est pour quel usage ? *Bulletin de Psychologie, 45,* n°406, p. 363.

À cette phase d'investigation des caractéristiques de la personnalité, le testeur n'apparaît plus aux yeux de l'examiné comme celui qui remet en cause ses valeurs. Il semble plutôt permissif puisqu'il répond : « comme vous voudrez » à toutes les questions du testé. La consigne qu'il a donnée est ouverte à toute création imaginaire et il accepte toutes les réponses, même les critiques plus ou moins agressives à l'égard du test ou à son égard, en les notant.

L'examiné peut ressentir la situation comme moins contraignante mais d'un autre côté, il ne sait pas comment le testeur va analyser des réponses aussi anodines qu'une chauve-souris (***Planche*** I du Rorschach) ou le dessin d'une maison, le complètement d'une phrase inachevée, d'où son inquiétude.

Planche : dans la suite du texte les planches du Rorschach sont désignées en abrégé par des chiffres romains ; celles du TAT par des chiffres arabes.

Quant au testeur, il est plutôt silencieux, la plupart du temps il écrit les réponses, fait des relances laconiques mais son activité principale consiste à observer, à noter ou à mémoriser tout le comportement du sujet testé depuis sa manière de s'asseoir sur une chaise, sa manipulation du matériel proposé, ses mimiques, ses réactions verbales et non verbales. C'est un regard « clinique » parce qu'il observe et relève tous les indices verbaux et non verbaux susceptibles de l'aider dans son interprétation approfondie de l'ensemble des réponses données par le sujet testé.

Même s'il est moins omniprésent que dans la phase d'évaluation de l'efficience, son silence, ses notes, ses questions à l'***enquête*** (deuxième phase de l'application d'une épreuve projective) maintiennent toujours l'inégalité entre les deux interlocuteurs.

Enquête : c'est la deuxième phase de l'administration du Rorschach. Quand le sujet testé a donné des réponses aux dix planches de ce test, le testeur va lui redonner les mêmes planches, dans l'ordre, en s'enquérant, pour chaque réponse donnée, des renseignements sur l'endroit où il l'a vue (globalement, dans un détail, dans l'intermaculaire, etc.) et ce qui a déterminé cette réponse (la forme, la couleur...).

A la fin de cette phase d'investigation de la personnalité, le testeur offre au testé une occasion de rééquilibrage en demandant : « Que pensez-vous de ce ou ces tests ? »

A ce moment le testé peut lui adresser ses critiques à propos du test, de la situation dans son ensemble, du psychologue s'il ne l'a déjà fait durant la passation. Au terme de ces deux phases de l'examen psychologique, on peut faire les constatations suivantes :

- Le déroulement du bilan psychologique ne peut pas être exécuté en une seule séance. Une telle précipitation ne peut que nuire à la qualité de l'application des tests, à celle de la relation testeur-testé, au manque de précision de l'observation clinique de la situation par l'examinateur.
- L'étalement de l'examen en plusieurs séances favorise en revanche l'observa tion des mouvements évolutifs chez le testé, l'amélioration de la relation testeur-testé ainsi que les changements de comportement des deux interlocuteurs.
- Un entretien préalable avec le testé est nécessaire pour le mettre à l'aise et faire débuter une relation testeur-testé. Le testeur peut comparer par la suite ce comportement du testé durant cet entretien avec celui devant les tests.
- Pour Perron et Perron-Borelli (1970) « ces attitudes doivent elles-mêmes se comprendre comme des modalités individuelles d'aménagement d'une relation – relation à la tâche, relation à soi-même et relation à autrui, toutes ensembles intriquées – qui s'exprime le plus directement, dans le champ actuel de l'examen, comme une réaction à l'examinateur » (p. 196).

E/ Le deuxième entretien plus approfondi après l'application des tests

Dans le cadre de l'examen psychologique de l'enfant, Perron et Perron-Borelli (1970, p. 197-199) considèrent que le premier entretien préalable n'est qu'un

« bavardage » visant à sécuriser l'enfant, à dédramatiser la situation, à gagner sa confiance et sa collaboration. Ces auteurs conseillent aux psychologues cliniciens d'entreprendre un deuxième entretien après l'application des épreuves projectives. Cet entretien doit être considéré comme partie intégrante du bilan. Il vise à :

- obtenir en premier lieu des informations anamnestiques données par l'enfant (informations à confronter à d'autres sources afin d'avoir des décalages et des concordances qui sont aussi significatifs l'un que l'autre) ;
- recueillir le maximum de données significatives sur le problème qui est présenté lors de la démarche de consultation ;
- dégager le point de vue de l'enfant qui est le principal intéressé.

Pour ces auteurs, durant cet entretien : « Tout ce qu'exprime l'enfant (...) du plus conscient au plus profond - est exprimé par quelqu'un pour quelqu'un » (p. 202). « Mais chaque psychologue doit connaître et maîtriser ce que sa propre personnalité peut introduire dans la relation » (p. 203). Les recommandations de ces auteurs nous semblent aussi valables dans le cadre d'une consultation pour adulte.

Nous avons décrit jusqu'à présent la dynamique interactionnelle dans la situation de bilan psychologique depuis le projet de bilan jusqu'à l'entretien approfondi après les séances d'évaluation. Nous allons aborder maintenant les différentes données recueillies au cours de ces étapes pour pouvoir faire l'inventaire du contenu d'un examen psychologique.

B

LE CONTENU DU BILAN PSYCHOLOGIQUE

Le psychologue clinicien a donc rencontré un individu dans le cadre d'un examen psychologique demandé par cet individu même ou par une tierce personne pour lui. Précisons que, jusqu'à présent, nos propos concernent ce cas de figure et non celui où le praticien clinicien est demandeur comme dans le cadre d'une recherche pour la validation d'un test ou pour l'étude d'un symptôme quelconque avec une épreuve particulière d'évaluation.

Le praticien a choisi différents modes d'approche de la personnalité du sujet examiné allant de l'écoute, de l'observation aux diverses méthodes d'évaluation en passant par des entretiens. Il a ainsi mis sur pied un dispositif diagnostique pour recueillir des données qui vont constituer le **contenu du bilan psychologique.**

Par «contenu» nous désignons l'ensemble des données recueillies par le psychologue tout au long des étapes, à savoir :

- les données anamnestiques provenant de la demande comme des entretiens avec le sujet à examiner et/ou avec son entourage propre,
- les données fournies par l'observation du comportement des interlocuteurs lors des entretiens comme lors de la situation d'examen clinique,

- les réponses explicites du sujet testé ainsi que les échanges implicites du trio test-testeur-testé lors de la phase d'évaluation,
- les attentes plus ou moins inconscientes de tous les partenaires de ce bilan y compris celles du testeur lui-même.

Ce contenu est un **document spécifique** relatif au seul sujet examiné en question.

Nous allons nous rendre compte à présent des composants de ce contenu aux différentes étapes de cet examen psychologique.

1 - Le demandeur et le motif de la demande

Ils indiquent déjà :
- l'intitulé de sa problématique : échec scolaire, santé mentale, expertise judiciaire, contre-expertise, embauche ;
- l'aspect institutionnel ou privé de la demande ;
- les coordonnées du futur examiné : âge, sexe, niveau socio-culturel, état civil et professionnel pour un adulte, structure familiale, etc. ;
- les objectifs du bilan : diagnostic, orientation, compréhension du fonctionnement d'une personne en difficulté ou en souffrance...

2 - Les entretiens et les données anamnestiques

Les données de l'anamnèse sont recueillies lors des entretiens préalables et approfondies auprès des parents et aussi auprès de l'enfant afin de relever des concordances comme des décalages s'il y a lieu.

Elles concernent quatre éléments différents qui sont : la structure familiale, l'histoire de la problématique, l'autoportrait du testé et ses sentiments par rapport à cette consultation.

La structure familiale : parents, enfants, fratrie. Le fait d'avoir deux parents ou un seul, être enfant unique ou ayant des frères et sœurs, le rang du testé dans la fratrie, la différence de son âge avec celui du frère ou de la sœur qui précède et/ou celui, celle qui le suit, les événements importants de la vie familiale, les relations entre les parents, celles des parents avec les enfants, sont autant d'éléments qui permettent de mieux cerner la problématique du testé.

L'histoire de la problématique qui est à l'origine de la consultation va permettre d'avoir les points de vue de l'intéressé lui-même, de son entourage propre, de son entourage social. De ce fait, on peut voir comment chacun se situe par rapport à cette problématique.

L'histoire de la problématique. Prenons l'exemple cité par Audrey Chabot et Juliette Suchel-Touly : « Pierre, six ans, était en échec scolaire au Cours Préparatoire. La mère accusant l'institutrice clamait haut et fort que cette difficulté provenait du fait que son enfant n'aimait pas aller à l'école et cela à cause de la maîtresse qui était rejetante (...). En fait, c'est l'institutrice épuisée et désemparée que l'équipe a rencontrée. Elle ne savait plus comment faire acquérir à cet enfant le moindre apprentissage » (*Le journal des psychologues,* mars 1997, n° 145, p. 45).

« L'autoportrait » du sujet peut être représenté lors de l'entretien approfondi dans ce qu'il dit de ses parents, frères, sœurs, de l'école, de ses maîtres (pour un enfant), des collègues, de son milieu professionnel, etc.

Les sentiments du testé par rapport à cette consultation : inquiétude, espoir, attentes.

3 - Les données de l'évaluation de l'efficience intellectuelle

Cette évaluation cherche à connaître, par le moyen des échelles de mesure, les acquis intellectuels aussi bien verbaux que les performances non verbales ou d'autres aptitudes d'un sujet testé enfant, adolescent ou adulte. Les notes standards obtenues sont traduites en quotient intellectuel (QI).

Une échelle composite comme le WISC ou le WAIS permet de calculer le QI verbal, le QI de performance et le QI général.

L'**échelle verbale** du WISC est constituée par un ensemble de sous-tests qui explorent la capacité de conceptualisation, de catégorisation (similitude), la capacité d'acquérir des connaissances, la facilité de verbalisation (vocabulaire) ou encore la capacité d'adaptation pratique (compréhension) etc. Toutes les notes standards des sous-tests donnent le **QI verbal**.

Les **sous-tests de l'échelle de performance** cherchent à révéler les capacités du testé d'exécuter correctement certaines tâches dans un temps limité imparti. Ils mettent en jeu, par exemple, les capacités de perception fine, l'attention au détail (Complètement d'images), l'aptitude à saisir une situation dans son ensemble, à ordonner logiquement et temporellement une situation concrète, l'adaptation pratique et sociale (Arrangement d'images) ou encore les capacités conceptuelles d'analyse et de synthèse, de représentation mentale, d'abstraction (Cubes de Kohs), etc. Toutes les notes standards des sous-tests de cette échelle donnent le **QI de performance.**

Les notes standards obtenues à ces deux échelles mises ensemble permettent d'avoir le **QI général** du sujet testé. Ce QI comparé à celui de la moyenne de sa classe d'âge le situera au-dessus, au-dessous ou à égalité. Mais tous ces QI ne sont pas réduits à un simple indice quantitatif car ils révèlent aussi son niveau de maturité ainsi que ses potentialités.

Pendant la passation des tests, les observations fines du psychologue lui permettent aussi de se rendre compte de la façon dont le sujet testé utilise ses potentiels pour affronter les problèmes posés et aussi pour les résoudre.

A/ Les différentes épreuves psychométriques

Les épreuves pour l'évaluation de l'efficience intellectuelle sont multiformes pour une exploration multidimensionnelle. En voici un bref résumé :

■ Épreuves graphiques

- *Les tests de dessins géométriques* comme le test de Lauretta Bender et la figure complexe d'André Rey. Ce sont les deux tests les plus utilisés en France. Ils explorent le niveau de structuration de l'activité perceptive, de l'attention et de la mémoire immédiate.

- *Les tests de dessins figuratifs* comme le test du Bonhomme de Florence Goodenough ou la Dame de Fay. Ils permettent aussi de calculer le quotient intellectuel et le degré de maturité du développement général de l'enfant.

Mais le QI calculé à partir de ces épreuves graphiques peut être perturbé par des troubles instrumentaux, affectifs, etc.

■ Épreuves à facteurs intellectuels dominants

Elles sont souvent composites comme le Binet-Simon et ses dérivés, les échelles de Wechsler (WPPSI-R, WISC-R, WAIS, etc.) et assimilées (K ABC). Elles peuvent être aussi non verbales. Ce sont des tests de facteur G comme le PM 38, le Matrix, le D 48, etc.

■ Épreuves opératoires de Piaget

D'après Sanzana (1997) : « le but initial est de déterminer le fonctionnement opératoire, en termes de structures (opérations concrètes, formelles, etc.) mais aussi de saisir les aspects dynamiques des processus de l'intelligence. L'utilisation des instruments piagétiens exige de la part des cliniciens une connaissance approfondie de la dynamique des processus de la pensée (...). Sur le plan pratique ces épreuves sont appliquées sur plusieurs domaines des acquisitions » (p. 144 à 145).

Il existe deux adaptations des épreuves de Piaget :
- Les étapes de l'intelligence sensori-motrice par Irène Casati et Irène Lézine, applicables aux jeunes enfants de 6 mois à 22 mois.
- L'échelle individuelle de développement de la pensée logique par F. Longeot applicable aux enfants à partir de l'âge de 9 ans (Bourgès, *cf.* Lectures conseillées, p. 112 à 119).

■ Échelles de développement des aptitudes

Elles explorent le rationnel général tel que les échelles d'Alexander, de Borelli-Oléron ou de Brunet Lézine pour les petits enfants ou le test sans parole pour les sujets malentendants-mutiques.

Ce sont des échelles non verbales qui étudient l'efficience mentale dans des optiques particulières :
- étude de l'intelligence pratique, de la résolution des problèmes ayant un support concret ;
- utilisation des données perceptives dans des opérations plus ou moins abstraites;
- étude des coordinations sensori-motrices, etc.

L'échelle anglaise Alexander est applicable aux enfants de 7 à 16 ans. Elle permet de calculer le quotient intellectuel pratique (QIP).

L'échelle américaine de Grace Arthur (1947) donne un quotient intellectuel de performance. Elle est applicable à partir de 5 ans jusqu'à l'âge adulte. Elle mesure l'aptitude à penser et raisonner.

L'échelle française de Michèle Borelli-Pierre Oléron est applicable aux enfants entendants de 5 à 8 ans et aux enfants non entendants de 5 à 9 ans (Bourgès, *cf.* Lectures conseillées, p.131 à 140).

B/ L'INGÉRENCE AFFECTIVE

Toutes les épreuves citées ci-dessus sont censées évaluer différents aspects des processus cognitifs. Mais des recherches expérimentales en laboratoire du début du XXe siècle ont montré de façon convaincante que la perception humaine n'est jamais objective. Elle est aussi sélective car elle est soumise à des distorsions causées par des habitudes mentales, la forte charge affective des stéréotypes ou la pression de l'opinion du groupe d'appartenance (***D. Anzieu***).

Aussi le contenu même de certains tests peut susciter des **projections d'ordre affectif.**

Anzieu, D. (1965). *Les méthodes projectives.* Paris : PUF, p. 260 à 270.

Ingérence affective. Voici une démonstration de Michel Montheil (1997) : « ...à l'épreuve "Assemblage d'objets" du WISC-R, se trouve un "visage" mis en pièces (au sens littéral). Un tel exercice engage trois processus principaux :
- une compétence intellectuelle (c'est à cet effet qu'on l'utilise dans le WISC-R) supposée mesurable ;
- des mécanismes affectifs sous l'effet de mouvements d'identification et de projection (une figure humaine, masculine, coupée et morcelée) ;
- des processus cognitifs : réaliser un "puzzle" nécessite une démarche procédurale complexe, entre un "coup par coup" et une analyse de chaque indice graphique ou structurel. Ce même auteur a démontré que la figure complexe de Rey peut mobiliser des influences cognitives "pures", des influences mixtes cognitives-affectives et être un Rorschach cognitif. Dans ce test, "on peut apprécier à l'œuvre" l'intrication de l'intelligence, de l'affectivité et de la cognition dans l'activité de penser. »

M. Montheil : Revisiter les tests : quelle place pour les aspects cognitifs ? *Le Journal des Psychologues*, mars 1997, n°145, p.24-25.

L'intrication du cognitif et de l'affectif dans les échelles psychométriques, a été employée par Bourgès (1984) qui a émis des hypothèses sur ce sujet à propos de tous les sous-tests du WISC-R. Par exemple, le sous-test Compréhension met en jeu le bon sens et montre la capacité d'intégration de l'éducation parentale et des normes sociales. Il peut faire émerger des réponses de type projectif dans le plaire ou ne pas plaire à toutes ces normes (p. 90 à 101).

En résumé, les épreuves psychométriques fournissent des indices quantitatifs concernant :
- le quotient intellectuel indiquant le degré de maturité du testé. Il le positionne aussi par rapport à la moyenne de sa classe d'âge ;
- les potentialités des connaissances, du raisonnement logique, de la capacité d'analyse et de synthèse, de la verbalisation ;
- les potentialités des performances : vitesse et exactitude d'exécution des consignes, structuration de l'espace, mémorisation, etc.

Ces résultats quantitatifs, ces QI ne sont des constats que d'un «ici et maintenant» susceptibles de variations dans le temps dues à l'évolution du testé, surtout lorsqu'il s'agit d'un enfant. De plus, ils ont besoin d'une lecture qualitative pour prendre «sens» dans l'approche globale de la personnalité du sujet testé.

Nous avons décrit jusqu'à présent l'application classique des tests psychométriques c'est-à-dire que le psychologue adopte une neutralité bienveillante et se contente de donner une consigne et de chronométrer le temps d'exécution. Il intervient le moins possible dans le travail du sujet testé. Son objectif est de s'approcher ainsi au plus près des capacités du testé. Mais il existe un autre mode d'application des épreuves psychométriques dit d'évaluation dynamique.

C/ L'ÉVALUATION DYNAMIQUE DES TESTS PSYCHOMÉTRIQUES

D'après ***Daniel Pasquier*** : « Avec cette méthode, le psychologue place le sujet dans une situation d'apprentissage afin d'observer de quelle manière et avec quelle ampleur celui-ci pourra modifier ses conduites cognitives. Il y a deux paradigmes de passation : Test-apprentissage-test (TAT) et Aide au cours du test (ACT). Le psychologue évalue ainsi la réactivité du sujet à la situation d'appren-

Pasquier, D. (mars 1997). L'évaluation dynamique en psychologie. *Le Journal des psychologues*, n° 145, p. 34-36.

tissage en comparant la performance du sujet avant et après l'entraînement à résoudre la tâche. »

Avec le paradigme « Test-apprentissage-test », Burdoff (cité par D. Pasquier sans autres précisions, p. 34), différencie :
- les sujets à scores élevés réussissant d'emblée le test ;
- les sujets gagnants améliorant leur performance suite à l'entraînement ;
- les sujets non gagnants ne tirant aucun profit de la mise en situation d'apprentissage.

Selon le paradigme « Aide au cours du test », suite à l'apprentissage d'une tâche, le sujet est invité à utiliser ses acquis pour résoudre de manière autonome une série de tâches construites selon un gradient de transfert, de la plus proche à la plus éloignée de la situation d'apprentissage.

Les avantages de la dynamique sont :
- l'amélioration des qualités métrologiques des épreuves ;
- la possibilité de distinguer parmi les bas niveaux les sujets sensibles à la mise en situation d'apprentissage et
- l'introduction d'une dimension supplémentaire à l'évaluation : l'éducabilité ou le potentiel d'apprentissage (D. Pasquier, p. 34 à 36).

Jusqu'à présent nous avons examiné les données apportées par les tests psychométriques. Nous allons voir maintenant celles des méthodes d'investigation de la personnalité.

4 - Les données des méthodes d'investigation de la personnalité

Les méthodes d'investigation de la personnalité peuvent se présenter sous forme de questionnaires, de tests objectifs ou de techniques projectives.

A/ Les questionnaires de personnalité

Pierre Pichot (*cf.* Lectures conseillées, p. 65 à 72) a distingué deux variétés de questionnaires.

- **Le questionnaire uniphasique** n'explore qu'un seul trait de la personnalité. par exemple le questionnaire d'ascendance-soumission de Allport ou de masculinité-féminité de Terman et Miles.

- **Le questionnaire multiphasique** permet d'obtenir simultanément des notes pour plusieurs traits. Ces traits peuvent être en rapport avec un système psychologique dérivé de la nosologie psychiatrique, les syndromes psychiatriques étant considérés comme des exagérations morbides des traits normaux. L'inventaire de personnalité multiphasique de Minnesota (MMPI) est le questionnaire de ce type le plus utilisé. Exemple : échelle d'hypocondrie (Hs), de dépression (D) ou d'hystérie (Hy), etc.

B/ Les tests objectifs de la personnalité

Selon Pichot (*cf.* Lectures conseillées, p. 77), « sous ce terme on entend généralement les épreuves de performance dont les résultats permettent de tirer des conclusions sur la nature des facteurs non intellectuels de la personnalité du sujet. »

Par exemple on peut demander à une secrétaire d'estimer d'abord verbalement le nombre de signes qu'elle peut taper en une minute. On lui fait faire ensuite un essai sur une machine à écrire. On compare le résultat concrètement obtenu avec l'estimation verbale du début de l'expérience et on observe la réaction de la secrétaire par rapport à sa surestimation ou sa sous-estimation verbale. En tenant compte des résultats de ce premier essai, on lui demande une nouvelle estimation verbale et on lui fait faire un deuxième essai avec une deuxième appréciation de ses propres résultats. Cette expérience peut être répétée plusieurs fois. Ce qui permet de constater la sous ou survalorisation de soi-même, la rigidité d'une aspiration ou la souplesse d'adaptation du sujet testé à une réalité faite de ses propres performances.

C/ Les méthodes projectives

Les méthodes projectives sont surtout utilisées par les psychologues cliniciens pour compléter l'évaluation de l'efficience intellectuelle. Elles sont multiformes mais les plus usitées sont le Rorschach, le TAT, le CAT, le Patte Noire, les tests de dessin, etc.

Grâce à leur contenu manifeste volontairement peu structuré ou ambigu elles proposent au sujet un **espace de projection** d'un « dedans », à partir d'un foyer, l'individu lui-même, vers le dehors.

La liberté de temps et d'expression accordée par la consigne va inviter le sujet à se laisser aller au gré de ses fantasmes et lui propose un **espace de création** qui doit être comblé par ses propres ressources imaginaires.

Mais c'est aussi un **espace de liberté** où il peut dire ce qu'il pense du testeur, du test, exprimer son agressivité ou tenter de séduire le testeur.

Relation testeur-testé (quelques exemples).

- Femme, 35 ans (diagnostic), Test TAT : pl. 16 (dernière planche de la série, blanche, sans image) : « C'est la fin des haricots (rire). Vous en avez beaucoup d'autres comme ça ? »
- Homme, 27 ans (expertise), test de Rorschach : pl.VII : « Là... j'ai l'impression à travers cette image, qu'il s'est mis à votre place, que c'est à lui que j'ai parlé et qu'il est en train de se moquer de moi... »
- Homme, 51 ans (expertise), Rorschach : pl. II : « Ici en haut on dirait des fantômes. Là ici, c'est le homard. C'est très amusant. C'est bien intéressant. Vous avez bien fait de me convoquer. »

Le matériel des techniques projectives sert donc de support à une projection globale qui s'exprime dans un **langage indirect** sous forme de mots, d'une construction, d'une histoire, d'un dessin... Il provient d'un double mouvement effectué par le sujet dans sa recherche d'une réponse au matériel-stimulus : le mouvement régrédient d'abord et ensuite le mouvement progrédient pour donner une représentation exigée par la consigne.

Le mouvement régrédient se met en marche lorsque le sujet testé quitte le niveau concret du stimulus-test pour se laisser aller à la recherche d'une réponse dans son registre d'images intériorisées au **niveau primaire** projectif. Le contenu latent du stimulus va alors réactiver des représentations inconscientes liées à des affects correspondants. D'après les termes de la deuxième topique de Sigmund Freud, le moi, instance médiatrice entre le ça et le principe de réalité, va prendre en charge selon ses possibilités d'intégration et de défense, la réorganisation de ces représentations réactivées.

Une fois jugées « acceptables », ces représentations réorganisées vont accompagner le **mouvement progrédient** vers le **niveau secondaire** contrôlé sous forme d'une réponse plus ou moins adaptée à l'exigence de la consigne et à celle des qualités sensorielles du stimulus.

■ La création projective

Ce langage est une véritable création projective car il laisse apparaître à différents niveaux de sa concrétisation en verbe, en construction, en graphisme, des mouvements d'oscillation incessants entre le pôle perceptif et le pôle projectif, du perçu au vécu. Cette oscillation reflète à la fois la **dynamique interne** du sujet face à une tâche inhabituelle à exécuter et les modalités de relation du sujet avec les différentes situations auxquelles il est confronté, ce qu'illustre l'exemple suivant.

La dynamique interne du testé. Extrait d'un protocole de Rorschach : Homme 22 ans (diagnostic demandé par le sujet lui-même).

Pl. I - Temps de réaction : 60 secondes.

Tourne la planche dans tous les sens (V : position inversée)

— « une petite statuette qui se découpe (un petit détail se trouvant dans le grand détail gris au centre)

— c'est dur à passer, je me demande. »...

Le temps de réaction assez long (60"), les retournements, la position inversée de la planche sont autant de signes indiquant que ce jeune homme est d'emblée en difficulté face à la consigne (dites ce que vous y voyez) et au contenu latent de cette planche I (mouvement régrédient). Mais il a su contourner cette difficulté en mettant la planche en position inversée et en donnant une réponse à un petit détail qui est reconnaissable, donc de bonne forme.

Cette unique réponse montre que le sujet a compris la consigne, a pu maîtriser tant bien que mal son angoisse (mouvement progrédient) et ne s'est pas laissé envahir par elle. « C'est dur à passer, je me demande... » reflète peut-être son regret de s'être mis volontairement dans cette situation angoissante et difficile pour lui.

■ L'analyse de la création projective

Pour analyser le contenu de cette création projective, le psychologue doit d'abord décoder le langage indirect selon une grille de cotation mise au point pour chaque test. Prenons comme exemple le test de Rorschach qui est le plus utilisé en France. Il possède un mode de dépouillement en plusieurs étapes : la cotation, le psychogramme, qui correspond à une analyse quantitative, et enfin une lecture qualitative de toutes ces données.

– ***La cotation des réponses** du Rorschach*

Il faut étudier sous quatre angles chacune des réponses :

1) le **mode d'appréhension,** c'est-à-dire vu globalement (G) ou en grand détail (D), en petit détail (Dd), etc., dans la tâche d'encre ou dans le fond blanc (Dbl),

2) le **déterminant,** c'est-à-dire l'élément qui fait penser à telle ou telle chose : la forme, la couleur, le mouvement, etc.,

3) le **contenu** : humain, animal, objet, sexe, etc,

4) les **facteurs additionnels :** la banalité ou l'originalité de la réponse, les chocs. La banalité est accordée à la réponse qui est déjà donnée par plusieurs personnes de la population de référence.

– ***Le psychogramme** ou **l'analyse quantitative***

Une fois la cotation terminée on fait le total de chacune de ces quatre colonnes pour voir :
- quel est le type d'appréhension du sujet (la manière dont il perçoit la tache d'encre : globalement et/ou partiellement et/ou dans l'intermaculaire, etc.) ;
- quel est le déterminant dominant ;
- quel est le degré de variété des contenus ;
- si le sujet testé a donné ou non beaucoup de réponses banales ou d'autres réactions affectives.

On calcule ensuite le pourcentage de ces catégories pour pouvoir le comparer avec les normes tirées de la population de référence. Mais ces chiffres et ces pourcentages ne sont pas seulement une évaluation quantitative, ils permettent aussi d'affiner la compréhension du travail interne du testé confronté à des situations difficiles. Par exemple, ils peuvent donner des indications sur son adaptation au réel : trouble ou excessive adhésion , sa manière de lutter contre l'angoisse inspirée par certaines planches (on peut donc y voir si son système de défense est efficace ou plus ou moins défaillant) et enfin sa manière de s'adapter à son environnement social.

– L'analyse qualitative des données du Rorschach

Elle concerne à la fois les données quantitatives du psychogramme, la structure d'une réponse, la succession d'une réponse à l'autre à l'intérieur d'une planche et aussi d'une planche à l'autre. Cette analyse permet de mieux cerner les oscillations du fonctionnement psychique du sujet testé. Dans le cas où le testeur utilise d'autres types de tests projectifs comme compléments, les nouveaux résultats obtenus peuvent confirmer les hypothèses du premier test ou infirmer certains aspects ou non, les enrichir par d'autres apports qui peuvent affiner les premières approches.

En résumé, le matériel de test projectif, quelles qu'en soient les caractéristiques (thématiques comme le TAT, le Patte Noire ou structurales comme le Rorschach, le test du Village), est à la fois :

- un instrument d'investigation,
- un écran-miroir-support de projection des gestalts internes du vécu du testé,
- un médiateur entre le testeur et le testé.

La création projective constituée par l'ensemble des réponses du sujet est un lieu de convergence des projections de l'ensemble des variables en jeu dans la situation de bilan psychologique.

C

LA LECTURE DES DONNÉES

Nous avons analysé la situation du bilan avec sa dynamique et ses interactions ainsi que les différentes modalités de recueil des données (entetiens, épreuves psychométriques et projectives).

Il s'agit à présent, pour le psychologue, de déchiffrer, de donner sens à toutes les informations qu'il a en main afin d'y trouver des réponses aux questionnements de tout un groupe de personnes impliquées.

Il va d'abord faire une lecture analytique de toutes les données recueillies, avant, pendant et même après le bilan et ensuite une lecture synthétique afin d'en tirer des conclusions.

Par « lecture » nous voulons parler de la façon dont le psychologue praticien va aborder les données recueillies. En effet, une analyse minutieuse de toutes les réponses du testé s'avère nécessaire dans un premier temps. Elle donnera lieu ensuite à une lecture des résultats. Cette lecture fait appel aux compétences du psychologue. Elle peut être de nature clinique ou psychopathologique ou les deux options combinées. De cette lecture dépendra la finesse de l'approche des traits caractéristiques de la personnalité d'une personne en situation d'examen clinique.

Cette représentation du testé va permettre au psychologue de donner une réponse adaptée ou non à la demande du départ, à l'attente du demandeur.

De la demande dépendra aussi une hypothèse, une proposition capable, peut-être, de provoquer une prise de conscience d'une problématique psychologique, d'une ouverture pour le sujet examiné lors de la restitution.

1 - La lecture analytique

A/ Le regard clinique

La lecture analytique est déjà précédée par le **regard clinique** que le psychologue a exercé tout au long du bilan, du début jusqu'à la fin.

Ce regard est fait d'observations des comportements, des réactions mémorisées par le praticien. Il est « clinique » parce qu'il a su saisir ce qui est important dans toute la situation, ce qui frappe, ce qui contraste ou ce qui donne sens à un geste, une parole, un fait, une idée préconçue.

Exemple de regard clinique. Cas de Frédéric, 15 ans, relaté par Isabelle Lieberherr (1992). C'est un adolescent de milieu social défavorisé, de milieu familial dissocié. Il a fait cinq cours préparatoires et sait à peine lire et écrire au moment de la consultation.
Au premier contact : « Cet adolescent de quinze ans, à l'aspect juvénile, a été très rapidement à l'aise dans cette situation. Il a parlé abondamment et a accepté facilement les épreuves que nous lui proposions. »
A l'entretien : « Il explique d'emblée, avec une aisance verbale remarquable, son souhait de quitter son milieu familial et il en expose les motifs avec force détails. »

Aux épreuves psychométriques : « Il en est ressorti que les capacités cognitives de ce jeune - qui savait à peine lire et écrire - étaient proches de la normale. »

Aux épreuves projectives : « Frédéric a souvent utilisé le support des images pour mettre en scène ses difficultés, sa propre situation, dans une sorte de psychodrame. »
A la fin du bilan : « Il pleure et manifeste une forte angoisse (...) Nous nous sommes interrogés sur la forte réactivité de Frédéric à l'issue de ce bilan. »

Lieberherr I. (1992). Illustration d'une intervention clinique « armée », *Bulletin de Psychologie, 45*, n° 406, 425 à 431.

Ainsi le regard clinique, partie intégrante de l'observation globale, doit rester vigilant afin de relever tous les indices pouvant aider à la lecture qualitative des données.

Cette lecture est d'abord analytique, c'est-à-dire qu'elle essaie de décoder, de décortiquer les éléments constituants d'une anamnèse, des sous-tests, des épreuves d'efficience, de chaque réponse ou d'histoire ou d'autre création des techniques projectives. Son objectif est d'essayer de comprendre les mécanismes du fonctionnement psychique du sujet testé aussi bien à travers ses réponses que ses réactions, ses tactiques de défense devant les difficultés à résoudre proposées par le testeur.

Pour pouvoir faire cette analyse de toutes les données, il est essentiel que le praticien ait une solide connaissance :

- de la méthode de dépouillement des tests employés,
- de la psychologie du développement humain (enfant, adolescent, adulte sous trois aspects : sensori-moteur, intellectuel, affectif),
- de la psychopathologie aux différents âges de la vie,
- de l'option théorique interprétative choisie pour cette démarche.

Nous allons essayer de décrire cette lecture à articulations cliniques et psychopathologiques aux différentes étapes de cet examen psychologique.

B/ La lecture des données anamnestiques

L'anamnèse fournie par les entretiens nous informe sur la structure familiale, la place réservée au testé par ses parents et sa fratrie, ainsi que sur les événements importants à l'origine des difficultés nécessitant un bilan psychologique.

Un exemple de lecture des données anamnestiques. Résumons le cas de Frédéric, 15 ans, au moment du bilan relaté par Lieberherr.

Père ouvrier. Mère sans profession et alcoolique. Fratrie : une sœur aînée mariée et une sœur cadette de deux ans plus jeune que Frédéric.

Scolarité : début difficile, il acquiert à peine la lecture et l'écriture durant cinq cours préparatoires. Il explique cette difficulté d'apprentissage par les absences répétées de ses institutrices malades ou enceintes.

Les parents sont séparés quand Frédéric a 6 ans avec pour causes l'incurie ménagère et l'éthylisme de la mère. Frédéric défend sa mère en disant : « Ma mère buvait mais ce n'était pas sa faute », et la considère comme une victime de la violence de son père. Ils sont divorcés quand Frédéric a 12 ans. Les enfants sont confiés à la mère, mais ils sont livrés à eux-mêmes. Inquiet des conditions de vie des ses enfants, le père revient souvent pour leur apporter de la nourriture. Frédéric reconnaît avoir fait de nombreuses bêtises : crever les yeux des poules, casser la tonnelle de verre de la maison.

A cause des conditions précaires de la famille, le Juge des Enfants a décidé de placer Frédéric et sa sœur cadette dans un établissement à caractère social. Frédéric alors âgé de 13 ans accepte mal cet éloignement et adopte un comportement opposant et provocateur qui inquiète son entourage éducatif. Durant les deux années passées en internat la mère n'a donné aucune nouvelle malgré les nombreuses sollicitations du personnel éducatif alors qu'elle habite dans le voisinage. En revanche, le père qui a refait sa vie, reprend contact avec les enfants et accepte de les reprendre chez lui quand le juge l'ordonne avec une mesure d'Aide Educative en Milieu Ouvert (AEMO).

Si sa sœur s'intègre bien dans le foyer paternel, Frédéric ne l'est pas parce qu'il souhaite partir chez sa mère qui, de son côté, ne veut pas de lui. Frédéric présente alors des comportements de plus en plus inadaptés et inquiétants pour son entourage. D'où le rejet de son père et sa nouvelle famille ainsi que celui de sa jeune sœur. Le père demande un nouveau placement de Frédéric dans un foyer avec l'accord de son fils.

Evoquant les comportements inquiétants de Frédéric, l'éducatrice de l'AEMO demande une aide pour les décoder. L'éventualité d'un bilan psychologique a été envisagé avec plusieurs objectifs :

- évaluer les troubles de la personnalité de Frédéric (diagnostic) ;
- préconiser, à la lumière des éléments recueillis, une orientation adaptée (demande institutionnelle du jeune et des parents) ;
- parvenir à une certaine compréhension du fonctionnement de cet adolescent en difficulté.

D'après Lieberherr, *ibid.*, p. 426-427).

Une lecture attentive de cette anamnèse peut suggérer l'hypothèse que l'attachement de Frédéric à sa mère serait dû à la frustration qu'il a subie à la naissance de sa sœur qui n'a que deux ans de moins que lui. Malgré le côté « bon père », celui-ci ne semble pas parvenir à jouer le rôle de tiers structurant, ni d'objet identificatoire pour faire sortir Frédéric de ce lien fusionnel à la mère (séparation d'avec le père à 6 ans, placement à 13 ans, retour chez son père à 15 ans mais refus d'y rester et désir de retourner avec la mère).

Le refus définitif de la mère de le reprendre ne fait qu'augmenter sa souffrance d'être abandonné concrètement par son objet d'amour et qu'accentuer son inadaptation comportementale.

Il est à remarquer aussi que le placement de Frédéric à 13 ans, son retour chez son père à 15 ans, se passent dans ses phases pré-pubertaire et pubertaire qui sont des périodes difficiles de l'adolescence, propices à l'exagération des actes et des idées. Mais être au foyer paternel où la place de sa mère est prise par une autre femme ne pouvait que renforcer ses idées de vengeance vis-à-vis de celui qui, selon lui, est à l'origine des malheurs de sa mère et de lui-même. C'est pourquoi, si la cruauté (martyriser la volaille), la violence (frapper les enfants de sa belle-mère, casser les carreaux), l'inadaptation (déféquer dans un seau de la cave, remplir d'eau la voiture de son père) des actes de Frédéric attirent l'attention du psychologue et de son équipe vers le registre pathologique, il faudrait attendre des confirmations ou des infirmations provenant des résultats de ses évaluations ultérieures pour le qualifier de « fou » et de « débile » comme son père le désigne.

C/ La lecture des données psychométriques

Les tests psychométriques donnent des résultats chiffrés sous forme de :

- Quotient intellectuel global (QIG) qui situe un individu par rapport à la moyenne de sa classe d'âge,
- Quotient verbal (QIV) et quotient de performance (QIP) des échelles composites (comme le NEMI, le Wechsler). Ils permettent de voir éventuellement la dominance de tel ou tel type de potentiel,
- Profil d'aptitude à partir des épreuves qui étudient tel ou tel aspect des fonctions cognitives (épreuves de Piaget, figure de Rey, etc).

Mais ces quotients ne sont que des constats des capacités du testé au moment du bilan par rapport à un groupe de référence du même âge. Une lecture plus approfondie des notes obtenues aux sous-tests à l'intérieur d'un même protocole peut faire ressortir le niveau des acquisitions du sujet mais aussi donner un sens aux échecs et aux surinvestissements. Prenons comme exemple le WISC-R de Wechsler qui a une échelle verbale et une échelle de performance. Dans chacune d'elles il y a six sous-tests. La référence centrale est le score 10 du groupe d'âge standardisé.

Bourgès, S. (1987). Le couple Wechsler-Rorschach. Instrument privilégié de pronostic dans le bilan psychologique de l'enfant. *Communication au Symposium de la Société de Rorschach et des méthodes projectives de langue française,* (texte non publié), p. 1.

Moyenne, mode : indices statistiques. *Cf.* Grand Amphi, *Les méthodes en psychologie.*

S. Bourgès (1987) a proposé une façon intéressante de lire l'ensemble des notes obtenues et des QI. Selon son hypothèse, un protocole de WISC-R est susceptible de refléter l'état actuel des potentiels d'un enfant, mais il permet « également de discerner l'interférence de facteurs affectifs dans l'utilisation ou la non-utilisation de ces potentiels et surtout de leur évolution. »

Classiquement le QIG donne le niveau de maturité intellectuelle, la différence entre QIV-QIP donne le type des acquisitions.

Mais alors que David Wechsler conseille de confronter les notes des sous-tests avec la ***moyenne*** **(scatter)** des notes à l'intérieur du même protocole, Bourgès propose de les comparer avec la note ***modale*** qui représente la note la plus fréquemment donnée par le sujet. De cette façon, on peut repérer et donner sens aux échecs comme aux meilleures notes de tel ou tel sous-test.

Bourgès se sert de la théorie psychanalytique pour interpréter les données de ses bilans.

Voici un exemple de sa manière de traiter les résultats d'un WISC-R.

Analyse des résultats d'un WISC-R selon Bourgès.

« Cas de Charles, 8 ans, consulté pour échec scolaire.

WISC-R :

Echelle Verbale	Note Standard	Echelle Performance	Note Standard
Information	4	Compl. d'images	7
Similitude	7	Arrang. d'images	3
Arithmétique	1	Cubes	8
Vocabulaire	7	Assembl. d'objets	10
Mémoire chiffres	3	Code	8
Compréhension	6		

QIV :	69/100
QIP :	80/100
QIG :	71/100

Ces trois QI montrent un certain déficit. Mais la différence de 11 points qui sépare QIV de QIP suggère que ce déficit concerne plus l'utilisation du langage que directement l'intelligence.

La plus mauvaise note est 1 (Arithmétique) et la meilleure est 10 (Assemblage d'objets). La note modale de Charles est entre 7 et 8 (trois fois la note 7 et deux fois la note 8). La note 10 (supérieure à sa note modale) au sous-test "Assemblage d'objets" est un bon investissement qui peut éliminer un diagnostic de déficit intellectuel précoce. Cet investissement signifie également que la constitution perceptive et affective de "l'objet total" est atteinte mais qu'une insécurité lui reste sans doute attachée pour que Charles mobilise de façon défensive ici, plus qu'ailleurs, ses capacités. Le premier objet total qu'est l'image maternelle semble ainsi nécessiter d'être constamment "restauré" à travers ces équivalents morcelés du corps.

La note 1 au sous-test Arithmétique (sa plus mauvaise note) intégrée à l'apprentissage scolaire, manifeste le blocage actuel de Charles pour accéder au processus de double symbolisation mis en jeu.

Cette note quasi nulle confirme les difficultés rencontrées à sortir d'une fusion duelle (...) en rapport avec une carence qualitative du tiers qu'est naturellement le père au sein des premières relations infantiles » (p. 380 à 385).

Bourgès, S. (1992) Place des techniques projectives dans la lecture psychanalytique d'un dossier. *Bulletin de Psychologie, 45*, n° 406.

Cette manière de lire les notes est à faire pour tous les sous-tests afin de mieux saisir le sens de ces résultats en relation avec l'évolution affective du testé soumis aux événements majeurs de sa vie.

Ainsi, on peut faire remarquer, encore une fois, que la projection du vécu interne peut aussi bien fonctionner aux tests d'efficience qu'aux épreuves d'investigation de la personnalité. Ceci permet une lecture clinique susceptible de repérer des indices psychopathologiques sous-jacents.

D/ La lecture des méthodes d'investigation de la personnalité

Si les tests psychométriques ont des critères précis pour différencier une bonne réponse d'une mauvaise et des tableaux de référence tout prêts pour aider le travail de leur analyse, il n'en est pas toujours de même pour les méthodes d'investigation de la personnalité.

Avec la **méthode des questionnaires,** le sujet testé donne ses réponses sous forme de oui, non, je ne sais pas, comme pour le MMPI. Mais les créateurs du MMPI considèrent leur test comme « ...un instrument psychométrique destiné, en dernière analyse, à fournir dans le cadre d'un seul test, des évaluations précises des principaux éléments de la personnalité. Le point de vue déterminant l'importance d'un trait est, dans ce cas, celui du clinicien ou du psychologue qui essaye de dégager les traits qui sont communément caractéristiques de l'anormalité psychopathologique » (Manuel du MMPI, p.7). De ce fait, ce test a des grilles de dépouillement comparables à celles des tests d'efficience.

Les **méthodes objectives** se fondent sur des performances individuelles et des commentaires de leur auteur pour faire l'analyse qualitative afin d'apprécier l'adaptabilité du sujet devant une réalité irréfutable issue de lui-même.

En parlant des **approches projectives,** Sanzana a écrit (1997) : « L'utilisation de ces tests en clinique psychologique est amplement répandue, leurs modalités d'application à un sujet sont très contrôlées. Il y a néanmoins, des différences quant à l'analyse et à l'interprétation... » (p.143). ***Catherine Chabert*** confirme cette opinion : « Le TAT, pas plus que le Rorschach, ne recèle un modèle théorique exclusif : il peut être interprété en termes psychologiques, psychiatriques, sociologiques ; toutes les voies sont ouvertes selon le système de référence choisi. Notre prise de position est très nettement définie : nous nous inscrivons dans les perspectives théoriques et cliniques proposées par la pensée psychanalytique… »

Chabert, C. (1990). *Manuel d'interprétation du TAT.* Paris : Dunod, Avant-propos, p. IX.

Lecture analytique d'un protocole de Rorschach

Pour bien mesurer la complexité d'une telle lecture, voici un petit exemple.

Rorschach d'Homme, 25 ans.

Réponses	**Enquêtes**	**Cotation**
Pl. I ∧ – 4″ Chauve-souris	G et F. La F du corps avec 2 pattes de devant	G F + ABan
– Le bassin d'une personne	La F et G. La F les 2 os extérieurs.	G F - Anat
– Une feuille	G, L'ensemble avec les contours d'une feuille un peu dentelée, irrégulière.	G F + Bot
>		
V < – Une carte géographique	F. et les contours	G F ± Géo
– Un avion		G F - Obj
1'18		
Pl. II – 7″ Une crevette <	R. inf. les 2 branches et le corps rose.	D FC A
∧ – l'Amérique du Sud, le continent	R. sup. la F du dessin	D F - Géo
C'est tout.		
1'01		

Lieberherr, I. et Nguyên, K.C. (1976). Etude clinique du protocole de F. *Bulletin du Test des Trois Personnages,* n° 4, p. 21.

La lecture des réponses du Rorschach se fait à travers une réponse, d'une réponse à l'autre et d'une planche à l'autre en tenant compte de tous les signes cliniques.

Cet homme de 25 ans a bien réagi à cette planche I qui représente une situation inattendue puisqu'il a pu donner en premier lieu une réponse globale (G), de bonne forme (F+), de contenu animal (A) et fréquemment vue par d'autres personnes (ban). Mais à partir de la deuxième réponse jusqu'à la cinquième, s'il a pu maintenir une vue globale, la qualité formelle est fluctuante (F-, F+, F+, F-).

De même le contenu de ses réponses est dévitalisé (Anat, bot, géo, obj.). Les retournements de la planche dans les autres sens puis V et < indiquent une tentative de trouver un autre point de vue. La dégradation de la forme, la dévitalisation des contenus ainsi que les retournements montrent une certaine **fragilité des mécanismes de défense du sujet.** Il a pu affronter une tâche insolite en donnant une réponse adaptée (G F + A ban) mais après cet effort sa vigilance diminue bien qu'il ait pu se protéger encore de l'ingérence émotionnelle représentée par la couleur (C) ou l'estompage (E).

A la planche II, avec l'introduction des taches rouges, il semble perturbé étant donné les indices suivants :

- allongement du temps de latence par rapport à la Pl. I
- plusieurs retournements < puis ∧
- réponses dans les détails rouges en bas puis en haut. Deux réponses seulement
- ingérence émotionnelle plus ou moins contenue FC et F-
- la dévitalisation du contenu A pour géo.

En résumé, la lecture de ces deux planches nous montre que ce jeune homme ne panique pas facilement devant une situation imprévue (réponses en G et D contenues par des F). Mais cette façade est fragile car ses mécanismes de défense oscillent (F+, F-, FC) et les contenus de ses réponses bien que variés (A, anat, bot, géo, obj) sont plus dévitalisés qu'animés. Pour avoir une confirmation ou un enrichissement de ces premières hypothèses, il faut lire toutes les réponses des huit autres planches.

De ce fait, la nécessité d'avoir une formation solide à propos de la méthode de dépouillement d'une épreuve projective ainsi que du choix d'un modèle théorique s'avère indispensable pour un psychologue clinicien, car sa part de projection personnelle y est inévitable s'il n'y a pas un cadre de référence sérieux.

Pour se rendre compte de cette difficulté, prenons l'exemple de cotation du Rorschach. Nous avons indiqué précédemment que pour chaque réponse, il faut l'analyser sous quatre aspects : le mode d'appréhension, le déterminant, le contenu et les facteurs additionnels. De ces quatre aspects, l'étude du déterminant est la plus délicate. En effet, la réponse du sujet peut être suggérée par la forme (F), la couleur (C), l'estompage (E) ou la ***kinesthésie*** ou leurs combinaisons.

Kinesthésie : les réponses kinesthésiques sont des réponses où il y a l'idée de mouvement. Exemples pl. I : une chauve-souris qui vole. Il y a trois types de kinesthésies :
— K : kinesthésie humaine,
— kan : kinesthésie animale,
— kob : kinesthésie d'objet.

Selon ***Nina Rausch de Traubenberg*** (1990) : « la cotation est déjà une interaction, une mise en rapport "jeu réciproque des facteurs", mais sa signification va être nuancée par le mode d'apparition, abrupt, affirmé, péniblement élaboré ou constat immédiat (...). La forme est essentiellement activité de connaissance, recours à la réalité, mais peut être orientée par une poussée pulsionnelle ou motivationnelle (ce qui justifie la distinction de F dynamique). (...) Les réponses Couleur ne sont pas non plus univoques dans leur valeur d'affect. Le retentissement émotionnel est différent en fonction des types de couleur et en fonction du contenu référentiel : l'interaction ici est importante et elle est tout à fait essentielle dans les K. Les K peuvent être discutées en terme de mentalisation, d'aptitude à contrôler l'agir par référence sans doute à un corporel organisateur (...). La K est le facteur le plus démonstratif de la présence des interactions et interférences au sein d'une réponse, sa teneur composite régit la diversité des interactions. (Voir encadré page précédente.)

Rausch de Traubenberg, N. (1990). Dynamique du bilan psychologique. *Bulletin de Psychologie,* Rorschach et TAT, *43,* n° 396, p. 749.

L'analyse des histoires racontées au TAT n'est pas moins compliquée. Selon Sanzana (1997) « dans le cas du TAT, la cotation et l'analyse ne sont pas aussi codifiées que celles du Rorschach et un certain nombre d'options théoriques qui cœxistent pour ce test compliquent la tâche interprétative » (p. 143).

C. Chabert (1990) indique clairement la position de ***Vica Shentoub*** et ses collaborateurs quant à leur méthode de dépouillement du TAT actuel en France: « C'est en nous appuyant sur les concepts essentiels de la psychopathologie psychanalytique moderne que nous avons développé la présentation de la feuille de dépouillement en tentant d'éclaircir les significations de chaque procédé d'élaboration du discours, à la fois par sa définition détaillée et son illustration dans une séquence de récit » (*op. cit.*, Avant-propos, p. IX).

Shentoub, V. et al. (1990). *Manuel d'utilisation du TAT (approche psychanalytique)*, Paris : Dunod.

Pour mieux comprendre ces propos, voici un exemple d'analyse.

Cas du TAT de Christine (19 ans).

TAT Pl. 4

Planche 4. "C'est une jeune fille qui essaie de retenir son fiancé, enfin je sais pas, qui doit partir pour une raison....pour son travail ou bien....et il partira quand même mais ils ont pas l'air fâché. De toute façon il partira."

Procédés : Après une latence initiale (C-P1) le thème banal est énoncé avec une ébauche d'érotisation adéquate au stimulus (→ B2-9) qui tient compte de la tension conflictuelle (B2-3). Intervient une tentative de dénégation (→A2-11) ("Je sais pas") qui ne s'affirmera qu'en second temps (A2-11) ("pas l'air fâché"), après que la formation réactionnelle (A2-10) interrompt la tension sous-jacente. La représentation d'action finale est donnée dans un remâchage (A2-8).

Problématique : Après une ébauche de mise en tension conflictuelle, le repli stratégique s'opère et il ne devrait plus être question ni de conflit ni d'agressivité ni d'affects désagréables. Cependant, l'abrasement n'est pas total : il existe des rejetons du refoulé à travers les mécanismes de défenses rigides ».

Shentoub, V. et al. *op. cit.*, p. 176-177.

Une lecture du même type est à faire pour toutes les planches de TAT proposées au cours d'un bilan avant de tirer des conclusions en termes de psychopathologie psychanalytique.

Quoique le processus de l'élaboration de la réponse du sujet testé suive les mêmes oscillations de sa fonction projetante devant un matériel projectif, la méthode de dépouillement diffère d'une épreuve à l'autre comme c'est le cas du Rorschach, des TAT, Dessin, Test du Village, etc. De ce fait, une formation très sérieuse aux méthodes projectives est indispensable pour les psychologues cliniciens.

On voit donc que la lecture analytique des protocoles projectifs est très délicate. C'est une occasion pour le praticien de faire une articulation entre la psychologie clinique et la psychopathologie sans se laisser influencer pour l'une ou par l'autre. En effet, une analyse clinique du discours dans un protocole de TAT est opérationnelle même si le dépouillement final a des orientations en matière de psychopathologie. De même les indices psychopathologiques ne peuvent pas passer inaperçus lors d'une analyse psycholinguistique des réponses du Rorschach ou d'une analyse qualitative d'un test du dessin de la famille par exemple.

2 - La lecture synthétique de toutes les données

Après le recueil des données et leur lecture analytique, le psychologue praticien va devoir faire une synthèse pour trouver une réponse à ses attentes, à celles de la demande initiale et à celles de tous les intéressés à la recherche d'une solution.

Etant donné les multiples objectifs de départ qui ont fait envisager le bilan psychologique, il est plus logique que le premier travail du praticien soit consacré aux traits caractéristiques du testé lui-même pour mieux le comprendre dans ses agissements, dans ses difficultés.

A/ Le portrait « ici et maintenant » du testé

Les résultats des évaluations du bilan psychologique sont des constats du moment. Ils permettent d'avoir une idée sur différentes caractéristiques de l'intéressé.

■ Les caractéristiques cognitives

On peut constater :
– son niveau de maturité intellectuelle par rapport à son âge,
– l'état actuel de ses acquisitions stables, de ses aptitudes,
– ses capacités d'analyse, de synthèse, d'une situation, d'un fait,
– le degré de ses capacités d'ouverture et d'échange avec le milieu environnant.

On peut voir aussi comment il a utilisé ce potentiel à l'occasion des diverses circonstances difficiles au cours du bilan. S'en sert-il comme mécanismes de défense pour canaliser l'ingérence affective ou la pression de son environnement ? Dans ce cas-là on peut voir le ou les types de défenses mobilisées ainsi que leur degré d'efficacité. Utilise-t-il ce potentiel comme source de créativité ? Quelles sont ses possibilités pour exploiter son imaginaire ? Ce sont autant de questions dont les réponses permettent d'avoir les traits caractérisant ses potentialités cognitives dont les faiblesses comme les forces restent encore à mettre en relation avec les événements importants survenus dans sa vie.

■ Les caractéristiques de la personnalité

Le praticien va à présent s'interroger sur la maturité affective du sujet testé, sur les structures de base de sa personnalité. Ici l'adoption d'une ou des théories de la personnalité : psychanalytique, génétique, psychopathologique ou autres ou leur combinaison, s'avère indispensable pour le praticien. En effet, il doit connaître en termes généraux :

- les phases de l'évolution affective de l'enfant pour pouvoir situer le sujet testé: enfant, adolescent ou adulte, dans son degré de maturité en termes de bonne correspondance, en avance, en régression ou en fixation à tel ou tel stade en cette période de sa vie ainsi que le processus d'élaboration des structures de base de sa personnalité en relation avec les liens parents-enfant ;
- les causes des carences affectives pour mieux comprendre le fonctionnement psychique des parents vis-à-vis de l'enfant et *vice versa.* En résumé, ce portrait « ici et maintenant » est en quelque sorte un constat d'un « état des lieux » qu'est l'individu en question pour une compréhension plus approfondie du fonctionnement mental de cette personne en souffrance ou en difficulté.

B/ L'APPROCHE DE LA PROBLÉMATIQUE DU TESTÉ

Pour comprendre le processus de structuration d'une problématique, il est indispensable de la remettre en relation avec :

- les données anamnestiques importantes,
- les observations du clinicien durant les entretiens afin de situer la position des parents par rapport à l'enfant et *vice versa* ainsi que leur perception réciproque,
- la position du testé, quel que soit l'âge, enfant, adolescent, adulte, par rapport au désir des parents. Est-il encore dans une soumission totale, relative ou en opposition pour une autonomie plus ou moins grande ou une ambivalence ?
- les attentes du testé et de ses proches par rapport au testeur.

Ici la lecture analytique de toutes les données et plus particulièrement des sous-tests de l'évaluation de l'efficience intellectuelle ainsi que les protocoles projectifs, apporte des confirmations ou des infirmations par rapport aux hypothèses élaborées avant l'application du bilan. Par exemple dans le cas de Frédéric, 15 ans, cité plus haut (Lieberherr, 1992) : « Le test psychométrique a montré que Frédéric n'était pas "débile" au vrai sens du terme et ne relevait pas d'une institution médico-pédagogique. Grâce aux tests projectifs, nous avons pu écarter l'hypothèse de son admission en milieu psychiatrique » (p. 428).

En résumé, l'approche de la problématique du sujet consiste à mettre en relation tous les résultats analysés et d'en faire une lecture théorique mono ou multiréférentielle. Cela permet au praticien de découvrir les facteurs déclenchants, le processus de structuration du traumatisme ou de la difficulté du moment. Le psychologue peut voir aussi le fonctionnement conscient et inconscient du testé et de ses proches par rapport à ce problème à l'étude. Les données sur les potentiels cognitifs, affectifs et la compréhension de la problématique du testé offrent au praticien une vision plus claire sur les motifs de la demande . Il lui faut maintenant trouver des réponses ou des propositions aux attentes d'un groupe de personnes intéressées. Mais **l'essentiel est de trouver une solution pour un « mieux-être » du sujet testé.**

C/ LA SYNTHÈSE : LE DIAGNOSTIC ET LE PRONOSTIC

Ayant toutes les données en main, il est possible maintenant pour le praticien :

- d'évaluer les caractéristiques de la personnalité du sujet en donnant son diagnostic,

- d'avoir une certaine compréhension du fonctionnement de la personne en difficulté. Il peut alors tracer son profil dans le sens de ses capacités, c'est-à-dire sa dynamique optimale, pouvant s'ouvrir sur un pronostic,
- de lui proposer de ce fait une orientation vers les lieux où il pourrait trouver des aides psychologiques, thérapeutiques ou autres afin de parvenir à un mieux-être.

Dans le cadre d'un recrutement, la synthèse consiste plus en un bilan des compétences et un profil psychologique du candidat face aux exigences d'un poste à pourvoir.

Par rapport à une expertise pour la justice, un bilan psychologique est destiné davantage à trouver des explications sur l'origine de l'acte délictueux, sur les caractéristiques de la personnalité du délinquant soit pour déterminer le degré de sa responsabilité dans le délit, soit pour l'aider à évoluer vers un devenir plus adapté à la société dans laquelle il vit. Dans ce cas un diagnostic et un pronostic sont à proposer. Dans ce cadre de la justice, un examen psychologique peut être également demandé pour les victimes afin d'évaluer le degré de gravité du traumatisme subi et leur proposer de l'aide pour le surmonter.

Dans le cadre institutionnel ou privé où une orientation professionnelle scolaire ou thérapeutique est à faire, le pronostic prédomine le diagnostic en se fondant plus sur la dynamique optimale du sujet. Une articulation équilibrée entre la psychologie clinique et la psychopathologie est à faire, toujours au bénéfice du sujet testé et non au profit des hypothèses préconçues au moment de la demande du bilan basées sur les données « brutes » c'est-à-dire pas encore analysées de l'anamnèse.

3 - L'importance et l'art de la restitution des résultats

A/ L'importance du compte rendu

Quel que soit le lieu où l'examen psychologique a été fait, la restitution des résultats au sujet testé et/ou à ses proches est à faire soit par le psychologue lui-même quand il s'agit d'un cabinet privé, soit par le médecin responsable d'une équipe après avoir entendu l'avis de ses collaborateurs comme dans le cas du Centre Alfred Binet, cité par Bettini (1997, p. 31).

Selon Sanzana (1997) : « Il est fondamental que le travail qui a été fait pendant toute l'investigation soit restitué au sujet, et/ou à ses parents dans le cas de l'enfant. (....) En effet, c'est un moment de convergence entre un ou des demandeurs et le psychologue. Les premiers apportent un questionnement et un vécu d'inquiétude, parfois d'angoisse ouverte, que le temps de l'investigation n'a pas toujours calmé. Le psychologue est censé apporter une connaissance, un savoir qui est issu de la relation avec le sujet en difficulté » (p. 151 à 152).

Pour Bourgès (op. cit.,1991) « le compte rendu oral du bilan est d'abord donné à celui qui l'a passé. Ses réactions, parfois son étonnement à l'énumération de résultats favorables, font encore partie du bilan. (...) Le compte rendu est ensuite donné aux parents. Pour un pré-adolescent ou un adolescent, ce qui leur est transmis ne l'est qu'avec son accord » (p. 2).

B/ L'art de restituer les résultats

Non seulement les conclusions de l'examen psychologique doivent être communiquées au sujet testé mais encore **il faut le faire avec tact, respect et ouverture.**

Pour Sanzana (1997), « tout l'art de la restitution consiste à opérer une double convergence simultanée : d'une part entre la demande et la réponse manifestes, et d'autre part entre la souffrance du sujet et la possibilité de prise de conscience et de changement, où l'investigation psychologique peut constituer un pas décisif. La restitution (...) doit être, de fait, une rencontre d'ouverture » (p. 152).

Pour Bourgès (op. cit., 1991), « cette dernière étape constitue le fondement de toute aide ultérieure, car elle prépare en la respectant la demande éventuelle de l'enfant, sans laquelle rien ne pourrait ensuite se construire efficacement » (p. 2).

Ces deux auteurs sont donc d'accord pour dire qu'il y a la possibilité d'un « après » -bilan porteur d'espoir pour le testé.

C/ Bilan du bilan

Tout au long de ce chapitre nous avons essayé de décrire les interactions relationnelles dans la situation de bilan psychologique entre le psychologue clinicien et tous les éléments constituants depuis la demande de consultation jusqu'à la restitution des résultats. Nous avons essayé par là de démontrer la **solitude du praticien** face à un réseau de pressions où parfois il doit lutter pour imposer son point de vue. Les « attentes » de tous les interlocuteurs constituent l'ambiance de cette situation.

Lors des phases d'évaluation, **la responsabilité du praticien est entière** dans le choix des outils et dans l'application des épreuves. En effet, il est le seul habilité pour le faire, que ce soit en privé ou en institution. A cette occasion il va recueillir des données à la fois explicites comme les réponses du sujet et implicites comme tous les signes cliniques provenant du comportement du sujet face à la consigne et aux suggestions sous-jacentes des tests, objets médiateurs. Toutes les informations recueillies constituent un matériau significatif dont il faut faire une analyse quantitative et qualitative. Là aussi, seule une formation solide et spécialisée permet au praticien d'avoir un regard clinique qu'accompagne une observation attentive.

Les résultats des évaluations associés aux données anamnestiques et celles de l'observation clinique constituent un matériau clinique qui représente le contenu du bilan où se sont inscrits aussi le ***transfert*** et le ***contre-transfert*** des deux interlocuteurs testeur et testé. **Ce contenu constitue un document, une trace qui appartiennent spécifiquement à l'individu testé.**

Transfert : dans le cadre du bilan psychologique, le transfert désigne le processus par lequel les désirs inconscients du sujet testé s'actualisent sur la personne du psychologue.

Contre-transfert : il désigne les réactions inconscientes du psychologue à la personne du sujet testé et plus particulièrement au transfert de celui-ci.

Sur ce contenu le praticien va faire maintenant une lecture exhaustive et multidimentionnelle (évolution génétique, intellectuelle, affective, problématique, dynamique du fonctionnement psychique, etc.). Cette lecture nécessite l'appui d'une ou des théories de la personnalité multiréférentielle (psychanalytique, psycholinguistique, psychogénétique, psychopathologique sans oublier la psychologie sociale clinique, etc.).

La qualité des conclusions reflète le **savoir-faire** du praticien face à un sujet en souffrance, en difficulté, mais en évolution, inscrit dans une situation complexe, au cours « d'une approche contrôlée de l'homme par l'homme avec implication réciproque » comme disait Juliette Favez Boutonier. Enfin, la restitution des résultats à l'intéressé et la manière de le faire, peuvent lui procurer une occasion essentielle où il se sent écouté, reconnu et accepté dans sa singularité. C'est aussi pour lui un espace d'ouverture où il peut conquérir ou retrouver son plein épanouissement.

L'examen psychologique est un travail de longue haleine, complexe dont la démarche clinique « vise à dégager la logique d'une histoire de vie singulière, aux prises avec des situations complexes, nécessitant des lectures à différents niveaux et mettant en œuvre des outils conceptuels adaptés », tout comme la description de l'étude de cas en psychologie clinique par **Claude Revault d'Allonnes.** Mais si l'étude de cas, selon cet auteur, « n'est plus essentiellement référée à l'anamnèse et au diagnostic, et se dégage des contraintes d'une psychologie médicale, tout en restant clinique et psychopathologique », le bilan psychologique, lui, s'est enrichi de toutes ces références et sait articuler psychologie clinique et psychopathologique dans sa lecture et ses pronostics.

Revault d'Allonnes, C. (1989). L'étude de cas : de l'illustration à la conviction in *La démarche clinique,* Paris : Dunod, p. 69.

Etant donné la richesse des données apportées par l'examen psychologique, cette méthode d'investigation est utilisée dans tous les domaines y compris dans celui de la recherche. Dans ce dernier cas, **le psychologue testeur est devenu le demandeur avec le thème de sa recherche comme motif de la demande.** De ce fait, le testeur perd quelque peu l'aura de sa « toute-puissance » !

Le profil du sujet testé au cours d'une action thématique de recherche délivre alors en même temps que ses caractéristiques personnelles, celles de son contexte culturel, ethnique ou d'un syndrome psychopathologique qu'il porte ne lui et qui constituent l'objet de recherche du psychologue-chercheur. (Exemples : « Cas de possession aux Comores à travers le Test des Trois Personnages et le Test de Rorschach » ou « Image de la femme malgache à travers le Test des Trois Personnages », ou encore « L'expression du fantasme narcissique au TAT », etc.).

Au bout de cette rencontre duelle, le diagnostic et le pronostic individuels cèdent la place au profil du testé en tant que membre du groupe d'individus portant les mêmes caractéristiques culturelles, ethniques ou psychopathologiques que lui. L'ensemble des profils des membres de ce groupe à l'étude fournira des données qui peuvent confirmer ou infirmer les hypothèses de recherche de départ.

D/ Implications éthiques

En résumé, l'examen psychologique est à la fois une méthode et un instrument de travail efficaces, applicables dans tous les domaines et seul le psychologue clinicien est habilité à l'utiliser. A cause de cette exclusivité, le praticien doit observer quelques règles, quelques réserves comme le leur recommandent les auteurs suivants.

Pour ***N. Rausch de Traubenberg***, « le psychologue lui-même croit trop souvent implicitement pouvoir faire dire ce que le sujet ne veut pas dire, alors qu'il ne devrait jamais oublier qu'il est là, au contraire, pour favoriser l'expression de ce qui ne peut être dit dans un langage clair » (pp. 37-38).

Rausch de Traubenberg, N. (1975). Autour du psychodiagnostic de Rorschach, réflexion sur l'utilisation des techniques projectives, du Rorschach en particulier en milieu professionnel. *Bulletin de la Section de Psychologie du travail,* n° 7, 36-68.

R. Perron (1970, p. 168) a signalé quant à lui qu'aucune technique ou combinaison de techniques, si riche soit-elle, ne peut prétendre couvrir la totalité de la personnalité.

Quant à ce message de ***D. Anzieu***, il est à retenir pour tout psychologue praticien débutant ou expérimenté : « Il appartient (...) au psychologue de débusquer, dans sa profession, des charlatans, et de mieux affirmer les principes déontologiques de sa pratique : nulle méthode psychologique ne doit être utilisée pour nuire à un candidat : un examen de personnalité vise à une meilleure connaissance des ressources de cette personnalité et à une meilleure exploration de ces ressources par la personne et par la société ; il vise donc à un accroissement de valeur de la personne et de la société » (p. 59).

Anzieu, D. (1964). Défense et illustration de la psychologie projective, *Bulletin de Psychologie,* Psychologie projective, *17,* n° 225, 20-30.

POUR CONCLURE

Au terme de cette description des différents composants du bilan psychologique, on peut se rendre compte de la complexité du travail et de l'effort du psychologue praticien. La compétence est une qualité essentielle qu'il lui faut acquérir, le temps est un élément indispensable dont il lui faut disposer. De ce fait, on peut s'interroger sur la manière dont le psychologue pratique le bilan psychologique quand il est confronté avec l'urgence et l'exigence des demandeurs. Voici quelques exemples du choix préférentiel du psychologue dans sa pratique. Audrey Chabot et Juliette Suchel-Touly (1997), psychologues en pédopsychiatrie, décrivent ainsi leur travail au Centre de Santé Psychologique pour Enfants et Adolescents de Hyères.

« (...) Lors des suivis en ambulatoire ou en hospitalisation, les tests d'intelligence permettent un diagnostic précis et objectif.

« Dans les Centres de Santé psychologique pour Enfants et Adolescents, de nombreux enfants (environ 50 %) viennent pour une première consultation dont le motif est l'échec scolaire. (....) Au-delà des premières impressions cliniques, il est important de faire un bilan le plus objectif possible des compétences (...). Cela nous apporte un maximum d'arguments visibles qui peuvent fournir une base sérieuse de réflexion pour les parents, l'instituteur ou autres (....).

« Si la demande est un bilan complet, nous commençons systématiquement par l'épreuve psychométrique, moins engageante affectivement, reposant sur un cadre stable donc rassurant puis nous terminons par l'épreuve projective.

« A l'hôpital de jour accueillant des enfants de trois à douze ans (...) nos jeunes patients présentent des troubles graves de la personnalité, classés entre dysharmonie évolutive et psychose. (...) Nous nous sommes donné comme objectif d'évaluer tous les enfants entrant à l'hôpital de jour (...) cela nous permet de situer l'individu par rapport à une norme et de pouvoir ultérieurement mesurer de façon objective son évolution cognitive (...). Ainsi quelle que soit la situation, le test dit d'intelligence est un instrument objectif qui joue son rôle face aux conflits ou aux a priori de chacun » (p. 45 à 48).

On voit que ces deux psychologues ont une nette préférence pour les épreuves psychométriques.

En citant le cas de Frédéric vu dans le cadre d'un Service d'Aide Educative en milieu ouvert (SAEMO) I. Lieberherr (1992) a montré la partie du bilan qui lui a été la plus utile : « Il a investi ce bilan qui lui donnait l'occasion de parler de ses inquiétudes, d'être écouté, au-delà des comportements qu'il présentait. Les tests projectifs semblent avoir été un moment essentiel qui a favorisé une relation entre lui et nous et la mise en place d'un espace dans lequel il pouvait s'engager en étant reconnu et accepté dans sa singularité. (...) Le matériel peu structuré des épreuves projectives, en réactivant les conflits et en accentuant ses motivations inconscientes, lui a permis d'exprimer une angoisse diffuse, envahissante dans un cadre qui la mobilisait et dans une relation intersubjective qui pouvait la contenir » (p. 428).

Rivière-Merigot, D. et ***Lieberherr, I.*** (1992). Apport des tests projectifs dans l'expertise judiciaire. *Bulletin de Psychologie,* Les méthodes projectives et leurs applications pratiques, *45,* n° 406, p. 438.

Danielle Rivière-Mérigot et Isabelle Lieberherr pratiquent l'expertise judiciaire. « A partir d'une audition, d'un dossier, d'un interrogatoire révélant des points obscurs, il (le magistrat) demande au psychologue son éclairage spécifique et un avis sur des aspects qu'il précise ou non dans la mission, afin que l'acte de juger résulte de la meilleure connaissance possible de l'être et de la situation. (...) Les tests projectifs constituent des auxiliaires précieux pour accomplir cette mission. Confrontant la personne à des représentations conflictuelles ou angoissantes, ils révèlent des déterminismes inconscients. (...) Mais ces épreuves sont aussi un médiateur privilégié dans la relation et l'entretien entre le psychologue et le sujet, à travers la prise de conscience commune de ce qui fait souffrir et de ce qui était méconnu. »

D'après les témoignages de ces psychologues qui travaillent dans différents secteurs, on s'aperçoit qu'elles ont des préférences soit pour les tests psychométriques soit pour les techniques projectives, mais qu'elles sont **compétentes pour assumer toutes les étapes d'un bilan psychologique complet.** Seuls le motif et l'urgence de la demande peuvent faire abréger les applications.

Ainsi l'essentiel pour la formation d'un psychologue reste une acquisition sérieuse et complète des connaissances depuis la pratique de l'entretien jusqu'à l'art de la restitution des résultats en passant par l'application des outils afin de pouvoir affronter toutes les situations proposées par les demandeurs.

Compétence au bilan psychologique.

Souvent l'étudiant débutant (ou le grand public), s'il admet qu'un test d'efficience permet de repérer un individu parmi les performances d'un groupe de références, pense que les tests de personnalité échappent à ce repérage, qu'il suffirait d'avoir un peu de bon sens pour pouvoir utiliser ces tests, voire en « interpréter » les résultats. On a vu que la cotation du Rorschach, complexe, nécessite aussi un repérage dans la population de référence. Les tests sont bien des instruments de mesure, mais ils s'insèrent dans une démarche globale qui implique non seulement une formation appropriée mais encore une pratique guidée par des considérations éthiques.

Les psychologues sont qualifiés pour l'utilisation des tests, il est de leur devoir d'en garantir l'usage et d'en prévenir une utilisation excessive.

Il existe au sein de la Société Française de Psychologie une commission Tests qui veille aux respects de ces principes.

DÉMARCHE

Du recueil des données à la restitution des résultats

1 - PRÉSENTATION

Le bilan ou l'examen psychologique est un outil de travail des psychologues cliniciens qualifiés. Leur statut professionnel leur confère le droit d'être seul juge des méthodes et techniques à utiliser qui sont composées d'entretiens, des tests psychométriques et des modes d'investigation de la personnalité.

L'objectif du bilan psychologique est d'évaluer les compétences du sujet testé et de décrire ses structures psychologiques. Ce portrait psychologique peut contribuer à :
- l'établissement d'un diagnostic, d'un pronostic,
- l'orientation scolaire, professionnelle ou vers des aides thérapeutiques,
- la compréhension du fonctionnement psychique d'une personne en difficulté,
- et de trouver un profil adapté au poste à pourvoir dans le cadre d'une entreprise.

Le bilan psychologique comporte les étapes suivantes : le recueil des données au cours des entretiens et de l'application des tests ; l'interprétation de ces données et enfin la restitution des résultats aux demandeurs.

2 - LE RECUEIL DES DONNÉES ET SES ÉTAPES

A/ DÉBUT : AVEC LE DEMANDEUR ET SA DEMANDE

Il est à l'origine d'une situation d'interactions relationnelles entre les différents interlocuteurs. Cette situation donne des renseignements sur :
- le pourquoi de la demande, son poids, l'histoire de la problématique,
- l'urgence d'un bilan, les objectifs visés, son degré de gravité,
- ce qu'on attend du résultat du bilan,
- le degré d'adhésion du futur testé à ce projet qui le concerne personnellement,
- le degré d'adhésion du psychologue vis-à-vis de la demande et du demandeur.

B/ ENTRETIENS PRÉALABLES

Avec le sujet testé et/ou ses proches, le psychologue peut recueillir :
- des informations anamnestiques à propos de la structure familiale : les parents, la fratrie, la place du testé dans cette cellule,
- l'histoire du testé lui-même : son évolution, les causes de ses difficultés ou de son état actuel, ses sentiments à l'égard de la consultation et du psychologue,
- les attentes, à la fois des proches et du testé quant à la résolution de leurs difficultés,
- les observations du psychologue relatives à ses différents interlocuteurs: leur manière d'être par rapport à la situation, leur aisance ou non dans l'expression verbale, le degré d'acceptation des épreuves d'évaluation proposées, des concordances ou contradictions dans les deux versions parents-enfant, etc.

C/ L'ÉVALUATION DE L'EFFICIENCE INTELLECTUELLE

Celle-ci renseigne le psychologue sur :
- la position du testé par rapport à sa classe d'âge avec son quotient intellectuel,
- ses potentialités concernant les difficultés verbales et non verbales proposées à la résolution,

– sa manière d'être vis-à-vis de la situation d'évaluation : temps de latence, réactions et comportement devant les réussites et les échecs aux sous-tests,
– la dynamique interpersonnelle entre testeur-testé et test.

D/ Les investigations de la personnalité

L'application des épreuves d'investigation de la personnalité met le sujet testé dans une situation plus ou moins déréalisante, parfois ludique et génératrice de conflits. A cette occasion, on peut avoir des indices sur :
– l'attitude du sujet testé devant ce nouveau genre d'épreuves où il doit imaginer ses réponses,
– son degré de productivité (les réponses plus ou moins nombreuses) ainsi que la qualité de sa production (degré de cohérence d'une histoire,la forme reconnaissable d'un dessin, etc.),
– l'efficacité plus ou moins grande de ses mécanismes de défense au cours du processus d'élaboration des réponses (temps de latence, choc, refus, etc.),
– la dynamique intrapersonnelle vis-à-vis de l'ensemble de la situation de bilan.

Nous allons essayer de résumer la **dynamique interpersonnelle** des différentes variables de la situation du bilan psychologique ainsi que la **dynamique intrapersonnelle** du sujet testé dans un schéma).

La dynamique interpersonnelle

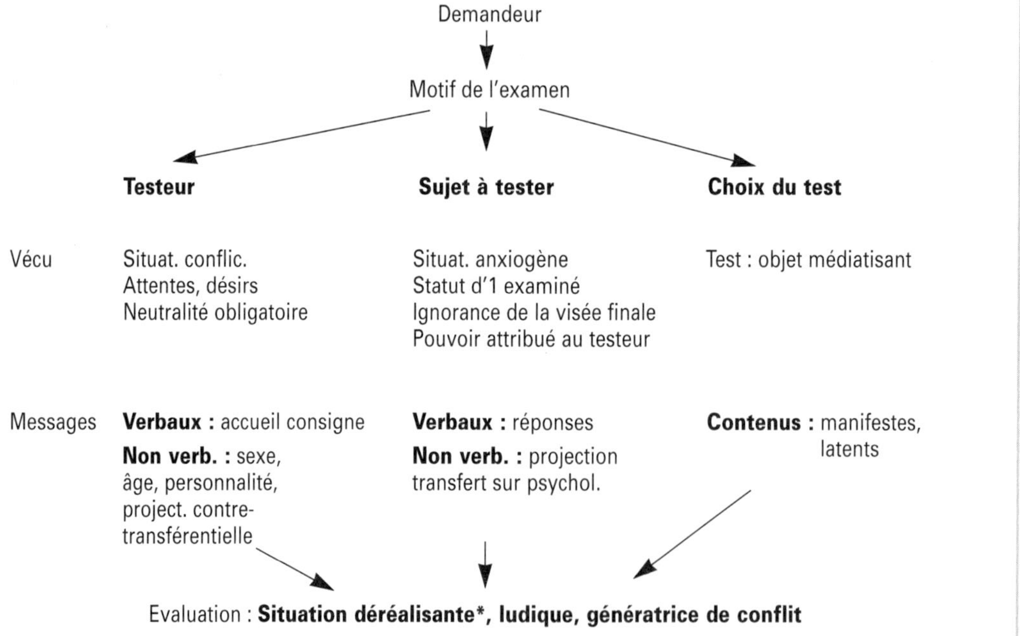

* *Situation déréalisante* désigne une situation plus ou moins proche de la réalité où le sujet testé doit concilier la liberté de fantasmer et la contrainte de respecter une consigne. Exemple : raconter une histoire à partir d'une planche blanche, sans image. (TAT, pl. 16).

La dynamique intrapersonnelle du testé

Sujet testé

Attitude vis-à-vis testeur
- Soumission, coopération
- Opposition sous une apparente docilité
- Réactions explicites, implicites

Attitude vis-à-vis test
- Emergence des représentations inconscientes
- Manipulation du matériel
- Réponses objectiviées en verbe, construction, graphisme, etc.

Création projective

Surface projective commune, lieu de convergence des projections du psychologue, du sujet, du test, de l'ensemble des variables mis en jeu dans la situation du bilan psychologique.

D'après Nguyên, K.C. (1989). La création projective, in C. Revault d'Allonnes et al. *La démarche clinique en sciences humaines.* Paris : Dunod, p. 113.

E/ L'entretien approfondi après les évaluations

C'est une occasion pour le psychologue de mesurer le degré de bonne relation ou non entre le testé et lui-même. Le sujet testé est-il plus enclin à parler facilement de lui-même, de ses difficutlés qu'au premier entretien ? Y-a-t-il une demande d'aide implicite ou exprimée de façon explicite ou un désir de prolonger cette relation duelle ? A ce propos, Marie-Madeleine Backès-Thomas (1969), auteur du test des Trois Personnages, a fait remarquer que « dans la passation individuelle de notre test (...) le résultat le plus spectaculaire de la situation duelle fut le désir exprimé par la plupart des sujets de prolonger le test des Trois Personnages par un entretien » (p. 68).

Après plusieurs séances de contacts directs entre le testé et le testeur, ce dernier peut voir comment son interlocuteur a investi ce bilan. Est il un espace dans lequel il est reconnu et écouté dans sa singularité ?

Avec toutes ces données quantitatives et qualitatives des différents modes d'évaluation, tous ces indices cliniques dus à l'observation vigilante du psychologue tout au long des séances, comment ce praticien va-t-il les traiter, les lire pour répondre aux objectifs visés du bilan et aux attentes de ses interlocuteurs depuis le demandeur jusqu'au testé en passant par les parents et lui-même ?

3 - LA LECTURE SYNTHÉTIQUE DE TOUTES LES DONNEES

Après le recueil des données et leur analyse, le psychologue praticien va devoir faire une synthèse, pour faire le profil psychologique du sujet testé.

A/ Le profil « ici et maintenant » du testé

■ Les caractéristiques cognitives

Les données psychométriques sont des résultats concrets obtenus de la part du sujet. Elles permettent d'avoir une idée de son niveau de maturité intellectuelle, de ses acquisitions stables, de ses aptitudes.

Les tests psychométriques permettent une évaluation objective et normalisée susceptible de jouer un rôle convaincant face aux a priori de l'entourgage du testé. Mais les forces comme les faiblesses de ces potentialités cognitives sont encore à mettre en relation avec les événéments importants survenus dans la vie de l'intéressé.

■ Les caractéristiques de la personnalité

La description de ces caractéristiques s'avère être le travail le plus important du psychologue. En effet, il doit adopter une ou des théories de la personnalité : psychanalytique, génétique, psychopathologique ou autres ou leur combinaison afin de pouvoir :
- situer le degré de maturité du sujet testé en terme de bonne correspondance, en avance, en régression ou en fixation par rapport aux phases de l'évolution affective de l'être humain,
- décrire le processus d'élaboraiton des structures de base de la personnalité de l'intéressé en relation avec les liens parents-enfants-fratrie,
- déceler d'éventuelles causes de carences affectives pour mieux comprendre le fonctionnement psychique des parents vis-à-vis de l'enfant et *vice versa.*

B/ L'approche de la problématique

L'approche de la problématique du sujet testé consiste à mettre en rapport toutes les données recueillies et analysées (anamnèse, évaluations et observations du clinicien) et d'en faire une lecture théorique mono ou multiréférentielle. Cette lecture permet au psychologue de découvrir les facteurs déclenchants, le processus de structuration du traumatisme ou de la difficulté du moment ainsi que le fonctionnement conscient et inconscient du testé et de ses proches par rapport à l'objet initial de la demande du bilan.

C/ La synthèse

La synthèse de toutes les données analysées peut prendre la forme d'un diagnostic, d'un pronostic, d'une orientation scolaire, professionnelle ou thérapeutique, d'une explication d'un acte délictueux et de son degré de responsabilité, etc.

Ici une articulation équilibrée entre la psychologie clinique et la psychopathologie est à faire. L'essentiel est de trouver une solution pour un « mieux-être » du sujet testé.

4 - LA RESTITUTION DES RÉSULTATS

La communication des résultats au sujet testé, avec ou sans le demandeur, est primordiale. C'est un travail délicat qu'il faut faire avec **tact, respect et ouverture.**

Pour Bourgès (1991) les réactions du testé, son étonnement aux résultats favorables font encore partie du bilan.

5 - CONCLUSION

Tout au long du bilan psychologique, le psychologue est **seul** face à tout un réseau de pressions. Il a ensuite **la responsabilité** du choix des outils, de leurs applications (parce qu'il est le seul habilité à le faire) ainsi que de la synthèse des résultats. D'où la nécessité d'une formation sérieuse du psychologue.

Le contenu global d'un bilan est un document, **une trace qui appartient spécifiquement à l'individu testé.**

INDEX

A

B

C

D

N

O

P

Q

R

S

T

Imprimé en France par I.M.E. - 25110 Baume-les-Dames
N° imprimeur : 14062